KB195674

베토벤

사유와 열정의 오선지에 우주를 그리다

BEETHOVEN: Der Schöpfer und sein Universum

BEETHOVEN
Der Schöpfer und sein Universum

베토벤

사유와 열정의 오선지에 우주를 그리다

마르틴 게크 지음

마성일 옮김

북캠퍼스

베토벤 사유와 열정의 오선지에 우주를 그리다

초판 1쇄 펴낸 날 2020년 1월 4일
초판 3쇄 펴낸 날 2025년 2월 20일

지은이   마르틴 게크
옮긴이   마성일
발행인   이원석
발행처   북캠퍼스
등 록   2010년 1월 18일(제313-2010-14호)
주 소   서울시 마포구 양화로 58 명지한강빌드웰 1208호
전화   070-8881-0037
팩스   02-322-0204
전자우편   kultur12@naver.com

편집   신상미
디자인   책은우주다
마케팅   임동건

ISBN   979-11-88571-09-3 04080
         979-11-88571-08-6 (Set)

이 도서의 국립중앙도서관 출판시도서목록(CIP)은 서지정보유통지원시스템 홈페이지 (http://seoji.nl.go.kr)와
국가자료공동목록시스템(http://www.nl.go.kr/kolisnet)에서 이용하실 수 있습니다.(CIP제어번호: CIP2019051407)

기젤라 마리아 니클라우스에게 바침

관심과 호기심 그리고 그들 나름의 조사로 내게 도움을 준 아래의 벗들에게 감사한다. 울리히 뷤, 한스 페터 헴펠, 헬무트 레텐, 세스 노터봄, 페터 슬로터다이크, 울리히 바너.

서문

　우주. 이 메타포를 너무 과용해서는 안 되겠지만 200년간 세계적으로 명성을 얻었으며 새로운 매체의 등장으로 어디서나 접할 수 있는 한 예술 작품에는 허용해도 괜찮을 것이다. 클릭 한 번으로 베토벤 교향곡 5번이나 〈비창〉을 직접 들을 수 있는 시대다.

　이런 시대에는 진지한 음악학자나 문화사학자들이 일직선적 서술로 어떻게든 마지막 한 사람까지 위대한 음악가의 의미를 반복 주입하려 노력하지 않아도 된다. 그보다는 애정 어린 동시에 정확성으로 유도하는 시선을 제공하는 것이 중요하다. 특히 정확성은 다양한 목적에 이바지할 수 있다. 이를테면 생애를 세세하게 기록해 여러 권의 전기에 담거나 상세한 작품 해설집을 내거나 수용사와 영향사를 폭넓게 조명하는 데 도움이 된다. 하지만 누가 그런 '철저한' 책을 쓰고 또 누가 그런 책을 읽겠는가? 차라리 빈틈을 인정하고 우주를 말하는 편이 낫지 않을까? 이 우주 안에서는 아무 페이지나 펼쳐서 읽기 시작해도 좋을 것이다. 물론 각 장은 계획적으로 배열했지만 말이다. 우주 안에서는 모든 것이 연결되어 있으므로 베토벤이라는 현상을 직선적 시간순으로 파악하려는 시도는 애초부터 불가능한 일이다.

　베토벤이라는 우주에는 아무리 확장되어도 변하지 않는 중심, 바로 베토벤의 작품들이 있다. 이 책에서는 그 중심을 다양한 측면에서 조명해 보았다. 되도록 널리 알려진 친숙한 작품에 집중했다. 이는 편의보다 사안 자체에 기인한다. 베토벤 이후 등장하는 예술가와 사상가들이 음악에 문외한이더라도 항상 거론하는 베토벤의 '핵심' 작품들이 있다.

오늘날 음악 애호가들도 익히 알고 선호하는 작품들이다. 이러한 친숙한 음악들은 독자들에게 카스파르 프리드리히나 질 들뢰즈가 한구석에서 불쑥 등장하는 데에 대한 보상이 될 것이다.

내가 왜 이런 접근 방식을 택했는지 의문이 들 것이다. 나는 내가 쓴 모든 작곡가의 전기가 나름대로 특별한 것이 되도록 하자는 원칙을 지키려 했다. 그러나 이 위대한 작곡가 베토벤에 대해서는 더 이상 권위를 내세우는 전문가가 되고 싶지 않았다. 독특한 견해와 예술 작품으로 '베토벤' 음악을 좀 더 이해할 수 있게 해 준 수많은 목소리로 이루어진 합창단의 한 일원으로서 베토벤에 대해 써야 할 시간이 왔다고 느꼈다.

게다가 나는 현재로 오면 올수록 베토벤을 점점 더 잘 이해하게 되리라는 '거대 서사'와 결별하려고 했다. 이런 낙관론은 거만한 생각이다. 모든 시기와 분야에서 베토벤 담론은 일깨움과 정신적 빈곤과 긴밀한 관계에 있을 수밖에 없다는 명백한 사실을 놓고 볼 때 더욱 그렇다. 이 책에 상존하는 일깨움과 정신적 빈곤이 베토벤 음악을 조명할 때 더 많은 일깨움으로 이어지길 기대한다.

열두 개의 주제를 통해 베토벤이라는 우주로 나가는 여행을 시작하는 데 앞서 음악을 설명하고 싶지는 않다. 이 탐사에서 '예例는 훌륭한 스승'이 될 것이다. 다른 사람들이 베토벤에서 '그들 나름대로' 무엇을 들었는지 염두에 두고 본다면 스스로 생각하는 길도 열릴 것이다. 거대한 베토벤 담론에 몸을 담그면 베토벤을 듣는 사람으로서 자신의 느낌과 생각의 흐름을 의식하게 된다. 나는 어디서 왔나? 나는 누구인가? 나는 어디로 가는가?

한 천문학 책을 읽고 슈만은 저 높은 곳에 있는 외계인들에게 지구인은 '치즈 위의 진드기'처럼 보일 것이라고 말해 멘델스존을 놀라게

베토벤이 카페에 느긋하게 앉아 있다. 하지만 곧 정치, 예술, 학문계의 수많은 거물들이 그가 앉아 있는 테이블에 몰려온다(에두아르트 클로손Eduard Klosson의 스케치, 1823).

했다. 이에 멘델스존은 "그럴 수 있겠군. 그래도 《평균율 클라비어곡집》은 얼마쯤 존경할 수밖에 없을걸"[1]이라고 대답했다. 나는 음악 작품을 세계의 배꼽으로 태연히 선언하는 작곡가 멘델스존의 그 정신이 마음에 든다. 나도 그를 따라 이 책에서 베토벤의 음악을 세계의 배꼽으로 선언하려고 한다. 바흐가 음악에 드높은 섭리를 반영한 것과 같은 이유에서가 아닌 그 모든 도취와 망설임, 전투적 제스처와 평화적 메시지를 담은 한 인간의 심도 있는 창작의 의미가 중요하기 때문이다.

차례

베토벤의 그림자

베토벤 명연주자들

프랑스에서 베토벤

일러두기

1. 외국어 인명과 지명 등 고유 명사 표기는 외래어 표기법을 따랐으나 일부는 원음에 가깝게 표기
   했다.
2. 책과 잡지 등의 출판물과 교향곡을 제외한 여러 악장으로 이루어진 곡, 하위 곡이 있는 연가곡,
   오페라 등의 제목은 《 》로, 시나 논문, 그림, 표제가 있는 교향곡의 제목은 〈 〉로 표시했다.
3. 제목이 없는 작품의 경우 명확한 정보 전달을 위해 초출에 '장르, 조성, 작품 번호' 순으로 표기
   했고, 그 이후에 중복되어 나올 때에는 장르와 작품 번호만 표기했다.
4. 각주는 모두 옮긴이의 것이며, 원저자 주는 번호를 붙이고 후주로 묶었다.
5. 본문 중 일부 도판은 원서에 없는 것으로 이해를 돕기 위해 편집부에서 넣은 것이다.

거인주의

나폴레옹 보나파르트 Napoleon Bonaparte(1769~1821)

1793년 프랑스에서는 공화정이 선포되면서부터 혁명의 팽창을 시도했는데 그 중심에 나폴레옹이 있었다. 코르시카 출신으로 프랑스 혁명의 사회적 격동기 새로운 시대를 몸소 보여 준 나폴레옹은 제1통령으로 국정을 정비하고 법전을 편찬하는 등 개혁 정치를 실시했으며 유럽의 여러 나라를 침략하며 세력을 팽창했다. 나폴레옹의 빛나는 이야기는 새 시대의 가능성 그 자체였다.

1

나폴레옹 보나파르트

"모든 위대한 창조와 마찬가지로 예술의 진정한 목적은
자유와 진보입니다."

　　독일 이상주의를 대표하는 헤겔과 휠덜린, 베토벤 세 사람은 1770
년생 동갑내기로 한 해 먼저 태어난 나폴레옹의 열렬한 숭배자였다. 시
인 휠덜린은 이 코르시카인을 송가 〈평화의 축제Friedensfeier〉에서 '축제
의 제후'라고 칭송했다. 철학자 헤겔은 1807년 독일 예나-아우어슈테
트 전투 당시 말을 타고 예나 거리로 들어오는 나폴레옹을 보고 '세계
정신'을 만났다고 했다. 그리고 베토벤은 나폴레옹의 이름을 딴 교향곡
'보나파르트(에로이카)'를 그에게 헌정하려 했다.

　　독일의 애국자들과 학자들은 수 세대에 걸쳐 나폴레옹 팬덤에 시
큰둥한 반응을 보였다. 철학자건 시인이건 혹은 작곡가건 프랑스 장군
이자 왕위 찬탈자인 인물을 칭송하는 것은 어울리지 않았다. 이런 맥락
에서 이후 사람들은 다음과 같은 입장으로 도피했다. 휠덜린의 '축제의
제후'는 가상 인물이며, 헤겔은 나폴레옹 체제를 기껏해야 '이성 국가'
로 가는 과도기로 보았고 베토벤은 나폴레옹이 스스로 황제가 되었다
는 소식을 듣자마자 교향곡 〈에로이카Eroica〉의 헌정 표지를 찢어 버렸

다고 했다. 그러나 그렇다고 해서 나폴레옹 신화를 뭘 어떻게 할 수 있단 말인가? 브뤼메르 18일* 쿠데타를 일으킨 이 코르시카인은 당시 서른 살로 비교적 젊은 나이였다. 나폴레옹은 많은 젊은 귀족들을 비롯한 횔덜린, 헤겔, 베토벤 세대에게 하나의 큰 희망이었다. 나폴레옹은 그들에게 구원자이자 동시에 실용주의의 또 다른 이름이었다. 스물아홉 살이었던 베토벤은 가발을 조소하며 당연하다는 듯이 나폴레옹을 따라 '칠흑같이 검은 머리'를 로마 황제 '티투스Titus'처럼 하고 다녔다.[2] 1820년 1월 베토벤의 대화 수첩에도 나폴레옹에 대한 이야기가 나온다. 나폴레옹은 오만불손함으로 인해 실패했지만 "예술과 학문을 이해할 줄 알았고 어둠을 증오했다. 나폴레옹은 독일인들을 좀 더 존중하고 그들의 권리를 보호해 줘야 했다. (…) 그러나 그는 어디서든 봉건 체제를 무너뜨렸고 권리와 법률의 수호자였다."[3] 여기서 나폴레옹 법전**의 준법주의는 나폴레옹의 무자비한 권력 행사를 정당화했다는 사실을 알고 있지만 희망의 원칙을 위해 무시되고 있다.

이 코르시카인을 향한 베토벤의 칭송은 나폴레옹이 타고난 특권이 아닌 자신의 주도면밀한 능력으로 유럽의 지배자가 되었으며 동시에 사회의 근본적 변혁을 위해 노력했다는 데 기인한다. 여기서 핵심은 천재라는 것이다. 나폴레옹의 천재성은 윤리와 도덕의 범주에서가 아닌 '영광'에서 그 매력을 찾아야 할 것이다. 즉 베토벤의 추앙하는 눈빛은 자신의 천재성으로 대중에게는 모범이 되고 스스로에게는 지속적인 영광을 안겨 준 행동을 완성한 사람에게 향한 것이다.[4] 이는 알렉산더 대

- 1799년 11월 9일(혁명력 8년 브뤼메르 18일)로 프랑스에서 나폴레옹이 쿠데타를 일으켜 총재 정부를 무너뜨린 날이다.
- •• Code civil. 1804년 나폴레옹이 제정, 공포한 프랑스 민법전의 별칭으로 민법과 민사 소송법, 상법, 형법, 형사 소송법 등 5개 법전을 총칭한다.

왕 같은 고전적인 영웅들을 연상시킨다. 베토벤은 그런 영웅들과 자신을 동일시하는데 이는 예술 영역에서 비상한 행동으로 비슷한 영광을 획득하려는 데 끊임없는 자극이 되었다. 베토벤이 얼마나 영웅들과 자신을 동일시했는지는 조카 카를의 후견권 소송에서 단적으로 드러난다. 베토벤은 1818년 법원에 제출한 청원서에 이렇게 쓴다. "마케도니아 필립 왕도 아들 알렉산더의 교육을 직접 맡았다. 그러니 본인도 조카와 관련해서 같은 권리를 요구하는 바이다."

'영광'이라는 상투어는 작곡가, 특히 교향곡 작곡가 베토벤에게 대단히 중요하다. 이 상투어는 모든 윤리적 개념을 합친 것보다 훨씬 더 감성을 불러일으켜 음으로 구현하기 안성맞춤이기 때문이다. 베토벤은 이를 성악과 기악의 전통 음악에서부터 프랑스 혁명 공식 음악에까지 적용할 수 있었고 동시에 새로운 것을 창조할 수 있었다.

1793년 1월 26일에 베토벤의 친구 바르톨로모이스 피셰니히 Bartholomäus Fischenich는 독일 본에서 실러의 아내 샤를로테에게 편지를 쓴다. 이 편지에는 스물셋 베토벤에 대한 그의 기대가 가득 담겨 있다.

> 베토벤은 실러의 〈환희의 송가〉 한 줄 한 줄에 곡을 붙일 겁니다. 저는 완벽한 음악이 되리라 기대하고 있습니다. 제가 아는 한 그는 위대함과 숭고함을 오롯이 추구하는 사람이니까요.[5]

베토벤이 진정 프랑스 혁명의 지지자였는지 우리는 모른다. 그렇지만 베토벤이 멀리서 혁명에 적어도 동조하고 있었다고 추측할 수는 있다. 베토벤의 작곡 스승 크리스티안 고틀로프 네페Christian Gottlob Neefe의 신조는 "나는 지상의 위인들을 사랑한다, 그들이 선한 사람이라면. (…) 나쁜 제후들을 산적보다 더 증오한다"[6]였다. 베토벤은 1793년(빈 생활

첫해) 뉘른베르크의 테오도라 포케Theodora Vocke 부인을 방문해 방명록에 이렇게 쓴다. "무엇보다 자유를 사랑하라. 진실을 결코 (왕 앞에서 일지라도) 부인하지 말라."[7]

1812년에는 훗날 교향곡 9번 d단조 op.125 〈합창〉을 위한 스케치 중에 이런 메모가 발견된다. "군주들은 거지들이다" 같은 무관한 문장은 실러의 〈환희의 송가〉 초판에 나오는 "거지들도 군주들의 형제가 된다"[8]는 시구를 베토벤은 급진적으로 해석한 것이다.[•9] 베토벤은 개정된 교향곡 9번에 "모든 사람이 형제가 된다"를 선택해 곡을 붙였다. 이를 보면 베토벤이 당시에 프랑스 혁명의 이상들을 잊어버렸다는 말은 설득력이 없다.

어찌 되었건 나폴레옹은 1799년 쿠데타를 통해 제1통령이 되어 10년간 프랑스 일인자로 군림하는 눈부신 성공을 거둔다. 그리고 이와 함께 베토벤의 정치적 전기도 새로운 장에 들어선다. 이 코르시카인이 베토벤에게만 프랑스 혁명의 잿더미에서 솟아난 글자 그대로 불사조로 보인 것은 아니다. 나폴레옹은 그림과 문학 등 곳곳에서 불사조가 되어 나타났다. 실러와 달리 프랑스 혁명을 반대했던 괴테조차도 나폴레옹의 이런 능력에 감탄했다. 괴테는 나폴레옹에게서 질풍노도 시기에 쓴 시 〈프로메테우스〉에서 찬양한 프로메테우스를 보았다. 니체도 《우상의 황혼》에서 이렇게 쓴다. "괴테는 저 '가장 실재적인 존재자' 나폴레옹보다 더 큰 체험을 한 적이 없다." 니체는 계속해서 주장한다. "괴테가 《파우스트》를 쓰고 나아가 인간이란 문제 전체까지 다시 생각하게 된 사건은 바로 나폴레옹의 출현이었다."[10]

1819년 베토벤이 루돌프Rudolph 대공에게 보낸 편지에도 나폴레옹

• 실러는 1803년 초판본의 "거지들도 군주들의 형제가 된다"를 "모든 사람이 형제가 된다"로 수정한다.

시대의 정신이 분명히 반영되었다. "모든 위대한 창조와 마찬가지로 예술의 진정한 목적은 자유와 진보입니다."[11]

괴테처럼 위대한 코르시카인과 같은 눈높이에 서고 싶다는 베토벤의 본질적 욕구는 10여 년 전 나폴레옹의 권력 찬탈 욕심에 대해 느꼈던 실망감 때문에 변한 것 같지는 않다. 예나−아우어슈테트 전투에서 독일이 나폴레옹군에 패하자 베토벤이 바이올린 연주자 벤첼 크룸프홀츠Wenzel Krumpholz에게 한 말이 이를 증명한다. "제가 음악의 기술만큼 전쟁의 기술을 알지 못하는 게 정말 아쉽습니다. 그랬다면 그를 이길 수 있었을 텐데요!"[12]

간단히 말해서 베토벤은 이른바 영웅적 시기에 나폴레옹을 국가를 운영하는 예술가로 보았고 자신을 공식 예술가로 써 주기를 바랐다. 이와 함께 국가 통치자를 예술가이자 철학자 혹은 예술가나 철학자의 지도를 받아 숭고한 목표를 향해 나아가는 고대 그리스 로마의 이상화된 존재로 받아들인다. 이런 베토벤의 인식은 동시대 작가 횔덜린과 다르지 않다.

다시 말하면 베토벤은 현실 정치인 나폴레옹을 영웅으로 본 것이 아니다. 어리석은 사람들에게 불을 가져다주는 신화 속 프로메테우스처럼 행동하도록 국민과 나아가 전 세계인에 용기를 북돋아 주는 동시대인인 천재 나폴레옹을 베토벤은 영웅으로 본다. 베토벤은 예술의 영역에서 이 위대한 형제를 따라 하려 했다. 베토벤만이 스스로를 음악의 나폴레옹이라 여겼던 것은 아니다. 다른 이들도 이와 비슷하게 생각하지 않았다면 대화 수첩에 적힌 어느 방문객의 다음과 같은 질문은 없었을 것이다. "당신에게 '행동'은 곧 작곡이 아닙니까?"[13] 이 무명의 방문객에게 베토벤은 시대가 음악에 요구하는 '자유'와 '진보'를 실현하는 사람이었다.

베토벤이 음악의 나폴레옹이라는 인식은 그의 작품, 특히 교향곡에서 두 가지 측면으로 살펴볼 수 있다. 먼저, 베토벤의 작품은 당시 사람들이 듣기에 프랑스 혁명 음악 혹은 나폴레옹 혁명 음악의 메아리로 들을 수밖에 없었던 요소들로 가득하다. 물론 이러한 혁명 음악은 19세기 초 시대적 취향을 일부 반영한 것이므로 베토벤만의 고유한 양식으로 이해해서는 안 된다. 반면 베토벤 교향곡 일부에서는 베토벤 고유의 '거인주의'가 나타나는데 이는 궐기하는 나폴레옹 시대의 지배적 분위기를 표현한 것으로 이해해야 한다.

프랑스 혁명 음악의 직접적인 메아리는 1799년에서 1802년 사이에 작곡한 두 교향곡에서 들을 수 있다. 예컨대 교향곡 1번 C장조 op.21 '첫 악장'의 주요 주제는 로돌페 크로이처Rodolphe Kreutzer의 〈마라톤 대회 서곡Ouverture de la journée de Marathon〉을 연상시킨다. 크로이처는 새로 설립된 파리 음악원 교수로 제1차 대對프랑스 동맹˙ 기간 동안 파리 시민들의 투쟁 의지를 북돋으려고 마라톤 대회 서곡을 작곡했다.

베토벤이 단순히 파리의 유행을 따른 것이라는 주장은 교향곡 1번과 2번 사이에 작곡된 발레곡 〈프로메테우스의 창조물Die Geschöpfe des Prometheus op.43〉을 들으면 금세 힘을 잃는다. 베토벤은 빈의 호프부르크 극장이 제작한 이 발레를 안무가 살바토레 비가노Salvatore Vigano와 함께 20회 넘게 무대에 올렸다. 이 '영웅적 알레고리의 발레'는 이탈리아 시인 빈첸초 몬티Vincenzo Monti의 신화적 서사시 〈프로메테우스 Il Prometeo〉를 기본 줄거리로 한다. 이 시는 이탈리아가 나폴레옹의 군사

• 프랑스 혁명의 확산을 방지하고 나폴레옹에 대항하기 위해 1793년부터 1815년에 걸쳐 영국을 중심으로 유럽 국가들 사이에 동맹을 맺어 벌인 전쟁을 말한다. 동맹은 총 다섯 차례 결성되었으며 여기서 언급된 제1차 대프랑스 동맹 기간은 1793~1797년을 말한다. 또한 크로이처가 서곡을 작곡한 마라톤 대회는 1795~1796년에 개최되었다.

적·정치적 영향 아래 놓였던 1797년에 쓰여졌다. 프로메테우스와 나폴레옹의 등치에 대해서는 의심의 여지가 없다. 몬티가 이 시를 나폴레옹에게 헌정하면서 이를 명백히 밝혔기 때문이다. 베토벤의 발레곡역시 프랑스 통령의 공식 송가 〈제국의 안녕을 지키자Veillons au salut de l'Empire〉와 비슷한 울림을 보여 준다. 따라서 이에 정통한 독일의 음악학자 페터 슐로이닝Peter Schleuning이 내린 다음과 같은 결론은 타당하다.

> 우리는 이 발레곡을 신화적 인류 교육을 완성한 동시대인 보나파르트에 대한 찬양으로 보아야 한다. 그리고 신화적으로 표현된 프랑스 통령에 대한호소로도 읽어야 할 것이다. 여전히 봉건제 아래에서 신음하는 유럽의 다른민족들도 해방해 달라는 호소 말이다. 이는 당시 모든 진보 인사들이 품고있던 희망이었다.[14]

〈프로메테우스의 창조물〉에서 다뤘던 프로메테우스·나폴레옹 주제는 교향곡 3번 E플랫장조 op.55 〈에로이카〉로 넘겨진다. 발레곡의 마지막 주제는 〈에로이카〉 4악장의 바탕이 되는 콩트르당스contredance(대무곡對舞曲) 주제와 동일하다. 베토벤은 영국 민속 무용곡인 콩트르당스의 초기 형식을 〈에로이카〉 1악장 모티프로 일부 차용해 처음부터 이

피날레를 목표로 한다.

이러한 대칭성은 〈에로이카〉가 본래 프로메테우스의 주제와 연결된 것임을 보여 준다. 이는 곧 베토벤이 교향곡 3번을 나폴레옹에게 헌정하려 했거나 그의 이름을 붙이려 했다는 사실을 증명한다. 1804년 8월 〈에로이카〉의 사보寫譜 표지에서 베토벤이 구멍을 내 삭제한 '보나파르트에게 헌정하며intitolata Bonaparte'의 흔적과 아래 직접 연필로 쓴 '보나파르트를 위하여 씀Geschrieben auf Bonaparte'을 볼 수 있다.

지금은 사라진 〈에로이카〉의 원본 악보에는 원래 헌사가 있었다. 그러나 존경하던 나폴레옹이 1804년 12월 2일 황제가 되었다는 소식을 접하자 이미 앞에서 언급했듯이 베토벤은 헌사를 찢어 버리고 이렇게 외쳤다고 한다. "그도 보통 사람과 다를 게 없군! 이제 모든 인간의 권리를 짓밟고 자기 야망만 채우려 들 거야."[15]

이 일화는 그럴듯하다. 하지만 실제 있었던 일은 좀 더 평범했을지도 모른다. 베토벤은 오스트리아 한 귀족에게 〈에로이카〉를 700굴덴에 팔았고 80두카트(360굴덴)를 더 받는 조건으로 후원자 로프코비츠 공작에게 헌정했다. 그러므로 나폴레옹에 대한 어떤 공식적인 언급도 애초부터 불가능한 것이었다. 설령 베토벤이 황제 대관식을 접하고 나폴레옹과 대담하게 결별했다고 해도 나폴레옹은 여전히 베토벤에게 유효했다.

베토벤은 당시 자신의 음악이 파리에서 매우 호평을 받고 있다는 사실을 너무나 잘 알고 있었다. 이미 여러 차례 공공연하게 밝혔던 계획, 즉 파리로 이주하면 오페라 《레오노레Leonore》(훗날 《피델리오Fidelio op.72》)를 가지고 가려는 계획은 여전히 현재 진행 중이었다. 그래서 베토벤은 1809년 트레몽Trémont 남작이 프랑스에서 방문했을 때 자신이 파리를 방문하면 나폴레옹에게 영접받을 수 있는지 물었다. 이 시기는

교향곡 〈에로이카〉 사보 표지(1804). 제목 "보나파르트"는 파기되었지만 나폴레옹의 이미지는 오래도록 〈에로이카〉를 지배하고 있다.

괴테가 나폴레옹을 직접 만나고 얼마 되지 않은 때이기도 했다. 이 밖에도 당시 베토벤은 나폴레옹의 동생 제롬 보나파르트의 카셀궁 악장직을 놓고 진지하게 고민한다. 그리고 얼마 후에는《미사 C장조 op.86》을 나폴레옹에게 헌정하는 문제에 대해서도 고민한다. 한때 베토벤이 창작을 하는 데 지배적인 역할을 했던 나폴레옹 숭배가 무리 없이 이어지는 어떤 열정을 보여 준다. 처음 세 교향곡뿐만 아니라 오페라《피델리오》, 바이올린 협주곡 D장조 op.61, 〈에그몬트 서곡Egmond Ouvertüre op.84〉, 〈코리올란 서곡Coriolan Ouvertüre op.62〉, 교향곡 5번 c단조 op.67(《운명》) 등이 그 예다. 교향곡 5번의 마지막 4악장은 프랑스 혁명의 '승리의 빛Clat triomphal'과 같다. '승리의 빛'은 이 시기의 프랑스 '공포 오페라'에서 기원한 것인데 독일 작가 카를 뵈르너Karl H. Wörner에 따르면 "열정과 영웅적 제스처, 강렬한 질주, 숨 막히는 상승과 승리의 행진을 표현하는 혁명의 시대 새로운 음악성을 말한다."[16]

교향곡 5번에서 베토벤은 유례없는 방식으로 단칼에 고르디우스의 매듭 • 을 푼다. 한 개인은 운명의 힘을 거스를 수 없고 오직 시대의 커다란 흐름에 동참해 환호하는 다수 안에서 그 해답을 찾을 수 있을 뿐이다. 이때 다수는 그 역할에서 이상화된 프랑스 혁명의 민중들이다. 그들의 투쟁 구호 '자유la liberté'는 4악장의 도드라진 선율 c − b − c − d(T.303f.)에 무리 없이 적용할 수 있다. 베토벤은 이 선율을 프랑스 국가 〈라마르세예즈La Marseillaise〉의 작곡가 루제 드 릴Rouget de l'Isle의 〈디오니소스 찬가Hymne dithyrambique〉에서 따온 것일 수도 있다.[17] 이 외에

• 난제를 의외의 단순한 방식으로 해결한다는 뜻이다. 소아시아 프리기아의 고르디우스 왕이 묶어 놓은 복잡한 매듭을 푸는 사람이 훗날 아시아를 정복하리라는 예언이 있었는데 알렉산더 대왕이 아무도 풀지 못하던 매듭을 단칼에 끊었다고 한다.

도 프랑스 혁명을 상기시키는 대목은 더 있다. 베토벤은 특별히 승리의 종장을 위해 피콜로와 콘트라바순, 세 대의 트롬본을 '행진'하게 한다. 주로 군악에 사용되는 이들 관악기로 승리의 음색을 바탕에 깔아 준다. 1악장의 c단조가 연관된 모든 비유와 함께 C장조로 밝아진다는 설명은 굳이 보탤 필요가 없다.

첫 악장의 간결한 주제 모티프는 마지막의 극적 쿠데타로 이행하고, 투쟁에서 승리로, 개인의 곤경에서 집단의 해방으로 나아간다. 이러한 진행이 음악적으로 그리고 철학적으로 설득력을 지니고 있다는 것인데 과연 가능한 일일까? 오늘날과 마찬가지로 당시 청중들도 이 동화와 같은 해방의 울림에 매료되었다. 러시아 전기 작가 알렉산더 울리비체프 Alexander Oulibicheff는 베토벤 사망 직후 있었던 파리 공연장의 이야기를 전한다. 당시 한 늙은 보병이 승리의 마지막 악장을 듣고 감격해서 "황제! 황제 만세!"를 외쳤고 이런 즉석 연상으로 자신의 옛 황제 나폴레옹을 기렸다고 한다.[18]

여러 사람들이 교향곡 5번의 영웅적 요소를 각자의 방식으로 해석했다. 리하르트 바그너는 혁명의 해인 1848년 직접 지휘한 드레스덴 궁전 공연에 대해 다음과 같이 전한다.

왕과 신하들은 우울한 기분이었다. 청중은 임박한 위험과 혁명의 예감에 무겁게 짓눌려 있었다. (…) 그때 바이올리니스트 리핀스키가 내게 속삭였다. "그냥 기다리세요. c단조의 첫 음이 울리면 모든 게 다 사라질 테니!" 그 말은 맞았다. 교향곡이 시작되었다. 터져 나오는 환호성과 감격![19]

청중을 우울한 기분에서 해방시키는 데는 마음을 뒤흔드는 이 시작만으로도 충분하다. 시작 부분에서도 이미 들리지만 결국 마지막 악장에 이르면 모두 압도당하고 만다. 승리의 환호가 잇따른다. 마지막 악장의 주제는 신격화되어 대단원을 장식한다. 이는 극도로 감격한 사람들을 표현한 것으로 순수한 C장조의 들판으로 들어선다. 첫 악장을 소나타 형식으로도 볼 수 있다는 식의 해석은 여기서 대부분 묻혀 버린다. 일부 베토벤 연구자들이 '상투적인 군악'이니 '우려할 만한 대중성'이니 하는 말은 놀랍지도 않다.[20] 베토벤의 열렬한 추종자인 바그너도 이 피날레에 감탄했다. 바그너의 부인 코지마Cosima는 1880년 7월 14일 일기에 이렇게 적고 있다.

> 리하르트는 아침 식사 때 c단조 교향곡에 대해 얘기했다. 이 작품에 대해 많이 생각해 봤다 했다. 베토벤이 음악가를 집어치우고 갑자기 대단한 대중 연설가가 된 것 같다고 말했다. 전반적으로 베토벤은 마치 프레스코화를 그리듯 말하는데, 그토록 풍부했던 〈에로이카〉의 모든 음악적 디테일을 생략해 버렸다고 했다.[21]

바그너는 1813년에 초연된 교향곡 7번 A장조 op.92의 마지막 4악장을 "춤의 신격화"라고 했는데[22] 이는 그 악장이 가지고 있는 자극적인 편집증을 두고 볼 때 완곡한 표현이다. 이 악장의 첫 주제를 듣는 사람은 어지러운 걸음과 대면하고 이는 곧 등장하는 엄격한 군대 행진곡의 리듬에 의해 통제된다. 이 리듬이 프랑수아 조제프 고세크François-Joseph Gossec의 혁명 행진곡 〈공화국의 승리Le triomphe de la Republique〉[23]를 연상시킨다는 점은 얘기하고 넘어가자. 1813년에서 1814년으로 넘어가는 겨울 교향곡 7번이 열광적 환호를 받으며 울려 퍼지던 콘서트홀은 나폴레옹 시대의 종말을 알리는 군사적 승리에 도취해 있었다. 그렇다고 이 점을 과도하게 강조하는 것도 적절하지 않다. 이 4악장은 눈앞에 닥친 폭력에 전적으로 무기력하게 노출된 개인을 드러내 보이기 때문이다. 이런 점은 일반적으로 그리고 시대적 상황과 관계없이 베토벤의 작품에서 결코 무시할 수 없는 부분이다. 바그너는 작곡가 엥겔베르트 훔퍼르딩크Engelbert Humperdinck와의 대화에서 다음과 같이 털어놓았다. 이 마지막 악장을 좋아할 수는 있지만 "어떤 의미에서는 이렇게 말해야 한다. 이것은 더 이상 음악이 아니다. 그렇지만 베토벤은 그렇게 할 수 있었다!"[24]

베토벤의 천재성에 대한 바그너의 고백은 우리의 지평을 넓혀 준다. 베토벤 교향곡은 프랑스 혁명 음악의 요소들을 수용, 가공하여 1789년 프랑스 혁명과 1814년 빈 회의 시기 유럽인 특유의 비감과 영웅주의를 표현하는 데 그치지 않았다. 오히려 베토벤은 위대함, 창의성, 정복을 그리는 데 몰두했다. 기존 연구들은 베토벤 교향곡의 이런 요소들을 등한시했다. 베토벤이 과정으로서의 작곡을 중요시한 최초의 음악가라는 데 매달려 있었기 때문이다. 그러나 과정으로서의 작곡은 피아노 음악과 실내악 혹은 오페라라는 장르의 틀 안에서도 확인할 수 있다. 그러니깐 교향곡과 서곡에서는 그 이상의 것, 즉 힘의 제스처를 봐야 한다.

이런 과정은 오케스트라와 오케스트라의 음향에 대한 새로운 이해와 밀접히 연관되어 있다. 베토벤 이전의 교향악은 작곡가가 먼저 악장을 만들고 악기를 편성하는 것을 일종의 이념형으로 여겼다. 하지만 이런 관습은 베토벤에 의해 단지 하나의 진실만을 의미하게 된다. 또 다른 보충적인 진실이 대치하게 되는데, 오케스트라라는 기구가 특정한 음악 전개를 스스로 만들어 내기에 이른 것이다. 이런 양상은 늦어도 〈에로이카〉나 교향곡 5번 이후로 확실하게 드러난다. 크레센도 crescendo(점점 세게), 음향적 표면[場]Klangflächen, 간결한 반복 등이 여기에 해당하는데 오케스트라 음의 힘이 없다면 아무런 의미도 없고, 아무런 효과도 낼 수 없을 것이다.

물론 18세기 오케스트라 음악은 이미 힘의 제스처를 알고 있었다. 그러나 대부분 규격화되어 C장조나 D장조 교향곡에서 나타났으며 트럼펫과 팀파니 주자들이 축제 분위기와 권력자들의 위용을 표현했다. 이는 진정한 의미에서 베토벤이 전하는 오케스트라의 음과는 비교할 수 없는 것이다. 베토벤 전기 작가 빌헬름 폰 렌츠Wilhelm von Lenz는 〈에로이카〉 시작 부분의 두 오케스트라 음을 "오케스트라를 순무 베듯 쪼개 놓는 중무장 기병대의 두 번의 타격"[25]이라고 묘사한다. 이런 군사적 언어는 일순간 웃음기를 가시게 할지도 모르겠지만 19세기 중반 저명한 베토벤 전기 작가의 이와 같은 비유는 당시 교양 시민들이 베토벤 음악을 어떻게 들었는지 보여 준다. 실제로 상당히 공격적인 베토벤의 관현악곡에도 옛 방식의 총주tutti가 종종 등장한다. 그리고 〈에로이카〉의 간략한 도입부에서의 총주는 단순한 제스처가 아니라 그야말로 '주제와 모티프의 위상'[26]을 갖고 있다. 팀파니 악절도 마찬가지인데 그 폭발하는 힘을 교향곡 7번과 8번, 9번에서 느낄 수 있다. 특히 교향곡 6번 F장조 op.68 〈전원〉에서 팀파니는 뇌우와 폭풍을 묘사하는데, 베토벤은 마지막 악장에서만 팀파니를 사용해 그 효과를 극대화한다.

베토벤이 포르테forte나 스포르찬도sforzando 같은 셈여림표를 과도하게 사용한다는 것은 굳이 말할 필요가 없다. 악보를 일별해 보면 해당 지시가 없어도 되는 곳에서도 셈여림표를 사용한다. 이는 말하자면 지휘자와 연주자들을 위한 삼중의 느낌표 같은 것이다. 베토벤은 선율의 진행 중 센박과 여린박의 위치가 바뀌는 싱커페이션syncopation(당김음)에서나 포르테에서 피아니시모pianissimo로 급속히 전환되는 여린박에서 스포르찬도를 눈에 띄게 사용한다. 이렇듯 베토벤은 행진과 같은 일률적인 진행을 거부한다. 오히려 베토벤의 특별한 악센트 사용은 일종의 의지 표현이다. 잘 계획된 광범위한 전체 구상에 매여 있으면서도 지대한 영향을 가져올 개인의 자발적인 힘든 작업으로 해석될 수 있다. 베토벤이 정말로 작곡가로서 자신을 사령관 나폴레옹과 비교한다면 여기에는 실제로 그럴듯한 공통점이 있다. 바로 예측할 수 없는 전술을 사용한다는 것이다. 물론 이 전술의 바탕에는 설득력 있는 전략이 깔려 있다.

교향곡 9번 〈합창〉의 작곡과 1824년 초연•에서 보여 준 자기 초월의 행위로 베토벤이 음악적으로 더할 나위 없는 최고의 경지에 도달했는지에 대해서 논쟁할 수 있다. 또한 이 모든 환호를 뒤로하고 〈합창〉에 이어 극한의 상황에서 작곡된 마지막 현악 4중주 a단조 op.132에서 어떤 절망 같은 것이 느껴지는지 물어볼 수도 있다. 베토벤의 자기이해에 따르면 그는 자신을 다시금 빛을 가져다주는 사람으로 본다. 비록 세인트헬레나섬에서 나폴레옹이 죽고 몇 해 되지 않아 베토벤이 천재적으로 고안한 교향악적 위대함으로 객석에 전하는 감동은 시효를 잃었음을 〈합창〉 피날레가 분명히 보여 준다 해도 말이다. 그보다는 실러의 〈환희의 송가〉 맥락에서 젊은 베토벤이 꿈꾸던 '위대하고 숭고한것'은 오직 돌림노래를 통해서만 실현된다. 그 노래에는 연주자와 객석사이의 경계를 허물고 모든 참여자를 실러의 열정적인 시구처럼 '친구'와 '형제'로 만든다는 숨은 뜻이 있다. 〈합창〉은 위대한 개인의 찬양에대한 조가弔歌다. 그러나 동시에 복고와 반동을 위해 자유, 평등, 박애의숭고한 목표를 저버린 둔중한 시대정신을 향한 저항이자 여전히 '나폴레옹적'인 마지막 시도이기도 하다.

• 빈 케른트너토르 극장에서 열린 이 초연은 특히 유명하다. 이 무렵 청력을 완전히 상실한 베토벤은 〈합창〉 초연 당시 지휘봉을 잡을 수 없어 그 무대를 지켜만 봐야 했다. 연주가 끝나고 청중이 환호하는 가운데 귀가 멀어 갈채를 듣지 못하는 베토벤을 누군가 객석을 향해 돌려세운 그 공연이다.

빌헬름 푸르트벵글러 Wilhelm Furtwängler(1886~1954)

독일 여러 곳을 돌며 지휘 경력을 쌓은 푸르트벵글러는 1922년 베를린 필하모닉의 수석 지휘자가 된다. 독일 제3제국은 국민을 선동하기 위해 푸르트벵글러를 얼굴마담으로 내세웠으며 이로 인해 그의 명성은 치명타를 입기도 했다. 전쟁이 끝난 후 살아 있는 전설 푸르트벵글러는 명예를 되찾아 독일 무대에 다시 섰으며 외국을 오가며 객원 지휘 활동을 했다.

2

빌헬름 푸르트벵글러

"푸르트벵글러는 독일 음악 문화의 고위 성직자로서
그리고 특별히 베토벤의 유산관리자로서 새로운 권력자들의 존경을 받았다."

스물다섯에 뤼베크 오페라 극장 지휘자가 되어 〈에로이카〉 연주로
파란을 일으킨 푸르트벵글러. 극장의 후원자 이다 보이 에드Ida Boy-Ed의
전언에 따르면, 푸르트벵글러는 '최고 중의 최고'를 작곡한 베토벤을
'교향곡의 주신'으로 섬겼다.[27] 당시 독일의 인기 작가이자 살롱의 주인
이었던 보이 에드는 과장하는 경향이 있지만 젊은 푸르트벵글러에게
베토벤은 누구보다 중요한 사람이라는 말은 기꺼이 믿으려 한다. 엄밀
히 말해 베토벤이 없었다면 푸르트벵글러는 결코 스타 지휘자가 되지
못했을 것이다. 푸르트벵글러의 지휘는 베토벤의 음악을 통해서만 빛
을 발했기 때문이다.

일단 오케스트라를 생각해 보자. 19세기까지 오케스트라는 보통 제
1바이올린 수석 연주자 혹은 건반악기 주자가 지휘했다. 이런 상황에
서 작가 E. T. A. 호프만Hoffmann이 "교향곡 5번은 바이올린 연주석에
서 거의 통제 불가능하다"라고 말한 것은 베토벤 교향곡이 연주되기 시
작하면서 뭔가 변화가 생겼다는 것을 증명해 준다. 주된 원인은 점점

비대해지는 오케스트라의 규모가 아니라 베토벤이 오케스트라라는 음향 기계를 다루는 새로운 방식에 있었다. 첫째로 개별 관악기와 저음의 현악기가 전체 음향에서 독립하는 정도가 심해져서 때에 따라 개별 악기나 파트를 살피는 지휘가 필요해졌다. 둘째로 자유로운 반주를 막기 위해 규정된 반주법을 따르거나 모티프와 주제에 집중하기 위해 오케스트라에서 개별 악기들이 멜로디를 교대로 표현하는 분산 기법을 사용하게 되었다. 물론 이런 작곡 방식은 베토벤만의 전매특허는 아니지만 그가 즐겨 사용하던 기법이었다. 셋째로 지휘자는 싱커페이션과 악센트의 예기치 못한 전이, 강세 없는 박에 오는 오케스트라 음, 불안정한 박자의 변용 등과 같은 베토벤 음악 특유의 변칙성을 조정해야 했다. 달리 말하면 고집 센 작곡가와 오케스트라 집단이 대면하는 베토벤 음악은 작곡가를 대신해 집단을 '지도'할 대리인이 필요했다. 이 대리인이 바로 지휘자다. 지휘자는 베토벤을 넘어서며 이제는 작곡가와 한 몸이 되어 나타난다.

　여기에 베토벤 음악, 특히 교향곡은 그의 이념이 담겨 있으므로 오직 선택받은 자만이 그 울림을 청중에게 전달할 수 있다는 생각이 더해진다. 푸르트벵글러는 자신이 연주하는 모든 음악에 영혼을 불어넣어야 한다고 생각했다. 자신이 좋아하는 베토벤 음악의 지휘자로서는 더더욱 그래야만 했다. 따라서 푸르트벵글러의 자기 이해에 의하면 그는 베토벤의 대리인으로서 음악만이 아니라 청중의 영혼도 지휘하는 것이었다. 푸르트벵글러가 글과 말을 통해 음악가 베토벤의 영혼과 지식의 허무한 이상 세계에 대립하는 영혼과 정신의 음악 체험에 대해 끊임없이 이야기할 때[28] 거기에는 '독일 영혼'의 예찬 속에서 스스로 용인한 극단의 전통이 표출되고 있었다. 19세기 말부터 많은 예술가와 지식인이 이 신념에 빠져 있었다. 그들은 훗날 이른바 '보수 혁명'이라 불리는 기치를 앞세우고 단순한 문명화라는 망상에서 벗어나 '독일의 정신과 내면' 문화를 지켜내야만 한다고 믿었다. 푸르트벵글러보다 11년 앞서 태어난 베토벤 숭배자 토마스 만도 처음에는 이런 흐름에 매우 가깝게 서 있었다. 1914년 만의 에세이 〈전쟁 속의 상념Gedanken im Krieg〉에는 이런 구절이 있다. "독일의 영혼은 너무 깊어서, 문명은 그 상위 개념이 될 수 없고 가장 고귀한 것이 될 수 없다."[29]

그러나 만은 점차 이런 비합리성에서 멀어지고, 소설 《파우스트 박사》에서 자신의 태도를 반성하며 정치적으로 나치 정권을 단호하게 비판한다. 반면 푸르트벵글러는 공공연한 국가 사회주의자는 아니었지만 자신의 세계관을 충실히 지킨다. 만은 이런 푸르트벵글러를 1933년 일기에 새 정권의 '하수인'이라고 적는다.[30] 푸르트벵글러에게는 (독일의) 예술이라는 것이 문제다. 이를 염두에 두면 푸르트벵글러에게 뻔뻔한 기회주의의 혐의를 두는 대신 나치 정권에 대한 그의 태도를 좀 더 이해할 수 있다. 형이상학, 비합리주의, 깊은 심성, 독일의 영혼, 음악의 윤리, 특히 베토벤 음악의 윤리와 같은 단어들을 푸르트벵글러만 정신의 여행 가방에 넣어 다니던 게 아니다. 그것들은 독일 교양 시민의 가치관을 이루는 요소였다. 그리고 이를 독일의 국가 사회주의 이데올로기가 차용했던 터라 부분적으로는 나치 이데올로기와 거의 구분할 수 없었다. 1942년 그러니까 나치를 사실상 정면으로 부정하는 '총력전'이 한창이던 때 푸르트벵글러가 베를린 필하모닉을 대동하여 베를린 AEG 군수 공장에서 벌인 공연에 대해 다음과 같은 관제 언론의 보도를 읽을 수 있다.

우리 위인들의 작품에서 울려 나오는 독일의 영혼은 창조하는 독일인들의 심금도 함께 울렸다. 매일 매 순간마다 정직한 성과를 위해 노력하는 사람

은 여기 우리의 위대한 지휘자가 보여 준 예술의 성과가 무엇인지도 느낄 수 있을 것이다.[31]

여기에는 이질적 기원의 가치관이 혼란스럽게 뒤섞여 있다. 이런 기사는 공장 공연을 (물론 드물기는 했지만) 국민의 의무로 본 푸르트벵글러의 자기 합리화에 도움이 되었을지도 모르겠다. 푸르트벵글러는 자칭 비정치적 예술 사도로서 자신이 얼마나 정치적으로 행동하고 있는지에 대한 감각이 전반적으로 부족했다. 그러나 망명으로 내쫓긴 사람들의 처지를 알 리 없던 독일인들의 생각은 크게 다르지 않았을 것이다. 당시에도 그랬고 제2차 세계대전이 지나서도 그랬다. 독일의 국가 사회주의 이데올로기에 의심을 사지 않는 것이 있었다면 그것은 비합리성과 독일의 내면성에 대한 신앙 고백뿐이었다.

1946년 10월 31일 푸르트벵글러의 후임 세르주 첼리비다케Sergiu Celibidache 가 지휘한 베를린 필하모닉의 〈에로이카〉에 대해 일간지《테클리헨 룬트샤우-Täglichen Rundschau》는 다음과 같이 평했다.

첼리비다케는 악보를 완벽하게 재현했다. 잘 훈련된 오케스트라의 연주는 대단했다. 템포는 고개를 끄덕이게 했고, 풍부함과 섬세함은 균형을 이뤘다. 이렇듯 그는 음악 세계를 완벽하게 구축해 냈다. 동시대 그 누구도 해내지 못한 일이다. 하지만 악보 너머에 있는 정신과 윤리, 이념, 가슴을 파고드는 그 무엇이 빠져 있었다. 이것이 바로 푸르트벵글러와 그를 가르는 차이다.[32]

• 베를린 필하모닉의 단원들은 전시 군 복무 면제자들로 어찌 보면 최고의 특권을 누리는 사람들이었다. 만약 푸르트벵글러가 이런 봉사를 회피하려 했다면 단원들 대부분이 징집되고 악단은 와해되었을 것이다.
•• 루마니아 출신으로 1945~1952년 베를린 필하모닉의 지휘를 맡았다.

푸르트벵글러는 종전 후 독일의 나치 청산 정책으로 지휘 금지령에 묶였다가 1952년에 베를린 필하모닉의 종신 수석 지휘자로 선출된다. 그는 이때도 나치 정부에서 자신의 역할이 무엇이었는지 깨닫지 못했다. 전쟁의 가혹한 운명을 불평하는 수백만 독일인들처럼 푸르트벵글러도 몰락한 전체주의 체제를 두고 자신을 희생자로 여겼다.

토마스 만처럼 푸르트벵글러의 태도를 비판하거나 혹은 반대로 용인하자는 게 아니다. 앞에서 언급했다시피 이해하려 해 보자는 것이다. 아무리 의지가 강한 예술가라도 찬양을 받으면 받을수록 주위 상황에 쉽게 현혹되기 마련이다. 만은 유대인 여성과 결혼했기에 독일을 빠져나와야 했고 노벨 문학상을 받고도 문화 볼셰비키로 낙인찍혀 베를린 한복판에서 자신의 책이 불살라지는 것을 목격해야 했다. 푸르트벵글러는 이런 만이 아니었다. 푸르트벵글러는 독일 음악 문화의 고위 성직자로서 그리고 특별히 베토벤의 유산 관리자로서 새로운 권력자들의 존경을 받았다. 히틀러와 힘러, 괴벨스 등은 모두 베토벤의 열렬한 애호가였을 뿐만 아니라 특히 푸르트벵글러가 지휘하는 〈에로이카〉나 교향곡 5번을 듣고 싶어 했다. 히틀러는 중요한 날마다 푸르트벵글러에게 베토벤 음악의 지휘를 맡겼고 괴벨스는 예술 영웅 푸르트벵글러에 도취해 헤어나지 못하는 것처럼 보였다.[33]

지휘자 푸르트벵글러는 권력자들을 직접 만나면서 흡사 자신이 이들과 어깨를 나란히 하고 있다고 착각하게 된다. 푸르트벵글러는 꾸준히 동료 유대인 음악가들을 위해 직접 노력할 뿐만 아니라 작곡가 파울 힌데미트Paul Hindemith의 새 오페라《화가 마티스Mathis der Maler》를 옹호했다. 푸르트벵글러는 경멸해 마지않던 공식 후원을 받는 체제 옹호자들의 어떤 음악보다 힌데미트의 새 오페라를 가치 있는 것으로 평가하며 권력자들의 견해에 맞선다. 푸르트벵글러는 힌데미트의 세계관이 담긴 작품을 위해 나섰지만 공연 금지를 막을 수는 없었다. 자신의 영향력을 때때로 과대평가한 것이다. 그리고 1934년 히틀러는 공적으로 물의를 일으킨 푸르트벵글러에게 압력을 가해 모든 직책에서 물러나게 했다. 관객들은 금세 그의 부재를 아쉬워했다. 푸르트벵글러를 대신해 오이겐 요훔Eugen Jochum이 지휘한 베를린 필하모닉의 폴란드 브레슬라우 공연을 언론은 다음과 같이 보도했다.

> 위대한 독일 오케스트라 예술의 본질적 특징이 부재했다. 그간 베를린 필하모닉이 우리에게 마치 성배처럼 선사해 왔던 초자연과 피안, 놀라운 음색이 모두 빠져 있다.[34]

푸르트벵글러가 1년 만에 예술적 지위를 완전히 회복하고 게다가 나치 전당 대회에서 지휘까지 '허락받은' 것은 놀랄 일이 아니다. 이 '허락'은 일종의 특별한 표창으로 당 기구와 거리를 두었던 푸르트벵글러는 아주 제한적으로만 이를 써먹었다.

1933~1945년 시기의 푸르트벵글러를 묘사하면 이렇다. 독일 예술의 위대함을 증명하라는 임무에 고무되어 전체주의 체제의 야만 행위 앞에 천진하게 혹은 자발적으로 눈을 감았다. 그리고 정치적·사회적으로 주위와 보조를 맞춘다는 욕구에 사로잡혀 있었다. 본분을 넘어서 체제에 동조한 푸르트벵글러를 단죄하는 일은 망명에 내몰렸던 혹은 박해받았던 예술가들과 전쟁에 소모된 세대의 절대적 권리다. 반면 이후 세대는 좀 더 견해를 밝히는 데 세심한 주의를 기울여야 할 것이다. 이 예술가는 객관적으로도 비난할 수 없는 '자신이 하는' 선한 일이 전체에 봉사한다는 환상에 빠져 있었는데 이는 현실감 상실에서 비롯된 것이다. 게다가 음악 애호가인 대중과 권력자들에게서 한목소리로

찬사를 받던 예술가에게는 전체주의 체제 안에서 올곧은 길을 가는 게 특별한 도전이었을 것이다.

그렇다면 푸르트벵글러의 활동은 베토벤 우주에서 어떤 자리를 차지하고 있는 것일까? 베토벤 음악, 특히 교향곡과《피델리오》의 정치적이면서도 동시에 비정치적인 차원이 문제다. 베토벤 이전 예술 음악에도 정치적 차원이 있었다. 그 음악은 종교와 세속적 영역에서 그리고 무대 위와 연주회장에서 지배자를 찬양하고 정치 질서를 공고히 하는 데 여러모로 이바지했다. 오페라는 잔학한 폭군의 처벌을 다룰 때조차도 '지혜롭고' '정의로운' 지배자임을 그만큼 더 간접적으로 내세운다. 그러나 기존 질서를 긍정하는 메시지는 결코 감지되지 못한다. 이는 음악의 제2 본성인 것 같다.

프랑스 혁명 전야에 패러다임의 전환이 일어나기 시작한다. 이는 모차르트의 오페라《피가로의 결혼Le Nozze Di Figaro》대본에서 그 조짐이 보인다. 프랑스 혁명 중에 비로소 이른바 공포 오페라 또는 구출 오페라가˙ 번성한다. 이탈리아 작곡가 루이지 케루비니Luigi Cherubini의 오페라《물장수Wasserträger》는˙˙ 이런 변화를 확실히 보여 준다. 이제 신이나 왕을 찬양하는 것이 아니라 사회 계층의 경계를 넘어서 새로운 인간관을 선포하는 것이 화두가 되었다. 특히 파리 혁명 기념식의 행진곡에서 한 박 한 박 강세를 둔 리듬과 관악기의 선호가 눈에 띈다. 절대주의에서 음악은 통치자를 향한 발언이었다면 이제는 민중에게 영향을 미치는 데 이바지한다.

• 1789~1799년 프랑스 혁명 기간에 유행하던 오페라의 한 유형으로 혁명의 혼란 속에서 사회적 불안감을 반영한다. 줄거리의 얼개는 곤경에 처했다가 구원받는 것인데 여기에 사랑 이야기가 얽힌다.

•• 1800년 프랑스 장 니콜라이 부이가 대본을 쓴 3막의 코미디로 원제는 "이틀간의 사건Les Deux Journées"이다.

베토벤은 새로운 인간관을 그의 오페라《피델리오》의 주제로 삼는데 이 대본은 다름 아닌《물장수》의 대본으로 거슬러 올라간다. 그리고 20년 후 한 번 더 교향곡 9번의 마지막 악장의 주제로 삼는다. 더군다나 베토벤 교향곡은 프랑스 혁명 음악의 선동적인 요소를 받아들인다. 교향곡 5번과 7번의 마지막 악장이 가장 두드러진다. 해당 특성은 시대사적 사건들로 설명될 수 있는 반면에 베토벤 음악 전체를 아우르지는 못한다. 베토벤과 함께 언급되는 일반 유행어들의 표현을 빌리자면, 베토벤 음악에는 '선동'과 '폭력', '단호함', '투쟁성', '거인주의', '영웅주의' 등이 존재한다는 다양한 해석이 가능하다.

독일 소설가 그리펜케를(161쪽 이하 참조)처럼 자유와 민주주의를 위해 싸우는 3월 혁명 전前시대(1815~1848년 3월 혁명까지의 시기)의 대표자들은 이런 특성을 3월 혁명을 불안하게 마주한 드레스덴 궁정 사람들과는 다르게 해석했다(27쪽 참조). 또 그로테스크하게 독일국민당식의 장황한 주장을 하는 스타 지휘자 한스 폰 뷜로가 있는가 하면(175쪽 이하 참조) 다른 한편에는 사민주의 예술 비평가 하인리히 비간트Heinrich Wiegand 도 있다. 비간트는 '어떤 싸움도 마다하지 않는' 베토벤을 높이 평가하며 "깊은 고통을 창작으로 극복하고 압도적인 흡인력을 지닌 베토벤의 가슴 속에는 언제나 인간의 궁극적 문제나 정치적·사회적 현안들이 요동치고 있다"고 말했다.[35] 라인강 너머에서는 베토벤에게 영웅적 이미지를 부여한, 프랑스 자국민 사이에서는 논란이 분분했던 로맹 롤랑 같은 프랑스 대변인이 등장하는가 하면 독일에서는 1927년 베토벤 서거 100주년을 맞아 "오늘날 독일 민족의 〈에로이카〉 속에서 살자"[36]라고 외친 국가 사회주의자 괴벨스가 등장했다. 그리고 푸르트뱅글러는 1936년 발터 리츨러Walter Riezler의《베토벤》서문에 다음과 같이 썼다.

그 누구도 베토벤보다 강렬하게 독일의 격정과 위대함을 표현하지 못했다.[37]

푸르트벵글러에게 군사적 혹은 단순히 신체적 힘은 중요하지 않았다. 푸르트벵글러는 독일 내면의 정신적 힘을 선전했다. 이른바 1945년 파멸 이후 자신이 항상 진정한 가치를 위해 힘썼다고 푸르트벵글러가 주장하는 것도 같은 맥락에서다. 하지만 푸르트벵글러가 간과한 것이 있다. 국가 사회주의자들은 기꺼이 이런 독일의 내면성과 결탁해 냉소적으로 자신들의 입맛에 맞게 해석했다는 사실이다.

암시했다시피 독일의 내면성은 윤리적인 것과 음악 너머 비합리적인 요소를 대변했고 대변한다. 푸르트벵글러는 이를 표현하기 위해 자신만의 독특한 지휘법을 고안했는데 연주자들이 두려워하는 바로 그 혼란스러운 시작 방식이다. 푸르트벵글러는 일사불란한 첫 박으로 시작 신호를 주는 것이 아니라 음악 전의 긴장 상태를 연주하는 것으로 시작한다.[38] 이 긴장은 지휘자가 아닌, 좀 과장하면, 한 차원 높은 힘에 의해 해소된다. 제의를 거행하기 전 제사장의 떨림과 같은 것이다. 푸르트벵글러는 건조하고 냉정한 지휘를 보여 주는 철저한 반파시스트 아르투로 토스카니니Arturo Toscanini와 확연히 대비된다. 세르주 첼리비다케는 다음과 같이 말했다.

토스카니니가 만들어 내는 것은 그 즉시 감지할 수 있었다. 정신적 차원이 아닌 질서의 문제였다. 토스카니니만 할 수 있는 일이다. 그러나 나는 그 이상의 것을 전혀 느낄 수 없었다.[39]

이런 극단적인 대비가 우리를 잘못된 방향으로 인도할지도 모른다

해도 음반으로 남아 있는 실황 녹음을 통해 다음은 당장 확인해 볼 수 있다. 푸르트벵글러가 무수한 아첼레란도accelerando(점점 빠르게)와 역동적 상승, 생동감 있는 속도 조절에 상응하는 프레이징을 구사해 베토벤 교향곡의 본질적 요소를 두드러지게 한다면, 토스카니니는 악보를 완벽히 재현하는 데 충실한다. 낭만성은 일소해 버린 것이다. 토스카니니는 〈에로이카〉 첫 악장에 대해 건조하게 언급했다.

> 어떤 이들에게 그것은 나폴레옹이고 어떤 이들에게는 알렉산더 대왕이고 어떤 이들에게는 철학적 투쟁이다. 나에게 그것은 알레그로 콘 브리오 allegro con brio(빠르고 활기차게)다.[40]

여기에는 괴테의 파우스트가 되어 '멈춰라, 순간이여. 너는 너무 아름답구나' 혹은 '전율이란 인간에게 할당된 최상의 몫이다'와 같이 순간에 대해 말하고 싶은 그 어떤 유혹도 느껴지지 않는다.

토스카니니의 관점에서 보면 푸르트벵글러는 베토벤이 눈앞에 그려 보인 생생한 육체적 몸짓을 추종자들의 표현을 빌리자면 '정신적' 혹은 '영혼적'인 것으로 상쇄해 버린다. 푸르트벵글러가 잘못한 것일까? 아니면 진정한 베토벤을, 이를테면 시대를 초월한 위대한 이야기 속 작곡가의 정신적 과정과 충격을 앞서 보여 준 것인가?

애매한 표현이지만 푸르트벵글러의 매우 모호한 지휘 방식은 베토벤의 음악적 요소에 부합한다. 푸르트벵글러의 개입과 함께 일어나는 앞서 언급한 '음악 전의 긴장 상태'는 교향곡 9번의 도입 부분에 정확히 부합하지 않는가? 교향곡 5번과 6번의 도입부 모티프를 둘러싼 8분쉼표와 페르마타fermata(늘임표)는 어떤가? 피아노 소나타 d단조 op.31-2 〈템페스트Der Sturm〉 1악장의 구름에 싸인 듯한 아르페지오

arpeggio(분산화음) 에도 걸맞지 않은가?

　이러한 관점은 일반화할 수 있다. 베토벤 음악의 결을 좇는 사람들에게 그의 음악은 고백적 성격을 갖는다. 베토벤의 음악은 교향곡을 매개로 브람스와 브루크너를 거쳐 말러에 이르는 전통을 세웠다. 그럼에도 베토벤은 온갖 모순과 어울린다. 즉, 우리는 음악을 관통하는 위대하고 실존적인 메시지를 감지해야 한다. 각각의 메시지를 이성적으로 파악하려 해서는 안 된다. 대신 이념 음악 제사장의 입술에서 나오는 소리를 감정 이입해 파악해야 한다. 그래야만 비로소 이 고독하고 이해받지 못한 사람은 우리에게 예술가가 되는 것이다. 푸르트뱅글러는 작곡가의 말을 전하는 제사장이었고 토스카니니는 악보의 해석자였다.

　푸르트뱅글러도 토스카니니도 베토벤 음악을 자의적으로 해석하지 않는다. 기존 성향을 드러낼 뿐이다. 바흐나 모차르트에게서는 할 수 없는 일이다. 그래서 베토벤 음악은 정치적으로 쉽게 이용되었다. 공공연히 '고귀하고 더 나은 것'을 얻으려는[41] 이념 예술로서 베토벤 음악은 청자를 높은 수준에서 즐겁게 할 뿐만 아니라 자신만의 파토스와 에토스를 통해 그것을 직접 느낄 수 있게 한다. 기악은 본질적으로 가사가 없어 모호할 수밖에 없다. 그러므로 이질적인 세계관과 정치적 시류에 따라 차용되고 오용되기 쉬운 것이다. 국가 사회주의 베토벤 해석자들은 처음부터 베토벤 기악의 상세한 해석을 왜 거부했는지 알고 있었다. 나폴레옹 시대의 정신을 내세우는 것과 같은 시대사적인 문맥에 사로잡힌 설명 모델이 중요한 게 아니었다. 국가 사회주의자들은 실제 폭력과 비합리성을 내세웠으나 현실의 비합리적인 순간 앞에 삐걱거렸다.

● 화음 덩어리를 동시에 연주하는 게 아니라 음들을 낱낱이 연주는 주법을 말한다.

베토벤의 여러 작품들이 연주된 빈 극장. 1808년 베토벤 교향곡 5번이 이 빈 극장에서
초연되었는데 현재의 명성과 달리 매우 혹평을 받았다고 한다(작자 미상).

모든 냉소에도 불구하고 '신의 섭리' 같은 의심스러운 범주를 내세우는 이데올로기에 음악을 접목하기 위해 오히려 오인되거나 실제로 존재하는 음악의 비합리적인 요소를 필요로 했다.

베토벤의 음악은 비정치적이다. 그 자율적 성격은 정치적 징발을 거부하기 때문이다. 음악의 생애가 항상 사회적 맥락에서 전개된다고 해서 그것이 곧 종속을 의미하지는 않는다. 이제 우리는 아주 구체적으로 물을 수가 있다. 푸르트벵글러가 1945년 폭격당한 베를린에서 베를린 필하모닉의 단원들을 데리고 연주한 교향곡 5번은 (그의 베토벤 해석은 1933년 전에 이미 유행했는데) 나치 정권을 최후까지 사수하자는 구호였던가, 아니면 단순한 위로였던가? 런던 필하모닉도 전시에 교향곡 5번을 연주했다. 전쟁 초반에는 퀸스 홀에서 하다가 독일의 공습으로 공연장이 파괴되자 여러 도시를 돌며 연주했다. 베를린에서건 런던에서건 무엇이 정치적으로 올바른 것이고 무엇이 부당한 것이었을까? 베토벤 작품의 전투성에 대한 질문은 물론 그대로 남는다. 푸르트벵글러건 토스카니니건 지휘자 유형과 무관하게 말이다.

리디아 고어 Lydia Goehr(1960~)

현재 미국 컬럼비아 대학 미학 이론·철학과 교수이다. 영국 케임브리지 대학에서 〈음악 존재론〉으로 박사 학위를 받았다. 1992년 첫 저서인 《음악 작품의 가상 박물관》을 발표한 이래로 규범과 권력 역학을 제한하고 규제하는 구조로 미학 이론의 역사를 파악하고 본질적 상관관계를 이해하는 연구에 천착하고 있다.

3

리디아 고어

"고어는 베토벤 음악 자체만이 아니라 일면에 치우친 편향성을 검토해
베토벤 이후 연주와 연구가 걸어온 길에 대한 의미 있는 논의를 진전시켰다."

미국 철학자 리디아 고어는 1992년 음악 에세이《음악 작품의 가
상 박물관The Imaginary Museum of Musical Works》의 〈베토벤 패러다임The
Beethoven Paradigm〉으로 주목받았다. '베토벤 패러다임'이라는 말은 이제
관련 연구자들 사이에서 유행어가 되었다. 이 구호가 비판적 함의를 갖
는 한에서 유럽의 후원에서 벗어나려는 미국 음악계와 음악학계에 들
어맞는다. 이제는 망명한 독일 음악학자와 그 제자들이 음악에 대해 어
떻게 생각하고 써야 하는지 결정하도록 놔두지 말고, '젠더'와 '인종',
'소수자' 등의 주제와 연관 지어 새롭게 생각해 보자는 것이다. 이런 맥
락에서 베토벤 음악의 '제국주의'는 짙은 혐의를 드러낸다.

물론 고어 자신은 전면적 비판에는 거리를 두고 있다. 하지만《음악
작품의 가상 박물관》개정판에 실린 리처드 타루스킨Richard Taruskin의
서문은 명백히 밝힌다. 책의 주제는 베토벤 '작품 이념'의 기원이 아니
라 "사람들이 지난 한 세기 동안 클래식 음악에 대해 지껄여댄 근엄하
고 사회적으로 퇴행하는 난센스의 기원이다."[42] 세세한 사항까지 정해

져 있는 악보를 충실히 재현해야만 한다는 세대를 초월한 대작에 대한 경배가 문제다. 비판의 대상은 예술가의 천재성도 그리고 이른바 악보의 신성함도 작품 이념에 철저히 복종할 것을 요구하며, 이념의 중심에는 주제와 모티프에 대한 내재적 논리가 있어야만 한다는 생각이다.

고어에 따르면 무엇보다 연주에서 즉흥적 요소를 추방해 버린 책임은 해당 경향에 있다. 베토벤은 실제로 해석자가 곡을 자의적으로 변경하는 것을 막기 위해 모든 수단을 동원한 첫 작곡가다. 베토벤은 독주협주곡의 카덴차cadenza•에 생략 없이 모든 것을 표시한다. 즉, 악상 기호와 셈여림표를 가능하면 정확히 적고 자신의 메트로놈 지시를 따를 것을 요구한다. 많은 음악 애호가들이 자신들이 극찬하는 모차르트 소나타의 쾨헬 번호Koechel Verzeichniss(K. 또는 KV.)는 몰라도 베토벤의 후기 피아노 소나타 A플랫장조의 작품 번호opus(op.)가 110임을 안다는 것은 우연이 아니다.•• 보통 문학이나 회화에서는 작품 번호를 매기지 않을 뿐만 아니라 비독일 작곡가들은 무턱대고 작품 번호의 관행을 받아들이지 않는다는 사실은 우리의 귀를 솔깃하게 한다. 예를 들어 독일 현대 작곡가 볼프강 림Wolfgang Rihm은 프랑스에서도 만날 수 있는 베토벤 숭배를 회의적으로 바라보며, '항상 분석 불가능한 작품을 추구한'[43] 작곡가 클로드 드뷔시는 작품 번호를 매기는 대신 시적이라고까지 할 수는 없지만 특정적인 제목을 붙였다. 비록 베토벤은 저작권 문제 때문에 자신의 작품에 일일이 작품 번호를 달기 시작했지만 이는 음악 작품의 위대함이라는 추상적 이념을 강화한다. 피아노 소나타 op. 27-2를 본능적으로 소나타 〈월광〉과 다르게 연주할 수는 없다.

• 협주곡에서 오케스트라가 연주를 멈추고 협연자 홀로 기량을 과시하며 연주하는 부분을 뜻한다.
•• 자신의 작품에 일일이 작품 번호, 즉 오푸스를 달기 시작한 첫 작곡가가 바로 베토벤이다.

분명 '베토벤 패러다임'은 있다. 그 영향은 독일·오스트리아 음악사에서부터 쇤베르크 학파와 음렬주의(음렬 음악serielle musik)까지 어마어마하다. 무엇보다도 음렬주의는 음악 요소를 그 서체까지 규정하여 연주자를 명령받는 사람으로 전락시켰다. 물론 우연성의 음악aleatorik●이나 즉흥 연주로 선회하는 데는 그리 오래 걸리지 않았다.

좀 늦은 감이 있지만 '베토벤 패러다임'은 20세기 들어 주제와 모티프의 관계를 분석하는 데 몰입했던 음악 연구에도 큰 영향을 미쳤다. 게다가 테오도르 아도르노가 특히 베토벤 음악을 가지고 전개한 '통합적' 예술 작품이라는 개념의 여파가 오늘날까지도 남아 있다. 아도르노의 개념에 따르면 예술 작품에서는 모든 개별 부분의 기능은 전체와 관련해서 발휘되어야만 한다. 이런 의미에서 구조주의 음악학자들은 작곡 전략을 발견하는 데만 관심을 쏟아 단순한 구조적 분석을 거부하는 음악 과정의 요소들은 부차적인 것으로 치부해 무시한다. 이는 고어가 논쟁거리로 삼은 베토벤 음악에서도 발견되는 즉흥적 방임의 요소(이와 관련해서는 루소 부분에서 좀 더 자세히 다룰 것이다)를 등한시할 뿐만 아니라 제스처 사이의 상호 작용과 형식과 내용의 상호 작용을 놓치게 되는 결과로 이어진다.

고어가 '베토벤 패러다임'을 '절대 음악'의 개념과 연결한 것은[44] 적절하다. 외부 요소를 흡수하고 음악 자체의 연관적 요소만 구조적으로 연구할 수 있다는 닫힌 체계가 문제가 된다는 제안 때문이다. 고어는 베토벤 음악 자체만이 아니라 일면에 치우친 편향성을 검토해 베토벤

● 작곡이나 연주에 우연성이나 즉흥성을 도입하는 음악을 가리킨다. 음악에서는 작곡이나 해석의 차원에서 예상치 못한 우연한 결과를 가져오는 비체계적인 방법으로 악기의 종류나 숫자, 곡의 길이, 각 부분의 순서나 빠르기 등에 두루 적용된다.

이후 연주와 연구가 걸어온 길에 대한 의미 있는 논의를 진전시켰다. 그러나 고어가 베토벤의 '제국주의'를 비판하기 위해 '베토벤 패러다임'을 발판으로 삼는 점은 문제라 할 수 있다. 그렇다면 과연 베토벤 음악에서 남성성은 상수常數인가?

베토벤의 교향곡에는 힘의 제스처나 폭력의 분출을 직접 경험할 수 있는 요소들이 있다. 실험 예술이면 모를까 베토벤 작품을 다시 작곡할 수는 없다. 베토벤 음악이 남성주의적 관점에 의해 규정되었다는 것을 (작품에 대해 말하고 쓰는 방법과 양식에서 우리는 분명하게 알아볼 수 있다) 그 수용사를 되돌아보고 새삼 확인해 볼 수는 있다.

다시 질문으로 돌아가 보자. 남성성은 베토벤 음악 자체의 고유한 특징인가? 엄밀히 하자면 '고유한' 특징은 없다. 모든 작품은 수용과 분리할 수 없이 하나로 연결되기 때문이다. 그래도 베토벤과 동시대인의 작품 내부에서 비교해 볼 수는 있겠다. 이런 맥락에서 보면 베토벤 교향곡뿐만 아니라 피아노 소나타에서도 힘의 제스처가 보인다는 사실은 부인할 수 없다. 슈베르트와 비교해 봐도 그 특징은 뚜렷하다. 슈베르트가 스스로 평가한 바에 따르면 영웅적인 베토벤이란 이상에 부딪혀 미완성으로 남은 교향곡 b단조는 (생산적으로) 실패한 후에야 교향곡 9번 C장조 D.944 〈그레이트Great〉의 긴장감을 푼 제스처에 도달할 수 있었다.[45]

베토벤의 경우 광의의 '거인주의적' 요소는 다양한 표현 중 하나일 뿐이라는 사실이 쉽게 간과된다. '영웅적' 패시지와 다른 성격의 패시지가 각각 어느 정도 차지하고 있는지 비교해 보면 아마도 놀랄 것이다. 미국 음악학자 수잔 맥클러리Susan McClary는 베토벤 작품에 몇 안 되는 '여성적 구역'이 있다고 주장하며 교향곡 9번 3악장의 아다지오를 그 '중요한 예외'로 꼽는다.[46] 맥클러리의 이와 같은 지적은 사안을 매우 단순하게 보는 것이다. 맥클러리는 교향곡 9번 첫 악장 재현부의 시작에 대해 이렇게 썼다.

면밀히 준비된 카덴차가 좌절되고 에너지가 막혀 쌓여 결국에는 오르가슴을 느낄 수 없는 강간범의 목을 조르는 듯한 살인적인 분노로 폭발할 때, 이것은 음악에서 가장 끔찍한 순간이다.[47]

맥클러리는 자신의 개인적 느낌에 충실해 서술했을 수도 있겠지만 그렇다고 '남성적 구역'의 전형성을 증명했다고 밝힐 수는 없을 것이다. 베토벤의 극히 섬세한 작품은 젠더적 특징으로 한정할 수 없다. 여기서 발터 벤야민Walter Benjamin의 견해가 떠오른다. 벤야민은 이렇게 요약한 바 있다.

관찰자는 일정한 거리를 유지해야 하는데 '문화유산'에서 보이는 것은 하나같이 그에게는 전율 없이는 생각할 수도 없는 원천에서 비롯되었다고 여겨지기 때문이다.[48]

벤야민의 지적을 기억하며 좀 더 생각해 본다면, 자신의 기원이 신화에 있음을 드러내 보이는 음악은 (이는 특히 베토벤 교향곡의 '거인주의적' 요소에 해당하는데) 일반적으로 신화에 내재한 전율에서 결코 달아날 수 없다. 이와 동시에 교향곡의 주제는 전율에 대해 자신의 희망찬 기대를 내세우는 새로운 방법을 늘 알고 있다. 교향곡 9번 3악장의 아다지오뿐만 아니라 이미 첫 악장의 많은 에피소드가 이에 대한 증거다.

교향곡 5번에도 폭력의 제스처와 내적 반향 사이의 변증법이 있다. 첫 악장에서는 힘의 제스처가 지배적이기는 하다. 앞으로 좀 더 자세히 말해겠지만(54쪽 참조) 아련한 오보에 독주는 뚜렷한 인상을 남기며 폭력에 항의한다. 베토벤의 제자 안톤 쉰들러Anton Schindler에 따르면 "운명은 이렇게 문을 두드린다"라고 베토벤이 직접 언급했다고 했으나 이는 '연주' 방식에 대한 강력한 지시의 의미라는 독일 음악학자 에곤 포스Egon Voss의 주장이 이미 오래전부터 설득력 있게 받아들여지고 있다. 포스에 따르면 베토벤은 시작 부분과 몇몇 곳에서 페르마타에 의해 제한된 두드림의 모티프를 강조해서 느리게 연주하여 이후 전개들과 극적으로 대비시키라고 요구하려 했다는 것이다.[49] 이는 자율적으로 전개되는 주제와 모티프에 대한 생각보다 청자가 경험해야 하는 두드림의 기시감이 작곡가에게는 우선이었음을 말해 준다.

두드림의 기시감은 옆에 치워 놓고, 대신 더 넓은 범주도 상기해 보자. 독일 문학 이론가 카를 하인츠 보러Karl Heinz Bohrer가 질 들뢰즈(535쪽 이하 참조)의 생각에 자극받아 자신의 문학 비평과 미학적 사고의 중심에 놓았던 '지금'과 '돌발', '에피파니epiphany', • '공포'의 범주다. 결정적인 것은, 역사라는 말과는 더 이상 같지 않은 순간을 나타내는 사건이라는 의미에서 '무엇'인가가 일어난다는 게 아니라 그것이 일어난다는 '사실'이다.[50] 보러는 장군들이 임박한 전투의 전략에 관해 대화하고 있을 때 등장한 나폴레옹을 예로 든다. 이 코르시카인이 '빵과 올리브, 침묵'이라고만 말하고 앞에 펼쳐진 지도를 왼손으로 밀며 오른손으로 공격을 시작할 지점을 가리키자 사안들이 결정되었다. 어떤 논리로도 붙잡을 수 없는 환상적인 자기 지시의 '숭고한' 순간에서 보러는 위대함을 경험한다.[51]

• 신이 예기치 않게 인간들에게 모습을 드러낸다는 의미를 지닌 단어다.

이런 생각을 우리는 별 어려움 없이 음악, 특히 베토벤 교향곡 5번의 시작 부분에 적용해 볼 수 있을 것이다. 작곡가의 나폴레옹에 대한 숭배와 "운명은 이렇게 문을 두드린다"는 말은 떠올릴 필요 없이, 우리는 이전의 작곡가들은 사용할 수 없었을지도 모르는 '영웅적' 제스처를 감지한다. 하이든 교향곡의 이례적 시작도 금세 전통의 수로로 흘러 들어갔다. 반면 궁극적으로 설명할 수도 없고 설명이 필요 없는 지배자의 제스처라는 의미에서 이제 역사와는 다른 오로지 베토벤 자신이 호명한 '지금'을 베토벤은 보여 준다. 이 시작의 환상적인 자기 참조의 순간을 어떻게든 신속하게 편입시키려는 대신 순수한 기호로서 자신에게 작용하게 하는 것이 그만큼 더 생산적일 수도 있다. 시작 모티프가 가는 길을 구조주의 분석자의 눈으로 뒤쫓아 작곡가의 주제–모티프 기법에 걸맞은 존경심을 표시하는 일이 아무리 유익하다 할지라도 말이다.

멘델스존은 낭만주의적 사고에 빚지고 있는 보러의 문학·미학 용어를 선취하는 표현을 사용해 베토벤을 이야기했다(457쪽 참조). 베토벤의 현악 4중주 E플랫장조 op.74의 2악장 아다지오를 두고 멘델스존은 감탄하면서 "오직 하나의 눈길이나 모습"이라고밖에 말할 수 없는 "모종의 음악적 어법"에 대해 말한다. 당연히 멘델스존도 이 곡의 철저히 계산된 구조를 평가할 줄 안다. 하지만 여기서 중요한 것은 순간의 제스처, 즉 보러가 앞에서 기술한 '에피파니'다. 설명할 수 없는 '지금'을 소개하고 작곡가는 에피파니를 에피파니로서 자유롭게 거리에서 노래한다.

해체주의적 시각에서 우리는 교향곡 5번의 시작을 낭만주의 소설가 장 파울처럼 비밀스러운 위트로, 즉 번개처럼 내리꽂히지만 그렇다고 결코 '설명할' 수는 없는 어떤 예술적 발상으로 이해할 수도 있다. 그것은 아마 동시대인 헤겔이 세계정신에 대한 자신의 생각을 소개할 때의 그 지독한 진지함을 면박하는 것이리라. 아울러 교향곡 5번의 전 분출을 두고 베를린의 위대한 사상가 헤겔처럼 눈앞에 '말을 탄 세계정신' 나폴레옹을 떠올리는 사람들을 향한 경고다.

서문에서 간략하게 밝혔듯이 나 자신도 베토벤 음악을 성급하게 '위대한 전체'라는 이상적인 개념으로 환원하면 안 된다고 생각한다. 이는 다양한 측면에서 베토벤 작품을 조명하고자 하기 때문이다. 작품 전체를 추상적 체계나 헤겔식 역사 철학적 임무의 완성으로 해석하는 방식은 지양한다. 대신 이 책은 듣는 이들의 예측 불가능한 '여기'와 '지금'에 들이닥치는 환상적 순간들을 선택해 각 장의 주제로 삼는다. 전체 맥락은 객관적으로 주어지는 것이 아니며, 경우에 따라 우리는 새롭게 생각해야 하고 그 진위를 문제 삼아야 한다.

페르마타에 둘러싸인 오보에 솔로 역시 새롭게 이해해야 한다. 만일 우리가 오보에 솔로 부분을 두드림의 모티프처럼 해석해야 하는 하나의 음악 외적 상징으로 이해한다면 말이다. 외롭게 탄식하는 오보에 음색은 한숨을 상징해 우리 자신을 생각나게 한다. 이렇게 볼 때 오보에 솔로는 두드림의 모티프에 의해 촉발된 폭력에 대한 반응이고, 불가피한 '운명'에 대해 자신의 길을 가고야 말겠다는 의지의 표현이라는 점에서 두 부분은 소통한다.

고통받는 주체는 첫 악장에서 비록 자신을 관철할 수 없을지라도 어찌 됐건 마지막 악장이 표현하는 눈부신 승리에 자신이 참여하고 있다고 생각한다. 마지막 악장이 보여 주는 승리의 제스처는 적어도 이중적 의미를 지닌다. 전체를 지배하는 운명의 힘의 승리만이 아니라 그 힘에 대한 승리로도 이해할 수 있기 때문이다.

프랑스어에서 '힘', '폭력', '권력' 등을 의미하는 단어 'pouvoir'는 부정적 함의만 있는 게 아니다. 오히려 긍정적 잠재력의 의미도 있다. 그러므로 〈에로이카〉에서 보여 주는 힘의 제스처를 전투적으로 해석한 19세기 베토벤 전기 작가 빌헬름 폰 렌츠를 비롯한 다양한 해석들을 고려해 봐야 한다. 우리는 1940년에 출간된 카슨 맥컬러스Carson McCullers의 소설 《마음은 외로운 사냥꾼》과 소설에서 〈에로이카〉가 하는 역할을 떠올려 볼 수도 있을 것이다. 비록 작가는 '자신의' 미국 남부 사회적 약자들과 연대하며 '자유, 평등, 박애'라는 혁명의 구호를 좌절된 희망의 슬픈 예로 들기는 한다. 하지만 역사적 배경이나 음악 이론을 전혀 모른 채 〈에로이카〉를 일종의 계시로 듣는 선머슴 같은 소녀 믹 켈리를 등장시킨다. 어느 날 저녁 고향의 거리를 외롭게 걷던 이 소녀는 우연히 라디오에서 흘러나오는 〈에로이카〉를 듣는다.

> 이것은 자기 자신, 믹 켈리였다. 낮에는 걷고 밤에는 혼자 있는, 갖가지 감정과 계획을 가지고 뜨거운 태양 속을, 그리고 어둠 속을 걷는 아이. 이 음악은 믹이었다. 확실히 믹 자신이었다.[52]

맥컬러스는 소설의 라이트모티프leitmotif(유도동기)를 "자신의 내적인 고립에 대한 저항과 가능한 한 최대한으로 자신을 표현하려는 욕구"[53]라고 한다. 믹은 고독과 충분한 의사소통의 결핍에 그녀 나름의 방식으로 저항한다. 믹은 베토벤이라는 이름도 모른 채 고독의 제스처를 공유하고 창작을 통해서 고독을 극복하려는 그의 힘도 공유한다. 〈에로이카〉 첫 악장에서 모든 음표가 꽉 쥔 주먹이 되어 믹의 가슴을 친다. 믹은 두 번째 악장을 '슬픔'이 아닌 "마치 온 세상이 깜깜하고 죽은 듯이, 예전에 그랬던 것처럼 그것을 되돌아보는 일이 아무 의미가 없다는 듯이 느낀다." 그에 반해 마지막 악장은 "즐겁게, 마치 세상의 위대한 사람들이 거침없이 자유롭게 뛰고 도약하는 듯이" 들린다.[54]

맥컬러스의 자전적 소설은 이렇게 전혀 다른 '베토벤 패러다임'을
제시한다. 결국 중요한 것은 젠더로는 국한할 수 없는, 기꺼이 감동할
준비가 되어 있는 사람 누구라도 감동시킬 수 있는 강력한 힘이 아니겠
는가.

확고함

요한 제바스티안 바흐 Johann Sebastian Bach(1685~1750)

서양 음악사상 가장 위대한 작곡가를 들라면 대부분의 사람들은 주저하지 않고 바흐나 베토벤을 꼽을 것이다. 쾨텐 궁정 악장으로서 실내악과 오케스트라를 위한 곡, 독주곡 등을 썼다. 바흐가 가장 활발히 창작활동에 전념한 시기는 1723년부터 약 27년간으로 칸타타, 오라토리오, 파시온 등의 대작과 여러 오르간 곡들을 탄생시켰다. 특히 바흐의 대위법에 기반을 둔 화성적 수법은 이후 많은 작곡가들에게 영향을 주었다.

4

요한 제바스티안 바흐

"베토벤에게 바흐는
일종의 소명이자 생존의 문제가 된다."

　어린 루트비히 판 베토벤의 첫 음악 수업을 분홍빛으로 상상하면
안 된다. 베토벤의 아버지 요한 판 베토벤Johann van Beethoven은 '한물간'
궁정 테너였다. 주정꾼에 경찰의 밀정으로 평판이 좋지 못한 데다가 밀
정질의 대가로 신동인 큰아들을 조련하려 한 대단한 야심가이기도 했
다. 훗날 그 집에 살았던 사람이 기억하는 바에 따르면 아들을 학교에
보내는 대신 일찍부터 피아노 앞에 앉혀 엄격하게 훈련시켰다고 한다.
어린 루트비히는 '작은 의자에' 올라서서 피아노를 연주했다. 베토벤이
바이올린을 자유롭게 연주하면 그 천재적 표현이 대단했는데 아버지는
체계적으로 연습하지 않고 "바보 같은 걸 마구 긁어댄다"라고 야단치
며 즉흥 연주를 금지했다.[55] 다행스럽게도 본의 궁정 오르가니스트 크
리스티안 고틀로프 네페Christian Gottlob Neefe가 스승으로 곧 등장한다. 교
양이 풍부한 이 음악가는 어린 베토벤에게 (베토벤은 겨우 열세 살 나이에 급료
를 받는 스승의 대리자가 되었는데) 카를 필리프 에마누엘 바흐와 하이든, 모차
르트의 작품을 알려 주고 요한 제바스티안 바흐의 《평균율 클라비어곡

베토벤 초상화. 열세 살 무렵의 모습으로 1782년
전문 음악가로 데뷔해 그다음 해부터는 제2의 볼
프강 아마데우스 모차르트가 될 것이라는 극찬을
듣기에 이른다(작자 미상, 1783).

집Wohltemperiertes Klavier》을 공부하게 한다. 1783년 이 젊은 천재에 대한 첫 기사는 이렇다.

> 루이스 판 베토벤(원문 그대로 인용함)은 피아노를 능숙하고 힘 있게 연주하며, 초견 연주도 뛰어나다. 한마디로 베토벤은 요한 제바스티안 바흐의《평균율 클라비어곡집》을 완전히 자유롭게 연주한다.[56]

한 음악가가 그렇게 어린 나이에《평균율 클라비어곡집》(이하《평균율》)을 자기 명함에 올린다는 게 얼핏 보기에는 별일이 아닐 수도 있지만 훗날 베토벤의 예술적 전기에는 큰 의미를 지닌다. 당시 적어도 독일어를 쓰는 유럽 지역의 전문가들 사이에서는 피아노 · 오르간 음악과 '엄격한 양식'에 관한 바흐의 전통이 그대로 남아 있었다. 이 특징은 독일 북부에서 두드러졌는데 1782년 스물여섯 살의 모차르트 역시 어린 베토벤처럼《평균율》을 공부하고 있었다는 사실을 간과해서는 안 된다. '고음악'에 대한 관심으로 빈의 바흐 전통에 결정적으로 영향을 미친 고트프리트 판 스비텐Gottfried van Swieten 남작이 모차르트까지 자극한 것이었다.

모차르트와 베토벤이 어떻게 바흐를 받아들였는지 비교해 보면 둘은 창작에서 중요한 차이를 드러낸다. 모차르트는《평균율》을 편곡하거나 스비텐의 바흐 소개에 따른 대위법을 연구하기도 했다. 이 노련한 작곡가는 1782년 '바흐 체험'의 흔적을 작품에 뚜렷이 남겼다. 특히《하이든 4중주Haydn-Quartette》와《미사 c단조c-Moll-Messe》,《레퀴엠Requiem》의 풍부하고 깊은 차원은 바흐 체험에 힘입었다. 모차르트의 바흐 체험이 음악에 대한 풍부한 생각을 끌어낸 것이라면 베토벤의 바흐 체험은 모든 창작의 근원이 되었다.

베토벤은 바흐의 딸 레기나 수잔나Regina Susanna를 돕는 자선 운동을 두고 '불멸의 화성의 신의 딸을 위한'[57] 모금은 국가적 의무라고 했는데, 이는 당시 서른 살의 작곡가가 보인 단순한 의례적 반응이 아니다. 같은 시기 베토벤은 바흐의 건반악기곡집의 판본을 예약한다. 그는 바흐의 악보를 자주 구해 본다. 이를테면 1810년 출판사 브라이트코프 & 헤르텔Breitkopf & Härtel에 《평균율》과 "바소 오스티나토basso ostinato• 로 처리된 크루치픽수스crucifixus•• 가 들어 있는"[58] 《미사 b단조h-Moll-Messe》의 믿을 만한 사본을 보내 줄 것을 부탁한다.

베토벤은 바흐의 모든 작품을 꾸준히 편곡하고 베껴 쓰면서 철저히 연구했다. 1801년경에는 《평균율》 제2권 푸가 b단조를 현악 4중주로 편곡하기도 했다. 1817년에는 푸가 b단조의 다른 미완성 편곡본과 《인벤션Invention》과 《신포니아Sinfonia》를 필사한 악보가 남아 있다. 1810년경에 사용된 스케치북 란츠베르크Landsberg 2에는 〈반음계적 환상곡과 푸가Chromatische Fantasie und Fuge〉를 베끼다 만 악보가 있다. 그리고 《평균율》 2권의 두 푸가를 필사한 날짜가 없는 악보도 남아 있다.

베토벤은 바흐의 대위법을 빈번하게 활용한다. 바흐 원전을 비롯한 당시 대위법 교과서라 불렸던 마르푸르크Marpurg••• 의 《푸가에 관한 연구 Abhandlung von der Fuge》나 알브레히츠베르거Albrechtsberger의 《작곡법 교정Gründlicher Anweisung zur Composition》에서 발췌해 적용했다. 이러한 노력들은 젊은 베토벤의 수업 시절(1792~1802)에만 한정되는 것은

• 가장 낮은 성부에서 4~8마디로 이루진 짧은 멜로디가 지속해서 반복하는 것을 말한다.
•• 미사곡의 크레도credo(사도 신경) 중 "본시오 빌라도 통치 아래서 고난을 받으시고 십자가에 못 박혀 돌아가시고 묻히셨으며"의 구절을 말한다.
••• Friedrich Wilhelm Marpurg. 독일의 음악 이론가이자 비평가, 작곡가다. 바흐의 푸가 기법에 경의를 표하기 위해 푸가에 관한 연구서를 썼다.

아니다. 예를 들어 피아노 소나타 B플랫장조 op.106 〈함머클라비어 Hammerklavier〉의 스케치에는《평균율》2권 중 두 개의 푸가를 짧게 발췌한 것이 있다.

베토벤의 창작에서 바흐 음악은 고유하고 보편적인 의미에서 하나의 확고한 상수다. 고유한 문맥은 직접 작곡한 바흐가 가장 잘 아는 터다. 모차르트는《하이든 4중주》를 작곡할 때 '다성적' 작곡법의 어려움을 바흐를 통해 해결했다. 모차르트가《하이든 4중주》의 헌사에서 '오랜 시간과 부지런한 노력의 결실'이라 부른 성부 구성이나 대위법의 까다로운 문제는 그저 아무런 심사숙고 없이 완성된 것이 아니었다. 바흐가 중요한 핵심과 작곡법을 전수해 주었다는 뜻이다. 모차르트 작품에서 특정 시기와 창작 요소로 국한된 바흐 체험은 베토벤 작품에서는 지속적인 의미를 갖는다.

여기에서 이 주제의 일반 지평이 나타난다. 자신을 철학자로 이해하는 베토벤은 1814년 3월 극작가 게오르그 프리드리히 트라이치케Georg Friedrich Treitschke에게 썼듯이, '기악'에서 "항상 전체를 보려고 했다."[59] 복잡성과 연관 지어 생각해 본다면 이는 곧 무엇보다 작품의 통일성을 견지해야 한다는 의미다. 이때 바흐의 빛나는 대위법은 위대한 모범이 되었다. 질서와 표현이라는 두 개념을 서로 연결해 주었기 때문이다.

숭고함은 수 세기 동안 규칙 엄수라는 이상과 결합하여 19세기 초 음악의 미학상 가치를 더욱 상승시켰다. 음악은 예술이라는 종교의 일부가 되어 오랜 종교적 신앙을 보완, 대체하면서 새로운 권위를 얻는다. 동시대인들에 따르면 바흐와 헨델의 음악은 종교적 권위 그 자체였다. 이로써 작곡은 사회적 책임을 담보하게 되었다. 그러므로 1819년 베토벤이 바흐와 헨델의 이름을 거명하며 루돌프 대공에게 쓴 편지는 같은 맥락에서 이해할 수 있다.

모든 위대한 창조와 마찬가지로 예술의 진정한 목적은 자유와 진보입니다. 아직 우리는 선조의 확고함에는 미치지 못하지만 관습의 정화는 많은 것들을 확장했습니다.[60]

여기에는 간접적이지만 바흐의 《평균율》에서 발견되는 것과 같은 무르익은 대위법에 대한 생각이 엿보인다. 바흐의 대위법은 악곡 구성의 다양함과 섬세함의 측면에서 장중하고 엄격한 다성부의 팔레스트리나Palestrina 양식으로 거슬러 올라갈 뿐만 아니라 동시에 베토벤이 추구하는 '세련된' 작곡 방식의 많은 요소를 담고 있었다.

'확고함'과 '세련된' 작곡 방식의 결합이 얼마나 구성적인지는 1812년까지에 이르는 '영웅적' 시기의 작품들이 분명히 보여 준다. 이 시기 작품의 복잡하고 광범위한 작곡 방식에서 무엇이 '바흐적'인 것인지 가려내는 일은 분명 전문가의 영역이다. 그러므로 여기서는 이 영웅적 시기 이후의 작품을 살피고자 한다. 이때부터 베토벤에게 바흐는 일종의 소명이자 생존의 문제가 된다. 베토벤은 창작의 위기를 맞자 구원자 바흐에게 손을 뻗은 것이다.

연가곡집 《멀리 있는 연인에게》를 제외하면 피아노와 첼로를 위한 두 개의 소나타 C, D장조 op.102(1815)와 피아노 소나타 A장조 op.101(1816)부터 호의적 평가를 받기 시작한 것은 우연이 아니다. 피아노 독주곡은 베토벤이 바흐라는 모범에 자연스럽게 기대어 새로운 형식의 표현을 실험하기에 안성맞춤이었다. 그러니까 바흐의 '확고함'에 베토벤의 '세련된' 견해를 접목할 수 있었다. 그의 견해는 자신만의 고유한 음악 언어의 가능성에 관한 것이었다. 앞의 베토벤이 자신의 견해를 보인 루돌프 대공에게 보낸 편지가 피아노 소나타 op.106 〈함머클라비어〉(1817)와 피아노 소나타 A플랫장조 op.110(1821) 사이에 쓰인 것은 시사하는 바가 크다.

피아노곡 op.101과 op.102-2, op.106, op.110의 푸가 피날레만을 말하려는 게 아니다. 베토벤은 마지막에 영웅적 승리의 제스처를 더는 사용할 수 없어 멀리서나마 푸가 종장의 전통에 기대고 싶었을 것이다. 하지만 우리는 푸가적 에피소드들이나 나머지 악장의 고도로 응축된 대위법에 주목해야 한다. 이는 곧 풍부한 폴리포니polyphony(다성음악)와 환상성을 담은 작곡 방식이 중요하다는 말이다.

동시대인들은 이를 정확히 이해했다. 베토벤 음악은 항상 한 단계 높은 수준을 요구했으므로 하이든과 모차르트 시대에는 생각할 수 없을 정도로 작품 분석의 도구를 정련했다. 독일 고전학자 페르디난트 한트Ferdinand Hand는 1837년《음향 예술의 미학Ästhetik der Tonkunst》1권에서 바흐와 베토벤 관계를 상세히 다룬다. 한트는 기본적으로 베토벤이 때때로 "과도한 충만감의 쇄도를 제어하지 못했고, 바흐처럼 돌연한 냉혹함을 어디에서든 노련하게 다루지 못했다"[61]라고 지적한다. 반면 피아노 소나타 op.101의 극도로 숭고한 이념과 부드러움과 우아함의 '결합'은 칭찬한다.[62]

베토벤의 오랜 제자이자 동반자 카를 체르니Carl Czerny는《베토벤 피아노 작품의 올바른 연주에 대하여Über den richtigen Vortrag der sämtlichen Beethoven'schen Klavierwerke》에서 바흐와 베토벤을 비교하면서 결코 대위법적 부분만 지적하지는 않는다. 그보다는 피아노 소나타 E장조 op.109에 대해 변주 악장 전부가 헨델과 바흐의 스타일이라고 말한다.[63] 체르니가 표면적으로만 비교한 것이라고 이의를 제기할 수도 있다. 그러나 1818년 라이프치히 음악 신문《알게마이네 무지칼리셰 차이퉁Allgemeinen musikalischen Zeitung》에 실린 두 개의 첼로 소나타 op.102에 대한 익명의 논평은 사안을 더 깊게 들여다 볼 수 있게 해 준다. 이 논평은 바흐의 3성《신포니아》를 그 '비슷한 작품들'과 함께 상세하게 소나타 op.102의 스타일과 연관 짓는다. 모두 베토벤이 사보하며 열심히 연구한 바흐의 작품들이다. 이 논평은 새로운 작곡을 파악하려면 바흐 작품의 어떤 면이 시대적 요구와 맞았는지 생각해야 하며, 바흐의 '단순 명료성'을 베토벤의 '다양한 환상성'과 아울러 살펴야 한다고 말한다.[64]

여기서 덧붙여 언급해야 할 것은 베토벤이 후기 피아노 소나타들을 쓴 시기에 빈의 피아니스트 도로테아 폰 에르트만Dorothea von Ertmann 남작 부인과 긴밀히 협력하고 있었다는 사실이다. 에르트만은 베토벤이 '아끼는' 피아니스트로 당시 한창 바흐 연주를 연마하고 있었다.

에르트만의 한때 스승이자 베토벤이 인정한 피아니스트 빌헬름 카를 루스트Wilhelm Karl Rust는 1810년 한 편지에 자신과 남작부인과의 협연에 관해 이렇게 썼다.

에르트만이 내게 베토벤 소나타를 연주해 주거나 아니면 그녀가 좋아하는 헨델과 바흐의 푸가를 내가 연주해 준다.[65]

후기 피아노 소나타 중에서 op.106 〈함머클라비어〉와 op.110이 바흐와 베토벤의 관계를 가장 뚜렷하게 보여 주는 작품일 것이다. '소나타 〈함머클라비어〉'는 제목의 '함머hammer(망치)' 때문에 그 위엄이 가려지는 듯하지만, 그저 이탈리아어인 '피아노포르테pianoforte'를 독일식 표현으로 바꾸고자 한 작곡가의 의도에서 연유한 것이다. 제목을 빼면 피아노 소나타 op.106이 누리고 있는 우월한 위상은 타당하다.

오늘날 헝가리 출신의 피아니스트 안드라스 쉬프András Schiff도 이 피아노 소나타를 전체 피아노 작품 중 기교와 형식, 분위기, 형이상학 면에서 가장 어려운 작품으로 꼽는다.[66] 베토벤은 최고의 기교를 요구할 뿐만 아니라 고유의 '메시지'를 전달한다. 그 메시지는 전통적 언어와 단호한 주관적 언어가 그와 관련한 모든 모순도 포함하여 최고의 철학과 작곡 수준에서 통합되어야 한다는 것이다. 새로운 것, 동시대인들을 당혹스럽게 하는 것은 미학적 타협을 모르는 단호함에 있다. 주관적 요소와 전통적 요소는 동시에 비약적으로 소개되며, 과장해서 말하자면 마구 충돌한다. 이를 〈함머클라비어〉의 3악장과 4악장이 연속해서 보여 준다.

아다지오 소스테누토Adagio sostenuto •의 3악장은 터무니없이 긴데, 피아니스트 한스 폰 뷜로의 표현을 빌리면 연주자는 여기서 연주를 한다기보다 "영혼을 가득 담아 말을 해야만"[67] 할 정도로 고통 가득한 숭고함을 띠고 있다. 더욱이 이 장은 오히려 거리낌 없는 느낌의 분출과 결코 그칠 줄 모르는 절망적 애원의 제스처로 상승한다. 거의 재현부나 마찬가지인 85마디부터의 특징은 오른손이 연주하는 높은 음역대인데 처음에 왼손의 코랄 같은 반주에 묶여 있다가 벗어나 겁에 질린 새처럼 허공으로 깃을 치며 날아오른다.

이 모든 것은 주관성의 산물이며 그 급진성은 베토벤이라서 가능한 기대치를 넘어선다. 3악장에 대응하는 종장에서는 느린 전주 후에 '푸가'라는 토포스에 완전히 모든 것을 걸긴 하지만 급진적 객관주의가 타협을 모르는 주관주의와 결합한다. 베토벤은 두 배에 달하는 확대형 푸가와 주제의 마지막 음에서 반대로 거슬러 올라가는 역행(혹은 크렙스krebs ••) 등 이미 시효를 잃은 옛 기법을 다룬다. 악장을 규정하는

• 느리게, 한 음 한 음 깊이 눌러서 충분히 무겁게 연주하라는 지시어다.
•• 게를 의미하는 독일어다. 게처럼 진행하는 음형 때문에 붙여진 이름으로 역행과 같은 말이다.

푸가 주제와 그 구조에 대한 탐구가 상당히 무절제해 푸가의 '객관성'이 '주관성'에 의해 전복되는데 이런 점이 옛 거장들의 눈에는 기이하고 무례하게 보였을 것이다.

여기서 '전복'이란 문자 그대로다. 실제로 베토벤은 자신을 전복시키는 듯하다. 피아노 소나타 op.101 이후 칸타빌레 선율로 인간의 탄식을 마술적으로 불러내는 데서 두드러지는 신체적 언어는 이제 폭력적 방식으로 푸가를 다루는 베토벤의 특징이 된다. 우리는 프랑스 철학자 롤랑 바르트Roland Barthes가 슈만의 《크라이슬레리아나Kreisleriana》를 들었던 것처럼 베토벤의 음악을 들어 볼 수 있을 것이다.

단 한 개의 음도, 모티프나 주제도, 문법이나 의미도 들을 수 없었다. (…) 아니 내가 들은 것은 타격이었다. 내 몸 안에서 울리는 박동, 내 몸을 때리는 박동 그리고 그 박동을 울리게 만드는 몸을 들었다.[68]

그러나 만약 베토벤이 〈함머클라비어〉 푸가 피날레의 광폭함에 반하는 부드러움을 제시할 줄 몰랐다면 그는 진정한 변증법자가 아니었을 것이다. 뒤이어 작곡한 피아노 소나타 op.109가 이를 보여 준다. 피아노 소나타 op.110에서는 더욱 선명하게 들리는데 〈함머클라비어〉와 같은 극단적 첨예화는 없다. 대신 동경과 탄식, 승복의 자장 안에서 진행된다. 피아노 소나타 op.110이 상냥하게 느껴지는 이유는 베토벤이 마련해 둔 서사적 포석 때문이다. 주요 정거장은 상징적 이정표로 표시되어 있다. 일부 베토벤 연구자들은 처음에 울리는 동경의 모토가 매우 함축적이어서 베토벤이 '불멸의 연인' 후보자 요제피네 폰 브룬스비크 Josephine von Brunsvik를 염두에 두고서 은밀히 '내 사랑 요제피네'라는 외침을 그 밑에 깔아 놓은 것이라고 추측한다. 통속적이며 사실 여부는 중요하지 않다. 그보다는 베토벤 기악 성부의 중요한 부분이라는 것을 인식해야 한다. 작곡가는 기악 부분에 노래하는 듯한 모토를 깔아 놓기도 한다. 피아노 소나타 op.110 3악장은 상징적 이정표인 '탄식의 노래'라는 읊조리는 듯한 기악적 레치타티보recitativo로 시작한다. 이는 분명 베토벤이 직접 필사한 바흐의 〈반음계적 환상곡과 푸가〉와 《요한 수난곡Johannespassion》의 아리아 〈다 이루었도다Es ist vollbracht〉를 상기시킨다. 그리고 그 피날레는 새로운 푸가다. 〈함머클라비어〉와는 달리 부드러운 톤이다. 단순히 푸가의 주제가 1악장의 소나타를 넘겨받는 형식이 아니다. 역행하는 푸가의 주제는 또 하나의 이정표인 《장엄 미사Missa Solemnis D장조 op.123》의 "저희에게 평화를 주소서Dona nobis pacem"를 연상시킨다. 당시 그러니까 1822년 베토벤은 이 미사곡을 작업하고 있었다.

같은 시기 베토벤이 직접 메모한 B-A-C-H 서곡은 구상에서 멈춘다. 다만 1825년 b-a-c-h 음형으로 시작하는 3성부 카논을 작곡하는데, 12마디로만 이루어진 이 소품(WoO 191)은 "퀼, 니히트 라우 Kühl, nicht lau(미지근하지 않고 차갑다)"라는 가사로 시작한다. 이 노래는 한 모임의 유쾌한 분위기에서 작곡가 프리드리히 쿨라우Friedrich Kuhlau가 연주한 즉흥 카논에 베토벤이 b-a-c-h 주제로 카논을 즉석에서 작곡한 것이어서 그의 장난기 어린 응답으로 해석할 수밖에 없다. 가사도 쿨라우의 이름을 빗댄 것이다. 진지한 작업은 다시금 현악 4중주를 위한 〈대푸가Große Fuge〉로 이어진다. 이 곡은 원래 1825년에 작곡된 현악 4중주 B플랫장조 op.130의 마지막 악장이었으나 후에 현악 4중주

• 독일어 음이름은 영어 음이름과 차이가 있다. 독일어 h는 b(나)를, b는 b플랫(내림 나)을 뜻한다.

를 위한〈대푸가〉B플랫장조 op.133으로 독립된다.

〈대푸가〉를 원래의 문맥, 즉 여러 악장으로 구성된 4중주의 마지막 악장으로 보면 이 곡은 더 이상 푸가 형식의 객관화하는 힘을 빌려 작품에 정점을 찍는 피날레를 완성하려는 '마지막 시도'로 해석할 수 없다. 오히려 그에 대한 거부로 해석해야 할 것이다. 특히 피아노 소나타 op.110에 대응해 푸가를 악장 전체에 편입시키려는 시도를 포기하는 게 눈에 띈다.〈대푸가〉는 그야말로 방침에 따라 서곡으로 시작하는데 프랑스 서곡의 장중한 제스처를 연상시킨다. 이는 적어도 이 악장의 잠재적 독립성에 대한 하나의 간접증거다. '서곡 - 푸가'의 순서만으로 악장의 자율성을 증명하기에 불충분하다. 하나의 주도적 개념을 찾아야 한다. 달리 말해 한 악장에서만 특별한 방식으로 표현된 것을 찾아야 한다. 하나가 모든 것이 되고 모든 것이 하나가 되는 생각이다.

우리는 이 주도적 개념을 바흐, 특히《푸가의 기법Kunst der Fuge》을 통해 익히 알고 있는 바다. 아래로 반음 확장된 5도 음역의 공간에서 오르내리는 이 12개의 음으로부터 음악적 우주가 생겨난다. 바흐는 통일성뿐만이 아니라 음악적 소재를 다루는 다양성도 고려한 것이다. 하나는 모든 것이 되는 가능성을 내포하고 있다.

베토벤은 결정적인 한 걸음을 더 내디디며 새로운 차원에서 이 주제를 다룬다. 이는 신의 창조에 빗대어 표현하려는 신학적·철학적 기반을 가진 시도라기보다 대립을 통일시키려는 천재 예술가의 분투다. 물론 중세 철학자이자 신학자인 니콜라우스 폰 쿠에스Nikolaus von Kues는 이미 대립의 일치에 관해 생각한 바 있다. 그러나 그가 말한 '대립의 일치'는 신의 본질을 규정하는 것이었다. 이제 인간이 불가능한 것을 가능하게 만들거나 혹은 그 불가능성 안에서 표현하려 한다.

〈대푸가〉악보 표지에는 "〈대푸가〉때로는 자유롭게, 때로는 엄격하게[Grande Fugue tantôt libre, tantôt recherchée"라고 적혀 있다. 그 의미는 음악이 말해 준다. 절제되고 엄격한 방식으로 소재를 다루며 이제까지 알지 못했던 주관성을 표현한다. 이는 일종의 유일한 외침이다. 징후는 우리가 푸가의 시작 부분에서 비올라가 연주하는 '테마'보다 제1바이올린이 마치 '항의'처럼 날카롭게 연주하는 대주제對主題에 더 관심을 기울이는 데서 나타난다. 표현 가능한 모든 방식으로 테마를 제시하고 수행하는 것이 아니라 테마를 소재 취급해 악장의 본래 테마인 '대립의 일치'를 다루는 것이 문제임이 곧 명백해진다. 베토벤이 푸가의 혁혁한 전통에 공공연히 기대면서 사용하는 대위법적 테크닉의 다양성에도 불구하고 말이다.

테마라는 용어는 일종의 기호에 불과하다. 베토벤은 분명한 윤곽을 갖는 소게토Soggetto라는 말을 사용하지 않았기 때문이다. 소게토는 예컨대 바흐의《푸가의 기법》처럼 어떤 원형에 대한 이름이다. 다만 확실한 것은 8음, 즉 네 개의 단2도 음으로 이루어진 b플랫-b-a플랫-g-b-c-a-b플랫 음형의 연속뿐이다. 이 음형은 분명 b-a-c-h의 모티프와 가깝다. 그 외에는 '서곡'의 첫 음부터 전부 계속되는 변화에 처해 있어서 우리는 테마 자체보다는 차라리 테마의 이성적 핵심만 얘기해야 할 정도다. 베토벤 사고의 급진적인 변증법은 보통 작곡하는 주체가 객관화할 수 있는 테마의 확실성에서 시작할 수 있는 게 아니라 변화하는 테마의 대리물, 파악하기 힘든 권리를 내세우는 대리물과 대결하도록 요구한다.

마치 자아만 세계 때문에 괴로워하는 게 아니라 세계도 자아 때문에 괴로워하는 것 같다. 약한 자아가 아니다. 우주 자체가 흥분된, 거의 폭력적으로 운동하는 모습으로 나타난다. '메노 모소 에 모데라토Meno mosso e moderato(보다 느리게 그리고 보통 빠르기로)'의 지시가 붙은 단락의 마지막 신비한 안식은 실제의 대립이 아니라 도달할 수 없고 단지 갈망할 수밖에 없는 평화에 대한 조망일 뿐이다. 구원받지 못했다고 해서 그것이 곧 몰락을 의미하는 게 아니다. 몰락을 목전에 둔 자기주장이다. 그리고 이것이 베토벤 말년의 메시지이자 〈대푸가〉의 메시지다. 부분들은 결코 전체에 밀착하지 않는다. 분절음과 제스처는 그보다 더 거칠 수가 없다. 그러나 동시에 '푸가'의 개념은 문맥을 준비해 놓는다. 대화수첩에 따르면 출판업자 모리스 슐레징거Maurice Schlesinger가 "〈대푸가〉를 《푸가의 기법》의 전통에서 보아야 한다"[69]라고 베토벤에게 말한 것은 진부한 미사여구 그 이상이다.

물론 놀라움의 맥락이 중요하다. 베토벤은 푸가로 음악적 건축을 지었는데 그것은 더 이상 질서의 구조물이 아니다. 아무리 테마 자체가 길고 폭넓게 다뤄진다고 해도, 외관상 교본에 나오는 예술의 규칙을[70] 엄격히 지키는 것처럼 보일지라도 형식은 산산이 해체되어 있다. 전통적 의미에서 설득력 있는 변조나 유기적인 성부의 진행도 없다. 바흐의 푸가에서는 모든 성부가 테마이건 대선율이건 간에 각각의 위치에 자리한다. 모든 부분 형식은 조망 가능한 관련 체계에 편입된다. 반면 베토벤에서는 임의가 지배한다. 즉흥성이 아니다. 작곡 과정의 모든 요소에 새로운 자극을 주려는 의지와 예측한 질서를 오직 지평으로만 허용하려는 의지 그리고 무엇보다 관습을 전혀 고려하지 않고 행동하려는 의지가 지배한다.

이때 '푸가'의 틀을 새롭게 이용하는 것은 창조적인 힘을 발휘한다. 작곡 주체가 지칠 때까지 푸가에 매달려 자신을 소진함으로써 주체는 고난, 고통, 슬픔, 분노, 항거, 인내를 객관화한다. 〈대푸가〉는 감정의 동화에 맞춰져 있지 않다. 따라서 베토벤의 교향곡처럼 '체험 음악'이 아니다. 〈대푸가〉는 오히려 청자를 충격받은, 혹은 (이렇게 말해도 된다면) 과도한 요구를 받는 관찰자로 만든다. 객관의 힘에 대항해 싸우는 주체와 반대로 보면 주체에 가해지는 객관의 힘, 이 두 가지 모두가 음악에 있다. 여기에는 진전도 해결도 없다. 상황이 기술될 뿐이다. 그 상황의 확장에도 불구하고 우리는 〈대푸가〉를 통해 마치 그 정수가 유일한 단 한 순간에 뭉치는 듯한 체험을 한다.

질서와 혼란, 연속과 불연속, 이성과 격정을 모두 한 악장에 담는 방식은 베토벤만 가능한 경지인 듯하다. 여기에 후기 4중주곡을 넘어서는 요소가 있다. 현악 4중주 E플랫장조 op.127 이후의 현악 4중주에는 각각 격정, 정황, 음악의 본질을 보는 시각 등의 연속으로 '얘기'할 수 있는 일련의 이질적인 악장들이 있다. 그러한 이야기의 의미론적 해석이 아무리 어렵다고 해도 말이다. 〈대푸가〉에서는 이야기들이 모두 사라진다. 여기서 작곡가는 교향곡이나 소나타 악장의 연속이 특성상 떠올리게 하는 이야기 화법을 버리고 최후의 위대한 분투의 의미에서 '대립의 일치'를 시도한다.

이 노력은 마지막 집중이 아니라 음악 언어가 새로운 차원으로 이행하는 것으로 이해해야 한다. "전승된 푸가 형식에 시적 요소를 가미하여 진정 거듭나게 해야 한다"는[71] 베토벤의 생각은 더욱 여기서 멋지게 동요한다. 소나타나 교향곡, 미사곡의 특수한 '이야기 형식' 안에서 푸가를 시화詩化하는 것이 아니라 푸가의 시적 자질을 떠올린 것이다. 형식이 의미가 된다. 즉 세상을 보는 특수한 시각 기관이 된다. 소나타의 시각은 더 이상 유효하지 않으나 그 윤곽은 여전히 남아 있다. 푸가는 소나타처럼 '이야기할' 수는 없다. 푸가는 동일한 소재를 새로운 정황에서 제시한다. 그리고 과정이 아닌 결합으로 나타난다. 이는 (제대로 사용한다면) '진행'의 형식이 아닌 기존 질서 안에 존재하는 대립과 투쟁의 한 세계관을 표현하는 데 적합하다.

음의 철학자가 이런 생각의 지평선을 눈앞에 두고 얼마나 먼 길을 돌아왔는지 알기 위해 교향곡 5번과 〈대푸가〉를 비교해 볼 수도 있다. 교향곡 5번 첫 악장에서 객관적 운명의 힘은 확고한 상수로 지평선 위에 나타난다. 시작부의 모토의 태도는 옛 전통에서 경악을 암시한다. 그리고 이 경악이 운명의 힘과 모종의 관련이 있을 수 있다는 가정은 찾아와 문을 두드린다는 '운명'이라는 범주가 가진 위상을 베토벤 자신의 생철학적 언급뿐만이 아니라 바이마르 고전주의의 사고를 떠올릴수록 그만큼 더 설득력이 있는 것으로 보인다. 괴테는 에그몬트로 하여금 말하게 한다.

마치 보이지 않는 유령들이 채찍질하는 양 태양의 말들은 우리 운명의 마차를 끌고 내달린다. 우리는 그저 용기를 내어 마차가 달리도록 고삐를 단단히 쥐고 있을 뿐.

베토벤은 교향곡 5번 1악장에서 객관적 운명의 힘과 그 힘에 굴하지 않으려는 노력 모두를 자신과 동일시한다. 이는 고삐를 놓치지 않는 것이다. 반면 주체의 고난은 뒤로 물러나야만 한다. 재현부의 시작 부분에서 자유롭게 퍼져 나가는 오보에 카덴차에서만 주체는 자신을 주체로서 진지하게 받아들여 달라는 요구를 할 수 있을 뿐이다.

베토벤의 철학적 메시지는 교향곡 5번의 나머지 악장들에서 점점 더 뚜렷해진다. 객관적 운명의 힘과 고난받는 개인의 모순은 프랑스 혁명 음악의 음향으로 채워진 피날레가 제시하는[72] 것처럼 인류 진보에 대한 낙관적인 믿음 속에서 지양된다. 괴테는 젊은 멘델스존이 피아노로 이 피날레를 연주해 보였을 때 이를 "대단히 훌륭하고 멋지다"[73]라고 했다. 그럴 만하다. 괴테가 바라는 완벽한 이상주의뿐만 아니라 보편과 특수, 전체와 부분, 무한과 유한의 일치라는 측면에서 이 피날레는 대단한 결말을 가진 의미 충만한 이야기이기 때문이다.

반면 〈대푸가〉는 이상주의의 실현에 실패한다. 베토벤은 어떤 이야기도 하지 않고 어떤 진보도 담지 않았다. 대신 〈대푸가〉는 한 악장으로 되어 있다는 것을 통해 이상주의의 의미를 실현한다. 베토벤은 철학적 긴장감과 심리적 긴장감, 음악의 내재적 긴장감을 표현하는 데 리얼리스트가 되어 오직 단 하나의 진실, 즉 대결, 분열, 비타협과 우연성의 진실을 고집한다. 그러나 베토벤은 고통을 끊임없이 표현하면서 일치와 화해, 영원에 대한 요구를 함께 작곡한다. 대위법적 '정글'에서 터져 나오는 주체의 외침으로서 말이다.

슈만과 멘델스존, 브람스의 작품은 대부분 바흐에 기초한다. 리하르트 바그너조차도 겉으로 보이는 것보다 훨씬 더 바흐에게 빚지고 있다. 그러나 이들 중 그 누구도 음악적 사고의 깊이 면에서 베토벤이 후기 피아노 소나타와 현악 4중주에서 이룬 바흐 수용에는 미치지 못한다.

올더스 헉슬리 Aldous Huxley(1894~1963)

20세기 영국 문학을 대표하는 헉슬리는 소설가로서 더 널리 알려지기는 했으나 두터운 지적 양식과 함께 기지 넘치는 재치와 풍자로 수필, 전기, 희곡, 시 등 많은 작품을 남겼다. 1932년에 발표한 대표작《멋진 신세계》는 모든 인간의 존엄성을 상실한 미래 과학 문명의 세계를 신랄하게 풍자한다. 말년에는 힌두 철학과 신비주의에 깊이 끌렸으며 이 경향이 작품들에 반영되었다.

5

올더스 헉슬리

"그 노래를 직접 듣기 전에는 아무것도 이해할 수없어. (…)
베토벤이야말로 자신의 지식을 표현할 수 있었던 유일한 사람이었으니까."

《연애대위법》•과 《멋진 신세계》는 영국 소설가 올더스 헉슬리의 작품이다. 1920년대 런던의 한 신문에 연주회 비평[74]을 기고하는 등 다재다능한 모습을 보였던 헉슬리는 소설과 에세이에서 주로 두 음악가에 관해 다뤘다. 다름 아닌 바흐와 베토벤. 바흐와 베토벤의 음악은 《연애대위법》의 두 축을 이룬다. 바흐의 '명상'은 소설의 두 번째 장에서 관현악 모음곡 b단조로 속물적인 청중들을 만난다. 청중들은 악장의 격정적인 시작과 그 뒤를 잇는 빠른 템포의 푸가토로 바흐가 무엇을 말하려하는지 전혀 알지 못한다. 이를테면 다음과 같이 말이다.

세상에는 숭고한 것, 위대한 것이 있다. 왕으로 태어난 사람이 있는가 하면,
진정한 정복자도 있고 지상의 군주도 있다. 그러나 아! 복잡다단한 세상에

• 책의 원제는 "대위법Point Counter Point"이다. 독일어 제목은 "삶의 대위법Kontrapunkt des Lebens"이다.

대해 (작곡가는) 푸가식의 알레그로로 명상하기 시작했다. 당신은 진리를 발견한 듯한 기분이 든다. 분명하고 확실한 진리를 바이올린이 분명하게 말한다. 그러면 당신은 그 진리를 갖는다. 의기양양하게 그것을 붙잡고 있다. 그러나 진리는 당신의 손아귀를 벗어나서 첼로에서, 다음에는 다시 폰질레오니(플루트)의 진동하는 공기 기둥을 통해 새로운 양상으로 나타난다. 성부마다 제각기 다른 삶을 산다. 서로 만나고 엇갈리고 접촉해서 일순간 최후의 하모니를 이루는 듯하다가는 마침내 다시 갈라지고 만다. 각 부분은 언제나 혼자 외롭고 개별적이다. "나는 나야" 하고 바이올린은 주장한다. 첼로는 외친다. "세상은 나를 중심으로 돈다. 나를 중심으로 돈다." 플루트가 우긴다. "아니, 나야."[75]

책 제목에 걸맞게 헉슬리는 대위법을 한 사회, 즉 진솔한 소통을 할 수 없는 사회의 당혹스러운 무능에 비유한다. 바흐의 조곡은 사라반드 saraband로 계속된다.

이 세상에는 (누추함과 우매함이 있지만) 아름다움이 있고, (모든 악의가 있지만) 깊은 선의가 있으며, (현기증 나는 다양성이 있지만) 일관성이 있다고 느끼고 아름답게 명상하고 있다. 그것은 지적 탐구로는 발견할 수 없고 분석하면 사라지거나 이따금 영혼이 홀연히 압도적으로 그 존재를 확신하게 되는 미美와 선善이요, 단일성이다. (…) 이건 착각일까, 아니면 심오한 진리의 계시일까? 그 누가 알 수 있을까?[76]

이와 같은 유토피아적 생각은 다시 한번 소설의 마지막 두 장에서 다뤄진다. 여기서 베토벤의 "성스러운 감사의 노래Heiliger Dankgesang", 즉 현악 4중주 a단조 op.132의 3악장 몰토 아다지오가 두 번째 축으로 그 모습을 드러낸다. 무절제하지만 깊은 신앙심을 지닌 냉소적 염세가 모리스 스팬드렐은 이 몰토 아다지오가 들리는 가운데 폭력적이고 허무한 죽음을 맞는다. 죽음을 맞기 전 스팬드렐은 이 음악을 함께 나누려고 축음기와 레코드를 구입해 특별히 친구들을 초대한 상황이었다. 스팬드렐은 "그 노래를 직접 듣기 전에는 아무것도 이해할 수 없어"라고 친구들에게 선언했다. "그건 신, 영혼, 선, 하나도 빠짐없이 모든 걸 증명하고 있어. 존재하는 유일한 참된 증거야. 베토벤이야말로 자신의 지식을 표현할 수 있었던 유일한 사람이었으니까."[77] 헉슬리는 구성원들의 이기심 때문에 파괴된, 오직 풍자적으로만 서술할 수 있는 사회와 사람들을 결속시키는 진정한 음악의 힘을 끊임없이 맞세운다. 그런데 왜 하필 바흐와 베토벤의 음악일까?

《연애대위법》이 출간된 1928년은 헉슬리가 신비주의적 종교에 빠지기 전이다. 그러나 그의 음악 이해와 1931년 출간된 평론집《밤의 음악Music at Night》에서는 점차 그 조짐이 보이기 시작한다. 이 평론집에서 헉슬리는 달 없는 6월 밤 축음기 스피커에서 울려 나오는 베토벤《장엄미사》의 '베네딕투스Benedictus'를 사물들의 핵심에 있는 은총에 관한 진술로 체험한다. 이 텍스트의 골자는 우리가 아무리 대단한 전문적인 분석을 해도 음악에 가까이 다가갈 수 없다는 것이다. 우리가 음악은 "세상에 관한 이야기"[78]라는 더 깊은 통찰을 받아들이지 않는다면 말이다. 헉슬리는 1924년 발표한 단편 〈어린 아르키메데스Young Archimedes〉에서 음악 이론은 전혀 모르지만, 수학은 좀 아는 재능 있는 어린 구이도가 바흐의 두 대의 바이올린을 위한 협주곡 d단조의 느린 2악장과

• 《장엄 미사》 제4곡 〈상투스〉 부분으로, 미사 통상문 중 "주의 이름으로 오시는 이여, 찬미 받으소서. 높은 데에 호산나"에 해당하는 짧은 합창이다.

베토벤의 〈코리올란 서곡 c단조 op.62〉와 교향곡 5번을 이해하는 것으로 그린다.

헉슬리는 구이도라는 인물을 통해 신비주의에 심취한 음악관이 무엇인지 예고한다. '어린 아르키메데스'의 음악과 수학적 재능은 라이프니츠 철학으로 소급된다. 라이프니츠는 조화로운 관계에서 느끼는 즐거움이 곧 미학이라고 설명하면서 우리는 무의식적으로 그 관계를 일일이 세고 비교한다고 주장한다. 헉슬리 음악관의 신비주의적 요소는, 음악은 날카로운 분석이 아닌 오직 명상을 통해 경험할 수 있는 생각과 숫자들과 관련한 확고한 음의 질서에 근거하고 있다는 생각을 공유한다. 특히 신비주의자들은 유대교의 신비주의 카발라Kabbalah의 전통에 따라 인간에게 나타나는 신의 표식으로 음악을 해석한다. 인간의 예술 활동에는 신의 표식이 새겨져 있다. 예술가가 이를 인식하든 못 하든 말이다.

이런 관점에서 보면 《연애대위법》의 부유하는 인물 스팬드렐이 베토벤의 후기 현악 4중주에 열광하는 모습은 설득력을 갖는다. 음악은 불가피하고 유일한 신의 체험이자 선의 체험이다. 음악은 가감 없이 인간 영혼의 숨겨진 심금을 울리기 때문이다.

이제 질문해 보자. 왜 (스팬드렐이 나오는 장면만을 주목하지 않는다면) 베토벤이 자신의 지식을 표현할 수 있었던 유일한 작곡가인가? 그리고 더 나아가 왜 또 바흐인가?

위대한 작곡가 중에는 헨델이나 모차르트, 슈베르트, 베르디처럼 타고난 가수가 있는가 하면 바흐나 베토벤처럼 명백한 철학자가 있다. 전자들이 철학하지 않았다거나 후자들이 노래하지 않았다는 뜻은 아니다. 그러나 베토벤은 기악에서 "항상 전체를 보려고 했다"[79]라고 말한 것처럼 바흐와 베토벤이 추구한 이런 경향성은 탁월하다. 이 발언은 오직 '전체'만이 '진실'이라고 한 헤겔을 상기시킨다. 바흐에게 전체는 창조의 기적이자 음악의 진수로 악장을 보는 심오한 생각이다. 헤겔과 동시대인이자 동갑내기 베토벤도 바흐와 같은 생각이었다. 아니 그 이상이다. 달리 말해 베토벤에게 전체는 형식과 내용의 변증법을 보는 눈길이며 비록 부분이 주관적 충동으로 규정된다고 해도 더 높은 전체에 맞물린 구조, 그 구조에 대한 감각이다. 바흐와 베토벤이 유일무이한 방식으로 음악의 내재적 철학 혹은 더 나아가서 신학이란 지평에서 만났다는 것이다. 물론 이를 가장 먼저 표현한 사람은 베토벤 자신이 아니다. 그러나 바흐에 대한 베토벤의 열광적인 언급은 그가 이를 어렴풋이 느끼고 있었음을 시사한다. 음악에 대한 자신의 역사 철학적 구상에 골몰했던 아도르노에 이르기까지, 후대의 예술가와 음악학자들은 이를 나름의 시각에서 늘 새롭게 표현했다.

헉슬리는 철학자가 아니고 신비주의자였다. 신비주의자로서 헉슬리는 바흐와 베토벤 음악의 형이상학적 차원을 느낄 수 있었다. 물론 헉슬리의 방식을 강요하는 것은 아니다. 또한 다른 음악에도 형이상학적 차원이 있음을 누구도 부정하지 않을 것이다. 그러나 우리는 "베토벤은 천재였다. 하지만 취미趣味는 갖지 못했다"라고 말한 드뷔시의 발언을 떠올려 본다. 바흐에 대해서도 그의 시대의 범주로 생각하면 비슷하게 말할 수 있을 것이다. 그리고 취미보다 형이상학 문제에 실제로 더 능통한 작곡의 천재들도 생각해 볼 수 있을 것이다. 여기서는 드뷔시가 아니라 바흐와 베토벤의 음악적 잠재력이 중요하므로 독일 극작가 보토 슈트라우스Botho Strauß를 인용해 이렇게 도발할 수도 있지 않을까?

시냇물은 그저 졸졸 소리를 내며 자신도 모르는 물의 거대한 행로에 대해 쓸데없는 이야기를 하며 흐르지만 어둡고 깊은 강은 조용히 흘러간다.[80]

글렌 굴드(Glenn Gould)(1932~1982)

캐나다 출신의 피아니스트로 생전에 수많은 기행으로 명성이 높았던 굴드는 1955년에 발표한 바흐의《골드베르크 변주곡》녹음으로 세계적 주목을 받는다. 하지만 청중 앞에서 연주하는 것을 두려워해 평생을 우울증에 시달린 고독한 연주자였다. 굴드는 30대에 연주회를 중단하고 50세라는 이른 나이에 사망할 때까지 오로지 매체와 음반만으로 대중과 만났다.

6

글렌 굴드

"베토벤은 자신을 틀에 가두지 않는다.
앞으로도 그의 음악을 규정하려는 시도는 번번이 실패할 수밖에 없을 것이다.

토마스 베른하르트Thomas Bernhard는 소설 《몰락하는 자》에서 피아니스트 글렌 굴드를 "피아노계 전대미문의 경이"[81]라고 했다. 이 최고의 피아니스트는 소설가 헉슬리를 알고 있었다. 1972년 굴드는 자신과 대화하는 가상 인터뷰에서 "스팬드렐인가 (…) 그가 자살하려고 했을 때도 베토벤 op.132를 틀어 놓지 않았던가요?"[82]라고 했다. 이 가상 인터뷰에서 굴드는 헉슬리의 소설 발상에 대한 평가를 포기한다. 하지만 다른 곳에서는 헉슬리와 토마스 만을 '신비주의적인 예지자 베토벤을 현실주의자 베토벤'으로 강등시키는 것을 거부한 '악명 높은 범죄자'로 에둘러 표현한다. 말하자면 후기 베토벤을 우울한 삶에 절망해 은둔하면서 '존재의 욕망이나 고통에 무감각한 한 영혼의 석화된, 비개성적 건축물'인 그런 작품들만 작곡한 예술가로 모함하는 것보다 더 '터무니없는 일'은 없다는 것이다. 굴드는 후기 베토벤의 악장들보다더 '치밀하게 구성되고 효율적으로 전개된' 악장을 자신은 알지 못한다고 힘주어 강조한다. 그리고 작곡적 패러독스는 '전체 구상에 대한 의

무'에 충실하되 '자유로운 즉흥성'을 잃지는 않는다는 데 있다고 한다. 굴드는 헉슬리와 마찬가지로 '신비주의적인 예지적' 요소들과 자유로운 즉흥성 그리고 '객관적 규율'의[83] 변증법을 파악하고 이를 천상의 쌍둥이 바흐와 베토벤에 적용한다. 굴드는 1964년 부활절 시카고 공연을 끝으로 일체의 공연 활동을 중지한다. 이 마지막 공연에 대한 후일담(1974~1975)에서 오스트리아 출신 작곡가 에른스트 크레네크Ernst Krenek를 향한 굴드의 오마주는 괜한 말이 아니었다.

> 이날을 기념하기 위해 나는 사흘 동안 무작정 연습만 하기로 했다. 그리고 긴 세월 내게 특별히 의미 있었던 작품을 고르기로 했다. 프로그램은 바흐의 《푸가의 기법》과 베토벤의 피아노 소나타 op.110, 에른스트 크레네크의 (쇤베르크의 영향을 크게 받은) 피아노 소나타 3번으로 구성했다.[84]

그러나 본질적 차이는 있다. 헉슬리가 베토벤을 최고로 치는 반면 굴드의 무한한 칭송은 바흐에게 향하고 베토벤에게는 얼마간 유보적이다. 바흐를 제외하면 베토벤의 피아노 작품처럼 많이 연습한 작품도 없지만 굴드는 〈슈테판 왕 서곡Ouvertüre zu König Stephan op.117〉처럼 별다른 영감 없이 작곡된 작품뿐만이 아니라 교향곡 5번과 6번에 대해서도 회의를 표한다. 사실 굴드는 리스트가 편곡한 베토벤 교향곡 5번을 자주 연습했고 역시 리스트가 편곡한 〈전원〉 첫 악장을 연주한 녹음으로 진정한 걸작을 남겼다. 굴드는 "시골에 도착해 북돋워진 유쾌한 감정"을 모방할 수 없는 냉정한 해석으로 연주했다. 그리고 굴드는 신비주의적 의미의 해석을 베토벤의 후기 작품에만 대부분 적용했다. 굴드는 베토벤이 일차원적 극렬한 제스처를 포기했다고 믿는 후기 작품을 특히 좋아했다. 굴드의 착각일 수도 있지만 말이다. 여하튼 굴드는, 1812년 이래로 그러니까 소위 영웅적 시기가 끝난 후 '대위법의 활성화'와 그 럼으로써 '모티프적 압축'을 목표로 했던[85] 베토벤을 항상 강조한다.

아르놀트 쇤베르크Arnold Schönberg를 존경해 그의 작품을 꾸준히 해석해 왔던 굴드는 주제-모티프의 연관과 '전개되는 변주' 방식에 주목하며 완전히 쇤베르크 학파의 노선에 선다. 쇤베르크는 자신이 바흐 세기가 아니라 베토벤 세기의 후예임을 전혀 의심하지 않았다. 반면 굴드는 올랜도 기번스Orlando Gibbons에 대한 애착은 차치하더라도 바흐에서 시작해서 늘 새롭게 바흐로 돌아가는 향수에 젖어 있었다.

이때 '작품에 얼마나 충실한지'는 문제가 되지 않는다. 이 문제와 관련해 굴드가 한 초기 노력은 딜레탕트를 떠올리게 해 슬며시 웃음이 나온다. 1961년 굴드는 바흐의 칸타타 〈죄악에 맞서라Widerstehe doch der Sünde〉(굴드의 유일한 칸타타 연주다)를 '피아노로 하프시코드 소리를 재현하고자 고안된 하프시피아노Harpsipiano'로 연주하며 지휘까지 한다. 굴드는 스타인웨이 피아노의 펠트해머에 쇠막대기를 달게 했다. 굴드는 오랫동안 (캐나다 피아니스트이자 굴드 전기 작가 존 벡위드John Beckwith에 따르면) 이 '나쁜 녀석'[86]으로 《평균율》을 녹음하려고 노력했던 것 같다. 당시 미국에서도 이미 활발한 '고음악 운동'이 진행되고 있었다. 폴란드 출신의 전설적인 쳄발리스트 반다 란도프스카Wanda Landowska는 굴드보다 앞서 《골드베르크 변주곡Goldberg Variationen》을 녹음했다. 물론 악기는 란도프스카의 뜻에 따라 제작된 플라이엘• 쳄발로였다. 플라이엘 쳄발로는 당시 전쟁의 혼란과 미국까지의 운반을 놀라운 방식으로 견뎌 냈다.

굴드는 악기에 연연하지 않는 태도를 보이면서 진면목을 드러냈다.

• 플라이엘은 오스트리아 작곡가 이그나츠 플라이엘이 1807년에 세운 프랑스 피아노 제작사 이름이다. 쇼팽도 이 플라이엘 피아노를 사용했다.

굴드도 간혹 쳄발로에 끌렸지만 피아노가 주는 소리의 빛깔과 강약의 미분 가능성을 포기하지 않으려 했다. 사실 굴드가 피아노의 섬세한 음향보다 더 중요하게 여긴 게 있다. 바로 쇤베르크가 편곡한 바흐 오케스트라에서 실현된 '분석적 기악 편성'의 이상을 충실히 재현하는 것이었다. 즉, 굴드에게는 바흐 다성 음악의 개별 성부를 재현하는 문제가 중요했다. 그러나 이는 한 측면일 뿐이다. 굴드는 평생 전혀 신경 쓰지 않았던 바로크적 장식론에서가 아니라 후기 베토벤의 자취 위에서 바흐 음악의 '자유로운 즉흥성'을 강조하려 했다. 이는 베토벤이 말년에 밝힌 "전승된 푸가 형식에 시적 요소를 가미하여 진정 거듭나게 해야 한다"[87]는 견해에 부합하는 것이다. 굴드는 후기 베토벤을 바흐의 관점으로 해석한다.

굴드는 바이올리니스트이자 영상 감독인 부뤼노 몽생종Bruno Monsaingeon과의 대화에서 이렇게 말한다.

> 당신도 알다시피 나는 흔히 관습적으로 표기된 화음도 아르페지오로 연주하지. 이게 정당할 수도 아닐 수도 있지만 이런 습관은 대위법적 정신을 생생히 유지하려는 의지, 다시 말해 선율적 에피소드들 사이를 가능하면 연결해 강조하려는 의지가 중요하다는 생각에서 나온 거라고 할 수도 있어. 그런데 나는 무엇보다도 너무 많은 악보의 지시를 주의 깊게 통제하고 싶어서 그렇게 하는 거야.[88]

피아니스트를 가수와 철학자로 나눈다면 굴드는 연주 중에 혼자 늘 흥얼거리기는 했지만 철학자에 넣어야 할 것이다. 당연히 굴드는 체계적인 철학자가 아니라 절충주의 철학자에 들겠지만 음악을 끊임없이 더 진전시켜 생각하는 철학자에 속할 것이다. 가령 바흐를 베토벤 방향으로 베토벤을 바흐의 방향으로 생각하는 방식으로 말이다. 그렇다고 굴드의 바흐는 베토벤처럼 들리고 베토벤은 바흐처럼 들린다고 주장하려는 것은 아니다. 하지만 '엄격한 대위법 대 자유로운 연주와 즉흥적 태도'라는 주제와 관련해서는 바흐와 베토벤은 늘 하나의 동일한 해석으로 다시금 합쳐진다. 비정상적인 템포의 굴드, 바흐와 베토벤의 풍경을 비행기를 타고 가로지르는 듯한 굴드가 있다. 그리고 침잠과 절대적 현존을 통해 두 작곡가의 음악에서 항상 새로운 측면을 발굴해 내는 피아니스트 굴드도 있다.

어쨌든 바흐는 바흐고 베토벤은 베토벤이고 굴드는 굴드다. 굴드가 스타인웨이로 연주하는 바흐는 '현대적이며' 때로는 달착지근하다. 굴드의 이와 같은 연주는 우리가 듣기에 바흐의 《골드베르크 변주곡》과 베토벤의 《안톤 디아벨리Anton Diabelli의 왈츠 주제에 의한 33개의 변주곡 C장조 op.120》(이하 《디아벨리 변주곡》)의 간극을 줄여 주기는 하나 쳄발로나 클라비코드 연주가 전하는 절절함과는 견줄 수 없다. 물론 쳄발로는 굴드가 옹호하는 '추상적 사고'의 이상이란 의미에서 대위법적 구조의 개별 성부를 피아노처럼 기계적으로 따로 선별해 낼 수는 없다.[89] 대신 쳄발로의 음색에는 보통 듣는 사람에게 진지하게 귀를 기울일 것인지 아니면 흥분해서 그만 들을 것인지를 가차 없이 택하게 하는 호기가 있다. 반면 굴드가 연주하는 베토벤 피아노 소나타 op.110 마지막 악장의 푸가 주제는 바흐의 〈반음계적 환상곡과 푸가〉 '레치타티보'를 연상시키는데, 이 곡은 그가 좋아하는 곡이기도 하지만 깊은 해석이 압권이다. 결과적으로 굴드가 피아노 소나타 op.110을 두고 베토벤에 대해 한 말은 그의 연주에도 유효하다. 베토벤은 자신을 "틀에 가두지 않는다. 앞으로도 그의 음악을 규정하려는 시도는 번번이 실패할 수밖에 없을 것이다."[90]

자연

장 자크 루소 Jean-Jacques Rousseau(1712~1778)

18세기 프랑스의 정치 사상가이자 철학자, 소설가, 극작가인 루소는 《백과전서》 집필에 참여하면서 본격적인 저술 활동을 시작했다. 1761년에는 낭만적인 연애 소설 《누벨 엘로이즈》를 출간해 큰 성공을 거두며 독자들과 교감한다. 그의 작품 속에 나오는 자아의 고백이나 아름다운 자연 묘사는 19세기 프랑스 낭만주의 문학의 선구적 역할을 했다.

7

장 자크 루소

"자연이라는 열쇠 말은 베토벤을
루소주의자에 가까운 사람으로 보게 하는 중요한 계기다."

체르니의 회고록에는 젊은 베토벤에 대한 이런 구절이 있다. "베토
벤의 성격은 장 자크 루소와 매우 닮았다."[91] 베토벤보다 대략 스무 살
쯤 어린 이 피아니스트는 누구보다도 그를 잘 알고 있었다. 1800년부
터 시작된 두 사람의 인연은 처음에는 제자와 스승으로 후에는 연주자
와 작곡가로 그리고 친구로 맺어져 왔다. 다른 사람들도 베토벤을 루
소와 비교하기는 했지만 체르니의 말은 결코 그냥 나온 것이 아니다.
그의 말은 루소에 대한 다음과 같은 사실을 전제로 한다. 1778년에 사
망한 이 철학자가 19세기 초 프랑스에서 가졌던 권위는 막강했을 뿐만
아니라 독일과 오스트리아에서는 일종의 '대중 스타'였다고 문화 연구
자 헤르베르트 야우만Herbert Jaumann은 평가한다.[92]

독일에서 출간된 각종 여행기에는 루소가 머물렀던 제네바 호수와 그
가 처음 묻힌 파리 북동쪽 근교에 있는 에름농빌 호수 포플러섬에 존경심
으로 순례를 다녀왔다는 기록들로 넘쳐 난다. 포플러섬 정원의 원래 설
계는《누벨 엘로이즈La Nouvelle Hélosse》(1761) 속 인물 지라르댕 공작의

의도를 반영한 것이다. 루소의 서간체 소설인《누벨 엘로이즈》에서 공작은 완전히 자연과 동화된 정원을 재현하려 한다. 당연히 이 정원을 찾은 많은 방문객들의 주머니에는《누벨 엘로이즈》가 들어 있었다.[93]

루소의 그 어떤 정치적 선언문보다 깊은 감동을 주었던《누벨 엘로이즈》는 많은 부수가 인쇄되었다. 철학자 헤르더를 비롯해 괴테, 나폴레옹이 이 소설을 관심 있게 읽었고 베토벤도 분명히 그랬을 것이라 확신한다. 잠재적 '불멸의 연인' 요제피네의 언니 테레제 폰 브룬스비크 Therese von Brunsvik의 일기에서 나온 메모에는 대략 1817년쯤 베토벤에게 이 책을 빌려주었다고 되어 있다. 당시 테레제는 베토벤과 함께 철학과 윤리적 문제들을 토론했던 터라 육체적 열정을 우정으로 전환하려는 내용의 이 인기 소설에 대해서도 이야기를 나눴을 것이라 짐작할 수 있다. 이 주제는 그즈음 베토벤이 가장 고민한 문제기도 해서 대화 상대인 테레제와의 관계를 미루어 짐작해 보면 더 확신을 갖게 한다.

언젠가 루소가 자기 소설을 통해 근본적으로 모든 사회 질서와 관계된 결혼의 미풍양속과 순결성에 관한 주제를 다루었다고 강조한 바 있다.[94] 프랑스 철학가이자 루소 전문가인 장 스타로뱅스키[Jean Starobinski 는 다음과 같이 말했다.

> 《누벨 엘로이즈》는 진행되는 동안 엄청난 궤도를 보여 주는데 여기에는 욕망과 거부, 거부되어 배제된 것과의 재결합 같은 것이 주도적인 힘으로 작용한다.[95]

베토벤의 많은 언급을 통해 알 수 있듯이 그는 이성과의 관계를 도덕적으로 완전무결하게 유지하려 한다. 이에 상응하기 위해 베토벤은 평생 사랑을 표현하고 체념하는 데 익숙해지려 노력한다. 1812년부터

쓰기 시작한 일기 중 1816년의 기록에는 이런 내용이 있다.

순종, 운명에 진심 어린 순종을 하기. 오직 이것만이 그대에게 보상을—작업에 대한—줄 것이다. 오 힘겨운 싸움! (…) 그대가 인간으로 존재하는 이유는 그대 자신이 아니라 오직 다른 사람을 위해서다. 그대를 위한 행복은 오로지 그대 안에, 그대의 예술에만 있다. 오 신이여 스스로를 이길 힘을 주소서! 어떤 것도 저를 삶에 묶어 두어서는 안 됩니다.[96]

이런 탄식만 《누벨 엘로이즈》에 나오는 체념의 태도에 완전히 부합하는 것은 아니다. 베토벤이 1802년 10월 6일에 쓴 하일리겐슈타트 유서는 그 세세한 표현까지 이미 루소식의 정신세계를 반영하고 있다. 유서를 보자.

오 너희 인간들아, 너희는 내가 적개심에 차 있고 고집불통에 인간을 혐오하는 성격이라 여기겠지. 너희 생각이 얼마나 부당한지는 모를 거야. 너희는 그렇게 된 내 숨은 뜻을 알지 못해. 어린 시절부터 내 마음과 영혼은 선의와 부드러운 감정으로 가득했어. 또 위대한 일을 완수하려는 사명감을 항상 지니고 있었지. 그러나 이제 지난 6년간 내가 겪은 절망적인 고통을 생각해 봐. (…) 원래 불같은 성격으로 태어났고 게다가 사회의 유흥에도 쉽게 끌렸지만 나는 고립된 외로운 삶을 살아갈 수밖에 없었어. 때로는 이 모든 것을 잊어 보려고도 하지만, 아, 이제 귀까지 들리지 않는다는 슬픈 현실은 얼마나 내게 가혹한 충격인지. (…) 신이여, 당신은 제 마음을 굽어보시지요. 당신은 제 마음속 인류애와 선해지려는 욕구를 알고 계시지요. 오, 인간들이여 언젠가 이 글을 읽는다면, 그대들이 나에게 얼마나 부당했는지 생각해 주오.[97]

루소의 《고백록》은 자신을 고독으로 몰아가는 주위의 몰이해에 대한 한탄으로 가득 차 있다. 《고독한 산책자의 몽상》은 이렇게 시작한다.

마침내 나는 이 땅 위에 혼자다. 나 자신 말고는 형제도, 이웃도, 친구도 없는 외톨이다. 사람 중 가장 붙임성 좋고 정 많은 내가 만장일치로 인간 사회에서 추방당한 것이다.[98]

스타로뱅스키는 다음과 같은 견해를 보인다.

이런 오류는 타인의 시선에 있다. 루소는 온전히 이해받을 수 있는 사람인데도 완전히 무시되었다. (…) 그러므로 루소에게 관심의 출발점이 되는 문제는 다음과 같다. 내적 감정은 즉각적으로 명백한데 왜 즉각적으로 인정받을 때는 나타나지 않는가? 내가 보는 나와 타인이 보는 나를 일치시키기가 왜 이토록 어려운가?[99]

베토벤과 동시대인인 오스트리아 작가 프란츠 그릴파르처Franz Grillparzer는 루소를 "자신을 세상의 중심이라고 보는, 자기 주위에서 일어나는 모든 일을 자신 때문에 일어난 것이라고 보는 사람"이라고 하며 "만일 지진이나 혹은 갑작스럽게 폭발한 화산 때문에 글쓰기를 방해받는다면 그것을 자신에 대한 음모라고 생각할 사람"이라고 했다.[100] 베토벤에 찬사를 아끼지 않는 음악학자 해리 골드슈미트Harry Goldschmidt는 이렇게 판단한다.

베토벤의 자기 연민은 잘 알려져 있다. 베토벤은 자신을 아틀라스와 다이달로스, 헤라클레스, 소크라테스, 그리스도 등 세계사의 모든 고통받는 영웅들과 동일시한다. 그중에는 특히 가장 닮았다고 여긴 '죽어야 할 운명의 모든 인간 중 가장 불행한 사람'인 인내자 오디세우스도 있다.[101]

괴테가 1812년 테플리츠(오늘날 테플리체)에서 베토벤을 만나고 한 평가도 여기 들어맞는다.

다만 아쉽게도 베토벤은 제멋대로인 사람이라네. 완전히 막무가내지. 그가 세상을 혐오하는 게 무리는 아니지만 그렇게 하면 자기 자신에게도 다른 사람에게도 세상은 불편한 것이 될 뿐이지.[102]

이와 같은 성격상 문제에도 '하일리겐슈타트 유서'는 베토벤을 거의 자살 언저리까지 몰고 간 문제들과 깊은 연관이 있다. 베토벤은 루소와 달리 자신의 고난을 문학 작품의 함축적 언어로 표현할 수 없었다. 그와 같은 고난에서 탄생한 이른바 고백 문학은 삶의 의미에 회의하는 젊은이들이 여러 세대에 걸쳐 자신의 이야기로 읽는 고전이다. 이런 젊은이들처럼 베토벤 역시 루소의 정신세계에 자신을 대입한다. 이때 베토벤이 젊은 시절에 루소의 작품을 읽었는가 하는 문제는 열린 상태로 남겨 두어도 괜찮을 것이다. 여기에서 서술하는 것과 같은 루소주의는 곳곳에 널려 있었기 때문이다. 민감한 사람은 어디서건 필요한 연결 고리를 찾는다. 다른 사람들이 공감하지 못하는데도 체르니가 루소와 베토벤을 비교하지는 않았을 것이다. 어쩌면 체르니 자신이 루소주의에 기울어 있었을 수도 있다.

어찌 됐든 체르니가 두 '인물'을 비교하여 무엇을 말하고자 했는지는 쉽게 알 수 있다. 먼저 두 사람의 생활 태도가 특이하다는 데서 시작한다. 루소가 귀족과 돈독한 관계를 유지하며 후원을 받은 동시에 '자연인'으로서 일체의 예법을 거부했다는 사실은 널리 알려져 있다. 루소는 자신이 쓴 오페라《마을의 점쟁이Le Devin du village》가 프랑스 퐁텐블로궁에서 초연되는 날 도발적으로 아무렇게나 입고 나타났으며, 다음 날 경의를 표하려는 루이 15세를 알현하지 않고 대담하게 궁을 떠났다고 한다.

말년의 베토벤은 대중 앞에 나설 때면 종종 차림은 우아했으나 늘 자신을 통제하지 못하는 모습이었음을 당시 기사들을 통해 알 수 있다. 그러나 이보다는 자연에서 홀로 산책하기를 특히 좋아했다는 것이 베토벤과 루소를 관련짓게 한다. 이와 동시에 자연이라는 열쇠 말은 베토벤을 루소주의자에 가까운 사람으로 보게 하는 중요한 계기다. 베토벤의 전기 작가이자 심리 분석가인 메이너드 솔로몬Maynard Solomon이 '은밀한 작업 일지'라고 부른 앞서 언급한 일기에서 이런 기록이 눈에 띈다. "한 농가, 그러면 너는 비참함에서 벗어난다!"[103] 다른 격정적인 표현들 사이에 적혀 있는 이 구절은 단순히 유머러스하거나 풍자적 외침이 아니라 루소의 '전원적 우울'이라는 의미에서 이해해야 한다. 베토벤은 늘 도시를 떠나 시골에서 위안을 찾았고 고독 속에서 잃어버린 행복을 되찾았다. 서간체 소설《오베르망Oberman》이 출간된 시기가 베토벤이 하일리겐슈타트 유서를 쓴 시기로부터 멀지 않은 것은 우연이 아니다. 베토벤과 동갑인 에티엔 세낭쿠르의 인기 소설《오베르망》은 리스트의 웅장한 피아노곡 〈오베르망의 계곡Vallée d'Oberman〉에 영감을 준 작품이다. 루소의 자연 숭배는 도처에 존재했다. 스타로뱅스키는 '위안', '희망', '평화'라는 종교적 표상들이 갖게 되는 '종교적 위상'을 거론한다.[104]

베토벤도 여러 차례 자연 숭배를 표현한다. 하일리겐슈타트 유서는 다음과 같은 탄식으로 끝난다.

오, 신의 섭리여, 단 하루라도 온전한 기쁨을 내게 주소서. 마음으로 진정한 기쁨의 메아리를 들어 본 지 너무 오래입니다. 오! 언제, 오! 언제, 신이여! … 신이여, 제가 자연과 인간의 신전에서 그 메아리를 다시 들을 수 있을까요? 결코 없을까요? … 안 됩니다. … 아, 그건 너무 가혹합니다.[105]

1815년 베토벤이 스케치북에 써 놓은 글은 이렇다.

전능한 자여! 숲속에서 저는 기쁨으로 가득 차 행복합니다. 모든 나무가 당신을 통해서 말합니다. 오! 신이여, 얼마나 장엄한지! 이 숲의 높은 곳에는 안식이 있습니다. 당신을 섬기는 안식이.[106]

베토벤은 이런 명상을 칼렌베르크숲에서 악보에 적는다. 빈 중심지에서 조금 떨어진 이 숲은 베토벤의 말을 빌리자면 조망이 유명한 곳이다. 우리는 이와 유사한 기록들을 통해 베토벤이 삶의 중요한 체험이나 경험을 언어로 기록하는 데 얼마나 지대한 관심을 쏟았는지 알 수 있다. 이런 생각은 이 장의 핵심, 즉 베토벤 음악에서 루소의 흔적이란 문제로 우리를 이끈다.

일반적으로 볼 때 루소는 베토벤 시대의 지배적 예술 담론이던 의고전주의뿐만 아니라 초기 낭만주의의 결점을 교정하는 데도 엄연히 한자리를 차지한다. 주도적 이상주의는 예술 작품의 감각적 현상 배후에 존재하는 '이념'과 '정신'으로 돌아가려는 경향을 보였다. 헤겔에게 예술은 절대정신의 한 요소다. 하지만 예술은 이념의 단순한 감각 현상으로서 절대정신으로 떠나는 도정 중 가장 초기 단계일 뿐이다. 이상주의가 결국 형식을 내용보다 중요시하는 것은 놀라운 일이 아니다. 형식은 내용보다 더 쉽게 '순수한 정신' 혹은 '이념'으로 해석할 수 있다. 형

한적한 한 시골 숲속에 있는 베토벤을 묘사한 그림이다. 베토벤은
자연에서 쉬며 영감을 얻곤 했다(율리우스 슈미트Julius Schmid, 1925).

식은 현상의 변화 속에서도 지속적인 것이다.

베토벤이 이와 같은 생각을 예술론적으로 고찰하지 않았더라도 그에게 결코 낯선 것이 아니다. 특히 사람들이 베토벤의 핵심 작품을 '절대 음악'이라 일컫는 것은 우연이 아니다. 절대 음악이란 스스로 자신을 증명하며 외부 참조, 더군다나 음악 외의 강령을 필요로 하지 않는 고유한 구조를 따른다는 의미다.

그러나 이런 시각은 베토벤 음악을 축소할 뿐이다. 본질적인 구성 요소, 다시 말해 가장 넓은 의미에서 신체 언어적 요소를 빠뜨렸기 때문이다. 게다가 예나 지금이나 청중들이 구조주의적 분석자들의 바람처럼 베토벤 음악을 논리적 구조의 음향적 재현으로 듣는지 매우 의문이다. 여기서 무엇이 부족한지는 루소적 사고의 두 핵심 개념, 즉 직접성과 제스처의 개념으로 적확하게 파악할 수 있다. 루소는《언어 기원에 관한 시론》에서 인간 언어의 시초는 직접성이라는 특징을 갖는다고 주장한다. 언어는 정념을 직접적으로 표현하고자 하는 욕구에서 생겨난다. 루소에 따르면 욕구는 제스처를 유발하고 여기에 '선율적 떨림과 강세'라는 특성을 가진 음색이 더해지면 감정이 실린, 음악과 발설된 말 사이의 차이를 알지 못하는 음성 언어로의 길이 마련된다.[107] 루소의 미학에 부합하려면 현대 성악이나 기악은 상기시키는 느낌의 흐름을 유지해야 하고 감정의 동요를 단순한 포즈로 제시하는 대신에 체험을 재현할 수 있어야 한다. 극적으로 표현하면 뻔한 클리셰에 따라 작곡되어 거드름 피우는 궁정 인사들 앞에서 불리는 오페라 아리아는 단순한 포즈에 지나지 않는다는 것이다. 루소는 이에 따라 삶의 활력을 주는 적합한 표현을 제공하는 음악이 선율로 하는 말하기이기를 바란다.

점점 더 뚜렷하게 형식주의로 기울수록, 순수 기악은 점점 더 무한소無限小(사소한 소리)가 되어 버린다. 그러나 루소는《음악 사전Dictionnaire de musique》에서 오케스트라가 가수와 동등한 역할을 하며 반주뿐만 아니라 독창과 교대로 연주하는 '레치타티브 오블리게récitatif obligé•'의 효과를 높이 산다.

그 어떤 말도 할 수 없는 격정에 사로잡힌 독창자는 잠시 멈추고 휴식을 취한다. 그러는 동안 오케스트라가 말한다. 이런 방식으로 채워진 휴지부는 해야 할 말을 독창자가 다 하는 것보다 훨씬 더 청중에게 감동을 준다.[108]

혹은《누벨 엘로이즈》의 생 프뢰의 표현을 빌리면 "우리가 입을 열지 않았는데도 얼마나 많은 것들이 말해졌는지요! 차가운 언어의 매개를 거치지 않아도 뜨거운 감정이 얼마나 많이 전달되었는지요!"[109]

루소의 직접성과 제스처의 개념을 통해서 카를 필리프 에마누엘 바흐Carl Philipp Emanuel Bach의 피아노 환상곡이나 게오르그 벤다Georg Benda의 멜로드라마《낙소스섬의 아리아드네Ariadne auf Naxos》혹은 벤다의 추종자였던 모차르트의 미완성 오페라《차이데Zaide》등에는 다가갈 수 있지만 베토벤의 작품에는 분명 합당하지 않다. 직접성이나 제스처의 범주는 과거와 미래는 상관이 없고 오직 현재의 순간만이 중요하다는 암시를 하지 않는가. 이는 주어진 텍스트만이 아니라 작곡 기법으로 긴 시간을 인내해야 하는 모든 음악 형식과 장르에 치명적이다. 이와 같은 음악 이해는 절차와 반복 구조로 작곡되는 경우에만 가능하다. 그러니까 청자가 음악을 질서 있는 시간의 구조물로 체험할 기회를 가질 때만 가능하다는 말이다. 이 구조물 안에서 청자는 기대를 하게 되고 재귀를

• 프랑스 오페라에서 루소에 의해 최초로 사용된 용어다. 레치타티브(레치타티보) 오블리게는 주로 오페라에서 가장 극적인 장면을 연출할 때 사용한다.

생각하게 되는데 이는 결국 루소의 음악에 대한 생각에는 낯선 것이다.

음악사에는 '아펙투스affectus(정념)'와 '누메루스numerus(숫자)', 즉 자유와 질서 사이의 독특한 왕복 운동이 있다. 자유자재로 부르던 그레고리안 성가는 최초의 원시적 '화성화' 과정을 거치며 중세 르네상스의 완전히 갖춰진 모테토motetto(경문가)로 발전했다. 그 형식적 제약이 참을 수 없었던 16세기 말 작곡가들은 단성곡과 '격앙 양식stile concitato(스틸레 콘치타토)' 외에도 통주저음basso continuo(바소 콘티누오)의 반주 위에서 음악 주체가 '자유롭게 음악을 구사'할 수 있는 방식 등을 도입한다. 이를 오페라에 적용한다면 내적 감정의 표출에 적합하여 마치 루소의 개념을 선취하는 듯하지만 '히트곡'이 요구하는 간결하고 정확한 형식은 불가능하다는 것을 금세 알게 된다. 이와 같은 '히트곡'은 명백한 전개와 반복 구조로 영향력을 발휘하는 아리아의 다카포da capo 형식을 통해 비로소 가능해졌다. 머리 주제가 나오고 그것의 지속하는 방식을 예견할 수 있다. 또 가수가 멋있게 다카포를 부르면 다시 그 주제를 알게 되는 기쁨을 누릴 수 있다.

리하르트 바그너는 온전히 루소의 정신에 따라 형식화에 반대했다. 바그너가 보기에 형식은 무대 위 생생한 정서를 반영할 수 없기 때문이다. 따라서 바그너는 넘버 오페라number opera를 악절 구분을 최소화하고 선율이 끊임없이 이어지는 '무한선율'이 지배하는 음악극으로 대체했다. 더욱이 바그너는 음악의 순간적 효과에만 의존하지 않는 영리함을 보인다. 바그너는 '예감과 기억의 모티프'라 불렀고 훗날 라이트모티프라 불리는 음악적 주제의 힘을 빌려 음악극을 내재적 수단으로 설득력 있게 구조화할 수 있는 독창성을 확보했다. 바그너 이후 두 세대가 지나서 쇤베르크는 무조음악 시기의 작곡에서는 대규모 기악 형식을 위한 아이디어가 얻어지지 않는다는 것을 깨달을 수밖에 없었다. 쇤베르크의 《6개의 피아노 소곡 op.19》와 같은 아포리즘적인 짧은 피아노곡을 두고 반어적으로 뒤늦게 출현한 루소주의자라 부를 수 있었다. 반면 뒤따르는 쇤베르크의 12음 기법 작품들은 시간상 더 길게 늘이는 데는 유리하지만 그 대가로 표현의 직접성을 잘라 내는 구조적 한계를 드러냈다.

이제 베토벤을 보자. 작곡가 중 유일하다고 할 수는 없지만 "기악에서 (…) 항상 전체를 보려고 한"[110] 이 위대한 변증법자는 자유와 질서의 균형을 유지하려고 고심했다. 그 균형이 끊임없이 위협을 받는다는 것은 곧 예술가가 순응과 자기표현 사이를 오가는 줄타기를 하고 있다는 의미다. 베토벤이 이른바 전통적 음악 구조와 실용적 '형식 원칙'을 넘어서는 명예를 되찾아 주면서 음악을 전투를 위한 '싸움터'로 생각했다는 것은 그리 과장된 말이 아니다.

18세기는 형식을 가곡, 아리아, 칸타타, 무곡, 소나타, 협주곡 등을 쓰기 위해 작곡가가 알아야 할 구성 요소들의 총합으로 이해했다. 당시 음악 이론에 따르면 한 음악 작품의 '내재적 특성과 아름다움, 다양성'은 알 수 없으며 오직 '작곡의 기계적' 요소만 확인할 수 있다.[111] 이에 반해 베토벤에게 '형식의 물화'[112] 같은 것은 없다. 독창적 천재 베토벤은 단지 창조적으로 채우기만 하면 되는 전승된 틀에 의존하지 않고 매 작품을 처음부터 새롭게 시작한다. 베토벤에게 음악 작품은 작곡 기법만이 아니라 철학적 의미의 창조 대상이 되었다. 이와 같은 조짐은 이전 음악가들, 특히 모차르트나 하이든에게서 이미 예견된 것이었지만 베토벤은 근본적으로 한 걸음 더 나아갔다. 기능적 화성과 전통적 음율, 소나타 악장의 형식 등은 폐기되지는 않았지만 선험적 유효성을 잃었다. 이는 곧 형식은 작품의 문제 제기하에서 매번 존재 이유를 새롭게 획득해야 함을 의미한다. 전통적 질료를 사용하면서 형식은 그때그때 개인적 형식으로 생산된다. 이런 의미에서 구조라는 용어는 체계 전체와 체계 구성 요소들의 상호 작용이라는 오늘날 시스템 이론의 정의에 부합한다.

그렇다면 여기서 루소적인 것은 무엇일까? 말했다시피 베토벤의 음악적 구조는 '예상 가능한 형식 더하기 개인적인 첨가물'이라는 공식으로 계산할 수 없다. 오히려 관습적·비관습적 형상화의 요소들이 하나의 해체 불가능한 전체로 합쳐진다. 그럼에도 루소적 요소들을 분리해 볼 수는 있다. 그것은 신체적 언어와 즉흥적 외침, 말 없는 '노래' 같은 것들이다.

물론 이렇듯 구조에 흡사 삽입해 놓은 듯한 형식에 대한 항의와 시스템 압박에 대한 항의를 극히 예술적으로 생산된 직접성의 표현, 즉 루소로 반드시 환원할 필요는 없다. 루소가 베토벤의 작곡에 대해 고개를 절레절레 흔들었을지도 모르겠지만, 개념사의 지평에서 보면 모든 종류의 형식적 압력을 향한 작곡하는 주체의 이의 제기를 루소의 시각에서 해석하는 것은 매우 의미가 있다. 그렇게 한다고 베토벤의 독창성을 깎아내리는 것은 당연히 아니다.

이미 언급했듯이 루소와 비교된 서른 즈음의 베토벤은 그때까지 한 자신의 작업이 '별로 만족스럽지 않아서' 새로운 길을 개척하려 했다고 체르니는 언급한다. 체르니는 이런 결심이 '부분적으로는' 1801년과 1802년경에 만들어진 세 개의 피아노 소나타 op.31에서 충족되었다고 본다.[113] 그러나 이 두 언급을 하나로 합치는 것은 섣부른 생각이다. 훗날 체르니의 회상은 다양한 해석의 여지를 남겨 두었기 때문이다. 그런데 잠재적 간극을 메워 주는 작품이 있다. 바로 피아노 소나타 d단조 〈템페스트〉다.

〈템페스트〉는 결코 루소주의로만 제한해 볼 수 없는 다층적인 작품이다. 그래서 독일 음악학자 카를 달하우스Carl Dahlhaus는 '새로운 길'의 징표로서 "음악 형식의 급진적인 전개 과정의 특성"인 "작곡 기법상 전통적 주제 개념의 폐기가 나타난다"고[114] 강조하는 데 갖은 공을 다 들였다. 나는 여기서 루소에 좀 더 가까이 머물기 위해 첫 악장이 보여 주는 두 가지 특징적 요소에 집중하려고 한다. 작품의 독창성 때문에 제자 안톤 쉰들러는 체르니 집에서 열린 가정 음악회에서 스승 베토벤에게 〈템페스트〉 소나타와 피아노 소나타 f단조 op.57 〈열정Appassionata〉을 이해하기 위한 '열쇠'가 무엇인지 묻지 않을 수 없을 것이다. 쉰들러는 베토벤에게서 수수께끼 같은 답변만 들었다고 한다. "그냥 셰익스피어의 《템페스트The Tempest》를 읽으세요."[115]

셰익스피어에 대해서는 앞으로 더 자세히 언급할 예정이므로 여기서는 루소주의의 표식 아래 〈템페스트〉 소나타 1악장의 특이점을 다루려 한다. 이 보통의 소나타 악장에 루소식 외부적 요소가 발에 차이기 때문이다. 베토벤의 '영웅적' 창작 시기에 매우 적합한 21마디부터의 앞으로 전진하는 '제1주제'와 매우 약하게 전개되는 '제2주제' 그리고 첫 두 주제와 대결하는 재현부는 소나타 악장의 '고전적' 형식이다.

이렇게 형식적으로 1악장을 관찰하면 곧 다음과 같은 문제에 직면하게 된다. 그럼 악장의 첫 20마디는 무엇인가? 어쨌든 이 부분은 전통적 도입부로 이해할 수 없는 것이다. 여기서 전개되는 한 쌍의 주모티프는 재현부를 열기 때문이다. 반면에 힘찬 '제1주제'는 재현부에서는 전혀 나타나지 않는다. 그리고 '콘 엑스프레시오네 에 셈플리체con espressione e semplice'라는 지시가 붙은, 재현부의 시작에서 자라 나오는 '레치타티보'는 어떻게 봐야 하는가? 이 레치타티보가 영웅적 '주제'를 가령 물리치기라도 해야 한단 말인가?

곧 1악장의 첫 8마디는 라르고 - 알레그로 - 아다지오 - 라르고 - 알레그로, 이 네 번의 템포 변화로 우리를 놀라게 한다. 2마디의 라르고는 명상적인 분위기로 A장조 6도 화음의 아르페지오로 구성되어 있다. 그 뒤를 잇는 부산한 움직임이 특징인 3마디의 알레그로는 아다지오 반종지로 넘어가고 그 후에 곧바로 알레그로가, 3화음의 현저한 '주제'가 으뜸화음에서 시작되기 전에 더 확장된 모습으로 반복된다.

우리는 이 20마디로 된 이 두 개의 주모티프를 일종의 제스처라고 밖에 달리 이해할 수가 없다. 이때 빠른 템포 변화는 즉흥성의 인상을 준다. 베토벤에게도 이례적인 이후 전개에서 기교적인 소나타 형식의 시작은 많은 연상을 불러일으킬 수 있는데 그중 하나가 꿈에서 막 깨어나 힘차게 발버둥 치는 갓난아이의 모습이다. 베토벤이 두 개의 다른 에너지나 존재 형식, 즉 세계에 대한 명상적인 태도와 활동적인 태도를 결합하려 했다는 생각은 앞의 연상보다 좀 더 에두른 표현이다. 이후 전개되는 그야말로 무대적 행위를 향한 충동을 예감할 수 있는 '레치타티보'를 보면 분명해진다. 레치타티보는 재현부의 시작인 라르고에서 도입되어 알레그로로 솟아 나온다. 이제 몸짓만으로는 충분하지 않아 루소적 의미에서 노래가 표현 형식으로 추가되었는데 기악에는 노랫말이 없으므로 어쩔 수 없이 한 차원 높은 더 미분화된 방식으로 표현된 것이다. 미국의 음악학자 로렌스 크레이머Lawrence Kramer는 이 '레치타티보'에서 여성의 목소리를 들었는데 이는 가차 없고 주체에 적대적인 계몽에 대한 루소의 항의를 되살리는 목소리다.[116]

현재 베토벤 피아노 소나타에 대한 기본 연구서들은 크레이머의 의견을 다루지 않는다. 독일 음악학자 한스 요아힘 힌릭센Hans Joachim Hinrichsen은 베토벤 연구의 선조 격인 에르빈 라츠Erwin Ratz의 견해를 언급하는 것으로 만족한다. 라츠에 따르면 베토벤은 '최후의 결정적인 것을 말할 때'면 항상 이 기악적 레치타티보를 사용한다고 한다. 힌릭센은 이 '레치타티보'를 통해서 훗날의 청자들은 '슬픔과 탄식'이라는 토포스를 떠올리게 될 것이라는 견해를 수용한다. 그런데 이보다 주시해야 할 힌릭센의 견해는 '레치타티보'의 도입은 재현부 시작 악장의 내적인 근거를 마련하기 위한 또 하나의 설득력 있는 해결책을 더한다는 것이다. 좀 더 일반적으로 말해서 '정교하게 연출된 악장의 이중성'은 특히 구조적인 시각에서 '새로운 미학의 특성'으로 평가해야 한다는 주장이다.[117]

이 영리한 베토벤 연구자도 분석에 과하게 집중해 상대적으로 해석학적 차원을 등한시하고 있다. 물론 이질적 부분들을 하나의 전체로 융합하는 베토벤의 치밀한 작곡 전략은 주목해야 할 부분이긴 하다. 그런데 복잡한 구조를 놓고 보면 설명하려는 의도가 주관적 공감으로 쉽게 변질되는 것은 차치하고 (게다가 이런 공감은 세부적으로 흔히 할 수 있는 억측과 유사하다) 곧 이런 질문이 고개를 든다. 왜 우리는 하필 이 부분들에 빠져드는가? 핵심은 '정교한 연출'에만 있는 것이 아니라 부분들의 선택 자체가 모차르트와 하이든조차도 꿈꿀 수 없었던 '정교함'을 드러내 보인다는 것이다. 아무리 독창적이라 해도 모차르트와 하이든의 피아노 소나타는 어느 정도 동시대인들이 생각하는 전통적 형식으로 이해되었다.

〈템페스트〉의 '레치타티보'로 인해 친숙한 슬픔과 탄식의 토포스가 떠오른다는 동떨어진 한 문장의 확언은 이제 도움이 되지 않는다. 이로써 이 현상은 다시금 구조 분석에 유리한 방향으로 편입된다. 자연스럽게 우리는 더 묻게 되기 때문이다. "그래서, 그게 나한테 무슨 의미지?" 루소가 《음악 사전》에서 소개한 프랑스 계몽주의자 베르나르 드 퐁트넬Bernard de Fontenelle의 조소적인 외침인 "소나타, 나한테 뭘 원하는 거야?"를 살짝 변형한 질문이다. 베토벤은 피아노 소나타에서 슬픔과 탄식을 완전히 다르게 표현하는 좀 더 극단의 방식을 알고 있었다. 그보다는 신체적 언어의 제스처가 무엇을 의미하든 중요하다고 하는 편이 맞겠다. 이 제스처는 항거하듯 소나타 악장의 자기 연관적 구조를 파괴한다. 독창적인 '이단아'로 불리는 독일 음악학자 아우구스트 할름 August Halm의 '해방된 선율법befreite Melodik'은[118] 그래서 타당성을 얻는다.[119] "무엇에서 해방이지?" 하고 우리는 계속 묻게 되는데, 그럼 즉시 소나타라는 전통 개념에 완전히 적합한 영웅적이고 엄격한 '제1주제'를 생각하게 된다. 제1주제는 그 후 더는 나타나지 않는다. 그렇다면 할름이 '해방된 선율'이라 부른 '꿈'과 연이어 '깨어나 발버둥 치는' 제스처 같은 두 개의 시작 모티프는 어떻게 되는가? 우리는 이 시작 모티프를 세상에 도착하는 제스처로 이해하며 더욱 높은 의미를 부여할지도 모르겠다. 아직 스스로를 이해하지 못하고 다만 전형적인 몸의 제스처로만 자신을 표현할 줄 아는 소나타/자아에게 운명이 '제1주제'의 모습으로 발 앞에 던져진다. 루소식으로 생각해 보면, 소나타/자아는 반복으로 더 절박하게 연주되는 두 번의 '레치타티보'를 통해 자신의 목소리를 얻는다. 이 목소리는 위협적이고 엄격한 '운명'의 주제를 시야에서 쫓아내는 데 성공한다.

꼭 이렇게 해석할 필요는 없다. 또 베토벤이 이렇게 생각했다고 가정해서도 결코 안 된다. 베토벤의 제자 페르디난트 리스Ferdinand Ries의 회상에 주의를 기울여 보자.

베토벤은 종종 특정 심상을 떠올리며 작곡했다. 비록 그런 회화적 음악을 경박하다며 비웃고 비난했지만 말이다. 이런 관점에서 하이든의 오라토리오《천지창조》와《사계》가 맹비난의 대상이 되곤 했다.[120]

리스의 발언은 베토벤 음악을 들을 때 형식 분석의 차원을 넘어 뭔가를 '생각해' 볼 용기를 준다. 피아노 소나타 〈템페스트〉는 이야기 가능한 표제가 아니라 인류학적이면서 철학적인 것으로 기우는 음악적 형상화의 사고 형식이 문제다. 자유와 질서, 자연스럽게 성장한 형상과 형식화된 형상 사이의 변증법이 문제가 되는 곳에서 루소를 확인하는 것은 적합한 듯 보인다. 폭을 넓혀 생산적이면서 예측할 수 없는 악마적 힘에 대한 괴테의 이해도 생각해 볼 수 있다. 괴테가 아들 아우구스트에게 보낸 편지에서 유추하면, 그는 자유와 악마적인 것의 특별한 어원語原을 '절대적인 것과 도덕적 세계 질서', '팽창과 수축' (즉, 들숨과 날숨의 끊임없는 순환) 등과 같은 어원으로 구분하고 있다.[121] 괴테는 자신이 데몬적dämonisch인 것을 법칙으로는 파악할 수 없는 존재임을 알고 있다고 하며 다음과 같은 말을 《시와 진실》에서 언급한다.

> 도덕적 세계 질서와 대립하지 못하지만 상호 교차하는 힘이 문제인데, 하나는 표적지로 다른 하나는 표적지로 날아가는 탄알의 탄착으로 생각할 수 있을 것이다.[122]

강력한 은유다. 상상력을 가미하면 이를 〈템페스트〉 1악장에 적용할 수 있을 것이다. 동심원이 인쇄된 표적지는 소나타의 도식에 해당하고 사수가 맞힌 탄착은 자발적 신체 충동에 해당한다. 비교의 삼자는 시간적·공간적 예측 불가능성이고 탄착의 강도다. 그렇지 않다면 비교는 들어맞지 않는다. 〈템페스트〉의 악보만 봐도 탄착점이 표시된 단순한 동심원의 표적지가 떠오르지는 않기 때문이다. 그것은 오히려 아주 촘촘히 짜인 직물과 같다. 무엇보다 음악의 서사성, 그러니까 '탄착'에 집중하는 청자는 그 복잡성을 의식하지 못해 쉰들러를 비롯한 많은 베토벤 해석자들처럼 베토벤에게 '시적 이념'이 무엇이냐고 묻게 된다.

베토벤 음악, 특히 이 〈템페스트〉의 대단한 점은 시적인 이념에 대해 생각해 볼 수 있고 규정해 주장할 수 있지만 창작자의 사고와 경험이 악보로 구현된 작품과 결코 하나로 꿰어지지 않는다는 데 있다. 낭만주의의 범주에서 생각해 보면 우리의 유한한 사고와 위대한 음악이 제공하는 무한한 해석의 간극은 다행스럽게 여겨진다.

베토벤 음악의 모든 '예기치 못한' 우연한 사건을 루소의 생각과 연결할 필요는 없다. 오히려 일관되고 구조적으로 의미 있는 것이라 여기는 작품에 대한 고정 관념에도 듣는 사람에게 불러일으키는 '지각적 충격'을 비교해 생각해야 한다. '지각적 충격'이라는 자극적 표현은 움베르토 에코Umberto Eco가 《해석의 한계》[123]에서 은유를 설명하기 위해 사용 말이다. 작가는 지각적 충격에서 생겨나는 내적 세계의 경험을 표현하려 이 수사적 표현 '은유'를 만들어 냈다.

카를 하인츠 보러는 특별한 시간 방식, 즉 "갑작스러운 것" 혹은 "역사와 동일하지 않은 순간"[124]의 발견은 처음부터 초기 낭만주의가 옹호한 '새로운 신화'에 속한다는 것을 분명히 했다. 예술적 주체는 작품에서 시간의 연속성을 파괴한다. 이에 대해 듣는 주체는 마술적 사건에 충격을 받은 듯 반응한다. 보러는 마르셀 프루스트, 제임스 조이스, 로베르트 무질의 작품에서 해당하는 요소를 증명하는 데 많은 공을 들인다. 보러는 '갑작스러운 것'들이 소설의 결정적인 계기를 만든다고 생각했기 때문이다. 여기서 보러가 언급한 프루스트의 '기시감'이나 조이스의 '에피파니', 무질의 '다른 상태의 유토피아'에 대해 논의하지는 않겠다. 아무튼 보러의 문학에 관한 견해를 음악에 곧바로 적용할 수는 없다. 다만 음악 미학은 여전히 오스트리아 출신 음악 비평가 에두아르트 한슬리크Eduard Hanslick와 카를 달하우스의 전통에서 벗어나지 못한 채 정합성과 논리성, 철저한 과정성에 중점을 두고 있다는 점을 애석한 마음으로 지적할 뿐이다. 보러 같은 문학 연구자이자 비평가가 아무 문제 없이 낭만주의 미학의 전통에서 불연속성, 우연성, 도취성, 통약 불가능성을 근대 문학의 본질로 드러내 보이는 것과 대조적이다.

부분을 통해 전체를 본다면 앞서 언급한 베토벤 교향곡 5번의 도입 모티프에 대한 발언을 참조하라고 하고 싶다(52쪽 참조). 작곡가는 청자가 온전히 경험해야 할 감각적 두드림의 기시감을 자율적으로 전개되는 주제와 모티프의 과정에서 우선시했을 수도 있다. 이는 교향곡 5번 1악장 재현부 시작 부분에서 흐르는 오보에 솔로에도 똑같이 적용할 수 있을 것이다. 인간의 목소리를 연상시키는 오보에는 우리가 수없이 들었던, 우리 자신이 내뱉었던 탄식을 대변한다. 이는 듣는 사람에게 익숙한 모습의 내가 거울에서 나와 자신과 마주하는 듯한 느낌을 준다.

슈만의 일화 하나를 소개하고자 한다. 슈만에 따르면 라이프치히 게반트하우스 오케스트라 단원들은 베토벤 교향곡 8번 F장조 op.93의 피날레 아나페스트anapeste(약약강) 리듬의 d−e−c 3화음 모티프만 연주하면 웃기 시작했는데, "그들이 존경하던 단원의 이름 블레케Belcke가 확실히 들렸다"는 것이다.[125] 재치 있는 지적일 뿐만 아니라 더 깊은 차원의 수용을 보여 주는 일화다. 이는 이 암시적 제스처의 모티프가 주 모티프에서 갈라져 나왔다는 식의 아전인수격 해석이 아닌 모티프의 제스처 자체만 주목한 것이다.

루소를 통해서 베토벤의 후기 피아노 소나타와 현악 4중주에 새롭게 접근해 볼 수 있다. 프리드리히 로흘리츠Friedrich Rochlitz가 피아노 소나타 op.101을 논하면서 베토벤과 루소를 희미하게 비교한 사실은 흥미롭다. 음악에 정통한 당대인의 말이기 때문이다.[126] 그러나 이보다 더 유익한 일은 구조의 이중성을 일별해 보는 것이다. 흔히들 베토벤을 변증법자라 하는데 정확한 말이다. 우리가 당연시하는 주제 제시, 악절 구성, 전개 기법의 고유한 방식 등은 빈 고전파의 특성이다. 그런데 이를 테제 – 안티테제 – 진테제의 정반합 3단계로 해석할 수 있을지 묻는다면 베토벤은 후기 작품에서 진정한 변증법자적 면모를 과감히 드러냈다고 답할 수 있다. 베토벤의 변증법은 음악 예술이라는 매체 안에서 한 구조가 어떤 것이면서 동시에 다른 것일 수 있고, 이 양자는 한편으로는 서로를 지양하고 다른 한편으로는 서로를 강화함을 증명해 보여 주기 때문이다. 이는 음악사상 유례없는 철학적 업적이다.

후기 피아노 소나타와 현악 4중주는 한편으로는 음악적 재료를 다루는 데 굴하지 않는 철저한 집중력으로 그 탁월성을 나타낸다. 그리고 다른 한편으로는 음표 하나하나가 형식에 대한 항의를 증명하며 체제의 압박과 정체성을 위한 정합성의 요구에 반항할 준비가 된 고통받는 주체의 자세를 보여 준다. 이는 음악을 구조로(만) 보지 않고 음악을 만들고 듣는 주체의 편에 서려는 바람이다.

여기서 새로운 점은 가령 〈템페스트〉의 1악장과는 달리 하나를 다른 하나와 분리할 수 없다는 것이다. 피아노 소나타 op.101 이후 피아노 소나타는 바흐와 루소라는 두 원칙의 현기증 나는 결합을 반영한다. 앞서 서술했다시피 대위법과 주제 – 모티브적 작업의 다양한 측면이 있지만 〈함머클라비어〉에서처럼 이런 작업이 거의 경직된 듯 들리면서도 동시에 해방된 감성을 보인다. 이것이 〈함머클라비어〉의 기적이다.

두 요소의 순차적 병렬, 특히 〈템페스트〉가 그 대표적 예인데 이 결합으로 인한 변화는 예술가 베토벤이 이상주의자에서 현실주의자로 변모했다는 데 뿌리를 두고 있다. 고통받는 피조물로서 베토벤은 예술을 통해 지속되는 이질성을 억지로 합치거나 조화시키려고 더 이상 애쓰지 않는다. 오히려 주체는 내면성과 사랑의 동경, 곤궁과 절망, 반항과 냉소주의를 표현할 수 있다. 결국 매우 힘들게 쟁취하긴 하지만 영광스러운 승리가 꼭 필요한 것은 아니다. 그렇다고 주체가 완전히 자유롭게 자신을 표현할 수 있음을 의미하지는 않는다. 피아노 소나타 op.110의 피날레와 같은 평화 협정이든 〈함머클라비어〉 피날레와 같은 일종의 어쩔 수 없는 공동체 방식이든 주체는 형식에 묶여 있다.

피아노 소나타 op.109의 마지막 변주 악장은 특별한 음표를 보여 준다. '노래하듯, 진실한 표정을 담아Gesangvoll, mit innigster Empfindung'라는 지시어가 붙은 3악장 변주 주제는 우리를 마비시키듯 한껏 전개되다 가 전혀 다른 성격의 변주에 그만 자리를 내준다. 여기에는 옛 대위법 과 때로는 까다롭게 때로는 화려하게 넘쳐흐르는 음형이 있다. 세상에 는 '희망이란 원칙'에 대한 진실하고 섬세한 명상 말고도 다른 것이 있 음을 공공연히 선포하는 음형이다.

이런 의미에서 여섯 번째와 마지막 변주는 인상적이다. 노래와 같은 주제는 한편으로 직전의 몇몇 변주들보다 훨씬 뚜렷한 윤곽을 지니며, 다른 한편으로 원래 주제와 높은 음역의 지속음이 트릴로 길게 끌면서 기괴한 32분음표의 소용돌이 속에 섞여 마구 방출된다. 여기에도 존재 하는 주제적 관계를 우리는 알아차리지 못한다. 이 변주를 신체적 언어 의 직접 표현으로 감지하는 쪽으로 기울고 루소를 넘어 줄리아 크리스 테바Julia Kristeva의 방향으로 생각하게 된다. 프랑스 언어학자이며 유명 한 지식 집단인 '텔 켈Tel Quel'의 선봉인 크리스테바는 1970년대 이래 로 페노(현상) 텍스트와 제노(생성) 텍스트 관련 개념을 집중적으로 연구 했다.[127] 현상 텍스트는 우리가 그것을 분리해 낼 수 있는 한에서 변주

• 프랑스의 문학 비평 잡지 《텔 켈》에서 유래하며, 1960~1970년대에 왕성한 활동을 했다. 이 잡지를 중심 으로 모인 일군의 지식인 푸코, 데리다, 바르트, 제라르 쥬네트, 크리스테바 등이 후기구조주의, 기호학, 정신 분석학, 마르크스주의 등을 이론적 기반으로 삼아 언어에 대한 전위적 사고와 문학 비평 활동을 했다.

악장의 주제에 해당할 것이다. 생성 텍스트는 현상 텍스트의 연속성을 의식적으로 방해하는 인간적 실천을 끌어들여 그야말로 현상 텍스트를 폭파해 버리는 기능을 한다. 텔 켈 그룹과 밀접한 관계를 맺고 있으며 '작가의 죽음'이란 테제로 유명한 롤랑 바르트는 이 텍스트의 관계를 루소의 전통에서 고전 음악에 적용한다. 바르트는 슈만의 피아노 연작《크라이슬레리아나Kreisleriana》에서 '지적 구조'를 듣는 것이 아니라 오직 "몸속에서 때리는 것, 몸을 때리는 것 혹은 이 때리는 몸"[128]을 듣는다.

바르트의 발언은 슈만과 어울리지 않는 도발적 측면이 있긴 하지만 베토벤의 후기 현악 4중주에서도 관찰되는 요소들을 가리키고 있다. 프랑스 음렬주의 작곡가 피에르 불레즈Pierre Boulez가 현악 4중주 op.127과 현악 4중주 C샤프장조 op.131을 '직접적인 몸짓에서 형식적 성찰로 이행하는' 음악의 대표작으로 인용한 것은 적절했다.

> 우리는 베토벤이 여기서 형식적인 문제와 강하게 씨름하고 있다는 것과 현악 4중주곡 안에서 동원 가능한 모든 음악 형식을 사용하려는 그의 의지를 느낀다.[129]

리하르트 바그너는 이 현악 4중주들에 배어 있는 고도의 주관성을 강조한다. 이러한 주관성은 '거대 서사'의 의미에서가 아니라 빠르게 등장한 것과 마찬가지로 사건의 표면에서 빠르게 사라지는 파편화된 단편 속에서 자신을 드러낸다. 그러므로 아도르노의 표현을 빌려 (물론 '더 이상 그것을 한데 합치지 못하는 작곡법의 의미'에서가 아니라 '예술 수단'의 의미에서지만) "분해, 와해, 해체의 경향"[130]을 말할 수도 있겠다.

베토벤은 항상 형식 미학적 작곡층의 배후로 돌아가는 대신 음악적 표현의 근본 형식으로 노래와 춤 같은 '원초적 소리'에 대해 숙고하며 루소《고백록》의 전통에 선다. 독일 작곡가 한스 베르너 헨체Hans Werner Henze는 이에 대해 다음과 같이 언급한다.

> 진정한 투쟁, 연구, 저항으로 가득 찬 삶의 끝자락에서 깨달음을 얻은 한 사람이 공격에 노출되어 상처받고 죄 많은 채로 서 있다. 이 외로운 사람은 자연이 되는 도정에 있는 음악을 쓴다.[131]

베토벤은 피조물로서 자신의 충동과 화해하는 길에서 현악 4중주 op.132와 같은 뚜렷한 족적을 남긴다. 1악장은 소나타 형식으로 분석이 가능하고 주제와 모티프의 연관에 대해서도 연구할 수 있지만 그 표현은 우리가 이를 오직 하나의 유일무이한 탄식으로 들을 때만 열린다. 이 절박한 탄식의 끝 모를 깊이와 그 탄식을 둘러싼 음악적 사고의 까다로운 고집이 들리면 우리는 미묘한 균형에 대해 말하기를 주저하게 되고 흥분한 자신을 보게 된다.

"(리디아 선법에 의한, 건강을 회복한 자가 신께 바치는) 성스러운 감사의 노래"라는 표제를 놓고 보면 옛 선법의 비정상적으로 늘어진 아다지오 악장의 의도에 관해서는 어떤 불분명함도 없다. 첫 음과 함께 전통적 오르간 코랄의 세계가 주선율cantus firmus 의 일시적 전개와 함께 주술처럼 불러내진다. 물론 은밀한 현악 구성으로 주관적 파괴 요소를 마련해 놓기는 한다. '코랄' 첫 연聯 후 장면은 바뀐다. '새로운 힘을 느끼며'라는 지시하에 작곡가는 이제 완전히 현대 음악 언어로 '소생'이란 개념 영

• 대위법의 기초가 되는 미리 주어진 선율을 말한다.

역을 에너지와 섬세함의 멋진 혼합으로 채운다. 그래서 우리는 1825년 당시 실제로 중병에서 회복한 작곡가의 정황에 비춰 거리낌 없이 감동을 받을 수 있다. 1795년 스물다섯 베토벤은 일기에 '몸의 약점'에 대항해 '정신'[132]을 불러냈으니 이제 이 '나약한 몸'으로 살아갈 수 있다고 썼다. 그렇다고 '정신'이 그 지위를 내놓은 것은 아니다. "성스러운 감사의 노래"는 유일무이한 방식으로 신체성/정신성과 활동/명상의 요소를 동시에 반영한다. 정적이고 투명한 '코랄'의 음향은 감사기도뿐 아니라 힘들게 회복한 사람의 아직 풀리지 않은 신체적 경직을 의미하듯, 역으로 '새로운 힘을 느끼며'의 악절은 단순히 새로 꿈틀거리는 삶의 회화적 묘사에 그치지 않고 되찾은 창작력을 상징한다. 베토벤은 이제 개인의 경험과 예술적 표현 사이의 조화로운 균형을 구하지 않고 둘을 격하게 충돌시킨다. 바로 여기에서 음악 미학의 근본적 의미 변화가 나타난다. 삶은 작품에서 더 이상 극복되거나 승화될 필요가 없다. 삶은 작품에서 자신을 표현해도 된다. 이것이 바로 루소주의적인 요소다.

재량의 여지가 남아 있어 현악 4중주 op.132를 교향곡 6번 〈전원〉과 교향곡 9번 피날레의 '모티프'가 중요하게 다루어진 곳과 연관 지어 보면 루소적인 요소의 확실한 토대가 발견된다.

'모티프'는 루소《음악 사전》에 용어로 나오기도 하는데, 달하우스에 따르면 쉰들러가 베토벤 작품에 상정한 '시적 이념'에 해당한다. 그것은 "분명 형식 개념이지만 동시에 보이는 듯한 감정에 대한 개념"이기도 하다. "작품을 답으로 제시할 수 있는 질문을 재구성할 수 있어야 성공한 분석이다."[133]

〈전원〉의 경우 이 질문은 '베토벤은 얼마나 루소의 자연 정신에 감정적으로 동참하고 있는가?'가 된다. 이후 진행과 확연히 구분되는 페르마타로 끝나는 바이올린의 4마디 연주를 루소적 '모티프'로 이해할 수 있다. 이 외에도 〈전원〉은 여러 측면에서 '자연 모티프'로 해석할 수 있다. 이 F장조의 교향곡은 유구한 음악사적 전통 속에서 전원과 자연의 이상적인 모습을 대변한다. 그 전통은 13세기 〈여름 캐논 Sommerkanon〉에서 시작해 하이든의 오라토리오 《사계Die Jahreszeiten》에 나오는 시몬의 아리아 〈유쾌한 목자가 양떼를 모은다Der muntre Hirt versammelt nun〉를 거쳐 엑토르 베를리오즈Hector Berlioz의 〈환상 교향곡 Symphnie fatastique〉의 "들의 풍경Scène aux champs"에 이른다. 19세기 스위스의 한 과학자는 심지어 고향의 폭포나 강물에서 f음• 소리가 나고 그 음 위에 c - e - g 3화음이 규칙적으로 나타나는 것을 들었다고 주장하기까지 했다. 이는 〈전원〉 시작부의 모토를 가리키는데 1도와 5도의 지속화음에 가운데 3음이 빠져 백파이프를 연상시킨다.[134]

우리는 이를 황당한 일로 무시할 수도 있겠지만 백파이프 효과를 내는 5도 음의 존재 자체를 부인해서는 안 된다. 그리고 모차르트 오페라 《마술피리Die Zauberflöte》에서 새들을 불러 모으는 파파게노Papageno 의 피리 소리처럼 우리에게 익숙한 이 '모토'는 자연에 가까운 5음 음계 pentatonik의 법칙을 따른다. 더구나 이 선율은 1880년경 슬라브 민요 모음집에 나오는 〈세르비아 동요Sirvonja〉와 동일하기까지 하다.

이 세르비아 동요와 같은 선율이 당시 유행했는지와 상관없이 작곡가가 〈전원〉에서 자연에 대한 구체적 이념을 목표로 하고 있다는 점은 분명하다. 앞서 언급한 제자 페르디난트 리스의 회상처럼(107쪽 참조) "회화적 음악을 경박하다며 비웃고 비난했음"[135]에도 말이다. 오스트리아 작자 카를 크라우스Karl Kraus의 표현을 빌려 말하자면, 베토벤은 다

• 여기에서 말하는 f음은 낮은음자리표에서 첫 줄 아래 위치하는 f음, 즉 낮은 음역대의 f음을 가리킨다.

리를 묘사해 주지 않으면 다리 골절을 상상할 수 없는 사람들을 위해 작곡한 게 아니다. 그럼에도 베토벤은 듣는 사람에게 분명히 자연을 떠올리게 했다. 교향곡 〈전원〉은 악장마다 제목이 달려 있어 표제 음악으로 분류되기도 한다. 초판 악보 1악장의 바이올린 파트에 등장하는 "음화音畵보다는 감정 표현"이라는 말이 의미하는 바는 의심의 여지 없이 '(음악의) 회화적 묘사'는 '감정 표현'에 봉사한다는 것이다. 이에 따라 1악장의 제목은 "시골에 도착해서 깨어난 유쾌한 감정"이고 마지막 5악장은 "목동의 노래. 폭풍우 뒤의 기쁨과 감사"이다.

느낌과 기분의 원천을 가능하면 충실하게 '그리는' 데 힘을 쏟지 않았다면 베토벤은 베토벤이 아닐 것이다. 1악장의 모토만 민요적 전통을 베낀 것이 아니다. "시골 사람들의 즐거운 한때"라는 표제의 3악장 역시 본래의 전원 음악을 연상시킨다. 91마디부터의 음악적 장난도 그렇다. 오보에가 '너무 일찍' 등장하는 바람에 바순이 당황해서 허둥대는 듯하다. 마지막 악장 "목동의 노래" 역시 알펜호른 음악의 민속적 전통을 모방하며 1악장 도입부의 자연 음향 모토를 상기시킨다.

게다가 '회화적' 자유와 디테일이 넘치게 많다. 2악장 "시냇가 풍경"에서는 악보에 별도로 명기해 놓은 성부 '나이팅게일'(플루트), '메추라기'(오보에), '뻐꾸기'(클라리넷) 외에도 두드러지는 것이 있다. 베토벤이 스케치에 메모해 놓은 시냇물이 '졸졸 흐르는' 듯한 소리다. 이때 진지한 인상을 주기 위해 완충기를 단 두 대의 첼로 독주가 투입된다. 놀라운 일은 "시냇가 풍경"의 마지막에 벌어진다. 음악은 이제 막을 올려 나이팅게일과 메추리, 뻐꾸기를 실제로 무대 위에 등장시킨다. 물론 실제 새들이 아니라 악기로 등장한다. 이 에피소드는 다양하게 해석될 수 있다. 마지막 자연의 소리는 해방되어 오직 자신을 위해 전 공간을 장악한다. 우리는 할 일을 까맣게 잊은 아이처럼 경건한 노랫소리에 귀를 기울인다. 다른 악장에서도 자연의 소리인 양 노래하는 목관 악기기의 패시지가 등장한다.

〈전원〉의 시간을 다루는 방식도 유일무이하다. 작곡가는 언제 어디서 자연이 자신을 펼쳐 보일지를 그저 자연에 맡긴다. 형식은 내용 속에 완전히 녹아든다. 그리고 이 내용은 작곡하는 주체가 아닌 자연이 스스로 정한다. 초기 비평가에게는 많은 '반복'을 줄이자는 제안밖에 달리 떠오르는 생각이 없었다. 하지만 자연은 반복하지 않으며 늘 변화하여 새로움이 흘러넘친다. 그 전형적인 예가 바로 1악장의 '전개부'다. '전개부'라는 전문 용어는 사실 여기에 적합한 표현은 아니다. 1악장에서 전개부는 큰 역할을 하지 않는다. 도입부 모토에서 얻어진 동일한 형태의 리듬을 화성과 기악 편성에 변화만 주어 32번 반복할 뿐이다.

이는 근본적으로 교향곡 5번 〈운명〉의 1악장 전개부와 다르다. 〈운명〉에서는 '교향악적 자아'가 점점 충격을 받은 끝에 겨우 탄식 한마디만 내뱉을 수 있었다. 이 '교향악적 자아'는 적극적 혹은 소극적인 역할로도 〈전원〉에서 등장하지 않으며, 자연이 주도하는 사건의 주의 깊은 관찰자 역할을 한다.

이는 어디까지나 비유적으로 이해해야 한다. 베토벤이 교향곡 5번보다 〈전원〉에서 작곡적 계산을 덜한 게 아니기 때문이다. 〈전원〉 안에서 자연이 흘러넘치는 대규모 형식의 차원이 실현, 충족되어야 하며, 청자가 자연의 자연스러운 숨결을 느낄 수 있도록 예술적 기교로 생산해내야 한다. 자연스러움의 제스처는 세심하게 준비된 배경으로 제시될 때 설득력을 얻는다. '자연 친화적' 언어라 할지라도 세세한 표현과 팽팽한 긴장감을 유지하는 음악 언어를 창조하는 능력은 찬사를 받아 마땅하다. 예상과 예기치 않음, 질서와 체념, 팽창과 수축 사이의 균형을 유지하는 방식에 대해서도 마찬가지다.

이로써 우리는 루소로 돌아온다. 베토벤은 루소에게서 음악적 모티프보다 감정적인 모티프는 넘겨받았다. 두 가지 측면에서 생각해 볼 수 있다. 먼저, 자연은 그 자체로 진지하게 받아들여야지 음악을 매개로 그저 예술적 혹은 기교적으로 모방의 빌미를 제공하는 것이어서는 안 된다는 측면이다. 다음은 자연은 단순히 음악적인 것을 넘어 기분 전환이나 휴식처가 아닌 종교적 의미의 어떤 행복을 준다는 측면이다. 열성적인 산책자 루소의 격정적 자연 체험은 우리에게 〈전원〉의 몇몇 명상적 요소들을 생생하게 떠올리게 한다. 스타로뱅스키의 글을 보자.

루소가 비엔 호수에서 경험한 희열을 서술할 때, 그는 감성을 단조롭고 규칙적인 운동에 제한해 빈약하게 만들려 했던 모양이다. 의식의 활동은 점점 줄어들어 결국 순수 자기 현전만 남는다. 생각의 멈춤과 고요하기만 한 낮은 호수의 물소리가 긴밀히 교감한다.[136]

루소는 명상을 위한 전제 조건을 말한다. "절대적 고요도 과도한 움직임도 필요 없다. 동요도 중단도 없는 한결같은 적당한 형태의 움직임이 필요하다."[137] 이 철학자는 당시 봄 내내 매일 3킬로미터를 걸어 나이팅게일 소리를 듣기 위해 베르시로 산책했다. 루소에게 산책은 하루를 마감하고 잠자리에 들 평화를 준다.

나이팅게일은 베토벤과 동갑인 횔덜린의 시에도 등장한다. 자칭 루소 신봉자였던 횔덜린은 교향곡 〈전원〉보다 몇 해 전에 쓰인 송가 〈라인강Der Rhein〉에서 직접 그 모범을 상기시킨다.

> 그럼 그에겐 자주 최상의 것으로 여겨지는 게 있네
>
> 거의 다 잊힌 채
>
> 햇살이 따갑지 않은 곳
>
> 숲의 그늘 속에서
>
> 비엔 호숫가 신록 푸른 곳에 있음을
>
> 혹은 아무렇게나 초보자처럼
>
> 나이팅게일에게서 음조를 배우는 것이다.[138]

톤Ton(독일어로 음)에 관해서는 〈전원〉의 작곡가 베토벤이 루소에게 배울 게 없겠지만 교향곡을 특징짓는 톤tone(어조)에 관해서는 얘기가 다르다. 톤은 그 개념을 아주 넓은 의미로 이해할 때 '자연의 소리'에 대한 경의에서 시작해서 자연적 과정을 음악적으로 묘사할 때의 태연함으로 이어지며 자연종교적 열정에서 정점에 이른다. 이 톤을 누구보다 루소에게 빚지고 있음을 확실하게 증명할 수 있느냐 없느냐의 문제가 아니다. 그보다 본질은 이 톤이 베토벤 음악을 해석하는 데 결정적으로 이바지한다는 것이다. 베토벤 음악의 자연 묘사가 동시대 작곡가들과 다른 것은 작곡 방식이 특이해서만은 아니다. 그 이유는 훗날 작곡가들처럼 동시대 작곡가들이 루소주의적 자극을 받지 않은 데 있다. 베토벤이 조소한 하이든의 《사계》와 리하르트 슈트라우스의 《알프스 교향곡 Alpensinfonie》도 마찬가지다. 해당 차이점을 분석적으로 밝혀내는 일은 어렵고 불가능하기까지 하다는 비난도 고려해야 한다. 그러한 해석들은 증명해야 할 것을 처음부터 미리 전제하는 해석학적 순환에 맡겨야 할지도 모르겠다. 물론 몽상만 하는 것이 아니라 사안에 근거한 주장을 펴는 한에서 해석학적 순환은 모든 예술 비평의 권리이긴 하다.

　동일한 맥락에서 이제 베토벤 교향곡 9번의 마지막 막장을 조명해 보자. 나는 앞서 출간한 책에서 네 개의 악장이 일련의 철학과 역사의 사유에 따라 작곡되었으며 크게 시대적 4단계를 표현하고 있다고 말한 바 있다.[139] 이때 베토벤이 과거와 현재를 조명하는 첫 세 악장에서 이 끌어 낸 결론은 불완전해서 마지막 악장은 이른바 경악의 팡파르로 시 작하게 된다. 이 팡파르는 불완전한 상태가 계속될 수 없음을 암시한다. 네 번째 유토피아적 시대는 오직 새로운 방식으로만 서술될 수 있다. 이것이 곧 루소의 방식임을 다음에서 증명하려 한다.

　초기 비평가들은 교향곡 9번의 1악장을 신의 숭고한 근원적 힘과 연결해 생각했다. 세계는 뒤흔들린 혼돈 속에서 역행 불가능하고 중요 한 도정을 시작한다는 것이다. 우리는 항구적인 존재와 별들의 영원한 궤도를 떠올려 볼 수도 있다. 이 교향곡의 경이로운 시작에 대해 옌스 브로크마이어Jens Brockmeier와 한스 베르너 헨체는 '태초의 풍경'과 '역 사 이전' 같은 수사를 사용한다.[140] 슈만의 다비드 동맹* 한 일원은 교향 곡 시작 부분을 듣고 '인류의 탄생사'를 떠올렸다. "태초에 혼돈과 '빛 이 있으라'는 신의 외침이 있었다."[141] 다음에 일어난 일은 중기 이후 베 토벤 작품들에서 보이는 첫 악장의 신중하고 짜임새 있는 구성을 언급 하기보다 끓어 넘치는 원초적 상태를 철저히 묘사하는 데만 집중하게 되었다.

　우리는 이 다층적 1악장을 다음의 '몰토 비바체molto vivace(매우 빠르고 생기 있게)'의 스케르초 악장과 잇기 위해 앞에서 언급한 것과 같은 연상

• 슈만은 1834년 라이프치히에서 저널 《음악신보》를 창간하며 친구들을 모아 이른바 속물적 예술가들에 대항하기 위한 다비드 동맹을 결성했다.

을 제한할 필요는 없다. 불변의 법칙에 의해 조정되는 우주의 이미지는 디오니소스 축제로 대체된다. 이 축제의 이미지는 먼저 그로테스크할 정도로 호기 있게 이리저리 날뛰는 염소들의 도약으로 이어지다 2박자의 트리오에서 '인간적인' 면모를 드러낸다. 특히 팀파니로 구현된 염소들의 도약은 빈 초연 당시 청중들의 기립 박수를 받았다.

'아다지오 몰토 에 칸타빌레Adagio molto e cantabile(매우 느리게 노래하듯이)'의 3악장에서 베토벤은 또 하나의 시대로 나아간다. 우리는 베토벤이 이전 스케치에 기록한 '황량한 시기'에 동감했던 음악 대신, 오페라 바쿠스의 스케치에서 '우리들의 좀 더 세련된 음악'이라 부른 것과 교향곡 9번의 스케치에서 '더 아름답고', '더 훌륭하고', '더 섬세한'이라 한 것이 무엇인지 짐작할 수 있다. 관악기와 팀파니가 마지막 부분에서 연주하는 영웅적이고 단호한 행동을 촉구하는 제스처에도 이 악장은 현재를 감당하기에 매우 '섬세하다'. 그러므로 '각성'이 필요하다. 이는 〈환희의 송가〉로 직접 등장한다. 거창한 듯하나 '새 시대'는 오직 자연으로의 '독창적 회귀'를 통해서만 가능하다.[142]

'독창적'이란 말에서 단순히 회귀가 인류의 원시 상태에 도달하기 위해 시간을 뒤로 돌리자는 의미가 아님을 알 수 있다. 원시 상태에 대해서는 루소 자신도 어떤 모습인지 모른다고 분명히 밝혔다. 이제 교육과 문화를 통해 고귀한 인류의 자연 상태에 이르는 길을 찾아야 한다. 그리고 베토벤은 마지막 교향곡으로 이에 이바지하려 한다.

자연으로의 '독창적 회귀'라는 의미에서 자연의 소리와 현재의 섬세한 음악 언어의 만남은 교향곡 9번 마지막 악장 곳곳에서 드러난다. 우리는 그 시작을 루소의 레치타티보 오블리게와 비교해 볼 수 있다. 오케스트라의 '자연 그대로의' 환희 멜로디가 시작되면 첼로와 콘트라베이스의 레치타티보가 이어진다. 오케스트라 서주는 베토벤의 확실한 의도가 담긴 것이다. 가사 없는 환희의 멜로디는 순전히 기악적 앞 악장과 다음에 오는 〈합창〉 피날레 사이에 다리를 놓아 주고 있기 때문이다. 지휘봉은 곧 오케스트라에서 합창단을 가리킨다. 합창단은 그것을 받아 〈환희의 송가〉를 부른다. 리하르트 바그너의 표현을 빌리면 이 송가는 노골적으로 가부장적인 편협성을 보여 음악의 역사적 원천을 다시금 지시한다.[143] 바그너 자신은 물론 과거로 회귀하는 것[144]에 전혀 의미를 두지 않았고 그래서 교향곡 9번 악보에 개입하기까지 한다. 바그너는 바리톤 베츠에게 "환희여, 아름다운 신의 불꽃이여"를 부를 때 악보의 지시보다 좀 더 유연하게 부르라고 지시한다.[145]

본래의 악보

바그너가 제안한 악보

베토벤은 〈환희의 송가〉에서 기교를 아끼지 않는다. 그 결과는 "환희여, 아름다운 신의 불꽃이여"와 "두 팔 벌려 포옹하라, 수백만의 사람들이여" 부분의 이중 푸가와 관현악의 푸가토로 확장되는데, '온 인류를 껴안는' 합창인 이 악장에서 이 푸가토가 어떤 기능을 하는지 사실 아무도 모른다. 이 사이에 "기뻐하라, 태양이 떠오르는 것처럼"을 테너 솔로가 부른다. 이 초연을 들은 한 비평가는 이렇게 평했다.

(이 음악의) 진정한 터키적 요소는 문명화된 규범으로 받아들여지는 예술 규칙들을 버릴 수 있는 작곡가의 자의성에 있다.[146]

베토벤이 명백히 의도한 '자연'과 '예술'의 통합은 루소의 〈축제〉라는 맥락에서 적확하게 서술될 수 있다. 루소는 열정적으로 전통 축제를 부활시켜야 한다고 주장했다. 루소가 전통 축제에서 기대하는 바는 원시 사회 상태의 행복을 예감할 수 있게 되는 것이었다.[147] 《연극에 관해 달랑베르에게 보낸 편지An D'Alembert über das Schauspiel》에서 루소는 당시 연극을 이렇게 비판한다.

슬프게도 어두운 동굴에 사람들을 가두는 배제의 스펙터클을 받아들이지 말자. 사람들은 이런 스펙터클을 보면서 겁에 질린 채 미동도 없이 아무 일도 하지 않고 침묵하면서 앉아 있지. (…) 안 된다. 행복한 민중들이여, 이건 당신들의 축제가 아니야! 축제는 신선한 공기와 탁 트인 하늘 밑에서 해야 해. 당신들이 행복감에 몰두해야 하는 곳은 하늘이 보이는 곳이야. (…) 사람이 모인 곳에 자유와 풍요는 기쁨이 함께하지. 한복판에 꽃으로 장식한 말뚝을 하나 세우고 거기에 사람들을 모아. 그럼 축제가 시작되는 거야. 좀 더 멋지게 해 보자. 스펙터클에 관객을 모으고 관객을 배우로 만들자. 사람들로부터 자신을 발견하고 자신을 사랑하게 하자. 그러면 모든 사람은 좀 더 강한 하나가 될 거야.[148]

기쁨은 사람들이 단순히 축제를 즐기는 데서 오지 않는다. 사람들은 삶의 기쁨을 타인과 나누는 축제를 즐기는 것이다. 열렬한 루소 신봉자였던 젊은 실러의 〈환희의 송가〉와 분명한 관련성을 보인다. 프리메이슨 모임의 합창으로 구상된 이 시를 베토벤이 거의 30년이 지난 후에야 되살림으로써 하일리겐슈타트 유서 이래로 드러난 '거기에 속하고 싶다'는 바람은 여전히 유효하며, 이제 예술 노동을 통해 적어도 가상적으로 그 바람이 충족되어야 한다는 것을 분명히 한다. '가상적'이란 말은 피날레 작곡에 들인 엄청난 노력이 비록 루소의 미학적 구상과 일치한다고 할 수는 없다. 하지만 콘서트홀과 사람들의 모임, 음악가와 청중, 고립과 어울림, 수동적 즐김과 즐거운 행위의 경계가 사라지는 루소의 축제에 대한 이념을 수용하고 있다.

우리는 이 결론을 이상화하거나 언제든 분해될 형식적 결합을 구해내려 해서는 안 될 것이다. 교향곡 9번의 피날레를 러시아 철학자 미하일 바흐찐Mikhail Bakhtin적 의미에서 '자연적 인간'에 대한 카니발적 풍자로 읽는 것은[149] 우리의 부담을 덜어 줄 수 있다. 아니면 '등장인물들의 목소리'로 전지적 작가를 모르게 가리는[150] 다성적 소설•로 읽을 수도 있다. 이와 같은 범주의 모호함이 이 음악을 조소하는 빌미가 될 수는 없다. 베토벤은 우리가 교향곡 9번의 피날레에서 만나는 절망적으로 과장된 제스처에 그치지 않았기 때문이다. 이미 말했다시피 베토벤은 후기 현악 4중주곡들에서 음악 언어를 찾았다. 그 언어는 고독을 고백함으로써 얻는 기쁨과 같은 치유적 힘에 대한 루소식의 단순한 호소보다 소외의 경험을 더 설득력 있게 극복한다.

• 바흐찐은 '다성'이라는 음악의 비유를 사용하여 저자가 특권적 위치를 차지하지 않고 등장인물과 동등한 입장에서 대화적으로 상호 작용하는 방식의 소설을 다성적 소설이라고 지칭했다.

레너드 번스타인 Leonard Bernstein(1918-1990)

20세기 미국을 대표하는 작곡가이자 지휘자, 피아니스트, 교육자 겸 작가인 번스타인은 1957년부터
1969년까지 뉴욕 필하모닉 지휘자 겸 음악 감독을 역임했다. 그의 뉴욕 필하모닉 최연소 음악 감독 기록은
아직도 깨지지 않았다. 번스타인은 역대 어느 음악 감독보다도 많은 오케스트라 콘서트를 이끌었으며 이후
명예 지휘자라는 종신직의 영예를 안았다.

8

레너드 번스타인

"감지할 수 있는 자연의 소리는 결국 청자에게 자연을 환기시켜
신을 경배하며 자연과 더불어 나아가도록 하는 데 이바지한다."

지휘자 레너드 번스타인은 놈 촘스키Noam Chomsky의《언어와 정신
Language and Mind》에 매료되어 1973년 하버드 대학에서 촘스키의 언어
학 이론으로 음악의 본질을 설명하는 여섯 번의 강의를 했다. 번스타인
은 언어와 마찬가지로 음악 역시 보편적 구조를 가지고 있다고 주장했
다. 음악은 "전 세계적으로 퍼져 있는 선천적 음악 문법"[151]이라는 의미
에서 언어와 비슷한 구조로 되어 있다고 생각했다.

그 증거로 번스타인은 〈전원〉 1악장의 모티프적 짜임새를 든다. 도
입부 모토로부터 전체 악장을 생성시키는 베토벤의 창의적 방식은 이
해를 위한 가교 없이도 정확한 기술이 가능하다. 〈전원〉은 지휘자 번스
타인이 적확한 음악 분석을 할 수 있도록 도우며 왜 촘스키인지를 (프랑
스 문화 인류학자 클로드 레비 스트로스Calude Lévi-Strauss의 이론을 이용할 수도 있었을 것
이다) 명확히 해 준다. 번스타인은 미국에 유행하던 '음악 감상'과 '음악
외적 연상', 특히 월트 디즈니 애니메이션 〈판타지아Fantasia〉(1940) 중
교향곡 〈전원〉에 헌정된 부분에서 '켄타우로스와 판'에 대한 연상과 거

리를 두었다.[152]

　음악은 그 내적인 아름다움으로 수용되어야 한다는 주장이다. 그러려면 청중은 베토벤 음악의 표제를 '잊어야' 한다. 그뿐만 아니라 번스타인이 보여 주는 "음악적 개별 요소의 강박에 가까운 반복"을 "자연의 반복적 순환에 대한 비유"[153]로 해석해서도 안 되며 작곡 구조의 고유성으로만 해석해야 한다. 번스타인이 "작곡가는 표제와 뻐꾸기의 울음소리와 천둥소리를 단지 지시로 이해했지 (…) 글자 그대로 이해한 것이 아니다"[154]라고 주장하는 것은 우연이 아니다. 번스타인이 〈전원〉에서는 음화音畵보다는 감정 표현이 문제라는 베토벤의 말을 '그대로' 인용할 때 의지할 수 있는 것은 스케치북의 그 유일한 기록뿐이다. 스케치북에는 그 기록에 맞설 좀 더 고려해야 할 세분화된 표현들이 많다. '천둥', '번개', '비' 같은 낱말들이 출현한다. 더구나 교향곡 3번 〈에로이카〉의 악보 스케치에는 "시냇물이 졸졸 흐르는 소리"나 "시냇물이 크면 클수록 톤은 더 깊어진다"라고 적혀 있다.[155]

　번스타인은 《레너드 번스타인의 청소년 음악회Leonard Bernstein's Young People's Concert》•에서 자신의 미학적 견해를 단호하게 밝힌다.

　　베토벤이 악보에 "아저씨가 내게 수백만 달러를 유산으로 남겨 줘서 행복한 느낌"이라고 써 놓았다고 가정해 보자. 그래도 베토벤은 이 유쾌한 음악을 작곡할 수 있었을 것이고 음악은 마찬가지로 멋지고 행복하게 들렸을 것이다.[156]

　앞서 언급한 토스카니니의 항변이 떠오른다. 자신에게 〈에로이카〉

• 국내에서는 《번스타인의 음악론》이라는 제목으로 출간되었다.

1악장은 나폴레옹도 알렉산더 대왕도 아닌 알레그로 콘 브리오일 뿐이라던 그 외침 말이다. 번스타인처럼 유명한 지휘자는 자신이 연주한 〈전원〉이 월트 디즈니 애니메이션의 삽입곡이 된다는 생각을 용납하지 않았을 것이다. 이는 지휘자로서 번스타인 자신과 그리고 무엇보다도 작곡가로서 베토벤을 무가치하게 만드는 일이었다. 베토벤 음악은 그 자체로 존립할 수 있고 해야만 한다는 것이 베토벤에 기반을 둔 절대음악 미학의 최상 명제다.

다양한 예술가와 사상가들과 함께 절대 음악의 기적을 축하하는 일이 전혀 위험하지 않게 보여도 음악사적으로나 음악 미학적으로 봤을 때는 매우 위험한 것이다. 번스타인 자신도 베토벤의 교향곡 6번이 전원, 그러니까 시골에 대한 일종의 장르 음악이라는 생각에서 정말로 벗어날 수 없었다고 시사한 바 있다.[157] 번스타인은 일단 그 음악의 본래적인 것에만 집중하려는 시도를 비록 성공하기 힘들더라도 필수적인 실험이라고 봤다.

그런데 〈전원〉은 이 본래적인 것에 속하지 않는가? 우리는 번스타인의 교향곡 6번에 대한 주제-모티프 분석에서 한 방식, 즉 다른 베토벤 교향곡들의 악장 구조와 비교하는 방식이 빠져 있다고 경시할 필요는 없다. 번스타인은 〈전원〉 1악장의 주제-모티프 구조가 첫 모토에서 유도되어 반복과 변주를 통해 전개된다는 것을 설득력 있게 서술한다. 〈에로이카〉 1악장도 첫 모티프의 반복과 변주에서 에너지를 얻는다. 물론 〈전원〉과 전혀 다른 에너지긴 하지만 말이다. 〈에로이카〉에서는 모티프들이 악장의 통일성이라는 테두리 안에서 극한 대립을 보이면서 충돌한다. 주제-모티프 진행 역시 긴장을 유지하다가 마지막에 가서야 비로소 해소된다. 매우 힘겹다. 이는 느긋하고 평화스러운 교향곡 〈전원〉의 제스처와 멀리 떨어져 있다. 여기서 반복성은 '자연의 끊임없는 순환에 대한 비유'로, F장조는 전원 음악(목가)의 장르 안에서 작곡하려는 베토벤의 의도로 이해할 수 있다.

사실 번스타인이 베토벤의 "시골에 도착해서 깨어난 유쾌한 감정"이 일반적이어서 이를 많은 유산을 상속받았을 때 행복감으로 바꿀 수도 있다고 진지하게 주장했을 리는 없다. 정말 그럴 생각이었다면 교향곡 8번의 1악장을 예로 드는 편이 좋았을 것이다. 이 곡에는 실제로 그 일반성 때문에 더 이상 자세히 규정하는 게 불가능한 '기쁨의 톤'이 있다. 하지만 나름의 방식은 있다. 앞으로 좀 더 자세히 다루겠지만 교향곡 8번은 격정적 이상주의 교향곡에 고하는 쓰디쓴 이별가다. 그래서 도입 프레이즈의 이 '기쁨의 톤'은 자세히 들어 보면 그야말로 작위적으로 들리며 이어지는 냉소에 의해 곧 그 속임수가 폭로된다. 교향곡 8번은 피날레에 이르면 이런 부분들이 마치 머리 주위를 빙빙 돌아다니는 것처럼 느껴지는 데 반해서 교향곡 〈전원〉은 '항상 전체를 보려고 한' 베토벤의 지시에 따라 모든 것이 서로 들어맞는다. 교향곡 〈전원〉은 '졸졸대는 시냇물, 새들의 노랫소리' 혹은 '뇌우와 폭풍' 같은 단순히 회화적 음악의 토포스뿐만이 아니라 시골의 목가적 전원, 전원 음악, 경건한 노래 등 '향토색'이란 의미에서 그 분위기를 우리가 느낄 수 있도록 구현한다. 베토벤이 '향토색'을 재현하려 그저 아름다운 형식만 생각하고 특수한 내용은 생각하지 않았으리라 추정한다면 그를 과소평가하는 것이다. 개별 악장에 대한 베토벤의 설명은 윤곽이 뚜렷한 주제를 가리키며 고전적·낭만적 문학에 존경을 표한다. 그 주제는 자연으로의 침잠, 자연의 소리에 집중적으로 귀 기울이기, 시골 사람들과의 만남, 숭고한 자연의 힘의 출현, 그에 대한 경악, 고통을 이겨낸 후 감사의 노래 같은 것들이다. 유명한 예로 괴테의 소설 《젊은 베르터의 고난》에서는 심한 폭우로 방해받은 시골 축제 이야기가 나오며 폭우가 지나간

후 주인공 로테와 베르터는 시인 클롭슈톡Klopstock의 송가 〈봄의 축제 Die Frühlingsfeier〉의 폭우 장면을 떠올린다. 이 송가는 감사의 기도에서 정점에 이른다.

《젊은 베르터의 고난》보다 더 적합한 문학 작품들을 좀 더 찾아보는 일도 흥미로울 것이다. 대신 마침 시인이자 미학자인 프리드리히 모젠가일Friedrich Mosengeil의 교향곡 〈전원〉에 대한 평가가 있으니 살펴보자. 모젠가일은 이 작품을 5막으로 나누고 그 내용을 베토벤이 선택한 악장의 표제에 맞춰 강령적으로 해석한다. 1810년 모젠가일의 논평은 이런 말로 시작한다.

> 이 타블로tableau는 통상의 음화와 다르다. 자연을 이상화하는 화가의 그림이 그저 자연을 베끼는 모사가의 그림과 다른 것처럼 말이다.[158]

마지막으로 의미 있는 증거 하나를 더 언급해야겠다. 1784년경 독일 비버아흐의 작곡가 유스틴 하인리히 크네히트Justin Heinrich Knecht는 슈파이어에서 교향곡 〈자연의 음악적 초상Le portrait musical de la nature〉을 발표한다. 5개의 악장으로 구성된 이 교향곡은 그 강령적 제목이 놀랄 만큼 〈전원〉과 닮았다. 가령 피날레 악장은 이렇다.

> 기쁨에 도취된 자연은 (폭우가 그친 후) 그 목소리를 하늘로 드높이고 사랑스럽고 평안한 노래로 창조주에게 활발한 감사의 기도를 올린다.[159]

1807~1808년 〈전원〉을 작곡할 때 베토벤이 크네히트의 교향곡을 알고 있었는지는 상관없다. 〈전원〉은 상세한 강령적 설명 없이도 정확한 묘사와 이상을 결합한 예술 작품으로 존재한다. 베토벤은 자연을 그

야말로 자연주의적으로 '그린다.' 새들의 노랫소리는 새마다의 특징을 정확히 재현한다. 시골 음악은 현장 연주처럼 한 박자 먼저 나오는 오보에와 같은 실수를 포함해 제시한다. 폭우 장면에서는 당대 작곡 레퍼토리로서는 생각할 수 없는 '현대적' 소음 기법을 사용한다. 베토벤은 당연히 해당 패시지에서 '뻐꾸기', '농부들의 춤', '폭우' 등을 청중이 연상하기를 바란다. 그렇지만 그것이 다는 아니다. 감지할 수 있는 자연의 소리는 결국 청자에게 자연을 환기시켜 신을 경배하며 자연과 더불어 나아가도록 하는 데 이바지한다. 그런 한에서 '음화音畵보다는 감정 표현'이라는 베토벤의 발언은 오해의 여지가 없다. 교향곡 〈전원〉은 듣는 사람을 작곡가가 받은 자연 체험의 감흥에 동참시켜 자연 묘사 그 이상을 제공한다.

베토벤 음악을 두고 과장된 회화적 음악이라 비난하는 데 맞설 필요는 없다. 교향곡 〈전원〉은 첫 음부터 작곡가가 부분과 전체 사이의 특별한 변증법을 염두에 두고 있음이 분명해진다. 부분들은 디테일에 이르기까지 명징한 해석이 가능하며 동시에 누구나 알 수 있는 자연에 대한 경외심이라는 주제가 전체를 아우르나 이른바 절대 음악, 다시 말해 주제에 종속되지 않는 음악의 들판에까지 멀리 뻗는 마술이 깃들어 있다.

이는 물론 베토벤과 동시대인들이 오스트리아의 음악가이자 음악 비평가 에두아르트 한슬리크식으로 음악을 그저 '음으로 울리면서 움직이는 형식'으로만 받아들였음을 의미하지 않는다. 1810년 빈을 방문한 계기로 베토벤 교향곡을 들을 수 있었던 독일 작가 베티나 폰 아르님Bettina von Arnim이 오빠 클레멘스 브렌타노Clemens Brentano•에게 한 말

• 독일 후기 낭만파 시인. 여동생 베티나와 결혼한 아힘 폰 아르님Achim von Arnim과 펴낸 민요시 모음집《소년의 이상한 뿔피리Des Knaben Wunderhorn》는 구전 문학과 민속학의 중요한 자료로 남아 있다.

뉴웰 컨버스 와이어스Newell Convers Wyeth, 〈베토벤과 자연Beethoven and
Nature〉, 1919

은 인상적이다. 음악 이론에 능통해 오빠에게 단7화음의 구성을 설명할 수 있을 정도였던 이 작가는 이렇게 열광한다.

이게 뭘까? 음악의 바다에 있는 영혼인가? (…) 창조의 위대한 정신. 모든 것이 거기 순종하는 그의 목소리가 파도의 굉음에 희미해지는 것이 들려. 그러다 가슴이 서늘하게 떨리도록 그 숨결이 다시 일어나 이제 강력하게 끊임없이 오르 내리면서 그 목소리가 거품을 일으키며 바람에 맞서고, 바람은 깊은 심연을 파헤치며 굉음을 내면서 그 목소리를 되돌려 주지. 맞아, 이게 바로 음악으로 베토벤이 표현하는 바다야.[160]

베티나 폰 아르님의 작품과 편지를 모아 출간한 편집자의 추측처럼 여기서 언급하는 작품이 교향곡 4번 B플랫장조 op.60과 교향곡 〈전원〉인 것과 상관없이[161] 그녀는 모든 강령적 해석을 포기했으나 자연 경외의 레퍼토리에서 나오는 자연 비유와 토포스의 도움을 받지 않을 수 없었다. 이 절대 음악의 개념을 모르는 형언키 힘든 토포스는 낭만주의 음악 미학에 해당하다. E. T. A. 호프만의 말을 빌리자면 기악은 낭만주의자에게 '자립 예술'이다. "그것은 다른 예술의 도움과 개입을 거부하면서 오직 자신 안에서만 알아볼 수 있는 고유한 예술의 본질을 순수하게 선포한다."[162] 그러나 이런 '자립성'도 비유를 사용하는 열정을 배제하지 않고 도리어 요구한다. '형언키 힘든'도 결국 말로 테두리를 쳐야 한다. 자연과 예술에서 이는 신의 숨결을 의미하고 음악 작품에서는 슈만에 따르면 "형식과 소재, 이념을 주재하는 정신"[163]을 의미하기 때문이다.

교향곡 〈전원〉의 자율적인 성격을 위해 모든 강령적 표제를 '잊으라' 하는 사람은 빈대 잡으려다 초가를 태우는 위험을 무릅쓰는 격이다. 말하자면 작품을 세속화하는 데 일조하게 되는데 이는 베토벤의 의도가 아니다. 청자로서 원한다면 베토벤의 자연 경외에 동조할 수 있다. 이 경외심이 작품의 정신, 즉 형식과 내용, 이념을 각인하고 있다는 것은 음악을 들으면 누구나 알 수 있다. 몽상적 신의 경배자일 리 없는 독일 철학자 에른스트 블로흐Ernst Bloch는 〈전원〉을 두고 별이 수놓아진 하늘의 체험과 유토피아의 동경 그리고 폭우 장면과 관련해서는 문명의 편협성과 추상을 경고하는 재앙의 전조를 얘기했다.[164] 작품사적 시각에서 지극히 정당한 이러한 파토스가 오늘날 포디움 위 해석자들과 신문 비평란의 동조자들에 의해 완전히 독점되고 있는 것은 이득일까?

틴토레토Tintoretto(1519~1594)

16세기 이탈리아 화가로 본명은 자코포 코민이다. 염색공의 아들 자코포 코민은 '어린 염색공'이라는 뜻의 '틴토레토'라는 별명으로 불렸다. 중산층 사람들을 위해 그림을 그렸고 강렬한 마니에리스모 양식의 화풍을 베네치아 회화에 도입했다. 후대의 많은 화가들로부터 존경을 받은 '화가의 화가'다.

9

틴토레토

"⟨천국⟩에서 성인들이 각자의 생애 너머 하나의 풍경이 되어
지복의 유토피아적 요소를 구현하고 있는 것과 같이
⟨전원⟩에서는 나이팅게일, 메추라기, 뻐꾸기의 울음소리가 자연의 행복을 대변한다."

에스파냐 마드리드의 티센보르네미서Thyssen-Bornemisza 미술관에 전시된 ⟨천국El Paraíso⟩을 멀리서 보면 비구상이나 추상으로 표현한 풍경화가 아닌가 하는 생각이 들지도 모른다. 나무와 바위 군락 사이에 구름이 잔뜩 낀 풍경이다. 가까이 가서야 틴토레토가 사람들로 가득 찬 '천국'을 그렸음을 알게 된다. 그림 설명을 읽어 보면 사람 26명 혹은 그 무리라는 것도 알게 된다. 중심에 그리스도와 마리아가 있고 양옆으로 교부와 성인, 성녀들을 비롯해 다양한 성서 속 인물들이 들어차 있다.[165]

1588년에 제작된 이 그림은 4.94×17.45미터의 크기지만 베네치아 도겐궁에서 의뢰한 작품의 습작이다. 의뢰인이 인물과 배치를 상세히 정해 놓은 터라 화가가 표현하는 데 많은 제한이 따랐을 것이다. ⟨천국⟩은 티센보르네미서 미술관의 여유 있는 배치 때문에도 교향곡 ⟨전원⟩과 관련한 이중성을 이야기하기에 더없이 적합하다.

⟨천국⟩을 비구상화로 봤다면 맞다. 보이는 대로 본 것이다. 전원적 풍경화로 봤다면 그 역시 맞다. 그림은 '동중정動中靜'을 떠오르게 한다.

틴토레토, 〈천국〉, 1588, 티센보르네미서 미술관

어두운 부분은 말했다시피 나무와 바위의 군락인 듯 보이는데 그 부드러운 윤곽은 구름 밖으로 나와 있거나 구름 위에 놓여 있다. 수평의 화면 구성은 시간을 초월한 영원을 암시한다. 멀리서 보면 서로 매우 닮은 요소들은 평온한 마음으로 자연을 체험할 때만 나오는 저 편안하고 영원한 듯한 순간을 상징한다.

예술에 조예가 깊었던 도젠궁의 의뢰인도 면밀히 계산된 그림의 구조에 관심이 있었다. 당대 예술론에 부합하고 특별한 주제에 맞춘 〈천국〉 구성을 의뢰인은 높이 평가했을 것이다. 그 주제는 다름 아닌 '보는 행위의 수사학'으로 그림을 천천히 보면서 점차 이해하게 되는 감상 방식을 의도했다.[166]

의뢰인에게는 원하는 인물들을 빈틈없이 위계적으로 정확히 배치하는 게 우선이었다. 그러니까 단테 《신곡》의 구체성과 그 명예를 빛내 줄 위대한 구원의 역사가 관심사였다. 이와 같은 원작의 의도는 오늘날 관객에게 아무런 의미가 없을까? 인상적 형식의 위대한 전체 구성을 감탄하는 데만 집중해야 할까?

번스타인의 〈전원〉 해석과 유사하게 생각하면 우리는 원작의 의도는 무시한 채 형식에만 집중하는 결과에 이를 것이다. 그런데 그림을 보라. 선조 아브라함과 성녀 우르술라를 비롯한 많은 거룩한 인물들이 모두 자신을 봐 주기를 바라고 있지 않은가?

오늘날 가톨릭 신자 중에도 근접하게나마 의뢰인 플로렌스의 지롤라모 데 바르디Girolamo de Bardi와 베네치아의 프란체스코 산소비노 Francesco Sansovino의 눈으로 그림에 다가가는 사람은 거의 없을 테지만, 독일 미술사가 헨리 토데Henry Thode의 표현을 빌리면 이 그림은 '크리스트교적 르네상스의 마지막 종합적 고백'으로 이해되기 위해 그려진 것이다![167] 우리가 이 그림을 초기 몬드리안식의 비구상 풍경화로 감상하면 정말 〈천국〉의 본질을 파악할 수 있을까? 신학적 요소를 완전히 배제할 수 있을까? 혹은 그 요소는 인물에서뿐만 아니라 영혼의 풍경에서도 발견될까? 오늘날 시각에서 〈천국〉은 영혼의 풍경으로 해석될 수도 있으니까 말이다.

이런 질문들은 〈전원〉의 이해에도 적용할 수 있다. 강령적 요소와 자연종교적 요소 모두를 배제하는 것은 어떤 의미가 있는가? 베토벤의 '거대한 이야기'를 '순수한 구조' 혹은 '순수한 음향'으로 즐기는 게 가능하다면 그렇게 축소해 우리는 대체 무엇을 얻는가? 베토벤이 의도한 작품의 아우라는 시효를 잃은 것일까?

번스타인은 분명 아우라를 오롯이 음악적인 것에서 찾으라고 호소할 것이다. 지휘자로서 번스타인은 그럴 의무가 있기까지 하다. 오롯이 음악으로 표현될 수 없는 것은 베토벤 교향곡에서 설 자리가 없다. 그러나 이 명제는 음악이 오로지 자체적으로 존재한다는 의미로 전환될 수는 없다. 오히려 음악은 특수한 문맥에서 존재한다. 〈전원〉의 아우라는 리하르트 슈트라우스의 《알프스 교향곡》과 비교해 보면 그 의미가 확연히 드러난다. 《알프스 교향곡》에는 모든 테크닉의 화려함에도 초월적 경험이 전혀 없다. 어떤 이에겐 슈트라우스의 이 음악이 돌이킬 수 없이 잃어버린 격정적 삶의 감정에 연연하는 세기말적 회고 취향으로 느껴질 것이다. 아도르노가 《알프스 교향곡》의 도입을 '초라한 일출'이라 이야기하는 데는 다 이유가 있다.

일출은, 높은 산의 일출조차 승리의 화신처럼 장엄함과 화려함, 당당함을 지니기보다는 안이한 희망처럼 연약하고 주저하며 떠오른다. 가장 강하다는 태양 빛의 이러한 여림이 우리의 감동을 앞지르는 것이다.[168]

〈천국〉에서 성인들이 각자의 생애 너머 하나의 풍경이 되어 지복至
福의 유토피아적 요소를 구현하고 있는 것과 같이 〈전원〉에서는 나이팅
게일, 메추라기, 뻐꾸기의 울음소리가 자연의 행복을 대변한다. 그 자연
의 마술은 우리가 알아들을 수 있는 자연의 '음향'으로 오로지 음악이
불러낸 것이다. 그 소리는 영감을 받은 청자들에 의해 종교적 색채의
자연 이미지로 가득 채워진 영혼의 풍경 속으로 옮겨지기를 기대한다.

〈에로이카〉를 둘러싼 광기

프란츠 요제프 막시밀리안 폰 로프코비츠 Franz Joseph Maximilian von Lobkowitz(1772~1816)

보헤미아 귀족 로프코비츠 집안의 일곱 번째 아들로 음악에 대한 지대한 관심과 베토벤의 후원자로 유명
하다. 그는 아마추어 음악가로 첼로와 바이올린을 연주하기도 했고, 그 당시 음악을 후원하는 빈의 귀족 협
회와 빈 궁정 극장 사업 협회의 일원으로 시민 문화 발전에 기여하고자 했다. 특히 가난한 음악가들을 후원
해 하이든에게 작품《천지창조》을 의뢰하기도 했다.

10

프란츠 요제프 막시밀리안 폰 로프코비츠

"오스트리아 황실 귀족의 후원은 베토벤에게
좋든 싫든 구원이었을 것이다."

베토벤의 귀족 후원자 중 가장 중요한 로프코비츠 공작에 대해서는
증손자 에르바인이 1930년에 쓴 독창적 회고록이 남아 있다. 이 회고
록은 비록 가계 전통을 미화하고 있으나 사안들에 대해 질문이 필요 없
을 정도로 세세히 기록하고 있어 흥미롭다. 1772년, 그러니까 베토벤
보다 2년 후에 태어난 로프코비츠 공작은 "즐거움이 없는 유년을 보냈
다. 그의 부모는 잠들기 전 저녁 인사를 할 때만 아이를 만났다. 이때에
도 아이는 가발과 검을 착용한 복장으로 항상 가정교사를 대동해야 했
다."[169] 로프코비츠 공작은 바이올린 수업을 아버지 몰래 시작해야 했
다. 몰래 배운 지식을 엄격한 아버지에게 숨기기 위해 무진 애를 써야
만 했고 후에는 결국 아버지의 허락을 받아 냈다.[170]

왜 아버지 페르디난트 필리프 요제프Ferdinand Philipp Joseph는 아들의
바이올린 수업을 반대했을까? 그의 아버지는 당대 최고의 작곡가이자
바이올리니스트 크리스토프 빌리발트 글루크Christoph Willibald Gluck와 프
란츠 벤다에게서 수업을 받은 매우 능숙한 바이올리니스트이기도 했

다. 게다가 한 믿을 만한 기록에 따르면 프리드리히 2세의 궁정에 있을 당시 페르디난트 필리프 요제프는 바흐의 아들이자 궁정 쳄발리스트인 카를 필리프 에마누엘 바흐와 함께 교향곡을 즉석에서 한 마디 한 마디 작곡했다고 알려져 있다.[171] 1788년 모차르트에게 빈 귀족 협회 측의 공연 곡으로 카를 바흐의 오라토리오 《예수의 부활과 승천Auferstehung und Himmelfahrt Jesu》을 요청한 것도 고트프리트 판 스비텐 남작과 페르디난트 필리프 요제프의 제안이었을지도 모른다.

부친의 이른 죽음으로 열한 살에 로프코비츠의 일곱 번째 제후가 된 프란츠 요제프 막시밀리안은 가문의 영예와 의무만 물려받은 게 아니었다. 선대의 유명 음악 이론가와 가수, 작곡가, 류트 연주자들의 재능도 물려받았는데, 이런 로프코비츠 공작이 훌륭한 바이올리니스트이자 첼리스트, 베이스 가수로 평가받을 뿐 아니라 음악과 연극을 사랑하게 된 것은 놀라운 일이 아니다. 로프코비츠 공작의 예술을 향한 열정과 베토벤에 대한 후원이 결국 파산을 초래했다는 주장이 대부분이지만 로프코비츠의 사치스러운 생활도 짚고 넘어가야 한다. 1797년 성년이 된 이후로 1811년까지 그는 궁정 인원을 192명으로 늘렸다. 열두 명의 자식을 두었는데, 1811년 재정이 극도로 악화된 상태에서도 엄청난 비용을 들여 큰딸 가브리엘레의 결혼식을 보헤미아 영지 로우드니체나트라벰(체코어로 Roudnice)의 성에서 거행하게 했다. 14일간 계속된 결혼식 축하연에는 100만 굴덴을 쏟아부었다고 한다. 매일 오페라와 연극이 상연되었다. 그리고 총 3500접시의 들짐승을 잡아 만 인분의 오찬과 7000인분의 만찬을 차렸다. 증손자 에르바인은 회고록에 다음과 같이 기록했다.

많은 연회 중에 토끼 사냥이 있었는데 이때 토끼에 옷을 입혔다. (…) 또 다른 오락은 달걀 전투였는데 참석자들을 두 편으로 나누어 한편은 성을 공격하고 다른 한편은 방어했다. 너무나 많은 양의 달걀을 던져서 며칠 동안 근방에서는 달걀을 구할 수가 없었다.[172]

그전인 1809년에는 나폴레옹에 대항하기 위한 로프코비츠 영지의 방어 연대가 막대한 비용을 집어삼켰다. 로프코비츠는 일찍 얻은 허리 부상에도 이 연대를 지휘했다. 백과사전들이 서로 베껴 가며 이구동성으로 말하듯[173] '높은 군사적 명성'에 대해서는 그냥 넘어가자. 확실한 것은 어쨌건 예술 후원자로서 그의 명성이다. 1790년대 중반부터 로프코비츠는 자신만의 오케스트라를 유지하고 있었다. 안톤 브라니츠키 Anton Wranitzky와 안토니오 카시미르 카르텔리에리Antonio Casimir Cartellieri, 요한 요제프 뢰슬러Johann Joseph Rösler 같은 명망 있는 작곡가를 악장으로 두었다. 예산상 5~7명의 음악가를 고정으로 고용했고, 필요에 따라 오케스트라 편성을 위해 30명까지 충원하기도 했다. 빈의 로프코비츠궁에서 열리는 겨울 연주회에는 빈의 음악가들을 고용했다. 여름 연주회에는 주로 보헤미아 영지 로우드니체나트라벰과 예제르지(체코어로 Jezerí)에서 열렸는데, 이때에는 이웃 영지의 궁정 음악가와 프라하의 연주자들 그리고 지역 아마추어 음악가들을 고용했다. 일례로 1798년에 열린 것으로 알려진 모차르트의 오페라《후궁 탈출Entführung aus dem Serail》과 《코지 판 투테Cosí fan tutte》의 공연을 위해 외부 가수와 유명 연주자들을 채용하는 데 거금을 아끼지 않았다. 1805년 가을 로우드니체나트라벰에서 하이든의 《천지창조》를 체코어로 초연할 때는 베이스 가수를 따로 섭외할 필요가 없었다. 로프코비츠 공작이 직접 라파엘과 아담을 연기해 노래했다. 그의 목소를 듣고 당시 가장 잘나갔던 작곡가 요한 라이하르트Johann Friedrich Reichardt는 "강력하고 충만하다"[174]라고 칭찬했다.

　1년 후 로프코비츠가 다른 귀족들과 함께 설립한 빈 궁정 극장 사업 협회는 황실과 왕실의 궁정 극장과 케른트너토어 극장의 저당을 떠안으며 몇 해 지나지 않아 파산했다. 결국 1813년 로프코비츠 공작에게도 파산의 운명이 찾아오기에 이르렀고 얼마 남지 않은 여생을 위한 재산은 압류되었다. 로프코비츠는 입증된 바와 같이 하이든의 음악을 특별히 애호했을 뿐만 아니라 1795년부터 젊은 베토벤을 빈 궁정에서 연주하게 했다. 같은 해 로프코비츠는 베토벤의 세 개의 피아노 3중주 E플랫장조·G장조·c단조 op.1 악보를 12부 주문했다. 리히노프스키와 툰 같은 귀족 가문에서는 각각 27부와 25부를 구입했다. 베토벤이 op.1을 카를 폰 리히노프스키Karl von Lichnowsky에게 헌정했다면, 1801년 출판된 여섯 개의 현악 4중주 F장조·G장조·D장조·c단조·A장조·B플랫장조 op.18은 로프코비츠에게 헌정했고 답례로 400굴덴을 받았다. 이 금액은 어쨌건 궁정 오케스트라 단원의 1년 치 임금에 해당하는 액수였다. 물론 베토벤에 대한 로프코비츠 이런 선심 때문에 잊으면 안 될 게 있다. 로프코비츠의 총애자 하이든은 《사계》 공연에 대한 대가로 3000굴덴이 넘는 보상을 받았다는 사실이다.

　베토벤에 대한 본격적 후원이 시작되기 전이다. 아직 〈에로이카〉와 '연금'이 등장하지 않은 것이다. 로프코비츠 공작은 1803년 교향곡 〈에로이카〉가 완성된 후 이례적으로 여러 차례의 연주 리허설을 하게 했다. 첫 리허설은 빈 음악가들로 채워진 궁정 오케스트라가 맡아 1804년 초여름에 로프코비츠궁에서 열렸다.[175] 그해 가을 로우드니체나트라벰에서도 리허설은 계속되었다. 일부 증명된 바에 따르면 10월 18~19일 이곳에 머물고 있던 프로이센 왕자 루이스 페르디난트도 참석해 〈에로이카〉를 세 번이나 연속해서 연주하도록 했다.[176] 그 후

1805년 1월 20일 은행가 요제프 뷔르트Joseph Würth의 집에서 첫 음악회가 열렸고, 1월 23일 로프코비츠궁에서 다시 한번 초연을 했다. 마지막 공식 초연은 4월 7일 빈 극장에서 열린 바이올린연주자 프란츠 클레멘트Franz Clement가 주최한 아카데미에서 베토벤이 직접 지휘했다.[177]

이와 같은 공연 과정에 비춰 우리는 몇 가지 생각해 볼 수 있다. 우선 베토벤이 이 이례적인 작품 〈에로이카〉를 대중에 선보일 때 세운 영악한 전략이 놀랍다. 적어도 두 번 이상의 비공식 리허설을 거친 후에야 비로소 대중에 본격적으로 공개한 것이다. 이는 오직 음악 관련 인맥과 항상 기대를 불러 모으는 명성을 지닌 작곡가만 누릴 수 있는 방식이었다. 여기서 로프코비츠의 역할에 대해서도 곰곰이 생각해 보게 된다. 앞에서 언급했다시피 로프코비츠는 700굴덴에 공연 권리를 획득했고 이후 헌정에 대한 비용으로 360굴덴을 더 지급했다. 하지만 〈에로이카〉의 빈 초연은 로프코비츠궁이 아닌 호헨 마르크트에 있는 은행가 뷔르트의 집에서 열렸다. 이는 별다른 이유가 없는 한 후원자에게 유쾌한 일은 아니었지만 그래도 이 후원자는 1807년 3월 교향곡 4번의 초연을 위해 자신의 궁을 내준다. 1814년 12월 로프코비츠는 한 편지에 이렇게 쓴다.

나에 대한 베토벤의 태도에 결코 만족할 만한 이유가 없음에도 사람들이 이제 그의 위대한 작품을 제대로 평가하기 시작했다는 것이 열렬한 음악 애호가인 나를 더없이 기쁘게 한다.[178]

로프코비츠가 베토벤의 '태도'를 아무 이유 없이 비난한 것은 아니다. 친구 니콜라우스 폰 츠메스칼Nikolaus von Zmeskall에게 보내는 1809년 11월의 한 편지에서 베토벤은 이렇게 쓴다.

오늘 10시나 10시 반에 로프코비츠궁에서 4중주 (추측하건대 로프코비츠에게 헌정된 현악 4중주 E플랫장조 op.74 〈하프〉) 리허설이 있네. 공께서는 정신을 대부분 놓고 오시긴 하지만 아직 오시지 않았네.[179]

분명 베토벤의 성격상 보이는 장난스러운 어조지만 이 정도 적의라면 공작도 분명 모르진 않았을 것이다.

'연금' 문제에도 베토벤은 아주 거칠게 행동한다. 황태자 루돌프 대공을 비롯한 로프코비츠와 킨스키Kinsky 공작 삼인방이 1809년부터 베토벤에게 공식 연금을 지급했다. 형식만 공적일 뿐 베토벤을 빈에 묶어 두는 영광을 누리려는 삼인방의 사심에서 비롯된 연금이었다. 베토벤이 작성했을지도 모를 문서는 '계약' 조건을 이야기하기 위해 다음과 같이 시작한다.

여타의 자질구레한 일이나 경제적 근심 걱정에서 벗어나 위대하고 숭고한 작품 활동에 매진하는 것이 진정한 예술가가 노력해야 할 바이고 목표입니다. 그러므로 음의 시인은 방해받지 않고 창작 활동에 전념해 대중에 선보이는 것이 유일한 소망입니다. 노후를 생각해서라도 충분한 수입을 위해 노력해야만 합니다.[180]

이렇게 선수를 친 데는 당시 정황을 고려한 듯하다. 형 나폴레옹 보나파르트에 의해 베스트팔렌의 왕으로 책봉된 제롬Jérôme은 궁정 연주의 악장직을 제안하면서 베토벤을 카셀로 불러들이려 했다. 제롬의 제안을 받은 베토벤이 선수를 치며 삼인방에게 제안했을 때 진지하고 신중하게 검토한 생각이었는지 의심스럽다. 어쩌면 그저 자신에 대한 '빈 사람들'의 속내를 떠보려 했을 뿐일지도 모른다. 그런데 빈 귀족들은 충성 서약이나 다름없는 조건을 진지하게 제시한 것이다. 베토벤은 매년 4000굴덴을 보장받게 되었다. 후원자들은 대프랑스 동맹으로 재산 손실이 있었고 이후 베토벤이 받는 연금의 가치도 평가 절하되었지만, 후원자들과 그들의 상속자들이 치른 금액은 상당한 것이었다. 연금은 작곡가에게 죽는 날까지 대리인을 통해 반년마다 전달되었다. 액수와 지급 방식을 둘러싼 분쟁이 수년간 이어졌다. 이때 베토벤은 로프코비츠보다 훨씬 고약한 모습을 보였다. 로프코비츠는 파산이 확실해지자 황실의 관리를 받기에 이른다. 이런 상황에서도 로프코비츠는 면전을 지키던 황실 관리단을 무시하고 힘닿는 데까지 자신의 음악가, 특히 베토벤에게 후한 보상을 하려 노력했다. 반면 베토벤은 길고 소모적인 법적 분쟁에서 로프코비츠를 "이 로프 뭐 뭐인지 하는 제후", "넝마주이 제후"[181] 등으로 부르며 경제적 곤궁에서라기보다 법적 처벌을 하려 애썼다.

앞으로 자세히 다루겠지만 이러한 모욕적 언행은 심층 심리학적으로 설명할 수 있다. 어린 시절의 부정적 경험으로 자존감을 갖지 못한 베토벤은 자신의 존재를 확인하기 위해 연금과 관련한 문제의 부당함에 대한 분노를 극단적으로 표출한 것이다. 이런 베토벤의 태도는 인간관계, 특히 남자들과의 관계에 해당하는데 여기에는 비단 귀족 후원자들뿐만 아니라 호의를 가진 친구, 출판업자, 음악가, 사보가, 심부름꾼이 해당한다. 타인을 경멸하지 않으면 자존감에 위협을 느끼는 듯 보인다. 이는 어디까지나 귀족, 좀 더 정확히 말하자면 남성 귀족에 해당하는 것이므로 여성 귀족에 대한 베토벤의 태도는 다시 살펴볼 예정이다.

빈으로 이주하면서 본 궁정의 규율에서 벗어난 베토벤은 새로운 자유를 만끽하는 것을 넘어 자신을 아무도 간섭할 수 없는 존재로 미화하기에 이른다. 베토벤은 빈에 와서 자신보다 아홉 살 많은 리히노프스키 공작의 집에서 머물며 식사도 함께 나눴으나 금세 공작과의 친교를 부담스러워하게 된다. "매일 3시 반이면 집에 있어야 하고, 옷도 갖춰 입어야 하고, 면도도 해야 하고… 아, 이젠 못 참겠어!"[182] 그런데 리히노프스키는 모든 것을 베토벤에게 맞춰 준다. 게다가 라이프치히로 여행을 하게 되자 몸소 베토벤의 중개인으로 브라이트코프 & 헤르텔 출판사를 방문하기까지 했다.

빈 귀족들은 전반적으로 베토벤에게 확실한 후원자 역할을 해 주었다. 당시 베토벤 연주회의 예약 명단은 마치 빈에 거주하는 귀족들을 나열한 듯했다.[183] 베토벤은 살롱들을 돌았지만 자신의 음악 애호가들에게 조금도 굽신거리지 않았다. 여러 곳에서 확인되는 베토벤의 무례한 행동들은 폰 베른하르트von Bernhard 부인의 회고록에서도 볼 수 있다. 폰 베른하르트 부인은 젊은 시절 아마추어 피아니스트로서 베토벤 연주로 유명했다.

> 베토벤은 작은 체구라 눈에 잘 띄지 않았다. 머리는 아주 검었고 못생긴 붉은 얼굴엔 마맛자국이 가득했다. 옷차림은 평범했다. 당시 우리 같은 계층의 사람들이 갖추었던 세련됨은 눈 씻고 찾아봐도 없었다. 사투리도 심했고 평범한 표현만 주로 했다. 하여간 그의 존재 자체가 전혀 예의라는 걸 느끼지 못하게 했고 전반적으로 무례한 사람이었다. 나는 리히노프스키 공작의 어머니인 툰 백작 부인이 소파에 기대앉은 베토벤 앞에 무릎을 꿇고 뭐라도 연주를 해 달라고 부탁하는 것을 본 적이 있다. 하지만 베토벤은 하지 않았다. 툰 백작 부인도 아주 별난 사람이었다.[184]

폰 베른하르트 부인의 회고록에는 이런 내용도 있다. 러시아 공사관 사무관 클뤼펠의 집에서 작곡가 프란츠 크로머Franz Krommer가 새로 작곡한 곡을 연주했을 때 베토벤은 지겹다는 표정을 지어 보이며 도발하고는 다시는 그의 집에 발을 들여놓지 않았다. 이 일로 베토벤은 많은 비난을 받았다고 한다.[185] 상황만 다를 뿐 결국 비슷한 증언들이 많은데 모두 과장된 것일 수도 있다. 하지만 베토벤이 무례한 행동을 즐기고 독선과 아집에 빠진 인물이었다는 데는 의심의 여지가 없다.

물론 '즐겼다'는 표현은 상대적으로 봐야 한다. 분명히 이 모든 행동 뒤에는 같은 시기에 친구 베겔러나 아멘다에게 보낸 편지와 하일리겐슈타트 유서에서 드러나듯 심한 곤궁함이 숨어 있다. 베토벤은 이 곤궁함을 미덕으로 만들 수 있었다. 사회관계에서 베토벤의 무례하고 때로는 무절제한 행동은 작곡가로서 모든 방식으로 자신에게서 벗어나 이례적 작품을 창조할 수 있게 한 필수조건이었던 것 같다. 그 모토는 '한 인간으로, 예술가로 나는 이렇다! 그러니 나를 그대로 받아들여라!'였다. 예술가가 작품을 공적으로 시험하듯 사적으로 자신이 얼마나 무례할 수 있는지 시험한 것은 아닐까? 혹은 작품에 대한 생각이 끝 간 데까지 다다르려면 그 창작자는 사회적 행동에 대한 욕구에 무감해져야 했던 것은 아닐까? 이 아슬아슬한 삶과 예술의 결합을 심리학의 수단으로 분리해 보려는 것은 무의미하다. 어떤 특정한 성격적 기질이 어떤 특수한 예술가적 기질을 촉발했을까? 혹은 어린 시절의 예술가적 기질이 특정한 사회적 기질로 발현된 것일까?

같은 또래의 귀족들은 '그들의' 베토벤의 성격과 관련해 아무 문제가 없었던 것 같다. 중용이나 신뢰와 같은 '이차적 덕성'으로 자신들을 차별화하려 노력한 떠오르는 중산층의 시민 계급과 달리 귀족들은 과민한 예술가들의 무례함을 용인할 수 있었다. 예술가들이 아무리 무례하게 군다 해도 어차피 후원자의 호의에 종속되어 있었기 때문이다. 베토벤이 이와 같은 종속을 어떻게 생각했는지는 1806년 10월 리히노프스키에게 한 말을 통해 알 수 있다.

> 당신은 우연한 출생으로 인해 존재하지만 저는 저로 인해 존재합니다. 세상
> 에는 수천 명의 제후가 존재하지만 베토벤은 오직 저 하나뿐입니다.[186]

전해진 이야기라 어디까지가 사실인지는 모르겠으나 정황상 허구
는 아니라 생각된다. 메렌 슐레지엔에 있는 그레츠성을 방문했을 때 베
토벤은 손님들 앞에서 연주하는 것을 거부했고 계속 재촉하는 성주 리
히노프스키와 싸운 후 밖으로 나가 버렸다. 여기에는 자신은 제후들과
동등한 파트너가 아닌 결국 한낱 그들의 장식품에 불과하지 않은가 하
는 베토벤의 이유 있는 우려가 드러나 있다.

"무엇보다 자유를 사랑하라. 진실을 결코 (왕 앞에서 일지라도) 부인하지
말라." 앞서 언급했듯이 베토벤은 1793년 뉘른베르크를 방문했을 때
실러의 정신에서 이렇게 방명록에 썼다.[187] 이는 당시에 정치적·도덕적
강령이었다. 이 강령은 무엇보다 귀족에 둘러싸인 환경에서 자기를 주
장하는 데 기여했다. 베토벤은 어떤 일이 있어도 그 환경에 의해 타락
하는 것을 거부했다. 이 귀족들은 베토벤의 예술을 받아들일 수 있었던
한에서 자신들만의 예술이라는 상징 영역에 한정되는 '새로운 피의 수
혈'을 기뻐했다. '내 모피를 빨아 나를 젖게 하지는 말고' 라는 격언은
베토벤 숭배자들의 예술에 대한 실제 열성을 두고 볼 때 부당한 것이지
만 핵심을 찌르고 있다.

젊은 귀족들은 계몽주의와 질풍노도, 루소주의, 초기 나폴레옹주의

• 모피를 빨면서 자신을 젖지 말게 하라는 말은 아무 노력도 없이 자신의 이익만을 취하려는 이기적인 행
위를 비판하는 독일 격언이다.

의 정신 아래 베토벤류의 예술가들과 마치 르네상스 시기를 연상시키는 동반자 관계를 맺을 준비가 되어 있었다. 하지만 절대로 혁명으로 자신들의 특권과 자유로운 삶의 방식을 포기하게 되는 것을 원치 않았다. 그러므로 '자유'나 '형제애'는 받아들일 수 있으나 '평등'은 무시하는 베토벤은 젊은 귀족들에게 건너편에서 온 형제나 다름없었다. 이 형제는 자신도 고귀한 신분이었으면 하는 생각을 품고 있었다. 예컨대 베토벤은 프로이센 왕 프리드리히 빌헬름 2세가 자신의 아버지라는 《브로크하우스 백과사전Brockhaus-Lexikon》을 통해 퍼진 소문을 방관했다. 1826년 12월 베토벤은 친구 베겔러에게 보내는 편지에 다음과 같이 썼다.

> 내가 서거한 프로이센 왕의 친자라는 이야기가 돌고 있다고 자네가 쓴 적이 있지. 이미 오래전에 나도 그런 소문을 들었지. 하지만 나는 절대로 자신에 대해 어떠한 해명도 하지 않았고 나에 대해 쓰인 것에 아무런 반응을 보이지 않는다는 원칙을 지키고 있지.[188]

여기에 우스꽝스러운 사티로스극이 빠질 수는 없겠다. 베토벤이 1818년 이래로 조카 카를의 후견권 소송 중 의도치 않게 그의 이름 앞에 '판van'이 귀족의 이름에 붙이는 것과 다르다는 사실을 법원이 알게 되었다. 그러자 귀족을 담당하는 지방 법원은 일반 시민 권리를 다루는 평민 법원에 이 후견권 문제를 이송한다. 이 사건은 베토벤이 결코 극복할 수 없었던 '굴욕'이었고, 이로 인해 베토벤은 말년에 더욱 제후의 포상에 연연하게 된다. 앞의 베겔러에게 보내는 같은 편지에 베토벤은 "나는 이제껏 결코 그런 명예를 탐하지 않았네. 하지만 이런 시대에 이런저런 일을 겪다 보니 그게 그리 나쁘지만도 않은 것 같네"[189]라고 썼다. 프랑스 루이 18세에게서 금메달이 전달되었을 때 베토벤은 너무나 기뻐했다. 베토벤은 갈리친Galitzin 공작에게 악보의 사본을 보내며 그 귀한 메달은 '반 파운드가 나가는 금'이라고 자랑스럽게 전한다. 교향곡 9번을 헌정한 프로이센 왕에게서 상응하는 포상을 받으리라는 간절한 소망은 죽기 직전 좀 불만족스러운 방식으로 이루어진다. 기대하던 훈장 대신에 전달된 다이아몬드 반지가 실은 값싼 붉은 돌이라는 사실이 밝혀지자 실망한 베토벤은 곧장 팔아 버리려고 했다. 바이올리니스트 카를 홀츠Karl Holz가 그래도 왕한테서 온 선물 아니냐며 반대하자 베토벤은 이렇게 대답했다. "나도 왕이야."[190] 일화로 전해지는 얘기지만 여전한 베토벤의 자의식이 드러난다.

로프코비츠와 리히노프스키 그리고 교향곡 5번과 6번을 로프코비츠와 공동으로 헌정받은 안드레아 라주모프스키André Rasumowsky는 베토벤의 음악에서 무엇을 이해했을까? 베토벤의 작곡 제자 루돌프 대공은 베토벤의 음악에 대해 무슨 생각을 했을까? 황실 귀족들은 모두 후원자이자 동시에 음악가이기도 했다. 그런 까닭에 후원자 입맛에 맞는 실용 음악과 천재적 '고전주의자들', 즉 하이든, 모차르트 그리고 앞을 향해 돌진해 나가는 베토벤 음악 사이의 차이점이 무엇인지 알고 있었다. 베토벤 음악으로 새 시대를 예감했을 뿐만 아니라 음악과 연주 기법에 대한 이해도 상당했다. 하지만 이들이 베토벤 음악의 가장 내밀한 심층 구조에까지 이르지 못한 한계는 당대 사람들이나 오늘날의 청중들이나 마찬가지가 아닌가 싶다.

황실 귀족들은 나폴레옹과 프랑스 혁명에 그 어떤 호감도 보이지 않았지만 베토벤이 이상형 나폴레옹에게 노골적으로 그리고 후에는 무의식적으로 호감을 드러내는 데에 놀라지 않았다. 혁명의 시작은 가령 폼 슈타인 남작이나 슈톨베르그 백작 같은 독일 소귀족들에게 성공을

안드레아 라주모프스키 백작의 저택에서 피아노 5중주곡을 발표하는 베토벤. 교향
곡 5번과 6번 등이 이 라주모프스키 백작에게 헌정되었다.

약속하는 듯했다. 어쨌건 (이건 아마 오스트리아적 덕성일 텐데) 교황보다 더 교황처럼 베토벤을 예술가로 인정했다. 게다가 빈 회의에 뒤이은 선동가 박해의 시대였다. 이를테면 베토벤이 카멜 레스토랑 같은 곳에서 황제, 대공, 내각 등에 대해 불경한 말을 하고 다닌다는 얘기가 여기저기서 돌았다. 브레멘의 베토벤 숭배자 빌헬름 크리스티안 뮐러Wilhelm Christian Müller는 1820년 빈을 방문하고 이렇게 말했다. "경찰은 알고 있었지만 베토벤을 괴짜 망상가로 여겨서건 혹은 빛나는 천재에 대한 존경심에서건 그냥 내버려 뒀다."[191]

　　베토벤의 창작이 지금 우리 앞에 놓여 있는 그대로 오스트리아 귀족의 도움 없이도 가능했으리라는 생각은 만용이다. 19세기로의 전환기 무렵부터 바이마르 시민 계급에게서 음악의 발전은 기적이라는 반전을 기대할 수 없었다. 이렇다 할 상설 교향악단조차도 없었다. 하이든이 의미 있는 첫 성공을 이 시기 역동적인 음악 도시 런던에서 거둔 것은 우연이 아니다. 베토벤도 귀족의 후원이 없었다면 큰 성공을 위해서 파리와 같은 외국으로 나가야 했을 것이다. 〈에로이카〉 시기에 확실시되었던 파리 이주 계획이 무산된 데는 외적인 이유 외에도 베토벤 음악이 이념상 프랑스 혁명뿐만 아니라 칸트, 실러, 괴테의 이상에 빚지고 있던 바가 컸기 때문이다. 더구나 베토벤은 런던이나 파리 같은 곳에는 없는 가톨릭에 빠져 있었다.

　　오스트리아 황실 귀족의 후원은 베토벤에게 좋든 싫든 구원이었을 것이다. 베토벤을 오직 시민으로 (베토벤의 경향으로 볼 때 당연히 시민이기도 하다) 기리려는 베토벤 해석자들의 마음에는 들지 않을 결론이다. 헤겔이 〈에로이카〉 같은 작품에 관심이 있었더라면 아마도 무엇에도 굴하지 않고 역사 속에서 나폴레옹을 통해서건 베토벤을 통해서건 꿋꿋이 자신의 길을 걸어가는 세계정신이나 세계영혼에 대해 말했을 것이다. 오늘날 우리에게 음악사는 가끔 뒤얽힌 길을 지나 자신의 목표에 도달한다 생각하는 정도면 충분하리라.

수용자의 입장에서 본다면 베토벤 교향악의 영웅적 제스처가 나폴레옹과 비슷한 나이의 귀족 세대에게 감정 이입하게 했을까? 그들이 자신과 자신들의 신분을 연결해 음악에서 영웅주의를 들었다는 생각은 배제할 수 없다. 많은 오스트리아 귀족들이 비록 나폴레옹과 정치적·군사적으로 싸웠다고 해도 그의 '영광'을 둘러싼 이 '거대한 이야기'에 남몰래 감명했을 수도 있기 때문이다. 그리고 무엇보다 베토벤 교향곡은 이 '영광'을 가장 적확하게 반영할 수 있었다. 이제 더 이상 팀파니와 트럼펫으로 앙시앵 레짐의 제후들을 단순한 칭송의 대상으로 전락시키는 낡은 송가가 문제가 아니었다. 이제 스스로를 영웅으로 칭송하게 할 뿐 아니라 교향곡의 자아와 하나가 되어 행동하는 영웅을 체험하라는 제안이 들어온 것이다. 작곡을 할 정도로 음악에 정통했던 프로이센의 왕자 루이 페르디난트 같은 사람들은 〈에로이카〉를 완전히 영웅적 체험으로 의식해 수용했을 수도 있다. 반면에 후원자 로프코비츠는 자신을 조상의 이미지와 구별하는 '영광'의 숨결 정도로만 느꼈을지도 모른다. 중용의 미덕을 교육받은 중산층의 시민 계급이 주저하며 받아들이던 베토벤 음악의 진보적 모멘트는 예술의 제국에서는 살아 숨 쉴 수 있었다.

볼프강 로베르트 그리펜케를 Wolfgang Robert Griepenkerl(1810~1868)

독일 극작가이자 예술 비평가였던 그리펜케를은 1839년 예나에서 박사 학위를 받고 브라운슈바이크의 한 신학교에서 1844~1847까지 무보수로 독일어와 문학 강의를 했다. 1848년 혁명에 영향을 받은 그리펜케 를은 희곡 〈막시밀리안 로베스피에르Maximilian Robespierre〉(1849)와 〈지롱드당주의자Die Girondisten〉(1852)를 발 표하면서 궁정 극장과 대형 공연장에서 상영되는 등 문학적 성공을 거두자 당시 비평가들에게서 '독일의 셰익스피어'라는 칭송을 받는다.

11

볼프강 로베르트 그리펜케를

"사회와 연결점이 없는 음악은
거기에 완전히 빠진 사람을 고립시킨다."

〈에로이카〉 숭배자 로프코비츠와 〈에로이카〉 몽상가 볼프강 로베르트 그리펜케를을 연결하는 두 개의 다리가 있다. 그중 하나가 통속의 다리다. 두 사람 다 큰 빚을 진 빚쟁이였다. 차이가 있긴 하다.《브라운슈바이크 신문Braunschweiger Anzeiger》에 의하면 로베르트 그리펜케를 교수는 1861년 경솔한 파산으로 1년의 강제 노역을 선고받았지만 감형을 받아 큰 불편함 없이 감옥에서 남은 형기를 마칠 수 있었다.[192] 다른 하나의 다리는 음악 미학적 독창성이다. 그리펜케를의 단편소설《음악 축제 혹은 베토벤교도들Das Musikfest oder die Beethovener》(1841)˙에서 작은 도시의 음악 축제를 맞아 〈에로이카〉를 공연하기 위해 동분서주하는 사람도 작가처럼 열정에 사로잡힌 젊은 귀족이다. 소설의 젊은 귀족 아달베르트 폰 로어 백작이 축제 준비 위원회를 통해 성사시키려 한 공연은 교향곡 9번이었다. 아달베르트는 술집 황금거위에 모인 대개가 속

• 단편소설이라고 하지만 300쪽이 넘는다.

물에 구두쇠인 사람들을 향해 외친다.

교향곡 9번은 현대 예술의 가장 빛나는 업적입니다. 베토벤 예술은 우리 시대를 비추는 가장 충실한 거울이죠. (…) 하이든, 모차르트가 있다구요? 그들은 진정한 메시아의 선지자일 뿐이죠. 모차르트도 낡은 형식을 흔들기는 했죠. 하지만 베토벤은 그걸 폭파시켰어요. 베토벤 예술은 이런 거사의 무시무시한 환호성입니다.[193]

그리펜케를은 아달베르트에게 계속 열변을 토하게 한다.

베토벤의 아홉 개 교향곡은 두말할 나위 없이 음악 예술이 보여 줄 수 있는 최고의 경지에 이른 것입니다. 요동치는 시대의 무시무시한 아홉 개 스위치는 모두 이 세기의 숨겨진 그리고 언제 폭발할지 모를 장치를 누릅니다. 사방에서 톱니바퀴들이 현기증 나게 돌아가면서 한 점으로 모이며 하늘의 높은 태양처럼 미소 짓는 이념 앞에 이 세상의 무용한 짓들이 다 무너집니다.[194]

그 말을 넋 놓고 듣던 남작 부인 체칠리에에게 아달베르트는 계속 이야기한다.

예술은 장난을 멈췄어요. 그런 때가 있었죠. 소곤거리는 시냇가에 외롭게 앉아 꾸는 꿈을, 잉꼬 비둘기처럼 지겹게 꾹꾹대는 것을, 얼굴에 땀이 맺히도록 쥐어짜 낸 것을 진정한 예술이라 여기던 시대가. 이제 그런 시대는 지나갔어요. (…) 그런 우스꽝스러운 개인의 예술지상주의는 끝났습니다. 모아 놓은 요소들이 아무리 바보 같을지라도 전체적으로 보면 무시 못 할 진지함의 가면을 쓰고 있는 공공의 장, 이제 이것이 예술가의 작업실입니다. 예술가는 여기서 의미심장한 위기의 맥박을 따라가야 하고, 여기서 사방에서 무너져 내리는 극단들을 영원한 이념으로 중계해야 합니다. (⋯) 이렇듯 예술은 이제 더 이상 외로운 개인의 형 집행을 알리는 종이 아니라 수 세기를 울릴 민족의 위대한 종입니다. 그리고 예술은 속세의 복음을 선포합니다. 왜 속세냐고요? 예술이 표현해야 할 갈등은 세계사의 갈등이기 때문입니다. 왜 복음이냐고요? 그 갈등하는 세계사에서처럼 예술에서도 걸러져 나오는 것은 다름 아닌 영원한 신적 이념이기 때문입니다. 이런 길 위에서 종교와 예술은 손을 맞잡고 걸어갑니다.[195]

아달베르트는 자신의 격정에 스스로 도취해서 점점 정치적 발언한다.

자극받은 유럽 제 민족들이 가까스로 막을 내려놓은 커튼 뒤에 7월 혁명의 위대한 드라마가 아직도 있음을 느끼면서 베토벤은 형식을 가지고 꼼지락대는 것을 (⋯) 경멸했습니다. 그의 교향곡들은 예술에서 그 사건의 첫 암구호였죠. 파리에 가 보십시오. 거기서 청중들이 모여 앉아 이 작품들을 듣고 있는 것을 보라고요. 그러면 베토벤 교향곡에서는 마치 시대의 펄럭이는 날갯짓과 같은 것이 강력하게 심금의 현이 울린다고 말할 수밖에 없을 것입니다. 파리에서의 성공은 믿을 수 없을 정도로 엄청났으니까요. 나는 청중 전체가 마법에 걸린 듯 일제히 함성을 지르며 일어나는 광경을 본 적이 있어요. 그 함성은 경악의 외침으로도 황홀의 외침으로도 들렸습니다. (⋯) 그런 교향곡이 그려 내는 그림은 어떤 것일까요! 민족 대이동부터 시작해 십자군 전쟁과 종교 개혁 그리고 나폴레옹의 모든 모습이 담긴 상당한 장면의 프랑스 혁명이 그려진 그림이었습니다. 그리고 무엇보다 이 다양한 바보들의 합창을 들여다보며 음침하게 낄낄거리는 악마가 보였습니다. 마치 최후의 심판대에 앉아 있는 듯한 기분이더군요. 거기에서는 모든 것이 무너져 내리고 이 세계는 한 뭉치로 줄어들어 이념만이 자유롭게 유영하는 한가운데 태양처럼 황폐한 카오스를 밝힙니다.[196]

아달베르트는 파리에서 체험한 격정을 이제 자신의 음악 축제에서 되살리고 싶어 한다. 하지만 훨씬 더 극적인 일이 일어난다. 유명한 기사 스폰티니가 지휘하는 리허설이 고삐 풀린 듯 제멋대로 굴러간 것이다. 〈에로이카〉 1악장 전개부의 특히 자극적 패시지(e단조 주제가 등장하기 바로 직전, 마디 248부터)에서 낮은 성부의 현악기들은 콘트라베이스 주자 히치히의 주도하에 "a현에서 그토록 깊숙이 b로 내려갔고 그러는 동안 제2바이올린들은 9도 음정으로 맞서서 세기를 결산하는 듯한 이 균열에 모든 청중이 우레와 같은 박수와 함께 만세를 외쳤다. (…) 이것은 고대 그리스의 핀다로스 송가와 디오니소스 송가로 몰아치는 글자 그대로 19세기 핀다로스였다. 그는 아직 목표에 이르지 못한 형제들의 싸움을 노래한다."[197] 교향곡 9번의 리허설이 계속 진행되면서 일어나는 이런 고대적 소동의 한가운데 히치히는 너무 광폭하게 연주하는 바람에 악기에 부상당하고 아폴론과 디오니소스가 불러일으키는 열광에 취해 미쳐 버린다. 히치히는 먼저 아들을 창밖으로 던져 버린다. 그리고 자신은 얼마 전 직접 헐었던 들보에 맞아 죽는다. 극적인 사건들이 계속되며 결국 음악 축제는 파국으로 끝난다. 다른 두 명의 희생자를 포함한 히치히와 그 아들의 장례식에서 음악 축제의 책임자 중 한 사람인 '보좌 신부'는 조사 대신 바이올린을 들어 교향곡 7번의 알레그레토를 연주한다.

(연주는) 능숙한 솜씨로 잠시 스치는 듯한 감동을 전하다가 곧 광기 어린 마녀들의 춤으로 변했다. 이런 패러디는 훌륭한 연주의 인상을 약화하거나 파괴하지 않으면서도 마치 한 익살꾼이 돌아다니는 것만 같았다.[198]

보좌 신부는 경찰 조사를 받게 된다. 음악 축제를 둘러싼 '정치적 책동'이 발각되었기 때문이었다.[199] 반동적이고 기회주의적인 지방지《리노쩨로》의 편집자는 이를 빌미로 '음악 축제'를 조소하며 비아냥댔다.

그리펜케를은 소설가일 뿐만 아니라 총보를 읽을 줄 아는 정통한 음악가이기도 하다. 그래서 구체적 상상을 불러일으키는 음악 구절을 세세히 제시하며 그저 모호한 감탄만 할 것이라는 의심을 처음부터 불식시켰다. 그리펜케를은 소설을 완성하기 2년 전인 1836년 7월 제9회 엘브 음악 축제에서 〈에로이카〉를 실황으로 들을 수 있었다.[200] 그리펜케를은 브라운슈바이크 실내악 협회 임원으로 축제 준비에 적극 관여했다. 축제에는 무도회나 불꽃놀이 같은 전통적인 단체 행사가 포함되었다. 당시 26세였던 그리펜케를은 실제 브라운슈바이크 음악 축제의 속물적 분위기를 속으로 몰래 비웃었을지도 모른다. 헤겔이 있던 베를린 대학에서 신학과 문학, 철학을 폭넓게 공부했으며 이어서 예나 대학에서 박사 학위를 받았다. 예술계와 학계의 유명 인사들과 교분이 있었음에도 그리펜케를은 아웃사이더였고 개인 교사와 저술가로서 생계를 마련해야 했다. 그는 브라운슈바이크 대학에서 몇 년 동안 무보수로 문학사를 가르치기도 했으나 이 자유롭고 극단적인 영혼은 확고한 자리를 얻는 데까지는 이르지 못했다. 그래서 그리펜케를은 소설《음악 축제 혹은 베토벤교도들》과 같은 단편을 쓰면서 작가가 되려 애썼다. 이 작품에서 음악 축제의 모습은 실제 브라운슈바이크에서와 전혀 다르게 비속물적이고 반항적일 뿐만 아니라 그로테스크하고 격정적이다.

전체적으로 볼 때 이 소설은 정치와 예술에서 진보적 태도에 대한 열정적 지지, 감동적 연애사와 풍자적 사회 비판 그리고 문학적 환상성이 혼란스럽게 뒤범벅되어 있다. 작가로서 그리펜케를은 E. T. A. 호프만에 미치지 못하지만, 시대를 이해하는 음악 비평가로서 그리고 특별히 베토벤 해석자로서는 충분히 그와 견줄 만하다.

호프만은 베토벤을 예술의 하늘에 환상적 기호를 적어 놓은 현대 세계의 창조자로 보았다. 라이프치히 음악 신문《알게마이네 무지칼리셰 차이퉁》에 교향곡 5번을 평하면서 호프만은 이 음악이 무시무시하고 끝을 알 수 없으며, 전율, 공포, 섬뜩함, 고통의 지렛대를 움직이게 한다고 했다. 스케르초에서 피날레로 넘어가는 신비롭고 긴장되는 부분에서 팀파니의 불협화음적 c단조는 호프만에게 '유령의 공포'를 불러일으키는 '낯설고 무서운 목소리'를 연상시키는 반면 이후 피날레의 출현은 일순간 깊은 밤을 환하게 밝히는, 눈이 부실 만큼 밝게 비추는 햇살같이 느껴진다고 했다.[201]

채 한 세대가 지나지 않은 그리펜케를의 베토벤 수용은 이보다 훨씬 더 극적이고 끝 간 데 없이 퍼져 나간다. 자신의 미학에서 '진보'에 역점을 두는 그리펜케를에게 베토벤의 교향곡은 다른 모든 것에서 벗어나 '무한의 제국'에 자리하는 '그저 단순한 낭만주의 예술'이 아니다.[202] 그것은 이미 소개한 소설의 내용에서 알 수 있듯이 시대의 거대한 운동을 반영한다. 베토벤 교향곡에서 그리펜케를은 나폴레옹의 모든 모습이 담긴 상당한 장면의 프랑스 혁명만 감지한 게 아니다. 그리펜케를은 베토벤이 우상 나폴레옹의 '7월의 위대한 드라마(7월 혁명)'를 예견한 것으로 보았다. 이 사건은 공작령 브라운슈바이크에 소요를 일으켰고 그 결과로 새로운 헌법의 단초가 마련되었다. 당시 스무 살이던 그리펜케를은 이 사건의 추이를 주의 깊게 따라가고 있었을 것이다. 어쨌거나 그리펜케를은 1848년 혁명의 분위기에서 혁명 드라마 〈막시밀리앙 로베스피에르Maximilian Robespierre〉로 돌풍을 일으킨다. 이런 이유로 고향 브라운슈바이크에서 1849년 이후 '독일 셰익스피어의 환생'[203]으로 한동안 칭송받았을 뿐만 아니라 좌절된 시민 혁명 후 모든 근대 혁명의 어머니 프랑스 혁명의 실패를 다루는 드라마로 그리고 그동안 갈증을 느껴 왔던 말 그대로 진정한 의미의 '비극'으로 많은 독일 대중에게 환영을 받았다. 그리펜케를 자신도 입헌 군주제 국가라는 이상을 지지했고 브라운슈바이크의 지배자들에게 충성했기에 〈막시밀리앙 로베스피에르〉가 브라운슈바이크 궁정에서 초연되고 독일의 여러 무대에도 올려졌다고 해서 놀랄 일은 전혀 아니다. 그리펜케를이 1848년에서 1850년 사이에 도시의 많은 호의적인 대중 앞에서 그리고 궁정에서 한 낭송회는 차치하더라도 말이다. 이 시기는 카리스마 넘치던 한 인간의 전성기였다. 혁명의 실패를 다룬 그의 비극 〈막시밀리앙 로베스피에르〉는 그런 혁명을 경고하던 사람들에게도 그런 거창한 주제에 여전히 희망을 품고 있던 공화주의적 동지들에게도 모두 환영받을 수 있었다.

여기서 중요한 것은 베토벤 해석자로서 그린펜케를이다. 해석자로서도 카리스마적 면모를 보여 준 그는 베토벤 음악에 접근하는 다양한 방식만으로도 사람들을 매료시켰다. 먼저 그리펜케를은 베토벤 음악, 특히 교향곡이 우리에게 권하는 신체적 체험의 본질을 능숙한 언어로 전달했다. 이는 경향상 신체적 언어와 관련된 담론에서 무시할 수 없는 중요성을 갖는다. 당시 베토벤과 관련해 문외한으로 취급받지 않으려면 반드시 교향곡에 비중을 두고 극렬한 불협화음이나 스포르찬도 등에 대해 상투적으로 열변을 토하기보다 주제-모티프적 통일성의 정도를 문제 삼거나 숨겨진 표제가 존재하지는 않는지 묻는 수준은 되어야 했다. 그런데 그리펜케를은 소설의 중심에 디오니소스적 요소를 도입했다.

다음으로 문학과 미학에 정통했던 그리펜케를은 당대 최고 수준에서 자신의 주장을 펼쳤다. 장 파울을 근거로 들면서 그리펜케를은 정작 그는 몰랐을 수도 있는 베토벤 음악의 낭만주의 유머라는 범주에 접근한다. 당시 신문에서 베토벤을 '음악계의 장 파울'[204]이라고 부르던 정도를 훨씬 넘어서 그리펜케를은 디테일에 대한 과도한 강박증을 가지고《음악 축제 혹은 베토벤교도들》과 같은 문학으로 그리고 이후에 나온 에세이《브라운슈바이크의 기사 베를리오즈Ritter Berlioz in Braunschweig》로 베토벤 음악을 상세히 표현한다. 베토벤 예술 창작의 기본색은 유머라고 한다. 그 표식 아래서 숭고함과 희극적인 것의 힘들이 결합한다.[205] 〈에로이카〉로 베토벤은 특별히 교향곡이라는 장르와 관련해 자신의 세계관을 표현할 수 있는 수단을 마음껏 이용할 수 있는 자유를 획득한다. 그리하여 베토벤은 하늘로 가는 여행을 (이는 지옥으로 가는 여행이기도 한데) 시작할 수 있게 된다. 이는 특히《음악 축제 혹은 베토벤교도들》에서 상세히 다루는 e단조 에피소드가 나오기 전 1악장의 저 '강력한 구절'에서 드러난다고 한다. 베토벤은 거기서 "유머러스한 이상이라는 예견한 목표로 가는 길을 막는 모든 장애물을 제거한다."[206] 그리펜케를의 말을 이렇게 이해해도 좋을 것이다. 베토벤은 매우 의도적으로 극단적인 불협화음과 협화음의 '노래'를 급작스럽게 잇달아 나오게 하여 '이상과 현실의 간극'[207]을 제기한다. 앞으로 내달리는 19세기가 예술가들에게 일반적으로 요구하는 것, 즉 '세계사의 갈등'을 주제로 삼으라는 요구를 교향곡이라는 매체 속에서 충족시키기 위함이다 (163쪽 참조).

이렇게 보면 그리펜케를은 헤겔 좌파임이 드러난다. 그리펜케를은

멜러가 그린 베토벤 초상화. 베토벤이 로마 황제의 자세를 흉
내 내고 있고 배경에는 로마식 신전이 그려져 있다. 공화주의
자였던 젊은 베토벤의 모습을 엿볼 수 있는 초상화다. 베토벤
은 이 초상화를 매우 아꼈다고 한다(요제프 빌리브로르트 멜러Joseph
Willibrord Mähler, 1804/05).

베토벤을 (나폴레옹처럼 세계정신에 봉사하면서) 아달베르트가 주장하는 "이 세기의 숨겨진 그리고 언제 폭발할지 모를 장치"를 이용해 시대의 위대한 이념에 특별한 목소리를 부여하도록 소명을 받은 사람으로 본다. 이는 훗날 리스트가 그랬듯이 긍정적 영웅 서사시를 작곡함으로써 이루어지는 것이 아니라 후기 고전주의 철학과 미학이 방패 문장紋章으로 내세운 '낭만주의 유머'의 지평에서 이루어진다. 낭만주의 유머는 예술과 삶의 모순을 모른 척하거나 미화하지 않고 무자비하게 드러낸다. 그리펜케를이 베토벤을 세계정신의 수행자로 본다고 해서 예술가로서 베토벤 나름의 의지를 부정하는 것은 아니다. 오히려 그 반대다. 작곡가는 마치 이 다양한 바보들의 합창을 들여다보며 음침하게 낄낄거리는 악마처럼 자신의 작품 위에 서 있다.

베토벤 수용에 대한 그리펜케를의 공헌은 과대평가되어서는 안 된다. 예를 들어 이념적 예술 작품으로서 〈에로이카〉의 진가를 인정하기 위해 그리펜케를은 문학적 표제를 전혀 필요로 하지 않는다. 그리펜케를은 본래 이 작품이 나폴레옹에게 헌정되었다는 사실조차도 (그는 이를 알고 있었을지도 모른다) 언급할 필요를 못 느낀다. 그 대신에 그리펜케를은 음악에서 어떤 위대한 일이 벌어졌는지를 듣는 자신의 귀를 믿는다. 이때 그의 베토벤 담론은 결코 긍정적이지 않고 오히려 '익살꾼' 베토벤을 그 모든 모순과 함께 그대로 보여 준다. 그리펜케를은 그야말로 '비독일적'으로 베토벤 교향곡의 생기론적·광란적 성격을 강조한 것이다. 이런 점에서 그리펜케를은 적어도 교향곡 7번의 광포한 피날레를 두고 감히 "춤의 신격화"[208]라고 말한 리하르트 바그너보다 용감하다. 그래서 그리펜케를은 우리 시대보다 당대 사람들에게 더 호응을 받았던 것 같다. 아무튼 당시 음악계에서 인정은 받았으나 비중 있는 인물은 아니었던 오라토리오 작곡가 프리드리히 슈나이더Friedrich Schneider가 베토벤 교향곡에 대한 그리펜케를의 견해를 (예의상이든 아니든) "적확하고 진실하다."[209] 했던 것을 보면 놀랍다.

교향곡 7번의 알레그레토에 숨은 특성을 '보좌 신부'의 바이올린 연주로 드러낸다는 그리펜케를의 의도는 '감정을 전하는' 방식이든 '광기어린 마녀들의 춤'의 의미에서든 대담하게 보인다. 이 작품은 결코 우리가 원하는 식으로 아무렇게나 다룰 수 있는 작품이 아니다. 이 작품은 총보에 고정된 것이 아닌 미래를 향해 열려 있다. '보좌 신부'가 교향곡 7번의 알레그레토를 연주할 때 체험하는 환상은 그리 이상하지 않다. 그간의 수용사가 보여 주듯 이 악장을 들으면 절제된 걸음으로 나아가는 순례자들의 행렬이 쉽게 연상된다. 이 순례자들은 트리오에서 그들이 바라던 '위로부터의 위안'을 얻게 된다. '사랑하는 친구이자 이름이 같은' 슈만은 그리펜케를과 많은 편지를 주고받았다.[210] 슈만 역시 다른 이들처럼 그리펜케를에게 오페라리브레토 대본을 부탁했다. 슈만은 그리펜케를을 자신이 "매우 다비드 동맹 같다"[211]고 느낀 《음악 축제 혹은 베토벤교도들》의 환상성에 끌렸던 것 같다. 슈만은 이 소설의 상당 부분을 자신이 발행하는 저널인 《음악신보》에 먼저 발표했다. 그런데 에두아르트 한슬리크의 《음악적 아름다움에 대하여》로 새로운 담론이 시작된다. 다름 아닌 음악의 내용으로서 "음으로 울리면서 움직이는 형식"[212]에 대한 것이다. 도취하거나 판타지를 펼치는 일은 이때부터 적어도 '절대 음악'의 수호자들과 형식 분석자들에게는 금기 사항이 된다.[213]

그리펜케를의 소설에서 그로테스크한 과장처럼 보이던 것, 즉 베토벤 교향곡을 리허설하면서 일어나는 음악가들의 과도한 행동은 초기 낭만주의가 '절대 음악'의 본질을 어떻게 생각했는지 보여 준다. 절대 음악은 사람을 미치게 하는 경향이 있다. 그것은 "자신이 어디에 속하는지 무엇을 위해 존재하는지 모르므로 거기에 빠진 사람을 사악하게 스스로 '자기 구원'을 하라고 부추기기"[214] 때문이다. 사회와 연결점이 없는 음악은 거기에 완전히 빠진 사람을 고립시킨다. 단적인 예가 빌헬름 하인리히 바켄로더Wilhelm Heinrich Wackenroder의《예술에 관한 판타지》에서 언급된 인물 요셉 베르크링거인데 끔찍하고 신탁처럼 애매한 음악 예술의 어둠 그리고 결국은 예술과 삶을 어떻게 통합할 수 있는가 하는 문제에 절망해 파멸한다.[215] E. T. A. 호프만 소설《수고양이 무어의 인생관》에는 과도한 5도 음으로 인해 가까운 숲으로 가서 스스로를 찔러 자살하려는 악장 요하네스 크라이슬러가 나온다. 그도 그리펜케를의 소설 속 음악가들과 같은 문제를 마주하고 있다.

이 세 인물 모두 작품 속 인물이니 작가와 동일시해서는 안 되겠지만 작가가 애정을 보이는 인물인 것은 확실하다. 도발하는 디오니소스적이며 인간 존재의 깊은 심연에 닿고 우리를 행복하고 당혹스럽게 하는 요소가 없다면 이 세 작가에게 음악은 음악이 아닐 것이다. 이에 반해 한슬리크는 '흥분'이나 '감정'을 바탕으로 음악에 접근하는 것을 직관적인 것이 아니라 병적이라고 한다.[216] 물론 한슬리크가 이 용어를 결코 병리학적 의미로 사용하지는 않았다고 생각할 수는 있다. 반면에 달하우스 학파의 한 학자가 1978년 〈방송 통신 강좌 음악Funkkolleg Musik〉에서 한 음악 미학적 문제에 대한 언급은 놀랍다. "느낌 가는 대로 끝까지 가 본다면 정신 병원은 아닐지라도 사회 부적응과 무기력함에 이르게 될 것이다. 음악은 내면성을 반영하지만 그때그때의 느낌을 넘어선다."[217]

그리펜케를처럼 무절제한 인간들을 반박하는 한슬리크의 논쟁적 저서는 1854년에 출간되었고 그리펜케를은 그로부터 14년 후에 사망한다. 그리펜케를은 계속 작품을 썼다. 마지막으로 단편집《베스터만의 잡지Westermann's Monatsheften》를 냈지만 점점 더 사회적으로 고립되었고, 빚 때문에 형을 살고 나온 후에는 알코올 중독자가 되어 빈민 보호소에서 생을 마감한다. 브라운슈바이크 출신 소설가 빌헬름 라베Wilhelm Raabe는 그리펜케를의 말년을 비극과 사티로스의 익살극으로 묘사한다.

그리펜케를과 지속해서 교류할 수 없었다. 그는 의지가 박약해 점점 더 무너져 갔다. 오늘도 나는 술에 취해 휘청거리며 거리를 돌아다니다 하수구에 빠지는 그의 모습이 떠오른다. 단춧구멍에는 바이마르의 훈장이 꽂혀 있었다.[218]

한스 폰 뵐로 Hans von Bülow(1830~1894)

25세 때 유럽에서 이미 지휘자로서의 명성이 높았던 뵐로는 1887년부터 베를린 필하모닉의 지휘를 맡아 오케스트라를 최정상의 자리에 올려놓았다. 뵐로는 특히 악보의 세세한 부분까지 연구하며 베토벤의 아홉 개의 교향곡을 정복했고 독일 전역을 돌며 환호를 받았다.

12

한스 폰 뷜로

"베토벤에게는 우리를 행복하게 하는 이념이 있다고 믿습니다."

그리펜케를이 사망한 1868년 한스 폰 뷜로는 명성의 정점에 올라 있었다. 그는 뮌헨에서 환호를 받으며 리하르트 바그너의 오페라《뉘른 베르크의 마이스터징거Die Meistersinger von Nurnberg》초연을 지휘했다. 그러나 그리펜케를과 달리 뷜로는 공화주의적 신념을 상당 부분 던져 버린 후였다. 전에 뷜로는 '총을 들지 않은 음악 프롤레타리아'(뷜로는 자신을 이렇게 불렀다)로서[219] 자신이 존경하는 노동 운동 지도자 페르디난트 라살Ferdinand Lassalle에게 시인 게오르크 헤르베크Georg Herwegh가 쓴 "기도하고, 일하라고 세상은 소리친다. 기도는 짧게 하라. 시간은 금이다"로 시작하는 〈연맹가Bundeslied〉를 남성 합창곡으로 헌정한 적도 있다. 1861년 친구 한스 브론자르트Hans Bronsart에게 보내는 편지에서 뷜로는 도발적으로 이렇게 쓴다.

우리에게 필요한 것은 개인들의 비열함이 고개를 들지 못하게 하거나 적어도 약화시킬 수 있는 무서운 권위인 음악적 전제주의다. 자유로운 예술에서 더 이상 무정부주의는 안 된다. 따라서 범용성은 북돋을 것이 아니라 무엇보다 냉혹한 진실과 마주하게 해야 한다.[220]

미래 포디움 위의 폭군다운 발언이다. 한스 폰 뷜로는 1892년 3월 28일 〈에로이카〉 공연에서 본래 직업과는 먼 영역에서 대중 선동가로 등장하게 된다. 이날 저녁 사람들의 이목을 끈 것은 늘 환영받던 베를린 필하모닉의 〈에로이카〉 연주가 아니라 에필로그였다. 지휘자 뷜로는 여기서 그 유명하고 악명 높은 연설을 했는데 특히나 자극적이었다.• 다름 아니라 뷜로는 이 교향곡을 '베토벤 형제' 비스마르크에게 헌정했던 것이다. 뷜로의 부인 마리는 이날을 다음과 같이 회상한다.

반응은 말로 다 할 수 없는 대소동이었다. 얼마 되지 않는 박수 소리는 휘파람과 야유에 묻혀 버렸다. 그러자 남편은 손수건을 꺼내 들고 몸을 숙여 부츠의 먼지를 닦았다. 《제국신문Reichsbote》은 사람들의 분노를 볼 때 뷜로가 다시는 여기서 지휘를 하지 못하게 되리라는 것도 배제할 수 없다고 보도했다. "임무 완수." 이것이 다음 날 남편이 내게 보낸 전보였다.[221]

당시 청중들의 분노에는 정치적 이유가 있었다. 뷜로는 1879년 11월 3일 친구이자 피아노 제작자 카를 베히슈타인Carl Bechstein에게 보내는 편지에 자신을 "비스마르크의 숭배자"[222]라고 언급할 정도로 오토 폰 비스마르크를 열렬히 존경했다. 젊은 황제 빌헬름 2세가 '철의 재상' 비스마르크의 사임을 권고한 것을 뷜로는 아주 못마땅해했다. 그래서 공

• 한스 폰 뷜러는 음악회 시작 전이나 후에 장황한 연설을 늘어놓는 것으로 유명했다.

적으로 자신이 누구의 편인지를 보여 주겠다고 작심했고 사임 후 2년이 지나긴 했으나 이날 고별 공연에서 어떤 일을 벌일지 결심하기는 그만큼 더 쉬웠다. 함부르크로 옮기기 전에 베를린 사람들에게 그들이 정치적 문제에서뿐만 아니라 평소에도 얼마나 고루한지 제대로 보여 주는 데 위험 부담이 없었다. 그러나 대중은 이를 용납할 수 없었다. 무엇보다 뷜로의 비스마르크 오마주에 숨어 있는 황제에 대한 비판이 공분을 산 것일지도 모른다. 연설의 어조도 대중에게는 호전적으로 들렸을 것이다.

그래요, 인간들이란 게 대체 뭐죠? 장삼이사 어중이떠중이가 아니고 뭡니까? 이런 인간들에게 뭘 기대한다는 건 그저 망상 혹은 불모의 꿈이죠. 거기에서는 좋은 열매가 나올 수 없죠. 그런 망상이 몇몇 미친 말들을 만들어 냈는데 그중에 미친 세 단어가 있습니다. 자유, 평등, 박애! 정말 치명적 착각이지요. 이런 모토로 우리는 보다시피 뭐 하나 제대로 이뤄 낸 게 없습니다. 기껏해야 희화되거나 흉내 낼 뿐이지 실현되지는 않았습니다. 나는 여기서 여러분들에게 다른 현실을 지적할까 합니다. 그것은 이상화된 그리고 달콤하지는 않으나 더 이성적이고 산문적인 현실입니다. 자유, 평등, 박애보다 긍정적 모토입니다. 보병, 기병, 포병! 그렇습니다. 진담입니다. 여러분! 이 세 단어는 믿음이 아니라 현실입니다. 그것은 바이올린의 현입니다. 그 현을 연주해서 세계사의 영웅이 우리에게 얼마간 곤돌라를 태워 줍니다. (…)
여러분, 아시다시피 우리 음악가들은 과감하고 당돌한 사람들입니다. (…)
우리는 이 영웅적 교향곡의 표지에 누구를 헌정자로 할까 오래 찾을 필요가 없습니다. 우리는 얼마 안 있으면 곧 전 독일에 중요한 기념일 '비스마르크의 생일'이 온다는 걸 잊으면 안 됩니다. 이날은 그저 이웃 나라의 증오만 부추길 뿐인 스당 기념일Sedanstag 보다 더 중요한 날입니다. 우리 음악가들은 온 마음과 정신으로 두 손과 입을 모아 오늘 이 영웅적 베토벤 교향곡을 축성하며 베토벤 이후 태어난 가장 위대한 정신적 영웅에게 헌정하는 바입니다. 우리는 이 작품을 베토벤의 형제, 독일 정치계의 베토벤, 비스마르크 재상에게 바칩니다! 비스마르크 만세![223]

베를린에서는 현실 정치 개입이라는 측면에서 뷜로의 비스마르크 찬가에 거부감이 컸다. 반면 그로부터 4일 뒤 함부르크 공연에서는 뷜로가 강행군하는 가운데 이런 일까지 하자 그저 감사하는 분위기가 지배적이었다. 게다가 뷜로는 〈에로이카〉 마지막 악장의 콩트르당스 주제를 비스마르크 찬가로 바꿔 프로그램에 별첨지까지 끼워 놓았다. 제목에 '보나파르트'를 지우고 '비스마르크'를 써 놓았으며 가사는 뷜로가 직접 썼다.

민족의 구원 당신을 찬양할지어다, 오 영웅
당신의 말이 새로운 독일을 창조했네
마르크 심장의 생명력에 이르기까지 모든 적에 맞서
철저하게 무장하고 당신은 우리를 하나로 만들었네[224]

노래는 테너와 베이스만 부르는 것이었고 여성 성부는 영광을 얻지 못했다. 뷜로만 비스마르크를 찬양한 건 아니었다. 동료 작곡가 펠릭스 드라에제케Felix Draeseke와 막스 부르흐Max Bruch도 "장기적 영향을 노린

• 1870년 9월 2일 독일은 프랑스 스당Sedan 전투에서 결정적 승리를 거두어 1871년부터 1918년까지 매년 9월 2일 기념했다.

치밀하고 천재적인 책략"[225]을 칭찬해 마지않았다. 그리고 베를린에서 〈에로이카〉는 뷜로가 죽은 이후에도 '비스마르크 교향곡'이라는 제목으로 통용되었다.[226]

뷜로의 이런 치밀한 행보는 정치적 프로파간다에서뿐만 아니라 음악 경력에서도 그를 베토벤 권위자로 만들어 주었다. 뷜로는 1872년 연주 여행을 다니는 피아노 비르투오소virtuoso로서 자신의 인생을 그리면서 빈에서 세 번의 베토벤 연주로 데뷔하고 싶었다. 뷜로는 리하르트 바그너의 전기에 나오는 후원자 제시 로소Jessie Laussot에게 이렇게 쓴다. "베토벤 특별 프로그램은 영리한 발상, 아주 겸손하면서도 현학적임."[227] 4일 연속 베토벤을 연주하는 건 훗날 그에게 그리 드문 일이 아니었다. 시카고에서는 오히려 그런 연주 방식으로 성공을 거두기도 했다. 뷜로는 농담으로 이런 연주 여행을 "80일간의 베토벤 일주"[228] 혹은 반어적으로 "베토벤 주입 여행"[229]이라고 말하기도 했다.

대중 교육자 뷜러는 무엇인가 가르칠 것이 있다고 믿었다. 이 일에 미친 예술가는 평생 두통에 시달리며 비강과 전두동의 끔찍한 수술을 견뎌야 했다. 이런 뷜로의 신조는 "베토벤에게는 우리를 행복하게 하는 이념이 있다고 믿습니다"[230]였다. 뷜로가 이 신조로 해냈던 일은 사후 그 모든 비판에도 불구하고 존경받을 만한 것이었다.

비록 점점 벗어나긴 했지만 리하르트 바그너의 족적 안에서 뷜로는 오늘날 우리가 '작품에 충실함'이라고 번역할 수 있는 해석의 윤리를 견지했다. 뷜로는 어떤 식이든 경솔과 날림을 싫어했고 악보에 써 있는 것을 정확하게 읽을 것을 요구했다. 디테일을 제멋대로 생략하고 프레스코화를 '그리듯' 피아노를 연주하는 태도에 비판적이었던 그는 구조를 강조하고 뉘앙스를 살리는 프레이징을 실천했다. 그리고 그 근본은 학문적으로 객관화할 수 있다고 여겼다. 지휘자로서 뷜로는 베토벤의 기악 편성을 바꾸는 데 서슴지 않았다. 〈에로이카〉와 관련해서 뷜로는 1882년 바그너주의자로 피아니스트이자 지휘자인 카를 클린트보르트 Karl Klindworth에게 충고한다.

> 피날레 g단조는 술 취한 듯 거칠게 비올라와 클라리넷은 포르테 포르티시모forte fortissimo(fff)로 연주하고 그 두 마디 전에서 C장조로 이끌면 매력적으로 들릴 수도 있고 실제로도 그렇다. 이 주제의 아포게움Apogäum(가장 먼 곳)인 마지막 안단테에서 네 번째 호른은 항상 한 옥타브 높지 않게 첼로와 함께 연주해야 한다. 바이로이트의 거장 리하르트 바그너도 1851년 취리히에서 이렇게 연주했다.[231]

이를 보면 오케스트라의 지휘자로서 뷜로는 항상 음악의 시적 모멘트를 염두에 두었음을 알 수 있다. 뷜로는 1879년부터 마이닝겐 공국의 오케스트라를 성공적으로 이끌었는데 대공에게 보내는 한 편지에서 그는 베토벤의 교향곡은 "판타지가 소리로 들리는 것 같은 드라마"[232]라고 말했다. 그리고 뷜로가 1872년 베토벤의 피아노 소나타(op.53~op.129)를 정리해 편집한 악보집에서 피아노 소나타 c단조 op.111에 "베토벤에게 소나타란 기악으로 된 시다"[233]라는 획기적인 주석을 달았다.

삶의 위기와 신앙심 그리고
예술이라는 종교

요한 미하엘 자일러 Johann Michael Sailer(1751~1832)

구두 수선공의 아들로 태어난 자일러는 1775년 아우구스부르크에서 신부성사를 받았다. 그 이후 반계몽주
의라는 비난으로 1781년 교단을 떠날 때까지 잉골슈타트에 있는 대학에서 교리론 교수로 학생들을 가르
쳤다. 1799년 다시 잉골슈타트 대학에 신학 교수가 되었고 여기서 자일러는 《금싸라기》를 썼다. 그의 핵심
사상은 '우리 안에 존재하는 그리스도'였다.

13

요한 미하엘 자일러

"시대를 넘어서는 '신성한 음악 예술'의 초월성에 들어맞으면서도
다른 한편으로는 베토벤 자신의 열정적이고 개인적인 신앙 고백이기도 한 작품은
대체 어떤 모습일 수 있었을까?"

요즘 본의 베토벤 생가는 유고 목록을 바탕으로 장서를 재구성해
새로 복원하고 있다. 본래 50여 권 중 현재 확인된 것은 20권 정도다.
그중 베토벤이 밑줄을 그어 놓은 세 권의 책이 있다. 괴테의《서동시집
West-Östlicher Divan》과 호메로스의《오디세이아》, 1811년 판본인 루터파
신학자 크리스토프 크리스티안 슈투름Christoph Christian Sturm의《자연과
섭리에서 신의 창조물에 대하여Betrachtungen über die Werke Gottes im Reiche
der Natur und der Vorsehung auf alle Tage das Jahres》가 그것이다. 베토벤이 슈투
름의 책을 읽으며 표시하고 밑줄 긋고 책갈피를 접어 놓은 많은 흔적이
남아 있어서[234] 한동안 매일 그것을 교훈으로 삼았으리라고 짐작할 수
있게 한다. 안톤 쉰들러의 회상은 이를 뒷받침한다. 베토벤이 시골에 머
물 때 그 동네 신부들에게 슈투름의 책을 읽으라 했고 (소용없었지만) 그것
으로 강론할 것을 권유했다고 한다.[235]
　　베토벤이 요한 미하엘 자일러의 종교서도 추천했을지 정말 궁금하
다. 베토벤이 늘 읽던 것이나 원본이 장서에 남아 있지 않다. 책은 토

마스 아 켐피스Thomas a Kempis가 독일어로 번역한《그리스도를 본받아 Imitatione Christi》이고 정확한 원제는 "그리스도의 수난에 대한 책, 성직자 양성을 위한 지침, 병자와 죽어 가는 자들 그 친구들을 위한 작은 성경, 사랑하는 아들들과 독일 젊은이들에게 주는 프리데리히 크리스티안의 유언, 고귀한 영혼의 즐거움을 위한 지혜와 덕성의 금싸라기"(이하《금싸라기》)이다.

베토벤이《금싸라기》의 1819년 판본을 가지고 있었다는 것은 주목할 만하다. 베토벤은 바로 이 해에 은행가 프란츠 브렌타노Franz Brentano의 부인 안토니 브렌타노Antonie Brentano의 중계로 자일러와 편지 교류를 시작했기 때문이다.[236] 자일러는 브렌타노 부부와 친분이 있었다. 당시 시골 영지에 영향력을 미치고 있던 가톨릭 신학자 자일러는 이미 오래전부터 신앙과 교육 문제에 정통했고 두터운 신임으로 명성이 높았다. 베토벤은 조카를 어떻게든 제수씨에게서 떼어 놓기 위해 빈 밖에 있는 교육 기관에 맡기려고 자일러에게 편지를 쓴 것이다. 당시 자일러는 7명의 제자밖에 없었지만 "음악 예술가 베토벤의 재능을 존경하는 의미에서 적은 보수로" 베토벤의 조카를 제자로 받겠다고 했다.[237] 조카를 타지로 보내려는 청원은 우여곡절을 겪는다. 여기에 조카 카를의 조국 오스트리아에도 그와 같은 교육 기관이 많다는 황제의 개인적 의견까지 더해져 청원은 거부되었다. 이와 같은 정황이 담긴 한 문서가 빈 시립·주립 아르키프Archiv에 보관되어 있다.

베토벤은 조카의 교육을 생각해서 자일러의 책을 몇 권 구입했던 것 같다. 이 신학자는 베토벤에게 이상적인 대화 상대였다. 그래서 베토벤은 조카에게《금싸라기》의 격언들을 읽으라고 권했을 뿐만 아니라 자신도 유용하게 읽었던 것 같다. 주옥같은 격언을 메모하고 필요에 따라 써먹기도 하는 게 베토벤이 평생 즐겨 하던 일이었다. 그것은 특히 윤리적, 종교적, 철학적 내용이었고 언제나 삶의 위기에 빠져 있던 베토벤에게 의지가 되었던 모양이다. 여기에서 자일러의 《금싸라기》의 일부분을 생략 없이 인용한다. 해당 격언들이 얼마나 베토벤의 세계관에 영향을 미쳤는지 짐작하게 하기 때문이다. 이편이 '호메로스'나 '플루타르코스' 같은 키워드를 나열하거나 "소크라테스와 예수가 나의 스승이다"라든가 "마음에는 도덕률, 머리 위에는 별이 빛나는 하늘! 칸트!!!" 같은 유명한 베토벤 대화 수첩 속 문장을 인용하는 것보다 그의 정신적·종교적 세계관을 더 분명히 보여 준다.[238]

20. 쾌락에게는 얼굴이 아니라 등을 보여라!

찾아올 쾌락이 약속하는 것을 보지 말고 늘 떠나는 쾌락이 남겨 놓은 것을 보라. 쾌락은 천국을 약속하지만 지옥을 줄 뿐이다.

21. 행운보다도 덕성이 더 강력하다.

덕성은 자신만의 힘과 영광을 가지고 있다. 모든 세속의 힘과 영광이 지나가도 그리고 세속의 힘과 영광이 덕성을 공격해도 그 힘과 영광은 변함이 없다.

22. 유일무이한 행복이란 내면에 아무런 소란이 없는 것이다.

내면의 고요한 침묵. 지상에서 인간의 참된 행복!

23. 끝을 바라보라!

끝을 바라보라! 그 후에는 미래를 바라보라, 현재가 유혹으로 너를 속이지 못하도록, 악덕으로 너를 짓누르지 못하도록.

24. 전진 없는 날이 없도록 하라.

항상 앞으로 나아가라. 항상 앞으로 나가기 위해 절대 멈추지 마라!

25. 부끄러워해야 할 적에게 패배하지 않도록 하라.

저급한 적이 너를 이기지 못하도록 하라. 그러니 쾌락과 분노, 돈, 술, 명예

욕의 노예가 되지 마라. 그것들은 저급하고 천하니 곧 너의 적이다.

26. 내면의 조화.

진정한 음악은 인간 안에 있다. 마음이 신성한 율법과 일치하는 곳, 거기에 신과 인간의 진정한 조화가 있고 아름다운 음악이 있다.

27. 두 번 소년이 되지 마라.

적어도 노년에는 현명해지도록 하라. 그렇지 않으면 너는 두 번이나 미성숙의 상태에 빠지는 것이다.

28. 모든 것은 하루살이.

우리 인간은 허망한 하루살이의 존재, 서너 시간 동안의 어린 시절, 금세 사라진다.

29. 눈을 감고 주고 똑똑히 보면서 받아라.

네가 남에게 베푼 선행을 생각지 말고 다른 이들한테 받은 선행을 생각하라.[239]

베토벤이 말년에만 자일러나 슈투름 등의 책을 꾸준히 교훈으로 삼은 게 아니라면 대화 수첩과 스케치북, 일기 등에 직접 써 놓은 글귀들은 사람들이 말하듯 특별히 유별나거나 극단적일 것도 없다. 그 글귀들은 오히려 평생 지켜 온 윤리적 행동 지침의 증거물이다.

예를 들어 1812년에서 1818년 사이에 쓰인 유명한 일기의 마지막 구절이 이에 해당한다. 이는 슈투름의 《자연과 섭리에서 신의 창조물에 대하여》를 인용한 것인데 흥미롭게도 책의 맨 마지막 구절이다.

의연하게 나는 모든 변화에 순응하겠습니다. 오, 신이여! 오직 당신의 변함 없는 은혜만을 믿으려고 합니다. 불변하는 당신, 내 영혼의 기쁨. 나의 반석이시여, 나의 빛이여, 나의 영원한 안식이 되어 주소서![240]

일기의 다른 곳에는 앞에서 인용한 바 있는 탄식이 있다.

순종, 운명에 진심 어린 순종을 하기. 오직 이것만이 그대에게 보상을—작
업에 대한—줄 것이다. 오 힘겨운 싸움! (…) 그대가 인간으로 존재하는 이
유는 그대 자신이 아니라 오직 다른 사람을 위해서다. 그대를 위한 행복은
오로지 그대 안에, 그대의 예술에만 있다. 오 신이여 스스로를 이길 수 있는
힘을 주소서! 어떤 것도 저를 삶에 묶어 두어서는 안 됩니다.[241]

나만 은밀하게 알고 있는 것이 있는데, 베토벤과 관련한 연구들이
대부분 놓치고 있는 부분이 하나 있다. "마음에서 다시금 마음으로 돌
아가기를"이라는《장엄 미사Missa solemnis D장조 op.123》의 지침은 베
토벤이《금싸라기》의 독일어 번역본인《그리스도를 본받아》를[242] 그대
로 인용한 것이다.《그리스도를 본받아》의 서문에는 "이 책은 마음으로
부터 솟아 나와 다시금 마음으로 돌아가려 함을 표방한다"[243]는 문장이
있다.

이런 일치를 두고 볼 때 자일러는 베토벤 내면의 핵심 인물이다.
두 사람은 이성이 주도하는 인류의 발전을 지향했던 프랑스 혁명 시기
의 비밀 조직 일루미나티에 공감했다. 본 대학의 문학과 미학 교수이
자 일루미나티 회원이었던 오일로기우스 슈나이더Eulogius Schneider의
정치적 경향의 시집을 예약 구독했던 것이 젊은 베토벤에게는 해가 되
지 않았던 반면, 19세 연상의 자일러는 일루미나티즘과 계몽적 선동
혐의로 1794년 딜링겐 대학 신학 교수직에서 해임되었다. 그렇다고 이
사건이 대학 교수와 신학자로서의 자일러의 경력을 막지는 못했다. 자
일러는 몇몇 단계를 거쳐 1829년 매우 명망 높은 레겐스부르크 주교
자리에 올랐다.

살아생전 자일러는 타고난 영혼의 상담가로 그리고 많은 기도서의 저자로서 최고의 존경을 받았다. 프로테스탄트 진영의 적 슈투름에게서도 인정받은 자일러는 자신의 계몽주의적 사상에도 불구하고 신비주의뿐만 아니라 낭만주의적 경향에도 가까웠다. 그는 교회 위계질서의 편협함을 넘어 내적인 가치를 따르는 겸손한 가톨릭주의를 주장했고 바켄로더와 그의 책《예술을 사랑하는 어느 수도사의 심정 토로》•에 대해 허심탄회하게 대화하면서 "종교와 예술의 결합에 대하여"[244]라는 강론을 집필하기도 했다. 여기서 자일러는 종교적 각성의 수단이자 종교의 '기관'과 '불꽃'으로서 신성한 예술을 찬양했다. 그리고 미사를 소통의 순환으로 보며 그 기능은 종교적 삶을 표현하고 서로서로 종교적 삶의 자극이 되는 데 있다고 했다.[245]

전기적 관점에서 당시 '진보적' 가톨릭주의의 핵심 인물 자일러와 베토벤의 접점이 인생사에서 그치지 않고《장엄 미사》와 같은 중요한 작품에도 영향을 미친 것은 일종의 행운이다. 이제 이 미사곡을 막연한 베토벤의 종교적 세계가 아닌 삶과 작품을 구분하지 않는 영역에서 분석할 수 있다. 이와 같은 관점은《장엄 미사》를 베토벤의 삶과 무관하게 분석하려는 모든 시도에 의문을 제기한다. 여기서 나는 의도적으로 '분석'이라는 말을 사용하고 있다. 이러한 삶의 세계를 작품의 배경으로 단순히 스케치하는 것만으로는 불충분하다. 총보에서 삶의 세계를 가능하면 디테일하게 찾아내야 한다(안톤 브루크너Anton Bruckner의 교향곡도 마찬가지다).

이런 시각은 오늘날 전기 작가의 부담을 덜어 준다. 더 이상 베토

• 이 책은 바켄로더와 같은 베를린 출신의 동갑내기 친구인 루트비히 티크가 공저한 것이다. 1797년 이 책이 출간된 지 1년 만에 바켄로더가 사망하자 티크는 그의 유고를 정리해《예술에 관한 환상들》을 출간한다.

벤 말의 진정성과 성격 등에 대해 고민할 필요가 없기 때문이다. 베토벤의 태도가 작품에 미치는 영향을 파악하고 특정하는 것만으로도 충분하다. 이는《장엄 미사》에만 해당하지 않는다. 베토벤 연구의 선조 격인 루트비히 놀Ludwig Nohl은 앞에 인용한 "순종, 운명에 진심 어린 순종을 하기"로 시작하는 일기의 기록을 해당 시기에 창작된 피아노 소나타 〈함머클라비어〉의 3악장 '아다지오 소스테누토. 아파시오나토 에 콘 몰토 센티멘토Appassionato e con molto sentimento(정열적으로 깊은 감정을 담아)'[246]의 지시와 연결했다.

삶과 작품을 이렇게 밀착시키는 데 회의적일 수 있다. 그러나 만약 베토벤이 자신의 실제 상황을 염두에 두지 않았더라면 후기 현악 4중주 op.132의 3악장 몰토 아다지오에 "(리디아 선법에 의한, 건강을 회복한 자가 신께 바치는) 성스러운 감사의 노래"라는 제목을 붙이지 않았을 것이라는 생각을 외면할 수 없다. 이는 실제로도 심한 병에 걸렸을 당시 대화 수첩의 기록 "병자가 치유된 후 새로운 힘을 느끼고 다시 깨어난 기분에서 신에게 드리는 감사의 찬가"[247]와 연결된다. 이 구절은 현악 4중주 op.132의 3악장 제목으로도 읽히지만 건강 악화에 관한 여러 메모들과 함께 매우 자전적으로도 읽힌다.

현악 4중주 op.132의 명상적 3악장을 오직 자전적 혹은 종교적 의미로만 해석하라고 강요하는 것은 아니다. 그러나《장엄 미사》에 대한 아도르노의 고찰은 간과할 수 없다. 베토벤을 존경하는 아도르노는《장엄 미사》를 해석하는 데 어려움을 겪었다. 아도르노가 수수께끼처럼 "소외된 주저主著"라고 말할 수밖에 없었던[248] 까닭은 자신 내면의 불가지론자가 베토벤의 신앙심을 부정하려고 했던 것이 아니라 미학적으로 미묘한 주제의 의의를 부정하려고 했기 때문이다. 아도르노는 역사학자 오이겐 코곤Eugen Kogon과의 1957년 공개 토론에서《장엄 미사》를 두고 바흐 이후 음악의 진실이 "왜 또다시 전통 종교의 형식으로 나타나야 한다는 것인지 자신은 이해할 수 없다"라고 말했다.[249] 낭만주의적 예술의 종교화라는 기치 아래 베토벤의 의도를 아도르노보다 더 잘 이해하기 위해서 반드시 그의 견해를 반박할 필요는 없다.

근본적으로는 특히 교향곡의 영역과 성악적 교향곡의 영역에서 압도의 양식이 문제가 된다. 교향곡 7번에 이르기까지 그러한 경향은 흘려듣지 못할 만큼 뚜렷하다. 예컨대 5번 교향곡에 대해 작곡가가 "전율, 공포, 섬뜩함, 고통의 지렛대"[250]를 움직이게 한다는 E. T. A. 호프만의 말은 분명히 이런 방향을 가리킨다. 《장엄 미사》에서는 그때까지 지배적이었던 압도하려는 의지의 충동을 압도당함의 충동이 덮는다. 베토벤은 꾸준히 자신 스스로 미사의 비밀과 거기 내재하는 신화에 압도당했다고 밝혔다. 베토벤이 일컬은 이 가장 위대한 작품[251]은 신적인 것을 대면한 전율의 반응으로 이해해야 한다는 것이다. 물론 청중이 이 전율에 충분히 동참해야 한다는 것도 배제하지는 않는다.

양자 중 어느 것이 전면에 나서건 간에 근본적인 것은 베토벤이 특히 종교 음악에 부여하는 영향력을 강조하고 있다는 점이다. 《미사 C장조 op.86》을 두고 베토벤은 (프로테스탄트) 출판업자 브라이트코프 & 헤르텔에게 미사의 본질을 그야말로 심리학적 범주로 설명했다. "〈키리에Kyrie〉에는 (…) 그렇다고 슬플 필요는 없는 진정한 순종이 있습니다. 부드러움이 전체의 토대가 되고 있습니다." 따라서 가톨릭 신자는 "일요일에 잘 차려입고 축제처럼 즐거운 마음으로 교회에 가서 〈키리에〉"를 대면한다는 것이다.[252] 베토벤이 이런 설명을 하게 된 계기는 라틴어 텍스트에 자유로운 찬가식 어조의 독일어 번역을 덧붙이자는 출판사의 계획 때문이었다. 베토벤은 흔쾌히 동의했지만 제대로 된 적확한 번역이어야 한다고 주장했다. 합창단 지휘자가 《장엄 미사》가 완성될 즈

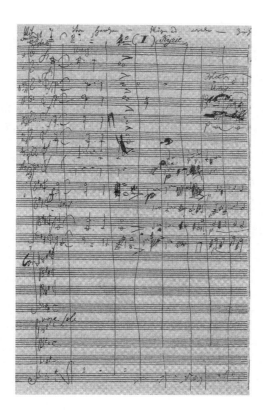

《장엄 미사》제1곡 〈키리에〉 자필 악보 첫 페이지

음 "우리의 영혼이 경건한 마음을 다하여 주님께 노래를 바치네"로 시작하는 《미사 C장조》의 독일어 번역본을 제시했을 때 베토벤은 그것을 '탁월하다'고 생각했다. 라틴어 "세상의 죄를 없애시는 분Qui tollis peccata mundi"을 독일어로 "그분은 약한 자들의 기둥이고 곤궁에 빠진 이들의 구원이네"로 번역한 것을 읽고 베토벤은 감동의 눈물을 흘리며 "맞아, 내가 이걸 작곡할 때 바로 그렇게 느꼈어"[253]라고 말했다.

《장엄 미사》의 자필 총보 서두에 "마음에서 다시금 마음으로 돌아가기를"이라고 적어 넣을 때 베토벤의 감회는 변함이 없었다. 이 문구는 일차적으로 이 곡을 헌정한 주교 루돌프 대공을 위한 것이긴 하지만,[254] 후원자나 고위 성직자들뿐만 아니라 전 세계 앞에 스스로 즐겨 말하던 '예술의 하늘'로 들어가기 위해 자신의 신앙심을 유일무이한 위대한 작품으로 승화시키려는 베토벤을 보여 주는 것이기도 하다.

표면상 《미사 b단조》로 위대한 작품(아마도 가장 위대한 작품)을 남기려 했던 말년의 바흐를 생각나게 한다. 그러나 바흐는 자신이 하는 일을 교회 음악 작곡가로서 당연한 것으로 생각했기에 이 굉장한 작품의 일부를 오래전에 작곡했던 세속적 곡들의 패러디로 제시하는 데 전혀 거리낌이 없었다. 작곡은 무엇보다 수작업일 뿐이었다. 그런 맥락에서 바흐는 작품에 'J. J.(Jesu Juva: 예수여 저를 도우소서)' 혹은 'S.D.G.(Soli Deo Gloria: 오직 하느님께 영광을)' 같은 약어를 붙여 놓았다. 하이든 역시 바흐를 따라 세속 음악에도 이런 약어를 붙였다. 베토벤은 이와 같은 약어의 기계적인 사용이 의미도 효과도 없을 것으로 생각했다. 베토벤은 자신의 신앙심을 직접 공표하는 것이 중요했다.

이제 당시 활발했던 '진정한 교회 음악'에 대한 담론이 등장한다. 베토벤은 본의 계몽주의자이자 아마추어 작곡가인 페르디난트 당트왕Ferdinand d'Anthoin의 주장을 알고 있었던 것 같다. 페르디난트 당트왕은 1784/85년 출간된 《기도가 되기 위해 교회 음악은 어떤 음악이어야 하는가?Wie muß die Kirchenmusik beschaffen seyn, wenn sie zur Andacht erheben soll?》를 통해 교회에서도 "전혀 꾸밈이 없는 존경할 만한 옛 필사술을 완전히 말살하고 말았다"며 '호색적 식자술galante Setzart'을 준엄하게 비판했다.[255] 여기서 낭만주의자 바켄로더와 티크의 공저 《예술을 사랑하는 어느 수도사의 심정 토로》까지의 길은 멀지 않았다. 1796/97년에 출간된 이 책은 교회 작곡가의 신앙심과 예술의 신성함을 직접 한데 묶는다. 베토벤이 '계몽주의자 슈투름'과 '신비주의자 자일러'의 책을 신뢰한 데서 경건함과 신앙심이라는 주제에 얼마나 관심이 있었는지 알 수 있다.

《장엄 미사》의 첫 지시어는 '경건하게'다. 라틴어 미사곡에서는 볼 수 없는 독일어로 된 지시들이 이 뒤를 잇는다. 제4곡 〈상투스Sanctus(거룩하시다)〉에도 너무나 당연한데도 굳이 '경건하게' 부르라고 되어 있다. 더 눈에 띄는 것은 제5곡에 나오는 "저희에게 평화를 주소서"에 대한 "내적, 외적 평화를 빌라"는 주석이다. 그리고 이 부분에서 요란한 오케스트라 간주의 출현으로 확연히 평화가 깨지기 전에 베토벤은 독창자에게 한 번 더 "하느님의 어린양, 세상의 죄를 없애시는 주님Agnus dei, qui tollis peccata mundi"을 이번에는 '두려워하며' 부르게 한다. 이는 애원하는 시편의 어조를 띤다. 베토벤은 이 작품의 한 올 한 올을 개인적 관심사가 철저히 반영되도록 엮었다. 제5곡 〈아뉴스 데이Agnus dei(하느님의 어린 양)〉 스케치 중 "내적 평화라는 신념의 힘, 모든 것을 … 이긴다!"[256]는 메모는 베토벤의 의도를 반영한다.

당연히 베토벤은 《장엄 미사》 작업에 임하는 '진정한 교회 음악'에 대한 올바른 생각만으로 만족하지 않는다. 베토벤은 수년 동안 수없이 많은 습작을 거듭하면서 무엇보다 작곡가로서 자신의 계획에 매진했다. 지금까지 연구에 의하면 《장엄 미사》 관련 습작이 30권 혹은 30장이다! 결국 작곡가가 철저히 고민한 그래서 한층 높은 의미에서 진실한 작품이 탄생해야만 했다. 그렇지만 무엇이 진실한 것인가? "마음에서 다시금 마음으로 돌아가기를"이란 연주 지침이면 충분한 것인가? 아니면 베토벤이라는 위대한 이름만으로도 그 고백적인 성격이 담보되는가?

일단 인정받는 형식 분석가와 구조주의 분석가들에게 물어보기로 하자. 그들은 음악을 작곡할 때 일어나는 일을 '오직' 편견 없이 기술하려 하여 너무 쉽게 결론 내고 만다. 작곡할 때는 많은 일이 일어난다. 청중은 웅장한 합창과 매혹적이고 부드러운 독주, 강력하고 황홀한 오케스트라의 연주, '베네딕투스' 방식의 미세한 '기악적 성악'[257]을 체험한다. 애호가들은 그 비관습적 형식에도 불구하고 스트레토stretto,• 확장, 전위의 전통적 기법을 충족시키는 이중 푸가에서 기쁨을 느낀다. 전문가들은 제3곡 〈크레도Credo〉의 푸가 주제를 다룰 때 여러 실험을 거쳐 결국은 가장 초기의 버전으로 돌아가는[258] 베토벤의 끈기에 놀라움을 금치 못한다. 이런 과정은 단순히 최선의 해결책을 찾으려는 굳건한 수작업적 노력으로만 치부할 수 없다. 까다로운 대위법과 관련해서는 《골드베르크 변주곡》과 《푸가의 기법》의 바흐에게도 같은 말을 할 수 있다. 베토벤만의 특징은 미사곡을 실제로 자신의 '가장 위대한 작품'으로 만들기 위해 할 수 있는 모든 시도를 해 보면서 그 어떤 것도 그냥 두지 않는 최고조로 끌어올려진 베토벤의 강력한 의지다. 베토벤이 얼마나 집중적으로 자신의 작업 방식에 관해 자기 자신과 토론했는지는 " 2de ♩♩♩♩ 대신에 3za ♩♩♩♩ 도 된다"[259]와 같은 스케치가 보여

• 푸가에서 주제가 완전히 끝나기도 전에 다른 성부에서 모방이 시작되어 먼저 나온 주제와 겹치게 하는 기법을 말한다.

준다. 이와 비슷한 '토론'은 라틴어 미사 텍스트에도 해당한다. 베토벤은 사전을 가지고 각 낱말의 동사 변화와 명사 변화를 공부했고[260] 필라투스pilatus라는 (투창이란 뜻의 '필룸pilum'에서 온) 이름의 어원이 무엇인지 고민하기까지 했다.[261] 미사의 독일어 번역을 베토벤은 1805년 출판된 개신교로 개종한 카프친 수도사 이그나츠 아우렐리우스 페슬러Ignaz Aurelius Feßler의 《종교와 교회에 대한 입장Ansichten von Religion und Kirchenthum》에서 가져왔다. 빈에서 이 책은 검열 대상이었다. 저자 페슬러가 모든 종교적 제한을 넘어서는 '보편적 프로테스탄티즘'을 주장했기 때문이다. 페슬러는 종교, 철학, 신비주의를 통합하고 인식과 감정의 대립을 지양하고자 했다.[262] 이는 베토벤의 생각과 매우 유사했다.

베토벤의 이런 생각을 음악의 특정한 성격에서 하나하나 찾는 것은 가능하지도 필요하지도 않다. 하지만 우리가 추론할 수 있는 베토벤의 신학적 사유가 반영된 작곡의 전형성이 있다. 예컨대 다음과 같은 모순은 작곡에도 영향을 미친다. 미사는 한편으로 보면 우리가 변치 않는 신앙의 기록이나 신의 계시로 받아들여 특별한 경외심으로 접근해야 하며 순종해야 하는 것이다. 그러나 다른 한편으로 (베토벤의 경건주의 신학의 의미에서) 미사는 끊임없이 개인의 참여를 요구한다. 작곡가 베토벤도 이에 따라 두 가지, 즉 신화(베토벤은 스케치북에서 자주 신화 'Mythos'를 'Mithos' 라고 쓴다)를 표현하는 일과 청자에게 감동을 주는 일 모두를 염두에 두어야 했다. 이는 곧 신 중심의 작곡과 인간 중심의 작곡으로 양극의 표현을 의미한다.

푸가 형식과 대위법 테크닉을 다루는 새로운 방식에도 양극성이 존재한다. 하이든의 시대까지 교회 작곡가들은 푸가에 특별한 위엄을 갖고 있긴 했지만 결국 여러 형식 중 하나일 뿐이었다. 《장엄 미사》에서 이런 악장 형식은 가령 제2곡 〈글로리아Gloria〉와 제3곡 〈크레도〉의 푸가처럼 훨씬 비중 있게 사용된다. 그것은 마치 신성한 유물처럼 단상에 올려져 실체화되기까지 한다. 그러나 동시에 악장을 수사학적으로 첨예하고 극적으로 만들기 위해 그것은 곧 해체된다. 이는 항상 "푸가 방식으로 테마를 전개하는 것 같은 단순한 눈속임"이 되어 "겉으로만 다성적인 악장"[263]이라는 결과를 낳았다.

우리는 다음과 같은 질문을 던질 수 있을 것이다. 베토벤은 '전통 푸가 형식에 어떤 다른, 정말로 시적인 요소가 더해져야만' 한다는(73쪽 참조) 자신의 생각을 실현하려고 하면서 동시에 왜 이토록 복잡한 대위법적 방식에 매달리는 것일까? 그 대답은 베토벤이 사각형의 원을 원한다는 것이다. 베토벤은 한편으로 우리가 음악에서 신성한, 달리 말하면 모든 인간적 척도를 폭파하는 천지 창조적 '푸가'를 만들기를 원하면서 다른 한편으로는 격렬한 감정적 효과를 만들어 내고자 했다.

종교적 음악에서 감정적 효과의 측면을 무시할 수는 없다. 헨델의 오라토리오가 그 예다. 베토벤은《장엄 미사》에서 그 푸가 악장을 전범으로 삼았다. 새로운 점은 신 중심적 요소와 인간 중심적 요소가 서로 충돌하는 강도다. 하나가 다른 하나를 항상 능가하려고 한다.

이는 슈만의 표현을 빌리면 "푸가 광기"[264]에만 해당하는 게 아니라 전통적 미사 예식의 유산을 다룰 때도 해당한다. 베토벤은 1818년경에 "진정한 교회 음악을 쓰기 위해 수도사들의 모든 코랄을 다 살펴보아야 한다"[265]고 메모했다. 분명히《장엄 미사》계획도 염두에 두고 한 메모일 것이다. 그래서 베토벤은 '진정한 교회 음악'의 이상을 충족시키려고《장엄 미사》에 시편 낭송과 그레고리안 코랄을 삽입했다. 실제로 〈아뉴스 데이〉에서 '두려워하며'가 붙은 부분은 말할 것도 없고 다수의 모티프가 코랄의 영향을 받았다. 더 나아가 베토벤은 항상 교회 선법적 음악 어법과 '빈[空]' 화음 같은 고풍적 양식으로 돌아간다. 전적으로 전통을 따르는 의미에서 베토벤은 음악적 수사학을 사용하기도 한다. 즉 성악 작곡가는 시와 수사학과 한편이 되어 텍스트에 그 의미를 밝혀 주는 음악 장식을 해 주어야 한다는 인간 중심적 주장을 받아들인다. 고통의 표현으로서 〈글로리아〉에서 "우리를 불쌍히 여기소서Miserére nobis" 같은 부분의 굴곡이 많은 반음계 진행이 정형적인 예인데, 이런 의도를 못 알아듣고 놓치는 것을 막기 위해 베토벤은 가수에게 해당 부분에서 "오, 우리를 불쌍히 여기소서ah miserere nobis"라 부르게 한다. 교회 편에서 보자면 성스러운 미사 통상문에 개입하는 것으로 비난할 만한 것임을 베토벤도 잘 알고 있었다. 그래서 베토벤은 작곡가이자 비평가인 친구 프리드리히 아우구스트 칸네Friedrich August Kanne에게 이에 대한 생각을 묻는다. 이에 칸네는 "우리 음악가들은 묘사의 시보다는 외침의 시를 더 많이 써야 합니다"[266]라는 답으로 격려했다.

음악학자 바렌 키르켄달레Warren Kirkendale는 베토벤이 사용하는 음악적 수사학의 섬세한 방식에 대해 연구했다. 그에 따르면 베토벤은 〈크레도〉의 "성령으로 잉태되어 나시고et incarnatus est" 부분에 작곡 마지막 단계에서 플루트 트릴을 붙였다. 작곡가는 아마도 동정녀 마리아가 비둘기의 모습을 한 성령에 의해 귀를 통해 수태했다는 옛 생각을 되살린 것 같다고 한다. 그래서 플루트 트릴은 비둘기의 날갯짓을 의미한다. 베토벤이 텍스트의 해당 구절을 하필이면 도리스풍의 교회 음조로 작곡한 것도 우연이 아니다. 증명된 바와 같이 베토벤은 이 시기에 1558년 출판된 조세포 차를리노Gioseffo Zarlino의 음악 논문 〈화성 체계 Instituioni harmoniche〉를 연구했다. 논문에 의하면 '푸디치티아pudicitia', 즉 동정으로 증명된 순결은 도리스적인 것에 속한다.[267]

'베르바 아에타티스verba aetatis', 즉 고대 작곡 기법을 사용한다는[268] 생각도 이런 음악적 수사학에 속했다. 베토벤은 어떤 의미에서 미사 예식의 모든 말들을 '베르바 아에타티스'로 다루고 있으며 이를 가능한 한 '베르바 아에타티스'로 제시하려고 했다. 그렇게 하여 베토벤은 미사곡의 역사에서 처음으로 역사주의의 중요한 증거물을 내놓는다. 이는 미사곡을 작곡할 때 일반적으로 '고대인'의 예술을 존중해야 한다는 관습의 극복을 의미하는 것이 아니라 작품에 뚜렷이 고풍스러운 색을 입히는 방식을 의미한다.

그러나 이는 한 단면일 뿐이다. '두려워하며'가 붙은 〈아뉴스 데이〉의 부분은 고풍적인 동시에 베토벤이 수도원 혹은 기도 장면을 매력적으로 연상시켜 특별한 '향토색'을 사용하는 오페라를 떠올리게 한다. 음악 신문 《니더라이니셰 무지크 차이퉁Niederrheinische Musik-Zeitung》의 한 기자가 이를 정확히 들었다. 기자는 관중의 한 사람으로서 1857년 이 작품의 장대함을 존경하지만 〈아뉴스 데이〉의 싸움의 함성과 극적인 레치타티보는 경악할 만한 부당한 요구와 기이함에 해당한다고 비판했다.[269]

한편으로는 시대를 넘어서는 '신성한 음악 예술'의 초월성에 들어맞으면서도 다른 한편으로는 베토벤 자신의 열정적이고 개인적인 신앙 고백이기도 한 작품은 대체 어떤 모습일 수 있었을까? 한편으로는 옛 색채로 프레스코화를 그려야 하며 다른 한편으로는 모든 디테일을 현대적 기법으로 그려 내야만 한다. 동시대인들은 아직 이런 베토벤의 조합을 제대로 이해하기 힘들었다. 베토벤이 사망하던 해 하이든의 전기 작가로 유명한 요제프 프뢸리히Joseph Fröhlich는 《장엄 미사》를 이렇게 평했다.

모든 악기, 모든 음형, 모든 피아노piano(p, 약하게)와 피아니시모pianissimo(pp, 매우 약하게), 포르테forte(f, 강하게), 크레센도crescendo(점점 세게), 레가티시모 legatissimo(매우 부드럽게)는 계산된 것이다. 그리고 말과 말에 포함된 이미지에 의해 규정되는 구절의 성격에 따라 항상 달라져야만 한다. 처음 봤을 때는 아무 의미도 없고 텍스트에 통속적으로 모순되는 것으로 보였던 음형이 이런 방식으로 장대하고 훌륭한 의미를 얻는다.[270]

프뢸리히가 존경을 담은 호의를 보였다면 지휘자 이그나츠 폰 자이프리트Ignaz von Seyfried는 《장엄 미사》에 호의를 보이려 노력했으나 〈글로리아〉와 〈크레도〉를 다음과 같이 평했다.

가끔, 아니 아주 자주 일어나는 동기화되지 않은 시간, 음조, 박자의 변화는 파편화된 이미지를 만든다. 조각난 파편들만 널려 있는 무질서한 전체는 어떤 의미에서 통일성의 결핍, 말하자면 그저 랩소디적인 작업 방식에서 나오곤 하는 우리를 옥죄는 느낌을 불러온다.[271]

이제 베토벤의 또 다른 숭배자들인 20세기 구조주의 분석가들과 만난다. 이들은 주제-모티브 기법과 연관이 없어 과정적 작곡의 중요한 요소가 없는 것만 같은 《장엄 미사》에 어떻게 반응해야 할지 갈피를 잡지 못한다. 카를 달하우스는 음악학자 발터 리츨러Walter Riezler와 요제프 슈미트 괴르크Joseph Schmidt-Görg의 '원천 모티프'[272]를 찾으려는 노력을 이어받아 통일성을 만드는 '잠재 모티프'라는 개념으로 분석을 시도해 보았다. 이때 달하우스의 단어 선택은 베토벤의 후기 기악에서 찾아낸 '잠재 주제'[273]보다 훨씬 더 신중함을 보인다. 그러나 달하우스의 방식은 설득력이 없다. 주제 표현은 너무나 다양한 모습으로 제시되기에 거기서 분석적으로 증명할 수 있는 잠재 모티프를 추출해 낼 수가 없다. 그리고 '후기' 베토벤에게서 어떻게 되든 '중기' 베토벤을 특징짓는 주제-모티프적 과정을 찾아내려는 노력은 대부분 헛된 것이리라. 일단 이런 정도의 평가에 머물러야 할 것이다. 매우 고된 노력으로 완성된 대작이므로 어쩔 수 없이 다양한 주제-모티프 방식의 그물망이 확인되지만 그것은 다양한 리좀rhizome의 성격이라는 것이다. 이 그물망은 저 특수하게 독일적인 시각을 (이런 시각에 따르면 베토벤은 '주제적 과정 시대'의 설립자로 나타난다[274]) 확인해 주는 것이라기보다는 오히려 시작도 끝도 없는 조직물이다.

바흐에서 출발해 베토벤에서 브람스와 쇤베르크로 이어지는 선을 긋는 이런 역사 구성이 물론 주제-모티프 작업을 예로 들어 무조건 발전주의를 맹신하려는 것은 아니라는 데 의심의 여지는 없지만, 적어도 구조적으로 신뢰할 수 있는 작곡과 분석의 왕도를 제시하고 싶어 한다는 것은 사실이다.

오늘날 음악학의 이와 같은 경향은 이미 시효를 잃은 어제 내린 눈이기도 하지만 일부분은 여전히 매우 현재적이기도 하다. 이는 청중들의 경험과는 거의 관련이 없다. 그들에게는 적어도《장엄 미사》와 관련해서는 작품을 우연성 속에서 받아들이고 작품과 개인적 대화를 시작하는 것 외에는 다른 길은 없다. 그리하여 우리는 한편으로는 작곡 방식의 위대함과 열정, 작품의 장대함과 형식, 내용의 다층성 등과 같은 많은 개별 요소들의 매력을 칭송할 수 있으며, 다른 한편으로는 주어진 미사문을 주관적으로 가공하려는 베토벤의 의도를 과도한 노력으로 느끼고 일종의 조직된 카오스로 끝난다고 생각할 수도 있다. 거대하고 늘 고무된 푸가 악장의 오르내림 그리고 세심하게 정선된 앙상블과 독주는 결국 우리를 취하게 한다. 좀 더 정확히 말하면 미사곡 작곡의 전통적 토포스들을 닫힌 형식 속에서 구현해 내려는 베토벤의 희망과 그럼에도 진실하고 함축적인 감정 언어에 공간을 부여하려는 노력은 서로를 마비시키는 것이다. 그리고 성스러운 말들을 사적 기도문처럼 다루고 텍스트를 그저 격정적이면서도 자발적으로 울려 나오게 할 뿐만 아니라 동시에 깊은 의미를 부여하려는 작곡 경향은 일종의 과한 코드화로 귀결된다.

이 모든 격정에도 이 작품에는 무엇인가 비본질적인 것이 있다. 〈글로리아〉의 길게 늘여진 마지막 푸가에서 나는 이런 상상을 한다. 베토벤이 자신의 음악을 타인의 음악처럼 귀 기울여 듣고 있다가 곡이 연주되는 도중에 커다란 소리로 혼자 노래를 부르면서 교회 밖으로 뛰쳐나가 야외에서 혹은 책상 앞에서 '계속 작곡하는' 상상이다. 어떤 의미냐 하면, 베토벤이 한편으로는 너무 많이 또 한편으로는 너무 적게 작품에 거리를 두고 있다는 것이다. 그리고 완성된 작품처럼 창작 과정의 후광도 중요하다. 베토벤 이전의 '절대 음악'을 두고 스스로 자축하는 정신을 얘기할 수 있었다면 이제는 스스로 자축하는 종교성에 주목해야 한다. 여기에는 교향곡 9번의 피날레에서처럼 혼종적 성격이 없을 수가 없다.

미사 예식 자체가 보증하고 있던 효과를 이제 음악이 만들어 내야 한다. 미사를 수행隨行하는 대신 음악은 잠정적으로 그 자리를 차지한다. 가톨릭 신자가 도그마적 차원에서 신앙을 더 이상 믿을 수 없을 때 음악이 새로운 '예술의 종교화'라는 지평에서 그에게 가상으로 제공한다.

바로 이 지점에서 베토벤이 말년에 경건주의 종교 서적을 꾸준히 읽었다는 사실이 작품 해석에 결정적인 영향을 미친다. 우리는 《장엄 미사》에 기반을 두고 베토벤의 종교성을 그저 사소한 관심사나 다소 용인할 만한 기벽으로 치부할 수는 없다. 오히려 베토벤의 종교성은 작품의 근간에 관여한다. 그것도 특별히 이중적 방식으로 말이다. 베토벤은 슈투름과 자일러에게서 도그마적 신앙이 아니라 종교적 체험의 계

몽적 신학을 발견한다. 신의 위대함과 자비를 현실로 느끼려면 우리는
그것을 개인적으로 체험하고 항상 새롭게 경험하게 해 달라고 기도해
야 한다. 신은 이미 주었으니 이제 인간이 그 뒤를 따라야 한다. 베토벤
은 너무 과도하게 주려고 한다. 그래서 이미 언급한 과도한 코드화와
안간힘, 위대함과 완전함의 추구 같은 요소가 있는 것이다. 모차르트의
《레퀴엠Requiem》과 하이든의 후기 미사곡 혹은 베토벤 자신의《미사 C
장조》를 한 번 생각해 보기만 해도 이것이 무엇을 의미하는지 분명해진
다. 이런 작품들도 그 성격상 가볍지도 더구나 경솔하지도 않다. 그렇지
만 이 작품들은 작곡가가 매번 자신의 전 존재를 던져 평가받으려고 하
거나 위대한 예술과 최고의 윤리적 의지의 결합을 통해 스스로를 궁극
적으로 구원하려 한다는 인상을 주지는 않는다.

　당연히 슈투름과 자일러라는 이름은 어린 시절에 뿌리를 둔 베토벤
의 정신적 기질에 대한 암호에 불과하다. 그것은 무엇보다 도덕적 유혹
에 대한 방어 기제, 무력감, 외로움인데 지속되면 될수록 더 최고의 업
적, 가령 신성한 의무로서 조카 카를을 교육하는 일이라든가 위대한 음
악 예술의 창조 같은 업적으로 상쇄해야만 하는 것이다.

　그렇지만 베토벤 탄생 250년이 지난 후에 심층 심리학적으로 그 상
처를 확인하고 기껏해야 그럭저럭 믿을 만한 가설을 가지고 연구하는
게 대체 무슨 소용이 있는가! 그보다는 오히려 음악 자체를 관찰하는
편이 더 의미 있는 일이다. 단, 작곡적 가능성의 대양으로서 전 작품의
틀 안에서 살펴야 한다. 그 대양 안에서《장엄 미사》는 모든 물결에 맞
서며 흔들리지 않는 육중한 전함으로 나타난다. 그야말로 교회의 배다!
그 옆에는 교향곡 9번이라는 자매선이 과거 '영웅적 시기'의 미덕을 도
전적으로 까마득히 높은 단상에 올리면서 위풍당당한 박물관의 배로
기동하고 있다. 이 두 함선이 수평선에서 거의 사라지면서 한때 그토

록 민첩했던 '영웅적 양식'의 함대들이 그 뒤로 등장한다. '교회의 배'니 '박물관의 배'니 하는 은유가 독자들에게는 낯설게 들리겠지만 그것들을 후기 피아노 소나타들과 《디아벨리 변주곡》의 모습으로 수없이 많은 더 민첩한 프리깃함(돛을 단 목조 군함)들이 호위하고 있다. 수평선은 과거가 아니라 미래에 있다. 그 수평선에 다다르려면 전함보다는 바람과 물결을 잘 탈 수 있는 좀 더 가벼운 돛단배여야 한다.

이런 프리깃함들이 후기 현악 4중주곡들이다. 이 곡들은 주체와 객체의 긴장을 자유롭게 표현할 수 있었는데 그토록 높은 종교적·윤리적 요구를 가진 《장엄 미사》에서는 베토벤에게 그런 자유가 없었다. 《장엄 미사》에서 (그리고 교향곡 9번에서) 결국 숭고함과 장엄함의 인상이 승리하도록 합쳐져야 했던 이질적인 요소는 후기 현악 4중주곡, 예를 들면 앞서 언급한 현악 4중주 op.132에서처럼 그 모순성을 가차 없이 드러내며 제시된다. 옛 선법의 "성스러운 감사의 노래"가 느닷없이 "새로운 힘을 느끼며"로 치닫는 매우 현대적인 모순 말이다. 베토벤은 더 이상 사각형의 원에 관심을 두지 않으면서 결국 신뢰성을 회복한다. 이런 신뢰성은 아무리 헐벗고 연약할지라도 유토피아적 희망을 품은 베토벤을 보여 준다. 그것은 〈크레도〉와 '하늘에 반짝이는 별' 같은 맹세를 합친 것보다 더 진실하다. 그리고 비로소 음악은 편협한 종교적 제한 너머의 진정한 예술 '종교'가 된다.

카를 판 베토벤 Karl van Beethoven[1806~1858]

동생 카스파어 안톤 카를의 아들이다. 카스파어가 폐결핵으로 세상을 떠나자 제수씨와 베토벤 사이의 양육권 분쟁이 벌어진다. 베토벤은 제수씨를 모차르트 오페라《마술피리》의 타락의 대명사인 '밤의 여왕'으로 간주하여, 카를의 양육권 법정 투쟁으로 자신의 양아들로 키운다. 베토벤은 자신의 조카를 훌륭한 음악가로 키우려고 했지만 카를은 재능이 부족했다. 우여곡절 끝에 군인이 된 카를은 베토벤의 유산으로 1858년 암으로 사망하기 전까지 평범하게 살았다.

14

카를 판 베토벤

"예술적 성공을 통해서도 얻지 못한
그리고 여성과의 관계에서도 허락되지 않은 것을 신성한 작품인
'조카 프로젝트'를 통해 얻어내야 했다."

1813년 베토벤이 중병에 걸린 동생 카스파어 안톤 카를Kaspar Anton
Karl에게 사망하면 당시 일곱 살이던 조카 카를(1806~1858)의 후견권을
자신에게 넘겨 달라고 설득할 때부터 유명한 '조카 갈등'의 이야기는
시작된다. 베토벤은 당시 심각한 위기에 처해 있었다. 베토벤은 1813
년 5월 13일 일기에 "오 신이여, 이 불행한 B.를 굽어살피시어 너무 오
래 가지 않게 하소서"라고 적는다.[275] 베토벤이 빈 근처 바덴에서 여름
휴가를 보낼 때 슈트라이허Streicher 부부 앞에 피폐한 모습으로 나타났
다고는 해도 같은 시기 작곡한 전쟁 교향곡 〈웰링턴의 승리 혹은 빅토
리아 전투Wellingtons Sieg, oder die Schlacht bei Vittoria op.91〉(이하 〈웰링턴의 승
리〉)과 꼭 배치되는 상황은 아니다. 같은 해 12월 〈웰링턴의 승리〉와 교
향곡 7번(1811/12년 작곡)의 공연으로 거둔 커다란 성공에도 베토벤은 고
통의 늪에서 빠져나올 수 없었다.

베토벤이 당시 얼마나 예술적으로 바닥을 헤매고 있었는지는 그
몇 주 후 초연된 교향곡 8번의 성격이 보여 준다. 앞에서도 잠시 언급

했고 이후 좀 더 자세히 다룰 예정이지만, 교향곡 8번은 격정적인 교향곡 7번에 대한 의도된 유머로 작곡된 곡이 결코 아니다. 교향곡 8번은 이상주의적 승리의 결말을 가진 교향곡에 대한 신랄하고 냉소적인 이별가다. 베토벤이 1813년 작곡한 전쟁 교향곡 〈웰링턴의 승리〉와 빈 회의를 계기로 1814년에 작곡한 〈게르마니아Germania WoO Werk ohne Opusnummer WoO 94〉, 〈동맹을 맺은 제후들을 위한 합창Chor auf die verbündeten Fürsten WoO 95〉, 〈영광의 순간Der glorreiche Augenblick op.136〉 같은 성악곡들에서 다시금 긍정의 톤을 보여 준다는 사실이 반증이 될 수 없다. 정치적 상황에 못 이겨 의뢰받은 곡을 이 거장은 서툴게 하지는 않았지만 분명 정성을 다하진 않았다. 베토벤은 당시 (그의 공적인 명성의 정점에서) 이상주의적 의지의 파편 더미 위에 서 있다고 스스로 평했다. '영웅적 시기'는 끝났다. 그때 베토벤이 어떤 기분이었는지는 1802년 10월 6일 하일리겐슈타트 유서를 돌아보면 짐작할 수 있다. 이 '유서'는 인간 베토벤을 이해하는 단서다.

내 동생 카를과 … 베토벤에게

오 너희 인간들아, 너희는 내가 적개심에 차 있고 고집불통에 인간을 혐오하는 성격이라 여기겠지. 너희 생각이 얼마나 부당한지는 모를 거야. 너희는 그렇게 된 내 숨은 뜻을 알지 못해. 어린 시절부터 내 마음과 영혼은 선의와 부드러운 감정으로 가득했어. 또 위대한 일을 완수하려는 사명감을 항상 지니고 있었지. 그러나 이제 지난 6년간 내가 겪은 절망적인 고통을 생각해 봐. 엉터리 의사들 때문에 앞으로 더 나아질 거라는 헛된 희망에 기만

• Werk ohne Opusnummer의 약자로 작품 번호가 없는 작품을 정리한 목록이다.

당한 채 나는 결국 이 질병이 영영 지속할 수밖에 없다는 사실을 인정할 수밖에 없구나(그 병을 치료하려면 수년이 걸리든가 아니면 불가능할 거야).

원래 불같은 성격으로 태어났고 게다가 사회의 유흥에도 쉽게 끌렸지만 나는 고립된 외로운 삶을 살아갈 수밖에 없었어. 때로는 이 모든 것을 잊어 보려고도 하지만, 아, 이제 귀까지 들리지 않는다는 슬픈 현실은 얼마나 내게 가혹한 충격인지.

베토벤은 "내 옆에 서 있는 누군가는 멀리서 들려오는 플루트 소리를 듣는데 나는 아무 소리도 듣지 못 했을"때 자신이 느낀 굴욕감을 서술하면서 이렇게 계속한다.

그런 일들은 나를 점점 절망으로 몰아갔고 하마터면 내 손으로 내 삶을 끝낼 뻔했어. 오직 예술, 예술만이 나를 붙들어 주었지. 아, 내가 소명이라 느끼는 모든 것을 이루기 전에 세상을 떠나는 일은 불가능해 보인다. 그렇게 나는 이 비참하고 비참한 삶을 견디고 있단다. 최고의 상태에 있다가 갑자기 최악의 상태로 내던져질 수 있는 민감한 육신을 지탱하고 있어. 인내, 나를 이끄는 지도자로 삼아야 할 바로 그것 인내. 나는 바로 그렇게 하고 있어. 나는 무자비한 파르카이 가 생명의 실을 끊을 마음이 생길 때까지 견딜 만큼 확고한 결심을 했어. 이미 스물여덟에 어쩔 수 없이 철학자가 되어 버렸지. 이건 예술가에게 쉬운 일이 아니야.

신이여, 당신은 제 마음을 굽어보시지요. 당신은 제 마음속 사람들에 대한 사랑과 선해지려는 욕구를 알고 계시지요. 오, 인간들이여 언젠가 이 글을

• Parcae. 로마 신화에서 운명을 관장하는 세 여신으로 실을 뽑는 클로토Clotho와 그 실을 잣는 라케시스Lachesis, 가위로 그 실을 자르는 아트로포스Atropos를 말한다.

읽는다면, 그대들이 나에게 얼마나 부당했는지 생각해 주오.

마치 실제 유서처럼 베토벤은 상속자로 동생 카를과 '…'로 생략된 둘째 동생 니콜라우스 요한Nikolaus Johann, 제후 리히노프스키, 의사 율리우스 아돌프 슈미트Julius Adolph Schmidt에게 유언한다. 그는 동생들에게 오직 그것만이 행복하게 해 줄 수 있다면서 아이들에게 덕성을 가르치라고 당부한다.

아이들을 행복하게 해 줄 수 있는 것은 덕성뿐이다. 이는 경험에서 말하는데, 비참했던 시절 나를 지탱해 준 것은 덕성이며 덕성과 예술 덕분에 나는 내 삶을 자살로 끝내지 않았다.

베토벤은 죽음에 '기쁘게' 그리고 '용감하게' 다가가려고 한다.

(죽음이) 내가 예술적 능력을 펼칠 기회를 얻기도 전에 일찍 찾아온다면 잔혹한 운명에도 너무 일찍 죽는 것이 되니 나는 아마 좀 더 늦게 오기를 바라지만, 그래도 나는 만족한다. 죽음이 나를 이 끝없는 고통으로부터 해방시키는 것이 될 테니까.

베토벤은 10월 10일 유서에 짤막한 글을 덧붙여 동봉하며 하일리겐슈타트와도 작별을 고한다. 하일리겐슈타트에서 베토벤은 특히 자연과 가까움을 느꼈다. 의사의 권고로 시작된 여행의 아름다운 여름날들도 가을 낙엽과 함께 사라졌고 항상 베토벤을 북돋우던 자부심도 사라졌다. 마지막에는 한숨만 남았다.

베토벤이 서른두 살이 되던 1802년 10월 6일 빈 근교 하일리겐슈타트에
서 동생들에게 남긴 일명 '하일리겐슈타트 유서'다. 이 유서는 인간 베토
벤을 이해하는 중요한 단서다.

오, 신의 섭리여, 단 하루라도 온전한 기쁨을 내게 주소서. 마음으로 진정한 기쁨의 메아리를 들어 본 지 너무 오래입니다. 오! 언제, 오! 언제, 신이여! … 신이여, 제가 자연과 인간의 신전에서 그 메아리를 다시 들을 수 있을까요? 결코 없을까요? … 안 됩니다. … 아, 그건 너무 가혹합니다.[276]

베토벤은 같은 시기에 브라이트코프 & 헤르텔 출판사에 보내는 편지에 피아노 변주곡 op.34를 '전혀 새로운 곡'이라고 자신하며 작곡가로서 자신을 제대로 알리려고 노력한다.[277] 이는 하일리겐슈타트 유서가 일시적 감정 변화로 인한 즉흥적 행동이 아닌 문자 그대로 진정한 의미의 유서가 아닐까 하는 추측을 가능케 하는 단서다. 하일리겐슈타트에서 자신의 삶을 결산하는 베토벤은 분명 존재하는 현재의 고통의 무게를 승화시키면서 괴테의 《젊은 베르터의 고난》에서 익힌 가히 문학이라 할 만한 글을 써낸다. 모든 격정에도 단어들은 세심하게 선택되었으며 단지 후에 동봉한 짧은 글만 즉흥적인 인상을 줄 뿐이다.

이 유서는 특정 대상에게 쓴 것일까? 실제 유서에서처럼 형제들에게 쓴 게 맞는 걸까? 둘째 동생 니콜라우스 요한은 무슨 이유에서인지 자신의 이름이 집요하게 생략된 유서를 보고 분명 매우 어리둥절했을 것이다. 베토벤이 아직 결혼도 하지 않은 형제들에게 미래 자식들의 덕성 교육을 당부하는 대목은 오히려 일반적인 가르침처럼 들리지 않는가? 실제로 베토벤은 형제나 친구들보다는 "오 너희 인간들아"라는 말로 주위 세계를 겨냥하고 있다. 이 주위 세계는 그를 "적개심에 차 있고 고집불통에 인간을 혐오하는 성격이라" 평가하며 근본적으로 잘못 보고 있다. 베토벤 자신은 부드럽고 선의를 가지고 있고 활발한 기질에 어울리기를 좋아하고 특히 너무나 인간을 사랑하는 최고의 윤리 의식을 지닌 사람인데도 말이다.

하일리겐슈타트 유서는 사랑, 평온함, 온기를 바라는 그리고 인간 관계에서 힘들지 않게 사람들과 어울리고 싶다는 처절한 외침이다. 그러나 베토벤은 이 결핍을 감정의 토로가 아닌 도덕의 차원에서 주장을 펼친다. 사람들은 자신이 이렇게 된 가혹한 운명을 모르기에 그를 도울 수도 이해할 수도 없다. 그래서 베토벤은 이 결핍의 경험을 이겨내야 하고 철학자, 금욕주의자를 거쳐 결국엔 도덕적 승리자가 되어야만 한다. 매번 실망하지 않기 위해 그는 결론을 내린다. 육신을 가진 베토벤은 이승의 존재를 의도적으로 포기한다는 의미에서 무덤에 묻히는 것이 아니지만 형식상 삶의 모든 요구를 당당히 포기하는 죽음이다. 이제 삶은 오직 남은 '예술적 능력'을 펼칠 공간을 마련해야 한다는 단 하나의 의미만 갖게 된다. 음악학자 메이너드 솔로몬의 시각에서 보면 우리는 "영웅주의, 죽음, 부활이 혼합된 백일몽"[278]을 마주하고 있는 것이다.

1813년 베토벤의 상황을 '하일리겐슈타트 유서'로 해석하면 우리는 베토벤이 그사이 자신의 '예술적 능력'을 최대한 발전시켜 상당한 인정은 받았으나 이상주의로 치닫는 음악으로 인해 사랑과 평온, 공감을 향한 깊숙한 바람에는 가까이 다가가지 못했다는 것을 알게 된다. 게다가 한 해 전에는 수수께끼 같은 '불멸의 연인'과의 관계가 좌절되었다. 이에 관해서는 다음에서 자세히 언급하겠다. 그러니 베토벤이 '하일리겐슈타트 유서'에서 떠올린 행동 준칙들은 당연한 언명이었다. 앞으로 더 나아가기 위해서 그는 덕성 있는 행동을 해야 했다. 달리 말하면 천직을 위한 희생이었다. 그러자 베토벤이 동생들에게 권했던 하나의 프로젝트가 지평선 위에 떠오른다. 바로 아이들에게 덕성을 교육하는 것이다. 베토벤은 조카 카를을 대상으로 모든 힘을 동원하여 직접 교육하려 한다. 이것의 의미를 베토벤은 후견권을 얻기 위한 분쟁에서 첫 승리를 거둔 후 1816년 1월 21일 친구 니콜라우스 폰 츠메스칼에게 밝힌다.

> 나는 그러니까 이 사랑스러운 조카로 모든 나의 적들과 친구들에게 나보다 나은 사람을 보여 줄 것이다.[279]

같은 시기 일기에는 이렇게 썼다.

> 너는 K(카를)를 너의 친자식으로 생각해라. 이 신성한 목적 외에는, 모든 헛소리와 사소한 일에는 신경 쓰지 마라. 너에게 지금 상태는 가혹하나 저 위에 그분이 계신다. 그분이 없으면 아무것도 없다.[280]

더할 나위 없이 분명한 말이다. 베토벤은 친구들과 적들의 눈앞에 자기 자신보다 '더 나은 베토벤'을 만들어 내려 했다. 예술적 성공을 통해서도 얻지 못한 그리고 여성과의 관계에서도 허락되지 않은 것을 신성한 작품인 '조카 프로젝트'를 통해 얻어내야 했다. 어쩌면 베토벤에게는 자신의 아버지보다 더 나은 아버지임을 증명해 보이고 싶은 욕구도 있었을 것이다. 그러나 이런 동인과는 무관하게 '조카 프로젝트'에는 새로운 형식의 소명 의식이 지배하고 있었다.

이 소명 의식이 얼마나 예술적 소명 의식의 자리를 차지하고 있었는지 알게 된다면 오늘날 작곡가 베토벤에 관심 있는 사람은 아마 깜짝 놀랄 것이다. 지금까지 연구 결과로 보면 대략 1813년에서 1818년까지 5년은 베토벤의 잠재기 혹은 위기라고까지 말하는 매우 비생산적 시기이다. 조카를 놓고 벌인 분쟁 때문에 베토벤에게는 작곡할 여력이 없었다고들 한다. 그에 반해 나는 음악 비평가 파울 베커에 의해 처음 제기된 테제[281]를 지지한다. 베커는 베토벤이 창작이 막히기 시작하자

삶의 위기와 신앙심 그리고 예술이라는 종교

바로 조카에 대한 이 교육 '작업'을 시작한 것이라고 말한다.

이 새로운 영역에서 베토벤의 활동 동기를 증명할 필요는 없다고 생각한다. 베토벤은 조카의 교육을 빈에서 멀리 떨어진 란츠후트에 있는 미하엘 자일러에게 맡기려(184쪽 참조) 집요하게 싸웠는데 이는 그에게 사람이 문제가 아니었다는 사실을 증명해 준다. 그러므로 베토벤이 조카와 잠재적 동성애 관계에 있었다[282] 거나 카를의 엄마 요한나 판 베토벤Johanna van Beethoven에게 성적 색채를 띤 애증을 품고 있었다[283]는 가설도 불필요한 것이다. 주요 동기는 말했다시피 분명히 드러나 있다. 베토벤은 인간들에게 인내자이자 구원자인 이중의 역할로 다가가려 했다. 그래서 베토벤은 예술로도 부부애로도 실현될 수 없었던 이중의 역할을 위해 그 시기에 아이 양육이 필요했다.

베토벤이 양육이라니 오늘날 관점에서 보면 소름이 끼친다. 당시의 지배적인 교육 이념을 감해도 이해하기 힘든 일이지만, 아버지의 교육으로 인한 심한 트라우마를 겪었고 '폭력'으로 모든 것을 해결하려 한 베토벤이라는 인물을 전제로 하면 더욱 받아들이기 어려운 문제다. 1815년 카를(당시 아홉 살)의 아버지가 사망한 후 카를의 모친과 큰아버지는 후견권을 다투는 소송을 5년 동안 이어 간다. 분쟁은 그야말로 이전투구로 발전한다. 모친은 횡령으로 징역형을 선고받으며 비윤리적인 생활 방식으로 비난받고 큰아버지는 불안정한 생계와 청력 상실로 보호자 자격을 의심받게 된다. 이 시기 교육 기관에서 지내던 카를은 큰아버지 베토벤이 그토록 갈라놓고 싶어 하는 엄마로부터 수차례 도망친다. 친부 역할을 하고 싶어 했던 큰아버지는 법정에서 카를의 모친을 심하게 욕하는 한편 자신의 신성한 교육의 권리를 주장했다. 앞서 언급했듯이 베토벤은, 아들 알렉산더의 교육을 직접 주관한 마케도니아의 필립 왕의 선례를 따라 자신도 '아들'의 교육을 주도하려고 한다.

조카는 단순한 대상물로 높은, 때로는 너무 높은 기대에 직면하게 된다. 무엇보다 베토벤은 조카를 훌륭한 피아니스트로 키우고 싶어 했다. 화가 카를 프리드리히 아우구스트 폰 클뢰버Carl Friedrich August von Kloeber는 1818년 방문해 목격한 일을 기억했다. 베토벤은 초상화를 위해 앉아 있으면서 내내 조카의 피아노 연주를 감시했다. 베토벤은 "듣지 못하는데도 연습하는 조카의 모든 실수를 알아챘고 틀린 곳을 반복시키는 것 외에도 여러 가지를 교정했다."[284]

'아버지'는 끊임없이 '아들'에게 죄의식을 불러일으켰고 공부를 비롯한 생활 태도를 감시했다. 자신의 기분에 따라 칭찬을 했다가 혼을 내기도 했으며 이 모든 것에도 불구하고 최상을 원했다. 베토벤이 1824년 10월 6일 빈 근처 바덴에 있는 지인 토비아스 하스링거Tobias Haslinger에게 보낸 편지에는 극도로 흥분한 모습이 보인다.

간절히 부탁드립니다. 즉시 우리가 이사하는 요하네스가세에 있는 집으로 가서 카를이 어제, 오늘 거기서 잤는지 물어봐 주십시오. 그리고 그 아이가 집에 있으면 이 쪽지를 즉시 건네주십시오. 카를에게 전달하도록 가정부 알다에게 맡기지 말고요. 어제부터 카를은 가정부와 함께 여기를 떠나서 오늘 저녁까지 돌아오지 않고 있습니다. 말하지도 읽지도 쓰지도 못하는 사람과 함께 있고, 집 밖에선 식사를 할 수 없습니다. 빈에 있을 때도 카를을 데리고 와야만 했던 적이 있습니다. 그는 한번 눌러앉으면 데리고 오기가 어렵습니다. 무엇이 가능한지 내게 바로 연락을 주십시오. 여기서 며칠 더 조용히 보내고 싶지만 안타깝게도 그 아이 때문에 다시 시내로 들어가야 할 것 같습니다. 그리고 다른 사람은 모르게 해 주시길 부탁드립니다. 그 아이 때문에 내가 무슨 일을 견뎌야 했는지 하느님이 내 증인입니다. 요하네스가세의 집사에게서 정보를 얻을 수 없다면 내가 살던 란트스트라세로 사람을 보내서 거기서 집사에게 니메츠 부인이 어디 사는지 물어보세요. 그래서 알다에게 카를의 행방을 알아보고 즉시 이리로 보내 주세요.[285]

이 이틀 전에 카를은 18세가 되었다. 이 시기에 카를은 외견상 비교적 평화롭게 큰아버지와 함께 살면서 대학에서 고전학을 공부했다. 그 전 학교들에서는 대체로 좋은 성적을 받았지만 고전학 공부에서는 어려움을 겪었다. 베토벤은 카를을 비서이자 모든 일을 담당하는 집사처럼 부리며 항상 이 청년의 일상에 개입했다. 심지어 비도덕적인 것에서 지켜 준다고 파티에까지 따라갔다. 그럼에도 베토벤은 조카를 희생물로 만들고 있다고 생각하기보다 오히려 자신이 희생하고 있다고 믿었다. 몇 해 전 베토벤은 일기에 다음과 같은 고백을 했다.

오 신이여 저는 드디어 이루었습니다. 미망인에게 상처를 주지 않고 가능했다면 좋았겠지만 그것은 제 탓이 아닙니다. 오 전능하신 분이여 제 마음을 보소서 (…) 제 안식처 제 바위, 오 제 모든 것. 당신은 제 마음을 들여다보십니다. 그리고 아십니다, 제 소중한 카를을 위한 좋은 일을 할 때 누군가 고통받게 해야만 한다는 사실이 제 마음을 얼마나 아프게 했는지!!! 오 언제나 이름을 부를 수 없는 분이여 제 말을 들으소서, 당신의 불행한, 죽는 이들 중 가장 불행한 자의 말을![286]

여기서 베토벤은 제수씨에 대한 양심의 가책에 사로잡힌다. 하지만 이는 자신의 위대한 교육 작품이자 삶의 작품 중 중요한 일부가 실패할지도 모른다는 끊임없는 걱정에 비하면 부차적인 문제다. 그래서 하스링거에게 보낸 편지에서 보이듯 교육에 문제가 있을 수 있다는 사실이 밖으로 알려지면 안 되는 것이다!

베토벤은 1824년 정말 놀라운 방식으로 다시금 작곡의 실마리를 찾았고 후기 작품으로의 길을 걸어갔다. 후기 피아노 소나타들을 작곡했고 교향곡 9번과 《장엄 미사》의 일부를 공연했으며 후기 현악 4중주들을 준비했다. 이에 반해 교육 프로젝트는 거의 실패 직전에 있었다. 1826년 7월 30일 카를은 권총 자살을 시도했지만 머리에 위험하지 않은 상처만 남겼다. 경찰 심문에서 카를은 진술했다. "큰아버지가 항상 제가 더 잘되기를 바랐기 때문에 저는 더 나쁘게 되었습니다."[287] 당시 측근 카를 홀츠에게서 베토벤은 가차 없는 전언을 듣는다. "카를은 당신의 포로였다는 것 말고는 다른 이유를 들지 않았습니다."[288]

심한 충격을 받은 베토벤은 조카를 이글라우에 있는 군대에 보내게 된다. 조카는 군복무를 마치고 결혼을 해서 다섯 자녀를 두고 1858년 죽을 때까지 큰아버지로부터 물려받은 유산으로 눈에 띄지 않는 개인의 삶을 산다.

우리는 오랫동안 지속한 베토벤의 조카 교육에 대한 집착에서 어떤 미덕을 끌어내야 할까? 메이너드 솔로몬처럼 베토벤이 '성공적으로 영혼과 창작의 새로운 균형'을 얻을 수 있었던 '수단'[289]으로 이해해야 할까? 그건 모든 인간이 '영원의 관점에서' 최선을 다해 봉사하고 봉사해야만 한다는 천재에 관한 너무 거창한 이야기처럼 들린다. 우리는 '조카가 없었으면 이 큰아버지는 어떻게 됐을까? 그리고 큰아버지 없는 조카는 어떻게 됐을까?'라는 질문은 안심하고 그대로 놔두어도 된다. 우리에게 베토벤의 마지막 창작 시기는 그것만으로도 충분히 인상 깊은 것이기 때문이다.

말년의 카를 판 베토벤(연대 미상)

불멸의 연인들

순서대로 오제피네 폰 다임, 안토니 브렌타노, 줄리에타 구이차르디, 테레제 말파티다. "나의 천사, 나의 모든 것, 나의 또 다른 나"로 시작하는 편지의 주인공과 관련해 숱한 후보가 난무해 왔으나 각종 연구 결과 현재는 요제피네와 안토니 두 사람으로 압축되었다.

15

불멸의 연인

"할 수 있는 한에서 당신의 행복에 이바지하고 싶어요.
하지만 나쁘게 생각하지 말아 주세요. 만일 제가 ….."

　　문필가나 시나리오작가뿐 아니라 진지한 학자들까지 이 '불멸의 연인'이 누구인지 알아내려고 쏟은 창작의 열정을 생각하면 놀랍고 당황스러울 정도다. 베토벤은 1812년 7월 6/7일 보헤미아 휴양지 테플리츠에서 "나의 천사, 나의 모든 것, 나의 또 다른 나"로 시작하는 편지를 이 '불멸의 연인'에게 썼다. 원본이 베토벤 유고에서 발견됐으니 이 편지가 수신자에게 전달되지 않았으리라고 충분히 짐작할 수 있다. 그런데 이 '천사'가 요제피네 폰 다임Josephine von Deym(요제피네 폰 브룬스비크)인지 안토니 브렌타노인지(이 두 사람은 금세 수십 명으로 불어나는 후보 중 가장 강력한 후보다) 정확히 밝혀진다 한들 대체 무엇을 얻을 수 있다는 말인가? 아마 우리는 이렇게 드러난 '관계'에 대해 계속 수수께끼를 풀어야만 할 것이다. 편지만 보고 정열적인 만남에서 육체적인 결합까지 결론을 내릴 수 있을까? 아니면 상대방은 별로 극적이라고 생각하지 않았을지도 모르는 프라하에서의 이 만남을 베토벤 혼자 운명의 '그' 만남이라고 미화했던 건 아닐까? 베토벤이 그런 만남을 그토록 갈망했기에 예술에서 흔히 있는 상상을 현실로 뒤바꾼 이야기는 아닐까?

'천사'는 '베토벤 신화'의 제국에 놓아두고 대신 우리는 이 편지의 핵심이 뭔지 묻기로 하자. 일단 네 가지가 눈에 들어온다. 사랑의 갈망과 신에 대한 순종, 자연 체험의 해방적인 힘, 체념이다. 베토벤은 온 정성을 다해서 이 '불멸의 연인'에게 다가가려고 한다. "나는 당신과 함께 살든지 아니면 완전히 당신 없이 살든지 둘 중 하나만 생각합니다. 그래요. 나는 당신의 팔 안으로 날아들어 당신 품이 내 고향이라고 말할 수 있을 때까지 먼 곳을 방황할 것입니다." 그리고 이어진다. "다른 누구도 내 마음을 사로잡을 수는 없습니다." 이런 말의 종교적 함의는 분명하다. 베토벤은 그의 사랑에서 "인간의 신성함"과 "진정한 하늘의 건축물"을 본다. 그러나 더 자세히 언급되지 않는 난관이 있다. '상황'이 지속적인 관계를 허락하지 않는다. "당신의 사랑이 나를 가장 행복하고도 가장 불행한 사람으로 만듭니다." 현실은 곧바로 거리를 두고 희생하고 체념하라고 한다. "우리 존재를 침착하게 들여다보는 것", "아름다운 자연"에서 활력을 얻는 것 그리고 마지막으로 "우주와의 관계에서 겸손해지는 것"이 필요하다. "희생 없이 모든 것에 대가를 치르지 않고 우리 사랑이 지속될 수 있을까요?"[290]

열정적인 표현이 10년 전 '하일리겐슈타트 유서'보다 더 즉흥적으로 보여도 사랑의 갈망과 신에 대한 순종, 자연 체험의 해방적인 힘, 체념이라는 삶의 주제적 측면에서는 동일한 구조를 보인다. 게다가 보헤미안 휴양지에서 이런 충격적 만남에 이어 바로 다음 해에 베토벤이 조카 쟁탈전을 시작했다는 사실은 우연으로 보기 어려울 것이다. 이미 여러 번 인용한 일기인데, 베토벤은 바로 그 전에 "순종, 운명에 진심 어린 순종을 하기"라고 일기를 시작하면서 즉흥적으로 "이런 식으로는 A와의 모든 일이 파멸된다"라고 덧붙였던 바가 있다.[291]

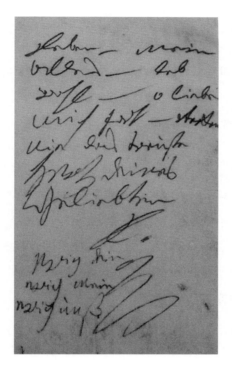

베토벤 유고에서 발견된 불멸의 여인을 향한 편지 중 일부다. 편지는 수신인이 빠진 채 열렬하도 간절한 사랑 고백을 담고 있어 그 수신인이 누구냐의 문제는 100년도 넘게 이어지며 현재도 진행 중이다.

다시 수수께끼다. 이 A조차도 확실하지 않다. 지금은 대부분 소실된 원본을 필사한 사람이 잘못 읽었을 수도 있기 때문이다. 여기서 우리는 이 작곡가를 전기적으로 실증, 추적할 수 없다는 것을 어렴풋이 느낀다. 베토벤의 의도였든 아니면 운명의 장난이었든 우리는 늘 똑같은 구조를 맞닥뜨린다. 그에 반해 사랑과 욕망의 부침을 갖는 세속적 '일상'은 늘 관대하다.

이런 일상이 대체 있기는 한가? 적어도 빈 초기 시절 여자들을 능숙하게 대하는 베토벤의 이미지라는 게 맞기는 한 걸까? 페르디난트 리스는 다음과 같이 기억한다.

(베토벤은) 여자들, 특히 아름답고 젊은 여자들을 보는 걸 무척 즐겼다. 매력적인 여자가 지나가면 늘 돌아서서 외눈 안경 너머로 한 번 더 봤다. 그러다 여자와 눈이 마주치면 웃거나 미소를 보였다. 베토벤은 쉽게 사랑에 빠졌지만 대부분 오래 가지 않았다. 한번은 내가 예쁜 여성의 마음을 정복하려 애쓰는 베토벤을 놀리자 그는 그 여성이 자신을 일곱 달 동안이나 사로잡아 열과 성의를 다했다고 털어놓았다.[292]

베토벤의 친구 베겔러는 이렇게 거든다.

빈에서 적어도 내가 거기 살고 있던 동안 베토벤은 항상 연애를 했고, 때로는 경쟁자가 아도니스 같아 성공이 어려워 보이기도 했다.[293]

베겔러의 회상은 하필이면 베토벤이 가수 마그달레나 빌만Magdalena Willmann에게 못생기고 너무 극단적이라며 거절당한 시기와 겹친다. 게다가 우리는 과연 베토벤이 도덕적으로 아무 문제가 없는 원칙에 따라 결혼을 전제로 하는 그런 일탈을 할 수나 있었는지 의심할 수도 있다.

베토벤은 창녀를 찾았고 그 후에 후회했던가? 메이너드 솔로몬은 다음과 같은 기록을 보고 그렇게 추론한다.

영혼의 결합이 없는 육체적 쾌락은 동물적이고 앞으로도 그럴 것이다. 그런 일을 하면 고귀한 감정 따위는 전혀 느낄 수 없고 오히려 후회만 남는다.[294]

그러나 1812~1818년 일기의 문맥을 보면 이는 창녀와 관련된 기록이 아닌 책을 읽은 감상이라는 사실이 분명해진다. 이 기록은 자신의 원칙을 강조한 것일 수도 있다. 그리고 이 원칙의 핵심은 타인, 이를테면 제수씨 요한나나 일찍부터 이런 생각을 주입하려 했던 조카 카를을 향한 것인지도 모른다.

젊은 시절부터 베토벤은 도덕적으로 엄격한 성향이 있었다. 동생들도 이런 성향을 알고 있었다. 베토벤은 1796년 동생 니콜라우스 요한에게 분명히 충고한다. "못된 여자들을 조심해라."[295] 이미 첫 조카 카를이 태어나고도 한참 후인 1823년에도 베토벤은 동생 카스파어 안톤 카를이 경솔해 보이는 여자와 결혼한 것을 용서할 수가 없었는지 이런 말을 남긴다. "동생의 결혼은 그의 비도덕성과 비이성을 증명한다."[296]

1807년 피아니스트 마리 비고Marie Bigot와의 친교가 빈 사교계에서 오해를 받자 베토벤은 그 부부에게 황급히 두 통의 편지를 써서 해명하고 사과한다. "다른 사람의 부인과는 절대로 우정 이외의 어떤 관계도 맺지 않는다는 것이 저의 철칙입니다." 그리고 계속한다. "그들은 나를 절대로, 절대로 비도덕적이라고 생각하지 않을 것입니다. 어려서부터 저는 도덕과 선하고 아름다운 모든 것을 사랑하는 법을 배웠습니다."[297]

베토벤이 실제 삶에서 얼마만큼 이 원칙을 지켰는지 우리는 모른다. 베토벤은 승낙을 전혀 확신할 수 없는데도 여자들에게 공식적으로 청혼을 하는가 하면 기록에 따르면 억측의 여지가 있는 만남도 있었다. 1801년 줄리에타 구이차르디Giulietta Guicciardi와의 교제는 후자에 해당한다. 베토벤은 구이차르디에게 피아노를 가르쳤다. 남아 있는 집안 편지에 따르면[298] 구이차르디는 훗날 〈월광〉 소나타로 불리는 피아노 소나타 c샤프단조 op.27-2를 헌정받았을 뿐 아니라 얼마간 관심 있게 베토벤의 구애를 받아들였다. 그러나 결혼은 발레 음악 작곡가로 이름을 날린 한 살도 채 많지 않은 벤첼 로베르트 폰 갈렌베르크Wenzel Robert von Gallenberg 백작과 했다.

20년이 지난 후에 베토벤은 안톤 쉰들러와의 대화를 통해 당시 구이차르디와의 일을 회고한다. 베토벤은 비밀스러운 이야기를 할 때 쓰는 프랑스어로 서툰 문장들을 대화 수첩에 적어 놓았다. 이를 보면 베토벤이 얼마나 상처를 받았는지 그리고 이를 극복하기 위해 얼마나 자신을 미화했는지 알 수 있다. 뜻이 통하게 번역하면 이렇다.

나는 그녀가 남편에게 그랬던 것보다 더 그녀에게 사랑받았다네. 그럼에도 그녀의 연인은 내가 아닌 그였지. 나는 그녀를 통해서 그가 가난하다는 걸 알게 되었어. 한 부자에게 그를 돕기 위해 500굴덴을 얻어 주었지. 그는 항상 내 적이었어. 내가 항상 그에게 선행을 베풀었던 것은 그런 이유에서야.[299]

계속되는 대화 수첩에는 나중에 구이차르디가 울면서 자신을 찾아왔지만 자신이 무시했다고 한다.

우리는 이 후일의 기록에서 허구와 진실을 구별할 수 없지만 베토벤의 못생긴 외모와 불량한 차림새를 말하는 일부 여성들의 이야기만으로 여성들에 대한 그의 영향력을 과소평가해서는 안 된다. 프란츠 그릴파르처의 기억에 의하면 베토벤은 "세심하고 우아한 차림이었다. 아무렇게나 입고 거의 추한 지경에 이르게 된 것은 나중의 일이었다."[300] 카를 체르니도 비슷한 이야기를 전한다. "(1810년경까지) 젊은 시절 베토벤의 옷차림은 우아했고 태도는 신사 같았다. 점차 청력이 악화함에 따라 차림새에 신경을 쓰지 않게 되었다."[301]

1808년경 루트비히 슈노르 폰 카롤스펠트Ludwig Schnorr von Carolsfeld가 그린 연필 초상화는 서른여덟 베토벤의 모습이다. 초상화 속 베토벤은 우아하고 상당히 젊어 보인다. 잘 알려진 마틴 테책Martin Tejček과 요한 네포묵 호흘레Johann Nepomuk Hoechle의 소묘는 나중에 나온 것이지만 베토벤이 빈 초기와 중기 시절 어떻게 '보였는지' 알려 준다. 마틴 테책의 소묘는 한껏 차려입고 세계를 향해 열린 모습이다. 요한 네포묵 호흘레의 그림은 거부하는 몸짓으로 빗속을 뚫고 걸어가는 모습이다. 카를이 다니던 학교 교장의 딸인 파니 잔나티오 델 리오Fanny Giannattasio del Rio의 일기를 보면 베토벤은 1816년에서 1818년까지 잔나티오 델 리오 집안과 정기적으로 왕래했다. 당시 26~28세였던 파니의 일기는 베토벤에 대한 존경을 넘어 숭배를 보여 준다. 파니의 일기 속 베토벤은 우리가 아는 언짢은 듯 무뚝뚝한 절망한 모습이 아니다. 우리가 으레 상상하는 후기 베토벤의 모습이 잘못된 것임을 증명해 주는 것이다. 물론 잔나티오 델 리오 집안은 항상 베토벤의 돌발 행동으로 괴로움을 겪긴 했다. 하지만 1816년 4월 20일 일기에는 다음 같은 구절이 있다.

저녁에 우리가 사랑하는 베토벤이 왔다. 그는 아주 즐겁고 기분이 좋아 보였다. 그렇지만 말을 많이 나누지는 않았다. 그의 짓궂은 성격, 사소하고 재

순서대로 루트비히 슈노르 폰 카롤스펠트(1808), 마틴 테첵(1823), 요한 네포묵 호흘레
(1823)의 베토벤 초상이다. 특히 호흘레의 소묘는 아무리 비가 와도 산책을 즐기는 베토
벤을 소개하는 글과 함께 한 슈투트가르트 일간지에 실린 것이다.

치 있는 돌발 행동은 인간으로서나 음악 시인으로서 매우 독창적이다.[302]

그러나 요제피네 브룬스비크와의 관계에 견주면 이 모든 게 무슨 의미란 말인가! 물론 자세한 내막은 어둠에 싸여 있다. 브룬스비크 집안이 테레제와 요제피네 자매와 베토벤과의 관계에 대해 어떤 사소한 일도 외부에 알려지지 않도록 수세대 동안 힘썼기 때문이다. 1957년이 되어서야 베토벤 연구자 요제프 슈미트 괴르크에 의해 베토벤이 요제피네에게 보내는 13통의 편지와 1804~1808년에 요제피네가 쓴 4통의 편지 초안이 대중에 공개되었다. 덕분에 이 시기 베토벤의 구애가 얼마나 집중적이고 집요했는지 밝혀졌다.

브룬스비크 가문은 구이치아르디 가문과 친척 관계였고 헝가리에 영지를 갖고 있었다. 1799년 브룬스비크의 미망인인 어머니는 자식들과 함께 몇 주간 빈으로 여행을 떠난다. 자녀들을 사교계에 소개하고 좋은 집안과의 혼사를 위해서였다. 테레제와 요제피네는 곧 베토벤에게 피아노를 배우게 된다. 베토벤은 흔쾌히 집으로 왔고 흔히 12시부터 오후 5시까지 머물렀고 "들어 올려 펼치고 평평히 펴라고 배운 손가락을 내리누르고 구부리는 데 지칠 줄을 몰랐다."[303] 밀러의 화랑을 방문했을 때 브룬스비크 집안은 화랑 소유주 요제프 폰 다임Joseph von Deym 백작과 친분을 맺게 되었고 곧 요제피네에게 청혼하기에 이른다. 20세의 요제피네는 47세의 "이 낯선 늙은 남자"[304]에 전혀 관심이 없었지만 어머니에게 결혼을 설득당한다. 다임 백작이 경제적 어려움을 겪고 있다는 사실이 알려지자 어머니는 대로한다. 그러나 딸은 결혼 생활에서 점점 긍정적인 측면을 발견했다. 베토벤은 호의를 가지고 다임과 브룬스비크 집안과 정기적으로 교류한다. 요제피네는 1800년 12월 10일에 열린 가정 음악회에 대해 말한다.

베토벤은 첼로 소나타를 연주했고 나는 세 개의 바이올린 소나타 중 마지막 곡(op.12-3)을 슈판치히 반주로 연주했다. 다른 모든 사람처럼 슈판치히는 너무 훌륭했다. 그리고 정말 천사 같은 베토벤은 우리에게 아직 완성되지 않은 새로운 현악 4중주곡(op.18)을 들려주었는데 최고였다.[305]

다임 백작이 1804년 1월 폐렴으로 죽고 난 후 베토벤은 매력적인 미망인에게 점점 더 높은 강도로 구애했다. 네 아이를 둔 약한 여성을 돕는다는 생각이 구애할 때 그의 욕구를 정당화시켜 주었을지도 모르겠다. 이 시기에 베토벤이 오페라 《피델리오》를 작업하고 있었던 것은 그야말로 상징적 가치를 갖는다. 《피델리오》에서는 희생의 관점에서 '부부의 사랑을 찬양하는 노래'가 울려 퍼진다. 브룬스비크 가문에서는 이 결합이 가능한지 그리고 의미가 있는지 논의한다. 1805년 1월 20일 테레제는 동생 샤를로테에게 편지를 쓴다.

도대체 페피(요제피네)와 베토벤이라니, 어떻게 되려고 그러지? 그녀한테 조심하라고 해! 두 사람과 관련해서 너는 피아노 악보 가사 아래 밑줄을 그어 놓았지. 그녀의 마음이 거절할 힘을 가져야 해. 세상에서 가장 슬픈 의무는 아니지만 슬픈 의무라고![306]

무엇이 요제피네로 하여금 그런 슬픈 의무를 강제했는가? 신분의 차이인가? 베토벤과 결혼하면 아이들의 적절한 교육과 사회적 성공이 충분히 보장되지 못할 것이라는 생각 때문인가? 요제피네는 베토벤에게 보낼 편지 초안에서 암시에 머무른다.

당신의 요구를 들어주려면 저는 신성한 결속을 깨뜨려야 합니다. 믿어 주세요. 제 의무를 다해야 하므로 가장 고통받고 있는 것은 저입니다. 그리고 저의 행동은 분명 고귀한 동기를 따르고 있는 것입니다.[307]

훗날 다른 편지 초안은 결정적인 곳에서 중단된다.

저는 당신을 사랑해요. 그리고 당신의 도덕성도 높이 평가해요. 당신은 저와 아이들에게 많은 사랑과 호의를 보여 주었지요. 영원히 잊지 못할 거예요. 그리고 살아 있는 동안 저는 항상 당신의 운명에서 한 부분이라도 함께 하고 싶어요. 그리고 제가 할 수 있는 한에서 당신의 행복에 이바지하고 싶어요. 하지만 나쁘게 생각하지 말아 주세요. 만일 제가 ….[308]

요제피네는 베토벤과의 긴밀한 관계가 밖으로 새나가지 않도록 조심한다.

그렇다면 적어도 베토벤은 확신에 찬 심정으로 쓴 편지처럼 이 "사랑스러운 사랑하는 오직 한 사람" 요제피네, "하나뿐인 친구"이며 "하나뿐인 연인"[309]과의 결혼을 믿었는가? 1805년 초 베토벤이 "우리 사랑이 오래, 오래 지속하기를 …. 소중한 우리의 사랑은 존경과 우정에 기초한다"[310]라고 쓸 당시 이는 무슨 의미였을까? 이는 일상의 행복과 육체적 충족을 서둘러 체념한 듯한 인상을 주지는 않는가?

같은 편지에서 베토벤은 요제피네에게 노래 〈희망에 붙여An die Hoffnung op.32〉를 (비공식적으로) 헌정한 일을 하찮은 것으로 무마하고 있다. 그가 얼마나 열렬한 갈망으로 이 노래를 그녀에게 헌정했는지는 온 세상이 다 짐작하는 사실이었다. 1805년 초《피델리오》2막 작업을 할 때 작곡한 이 노래의 마지막 연은 베토벤의 심정을 오롯이 말해 준다. 운명에 낙인찍힌 사람은 저승에서야 비로소 행복이 보장된다.

운명을 한탄하기 위해 눈을 들어 올려다보면 마지막 햇살이 그의 날들을 비추며 사라질 때, 지상의 꿈 주위 가까운 태양에 비친 구름 언저리가 빛나는 것을 보게 하라!

1807년 가을 베토벤의 편지에서 요제피네가 그의 방문을 더 이상 허락하지 않았음을 추측할 수 있다. 그녀는 계속 우정을 유지하며 그의 근황에 관심을 두기는 한다. 그러나 전하는 자료에 따르면 베토벤 편에서 거리를 두고 서신 교환을 끊은 것 같다. 요제피네는 1810년 초 에스트니아 출신 크리스토프 폰 슈타켈베르크Christoph von Stackelberg 남작과 결혼한다. 그녀가 아이들의 교육을 위해 교육자 요한 하인리히 페스탈로치Johann Heinrich Pestalozzi가 운영하던 학교를 알아보던 중 알게 된 남작은 미래 아이들의 양육자로 이상적인 사람이었다.

베토벤이 이 시기에 '확고한' 결혼 결심을 했다는 것은 우연이 아닐지도 모른다. 베토벤은 고향 프라이부르크에 있는 친구 이그나츠 폰 글라이헨슈타인Ignaz von Gleichenstein에게 편지를 쓴다.

자네가 지금 있는 F.(프라이부르크)에서 혹시 나의 화성악에 가끔 한숨을 쉴 수 있는 아름다운 여인을 찾을 수 있는지 좀 살펴봐 주게.[311]

농담이거나 냉소적으로 들릴 수도 있다. 하지만 베토벤은 1810년 초 당시 19세이던 테레제 말파티Therese Malfatti에게 정말 진지하게 청혼한다. 테레제는 베토벤의 주치의 요한 말파티Johann Malfatti의 사촌 조카였다. 이 의사는 베토벤에 대해 이렇게 말한다. "그는 알 수 없는 인간이다. 그런데 정말 위대한 천재일 수 있다."[312] 베토벤은 글라이헨슈타인에게 "셔츠를 위한 아마포나 뱅갈산 면화 그리고 최소한 반 다스 정도의 머플러"313를 부탁하고 양복을 맞추고 친구 니콜라우스 츠메스칼에게 깨진 거울을 대신할 다른 거울을 빌린다.314 베겔러에게는 세례 증명서를 보내 달라고 부탁했는데 결혼에 필요한 서류를 갖추려 했던 것 같다. 그러나 결혼에 이르지는 못한다. 베토벤은 거절당한다.

베토벤이 놀랐을까? 이미 1807년 빈 근처 바덴에서 "M.이 지나갈 때 그리고 나를 보는 것 같았을 때" 그에게는 한숨이 새어 나왔었다. "오직 사랑스러운 그녀만이 너에게 더 행복한 삶을 안겨 줄 수 있다. 오 신이여, 이젠 제발 내게 덕성을 강화해 줄, 내 사람이 되기를 '허락하는' 그런 여자를 찾을 수 있게 하소서."315 항상 장애물이 있다. 이 경우에는 마차를 타고 지나가는 여인의 신분일 수 있겠다. 이 'M'은 누구인가? 우리는 알 수 없으며 알 필요도 없다. 이 대문자 M은 성공한 연애의 운명적 결핍에 대한 암호다. 베토벤에게 한숨이 '새어 나왔다'는 것은 일종의 완곡어법이다. 실제로 베토벤은 그 한숨을 (마치 음악적 영감이기라도 하다는 듯) 한 입장권 위에 메모해 놓았다. 그리고 그러한 즉흥적인 느낌을 불러일으킬 뿐만 아니라 특정한 기대 틀을 위한 사례들을 수집하는 데 이바지하여 실연의 경험을 좀 더 쉽게 극복할 수 있게 해 준다고 시사했다.

'불멸의 연인'에게 보내는 편지도 이와 비슷한 구조를 따른다. 결혼하고 싶은 총각은 결국 본래부터 불행한 운명의 저주를 받은 구애자가 된다. 하이네의 〈사랑의 탄식Minneklage〉은 저주를 받은 구애자를 이렇게 노래한다.

나는 창백하게 되어 버렸네
나의 눈이 그녀를 본 이후로
남몰래 나는 괴로웠네

기적처럼 내게 일어났네 …

낯선 아픔, 낯선 고통이

마구 솟아오르네

그리고 내 애간장 안에는

낯선 불길이 나를 갉아먹네

1822년에 나온 이 시에 대한 지적은 다음과 같은 점을 분명히 해 줄 것이다. 오늘날 메이너드 솔로몬 같은 정신분석학 지지자들은 베토 벤에게 '관계 중독증'을 진단하는데 그에게 그렇게 성격상 불안정한 측 면만 있는 게 아니다. 베토벤은 오히려 '무한한 동경'이라는 낭만주의 토포스를 내면화하여 높은 신분의 많은 숙녀들에게 사랑받기도 했다. 다만 이 여성들 대부분이 '무한한 동경'과 실제 결혼을 구분할 줄 알았 다면 베토벤은 그러려고 하지도 않았고 하지도 못했으며 그래서 그 대 신에 조카와의 '관계 설정'으로 자신을 보호할 수밖에 없었다.

창작자의 관점에서 보면 여기에는 큰 차이점이 존재한다. 조카에 대 한 강박이 베토벤 작곡에 생산적 영향을 끼쳤다는 사실을 증명하려면 심리학적으로 깊게 파고 내려가야 하지만 이루어지지 못한 사랑의 '이 득'은 선명하게 보인다. 그것은 예술로 승화된다. 베토벤 자신도 분명히 그렇게 보고 있다. 이 말은 물론 '불멸의 연인'과 격정적인 만남 후 베 토벤의 작곡 방식이 근본적으로 바뀌었다는 의미가 아니다. 그보다 우 리는 그때까지 잠재적으로 혹은 창작의 부분적 요소로만 존재하던 영 감이 이제 새로이 정신을 가다듬는 시기를 거쳐 힘 있게 전면에 나서는 것을 관찰할 수 있다는 의미다.

전면에 나선 영감은 영웅적인 것에 대한 거부와 같은 비관의 측면 과 사랑의 동경, 자유로운 자연 체험, 신에 대한 순종, 체념과 같은 낙관의 측면으로 드러난다. 여기서는 이와 관련한 상세한 분석을 할 자리가 없다. 하지만 해당 시기 베토벤이 곡을 붙인 시나 선호하던 연주 지시어만 봐도 충분하다. 성악곡으로는 무엇보다 1816년 만들어진 연가 곡집《멀리 있는 연인에게An die ferne Geliebte op.98》를 생각할 수 있다. 알로이스 야이텔레스Alois Jeitteles가 쓴 이 시들은 분명히 자연 체험과 사랑의 동경이란 주제를 다루고 있지만 사랑이 아니라 단지 사랑에 대한 '동경'일 뿐이다. 베토벤은 거장다운 솜씨로 '연인'을 '멀리 있는' 사람으로 표현하지만 육화된 존재는 아니다. 이 '우아한 여성'을 보게 되는 것은 무엇보다 '저 꼭대기의 이 구름들'과 '유쾌하게 비행하는 새들'이다. 화자인 가수는 새들의 '비행'에 참여할 수 있는 것만으로도 행복하다고 말할 수 있다.

특징적인 연주 지시어는 '꽤 느리게 표현력 있게' 혹은 '너무 빠르지 않게, 편안하게 풍부한 느낌으로' 같은 것들이다. 노래를 '표현력 있게' 혹은 '풍부한 느낌으로' 부르는 것은 당연한 일일 것이다. 그러나 후기 베토벤의 작품에서 해당 지시어를 동어 반복하고 심지어 이탈리아어로 지시어를 보충하거나 대체해 버리기까지 하는 것은 "마음에서 다시금 마음으로 돌아가기를"의 모토와 관련이 있다. 이 모토는 요한 미하엘 자일러와 카를 판 베토벤, 불멸의 연인을 다룬 이 장의 제목인 "삶의 위기와 신앙심 그리고 예술이라는 종교"를 대신할 수도 있을 것이다. 베토벤은 예술이라는 길을 통해 사람들과의 소통을 바란다는 것을 글자 그대로 모든 수단을 동원해 알리고자 한다. 그가 '영웅적' 교향곡으로 인류에게 말을 걸었다면 이 시기부터는 개인 한 명 한 명에게 말을 건다. 그 개인이《장엄 미사》에서 공작이자 주교라고 해서 이상할 게 없다. 베토벤은 종교적인 문제에서 루돌프와 영혼의 친화력이 있다고 자기 맘대로 상상했기 때문이다. 그러나 여기서는 대략 1816년부터 작곡

된 가곡과 피아노 소나타 장르를 살피는 것이 우선이다. 이 장르는 내
밀한 감정을 표현할 뿐만 아니라 여성 음악가들의 전문 영역이었다. 빈
의 탁월한 피아니스트였고 베토벤이 아낀 도로테아 폰 에르트만을 생
각해 보라. 안톤 쉰들러의 증언에 의하면 에르트만은 "베토벤 작품 속
의 가장 은밀한 숨은 의도도 마치 눈앞에 써 있기라도 한 듯 정확하게
알아냈다."³¹⁶

하나뿐인 아들의 죽음으로 고통스러운 상실감에 빠진 에르트만 남
작 부인은 베토벤이 방문하기만을 하염없이 기다린다. 마침내 이 작곡
가가 나타나 그녀에게 음으로 이야기한다. 훗날 남작 부인은 조카에게
이렇게 회상했다.

> 말로 조의를 표하는 대신 베토벤은 말없이 인사하고 곧장 피아노 앞에 앉아
> 오래도록 판타지를 펼쳤단다. 누가 이 음악을 말로 표현할 수 있겠니! 내 아
> 이가 천국에 입장하는 것을 환영하는 천사들의 합창처럼 들렸지. 베토벤은
> 연주를 마치고 말없이 내 손을 잡아 주었어. 그 역시도 너무 벅차 말을 할
> 수 없었단다. 그러고는 사라졌어.³¹⁷

이런 베토벤의 모습이 1816년 후로 점점 더 전면에 나타난다. 자신
과의 대화일 뿐만 아니라 미지의 여인과 대화하는 듯한 피아노 소나타
에서 특히 그렇다. 이를 염두에 두고 피아노 앞에 앉은 베토벤을 떠올
려 보면 연주 지시어는 더욱 의미심장하다.

> 피아노 소나타 e단조 op.90 1악장: 생기 있게 항상 감정을 담아 풍부한 표
> 정으로
> 피아노 소나타 A장조 op.101 1악장: 약간 활발하게 아주 깊은 감정을 담아

첼로 소나타 D장조 op.102 - 2 2악장: 느리게 매우 사랑의 감정을 담아

피아노 소나타 B플랫장조 op.106 〈함머클라비어〉 3악장: 정열적으로 깊은 감정을 담아

피아노 소나타 E장조 op.109 3악장: 노래하듯 마음 깊은 곳으로부터 감정을 담아

피아노 소나타 A플랫장조 op.110 1악장: 보통 빠르기로 감정을 담아 노래하듯

피아노 소나타 c단조 op.111 2악장: 아리에타(짧은 아리아), 느리게 매우 간결하게 노래하듯이

피아노를 위한 11개의 바가텔 op.119 11곡: 순진무구하게 노래하듯이

〈봉헌가Opferlied op.121b〉 속에 '절하고 경건한 느낌으로' 내지는 '느리게 간절한 경건함으로' 같은 지시어는 이미 《장엄 미사》의 체험 세계로 이끈다.

1812년 베토벤의 전환기에서 그 후에 오는 작품의 음악적 구조와 관련해 좀 더 결론을 이끌어 내는 것이 의미가 있을까? 피아노 소나타 op.110을 예로 들어 살펴보자. '불멸의 연인'이 요제피네라고 주장하는 음악학자 마리 엘리자베트 텔렌바흐Marie-Elisabeth Tellenbach는 그 작품의 시작 프레이즈에 '사랑하는 요제핀'이란 탄식을 써 넣자는 제안을 한 바 있다.[318] 텔렌바흐의 주장은 증명할 수도 없고 한낱 헛된 주장으로 무시할 수도 없다. 베토벤이 (명백히 혹은 은밀히) 악보에 그런 말을 넣기도 했는데 무엇보다 피아노 소나타 E플랫장조 op.81a 〈고별Les Adieux〉의 시작 부분을 보면 잘 알 수 있다. 베토벤은 서주 첫 세 개음에 'Lebewohl(안녕히)'라는 말을 덧붙였다. 피아노 소나타 op.110에서는 서사적 진행이 텔렌바흐류의 해석에 일조한다. 1악장의 지시어 '모데라

토 칸타빌레 몰토 에스프레시보Moderato cantabile molto espressivo'와 첫마디 음표 아래 '콘 아마빌리타con amabilità(상냥하게)'와 같은 말은 이후 전체 작품으로 확장된다. 이 작품은 주제-모티프적 진행이 뛰어나지만 그 고된 작업보다는 명상적 선율에 의해 생명력을 얻는다. 형식 원칙에 따라 주제로 정의될 수 있는 것은 본래의 모토, 즉 한숨뿐이다. 그리고 이 제스처는 단순히 '소모'되기에는 상당히 개인적이다. 한숨의 제스처는 전개부에서조차도 주제-모티프적으로 변형되는 것이 아니라 매번 반복 인용되는데 이는 분명 현악 4중주 op.132 1악장의 탄식 모티프를 예감하게 하는 것이다.

음악학자 해리 골드슈미트의 견해에 의하면 이 모토는 '서정적 미뉴에트'의 유형에 속한다. 그 안에서 베토벤은 이상적으로 변용된 아름다운 여성성에 대한 자신의 생각을 서정적 '감정의 흐름'으로 형상화한다.[319] 그렇게 함으로써 베토벤은 놀랍게도 그전 작품인 피아노 소나타 op.109에서 멈췄던 곳에서 시작한다. 그 작품의 피날레는 말하자면 '노래하듯 마음 깊은 곳으로부터 감정을 담아' 연주해야 하는 동일한 성격의 주제에 대한 변주들로 이루어져 있다. 피아노 소나타 op.110 2악장에서 베토벤은 무뚝뚝한 스케르초 방식으로 그전에 감정 체험에 몰두했던 것을 다시 거둬들인다. 대신 3악장에서는 한숨이 터져 나온다. 이 음악의 이야기하는 듯한 성격은 더 이상 숨어 있는 모토에만 한

정되지 않고 오히려 표현력이 강한 레치타티보에서 모습을 드러낸다. 이 레치타티보는 '아리오소 도렌테Arioso dolente(애조를 띤 아리아풍으로)'의 '탄식의 노래'로 시작된다. 바흐의 《요한 수난곡》의 아리아 〈다 이루었도다〉와 〈반음계적 환상곡과 푸가〉에서 발견되는 슬픔의 제스처를 본따 작곡한 것이다.

피아노 소나타 op.110 3악장의 음울한 a플랫단조는 마지막 푸가의 장조 영역으로 넘어가면서 피아노 소나타 op.106 〈함머클라비어〉의 종장 푸가와는 달리 위안의 아름다운 화음을 뿜어낸다. 이 마지막 푸가는 작품의 문맥은 물론 개인사의 문맥에서도 해석할 수 있다. 이 주제는 시작 모토의 애원하는 제스처를 신뢰로 변화시킨다. 이제 '탈진한' 것처럼 연주해야 하는 비탄 후에 나오는 푸가 주제에 의한 전복은 모티프적으로 보면 당시 이미 작곡 중이었던 《장엄 미사》의 "저희에게 평화를 주소서"를 선취하고 있다. 동경의 한숨으로 시작된 1악장에서 3악장의 애절한 비탄에까지 이르면 다시 처음을 연상시키며 부드러운 체념으로 끝난다. 그렇게 소나타는 논리성과 피날레의 상승이라는 요구를 충족시키지만 결코 영웅적이지는 않다. 메시지는 승리가 아니라 순종이며 거기에 도달하는 길은 걷는 길이 아니라 고난의 길이다. 이 고난에 관해서 베토벤 숭배자이자 시인인 니콜라우스 레나우Nikolaus Lenau는 본인의 체험에서 말한다.

아무도 베토벤처럼 고통을 이해한 사람은 없었다. 라오콘에게 육체적 고통이 그에게는 영혼의 고통이다. 그는 자기의 뱀들을 우리 감성에 얹어 놓을 줄 안다. 우리가 그 압력에 눌려 신음할 만큼 (…) 베토벤은 흔히 밤에 일어나 피아노로 가서 떠오른 착상을 연주했고 몇 시간이고 방 안을 서성이다 쉬는 사이 다시 똑같은 연주를 했다. 아직도 고통의 깊은 바닥까지 다다르지 못했다. 베토벤은 이 고통의 마지막 문을 열려고 했고 그 문 뒤에는 절망 말고는 아무것도 없었다. 그러자 정말 멜로디는 본래 음악에서 부차적인 것이라는 게 드러났다. 요사이 베토벤의 현악 4중주 a단조를 들었을 때 나는 내적으로 파괴된 듯한 기분을 느꼈다. 다음 날 온 종일 나는 울 수도 있었다. 울고 싶기도 한 기분이고.[320]

앞서 언급했듯이 현악 4중주 a단조 op.132에서는 고통만 말을 하는 게 아니라 희망도 말을 한다. 두 요소는 한 묶음이다. 이는 예술가 베토벤의 성숙한 창작에서만이 아니라 생애 드라마에서도 그렇다. '베토벤'이라는 담론은 다양한 측면에서 삶과 작품은 분리할 수도 없고 임의로 연관 지을 수도 없음을 보여 준다. 관음적인 방식도 상상력이 없는 방식도 아닌 생산적인 방식으로 스스로 새로운 의미를 창조하는 일은 로베르트 슈만이 말한 "재창조하는 청자"[321]의 몫이다. 이 길을 시인들이 앞서 걷는다. 우리는 비판적 사고를 하며 그들의 뒤를 편안하게 따라가면 된다.

환상성

윌리엄 셰익스피어 William Shakespeare(1564~1616)

셰익스피어는 세계 연극사상 최고의 극작가이자 영국 문학사를 장식하는 대시인이다. 엘리자베스 1세가
통치하던 16세기 중반 영국 남부의 작은 마을 스트래트퍼드어폰에이번에서 태어나 37편의 희곡과 2편의
장시, 54편의 소네트를 남겼다.

16

윌리엄 셰익스피어

"셰익스피어라는 비유는 환상성의 약속된 땅으로 들어가는
일종의 다리일 수 있다."

"셰익스피어와 베토벤은 공존한다. 가장 대담하고 미친 생각." 더 이상의 아무런 설명도 없이 프리드리히 니체의 1874년 미완성 유고에는 저 문장만 덩그러니 적혀 있다.[322]

반세기 전 베토벤이 "그냥 셰익스피어의 《템페스트》를 읽으세요"라고 말한 사실을 이 철학자는 알 리 없었다. 베토벤은 제자 안톤 쉰들러가 피아노 소나타 op.31-2와 op.57을 이해하기 위한 '열쇠'가 무엇인지 물었을 때[323] 이 네 마디 말로 대답했다. 카를 체르니는 이른바 〈템페스트〉 소나타와 〈열정〉 소나타로 알려진 이 작품들을 안톤 쉰들러가 있는 자리에서 연주했고, 그의 연주는 이 음악의 '의미'에 대해 토론하도록 사람들을 자극했다. 그만큼 체르니의 연주가 훌륭했기 때문이었으리라. 훗날 체르니는 《베토벤 피아노 작품의 올바른 연주에 대하여》의 주석에서 특별히 피아노 소나타 op.31-2에 대해 언급한다.

이 소나타는 완벽하다. 이념과 비극적 성격의 통일성, 어떤 에피소드에도

방해받지 않는 예술 형식, 전체 그림의 낭만적 회화성은 만일 연주자의 판타지와 예술적 기교가 작품과 동일한 수준에 있다면 최대한의 효과를 내는 데 실패하지 않을 것이다.[324]

무슨 이유에서 〈템페스트〉 소나타의 명칭을 둘러싼 토론이 20세기에 지속되었을까? 아놀트 셰링[325]처럼 베토벤의 문학적 의도를 가능한 세세한 부분까지 밝혀내려는 음악사가가 있는가 하면, 카를 달하우스[326]처럼 형식적 정합성을 분석적 방법을 통해 증명하는 데 모든 기술을 총동원하는 형식 분석가도 있다. 이들 형식 분석가들은 베토벤 음악의 어떤 강령적 해석도 진지하지 않다고 비난한다. 게다가 이들은 베토벤과 관련한 모든 기록이 쉰들러에 의해 조작된 것이라는 설을 흡족해했다.

〈템페스트〉 소나타라는 '전체'는 베토벤과 그의 정신적 배경에서 봤을 때 그 자체로 정합적이다. 베토벤의 피아노 소나타가 앞선 작곡가나 동시대 작곡가의 소나타보다 서사적인 성격을 띤다는 사실을 주의 깊은 청자는 놓치지 않았다. 좀 더 자세히 말하면 체르니는 그저 비유적으로 그림의 낭만적 회화성을 말한 게 아니라 오히려 이 작품에는 형식 분석적으로 '에피소드'들이 없다는 걸 발견한다. 즉, 1주제와 2주제 사이 그리고 마지막 부분과 그 비슷한 것 사이를 잇는 가교가 없다는 의미다. 전통적 소나타 악장은 구조적으로 가교가 필요했다. 애호가들은 가교 부분이 뚜렷이 드러나지 않으면 음악의 형식 구성을 몰라 어려움을 겪고 어쩔 수 없이 서사적인 지표를 찾게 마련이었다.

친구나 제자들도 베토벤에게 형식 구성에 대해 물을 수밖에 없었을 것이다. 하이든이나 모차르트는 이와 비교할 만한 것이 알려져 있지 않지만 제자 페르디난트 리스의 회상에 따르면 베토벤은 종종 특정 심상을 떠올리며 작곡했다고 한다(107쪽 참조). 그렇지만 베토벤은 자신의 서사성에도 불구하고 음으로 말하는 작곡가로 인정받으려 했으므로 문학적 자극을 주는 자세한 설명을 피하고 대신 간결하게 "그냥 셰익스피어의 《템페스트》를 읽으세요"라고 답했다. 스케치북 그라스닉 Grasnick 2에 근거해 전해지는, 베토벤이 현악 4중주 G장조 op.18-2를 작곡할 때 《로미오와 줄리엣》의 무덤 장면을 생각했다는[327] 말은 굉장히 예외적인 경우에 속한다.

"그냥 셰익스피어의 《템페스트》를 읽으세요"는 결코 아무렇게나 나온 말이 아니다.[328] 앞으로 더 자세히 설명하겠지만 베토벤은 셰익스피어 전문가였고 (자신도 알고 있었지만) 동시대인들에게 '음악계의 셰익스피어'로 통했다. 쉰들러의 질문에 《템페스트》를 권한 것은 자연스럽게 느껴지기까지 한다. 《템페스트》의 주인공 프로스페로는 신기한 일과 유령, 꿈, 비밀스러운 목소리, "항상 극적인 사건을 일으키는"[329] 이상한 음악으로 가득한 섬의 지배자다. 아마도 베토벤은 듣는 이들에게 이렇게 말하려고 하는 것 같다. "너희들이 내 소나타의 기적을 느끼려면 나와 함께 프로스페로의 마법의 섬으로 가자. 그곳은 음악이 지배한다. 그리고 나의 특별한 유머는 셰익스피어의 《템페스트》에 이미 다 있다. 상황의 빠른 전환, 숭고함과 그로테스크함, 엄격한 형식과 아포리즘의 밀접한 병렬. 이 이상 더 알 것은 없다!" 베토벤과 동시대인이자 숭배자 프란츠 그릴파르처의 소나타 〈열정〉에 대한 시도 같은 의미로 읽을 수 있다.

어느 마법사가 세상과 삶에 지쳐
투덜거리면서 자기 마법을
다이아몬드가 박힌 안전한 궤 속에 봉인하고
열쇠를 바다에 던져 버리고 죽었다.

어중이떠중이가 열심히 애쓰지만

소용없다! 어떤 열쇠도 단단한 자물쇠를 열지 못한다.

그의 마법은 주인처럼 잠잔다.[330]

그릴파르처가 1838년에 아직 출판되기도 전인 쉰들러의 회고록을
읽었을 리 만무하지만 자신의 시 〈클라라 빅과 베토벤(F단조 소나타)Clara
Wieck und Beethoven(F Moll Sonate)〉의 출발점으로 특별히 소나타 〈열정〉을
선택했을 뿐만 아니라 베토벤을 자기 '마법'의 '열쇠'를 바다에 던져
버린 '마법사'라고 부른다. 더 읽어 나가면 이 시는 독자에게 마술적
연주 솜씨로 자물쇠를 여는 열쇠를 쥔 젊은 피아니스트에 귀 기울여
보라고 권한다.

열쇠가 맞는다. 뚜껑이 철컥 열린다. 유령들

유령들이 튀어나와 공손히

우아한, 순진무구한 여주인에게 엎드리고

그녀는 연주하며 유령들을 하얀 손가락으로 부린다.[331]

1838년에 오르가니스트 파이퍼Pfeifer도 소나타 〈열정〉을 '매우 훌
륭하게' 연주했는데, '이번에는 그런 연주가' 볼프강 로베르트 그리펜
케를의 단편소설 《음악 축제 혹은 베토벤교도들》에서 허구적으로 일
어난다.

연주는 정점을 옮겨 가며 대립을 진정으로 유머러스한 색채로 표현하여 마
치 마법을 부리는 것처럼 들렸다. 1악장의 작은 트레몰로의 특징을 우스꽝
스러울 만큼 극단까지 밀고가 다른 대단한 생각들은 그저 스쳐 지나가게 내

버려 두었다. 그리고 그렇게 《리어왕》의 장면을 연상시키는 이미지를 만들어 냈다. 평소에는 매우 심각한 문제를 다루는 법정에 두 명의 미치광이와 한 바보가 앉아 있는 장면이다.[332]

역시 쉰들러의 메모를 두고 그리펜케를의 친구 로베르트 슈만은 1833년 자신의 필명 플로레스탄Florestan으로 셰익스피어의 《한여름 밤의 꿈》에 대한 멘델스존의 서곡과 관련해 잡지 《혜성Der Komet》에서 꿈을 꾼다.

셰익스피어가 없었다면 이런 소리로 들리는 밤의 꿈이 탄생할 수 있었을까? 비록 베토벤이 '밤의 꿈'(이런 제목을 붙이지 않고)을 몇 개 썼다고 해도(f단조 소나타?). 이런 생각을 하면 나는 슬퍼진다.[333]

슈만은 멘델스존이 마술적인 〈한여름 밤의 꿈Ein Sommernachtstraum〉의 음악을 스스로 창작하지 못하고 문학적 자극을 받은 데 애석해한다. 하지만 베토벤이 소나타 〈열정〉과 같은 '밤의 꿈들'을 문학에서 빌려오지 않고 작곡했다는 데서 위안으로 삼는다.

여기서 간단하게 소개한 소나타 〈템페스트〉와 〈열정〉을 주제로 한 담론에 약간 질투가 날 수도 있다. 베토벤과 같은 시대를 살았던 사람들이나 이후 초기 세대들(리하르트 바그너에 관해서는 나중에 얘기할 것이다)만 해도 아주 당연하다는 듯 셰익스피어와 베토벤을 함께 거론하는 것과 동시에 모든 가능성을 열어 두었다. 로베르트 슈만의 표현을 빌려 말하자면 '재창조하는 청자'는 자신이 작품에 대한 결정적인 열쇠를 가지고 있지 않다고 생각했지만 마음 내키는 대로 그런 열쇠 하나를 찾으려는 일을 주저하지 않았다. 단, 자신이 찾은 열쇠가 유일하게 맞는 것이라우기지도 않았다.

그런 담론의 개방성은 이제 거의 존재하지 않는다. 문학이 아우구스트 스트린드베리August Strindberg에서 토마스 베른하르트에 이르기까지 이 주제를 독창적으로 다루고 있기는 하다. 스트린드베리는 베토벤의 소나타 〈템페스트〉에서 영감을 얻어 희곡《유령 소나타》(1907)를 썼다 했고,[334] 베른하르트는《옛 거장들》에서 음악 평론가 레거로 하여금 장광설을 쏟아 붓게 한다. "자세히 들여다보면 (…) 소나타 〈템페스트〉는 수많은 소위 부수적 작품 중의 하나일 뿐이고 근본은 키치처럼 저속합니다. 작품의 가치는 자체에 있는 게 아니라 그것에 대해 토론할 수 있다는 데 있습니다." 그런 작품은 "음악학적 말을 하고 싶은 욕구"를 잘 충족시켜 준다고 한다.[335]

문학에 반해 학문은 베토벤의 피아노 소나타를 형식적으로만이 아니라 음악 미학적으로 선입견 없이 다루는 것을 버거워한다. 선입견 없이라는 말을 잘 새겨들으시라. 물론 그 가운데 음악학 수업 필수 과정이 된 소나타 〈템페스트〉 같은 작품을 구조적·정합적으로 이해하기보다는 의미론적으로 서사 기법이나 젠더 이론에서 규명하려는 독창적 연구들이 있기는 하다.[336] 그러나 베토벤 작품이 보여 주는 오늘날 연주자와 청자들에게도 익숙한 19세기 고유의 다양한 파노라마에 대한 경이가 없다. 이 파노라마에는 폭넓은 시학적 관점에서 셰익스피어와 대화를 지속해 온 사람이 다가갈 수 있다. 수없이 많은 예들이 이를 증명한다.[337]

베토벤은 요한 요아힘 에셴부르크Johann Joachim Eschenburg가 번역한 셰익스피어 희곡을 가지고 있었고 안톤 쉰들러의 믿을 만한 전언에 따르면 대부분 '열심히 읽은 흔적'이 있었다고 한다.[338]

1809년 트레몽 남작은 베토벤을 방문해 셰익스피어에 관한 열정적 대화를 나누었다고 기억했다.[339] 1810년 베토벤은 테레제 말파티에게 괴테의 《빌헬름 마이스터》와 아우구스트 빌헬름 폰 슐레겔이 번역한 셰익스피어 작품을 시골에서 편안하게 읽을 만한 책으로 추천하면서 필요하면 책들을 보내 주겠다고까지 했다.[340] 1816년 일기 중에는 운명에 순종하라는 자기 권고(187쪽 참조)의 와중에 난데없이 서툰 프랑스어 메모가 나오는데 번역해 보면 이렇다.

> 안타깝지만 세상의 범용한 자들은 거장 작품의 아름다움을 이해하지 못한 채 그 결점을 모방하는 데 급급하다. 그래서 미켈란젤로의 그림에서, 셰익스피어의 희곡에서, 오늘날 베토벤의 음악에서 나타나는 나쁜 버릇(추정컨대 급작스러움)을 모방한다.[341]

이 출처를 알 수 없는 글을 일기에 적으며 베토벤은 우쭐했을까? 이 글을 왜 일기장에 적었는지 알고 싶지만 대화 수첩 여러 곳에서 셰익스피어가 등장한다는 사실을 위안으로 삼을 수는 있겠다. 카를 홀츠가 쓴 1825/26년의 두 기록은 특이하다. 하나는 "셰익스피어가 영원한 본보기다"라고 되어 있다.[342] 그리고 몇 달 후에는 이렇게 써 놓았다. "라파엘 혹은 셰익스피어 이후 이들을 능가하는 사람이 나타나지 않은 것처럼 베토벤 이후에도 그런 사람은 나오지 않을 거로 생각한다."[343]

홀츠는 아마도 거장에게 아첨하려 했겠지만 베토벤 자신도 확실히 알고 있었을 당시 통용되던 베토벤 수용을 거론하고 있는 것이다. 그 시초가 되는 글이 1810년 프리드리히 모젠가일의 교향곡 〈전원〉에 대한 찬사다. 모젠가일은 폭풍우 장면에서 '음악계의 셰익스피어'가 작업하고 있음을 본다.[344]

2년 후인 1812년 E. T. A. 호프만이 교향곡 5번에 대한 주석을 들고 나온다. 호프만은 이 교향곡을 매우 낭만주의적이라 느꼈다.

미학의 측량사들이 셰익스피어에는 흔히 진정한 통일과 내적인 연관이 없다는 비난을 했다. 하지만 깊이 들여다볼 때만 싹에서 아름다운 나무, 꽃봉오리와 꽃잎, 꽃송이, 열매가 자라나는 것이 보이는 법이다. 그렇듯 베토벤음악도 내부 구조로 깊이 들어가야만 이 거장의 비범함이 펼쳐진다.[345]

1814년에는 'K. B.'(드레스덴의 작곡가 카를 보로모이스 폰 밀티츠Karl Borromäus von Miltitz로 추측)라는 필명의 작가가[346] 라이프치히《알게마이네 무지칼리셰 차이퉁》에 다음과 같이 쓴다.

아마도 베토벤의 완벽한 작품들의 독창성은 셰익스피어 작품의 독창성과 비교할 수 있을 것이다. 심오한 유머와 섬세한 낭만적 느낌은 이 작품들에서 완전히 하나가 되었다.[347]

바로 그 직후 괴팅엔의 철학 교수 아마데우스 벤트Amadeus Wendt는《근대 음악과 판 베토벤 음악에 대한 고찰Gedanken über die neuere Tonkunst, und van Beethovens Musik》에서 그 위대함과 웅장함을 두고 이 작곡가를 음악적 셰익스피어라고 칭한다.[348] 베토벤의 친구 프리드리히 아우구스트 칸네가 1824년 베토벤과 셰익스피어 담론에 자기 몫을 더하는 것은 당연한 일이었다. 칸네는 이 비교를 위해 "전혀 중요하지 않게 보이는 부분들의 사랑스러운 매력과 우아함 그리고 정신적 아름다움"을 끌어온다.[349]

1827년 음악 평론가 빌헬름 크리스티안 밀러가《알게마이네 무지칼리셰 차이퉁》에서 베토벤 생전의 대미를 장식한다.

사람들은 베토벤을 음악계의 장 파울이라 불렀다. 우리는 오히려 다음과 같은 점을 고려해 볼 때 셰익스피어와 비교하고 싶다. 그의 독창적 숭고함과 깊이, 힘, 유머가 있는 부드러움, 재치, 항상 새로운 환상적 변화, 때때로 극단으로 치닫지만 질서가 잡혀 있고 다양성을 가지고 있으며 최고의 권위와 가장 심오한 멜랑콜리, 가장 섬세한 감정, 대담무쌍한 농담, 어린애 같은 단순함, 최상의 재미 같은 모든 이념을 끝까지 길어 낸다.[350]

베토벤 시대 음악 미학에 셰익스피어의 재발견은 행운이다. 이는 특히 낭만주의의 기치 아래 일어났다. 장 파울은《미학 입문》25장(낭만주의에 관한 장)에서 방향을 제시한다. "낭만주의 유령 제국의 진정한 마술사이자 거장은 셰익스피어다."[351] 고전주의가 마뜩잖아 셰익스피어에게 붙인 '야성적 천재'라는 꼬리표는[352] 베토벤 예술을 이해하는 데도 매우 적합했다. 그리고 이는 베토벤의 자기 확신에도 이바지했다.

낭만주의자들은 셰익스피어의 유머를 자신들의 전범으로 생각했다. 그 유머는 다름 아닌 숭고함과 익살, 충격과 우스꽝스러움, 위대함과 사소함, 원형과 개성, 환상과 실재, 꿈과 현실, 회화적인 언어와 격언 가득한 언어의 병렬이다. 환상성의 거장 셰익스피어는 가차 없이 아리스토텔레스의 시간과 공간, 행위의 통일성을 넘어선다. 그렇다고 해서 무대 위에서 연출된 즉흥적 사건들이 형식이 없는 것처럼 보이지는 않는다. 그리고 연극의 대가가 예로부터 연극 영역에 마법으로 형이상학적 지평을 불러올 수 있듯이 그런 지평을 도처에서 볼 수 있다.

19세기 초반 베토벤 음악의 불가해성에 대한 많은 비판도 있었으나, 초기 낭만주의 음악 미학의 정신으로 훗날 소위 '절대 음악'이라 불리는 음악의 불가해성에 자극을 받아 '셰익스피어'라는 비유를 지표로 삼기도 했다. 이 비유는 새로운 음악 언어에 사람들이 무방비 상태로 방치되는 것을 막으면서 가곡, 춤, 변주, 소나타 악장 같은 도식, 즉 형식적 감상의 울타리에서 벗어날 수 있도록 도와주었다.

'셰익스피어'라는 비유는 당연히 베토벤 작곡의 어떤 음표나 프레이즈, 악장 진행도 설명해 줄 수 없다. 그러나 이 비유는 환상성의 약속된 땅으로 들어가는 일종의 다리일 수 있다. 만일 베토벤 기악곡의 (강령적 서곡들을 넘어서) 문학적 원천을 찾아내는 일이 성공한다 해도 (그럴 일은 없겠지만) 얻는 것은 거의 없다. 어떤 청자든 베토벤의 상상 세계를 연상적으로 여는 데 자신만의 환상의 나라를 찾아야 하고 스스로 연출을 맡아야 한다.

이때 형식과 내용을 엄격하게 구분하는 것은 도움이 되지 않는다. 형식과 내용은 서로를 공유하기 때문이다. 그런 한에서 소나타 〈템페스트〉를 작곡한 사람은 시인이 아니라 음악가다. 그럼에도 바이올리니스트이자 지휘자인 예후디 메뉴인Yehudi Menuhin의 말은 언제나 유효하다. "베토벤 작품은 셰익스피어처럼 생각을 더 단순하게, 더 분명하게, 더 함축적으로 혹은 더 아름답게 표현하는 것이 불가능할 정도로 완벽하게 표현되어 있다."[353] 소나타 〈템페스트〉의 시작에 형식적으로만 접근하는 사람은 이를 위해 베토벤이 의도적으로 독창적 인물을 보여 준다는 사실을 잊고 있는 것이다.

인물 얘기가 나온 김에 인물들의 윤리와 관련해 베토벤과 셰익스피어 사이에는 커다란 차이점이 있다는 것을 짚고 넘어가자. 셰익스피어는 '선한' 인물과 '악한' 인물을 모두 허용한다. 하지만 베토벤은 특히 오페라 《피델리오》에서 스스로 절대적 도덕주의자임을 증명한다. 베토벤이 돈 조반니라는 인물을 역겹게 생각해 모차르트의 오페라 《돈 조반니》 대본을 비판했다는 이야기는 우연이 아니다. 오페라 《돈 조반니》의 줄거리는 셰익스피어와 정신적으로 매우 유사하다.

이는 곧장 리하르트 바그너로 이어진다. 바그너는 오페라《돈 조반니》를 '대단한, 잊을 수 없는 작품'으로 보았고 취리히 극장 공연을 위한 각색에 정성을 다했다.[354] 후에 바그너는 1870년의 베토벤 에세이를 통해 이 담론을 풍부하게 하는 데 결정적 역할을 한다.

> 셰익스피어는 완전히 비교 불가로 남았다. 독일의 수호신이 그와 비교해서 비슷하다고 할 만한 존재 베토벤을 탄생시키기 전까지. (…) 우리가 음악을 세상의 본질에 대한 가장 내밀한 꿈과 같은 계시라 할 수 있다면 우리는 셰익스피어를 낮에도 계속 꿈을 꾸는 베토벤으로 여겨도 될 것이다.[355]

여기서 일직선적으로 전진하는 세계정신은 폐기된다. 이에 따르면 베토벤은 셰익스피어에게 '배웠어야'만 한다. 그 대신 바그너는 예술의 우주에서 출발하는데, 그 안에서 현상들은 서로에 대해 알지 못한 채 동시에 존재한다. 이런 생각에 따르면 셰익스피어는 세상의 본질에 관한 꿈의 이미지를 극화했고 베토벤은 그 꿈의 이미지를 오직 음을 통해서 만들어 냈다. 그 이전의 어떤 작곡가도 하지 못한 일이다. 방향을 바꿔 보면 베토벤의 모티프는 내적인 음악 기관器官을 완전히 깨어나게 하여 셰익스피어 연극 무대에서 볼 수 있는 저 형상들을 분명히 감지할 수 있게 한다. 즉 베토벤과 셰익스피어 두 사람은 세계의 본질에 관한 완벽한 드라마를 창조한다.[356]

우리는 바그너가 이런 문맥에서 꿈과 백일몽 그리고 '절박한 곤경'의 체험을 무엇으로 이해하는지 세세히 따라갈 필요는 없다. 체험은 가장 명징한 인식과 최고의 능력의 세계와 뗄 수 없이 결합되어 있다고 한다.[357] 오히려 본질은 셰익스피어와 베토벤이 동일한 원천을 토대로 창작한다는 것이다. 이 토대를 앞서 언급한 줄리아 크리스테바(112쪽 참조)를 따라 '코라chora', 다시 말해 전의식前意識적 상징 질서의 온상으로 부를 수도 있다. 발터 벤야민의 미완의 기록《아케이드 프로젝트》도 여기에 속한다. 이 책은 19세기를 하나의 '시간의 공간'으로 다루는데 그 안에서 개인의식은 점점 더 능동적이고도 반성적인 성격을 탄생시키는 반면 집단의식은 점점 더 깊은 잠에 빠지고 꿈의 환영에 도취한다.[358] 여기서 소나타 〈템페스트〉의 1악장을 떠올리는 것은 대담하긴 하지만 도움이 된다. 소나타의 시작은 '꿈의 환영'을 생각나게 한다. 반면 힘차게 상승하는 '제1주제'는 개인의식의 능동적 성격에 상응한다. 그러나 이 개인의식은 악장이 진행되면서 자신을 관철하지 못하고 '꿈의 환영'에 점점 밀려나게 되어 '재현부'에서는 완전히 자취를 감춘다.

다시 바그너의 진술로 돌아가 보자. 그의 진술은 세계 의지에 관한 쇼펜하우어의 생각을 토대로 단순히 이론적 주장만 하는 것이 아니라 스스로 베토벤 정신에서 작곡했으며 베토벤 음악이 늘 귓가에 맴돌았던 한 예술가의 신앙 고백이다. 예를 들어 베토벤의 후기 현악 4중주곡들은 무엇보다 바그너의 음악극《트리스탄과 이졸데Tristan und Isolde》에 뚜렷한 흔적을 남겼다. 바그너의 부인 코지마의 일기장에는 셰익스피어에 관한 수백 개의 구절이 있다. 1870년 7월 31일 코지마의 일기는 다음과 같다.

《햄릿》에 나오는 말 하나를 가볍게 언급하기만 해도 바그너는 셰익스피어와 베토벤을 비교한다. 베토벤의 선율은 셰익스피어의 인물들처럼 출현한다며 분명 비교 불가능한 정말 알 수 없는 세계라고 했다.[359]

바이로이트로 이주한 후 바그너는 반프리트Wahnfried 모임에서 셰익스피어의 희곡만 다룬 게 아니라 그의 수석 연주자 요제프 루빈슈타인

Joseph Rubinstein에게 베토벤 소나타도 연주하게 했다. 1881년 1월 17일 피아노 소나타 op.106 〈함머클라비어〉의 연주 후 바그너의 언급을 코지마는 일기에 그대로 쓴다.

> "마치 의지의 작업장에 이끌려 들어가는 것 같다. 거기서 우리는 세계의 내부에서 모든 것이 어떻게 움직이고 있는지 보게 된다."—"이것을 말로 표현할 수 있는 사람이 있다면 그는 세계의 수수께끼를 푸는 열쇠를 쥔 것이다." (…) "셰익스피어조차도 이와 비교할 수는 없다. 그가 창조한 것은 너무나 세계의 비참함과 관련되어 있기 때문이다."—"교향곡에서 베토벤은 다른 사람들에게 연주하게 하지만 여기서는 자신이 연주한다."—"그것도 이 모든 것을 한 소나타의 형식으로. 이게 소나타다."[360]

여기서도 열쇠를 언급하고 있는데 이로써 결코 (쉰들러의 이야기에서처럼) 문학적 표제가 무엇인지는 더 이상 중요하지 않음을 알 수 있다. 작품의 철학은 아니라 해도 넓은 의미에서 미학적 입구가 논의되는 것이다. 그러한 '열쇠'는 베토벤 담론에 어떤 의미인가? 그것은 경고이자 동시에 초대다. 열쇠는 우리가 분석법을 정련하면 할수록 베토벤의 동시대인들보다 작품의 '메시지'에 더 가깝게 다가갈 수 있다는 환상에 대해 경고한다. 각 곡의 저변에 놓인 메커니즘을 음악 이론적, 기호학적, 심리학적 혹은 사회학적인 차원에서 점점 더 정확하게 기술할 수도 있다. 그러나 다행스럽게도 그 모든 것에도 불구하고 우연성과 예측 불가능성의 인상은 여전히 남아 있다. 베토벤 자신도 자기 음악의 수수께끼

• 독일 바이에른주 반프리트에 있는 바그너의 집 이름으로 흔히 반프리트 빌라로 불린다. 1976년부터는 바그너 박물관으로 사용되고 있다.

같은 성격을 즐기며 익숙한 것이 나올 때 청자의 기쁨과 예기치 못한 것이 나올 때 불안의 쾌감을 첫 음의 시작부터 미묘한 균형을 이루도록 해 놓는다. 베토벤 작곡에서 이 균형이 경향상 균일하게 흘러가는 음악에서보다 훨씬 더 큰 위험에 노출되어 있다는 사실은 음악 분석에 특별한 노력을 요구한다. 분석은 어떤 종류의 음악이건 항상 그 뒤를 숨 가쁘게 쫓아가느라 바쁘긴 하다. 분석은 기껏해야 음악적 현상은 표현된 그대로일 수 있다는 정도를 보여 줄 뿐이다. 분석은 각 단계마다 기술된 과정들이 다르게 진행되었을 수 있다는 생각을 인정해야 한다. 음악 분석은 수학적 엄밀한 증명 방식을 갖고 있지 않기 때문이다.

여기에서 베토벤 애호가들에게 셰익스피어도 시험해 보라는 초대장이 발송된다. 이때 '셰익스피어'라는 은유는 아놀트 셰링식의 문학적 표제 찾기가 아닌 '야성적 천재' 베토벤 작품에 셰익스피어와 장 파울식의 유머를 접목해 보라는 자극이다. 그렇다면 셰익스피어는 직접적인 관찰을, 장 파울은 (그의 소설을 넘어서) 낭만주의적 유머에 대한 시학적 이론을 대변하게 된다.

이제 이런 질문만이 남는다. 음악은 나에게 어떤 의미인가? 음악은 어떤 초월적 공간을 열어 주는가? 어떤 세계상을 전달하는가? 음악은 어떻게 나를 창조적으로 만드는가? 이는 추상적으로 들리지만 다음의 로베르트 슈만과 장 파울의 이야기에서 구체화될 것이다.

베토벤의 작업실 슈바르츠슈파니어 하우스(작자 미상)

로베르트 슈만 Robert Schumann(1810~1856)

독일 낭만주의 시대를 대표하는 작곡가 슈만은 멘델스존과 함께 요한 제바스티안 바흐를 재조명하고 사후 묻혀 있던 프란츠 슈베르트의 걸작들을 알리는 데도 크게 공헌한다. 1840년 스승 비크의 딸 클라라와 결혼하여 짧은 기간 동안 숱한 가곡들을 썼다. 슈만, 클라라, 브람스 이 세 음악가의 만남은 음악사에서 오랫동안 가장 아름다운 인연 중 하나로 기억되기도 한다.

17

로베르트 슈만

"절대로 슈만의 피아노 환상곡 op.17은
비슷하게 환상적인 베토벤의 작품 앞에서 몸을 숨길 필요가 없다."

정치 혁명처럼 음악 혁명도 집 안 곳곳에 들이닥친다. 우리는 이런 새로운 영향을 음악이 가장 감각적으로 가장 격렬히 삶과 혼인한 그곳에서 느낀다. 춤이다. 대위법의 독재가 차츰 사라지고 난 후 사라반드와 가보트 등 사소한 것들도 스러지고 크리놀린(후프스커트)과 미용 테이프도 유행이 지났으며 가발은 훨씬 짧아졌다. 모차르트와 하이든의 미뉴에트가 치렁한 치마를 길게 끌면서 지나가는데 사람들은 침묵하며 다소곳이 서 있다가 몸을 깊숙이 숙여 인사하고 결국 퇴장했다. 여기저기 육중한 가발이 보이기는 하지만 전에 팽팽하게 코르셋으로 조였던 몸들은 더 유연하고 우아하게 움직였다. 그러자 곧 젊은 베토벤이 들이닥친다. 숨을 헐떡이며 당황해하며 어리둥절해한다. 헝클어진 머리에 햄릿처럼 가슴과 이마를 드러낸 모습. 사람들은 이 이상한 사람이 누구지 하며 놀랐다. 그러나 무도회장은 베토벤에게 너무 좁고 지겨웠다. 그래서 그는 차라리 어두운 밖으로 될 대로 되라면서 뛰쳐나갔고 유행과 예식에 코웃음을 쳤다. 그러면서 그는 길 위에 놓인 꽃들을 밟지 않으려고 피해 갔다.[361]

이 긴 인용문은 로베르트 슈만이 1835년《음악신보》독자들에게 그의 우상 베토벤을 소개하는 글로 '시적' 글쓰기 방식이 잘 드러나 있다.[362]《음악신보》는 1824년에 창간되었으며 이 글은 베토벤이 사망하고 8년 후에 쓰인 것이다. 슈만의 이 글은 베토벤 수용의 일면일 뿐이다. 피아노 소나타 〈함머클라비어〉를 연구하던 3년 전 피아니스트 슈만은 이렇게 탄식한다. "내 자존심이 이 소나타로 얼마나 무너졌던지!"[363] 반면 미래 작곡가 슈만은 당시에는 이해 불가능한 것처럼 보였던 푸가 피날레를 곧장 상세하게 화성적으로 분석하기 시작한다.[364]

슈만은 오늘날에도 능가할 수 없는 방식으로 음악 이론적 담론과 문화적 담론을 하나로 합친다. 그러나 슈만은 바그너와 같이 두 차원을 틈새 없이 완벽하게 일치시키는 것은 불가능하다고 본다. 분석가의 작곡 기법적 규명은 결코 음악의 초월적 지평, 즉 소리의 현상 너머에 있는 개념이나 가치에 다다르지 못한다.

음악 작품을 보는 슈만의 관점은 '전체와 각 부분의 형식', '음악적 구성(하모니, 멜로디, 악장, 작업, 스타일)', '예술가가 표현하려 한 특별한 이념', '형식, 소재, 이념을 관장하는 정신'으로 구분된다. 그래서 "형식은 정신의 그릇이다"[365]라고 결론을 내린다. 문외한이 단순히 '형식'과 '음악적 구성'을 파악한다고 해서 크게 얻는 것이 없다는 사실에 완전히 의심을 지우기 위해 슈만은 베를리오즈의 〈환상 교향곡〉을 평가하는 대목에서 분명하게 확언한다. 자신은 오직 음악에서는 "해부적 분석으로 분명해지는 것은 아무것도 없다"는 것을 독자에게 보여 주기 위해서 비평을 형식 분석적인 고찰로 시작했다고 한다. 동시에 슈만은 베를리오즈의 음악에 형식이 없다는 잠재적 비판을 차단하려 했다.[366] 셰익스피어의 예술을 처음 접하고 받은 압도적이고 그야말로 '황당한' 인상을 정확히 지적한 예술가 베를리오즈를 슈만이 옹호한 것은 우연이 아니다.[367]

슈만이 왜 셰익스피어의 기치 아래 베토벤과 장 파울을 자신의 수호신으로 삼고 베를리오즈에게 찬탄을 금하지 못했는지 곧 분명해진다. 그들 중 누구도 형식이 없는 예술을 창작하지는 않았다. 그들 모두 각자만의 방식으로 재능을 발휘해 환상적 인상을 주는 형식을 만들어 냈다(슈만이 '환상'이라 명명된 작품을 출발점으로 삼은 데도 의미가 있다). 그럼으로써 '형식'을 관장하는 것은 '정신'이고 그 정신은 오직 형식에만 만족하지 않는 사람만이 파악할 수 있음을 처음부터 시사한다.

결국 여기서는 절대 음악을 어떻게 볼 것인지가 문제다. 초기 낭만주의도 슈만도 이 개념을 모른다. 바그너는 이 개념을 비판적 의미로 사용하는 경향을 보인다. 그리고 비로소 에두아르트 한슬리크가 《음악적 아름다움에 대하여》(1854)에서 음악의 내용으로서 "음으로 울리면서 움직이는 형식"에 대한 자신의 신앙 고백으로 이 개념을 귀족으로 신분 상승시킨다.[368]

적어도 셰익스피어의 관점에서 베토벤이 빚지고 있는 낭만주의 음악관에 절대 음악은 완전히 거스르는 개념이다. 절대 음악은 음악, 특히 기악의 이중성을 무시하기 때문이다. 음악은 한편으로 음악 외에 아무것도 아니다. 이런 발견을 초기 낭만주의자들은 계몽적 이성주의에 대립시킨다. 계몽적 이성주의에 따르면 음악은 음악 외적인 문맥에서 설명될 수 있을 때만 가치 있는 것이었다. 그래서 낭만주의는 칸트에 반기를 든다. 칸트는 (주제가 없는) 음악적 환상, 나아가 텍스트가 없는 음악 전체를 자유로운 아름다움의 표현으로 이해하긴 했지만 상감象嵌을 위한 나뭇잎 장식이나 벽지와 같은 수준으로 평가했다.[369] 다른 한편으로 셰익스피어 번역자이자 낭만주의 작가 루트비히 티크Ludwig Tieck는 에세이 《교향곡Symphonien》에서 이렇게 강조한다.

그럼에도 매우 개인적=감각적 이미지들이 소리를 내며 흐르기에 이 예술은 우리의 눈과 귀를 동시에 사로잡는다고 말하고 싶다. 당신은 때로 사이렌들이 높은 파도 위에서 헤엄치며 달콤한 소리로 당신을 향해 노래하는 것을 본다. 그러다 다시 햇살에 반짝이는 아름다운 숲속을 거닐고 모험을 그린 그림들로 장식된 인공 동굴을 지난다. 땅 아래로 흐르는 물소리가 당신 귓속으로 파고들고 기이한 불빛이 당신을 스쳐 지나간다.

최근에 여행 중 들은 음악을 나는 아직도 기억한다. 그 음악은 그 어떤 것도 줄 수 없었던 즐거움을 전해 주었다. 나는 연극을 보러 갔다. 〈맥베스〉가 상연된다고 했다. 유명한 음악가(요한 프리드리히 라이하르트)가 이 훌륭한 비극을 위해 따로 교향곡을 작곡했고 나는 그 황홀함에 빠져들었다. 그때 받은 깊은 인상을 아직도 지울 수가 없다. 나는 이 위대한 곡이 내게 얼마나 놀랍도록 알레고리적으로 들렸는지 서술할 수 없지만 그것은 극도의 개성적인 이미지들로 가득했다. 마치 진정한 최고의 알레고리는 바로 그 자체라는 듯, 예술을 감당하지 못하는 시인들에게서만 만나게 되는 차가운 일반성을 벗어 던지는 것과 같다. 나는 그 음악에서 옅은 안개가 낀 황무지를 보았다. 여명 속에서 마녀 무리가 어지럽게 서로 몸을 얽고 있고 구름은 점점 더 빽빽하게 독을 품고 땅 아래로 내려온다. 끔찍한 목소리들이 텅 빈 황무지에 울려 퍼지면서 유령처럼 이 모든 혼돈 속을 뚫고 전율한다. 저 멀리서 기분 나쁘게 낄낄거리며 야유하는 웃음소리가 들린다. (…)[370]

이 앞의 문단은 이렇다.

교향곡은 복잡하고 멋진 드라마를 다양하고 다채롭게 표현할 수 있다. 이는 작가들이 절대 할 수 없는 일이다. 교향곡은 수수께끼 같은 언어로 가장 비밀스러운 수수께끼를 풀어 주기 때문이다. 그것은 개연성의 법칙에도 매여 있지 않고 환영이나 인물에게도 의존하지 않으며 자신만의 시적인 세계에 순수하게 머무르기 때문이다. 그럼으로써 교향곡은 우리를 열광시키거나 황홀하게 하는 어떤 수단도 사용하지 않는다. 목표는 처음부터 끝까지 그 대상이다. 목표는 모든 순간에 존재하며 예술 작품을 시작하고 끝맺는다.

전체적으로 볼 때 티크의 진술은 모순이 없고 오히려 낭만주의가 절대성을 무엇으로 이해하는지 시사한다. 낭만주의 철학자 프리드리히 슐레겔Friedrich Schlegel이 강조하듯이 신성의 징표로서 절대성은 '증명해 보일 수가 없는' 것이다. 그렇지만 슐레겔이 계속해서 밝히듯이 그 절대성의 "철학적 전제는 분석적으로 정당화되어야 하고 입증되어야 한다."[371] 셰익스피어나 낭만주의자들이나, 베토벤이나 슈만이나 절대를 향해 손을 뻗지만 도달하지 못한다.

절대의 반대 개념은 우연인데 초기 낭만주의는 이 대립을 곧잘 '무한'과 '유한'으로 번역했다. 인간이 만든 예술은 절대와 우연, 무한과 유한 사이를 오갈 수밖에 없다. E. T. A. 호프만의 견해에 따르면 음악은 청자에게 '무한의 제국'을 들여다볼 수 있게 허락하지만 '무한한 동경'의 상태에 머물게 내버려 둔다. 이는 낭만주의 음악 미학이 대체로 수용 미학이라는 사실을 깨닫게 해 준다. 작품보다 작품을 받아들이는 우리의 태도가 더 중요하다는 것이다.

셰익스피어의 《템페스트》를 들어 극단적 비유를 사용해 말하자면, 베토벤 음악에서 마법사 프로스페로와 괴물 칼리반, 미쳐 날뛰는 바다의 폭풍 등을 찾아내는 것은 중요하지 않다. 이런 것들을 찾는다면 베토벤을 모욕하는 일이 될 것이다. 그보다는 내적 공간을 여는 일이 중요하다. 내적 공간에서 음악은 한편으로는 한슬리크의 표현을 빌리면 "음으로 울리면서 움직이는 형식"이란 의미로 받아들여지고 다른 한편으로는 세계의 의미를 조금이라도 밝혀 주는 기초적 경험을 할 수 있게 해 준다. 무대 위 등장인물로서 프로스페로와 칼리반은 피와 살을 가진 생생한 인물이며 우리도 이 세상극•에서 맡은 배역을 연기한다. 이때 우리의 세상극은 거창한 행위가 아니라 일상의 행위를 의미한다. 소나타 〈템페스트〉 도입부의 꿈에서 막 깨어나 힘차게 발버둥 치는 갓난아이의 모습을 상기해 보라(105쪽 참조).

바그너가 베토벤을 '잠재력을 잃은' 얼굴을 한 셰익스피어, 다시 말해 자신의 비전을 밖으로 표현하는 것이 아니라 내면의 삶을 음악으로 구현하는 예술가라고 부른 것도 같은 맥락에서다. 그렇지만 이 내면의 삶은 개인과 일치하는 삶이 아닌 이성적으로 예측할 수 없는 환상적인 삶이다. 이에 대해 로베르트 슈만은 말한다. "이것은 아마 작은 예술, 그저 울리기는 하지만 영혼의 상태에 대한 어떤 언어도 어떤 기호도 없는 예술일 것이다."[372] 슈만은 계속 말한다.

내가 바흐나 베토벤의 작품 중 최상의 음악을 말한다는 것은 곧 예술가가 내게 계시해 주어야 할 진귀한 영혼의 상태에 대해 말하는 것을 의미한다. 나는 예술가가 예술이라는 유령의 제국에서 작품마다 나를 한 걸음 더 나아가게 할 것을 요구하는 바이다. 나는 한마디로 말해서 모든 곳에서, 부분에서건 전체에서건 시적인 깊이와 참신함을 요구하는 바이다.[373]

슈만은 베토벤 음악에서 '진귀한 영혼의 상태'를 찾아내는 것보다는 그런 상태를 자신에 맞게 변용하는 데에 더 관심이 있다. 베토벤 교

• 테아트룸 문디theatrum mundi, 즉 인간은 신 앞에서 혹은 세상이라는 연극 무대에서 맡은 자신의 배역을 연기한다는 세상을 극장으로, 인생을 연극으로 보는 문학적 상투어다.

향곡에 따른 여덟 개의 이미지를 작곡하려 한 슈만의 초기 계획도 같은 맥락에서 이해해야 한다.[374] 결국 이 계획은 실현되지 못했지만 1839년 피아노 환상곡 C장조 op.17로 슈만은 베토벤의 기념비를 세운다. 이 작품의 주제는 프리드리히 슐레겔의 명구다.

모든 음을 통해 울린다
지상의 여러 꿈을 가로질러
아주 나지막하고 은밀하지만 주의 깊은 영혼을 지닌 이에게
말하는 하나의 음

피아노 환상곡을 관통하고 있는 이 '나지막한 음'이 무엇인지 알려면 물론 집중해서 들어야 하고 베토벤을 알아야 한다. 이 '나지막한 음'은 베토벤의 연가곡집《멀리 있는 연인에게》의 제6곡 〈그대를 위한 이 노래를 받아 주세요〉의 시작 부분을 말하고 있다. '은밀한' 요소는 그것이 어디서 나오는 것인지 그저 어렴풋이 느낄 수 있을 정도로 본래의 프레이즈가 감춰져 있다는 데 있다. 그리고 1악장의 마지막 '아다지오'에 와서야 비로소 모습을 분명히 드러낸다.

슈만은 피아노 환상곡 op.17로 받은 보수를 프란츠 리스트가 추진하는 베토벤 기념비 모금에 기부한다는 계획을 실행에 옮기기 전에 음악적 기념비를 제막한다. 실제 제막식은 1854년에야 이루어진다. 이 작품의 이념은 이 모든 계기를 넘어선다. C장조 1악장의 악보를 보면 상당 부분이 경과하는 동안에도 조성을 기피하며 마지막에 가서야 C장조임을 분명하게 밝힌다. 이제 베토벤이라는 빛나는 인물을 대변하는 것이 된다.

베토벤의 가곡에서 유래한 피아노 환상곡 op.17의 "내적 끈"[375]이

밀접하게 결합된 C장조의 음색을 슈만은 1845/46년 교향곡 2번 C장조 op.61에서 다시 사용한다. 많은 부분에서 우리의 골머리를 아프게 한 이 작품의 피날레를 슈만은 오직 베토벤의 도움으로 완성한다. 슈만이 다시 한번 〈그대를 위한 이 노래를 받아 주세요〉의 주제를 중심에 놓음으로써 결국 그가 숭배해 마지않는 거장은 승리자가 되었다. 그 거장의 후기 현악 4중주곡에 대해 슈만은 놀라운 말을 한다.

> 요새 젊은 작곡가들의 많은 작품에서 보이기 시작하는 민중적인 성격은 미래를 약속하고 있어 보는 사람도 즐겁다. 굳이 말하자면 이런 민중적인 성격은 어떤 사람들에게는 신기하게 들릴지 몰라도 보는 눈이 있는 사람들은 이미 베토벤의 마지막 작품들에서 예고된 것임을 알 것이다.[376]

이후 발언을 보면 슈만은 베토벤의 형식적 도식과 결별을 '민중성'과 연결하고 있다. 그리고 이 연결점은 장 파울의 "낭만주의적 유머"[377]다. 알려져 있다시피 슈만은 자신의 "음악 선생들"[378]에게서보다 여기서 더 많은 대위법을 배웠다고 한다. 슈만이 장 파울을 어떻게 생각했는지는《음악신보》를 통한 초기 발언에서 명확히 드러난다.

> 사람들은 이 잡지의 발행자들이 음악의 시적 측면을 학문에 해가 될 정도로 가공, 강조한다고 비난했다. 그들은 풋내기 환상주의자들이라고. (…) 그러나 우리는 (…) 자체로 원본이 불러일으키는 인상과 같은 인상을 남기는 비평을 최고의 비평으로 친다. 이런 의미에서 장 파울은 베토벤의 교향곡 내지는 환상의 이해에 상응하는 시적 작품으로 (환상이니 교향곡에 대해 단 한 마디도 하지 않으면서) 수많은 예술 재판관들보다 이바지한 게 많을 것이다. 그 재판관들은 거대한 건축물에 사다리를 기대어 놓고 팔꿈치로 그 높이를

잰다.[379]

절대로 슈만의 피아노 환상곡 op.17은 비슷하게 환상적인 베토벤의 작품 앞에서 몸을 숨길 필요가 없다. 베토벤은 쇼팽이 결코 하지 못했을 이 작품의 '토대'를 제공했다. 한스 요제프 오르타일Hanns-Josef Ortheil의 소설《삶의 발명Die Erfindung des Lebens》에서 젊은 피아니스트는 비할 수 없는 것은 슈만의 태도라고 하며 이렇게 말한다. "이 격렬하고 열정적인 시작! 좌파들의 시끄러운 소동에 대한 오른손의 타격!"[380]

장 파울 Jean Paul(1763~1825)

라이프니츠 대학에서 신학을 공부하던 중 소설을 쓰기 시작한 장 파울은 1793년 소설《눈에 보이지 않는 관람석Die unsichtbare Loge》으로 명성을 얻었다. 그의 작품은 낭만주의의 희미해지는 무형식성을 극단으로 몰고 간다. 슐레겔은 그의 소설을 '자기 대화'라고 명명하기도 했다. 장 파울은 시학적이고 철학적인 코멘트로 자신의 성찰을 섞어 작품에 녹여 내기도 했다. 재기 발랄한 아이러니와 함께 쓰디쓴 풍자와 달콤한 유머를 곁들여 사회 비판과 정치적 견해를 드러내기도 했다.

18

장 파울

"동시대인들에게 베토벤을 장 파울과 비교할 수 있다는 생각은
큰 도움이 되었다."

나를 제발 제2의 장 파울이나 베토벤이라고 부르지 말아요. 그럼 정말 나는
당신을 잠깐이지만 미워할 수도 있어요. 다른 사람들보다 열 배는 작아도
되지만 나 자신에게는 무엇인가가 되고 싶어요. 나를 더 이상 '피아니시모
피아니시모'라고 부르지 말아 주세요![381]

연인 클라라 비크에게 한 슈만의 간곡한 호소는 그가 숭배자 베토
벤과 장 파울의 아류로 역사에 남고 싶은 생각이 전혀 없음을 보여 준
다. 슈만은 이 두 사람에게 배운 것을 생산적으로 더 발전시키려 했다.
그런데 작곡가가 소설가 장 파울에게서 무엇을 배울 수 있을까? 슈만
의 재치 있는 답변은 이렇다. "베토벤의 음악을 들으면 마치 누군가가
내게 장 파울의 작품을 읽어 주는 것 같다."[382] 달리 표현하면 장 파울의
글을 바탕으로 베토벤 음악이 서사적으로 들릴 수 있으며, 따라서 동시
대인들이 적절하게 곡을 따라갈 수 있는 전제라고 여겼던 작곡적 진행
을 벗어날 때도 역시 의미 있는 구조로 체험할 수 있다는 것이다.

이로써 슈만은 볼프강 로베르트 그리펜케를과 함께 베토벤과 장 파울 담론의 선두에 선다.[383] 이 담론은 코타Cotta 출판사의 1807년 7월 《교양인을 위한 조간Morgenblatt für gebildete Stände》의 한 기고문에 의해서 시작된다. 6개월 전에 창간된 괴테의 가정 신문이나 다름없는 이 신문에 문필가 에른스트 바그너Ernst Wagner가 교향곡 〈에로이카〉에 대한 비평을 기고했다. 이는 일종의 신문 문예란의 시작 정도의 의미였다. 최초로 일간지가 아주 상세하게 기악을 다루는데 에른스트 바그너의 기고문을 의미 있고 흥미롭게 생각했는지 카스파르 다비트 프리드리히의 그림을 다룬 기사 옆에 배치했다.

괴테, 장 파울과 개인적으로 알고 지내던 에른스트 바그너는 다음과 같은 전제하에 기고문을 쓴다. 위대한 음악가의 개인적 스타일은 음악이 여전히 꿈을 꾸면서 자연과 이념 그리고 현상과 존재 사이를 비틀거리며 방황하는 한 예리하고 철저하게 파악할 수 없다는 것이다. 그러나 음악가를 시인과 비교하는 일은 의미가 있다고 한다. 베토벤의 경우에는 살짝 힌트를 주자면 장 파울이 안성맞춤이다. 음악 이론적으로 매우 정통한 에른스트 바그너는 그럼으로써 음악적 작곡 규칙에 덜 친숙해서 여러 곳에서 혹독한 어려움을 겪는 청자들의 편에 선다. 바그너는 그들에게 기이하고 낭만적인 반전을 장 파울식의 유머로 이해하라고 권한다.[384] 이와 비슷한 체험적 관점에서 동시대인들도 베토벤 음악을 칭송한다. 베토벤 음악은 환상성과 비규칙성이 숨 쉴 공간을 주며 고상한 양식과 비천한 양식을 뒤섞고 암시와 생략을 구사하며 극단적 감정의 급격한 전환을 즐긴다는 것이다. 그들은 이 음악을 낭만주의적 유머의 표현으로 이해하는데 이러한 유머는 모순에 가득 찬, 베티나 폰 아르님의 서간체 소설《괴테가 한 아이와 주고받은 편지Goethes Briefwechsel mit einem Kinde》(1835)에서 등장인물 베토벤이 하는 표현을 빌리면 모순들로 가득 찬 "부조리한"[385] 세상을 끝내려는 것이다. "유머 작가가 병든 것이 아니라 작가가 쓰는 사회가 병든 것이다."[386]

셰익스피어의 경우에서처럼 문학에서 안식처를 구한 사람들은 무엇보다 문학이나 미학에 관심을 두는 반면 동료 작곡가 카를 마리아 폰 베버Carl Maria von Weber는 1809년 《교양인을 위한 조간》에서 베토벤의 교향곡 4번을 조소적으로 비판한다. 1악장의 아다지오 도입부(슈베르트는 이를 부분적으로 사보했다)에 대해 다음과 같이 평했다.

> 일단 느린 템포, 되다가 만 짧은 악상들로 가득하고 그것들 사이의 연관은 도저히 찾아볼 수 없다. 15분마다 셋 또는 네 개의 음표가 우리를 긴장시킨다! 그리고는 둔중한 팀파니의 연타와 알 수 없는 비올라의 악장은 으레 일정량의 게네랄파우제Generalpause(총휴지부)와 멈춤으로 장식되어 있다. 마지막으로 청자가 긴장에 질려 알레그로는 이미 포기해 버린 후에 오는 광폭한 템포에는 어떤 주제도 드러나지 않고 그만큼 청자가 스스로 찾아야 할 것만 더 많아지는 데만 신경 썼음이 틀림없다.

베버의 요지는 이렇다. "모든 규칙을 무시하라. 규칙은 천재를 구속할 뿐이다."[387] 베버는 물론 자신의 비평을 작곡 기법적인 디테일을 기술하기에는 적절하지는 않은 그로테스크한 악몽의 모습으로 꾸미고 있긴 하다. 그러나 동시에 베버는 옛 거장들의 '분명함과 뚜렷함'을 별난 자기중심적 태도로 대체해 버리는 음악에 대해 진지하게 항의한다.

자신의 경력을 쌓아 가는 중인 23세의 작곡가가 이런 '전문' 비평을 하는 것을 나쁘게 생각할 필요는 없다. 누구보다 베토벤에게서 한 차원 높은 환상성의 지양을 본 사람들은 문필가다. 이런 환상성은 음악 기법적 독창성에서만 나오는 것이 아니라 19세기 전환기 무렵 예술에서도 강력히 관철되던 막연한 총체적 인격에서도 유래한다. 라이프치히《알게마이네 무지칼리셰 차이퉁》의 한 평자는 1817년 어떤 젊은 작곡가들은 알려고도 인정하려고도 하지 않는다며 다음과 같이 썼다.

> 즉 베토벤에게서 고유한 것(장 파울도 마찬가지)이 우리를 사로잡는 이유는 오직 그들만의 독특함을 비롯해 작품의 내면성, 폭력성 그리고 태생부터 독창적인 성격 때문이다. 정신과 감각에 따라 절대 모방 불가능한 것이지만 예술 언어가 보편적으로 부르는 작풍 형식의 외관은 모방할 수 있다. 하지만 전혀 인정받기 어려울 것이다. 그것은 단순한 형식 혹은 외피일 뿐이고 이는 대부분 억지로 만든 것이기 때문이다. 그리고 모방한 외피는 자신 외에 그 어떤 데에도 맞지도 유익하지도 않을 것이다.[388]

한 익명의 필자가 쓴 대수롭지 않은 생각은 우리에게 베토벤과 장 파울 담론을 시대적 제약을 받는 사소한 것으로 치부하지 말라는 경고로 들린다. 작곡의 억지로 만든 외피를 형식이라고 설명해서는 안 된다는 경고는 오늘날까지도 유효하다. 특히 곡의 고유한 특성에 일반적인 틀을 씌워 그 곡을 무화하는 경향이 있는 구조주의 분석자들에게 말이다. 베토벤의 특성은 분석 불가능하며 기껏해야 은유로밖에 파악할 수 없는 것으로 생각하면 안 될까?

'장 파울'이란 은유는 '셰익스피어'라는 은유보다 더 구체적인 것을 제공한다. 베토벤과 장 파울은 서로를 전혀 몰랐던 동시대인이지만 동일한 자극으로 각자의 개성을 발휘하려 했기 때문이다. 문학 연구자 게르하르트 바우만Gerhart Baumann은 장 파울과 관련해서 "자의식으로부터 태어난 문학의 탄생"[389]을 이야기하면서 유고의 자전적 메모를 지적한다. 우리는 이 메모를 성장하는 작가가 쓴 자서전의 한 조각으로 해석할 수도 있지만 장 파울이 자신의 '자아'와 함께 가면극을 한다는 것과 자신의 문학적 쌍둥이를 만들어 내고 도플갱어를 등장시켜 자신의 이야기 속에서 '장 파울'로 연기하게 한다는 사실을 결코 잊어서는 안 된다.

> 아무에게도 얘기하지 않았던 내 안의 다른 모습을 나는 절대 잊지 않는다. 나의 자의식이 생겨날 때 서 있던 곳이 어디이고 언제였는지 나는 안다. 어느 오전 나는 아주 어린 아이로 현관문 아래 서서 왼편 위 나무들보를 올려다보았는데 그때 갑자기 '나는 나다'라는 내부의 환영이 하늘에서 내 앞으로 번개처럼 떨어졌고 그 이후로 빛을 내며 남아 있었다. 그때 나의 자아는 처음으로 자신을 보았고 그것은 영원했다.[390]

어린 베토벤도 다락방에 혼자 올라가 망원경으로 라인강 너머 지벤게비르게Siebengebirge 산맥 쪽 지역을 보는 걸 즐겼다는 이야기가 전해진다. 장 파울의 이야기와 같은 것은 아니지만 전기적 자료의 문맥에서 보면 베토벤이 얼마나 어려서부터 자기 존재를 의식했는지 짐작하게 한다. 그런 의식은 예술가적 결정이 길어지고 많아짐에 따라 더욱 민감했을 것이다. 장 파울 애호가들에게 이 작가와 작곡가를 비교할 수 있게 하는 비교점을 무엇보다 비연속성과 시간의 도약, 광범위성에 있다고 보는 것은 전혀 의미가 없다고 따로 설명할 필요가 없다. 그러니까 작곡가이자 음악 작가 고트프리트 베버Gottfried Weber처럼 장 파울이 '하이든식 유머'에 빠져 있었음을 내세우며 베토벤의 '기괴함'이 여기에 상당히 상응한다는 식의 비교 말이다.[391] 그것은 마치 이 예술가들이 독자나 청자를 우롱하는 듯 보일 것이다. 그러나 중요한 것은 바우만이 장 파울에 대해 분석하고 베토벤에게서 감지한 "정신적 충격"[392]에서 두 사람의 강력하고 미묘한 자기의식이 생겨나는데, 단순한 명제적 문장으로 표현할 수는 없다는 점이다. 이것은 독자나 청자를 붙잡아 두려는 의도와는 무관하며 오히려 예술가들의 자기 자신에 대한 솔직함과 관련이 있다. 소설가 로베르트 무질Robert Musil에 따르면 체험과 느낌을 갖는 것이 중요한 게 아니라 끈질기고 조용하게 대결하고 하나가 되는 일이 더 중요한 것이다.[393] 여기에 때로는 과소평가되는 장 파울의 현대성과 흔히 강조된 베토벤의 현대성이 있다.

작가나 작곡가가 전통적 예술 규칙을 준수하면서 자신을 표현한다면 그것은 갈기갈기 찢긴 개인적 자의식의 진실한 표현일 수는 없을 것이다. 이런 의미에서 장 파울의 소설에는, 아마 실러를 겨냥한 것일 텐데, 예술 고문 프라이쉬되르퍼Fraischdörfer라는 희화화된 인물이 나온다. 예를 들어 프라이쉬되르퍼는 뮌히베르크의 집들을 문제 삼는다. 집들이 모두 산꼭대기에 있거나 아니면 계곡에 있어야 하는데, 들판과 주거지가 마구 자라나서 예측할 수 없다는 게 그에게는 눈엣가시다. 그러나 이보다 더한 것은 프라이쉬되르퍼가 충격적인 사건에도 냉정하게 미학적 잣대를 들이댄다는 점이다. 그래서 그는 《거인Titan》에서 연극배우 로크바이롤의 격렬하고 극적인 자살(애호가들의 연극 〈비극연기자〉의 주인공을 연기한 것을 계기로 실제로 권총 자살)에 당황한 제후 부인에게 다음과 같은 말로 논평한다.

단순히 예술적 차원에서 보자면 문제는 이런 상황을 효과적으로 (새로운 연극을 위해) 차용할 수 있지 않을까 하는 것입니다. 천재적인 〈햄릿〉에서처럼 연극 속의 연극을 넣은 극중극에서 가상의 죽음을 실제 죽음으로 만들어야 하겠죠. 그렇게 되면 물론 가상의 가상, 실제 연극 속에서 연기하는 실제가 될 것이고 수천의 멋진 반응이 있겠죠. 그런데 지금 비가 오는군요![394]

〈햄릿〉의 극중극에 자극을 받아 이 예술 고문은 생각해 보라고 한다. 만일 미래 연극에서 연기자들이 관객에게 "우리 연극의 다음 장면에서는 연극 속의 연극을 상연합니다"라고 미리 알리고 이 극중극에서 한 연기자가 실제로 권총 자살을 하니까 의사를 불러야 할 것이라고 속인다면 어떻겠냐고. 그러나 그의 소설에서 '정상적인' 주위 사람들을 경악시키는 자살을 존재와 가상, 예술과 삶, 충격과 냉정함의 다양한 반영에 대해 생각해 보는 계기로 삼는 사람은 예술 고문 프라이쉬되르퍼만이 아니라 장 파울 자신이기도 하다.

괴테는 〈서동시집의 더 나은 이해를 위하여〉에서 장 파울의 작품에 통일을 추구하는 "숨은 윤리적 끈"[395]이 있음을 인정했으나 그러한 장난 섞인 생각으로 뭘 어쩌자는 것인지 당혹했을 것이다. 괴테는 햄릿 열병에 사로잡힌 자신의 빌헬름 마이스터를 마르틴 발저Martin Walser의 에세이 〈괴테에게는 프로그램이 장 파울에게는 존재가 있다〉의 제목에 걸맞게 곧장 활동적인 삶으로 되돌려 놓는다.[396]

충분히 《거인》에서 베토벤 교향곡 〈에로이카〉로 이어지는 끈을 연결할 수 있다. 〈에로이카〉는 바로 베토벤을 처음으로 '음악계의 장 파울'이라고 불리게 한 작품이다.

2악장이 엄청난 규모의 장송 행진을 표현하고 있고 제목 역시 "장송 행진곡Marcia funèbre"인 것은 처음 있는 일이었다. 장송 행진곡은 그때까지 예식이나 오페라, 오라토리오에서 사용되던 장르였으므로 베토벤 시대의 청자들은 어쩔 수 없이 그 의미를 찾아 나설 수밖에 없었다.

베토벤은 악장의 제목이나 작곡의 태도를 넘어서 어떤 의미도 제시하지 않는다. 그러나 오늘날 우리에게는 베토벤이 교향곡 〈에로이카〉에서 뚜렷이 개척한 '새로운 길'을 조명해 줄 전기적 문서가 있다. 바로 하일리겐슈타트 유서다. 앞서 언급했듯이 이 유서에는 육체적 죽음 '고행'과 그 뒤를 잇는 정신적 '부활', 다시 말해 이승 존재의 사멸과 순수한 예술에서의 재탄생에 대한 베토벤의 생각이 반영되어 있다 (211쪽 참조).

하일리겐슈타트 유서의 비장함은 〈에로이카〉 2악장과 《거인》에 유사하게 표현되어 있어 베토벤과 장 파울의 자의식을 비교해 볼 만하다. 여기서 장 파울은 비평 작가 막스 코머렐Max Kommerell의 표현주의적 어법을 빌리면 "베토벤의 음악적 분쇄를 달성한다."[397] 장 파울은 악마적 파괴력을 지닌 로크바이롤과의 "숨은 친화력"[398]을 베토벤이 〈에로이카〉의 장송 행진곡에서 자신의 교향악적 자아를 상대화한 것보다 훨씬 더 상대화했다. 앞에서 봤듯이 자살이라는 충격적 사건을 예술 고문이 곧장 멀쩡하게 연극적 차원에서 생각하게 하는 것이다. 여기에 비교점이 있다. 〈에로이카〉를 듣는 사람들은 교향곡에 도입된 장송 행진곡을 연극적이라고 느낄 수밖에 없었다. 그리고 베토벤 자신도 자기 죽음이 공개적으로 연주되는 것과 같은 음악적 승화에 연극적 요소가 있음을 분명히 인지하고 있었을 것이다.

내가 뚜렷한 증거 없이 베토벤의 생각을 가정하고 있지는 않은지 질문할 수도 있으나 이는 그리 중요한 문제가 아니다. 중요한 것은 베토벤과 장 파울 두 사람 모두가 독자와 청자들이 느끼는 바로는 저 이상주의적 원칙을 포기한다는 점이다. 이상주의적 원칙에 따르면 예술은 궁극적으로 그 창조자와 분리해 이해해야 하며 사람들을 필연의 제국에서 자유의 제국으로 인도해야만 한다. 이는 장 파울에게 해당하지 않는다. 장 파울의 미학은 오히려 그 하나가 다른 하나에 부딪혀 항상 파괴된다. 엄밀히 살펴보면 이는 베토벤에게도 적용된다. 적어도 동시대인의 눈에는 그렇다. 오늘날 우리가 〈에로이카〉의 장송 행진곡을 숭고함의 표현으로 듣지만 동시대 비평가들은 장 파울적 미학의 의미에서 여기서 '어긋남'을 느낄 수 있다고 했다. 그래서 에른스트 바그너는 2악장의 C장조 부분(69마디부터)에 대해 아무리 좋게 해석하려 해도 너무나 장난스러운 성격이라 이어지는 푸가의 탄식의 울부짖음과 극렬하게 대립한다고 흠을 잡는다. 이후 부분(158마디부터)은 다음과 같이 논평한다. 플루트와 바이올린의 흐느낌이 반주하는 깊은 베이스의 균열은 최종적인 파국을 초래하며 오직 산발적인 신음과 탄식만 뒤따른다. 그러면서 에른스트 바그너는 극단적인 것에서 그리고 박자를 뒤흔드는 무시무시한 팀파니 소리와 지극히 우아한 꽃과 같은 멜로디의 빈번하고 빠른 교체에서 장 파울의 메아리를 느낀다는 이유로 자신이 베토벤의 음악을 대하는 법을 안다고 믿는다.[399] 그럼으로써 에른스트 바그너는 간접적으로 베토벤이 자의식으로부터 태어난 문학의 탄생과 궤를 같이 하는 '작곡법'을 사용한다고 가정한다.

피아노 소나타 〈템페스트〉는 이를 더 의미 있게 증명한다. 이 작품도 〈에로이카〉와 같이 '새로운 길'을 선포한 이후의 작품이다. 우리는 이 작품의 장 파울적 성격을 밝혀내려 굳이 모차르트 소나타와 비교할 필요 없이 베토벤의 피아노 소나타 f단조 op.2-1을 보면 된다. 1악장은 아르페지오 상행 모티프로 시작된다. 제1주제는 그 결연함에서 베토벤의 전형성을 보여 주면서도 동시에 소나타 시작으로 상투성을 벗어나지 못했다. 앞서 여러 차례 상세히 언급한 소나타 〈템페스트〉의 도입부는 이와 다르다. 형식의 모순으로 주제의 창조나 성격 표현에 대한 전통적 관념을 모두 거부한다. 그 대신에 양면적 자의식이 작품 표면으로 밀고 올라온다. 이 자의식은 관습적 표현과 태도가 아닌 예측할 수 없는 특수한 자아와 순간을 반영하는 자기 명상으로 드러난다.

이는 〈에로이카〉 도입부에도 해당된다. 두 번의 오케스트라 음이 울린 후 5마디의 짧은 모티프가 나오는데 그 10번째 음은 틀을 너무나도 벗어나서 리하르트 바그너는 아내 코지마에게 이렇게 말할 정도였다.

> 당신, 완전히 최신 음악의 음표를 알고 있어요? 그건 C샤프장조예요. 〈에로
> 이카〉의 첫 테마의 C샤프죠. 베토벤 이전에 그리고 베토벤 후에 주제를 완
> 전히 쉽게 하고는 이런 한숨을 내뱉었던 사람이 있나요?[400]

음계의 이질적인 C샤프를 통해 교향악적 구상은 아무 장애 없이 추
적할 수 있는 게 아니라 처음부터 저항을 예상해야만 한다는 베토벤의
생각이 드러난다. '여기가 끝이다. 끈기 있게 혹은 열성적으로 새로운
길을 따라가라!' '자연'을 가리키는 무엇보다 3화음으로 구성된 주제의
등장에 앞서 오는 이 두 번의 오케스트라의 음은 주목할 만하다. 그것
은 교향악적 자아가 처음부터 노출된 폭력의 제스처라고 해석할 수 있
다. 그렇게 일찍부터 '예언된' 갈등은 1악장이 진행되는 동안 폭력적으
로 작용하는 음의 밀집 속에서 극적으로 극대화된다. 위안하는 목소리
의 '항의', 즉 예기치 않게 다른 세계에서 나온 듯한 e단조 주제 후에 비
로소 재현부의 주제는 악장 끝부분에서 승리를 거두는 것은 아니더라
도 숨을 쉴 수 있게 된다.

이와 같은 진행은 저절로 일어나지도 않고 그렇게 들려서도 안 된
다. 그것은 오히려 집중적인 작업의 결과인 바, 이미 인용했던 무질의
표현을 따르면 체험과 느낌을 끈질기고 조용하게 대결하고 하나가 되
는 일과 바꾸는 작업이다. 베토벤은 청자를 자신의 사고 과정에 참여시
키지만 '절대 음악'의 의미에서 오로지 음으로만 사로잡는 묘한 역설을
발휘한다. 멘델스존은 이런 전통에서 작곡가 마르크 앙드레 수케이Marc
André Souchay에게 자신의 생각을 다음과 같이 써 보낸다.

내가 좋아하는 어떤 음악이 내게 말하는 것을 말로 표현한다면, 그것은 불특정한 생각에 관한 것이 아니라 특정한 생각에 관한 것이다. 내가 무슨 생각을 했는지 (가사 없는 노래를 듣고) 물어본다면 바로 있는 그대로의 그 노래라고 답할 것이다. 그리고 내가 이 노래 저 노래에서 어떤 특정한 단어를 생각했다 해도 나는 아무에게도 그것을 발설하고 싶지 않다. 그 노래만이 한 사람에게 다른 사람들과 똑같은 것을 의미하고 똑같은 느낌을 불러일으킬 수 있기 때문이다. 그러나 그것은 같은 말로는 표현될 수 없는 느낌이다.[401]

동시대인들에게 베토벤을 장 파울과 비교할 수 있다는 생각은 큰 도움이 되었다. 그들의 상상력은 강령적으로 구상된 디테일에 대한 추측을 할 필요가 없었고 오히려 베토벤의 자기 명상을 그들 각자의 방식으로 자기 것으로 만들 수 있었다.

이제 우리는 '음악계의 장 파울' 베토벤과 관련해서 〈에로이카〉에서 교향곡 8번으로 넘어가자. 그러니까 교향곡 작곡가 베토벤이 자신의 영웅적인 승리의 메시지에 피곤함을 느껴 그 메시지를 반대의 이미지 없이는 상상할 수 없게 되는 시기로 넘어간다. 그렇게 교향곡 7번의 품에서 교향곡 8번이 생겨난다. 오랜 옛날 비극 후에 우스꽝스러운 사티로스극이 뒤따랐듯이 베토벤의 창작에서 끝없이 범람하는 폭풍적인 교향곡 7번 후에 교향곡 8번이 뒤따른다. 교향곡 8번은 그 간결하고 집약된 형식이 눈에 띄는 소위 베토벤 교향곡 중 가장 쾌활한 곡이다.[402] 이런 견해는 한때 영향력 있던 베토벤 전기 작가 아돌프 베른하르트 마르크스Adolf Bernhard Marx에 의하면 어쨌거나 19세기 통상적인 연주 소개의 상식이었을 뿐만 아니라 베를리오즈나 차이코프스키 같은 작곡가에게도 그랬다. 리하르트 바그너조차도 교향곡 8번을 베토벤이 거의 지속적으로 숭고한 쾌활함의 정신을 숭배하던 창작 시기에 넣는다.[403]

20세기 이래로 유머가 말을 한다는 교향곡 8번에 대한 로베르트 슈만의 견해가 지배적이었다. 이는 여러 의미로 해석될 수 있다. 예를 들어 카를 달하우스는 단지 장르 전통에서 "유머러스하게 거리 두기"[404]만을 보았던 반면 미카엘 길렌Michael Gielen은 "유머는 격노한 난쟁이 룸펠슈틸츠킨의 유머다. 거기에는 격분과 억눌려진 그리고 빈번히 터져나오는 폭력성이 있다"[405]고 판단했다. 그리고 아도르노는 스스로를 흩날리는 '전원田園'을 느꼈다.[406]

교향곡 8번에서 베토벤의 냉소는 자기 심판이자 자신의 교향악적 이상에 대한 항의다. 이 외에는 교향곡 8번의 특징들을 달리 해석할 방법이 없다. 여기에서 근본적인 모순이 생겨난다. 멀리 앞을 내다보는 주제−모티프적 과정과 반항적인 대위법의 사용, 지독하게 거스르는 박자, 피아노와 포르테의 급격한 교체, 전원적이고 찬가적인 부분들의 디테일까지 교향곡 8번은 '진정한' 베토벤이어서 대표작 리스트에서도 빠지지 않는다.

빌헬름 폰 렌츠가 처음으로 공포의 음표라고 부른 피아니시모에서 갑자기 포르티시모ᵣᵣᵣ(아주 세게)로 들어서는 17~18마디의 c샤프음은 베토벤의 유머로 이해할 수 있다. 비록 루이스 슈포어Louis Spohr는 그 등장을 마치 누군가 그에게 대화하는 도중에 혀를 내미는 것처럼 느꼈지만 말이다.[407] 그런데 이 c샤프음은 단 한 번에 그치지 않는다. 악장 전체에 계산해서 넣은 조롱이다. 주목할 만한 '잘못' 설계된 이 c샤프음은 (두 번째) 재현부(379마디부터)에서 재차 등장해 f샤프단조의 딸림음으로서 인정을 받는데 F장조 악장으로 그야말로 불쑥 뛰어든다. 이 피날레를 두고 음악 연구자 콘스탄틴 플로로스Constantin Floros가 "베를리오즈 이전 시대에 나온 '렝프레뷔imprévu' 예술의 가장 빛나는 예"[408]라 한 것이 일반적인 견해다.

그러나 이 교향곡은 이 예기치 못한 인상을 넘어 자기 파괴적인 충동을 생각할 수밖에 없는 현저한 해체의 요소들을 보인다. 인격의 무결성과 관련해서 자기 파괴적이라는 의미가 아니라 자신의 열정적 창작 건축물을 다루는 데 있어서 그렇다는 말이다. 이 건축물은 교향곡 7번의 피날레에서 윤리적인 것에서 방탕한 것으로 바뀌고 이제 그야말로 파괴되는 것이다. 자기 자신을 조롱하면서 편안함을 느꼈을 수도 있다. 나는 그의 청중들에게 이렇게 외치는 베토벤을 상상해 본다. "나는 당신들에게 작곡적으로나 철학적으로 내 최선을 보여 주었다. 당신들은 이걸로 무엇을 시작할 것인가? 당신들은 세상을 바꾸었던가? 자 여기 부품들이 있다. 이제 당신들 스스로 조립해라. 그렇게 할 수만 있다면 말이다!"

그렇지만 동시대인들은 그렇게 '할 수 없다.' 그리고 베토벤은 알레그레토 스케르찬도의 2악장에서 최고의 예술적 기교를 부려 그들의 무능력을 작곡으로 보여 준다. 2악장을 작곡할 때 베토벤은 메트로놈을 생각하지 않았거나 다른 기계적 장치를 염두에 두었을 것이다. 요한 네포무크 멜첼Johann Nepomuk Mälzel은 메트로놈과 같은 장치들의 발명으로 유명했고 발명품들을 빈의 '예술품 진열실'에 전시했다.**

첫 마디들을 듣고 눈치챌 수도 있겠지만 베토벤이 묘사한 것은 결코 동일한 속도로 진행되는 작품이 아니다. 오히려 그것은 변덕스러운 장치다. 멜로디와 반주는 자체로 동질적이지도 않고 서로 들어맞지도 않는다. 서로 겹치고, 늘려지고 정체되고 왜곡된다. 마지막에 이르면 이

• 뜻밖의, 예기치 못한이란 뜻이다.
•• 안톤 쉰들러는 교향곡 8번의 2악장이 베토벤이 멜첼을 위해 쓴 카논에서 나왔다고 했는데, 이 카논은 메트로놈 발명에 대한 고마움의 표시였다고 한다. 그러나 이후 거짓말로 밝혀졌다.

장치는 두 개로 쪼개지는 것처럼 보이고 종지에서는 '다시 잘 작동시키기 위해 한 방 먹여라'라는 속담처럼 잠깐 한 번 더 끔찍하게 부지런히 일한다. 이는 몇몇 해석자들에게는 베토벤 시대의 전형적인 이탈리아 오페라 아리아의 으스대는 결말을 연상시켰다. 로베르트 슈만은 베토벤이 "제대로 팬을 집어 던지는"[409] 것을 보았다. 이는 일반적으로 베토벤에게 따라붙는 의도적인 '악의'처럼 보이지만 2악장으로부터 교향곡 8번의 다른 악장들이 형식과 어떤 관계를 맺고 있는지 살펴보면 그것은 도가 지나친 것이다.

1악장도 자세히 살펴보면 괴물이다. 다른 교향곡에서와는 달리 도입 주제는 처음부터 완성된 건축물로 등장하며 이는 베토벤이 어떻게 그러한 응축성을 놓고 사고를 전개하고 모순을 다룰 수 있는지 의문이 들게 한다. 그리고 순수와 정열의 요소가 서로 충돌한다. 곧 사랑스러운 주제와 거친 밀집된 음이 충돌한다. 제시부에서 시작되어 전개부는 더욱 심해진다. 이 전개부에서는 저변의 '위트'는 제외하더라도 이런 도식 때문에 표면적으로 지배당한다. 한 마디로 된 주제의 첫 부분이 시퀀스로 단순하게 진행되며 오케스트라 속을 돌아다닌다. 극단적으로 표현하면 "아무것도 아닌데 요란하기만 하다!" 그러나 이 요란함이 포르티시모의 찬가적 전환으로 이끈다. 전형적인 베토벤의 피날레다. 이것을 얼마나 진지하게 받아들여야 할지 알 수 없지만 어쨌든 주제를 연주하는 베이스에 대항해서 자신을 관철하지는 못한다. 베이스는 마치 재현부의 시작을 놓치지 않으려는 것만 같다. 결론은 좁은 공간에서 체험 차원의 급격한 교체 가운데 사랑, 절제, 정열, 야생, 축제 등 모든 것이 '다뤄진다.'

베토벤은 3악장에 스케르초가 아닌 거리를 두는 지시어 템포 디 메뉴에토Tempo di Menuetto를 표기한다. 마치 이 장르에서도 더 이상 나아갈 곳이 없다고 말하려는 듯하다. 옛것을 다시 사용할 수는 있지만 그렇다고 1812년에 춤의 온전한 세계를 다시 불러낼 수 있으리라고 생각하지는 말아야 한다. 이에 상응해서 3악장은 사랑스러운 복고풍으로 등장하지 않으며 방향을 잃은 뚜렷한 기미를 보인다. 처음부터 트럼펫과 팀파니가 너무 일찍 등장하는 것이다. 팀파니는 이 밖에도 피날레를 위해 이례적으로 8도 음으로 맞춰진다. 26마디에서 바이올린도 뒤늦게 연결점을 찾고, 호른, 트럼펫과 연주되던 팀파니는 37마디에서 혼자 두 박자 지각해 불안감을 조성한다. 교향곡 〈전원〉의 농부들의 즐거운 한때가 연상된다. 그러나 〈전원〉에서 장르적이고 유머러스했던 것이 여기서는 전체 의미에 대한 근본적인 회의처럼 느껴진다.

피날레는 당혹감을 표현하고 있는데 1818년 3월 4일 라이프치히 《알게마이네 무지칼리셰 차이퉁》의 한 평론가는 여기서 카오스적인 혼란과 가만히 있지 못하는 아이처럼 급격한 생각의 변화를 관찰했다.[410] 주제 리듬은 교향곡 7번 피날레의 주제를 비틀어 놓은 것이다. 악장이 진행됨에 따라 그로테스크한 움직임과 정체가 연이어 나타난다. 피날레 악장에서는 과장되게 느껴지는 긴장된 전개 작업에는 부분적으로 논리적 연관이 빠져 있다. 보통 피날레에서 느껴지는 해방감마저 없어 비논리로 일관한다. 종지부 53마디는 베토벤의 기준에도 터무니없이 도발적으로 강조되어 들린다. 몇몇 요소를 제외하면 교향곡 8번은 베토벤의 다른 교향곡의 느린 악장에서 항상 접하는 온기가 없다. 대신 작곡가는 마음껏 자신의 불친절함을 다 펼쳐 보인다. 늘 그렇듯이 이 또한 베토벤 작곡의 특성과 창의성에 속한다 말하는 듯하다.

교향곡 8번이 '베토벤 교향곡 중 가장 쾌활한' 곡이라면 이는 앞에서 언급한 사티로스극의 의미에서 그렇다. 여기서 베토벤은 자신의 카드를 다 펼쳐 보인다. "나는 기량을 발휘할 수 있는 작곡가로서 지금 창작의 정점에 있다. 그러나 인도주의적 이상의 선포자로서는 더는 모르겠다." 이는 장 파울을 연상시킨다. 장 파울 역시 소설에서 인도주의적 이상을 던져 버리고 대신 혼란과 일탈만을 보여 주며 말바꿈표나 물음표로 해체되고 만다. 그렇지만 장 파울은 아무리 염세적으로 기울더라도 결국에는 위안하는 어조로 독자들을 자신의 곁에 붙들어 두는 것을 포기하지는 않는다. 죽은 셰익스피어의 탄식이어야만 마땅했던, '우주로부터 들려오는 죽은 그리스도의 신은 존재하지 않는다는 말' 조차 장 파울은 위안으로 끝낸다. 베토벤 교향곡 8번은 다르다. 작곡가는 감탄을 자아내면서도 역겹고 환상적이면서 혼란스러운 세계, 이성도 예술도 풀 수 없는 모순으로 가득 찬 세계와 대결을 시도하지 않는다. 교향곡 8번에서는 이전에 작곡된 어떤 음악에서도 찾을 수 없는 자신의 가능성에 대한 성찰이 발견된다. 프리드리히 슐레겔은 교향곡 8번의 쾌활성과 관련하여 진정으로 초월적인 광대극을 얘기할 것이다.[411] 오페라 부파buffa(희가극)의 인물들도 늘 자신의 행동을 희화한다. 계속 슐레겔을 인용하자면 반어의 미소는 결국은 대단히 진지한 것이다. 객관적 전체에 대한 성찰을 반영하기 때문이다.[412]

오페라 부파에서처럼 베토벤은 자신뿐만 아니라 관객에게도 혀를 내민다. 교향곡 8번은 베토벤에게 슬픈 증명이다. 콘서트홀에서 교향곡이 교향곡으로 받아들여지려면 오직 그 메커니즘이 왜곡되어 보일 때만 가능하다는 누구나 다 아는 사실을 여기 환멸을 겪은 이상주의자가 말하고 있다. 냉소적으로 표현하면 교향곡 8번은 청각 장애인에게 '이상적' 교향곡의 '높은음' 중 무엇이 남는지 기록한 프로토콜이다. 그러나 작곡가의 실망에는 미래의 교향곡 9번에 대한 자극이 놓여 있다. 순수 기악으로 해내지 못한 것을 동시대인들이 '합창을 동반한 위대한 교향곡'이라 부르게 될 교향곡으로 해낸다.

초월

프리드리히 횔덜린 Friedrich Hölderlin[1770~1843]

독일의 시인인 횔덜린은 튀빙겐 신학교 시절 헤겔, 셸링 등과 교유하면서 칸트의 비판철학, 그리스 문학과 철학 공부에 매진하고 프랑스 혁명을 지켜보면서 혁명의 이상에 심취했다. 졸업 후 성직자가 아닌 작가의 길을 택한 뒤, 잃어버린 황금시대를 한탄하고 암흑시대에 신의 재림을 노래한《엠페도클레스의 죽음》,《디오티마》등의 걸작을 남겼다.

19

프리드리히 휠덜린

"어려운 이항 대립은 감각적 성질을 획득하며 우리의 일반적 음악 수용에 근접한다.
쉽게 예를 들면 음이 진동하는 대기 중의 공기도 붙잡기 어렵다."

　베토벤 피아노 소나타 〈템페스트〉는 프리드리히 휠덜린(1770~1843)
의 송가 〈파트모스Patmos〉의 속편인가? 〈파트모스〉는 디오니소스적·그
리스적으로 이해된 그리스도가 있는 곳으로 환상 여행을 하는 시다. 동
일한 예술의 종교화라는 소명 의식에 근거하는 구조적 공통성이 문제
다. 휠덜린은 자신의 의도를 이론적으로 표현해 놓았지만 베토벤의 의
도는 시대사적·전기적 문맥에서 그의 음악을 통해 추측할 수 있을 뿐
이다.

　가까이 있으면서
　붙들기 어려워라 신은
　그러나 위험이 있는 곳에
　구원도 따라 자란다.
　어둠 속에서
　독수리들은 살아가고, 무서움을 모르는

알프스의 자식들은 심연 위

가볍게 걸쳐 있는 다리 위를 건너네

그리하여 주위에 솟아 쌓인

시간의 봉우리들이 있기에, 그리고 사랑하는 이들이

가까이 살지만, 힘겹도록

멀리 떨어진 산속에 살기에

순결한 물을 주소서,

우리에게 날개를 주소서, 진실한 마음을 다해

건너가고 다시 돌아올 수 있도록

(…)

1803년 〈파트모스〉를 완성했을 때 횔덜린은 운율이 있는 송가에서 자유로운 리듬으로의 전환을 마친 참이었다. 그에 반해 괴테는 질풍노도 시기의 자유로운 리듬과 결별한 지 이미 오래였다. 같은 시기 횔덜린과 동갑내기인 베토벤은 '새로운 길'에 들어서 있었고 그 첫 이정표가 〈템페스트〉였다. 내가 전에 문학 및 담론 이론가 유르겐 링크Jürgen Link와 함께 "베토벤과 횔덜린"이란 제목으로 강의를 했을 때 그에게 〈파트모스〉 송가와 자연스럽게 비교할 수 있는 베토벤 소나타가 무엇인지를 물은 적이 있다. 음악에 조예가 깊은 동료는 반갑게도 〈템페스트〉를 지목했는데 나 역시 같은 생각을 하고 있었다.

우리는 무엇보다 시작 부분을 염두에 두고 있었다. 미지의 공간의 급작스럽고 환각적인 열림이나 미셸 푸코가 새로운 담론 체계를 정의하듯 지금까지 닫혀 있던 '말할 수 있는 공간'으로 이해할 수 있다.[413] 독자와 청자는 '새로운' 공간으로 그야말로 빨려들어 가는데 이는 각각의 이항 대립에 기인하며 그 간결한 형태로 고전주의적 미학을 부정하는 것이다. 송가나 소나타의 민감한 독자나 청자는 처음부터 실러의 유희 이론을 지적하면서 그 윤리를 아무리 높게 평가한다고 해도 여기서는 미학적 유희보다 중요한 게 있음을 느낀다. 그들은 예술적 자아를 만나게 되는데 그 자아의 흥분 상태는 예술로 '해소되는' 것이 아니라 예술이라는 옷을 입고 '나타난다'.

휠덜린적 자아부터 보면, 이 자아는 자신을 표현하는 것이 아니라 오직 이항 대립으로만 표현 가능한 듯한 하나의 메시지를 가지고 있다. 가까이/붙들기 어려운, 위험/구원, '사랑하는 사람들'은 서로 가깝지만/멀리 떨어진 산속에 산다. 스피노자적 세계관으로 휠덜린의 최고신은 물질적으로 이해된 대기라는 점을 상기한다면[414] 가까운/붙들기 어려운 이항 대립은 감각적 성질을 획득하며 우리의 일반적 음악 수용에 근접한다. 쉽게 예를 들면 음이 진동하는 대기 중의 공기도 붙잡기 어렵다.

예술 비평이라는 메타 차원에서도 이항 대립은 내용 기술에 적합하다. 휠덜린의 언어는 직접적이면서 깊은 차원을 가진다. 진술은 일반적이면서도 특수하다. 그것은 가깝게 다가오지만 정체를 파악해 흡수되는 것을 거부한다. 형식은 함축적이지만 열려 있다. 대립성은 모든 예술의 본질을 조명한다. 〈파트모스〉 송가의 특수한 대립성은 휠덜린 당대 시인들의 시와 단순히 비교만 해 봐도 분명해진다. 예를 들면 〈파트모스〉는 실러의 〈인질Bürgschaft〉처럼 이야기의 흐름이 없고, 〈종 Glocke〉처럼 교육적인 포즈도 없으며, 괴테의 〈방랑자의 밤 노래Wanderers Nachtlied〉처럼 서정의 연속도 없고, 〈프로메테우스〉같은 주관적 송가로의 도약도 없다. 우리는 '엄청난 음과 이미지의 흐름'을 경험하는데 이는 '노래와 같은 단순한 아름다움과 극단적으로 대립'한다. 문학 연구자 노베르트 폰 헬링라트Norbert von Hellingrath 이래로 휠덜린 후기 송가의 거친 이음매는 일종의 여러 번 싱커페이션 처리된 레치타티보에서

표현되는 것으로 이해된다.[415]

휠덜린이 시와 철학의 통합을 성찰할 때 들인 그 비상한 진지함과 대면하고자 한다면 최근 작품집에 실린 에세이 〈시학적 정신의 작업 방식에 대하여〉가 도움이 될 것이다. 이 에세이는 휠덜린 시의 현실/이상, 부분/전체, 변화/동일, 형식 내용/소재 형식 등의 관계에 대해 언급하고 있다. 이와 관련한 휠덜린의 생각은 완결되지 않은 채 단편에 머물러 있지만 내가 여기서 말하고자 하는 '조화로운 대립'과 관련한 충분한 토대를 제공해 준다. 휠덜린의 가장 중요한 인식은 인간을 규정하는 데 있는데, 인간은 신적인 것과 조화로운 대립 속의 통일체인 한편 신적인 것과 통일된 것, 조화로운 대립을 자신 안에 가지고 있다. 그에 따라 시인의 '임무'는 자아를 조화로운 대립의 삶 속에서 통일체로 그리고 자아 내부의 '조화로운 대립'을 통일체로서 인식할 수 있게 만드는 데 있다.[416] 헤라클레이토스로 거슬러 올라가는 이런 견해는 '자체로 구분되는 일자'라는 근본 개념에 근거한다. 휠덜린의 〈히페리온Hyperion〉에서 이 근본 개념은 '미의 본질'과 모든 철학의 전제에 다가가는 데 이바지한다.[417] 그러나 휠덜린의 여러 개념 가운데 '조화로운 것'의 요소는 결코 이상주의적 사고라는 의미로 해석해서는 안 된다. 그런 의미에서 오히려 예술은 자신의 조화로운 '대립' 속에 삶의 직설적 '대립'을 받아들여만 한다.

휠덜린의 '조화로운 대립'을 프레스코화처럼 간략하게 소개하면, '자아', '조화로운 대립', '통일체' 이 세 범주는 종교적으로 충전된 시학 요소들로 휠덜린 문학은 여기에 매우 종속되어 있다. 전통 문학에서 대립, 일치 등에 관해 기대할 수 있는 것의 범위를 훨씬 넘어서는 〈파트모스〉 시작 부분의 이항 대립을 놓고 볼 때 '신적인 것과 조화로운 대립 속의 통일체'라는 개념을 좀 더 살펴봐야 한다. 작가의 '조화로운 대립의 삶' 속에서 통일체로 인식되어야 할 '자아'라는 범주도 시급하다. 〈파트모스〉의 두 번째 연은 "이렇게 나는 말했다"로 시작한다.

나는 베토벤의 소나타 〈템페스트〉를 〈파트모스〉와 비교할 때 두 작품의 특징적 시작 부분에서 출발한다. 소나타 도입부의 이항 대립은 각각 화성/멜로디적 '근원 모티프'와 리듬/박자적 '근원 모티프'로 우리가 '고전' 주제나 시기에서 발견하는 대립성을 훨씬 능가한다. 삶의 '직설적 대립'을 부인하지 않는 횔덜린의 '신적인 것과 조화로운 대립 속의 통일체'를 상기해 보라. 전통적인 소나타 도입부와 비교해 볼 때 "음조는 (…) 개성적이고 직접적인 동시에 비개성적인데 그 시각이 인류 자체로 더 넓혀지기 때문이다."[418] 횔덜린 시 〈생애Lebenslauf〉의 두 번째 버전에 관한 문학 연구자 피터 쏜디Peter Szondi의 언급인데 이는 베토벤 소나타의 시작과 관련해서도 의미 있는 조명이다.

이미 체르니가 지적했듯이(242쪽 참조) 소나타 〈템페스트〉에는 '에피소드'들이 없다. 베토벤은 전통적 소나타 악장의 형식을 상당 부분 해체함으로써 채우고 분절하거나 연결하는 성격의 단락을 포기할 수 있었다. 음악은 하나 같이 뚜렷한 의미가 있는 진술들로 한정된다. 이러한 함축적이고 상이한 음악적 의미체, 언어학적으로 표현하면 어휘소는 본질적으로 중계되지 않는다. 청자가 스스로 그것을 '조화로운 대립 속의 통일체'로 조합해 내야만 한다. 물론 음악학자 중 형식 분석자

들이 직접성의 인상을 약화시킬지도 모르는 '과정적' 작곡의 구조를 지적하는 것은 맞지만 그것은 무엇보다 악보에서나 읽어 낼 수 있는 세부 사항에 불과하다. 베토벤은 소나타 〈템페스트〉에서 순전히 작곡적 의미에서 과정적으로 움직였다(103쪽 이하 참조). 그러나 여기서는 무엇보다 이런 작곡적 요소를 넘어서는 그리고 동시대인들에게 생각할 거리를 주었던 '메시지'에 주목하자.

말했다시피 횔덜린은 〈파트모스〉의 두 번째 연을 "이렇게 나는 말했다"로 시작한다. 송가에서 '수호신'이 횔덜린을 자신만의 사고 세계로부터 파트모스로 납치한다. 〈템페스트〉에도 이런 '자아'가 있는가? 우리는 곧장 3화음으로 힘 있게 상승하는 마디 21부터의 '제1주제'를 떠올린다. 수수께끼처럼 들리는 20마디까지의 이항 대립과는 달리 '고전적 척도'를 갖고 있고 명상에서 깨어나 삶으로 내닫는 베토벤을 반영하는 것처럼 보인다.

그런데 이토록 자의식 충만하게 등장한 '제1주제'에 어떤 일이 일어나는가? 전개부 끝에서 제1주제는 도입부의 아르페지오에서 자라난 '콘 엑스프레시오네 에 셈플리체(표정을 담아서 단순하게)'의 지시어가 붙은 두 개의 '레치타티보'로 대체되는데, 인간적 탄식에 가까운 '제1주제'를 신빙성 없는 것으로 만들어 사라지게 한다(107쪽 참조).

전통 소나타 악장의 도식과 완전히 배치되어 일부 베토벤 연구자들은 도입부 20마디까지의 이항 대립을 '제1주제'라고 선언하기도 한다. 이러한 시도는 베토벤이 소나타 형식을 무결한 토대가 아닌 공격 지점으로 본다는 점을 무시하고 있는 것이다.

이 악장의 서사적 구조를 횔덜린의 개념 세계를 배후에 놓고 밝혀보자. 단순한 도입 이상의 의미를 갖는 서주는 세계의 두 응집 상태인 휴지와 운동을 전형적으로 제시하여 '신적인 것과 조화로운 대립 속의 통일체'가 무엇인지를 어렴풋이 느끼게 중계한다. 서주에 뒤이어 활동과 목표를 향한 전진의 의미에서 분명한 의미가 있는 '제1주제'가 나온다. 전개부는 이 '제1주제'를 너무나 철저히 다뤄서 끝에는 거의 소모되어 버리고 재현부에서는 더 이상 등장하지 않는다. 이 재현부는 '제1주제'가 아니라 시작 부분의 이중적 응집 상태로 돌아간다. 거기서 울린 아르페지오는 이제 의미심장한 두 외침에 대한 자극제가 되는데 이는 '제1주제'의 관성에 대한 주체의 단호한 표현 혹은 더 나아가 항의로 이해할 수 있으며, 더 나아가 언어의 명징성을 향한 숨은 갈망으로도 이해할 수도 있다.

이에 따라 악장의 마지막 1/3은 '제1주제'를 분명히 제외한 채 에너지의 장을 제공한다. 제시부에서 부수적 요소로 소개된 재료들의 토대 위에서 자립적이고 환상적인 삶이 펼쳐진다. 악장은 12마디에 걸친 d단조의 피아니시모로 소멸한다. 처음에 주제로 다루었던 '조화로운 대립 속의 통일'과 '통일 속의 조화로운 대립'에 대한 질문, 즉 미학적 질문 자체에 대해서 관습적 '제1주제'가 아니라 고통받는 주체가 해답을 주는데 이 주체는 사이사이에만 발언할 수 있고 승리하지 못하게 되어 있다.

횔덜린과 베토벤은 틀림없이 서로를 몰랐을 것이다. 이 점은 그만두고라도 방법적 관점에서도 〈파트모스〉와 소나타 〈템페스트〉 사이에 정확한 구조적 공통성을 상정하는 것은 어리석은 일이다. 비교점은 공동의 시학인데 이 시학이 작품을 구조적으로 세부까지 설계하는 동시에 상당한 정도로 형식으로부터 생성되는 예견적 특성을 지니도록 해 준다.

이제 우리는 클로드 레비스트로스와 신화의 정의에 도달했다.[419] 레비스트로스에 따르면 인간에게는 본래부터 '친족의 기본 구조'라 할 수 있는 네 개의 사고 구조를 갖는데, '수학적 실재'와 '자연 언어', '음악', '신화'가 그것이다.[420]

여기에도 이항 대립이 등장한다. 레비스트로스에게 그것은 그야말로 '야생의', 즉 신화적 사고의 구조를 구성하는 것이다. 그의 《신화학》 첫 두 권의 부제가 각각 "날것과 익힌 것"과 "꿀에서 재까지"인 것이 의미심장하다. 날 것과 꿀은 자연을 의미하고 익힌 것과 재(담배)는 문명을 의미한다. 이 차이는 '야생적 사고'의 근본 개념 도구이며 이항 대립적 사고는 인간 세계 파악의 기본 상수항이다.[421]

〈파트모스〉 송가와 〈템페스트〉를 비교한 데에서 요점은 구조주의자 레비스트로스에게 이항 대립의 내용은 부차적이라는 점이다. 이항 대립은 신화 구조를 각인한다는 것만으로도 합리주의 이전 인간의 '야생적' 사고의 세계관에 필수한 안정성을 제공한다. 무엇인가를 구분할 수 있다는 의식은 이미 무력감을 경감시켜 주기 때문이다.

이러한 인식을 유럽 예술 음악에 적용하는 일이 문제가 된다면 우리는 계속해서 레비스트로스에 머물 수 있다. 여기서 특별한 관심은 1600년경에 탄생해서 19세기에 완성된 '위대한 음악 형식'에 쏠린다. 음악은 "신화가 서구 사회에서 전통적 기능을 수행하기를 그쳤을 때 신화의 정서적 기능과 지적 기능을 떠맡았다."[422] 이런 비교에 의미 있는 것은 물론 '모험적 형식'의 작품들뿐이다. 그것만이 문명화된 인간들에

게 모순을 극복하고 어려움을 해결할 수 있다는 유익한 환상을 제공할 수 있었기 때문이다.[423]

〈파트모스〉 송가와 〈템페스트〉 시작 부분의 이항 대립을 레비스트로스 이론의 뚜렷한 예로 들고, 계속 진행되는 동안 해결에 이르는 '모순'으로 이해하는 것은 어렵지 않다. 이 모순은 소나타 〈템페스트〉의 경우에 '밤이 지나면 새날을 맞으리'식의 전통적인 전투적 태도에 있는 것이 아니라 소나타 악장의 제도 안에서가 아닌 그것에 대항해서 자신을 주장하는 고통받는 주체에 동화하는 데 있다.

'예술 속에서 우연성의 극복'이란 열쇠 말은 범위를 나폴레옹 시대로 좁히면서 동시에 철학적·정치적 차원을 확장할 충분한 계기가 된다. 오래전부터 인문학과 정치학은 계몽주의와 프랑스 혁명으로 야기된 시대 변혁과 그 뒤를 잇는 반동을 다뤄 왔다. 앞의 "삶의 위기와 신앙심 그리고 예술이라는 종교"에서 암시한 바처럼 이전의 옛 신앙은 '진보적' 사상가들에 의해 노후한 것으로 치부되었지만 마지막 안전함의 토대는 포기할 수 없는 것으로 간주되었다. 여기에 '새로운 신화'가 뛰어든다. 그리고 〈독일 관념론의 가장 오래된 체계 구상〉이라는 저자 미상의 글이 발표되어 역시 '새로운 신화'를 요청하는데, 헤겔과 셸링, 횔덜린이 입안해 저자에 대한 오해를 불러일으키기도 했다. 특히 1800년 프리드리히 슐레겔의 〈신화에 대한 연설〉은 '새로운 신화'가 무엇보다 미학적 구상이라 밝히는데 다음과 같이 시작한다.

친구들이여, 진지하게 예술을 숭배하는 당신들에게 스스로 자문해 보기를 요청하고자 한다. 감동의 힘이 예술에서 언제나 개별적으로 분산되어야 하는지, 그런 역겨운 환경에 힘겹게 싸운 후에 결국 고독하게 침묵해야만 하는 것인지, 가장 신성한 것은 항상 이름과 형식도 없이 남아 우연의 어둠에 내맡겨져야 하는지 말이다. (…) 곧바로 목적을 말하겠다. 내 주장은 고대인에게 신화가 있었던 것과 달리 우리의 시에는 구심점이 없다는 것이다. 현대인이 고대인에 뒤처지는 본질적인 점은 이렇게 요약할 수 있다. 우리에게는 신화가 없다. 그러나 나는 덧붙이고자 한다. 우리는 막 새로운 신화를 얻을 수 있는 데까지 도달했으며, 오히려 새로운 신화를 탄생시키는 데 진지하게 함께 노력해야 하는 시간이 되었다고 말이다.[424]

'새로운 신화'에 전념한 휠덜린과 달리 베토벤 작품에서 이와 비견할 만한 것을 찾는 일은 조심스러울 수밖에 없다. 이때 소나타 〈템페스트〉는 베토벤을 음악의 철학자로 평가하기 위한 상징적 거점이 된다. 베토벤이 당시 철학과 시학 사상들에 정통하지는 못했을지라도 시류는 알고 있었을 것이다. 게다가 교양의 측면에서 후기 베토벤을 과소평가해서는 안 된다. 1819~1826년의 대화 수첩에 적힌 철학과 종교, 문학, 고고학, 역사, 지리 관련 도서 목록이 수십 권에 이른다. 베토벤은 1797년 요한 프리드리히 클로이커Johann Friedrich Kleuker의《브라만 종교 체계Das Brahmanische Religionssystem》의 초록을 작성하기도 했다. 그리고 베토벤의 장서에는 카를 필립 모리츠Karl Philipp Moritz의《신화학 혹은 고대인들의 신화 문학Götterlehre oder mythologische Dichtungen der Alten》1816년 4판본도 있었다.

더구나 베토벤에게는 일찍부터 전 세대 작곡가들에게서는 보기 힘든 순전히 음악적인 것을 넘어서는 소명 의식이 있었다. 잠든 민족들을 디오니소스(바쿠스)의 족적 위에서 깨우고 그들에게 법과 삶을 주는 위대한 시인과 신성한 가수들에 관한 휠덜린의 비전을[425] 베토벤은 이미 공유하고 있었는지도 모른다. 좀 더 구체적으로 살펴보면 베토벤은 오페라 작곡을 계획하면서 디오니소스(바쿠스) 신화를 연구했다. 이 바쿠스 요소는 교향곡 9번 2악장에 반영되었다.

베토벤의 사고를 자극한 신화적 인물과 작가, 도서들을 나열하는 것보다 '새로운 신화'가 투영된 정신을 지적하는 일이 더 중요하다. 앞서 소개한 〈독일 관념론의 가장 오래된 체계 구상〉은 첫머리에서 "철학 전체의 근본 원칙"으로서 "모든 이념 중의 이념, 자유롭게 행동하는 자아의 이념"을 언급한다.[426] 이런 구상은 신화적 안개를 모두 걷어 내고 우리를 현대적 베토벤의 핵심으로 직접 이끈다. 1797년경에 쓰인 〈독일 관념론의 가장 오래된 체계 구상〉에 헤겔과 셸링, 횔덜린의 서명은 우연이 아니다. 이 세 사람은 프랑스 혁명에 동조했고 역사의 수레바퀴를 돌리려 했다. 그리고 그사이 잘못 이끌어진 프랑스인들의 정치적 열정에 독일인의 풍부한 철학을 더하려 했다. 이 '새로운 신화'는 '옛' 지혜에 근거하는 미래 신화다. 프리드리히 슐레겔에게 새로운 신화 모든 작품이 처음부터 무에서 만들어진 새로운 창조물이듯 내부로부터 만들어지는 것이다.[427] 사람들은 이 신화를 어떤 인습에도 매이지 않는 자유로운 예술 속에서 시인과 철학자, 음악가, 미술가들의 공동 작업으로 실현한다.

프랑스 혁명으로 사회적 질서와 거기서 생기는 모든 것은 신에 의해 주어진 것이 아니라 만들어진 것이라는 사실이 분명해진 후 사람들은 인류를 스스로 규정한 길에서 자신들을 이끌어 줄 복안을 찾기 시작한다. 갑자기 음악이 그때까지 전혀 제기되지 않았던 질문에 답해야 하는 임무를 맡게 된다. 음악 예술의 의미에 대한 질문이다. 그때까지 음악은 무엇보다 먼저 신적인 그리고 다음으로 안정적인 사회 질서를 반영하는 기능을 당연시했다. 그러나 이제 음악은 이 질서의 한 조각을 스스로 마련해야 했다. 이는 전승되고 낡은 형식으로 회귀하는 것으로는 불가능하며 각자의 방식으로 질서를 창출하려는 주체의 부단한 노력으로만 가능했다.

　이로써 우리는 다시 '새로운 길'에 선 베토벤으로 돌아왔다. 내적 자율성을 맹종하는 음악학은 이 '새로운 길'에서 "음악 형식의 급진적인 전개 과정의 특성"인 "작곡 기법상 전통적 주제 개념의 폐기가 나타난다"를 강조하는 경향이 있다(104쪽 참조). 자체로서는 적절한 지적이지만 전통 감정 이론의 도식을 적용할 수 없다는 사실과 청자에게 전달되며 시대 변혁에 대한 반사 작용으로 해석할 수 있는 특수한 흥분 상태를 간과하고 있다. 우리는 작곡 기법적 요소에 집중하여 그 외 모든 것을 개별적으로 파악하기 힘든 개인적 혹은 시대적 양식으로 떠넘겨도 바흐의《평균율》과 모차르트의《하이든 4중주》, 쇼팽의《프렐류드Préludes》 같은 작품들을 합당하게 다룰 수는 있다. 하지만 베토벤 작품의 특징은 그러한 일이 불가능하다. 너무나 명확하게 청자들은 모든 종류의 음악이 줄 수 있는 충격보다 더 특수한 충격에 동참하게 된다. 베토벤의 자기 이해에 따르면 자신의 시대에 개입하려 한 의도는 그에 해당하는 발언에서만 드러나는 게 아니다. 우리는 베토벤 음악에서 이를 듣는다. 소나타 〈템페스트〉에서의 예감은 교향곡으로 오면 분명해진다. 자코뱅주의자 볼프강 로베르트 그리펜케를만이 교향곡에서 새로운 시대의 메아리를 감지한 것은 아니다(162~163쪽 참조).

　스스로에게 전권을 부여하라는 예술가들을 향한 '새로운 신화'의 요청은 베토벤에게도 해당된다. 이 '임무'가 새로운 길을 개척하는 데 필요한 정당화를 비로소 베토벤에게 제공한 것이다. 정치 상황이 반영된 발레곡 〈프로메테우스의 창조물〉을 작곡해 달라는 의뢰를 받고 베토벤은 무엇을 했을까? 작업을 끝낸 후 베토벤은 이 삽화적 음악을 그 메시지 측면에서 볼 때 '프로메테우스-나폴레옹-교향곡'이라 부를 수도 있는 계획으로 곧바로 전환한다. 자율적 음악이란 매체를 통해 베토벤은 자신만의 프로메테우스로 싸우고 고뇌하고 승리한다. 그리스의 비극 시인 아이스킬로스의 〈묶인 프로메테우스〉를 빌려 말하면, 이 프로메테우스는 인간들의 마음에 '맹목적인 희망', 다시 말해 '새로운 신화'의 유토피아적 정신으로부터 나오는 희망을 심어 준다. 즉, 이전에 신화의 전유물이었던 결정권이 이제 스스로에게 전권을 부여하는 예술가에게 자라난다.

이 모든 것이 이 "초월"의 장과 무슨 관계가 있을까? 형식적으로 초월은 예술 작품의 내재성 및 내재적 해석에 대한 반대 개념 이상도 이하도 아니다. 이런 사고의 지평에서는 특수하게 음악은 예로부터 신적인 창조의 한 부분, 즉 오직 초월적 배경에서만 올바르게 평가할 수 있는 인간의 작품으로 간주되었다. 베토벤 시대에도 예술 작품은 신적인 숨결을 내뿜고 있었다. 하지만 나에게는 일반적 의미의 초월적 배경은 중요하지 않다. 아도르노도 《미학 이론》에서 같은 의미의 '에피파니'를 말한다.[428] 그러나 이보다 베토벤 작품의 부분적 요소를 통해 정확히 거명할 수 있는 특수한 '에피파니'에 주목해야 한다.

움베르토 에코는 '에피파니'의 예로 제임스 조이스의 《젊은 예술가의 초상》 중 한 장면을 든다. 거기서 스티븐은 매처럼 태양을 행해 날아올랐던 다이달로스와 자신을 동일시한다. "처음에는 '피안의 세계'에서 오는 듯한 목소리를 통해 생긴 감각적 연상은 '시간 없는' 시간 속에서 일어난다."[429] '피안의 세계'에서 오는 듯한 이야기 시간•의 연속성을 폭파하는 하나의 목소리, 즉 '높은 목소리'인데 우리는 소나타 〈템페스트〉의 '레치타티보'나 교향곡 3번 〈에로이카〉 1악장의 e단조 에피소드를

• 이야기되는 시간이 소설 속에서 다루고 있는 특정 시간을 말하지만 이야기 시간은 그것을 서술하는 데 걸리는 시간을 말한다.

그 목소리라고 이해할 수 있다.

에코의 생각을 일반화하면서 카를 하인츠 보러가 밝혔듯이(109쪽 참조) "갑작스러운 것" 혹은 "역사와 동일하지 않은 순간",[430] 다시 말해 음악의 이중적 성격을 순간 속에서 분명히 드러내 주는 베토벤 작품의 요소들이 중요하다. 한편에는 특수한 작곡 방식으로 에코가 말한 '에피파니'를 잠정적으로 불러내는 창조자가 있고, 다른 한편에는 이런 '에피파니'를 음악의 흐름을 중단시키거나 그 뒤에 있는 '형이상학'을 경험할 수 있도록 장막을 열어젖히는 사건으로 해석하는 청자들이 있다. 좀 더 평이하게 표현하자면 낭만주의자들 눈에 비친 예술 작품을 둘러싼 후광보다는 E. T. A. 호프만에게는 놀라움을 그리고 그리펜케를의 단편에서는 광기를 불러일으킬 수도 있는 악보를 통해 이해할 수 있는 특징적인 요소가 중요하다.

E. T. A. 호프만은 이 특징적 요소들을 베토벤 교향곡 5번을 평하면서 구체적으로 명명할 수 있었다. 팀파니의 불협화음적 c단조는 피날레로 넘어가면 낯설고 무서운 목소리처럼 들리고 비상한 전율과 유령의 공포를 불러일으킨다.[431] 인간의 척도로는 잴 수 없는 〈에로이카〉의 요소들에 대한 그리펜케를의 과장된 묘사는 앞에서 상세히 언급한 바 있다(163쪽 참조).

'에피파니'를 내재성으로부터의 폭발로서 제대로 평가하기 위해서 반드시 베토벤과 횔덜린을 비교할 필요는 없다. 그러나 〈파트모스〉 송가와 〈템페스트〉를 자세히 대비시켜 보면 베토벤이 어느 정도로 작곡 기법에 이르기까지 '새로운 신화'의 기준과 그에 맞는 미학을 충족시켰는지 분명해질 것이다. 물론 나의 비교는 쉽게 일반화할 수 없는 개별 상황에 해당하긴 한다. 그리고 그 누구도 베토벤이 횔덜린의 원칙에 따라 의식적으로 작업했다고 억측하지는 않을 것이다. 귀가 밝은 사람은 송가와 소나타의 구조적 친화성을 1770년대 탁월한 대표자들을 새로운 길로 인도한 혁명 기운과 같은 표식으로 해석할 것이다. 그 길은 예술이 내재성을 벗어나 초월적으로, 즉 더 위대하고 숭고한 것을 투과할 수 있도록 해 주었다. 이는 인간이란 주체는 모든 자유와 위험에도 본질상 그가 속하는 위대한 전체에 헌신해야 한다는 종교적인 사고에 들어맞는 것이기도 하다. 여기서 다시 한번 베토벤의 1819년 고백을 상기시키려 한다.

> 모든 위대한 창조와 마찬가지로 예술의 진정한 목적은 자유와 진보입니다. 아직 우리는 선조의 확고함에는 미치지 못하지만 관습의 정화는 많은 것들을 확장했습니다.[432]

이 고백이 자주 인용되기는 하지만 그만큼 우리는 베토벤 창작 방식의 그 귀결에 대해서는 잘 생각하지 않는다. 베토벤의 '새로운 길'을 특징짓는 열정은 음악 내재적 발전만을 의미하는 것이 아니라 앞서 서술한 시대 흐름을 따르는 것이기도 했다. 횔덜린과의 비교는 그 시대 흐름이 작품 전체를 보편적으로 규정할 뿐만 아니라 〈템페스트〉와 같은 작품에 특수한 뚜렷한 흔적을 남겼음을 증명하는 데 이바지할 것이다.

원하는 사람은 베토벤의 첫 피아노 소나타 f단조 op.2-1의 1악장을 들어 볼 수도 있으리라. 〈템페스트〉보다 7년 먼저 완성된 이 곡이 베토벤의 역동성을 보여 주는 전형적 작품임에도 얼마나 설득력 있게 전통과 접목되었는지 확인할 수 있을 것이다.

카스파르 다비트 프리드리히 Caspar David Friedrich(1774~1840)

프리드리히는 독일 낭만주의 운동의 대표적인 화가다. 가족들의 죽음과 같은 비극적인 사건들로 프리드리
히의 풍경화는 우울한 성향과 짙은 종교색을 띤다. 프리드리히의 이미지들이 세상에 대한 우울한 관조의
전형이 되었지만 개인적인 것이라기보다 그 시대의 경향이었다.

20

카스파르 다비트 프리드리히

"주관적 시각이 모든 것의 척도가 된다.
이 시각이 〈바닷가의 수도사〉에서는 '검은 옷의 남자'로 구현되었다면
베토벤의 작곡에서는 '피아노 앞의 남자'에 의해 구현된다."

베토벤이 이 아다지오를 썼을 때 그에게는 경건한 순례자들의 노래가 눈앞에 어른거렸다.[433]

베토벤의 제자 카를 체르니는 이렇게 아다지오 운 포코 모소Adagio un poco mosso(느리지만 약간 활발하게)의 지시어가 붙은 다섯 번째 피아노 협주곡 E플랫장조 op.73의 가운데 악장을 주해한다. 빈 초연 당시 카를 체르니는 솔로 파트를 맡았으므로 믿을 만한 기억이다. 1812년 2월 12일 카스파르 다비트 프리드리히는 논란이 많았던 자신의 그림 〈바닷가의 수도사Mönch am Meer〉에 대한 입장을 표명했다. 필사본으로만 전해지는 프리드리히의 글에는 다음과 같은 내용 있다.

이것은 말하자면 바다 그림이다. 앞에는 황량한 모래 해변과 요동치는 바다 그리고 공기가 있다. 검은 옷을 입은 한 남자가 깊은 생각에 잠겨 해변을 걷는다. 갈매기들이 그 남자의 주위를 돌며 불안하게 울어댄다. 마치 난폭한

카스파르 다비트 프리드리히, 〈바닷가의 수도사〉, 1810, 베를린 구 국립 미술관

바다에 다가가지 말라고 경고하는 것 같다. 여기까지는 묘사고 이제부터는 내 생각이다. 당신이 아침부터 저녁까지 또 저녁부터 자정이 기울도록 생각한다고 하자. 그래도 당신은 저 알 수 없는 피안을 느낄 수도 이해할 수도 없을 것이다. (…) 당신의 발자국은 황량한 모래 해변에 깊이 파여 있다. 하지만 가벼운 바람이 그 위를 쓸어 가고 당신의 흔적은 보이지 않게 된다. 허망한 미망으로 가득한 어리석은 인간![434]

신앙심 깊은 화가의 설명은 분명 〈시편 139〉의 "새벽의 날개를 달고 바다 끝에 날아가 있어도 당신의 손길이 나를 인도하시어 다시 되돌려 놓으리라"와 〈시편 103〉의 "인간의 삶은 풀과 같다. 들에 핀 꽃처럼 한번 피었다가 스치는 바람결에 이내 사라졌던 자리조차 알 수 없다"를 떠올리게 한다.

프리드리히가 입장문을 내놓은 이유는 이른바 람도르Ramdohr 논쟁 때문이다. 프리드리히는 자신의 그림 〈바닷가의 수도사〉가 예술 이론적 논쟁에 휘말렸다고 생각했다. 그는 자신의 그림을 사람들이 설명 없이 이해하기를 바랐다. 극작가 하인리히 폰 클라이스트Heinrich von Kleist는 1810년《베를린 석간Berliner Abendblätter》에 '자신이 카푸친 교단의 수도사가 되어' 〈바닷가의 수도사〉에 대해 이렇게 쓴다.

두 개 혹은 세 개의 비밀스러운 대상이 들어 있는 이 그림에는 마치 영국 시인 에드워드 영이 밤의 생각에 사로잡힌 듯이 묵시록처럼 거기에 있다. 그리고 이 무한하고 균일한 공간으로 인해 그림틀 앞에 선 우리는 눈꺼풀이 잘려 나간 것 같은 느낌을 받는다,[435]

원문은 클레멘스 브렌타노와 아힘(베티나) 폰 아르님 남매가《베를린 석간》의 편집자이기도 한 클라이스트에게 넘긴 원고를 수정한 것인데, 이 세 필자의 글을 세세히 갈라 볼 필요는 없을 것이다. 그보다 중요한 것은 묘사 그 자체, 특히 잘려 나간 눈꺼풀이라는 예술사적 토포스가 된 은유에서 나오는 강력한 암시이다. 이 그림을 보는 감상자는 무한의 유혹에서 벗어날 수 없다. 감상자는 마치 얼어붙은 듯 '불가해한 피안'을 들여다본다. 아주 왜소한 수도사가 풍광에 서 있는 것이 아니라 마치 빨려 들어가는 것처럼 보일지라도 수도사는 매우 설득력 있게 우리를 그림 안으로 들어가게 만든다. 프리드리히식 은유로 말하면, 짧은 삶을 사는 우리의 자아를 무한의 문턱에서 침묵하게 한다.

베토벤 피아노 협주곡 op.73의 아다지오는 우리에게 어떤 문턱을 넘게 하려는 것일까? 프리드리히의 그림처럼 우리를 무한한 공허 속으로 끌고 들어가려는 것은 확실히 아닐 것이다. 물론 프리드리히도 그런 의도로 그림을 그리진 않았다. 고전주의 음악은 그 자체로 자비롭다. 고전주의 음악은 오래도록 지속되는 버려진 느낌을 모른다. 하지만 자아의 퇴행과 음의 소용돌이에 휩쓸려간 자아의 망각은 잘 알고 있다. 이런 명상적인 부분은 교향곡 6번 〈전원〉의 1악장(117쪽 참조)에서처럼 전원적 이상향을 반영하거나 '경건한 순례자들의 노래'를 상기시킨다. 여기서는 전원적이건 축제적이건 초월, 그러니까 자연 혹은 영원으로 향하는 문턱을 넘는 일이 중요하다(프리드리히의 〈바닷가의 수도사〉에는 자연과 영원이 모두 있다).

피아노 협주곡 op.73의 조 변화는 문턱을 넘는다는 개념을 문자 그대로 받아들여야 한다는 것을 일깨워 준다. 1악장의 E플랫장조는 2악장 아다지오에서 B장조로 변한다. 지금까지의 으뜸음 E플랫장조는 새로운 조성의 제3 음인 d샤프로 바뀐다. 피날레에서 다시 E플랫장조로 돌아가는 것은 특히나 놀라운데, 두 악장 사이의 매끄러운 연결은 피아니시모로 연주해야 하는 b에서 b플랫으로의 변화를 통해 일어나기 때문이다. 호른 주자들은 아다지오 시작 부분에서 마우스피스를 넣어 e플랫에서 d로 내렸다 다시 e플랫으로 돌아와야 하고, 클라리넷 주자들은 a에서 b플랫으로 돌아와야 한다는 것은 실제 연주에서 사소한 일 이상이다. 스케치북 페테르Petter에 따르면 베토벤은 그런 조변화가 "실제로 듣는 사람 모두에게 변화를 불러일으기"를 요구한다.[436] 그러니까 듣는 사람도 경외의 문턱을 넘어야 하는 것이다.

같은 맥락에서 베토벤은 찬가적 아다지오나 안단테의 다른 악장들에서 선행 악장과 조 구분을 명확히 한다는 데 주목해야 한다.

피아노 소나타 c단조 op.13 〈비창Pathetique〉: (1악장) c단조 → (2악장) A플랫장조

피아노 소나타 f단조 op.57 〈열정〉: (1악장) f단조 → (2악장) D플랫장조

라주모프스키 현악 4중주 e단조 op.59-2: (1악장) e단조 → (2악장) E장조

피아노 소나타 E장조 op.109: (2악장) e단조 → (3악장) E장조

피아노 소나타 c단조 op.111: (1악장) c단조 → (2악장) C장조

현악 4중주 a단조 op.132: (2악장) A장조 → (3악장) F장조

또 한 가지 눈에 띄는 점은 대부분 선행의 단조 악장에서 장조로 구분된다는 것이다. 단조에서 장조로의 의문스러운 조 변화를 지극히 기계적으로 파악해 침소봉대할 필요는 없다. 하지만 우리는 이 모든 악장이 발산하는 '영원한 평화'가 장조의 밝음으로 불가피하게 들어선다는 것을 관찰할 수 있다.

특히 시사적인 것은, 순례 행진이나 예식에서 사용된 노래 〈성모 마리아여 우리 기도를 들어주소서Sancta Maria, ora pro nobis〉와 연결된[437] 교

향곡 7번의 2악장 알레그레토에서의 조성 진행이다. a단조로 시작한 악장은 중간에서 A장조로 변한다. 돌체로 연주하는 이 부분은 갈망해 왔던 안도의 한숨을 내쉬는 것처럼 작용하는 한편 우리는 이런 일이 어떻게 우리에게 일어났는지 모른다. '위로부터 오는 기적'의 느낌은 인간 체험의 심연에까지 이르지만 동시에 그 체험을 고취하여 우리가 마음대로 할 수 없음을 표현한다. 1823년 여름 베토벤 대화 수첩에서 안톤 쉰들러는 특히 알레그레토 부분의 '의도'에 관한 대화를 이런 바람으로 끝맺었다. "전집을 출간하면 이 모든 것을 기재해야 줘야 해요. 이 음악에서 이런 '의도'를 알아챌 사람이 없을 테니까요."[438]

문학 평론가 알프레트 케르Alfred Kerr가 "죽음의 스케르초"나 "신앙심 없는 자들의 찬송가"라고 불렀던[439] 알레그레토에는 처음부터 함께 해 온 새로운 세계에 대한 암시가 있다. 오랫동안 숨겨졌던 새로운 세계는 전 관현악이 함께 포르테로 시작해 피아니시모로 끝나며 4·6화음으로 끝나며 드러난다. 이는 내려져 있다가 다시 걷어 올려진 무대 장막처럼 요동친 앞의 1악장에 따르는 여전히 역동적이지만 경건한 장면 사이에 필요한 간격을 마련해 준다. 조금은 고풍스러운 이런 장식은 작곡가가 교향악적 자아로 물러난 직접적인 제스처이자 특별한 굴절을 통해 청자들에게 도달하는 과정적 역할을 한다. 우리는 요하네스 페르메르Johannes Vermeer의 〈연애편지Liebesbriefes〉 같은 종류의 그림들을 연상하게 되는데 관찰자의 시선은 뒤편에 있는 그림의 핵심에 이르기도 전에 도상학적으로 의미심장한 다양한 물건들을 이리저리 훑게 된다. 이 그림에서도 색채, 빛, 그림자에 의해 창조된 무아경은 아니지만 표면적 리얼리즘에도 불구하고 먼 곳을 바라보는 눈길을 상상해 보는 것이 주제다.

피아노 협주곡 op.73의 아다지오로 돌아가 보자. 피아니스트 알프레드 브렌델Alfred Brendel의 견해에 따르면 이를 "질질 끌 듯이 늘어지게"[440] 연주해서 기본 주제를 내적으로 따라 부를 수 없도록 해서는 결코 안 된다고 한다. 극도로 긴 582마디의 1악장에 비해서 82마디의 2악장 아다지오는 놀랍도록 짧을 뿐만 아니라 우리가 형식상 변주 악장이라고 부르는 악장에 장르의 전형적 대비가 없다. 결국 사건은 언제나 하나의 동일한 '명상' 주위를 맴돈다. 끝으로 가면 운동은 점점 느려지고 적나라한 b에서 정지 상태에 이른다. 베토벤이 이 정지 상태를 얼마나 심각하게 생각했는지 그다음 마디들이 보여 준다. 피아노는 피아니시모로 연주되지만 피날레의 음이 울리고, 피아노는 E플랫장조의 '현실'로 돌아가거나 오케스트라에 앞서가는 데 어려움을 겪는다.

프리드리히의 〈바닷가의 수도사〉를 다시 보자. 앞서 소나타 〈템페스트〉와 〈파트모스〉 송가를 비교할 때처럼 베토벤 음악과 구조적 공통점을 찾는 것은 의미가 없다. 회화와는 달리 시와 음악은 시간의 흐름에 따라 전개된다는 이유에서도 그렇다. 이번에 비교점은 미학적 체험으로서 경건성의 전달이다. 〈바닷가의 수도사〉를 보면 '남자'(화가는 중립적으로 자신의 인물을 이렇게 부르고 있다)의 위치는 결정적인 역할을 한다. 아무런 미동 없이 해변에 서서 '깊은 생각'에 잠긴 인물은 등을 돌리고 있어 관찰자를 모순적인 상황에 빠지게 한다. 관찰자는 자신도 모르게 분명한 시야로 빨려들지만 그것은 관찰자의 시야가 아닌 바닷가 남자의 시야고 거기에는 '직접성'이 없다는 것이다.[441]

이 시계에 관한 앞서 소개한 프리드리히의 해명은 람도르 논쟁의 틀, 즉 정당화의 압박에서 나온 것이다. 일반적으로 그는 자신의 그림이 해석 없이 이해되기를 바랐다. 풍경화와 종교적 예술을 도발적으로 뒤섞는다는 비평가들의 비난에 프리드리히는 어쩔 수 없이 자신의 입장을 표명했던 것인데, 예를 들어 비슷한 시기에 완성된 〈테첸의 제단

Tetschener Altar〉(혹은 〈산속의 십자가Kreuz im Gebirge〉)은 더욱 혹독한 비난을 받 았다.

보수적인 예술 비평가 람도르는 프리드리히의 개인적인 신앙심에 는 별 관심이 없었다. 하지만 프리드리히가 객관적 신앙을 예술에 구현 하려는 생각이 없이 오히려 자신의 주관적 감동을 그림으로 표현하고 자신만의 영혼의 풍경을 경험적 풍경의 주제로 삼았음을 날카롭게 인 식했다. 작가 노발리스Novalis는 이렇게 쓴다. "세계는 낭만화되어야 한 다. 그래야 우리는 근원적 의미를 되찾을 수 있다. 낭만화는 곧 질적인 강화다."[442] 프리드리히는 가톨릭의 세계관으로 해석된 풍경의 의미에 주목하게 하여 풍경을 낭만화한다. 이것의 의미는 무엇보다 인간에게 자신의 덧없음을 대면하게 하는 데 있다.

해골과 모래시계가 있는 〈바니타스 정물화Vanitas' still life〉에서 버젓이 드러나 있던 것을 이제 관찰자 자신이 직접 생성해 내야 한다. 더 이상 그림 속에 그려진 물건들이 본래 의도한 시각을 보장해 주지 않는다. 〈바닷가의 수도사〉의 "끝 모를 시각적 풍부함"[443]을 제대로 느끼려면 관찰자는 오히려 '검은 옷의 남자'로 대변되는 낭만화가의 시선을 자기 것으로 받아들여야 한다. 동시대 비평가 크리스티안 아우구스트 젬믈 러Christian August Semler의 표현을 빌려 말하면 이 그림은 "우리의 영혼으 로 하여금 이 예술 작품이 그저 나지막하게 울려 준 첫 음을 받아 그 뒤 를 계속 연주하게 한다."[444]

시기적으로나 내용상 〈바닷가의 수도사〉와 한 짝을 이루는 〈떡갈 나무 숲의 대수도원 묘지Abtei im Eichwald〉는 이와는 사정이 다르다. 이 그림에서 중요한 요소들은 화가가 의도한 대로 가톨릭적 희망의 상징 으로 이해하도록 보장해 준다. 프리드리히 연구자 헬무트 뵈르쉬 주판 Helmut Börsch-Supan에 따르면 "당대 가장 현대적 독일 회화"[445]인 이 두 작

카스파르 다비트 프리드리히, 〈떡갈나무 숲의 대수도원 묘지〉, 1810, 베를린 구 국립 미술관

품은 베를린 운터 덴 린덴에 있는 공주 궁의 중심에 걸려 있었다.

〈바닷가의 수도사〉를 베토벤의 피아노 협주곡 op.73의 아다지오와 비교해 무엇을 깨닫게 되는가? 베토벤도 '낭만화한다.' 옛 성가를 연상시키지만 이제 낯선 환경에서 거의 신비한 빛 속에 잠긴 가상의 노래를 낭만화한다. 모든 청자는 맥락을 스스로 깨달아야 한다. 만일 베토벤이 실제로 '경건한 순례자들의 성가'라고 명시했다 하더라도 이는 작품의 구성 요소가 아니다. 작곡가 베토벤은 〈바닷가의 수도사〉의 화가보다 더 많은 수단을 가지고 있다. 그림의 '낭만화'는 근본적으로 불분명한 '수도사'라는 인물에 달린 반면 경건한 노래의 메아리라는 의미에서 음악의 '낭만화'는 훨씬 더 객관화할 수 있다. 그러나 베토벤에게도 축제를 음악적으로 표현하는 것보다 개인의 감동을 표현하는 일이 더 절박한 문제였다.

피아노 협주곡 op.73보다 앞서 작곡된 교향곡 〈전원〉에서는 "시골에 도착해서 깨어난 유쾌한 감정"이 중심에 있었다면 이제는 찬가와 밝음, 순수함을 연상시키는 데서 나오는 느낌이 지배한다. 이때 주관적 시각이 모든 것의 척도가 된다. 이 시각이 〈바닷가의 수도사〉에서는 '검은 옷의 남자'로 구현되었다면 베토벤의 작곡에서는 '피아노 앞의 남자'에 의해 구현된다. 아다지오는 그 작곡적인 밀도가 집단적인 경건함을 암시하는 현악기로 시작하기는 한다. 하지만 16마디부터 독주자가 주도권을 쥐고 '노래'뿐만이 아니라 '에스프레시보espressivo(감정을 담아)'라는 지시어에 따라 장식하며, 프리드리히의 표현을 인용하자면 자신만의 '생각'을 따른다.

산문적으로 표현하면 피아니스트는 박물관 관람객에게 하듯 연주회 관객에게 '정신적' 음악을 펼쳐 놓는다. 관객에게는 예술이라는 매체를 통한 종교가 아닌 정신적 색채의 경험이 중요한데, 이는 예술가가 제시한 그 의도를 나름대로 해석해야 하는 것이다. 젊은 브람스의 신조를 인용하면 정신적 색채의 경험은 외롭게 하지만 자유롭게 한다. 여기에는 프리드리히적인 감각의 열림과 동시에 결핍의 체험이 있다.[446] 청자는 위대한 전체의 일부분으로 자신을 느끼지만 자기 자신에게 내맡겨져 있다. 연주회에서 관객은 한 공동체의 일원도 아니고 익숙한 예식의 참가자도 아니다. 그는 자신의 개인적인 해석에만 내맡겨진 개인으로서 음악에 귀 기울인다. 이런 개인에게는 그 모든 자유에도 불구하고 한계가 있다. 이 아다지오는 곧장 피날레로 이어지면서 청자를 완전히 다른 세상으로 데려가기 때문이다. 이 피아노 협주곡이 아다지오에서 제공한 '경건한 꿈'에서[447] 동시대 한 비평가가 마지막 악장에 대해 비판한 저 '과도한 유머'를 위한 토론의 장이 생겨난다.[448] 연주회 관객은 작곡가의 내면세계와의 끈을 놓치지 않으려면 좋건 싫건 이런 변화를 경험해야 한다.

모차르트 음악은 이와 달랐다. 베토벤처럼 전형적인 도발의 요소가 없는 모차르트의 피아노 협주곡의 느린 악장들은 수없이 기악적으로 변용된 오페라 아리아처럼 '읽힐 수 있다.' 피아노 협주곡 op.73의 아다지오를 모차르트 피아노 협주곡 d단조 KV. 466과 비교해 보라. 표면적으로 비슷하게 평화로운 음색에서도 모차르트의 음악은 훨씬 자연스럽고 그 모든 감상주의에도 베토벤의 과시하며 기도하는 듯한 태도보다 가볍게 들린다. 두 음악에 맞춰 걸어 보라.

베토벤의 기도하는 듯한 태도는 청자를 강요하지 않고 숨 쉴 수 있게 하는 모차르트의 '연극적 태도'와 대비된다. 이는 모차르트 오페라 《마술피리》의 〈사제들의 행진Marsch der Priester〉에서 더 분명히 드러난다. 축제의 표현에서 작곡가의 내적 기분보다 상황에 합당한 표현이 중요하다. 모차르트가 기꺼이 껑충껑충 뛰는 7박자의 리듬으로 축제의 태도를 약간 반어적으로 표현하고 있다고 들어도 잘못 들은 것은 아닐 것이다. 이에 반해 베토벤은 프리드리히와 같은 신앙심에서 아니라 비슷하게 열정적인 태도로 음표마다 고백의 음악을 쓴다.

바로 이런 열정이 낭만주의 예술가를 모순에 얽히게 한다. 그의 모든 거창한 제스처는 무한을 향하지만 유한에 머무른다. 베토벤이 자신에게 몰입하는 아다지오 뒤에 앞으로 나아가는 론도를 오게 한 것은 단지 승리에 도취한 표식으로 이해해서는 안 되고, 영웅적 어조에 인간 노력의 한계에 대한 씁쓸함의 요소를 섞는 낭만주의적 유머로 이해해야 한다. 이는 물론 나의 개인적 생각이나 낭만주의 미학의 말할 수 없는 것이라는 토포스에 닿아 있고 감각의 개방성이라는 요소에 닿아 있다. 우리는 정당하게도 프리드리히도 이런 감각의 개방성을 보인다고 말할 수 있다.

이 지점에서 회화와 음악의 길은 갈린다. 회화도 시간의 흐름이란 의미에서 보아야 한다는 것을 선선히 인정하고 싶다. 그러나 우리는 〈바닷가의 수도사〉가 비록 영원으로 확장되는 순간이지만 한순간을 붙잡고 있다는 것을 본다. 그런 한에서 화가는 그 수도사의 명상적인 느낌을 암시할 수 있고 관찰자에게 자신이 직접 명상하도록 자극을 줄 수는 있다. 하지만 화가는 인간의 형이상학적 두려움과 관련해서 어떤 위안도 지평에 떠오르게 할 수는 없다. 그가 〈떡갈나무 숲의 대수도원 묘지〉와 〈테첸의 제단〉에서처럼 이것을 달성하려고 할 때 그는 순수한 미학적 담론에 대립하는 상징 언어를 사용한다. 베토벤은 다르다. 베토벤은 이런 담론을 자율적 음악이란 의미에서 공중에 걸어 놓았음에도 위안을 줄 수 있다. 음악은 그 자체로 어떤 아늑함을 약속하기 때문이다. 음악의 생생한 리듬에 동참하라는 연주자와 청자에 대한 초대를 통해 음악은 적어도 그 전통적 형식에서 생기는 모든 장애물에도 불구하고 위대한 전체에 속한다는 느낌을 중계해 주는 것이다. 그렇게 피아노 협주곡 op.73의 아다지오는 '마치'라는 직유의 성격에 머물러 있을 수도 있다. 청자가 그것을 함께 완성하는 데서 내재적 진실이 발생한다. 다음의 후일담은 베토벤과 관련이 없지만 카스파르 다비트 프리드리히와 음악의 관계를 조명해 준다.

이 화가는 1826년부터 젊은 러시아 왕위 계승자 알렉산더를 위한 네 개의 걸개그림을 그려 달라는 주문에 매달려 있었다. 이 의뢰는 그가 선호하던 '초월로 연결해 주는' 빛이라는 현상을 표현하는 데 잠정적으로 집중할 수 있는 계기가 되었다.[449] '엿보기 상자peep-show box(퍼스펙티브 박스perspectyfkas)'와 같은 '오락적 예술'에 이바지하는 대신[450] 프리드리히는 세심하게 공을 들여 양면 걸개그림을 그렸다. 오늘날 단지 초안 스케치로만 전해지는 일부 그림에서 '세속적', '종교적', '신적' 음악의 알레고리를 발견할 수 있다. 이 걸개그림을 소개할 때는 음악 반주를 동반해야만 했는데 그 음악이 어떤 음악이어야 하는지 프리드리히는 명확히 알고 있었다.

베토벤이 프리드리히를 위해 관련 곡을 작곡해 주었을까? 젊은 시절 베토벤의 경향이라면 가능할 수도 있다. 베토벤은 스무 살에 〈'기사의 발레'를 위한 음악Musik zu einem Ritterballet WoO 1〉을 작곡했기 때문이다. 그 발레에서 본의 귀족은 "전쟁과 사냥, 사랑, 주연酒筵에 끌리는 선조들의 근본 취향"[451]을 그림처럼 보여 주기 위해 옛 독일 복식을 입는다. 이에 반해 낭만주의 차원의 진지한 공감각적 예술에 대해서 베토벤은 별 감각이 없었던 것 같다. 《피델리오》의 성공에도 불구하고 오페라의 삽화적 요소와 관련해서도 베토벤은 힘들어했다.

파울 니종 Paul Nizon(1929~)

베른 대학과 뮌헨 대학에서 예술사, 고고학, 독일 문학을 전공한 니종은 1975년에는 소설 《슈톨츠》를 발표하여 호평을 받았으며, 이 작품으로 독일 브레멘시에서 수여하는 문학상을 수상했다. 1977년 스위스 문학을 풍성하게 하기 위해서는 스위스의 협소함을 벗어나 세계에 기대야 한다며 떠난 이후 현재까지 줄곧 파리에서 생활하면서 독일어로 글을 쓰고 있으며 독일과 프랑스에서 '오늘날 가장 위대한 독일어의 마술사'로 칭송받고 있다.

21

파울 니종

"삶과 작품은 무한 거울 반사처럼 서로를 초월한다."

"나 자신에게 도달하려면 나는 쓰면서 나를 찾아야만 했다." 파울 니종은《노이에 취리히 차이퉁Neue Zürcher Zeitung》의 예술 비평가로 1961년 바르셀로나로 '출장' 갔을 때를 회상하며 이렇게 썼다. 삶의 위기 앞에서 스페인 체류의 '효과'는 '당혹감'이었다. 그때부터 "삶을 걸고 쓴다"[452] 혹은 "나는 삶을 오직 쓰는 데서만 찾을 수 있다고 생각한다"[453]가 니종의 모토가 되었다.

많은 문학가들이 파울 니종과 비슷하게 생각하거나 생각했을 테지만 이처럼 강조된 자기반성의 표현은 드물다. 이런 표현은 한스 요제프 오르타일의 자전적 소설《삶의 발명》[454]에도 나온다. 사실 이 책의 제목은 "글쓰기를 통한 삶의 발명"이라고 해도 무방했을 것이다. 니종의 발언은 강렬하다. 내가 니종을 선택한 이유는 그가 자신의 쓰기를 통해 '음악적 언어 행위'를 보이기 때문이기도 하다. 이런 음악적 글쓰기는 "말로 표현되는 것 외에도 떨림의 형태로 독자에게 다가가 말해지지 않은 모든 것을 함께 표현할 수 있게 해 준다. 언어 음악적으로 농축된 삶의 표현 속에서 비밀스러운 주제가 전달된다." 니종은 "음악에서처럼 표층의 음과 저변의 음, 선율적 진행, 주제·부주제, 얽힘·해소, 배경음·자유분방한 확장, 템포의 변화, 관현악으로 편곡하기"를 말한다.[455]

존재에 절대적으로 필요한 창작과 이야기를 순수한 언어 예술로 만드는 창조 사이에 긴장은 구성적이다. 이야기는 전기적 토대를 넘어 거의 절대 음악의 의미를 갖는다.

> 내 책들은 나라는 인간 주위를 맴돌고 내 삶을 헤집는다. 나는 이렇게도 말할 수 있다. 책들은 내 삶을 수색한다.[456]

> 언어 예술, 그것은 네 속에 있는 삶의 강렬한 분출, 너 자신의 무수한 복제, 중심이 되는것. 그래 부활이다. 그리고 존재는 이제껏 듣지도 보지도 못한 이 풍부함 속에서 내가 깨어날 때 너의 주위에 모인다. 너는 깨어 살아나고, 너는 파열한다. 이 밀도 앞에서.[457]

한편 니종은 개인적인 것을 무시하고 이렇게 주장하기도 한다.

> 위대한 문학은 (…) 반향의 공간을 가지고 있다. 무슨 의미냐 하면, 위대한 문학은 저 먼 곳에서 그리고 시대의 저 깊은 곳에서 온다. 비록 현재의 벽에 강렬히 부딪히더라도. 그렇지 않으면 문학은 얄팍하고, 오락이나 통속 혹은 사무처리와 다를 바가 없다. 따라서 비밀이 없다.[458]

혹은 더 분명하게 이렇게 말한다.

> 책은 (…) 작가로부터, 작가의 전기나 그의 이념의 창고로부터 분리되어야

만 한다. 빨대에서 분리되어 온갖 색채로 비밀스럽게 반짝이며 공중을 날아가는 비눗방울처럼. 책은 기억처럼 향기를 내야 한다. 그래서 독자가 책의 내용이나 구절 혹은 분위기가 떠올라도 그것이 무엇인지 더 이상 알 수가 없을 정도로 강한 향기를 내야 한다. 책은 독자와 한 몸이 되어 독자를 안에서부터 움직이고 자신의 더듬이를 내뻗는다.[459]

이 소설들과 일기를 읽는 사람은 나름 유능한 생활인 니종이 얼마나 '형체 없이' 세상 속을 비틀거리며 돌아다니는지 느낄 수 있게 된다. 그리고 니종이 달리는 해결할 길이 없는 수수께끼 같은 삶을 쓰는 행위를 통해 얼마나 열정적으로 '형태를 갖추게' 하는지도 느낄 수 있다. "모든 것이 절박하게 너와 관계된다. 하지만 너는 어둠 속에서 헤맨다."[460] 그러나 "거기서부터 나는 현실이 말과 표현을 통해 그림으로 깨어난 언어 현실이라는 것을 알았다."[461] 그리고 "나는 오직 그것을 말함으로써만 현실의 주체가 될 수 있다."[462]

니종이 번역한 빈센트 반 고흐의 글을 보자.

하늘이 노랗게 되비친다. 비가 퍼부은 후, 물웅덩이에서. 한 줄기 마지막 햇살을 받아 어두운 오크색이 이글거리는 오렌지색으로 강해진다. 검은 형체들이 그루터기 사이를 이리저리 돌아다닌다. 너는 생각해 볼 수 있을 거야. 영국식 빨강, 회색으로 어두워진 초록, 윤곽을 이루는 검은 획들의 이 조합이 나의 불행한 동지들을 고통스럽게 하는 불안감을 살짝 불러일으킨다는 것을.[463]

반 고흐는 동료 화가 에밀 베르나르Émile Bernard에게 생 레미에서 그린 그림에 대해 소식을 전하면서 한편으로는 작품 속에 찾아든 존재적 불안을 또 한편으로는 작품을 자율적 예술품으로 만드는 색채에 관해 이야기하고 있다. 삶은 그것을 외면함으로써가 아니라 오직 삶에서 벗어나 예술로 가는 문턱을 넘어서야만 극복할 수 있다. 거기에서 비로소 삶은 손에 잡히는 것이 된다. 니종은 글쓰기의 소재를 삶에서 가져오고 늘 일인칭 시점을 고수한다. 그렇다고 글이 자전적인 것이 되지 않는다. 여기에는 자전적 '삶' 자체가 없기 때문이다. 그보다 삶은 오히려 글쓰기 속에서 탄생한다. 이 작가는 "자전적 허구Autofiktion"[464]를, 즉 "두 번째 삶을 지어냄"[465]으로써 자신을 창조한다고 말한다. 우리는 니종의 텍스트를 글쓰기를 통한 자기 정립과 재탄생의 신화로 해석할 수 있다.[466]

이는 니종뿐만 아니라 베토벤에게도 일종의 초월이다. 우리는 베토벤의 예술을 작품에서 신적인 것으로 향했던 횔덜린이나 프리드리히의 예술과만 비교하면 안 된다. 오히려 경험적 자아를 실체화하는 근대적 사고방식이 존재한다. 이러한 사고방식은 베토벤 이전의 작곡가들에게도 어느 정도 보이지만 베토벤의 작품에서 두드러지게 된다. 베토벤의 많은 발언은 자신의 예술적 자아를 전기적 운명과 결부시키고 있음을 시사한다. 다른 한편으로 경험적 자아의 실체화는 베토벤의 작품에 훨씬 의미심장한 흔적을 남긴다. 그가 존경했던 카를 필리프 에마누엘 바흐의 작품에서보다 말이다.

언뜻 에마누엘 바흐가 피아노 환상곡 f샤프단조 W 967에서 '매우 슬프고 아주 느리게'라는 지시어를 사용해 베토벤보다 '에마누엘 바흐라는 자신'의 느낌을 더 강조하고 있는 것처럼 보일지도 모른다. 모두 바흐의 아들이 자기 죽음을 예감하고 있음을 이 후기 곡들을 통해 알았을 테고 청자는 분명히 이 예술가의 감정을 대면하고 느꼈을 것이다. 음악사가 찰스 버니Charles Burney는 함부르크 바흐 집에서 열린 음악회에 대해 이렇게 전한다.

이 시기에 에마누엘 바흐는 매우 흥분하고 감격해서 연주하면서 무아지경에 빠진 표정을 지었다. 그의 눈동자는 몇 시간이고 움직이지 않았고 아랫입술은 아래로 처져 있었다. 그의 영혼은 주위 사람들의 격정을 만족시키는 데 도움을 줄 뿐 그 이상은 신경 쓰지 않는 것처럼 보였다.[467]

베토벤은 자기표현을 위해 피아노 앞에 앉아 즉흥 연주를 했을지는 몰라도 작곡하는 데 있어 자기표현은 그와 크게 상관이 없다. 베토벤 생각에 영혼적 체험은 후에 하나하나 그려내고 더구나 기록까지 하는 것보다 작품을 통해 드러내는 게 중요하고, 작품은 그것 자체로 작가와 분리되어 형식과 내용에서 자율적으로 존재하기 때문이다. 개인적 감정을 일차원적으로 음악으로 옮긴다는 이상은 감성주의나 질풍노도 시대의 전매특허였다. 게다가 그에 맞는 성향의 청중과 그에 해당하는 클라비코드 같은 '은밀한' 악기를 전제하고 있었다. 에마누엘 바흐의 피아노 환상곡 f샤프단조처럼 '루트비히 판 베토벤의 느낌'이라 불릴 만한 작품이 존재한다는 것은 결코 상상할 수 없다!

두 사람의 태도는 직업 윤리 면에서도 서로 비교할 수 없다. 시인 요한 하인리히 포스Johann Heinrich Voß에 따르면 C. P. E. 바흐는 유명한 피아노 앞 "마술"[468]의 개인적 고백이라는 의미에서 매우 진지하기는 하다. 그럼에도 에마누엘 바흐는 전적으로 선별된 청자들 앞에서 역할을 수행한다. 일반 "청중"[469] 앞에서 그리고 직무상으로 에마누엘 바흐는 "때로는 우스꽝스러운 규칙"[470]에 따라 작곡하고 직업적으로도 훌륭하게 자신의 임무를 다한다.

베토벤도 일상을 '어떤 식으로든' 꾸려 나가고 출판업자들과 단호하게 흥정할 줄도 알았다. 베토벤은 깊은 슬픔에 잠겨 하일리겐슈타트 유서를 쓴 지 겨우 일주일 만에 피아노 변주곡 op.34와 op.35에 대해 50크로이처를 요구하는 편지를 브라이트코프 & 헤르텔 출판사에 보낼 여력이 있었다. 베토벤도 매우 드물게 작업 의뢰를 받아 작곡했다. 물론 명성이 정점에 달했을 때의 얘기긴 하다. 그러나 에마누엘 바흐와는 달리 베토벤에게 삶은 오직 창작에서 자신을 찾는 '만일 이렇다면' 하는 가정일 뿐이고 이는 자신의 삶을 글쓰기에서 '찾아야' 하는 니종에 전적으로 부합한다.

베토벤도 연애나 조카 카를에 대한 교육적 소명 의식이란 우회로를 통해 삶에 의미를 부여하고 싶어 했다. 베토벤은 이러한 노력을 체념 윤리로 뒷받침했는데 그 희생은 예술가로서 자유롭게 행동할 수 있다는 생각으로 보상된다. 앞에서 인용한 루돌프 대공에게 보내는 편지에는 이렇게 쓰여 있었다. "모든 위대한 창조와 마찬가지로 예술의 진정한 목적은 자유와 진보입니다."[471] 1823년 대화 수첩 중의 유명한 메모는 이런 문맥에 속한다. "내가 삶에 그렇게 온 힘을 다 쏟아부었더라면 더 고귀하고 훌륭한 무언가가 남겨졌을까?"[472]

그러나 이는 '자화상'일 뿐 우리 후대인들은 선택의 여지도 없이 예술로 내몰린 한 사람의 초상을 본다. 베토벤의 금욕적 자기 합리화가 아닌 바로 여기에 니종과 비교점이 있다. 삶의 힘, 삶 자체는 오직 작품 속에서만 체험 가능한 것이다.

이런 점을 분명히 하기 위해 우리는 반드시 낭만주의자들이 선호했던 별난 보헤미안이란 유형에 매달리거나 베토벤의 특별한 '성격'을 찾을 필요는 없다. 삶과 창작의 증거물들이 스스로 말하게 하면 충분하다. 예컨대 교향곡 〈전원〉의 "시골에 도착해서 깨어난 유쾌한 감정"을 보자. 우리가 베토벤의 시골 생활에 대해 아는 바에 의하면 이 '시골 생활'

은 그 자체로 기분 좋은 것은 아니었다. 알려져 있다시피 시골에서 쓴 '하일리겐슈타트 유서'는 오랫동안 그에게 허락되지 않았던 자연의 신전에서 온전한 기쁨의 날에 대한 간절한 갈망으로 끝을 맺고 있다. 그리고 페르디난트 리스는 이 시기에 산책하다 이상하게 말이 없고 침울해진 베토벤을 기억한다. 베토벤은 사람들이 아무 생각 없이 들리지 않냐고 물었던 목동의 피리 소리를 듣지 못했기 때문이다.[473] 시골 방문자 베토벤은 무엇보다 늘 자신의 스케치북에 몸을 숙이고 있었던 것 같다. 음악적 메모는 모든 인상에 의미를 부여하는 역할을 한다. '쓰는 것을 따라 걷는다'는 니종의 은유는 빈 근처를 산책하는 베토벤과 연관시키면 그 특별한 의미를 얻게 된다.

한스 피츠너의 "마치 우편 마차가 멈추자 거기서 내린 사람이 좋은 시골 공기를 들이마시는 것 같지 않은가?"[474]와 같은 〈전원〉에 대한 수사적 질문은 냉소적으로 들린다. 우리는 어느 싸구려 영화의 한 장면을 연상해 볼 수는 있지만, 산책하면서 문자 그대로 '정신을 차리기 위해' 애를 썼고 무엇보다 '절제된' 음악의 길을 통해 이를 다시 찾았던 베토벤은 결코 아니다. 〈전원〉에서 '좋은 시골 공기'는 분위기상의 문제일 뿐 중요한 것은 무엇보다 함축된 음악적 모티프다. 이 모티프는 새들이 베토벤에게 불러 주는 것이 아니라 "시냇가 풍경"을 제외하면 오히려 길고 긴 탐색의 결과다. 이에 대해 다시 한번 파울 니종을 인용하면 다음과 같다.

나는 기본적으로 내 책을 피아노 앞에 앉은 작곡가처럼 시작했다. 나는 개별적 모티프로 시작했고 그것을 음악적 원칙에 따라 메모했다. 나는 그 모티프들을 각각의 음형들처럼 조합했고 그렇게 해서 더 큰 연관과 형식의 구상이 생겨났다.[475]

의심의 여지가 없다. 개인적으로 경험한 '세상'의 충격은 베토벤 이전과 이후를 통틀어도 그의 작품에서 가장 큰 역할을 한다. 이러한 체험은 작품에서 비로소 그 구조를 얻는다. 무엇보다 베토벤 음악이 특별한 선물이 되는 것은 체험을 작품으로 표현한 데 있다. 청자는 '느낌'에 단순히 끌려다닐 필요가 전혀 없다. 청자는 작곡적 자아에 귀를 기울인다. 그 자아는 형식이라는 바늘구멍을 통과하는 길을 찾았고 그래서 청자에게 이런 형식 안에서 자신의 경험할 자유를 허락할 수 있다. 이런 경험이 베토벤의 경험과 유사할 수 있을지는 몰라도 형식이라는 그 위의 범주는 베토벤과 함께 제3의 것을 체험할 수 있게 해 준다. 그 제3의 체험이 바로 초월이다. 이 초월은 횔덜린이나 카스파르 다비트 프리드리히의 작품에서 발견한 종교적 아우라와 무관한 것이다.

우리는 19세기 교향시가 그 표제를 토대로 종교적 아우라를 훨씬 더 분명하게 만들어 낸다고 생각한다. 리하르트 슈트라우스의 교향시 〈죽음과 변용Tod und Verklärung〉 같은 삽화적 작품은 오케스트라적으로 아무리 화려해도 음의 무대 장식에 머문다. 엄격한 형식이라는 바늘구멍을 통과하는 길을 놓치고 있기 때문이다. 이 교향시와 베토벤 작품의 음악적 관계를 표현하자면 방탕한 영화 음악과 고대 연극이라 하겠다. 이 교향시와 같은 음악에는 울리고 말해진 것이 명상적으로 반향을 일으킬 공간이 없다.

교향시 〈죽음과 변용〉에서 베토벤 현악 4중주 op.132의 3악장 몰토 아다지오로 가 보자. 비교할 만한 주제다. "(리디아 선법에 의한, 건강을 회복한 자가 신께 바치는) 성스러운 감사의 노래"와 "새로운 힘을 느끼며"라는 뚜렷한 차이를 보이는 두 제목이 붙여져 있다. 베토벤이 실제로 병에 걸렸다 호전된 후 완성한 작품이라는 전후 사정에서 이 곡의 진정성이 발산되는 것은 아니다. 오히려 이 감사의 노래는 모방 불가능한 방식으로 리디아 선법의 형식화된 표현과 개인적 표현이 균형을 맞추고 있다는 것이 결정적 요인이다. 카스파르 다비트 프리드리히의 〈떡갈나무 숲의 대수도원 묘지〉를 연상시키기도 한다. 음악이 삶에서 생겨난다고 해서 그것이 곧 작곡가의 예시나 사이코그래프임을 의미하지 않는다. 이는 현악 4중주 op.132에서 몰토 아다지오의 명상적 '코랄' 선율에 대비되는 "새로운 힘을 느끼며"가 분명히 해 준다. 베토벤은 새롭게 용솟음치는 삶을 그 세부가 전체 인상 속에서 사라지는 음층으로 작곡하지 않았다. 베토벤은 구조를 염두에 두고 네 개 현악기의 세세한 부분까지 목소리를 부여하여 청자가 이 '이야기'에 몰입하게 하면서도 거리를 유지하게 한다.

베토벤은 왜 피아노 소나타 〈함머클라비어〉의 종장 푸가를 위르겐 우데Jürgen Uhde의 말처럼 "들끓는 용암의 흐름"[476]으로 마무리하는가? 정신 분석가 요하네스 피히트Johannes Picht는 〈함머클라비어〉의 종장에서 아니 전체에서 "부정과 폭력의 표식"[477]을 본다. 아도르노에 따르면 이 악장은 이 작품의 "우울감과 위협"[478]을 베토벤이라는 전기적 주체와 연결하는데, 이 주체는 어린 시절부터 평생 지속된 위협의 경험과 음악적으로 대결한다.[479]

나는 삶과 작품에서 흔적을 찾는 아도르노를 세세히 따라가는 일이 그리 유익하지 않다고 생각한다. 그러나 폭력과 분노, 광기의 요소가 예컨대 오페라 《피델리오》 제2막 멜로드라마 아리아나 "돈을 잃어버리고 화가 치솟는다. 카프리스로 화를 풀어야겠다"라는 익살스러운 제목을 가진 〈피아노를 위한 론도 아 카프리치오 G장조 op.129〉•에

• 제목은 사후에 붙여진 것이다. 작품 번호가 129번이라 후기라는 설도 있지만 1945년에 발견된 자필 악보를 검토한 결과 초기 작품이라는 게 정설이 되었다.

서보다 〈함머클라비어〉에서 훨씬 더 개인적으로 특별하게 표현되고 있다는 사실은 간과할 수 없다.

〈함머클라비어〉의 마지막 푸가는 결코 카프리치오capriccio(caprice, 변덕스러운 곡)가 아니다. 우리는 충분히 그 안에서 분노와 존재적 절망이 분출하는 것으로 추측해 볼 수 있다. 나는 피아노 연주를 하라고 아버지에게 '혼이 나는' 어린 루트비히를 눈앞에 떠올려 본다. 이웃에 살던 고트프리트 피셔Gottfried Fischer의 회상에 따르면 베토벤은 아마도 '작은 의자에' 올라서서 매를 맞았던 것 같다.[480] 열세 살 무렵 《평균율》을 공부했을 때도 그랬을 것이다. 어린 루트비히는 음악이 주는 행복과 힘의 느낌에 다가가는 일이 무한한 노력과 흥분, 체념 그리고 자신에 대한 공격과 연관되어 있다는 체험과 싸워야만 했을 것이다.

나는 두 장면을 겹쳐 보여 주는 어느 영화를 생각한다. 마구 손짓하는 아버지 밑에서 어린 루트비히는 피아노 앞에 앉아 있고 나이든 베토벤은 〈함머클라비어〉를 연주하고 있다. 그리고 여기서 두 번 째 삶을 지어냄으로써 자신을 찾는 파울 니종의 '자전적 허구'라는 개념을 떠올린다. 베토벤은 어렸을 적 체험했던, 힘든 조건에서 생산적으로 공부했던 푸가를 자신에게 스며들게 했다. 늙은 베토벤은 어릴 적 주어진 과제를 학습할 때 아로새겨진 억압을 매우 공격적으로 표출한다. 즉, 베토벤은 두 배에 달하는 확대형 푸가와 주제의 마지막 음에서 반대로 거슬러 올라가는 역행 등과 같은 이미 시효를 잃은 옛 대위법을 거의 광적으로 구사하면서 자신의 인생사와 피할 수 없는 대결을 드러낸다(67쪽 참조). 베토벤은 어린 시절의 다양한 경험을 통해 자신의 삶을 지어내는데 이는 훗날 소나타라는 형식에서 합당한 구조를 '비로소' 얻게 된다. 여기서 '지어낸다'는 말은 "전승된 푸가 형식에 시적 요소를 가미하여 진정 거듭나게 해야 한다"는 베토벤의 확신을 떠올리게 한다(73쪽 참조).

〈함머클라비어〉 푸가 피날레의 시적 요소는 부정과 폭력만을 의미하지 않는다. 이런 점에서 우리는 이 작품을 연주자와 청자에 대한 의도적인 과도한 요구로 치우쳐 해석해서는 안 된다. 마지막 악장의 중간 이후부터 《장엄 미사》의 '베네딕투스'를 연상시키는 새로운 주제가 등장하기 때문이다.

'셈프레 돌체 칸타빌레, 우나 코르다sempre dolce cantabile, una corda(언제나 부드럽게 노래하듯)'라는 지시어에 걸맞게 순수함을 발산한다. 이런 요소는 결말에서 새로운 폭력의 몸짓에 맞서 자신을 관철할 수는 없지만 니종의 비유를 계속 사용하자면 '작곡된 자서전'이 아니라 삶을 통해서 자신에게 도달하려는 예술가의 의도를 암시한다. 음악의 모순과 분열, 냉소와 순종 사이의 그 동요는 더 이상 베토벤이라는 경험적 주체에 속하지 않고 야심 차게 구조화된 작품 속으로 녹아든다. 그리고 작품은 전기적 맥락에 근거하는 베토벤을 드러내려고 부정하지도 않는다. 소리 나는 사건의 전파라는 음악의 다양한 신호를 다루는 것은 청자의 몫이다. 청자들은 (잠재적) 창작자의 전기적 배경을 음악과의 소통을 쉽게 해 주는 경험 지평의 매개로 이해해야 한다. 내 사정을 말하자면 이렇다. 나는 당연히 전문가로서 음악적으로 베토벤이 〈함머클라비어〉의 피날레에 어떤 대위법적 '카프리치오'를 집어넣었는지 추적할 수 있다. 그리고 전문적으로 '질서'와 '혼란'의 구조적 얽힘을 서술할 수 있다. 그러나 그것을 넘어 나는 이런 '비정상적인' 구조를 두고 스스로에게 묻

는다. 베토벤은 왜 이렇게 했을까?《평균율》이 나온 지 100년이나 지나 이런 까다로운 대위법에 몰두해 대체 무엇을 증명하려 한 것일까? '진정 거듭나게 하는 시적 요소'가 정말 중요할까? 푸가에는 어떤 '이야기' 가 깔린 것일까? 실제로 이 작품을 연주하는 사람은 처음부터 존경심에 주눅이 들어 무릎을 꿇지 않는 한 이런 질문을 피해 갈 수 없다. 이 점에서 베토벤이 어린 시절의 경험을 초월한다는 생각은 도움이 된다. 물론 이런 접근은 온전한 기법적 분석처럼 음악을 설명해 주지 않는다. 그러나 나의 음악 체험을 더 '인간적'으로 만들어 주는 동일화의 가능성을 제공해 준다. 아마 내일이면 나는 또 다른 접근 가능성을 찾을 수도 있으리라. 이는 객관화할 수 없고 진실을 찾으려는 최대한의 열정이 있다면 유추할 수 있을 뿐이다. 절대 음악 역시 같은 초대를 한다. 철학자들과 시인들은 이미 오래전부터 이를 알고 있었다. 음악학자들은 그들의 전문 지식을 통해서 그러한 직관적 앎을 지원하거나 상대화할 수 있을 것이다.

모든 작곡가에겐 선구자가 있다. 베토벤 그리고 예술가로서 그의 '자전적 허구'는 두 명의 선구자가 있다. 두 선구자의 창작 경향은 '과도함'에 있어 극단적으로 대립하며 베토벤 작품에서 충돌하는데, 그 둘은 다름 아닌 에마누엘 바흐와 하이든이다. 바흐는 특히 에마누엘 바흐의 피아노 환상곡 f샤프단조에서 시인이자 음악가인 크리스티안 슈바르트 Christian Friedrich Daniel Schubart의 원칙을 따른다. 크리스티안 슈바르트는 질풍노도의 대표 주자로서《음악적 랩소디Musicalischen Rhapsodien》에서 이렇게 주장한다.

음악에서 당신의 자아를 몰아내기 위해서는 스스로 생각하고 발명하고 상상해야 할 것이다.[481]

매우 과소평가된 하이든의 '과도함'은 전혀 다른 종류이다. 예컨대 하이든 교향곡 80번 d단조 Hob.I: 80의 마지막 악장의 거의 "터무니 없는"[482] 성격은 '자아를 몰아낸다'기보다 오히려 교향곡 피날레에 대한 일반적 기대에 반하는 한에서 당시 사방에서 그를 타고난 천재라고 부르던 것과 관련이 있다. "마지막 악장을 유일한 게다가 기이한 아이디어에 맞추고 감각적인 즐거움을 (…) 주로 지적인 즐거움에 희생시키려는 급진적인 시도"[483]인 것이다.

여기서 조명해야 할 베토벤의 창작 요소는 서술했듯이 두 가지를 반영한다. 확실히 고집스러운 자아가 자신의 길을 개척한다. 그러나 이 자아는 자율적·음악적 악장으로 전이된다. 그렇다고 전기적 자아가 완전히 죽는 것은 아니다. 오히려 청자는 흥미 있는 변증법으로 끌려 들어간다. 자아의 뒤엉킨 길은 음악적 형식에 상응한다. 삶과 작품은 무한 거울 반사처럼 서로를 초월한다. 예술이 매혹을 위해 필요로 하는 저 비밀스러운 빛에 잠기게 하는 것이다.

니종을 빌려 마무리하자면, 우리에게 그의 소설이 없는 그의 삶은 대체 무슨 소용이란 말인가? 그리고 우리가 그의 소설에서 삶의 숨결을 느끼지 못한다면 그의 소설은 대체 뭐란 말인가?

구조와 내용

게오르크 빌헬름 프리드리히 헤겔 Georg Wilhelm Friedrich Hegel (1770~1831)

'이상주의' 철학 이론을 완성한 거장 헤겔은 칸트와 함께 독일 근대 철학을 대표하는 철학자다. 1807년 실
천철학적 명저 《법철학》을 출간했다. 1831년 사망한 이후 철학사의 전개에 지속적이고도 심대한 영향을
끼쳤다. 특히 사후 출간된 《헤겔 미학》은 예술 자체에서 예술을 파악하려고 했던 칸트에게서 시작된 '예술
에 대한 사유'의 시도가 헤겔에 이르러 그 정점에 도달했음을 보여 준다.

22

게오르크 빌헬름 프리드리히 헤겔

"헤겔로 베토벤을 이해하려면 젊은 헤겔의 '우울증'과 함께 이를 극복한 사상가의
체계 철학을 보아야 한다."

놀랍게도 베토벤과 자주 연결시키는 철학자 중에 헤겔 같은 철학자
도 없다. 베토벤이 헤겔에게 관심이 없어서라기보다 베토벤 음악에 대
체로 무신경했던 이 철학자 때문이다. 1817~1829년에 한 미학 강의
에서 헤겔은 팔레스트리나Palestrina, 페르골레시Pergolesi, 바흐, 헨델, 글
루크Gluck, 하이든, 모차르트를 직접 거명하고 로시니 오페라의 미학을
상세히 다루지만 베토벤에 대해서는 한마디도 언급하지 않았다. 베토
벤 음악을 그리 좋아하지 않았거나 음악에 보수적 관점을 견지하던 헤
겔이 사교와 행진의 목적에서 벗어난 순수 기악에 대한 접근법을 몰랐
기 때문일 수도 있다. 헤겔은 "순수" 기악의 "내적 자유"[484]를 칭찬하지
만 "어떤 특정한 내용의 표현"에서 해방된 음악이 "공허하고 무의미하
게" 보일 수도 있고 그래서 "본래 예술에 속하는 것으로 볼 수 없다"[485]
는 우려와 견해를 밝혔다.

헤겔은 "화음과 선율의 움직임은 순수하게 음악성을 띠고 고저로
움직이는, 다시 말해 방해를 받기도 하고 둔중하고 심오하게 침투하기

도 하며 통렬하게 울리는가 하면 가볍게 흐르는 듯이 움직여 음악적으로 완성되고 악기들을 서로 조율하는 일"은 "문외한"보다는 "전문가"를 위한 것이라고 한다. 문외한들은 "주로 감정과 표상을 이해할 수 있게 표현하고 소재와 내용이 있는 음악"을 좋아하며 그래서 특히 춤곡이나 성악의 반주 음악을 선호한다고 한다.[486] 순수 기악에 관해서는 기악의 애호가는 재빨리 스쳐 지나가는 의미를 이해하고자 하나 "언제나 풀 수 없는 그래서 대체로 무수히 다양하게 해석이 가능한 수수께끼 같은 과제들 앞에 서게 된다." 작곡가에게는 "그러한 내용과는 상관없이 순수한 음악적 구조와 그 구조의 기발함이 중요하다"라는 것을 우리가 인정한다 해도 "소재의 빈곤 (⋯) 때문에 (재능 있는 작곡가들도) 평생 아무런 의식도 없는 빈약한 소재의 음악만을 작곡한다."

"기발한 착상, 변덕, 단절, 재치 있는 우롱, 기만적 긴장, 의외의 반전, 비약, 번득임, 경이, 놀라운 효과"를 가진 "주관적 자의를 (⋯) 폭군적인 주인"[487]으로 만드는 작곡가들도 헤겔에게는 마찬가지로 의심스러운 상대다. 메이너드 솔로몬은 이 언급을 두고 헤겔이 직접 지목하지는 않았지만 분명 베토벤을 겨냥한 것이라고 추측한다.[488]

1822년까지 헤겔은 베를린에 있던 E. T. A. 호프만과 교류했을 수도 있다. 앞에서 서술했듯이 호프만은 작곡가가 '숙고해서' 만들어 낸 음악적 '구조'를 말하면서도 베토벤의 환상성을 높이 평가한다. 헤겔이 비판적 의미로 관찰했던 '자의', '변덕', '놀라운 효과' 등을 호프만은 긍정적으로 반전시켜 받아들일 수도 있었다. 이 회의론자와 낭만주의자는 모두 '구조'와 '표현'의 성공적 결합을 이상으로 천명하고 있음에도 정면으로 상호 대립한다.

오늘날 음악 연구자들은 문학과 철학의 영역에서 베토벤에 대한 호프만의 열광적이지만 전문 지식을 보여 주는 표현에 반어적 거리를 두고 대하지만 만일 베토벤을 알았다고 해도 그의 음악에 대해 결코 긍정적 판단을 기대할 수 없는 헤겔에게는 존경심을 보이는데 이는 무슨 의미일까? 아마도 문학적 환상성에 대한 강력한 반감만큼 근본을 파악할수 있다고 기대하는 체계 철학의 흡입력도 강력한 듯하다. 헤겔의 도움으로 성공할 수 있을 것인가?

우선 음악사적으로 베토벤 음악에 이르러서야 비로소 의미를 갖게되는 음악 구조라는 핵심 개념이 중요하다. 우리는 순수한 음악적 문제에서 엿보이는 헤겔의 무능력에 눈감아 주고[489] 철학에만 주목한다면 베토벤과 헤겔의 지평에서 음악 구조라는 용어에 생산적으로 접근할 수 있다. 그 중계자로 베를린의 음악 이론가이며 저술가이자 베토벤숭배자 아돌프 베른하르트 마르크스(1795~1866)가 적당한데 그는 자신의 음악적 사고를 헤겔의 철학으로 뒷받침하고 있다. 헤겔의 미학에 관한 서적들이 마르크스 사후 출간되었으므로 그에 대해 알지 못했던 것같다.

마르크스는 헤겔의 역사 철학적 구상을 넘겨받는다. 그것에 따르면 인류는 몸-영혼-정신의 3단계로 발전해 나가고 '정신'은 그 총체성 속에서 '존재'의 절대적 규정으로 여겨진다. 이런 사고의 맥락에서모차르트와 하이든의 음악은 영혼에 해당하며 베토벤의 음악은 정신에해당한다. 선배들의 음악과는 달리 베토벤 음악은 더 이상 "느낌의 분위기"나 "아직 뚜렷한 생각이나 의지에 이르지 못한 경향"[490]으로 해석할 수 없기 때문이며 오히려 뚜렷한 개성을 가진 "진정한 삶과 인물의모습"[491]을 표현하고 있기 때문이다. 작곡 기법은 그 복잡성에서 그때까지 전혀 없었던 개인적 쓰기가 중요한 방식인데 이는 형식이라는 포괄개념으로는 더 이상 파악될 수 없다. 이에 따르면 베토벤은 "형식의 물화"[492]를 모른다. 기능적 화성, 전통적 운율, 소나타 악장의 도식 등이 있으나 그 선험적 정당성을 잃고 매 작품에서 특정 문제 제기하에 자신의 존재 근거를 새롭게 획득해야만 한다. 이것이 이전 음악에는 없던 '현실성'을 베토벤 음악에 부여한다. 이전 음악은 물론 섬세한 방식이기는 했으나 기본적으로 규범화된 감정의 움직임을 전달했기 때문이다.

사회 발전에 헌신하는 자코뱅주의적 사상을 가진 음악학자 마르크스는 이러한 전개를 단순히 음악사적인 것으로만 보지 않고 음악사도 역사를 따라 헤겔적 의미에서 인류의 지속적 자기실현의 과정으로 봤다. 헤겔의 철학을 베토벤 음악에 적용하면서 마르크스는 베토벤 음악에서 "(하이든이나 모차르트 음악에서의) 느낌이 직관, 즉 '현실적', '객관적'으로 된다"는 견해에 이른다. 베토벤에서 음악은 "극적으로 되고 객관적이 되라"[493]는 임무를 충족시킨다고 했다.

'극적'이 된다는 의미는 마르크스에게 가령 음악이 텍스트나 음악 외적 표제를 만들어 그 규정성을 찾는다는 것이 아니다. 이 점에서 더 편협하게 생각하는 헤겔과는 달리 마르크스는 오히려 "철저히 구속적인 규정성 대신에 환상성의 매력적 유희"를 신뢰하자고 호소한다. "서로를 배제하는 개별적으로 등장하는" 감정의 동요도 "심리학적 본성에 따른 필연적 전개 속에서 발전하는 삶의 모습을 불러낼"[494] 수 있다. 구스타프 말러 교향곡의 소설적 구조를 분명히 하기 위해 플로베르의《보바리 부인》을 연구했던 아도르노의 다음과 같은 발언 옆에 서사 음악에 대한 마르크스의 생각을 나란히 놓는다고 너무 치켜세우는 것은 아닐 것이다.

음악이 무엇인가를 이야기하려는 것은 아니지만 작곡가는 보통 사람이 이야기하듯이 음악을 작곡하고자 한다.[495]

얼핏 추상적으로 들리지만 마르크스가 분석한 베토벤 개별 작품은 이를 구체화해 준다. 마르크스는 이전에 널리 퍼졌던 작곡론을 통해 각 작품의 개별 구조를 분석하는 한편, 베토벤 연구의 유명 저자로서 '극적인', 즉 심리학적으로 전개되는 내용 묘사도 과감하게 시도했다. 이에 따라 마르크스는 베토벤 작품을 '진정한 삶과 인물의 모습'으로 이해해 작곡 기법과 해석학적 관점에서 헤겔의 '현실적'으로 해석하겠다는 자신의 필요를 충족시킨다. 철학적 범주를 음악 현상에 적용하는 게 도대체 가능하다면 말이다. 결론적으로 볼 때 베토벤은 이러한 시각에 만족할 수 있었을 것이다. 표면적으로 두 동시대인 베토벤과 헤겔을 묶어주는 것은 그들의 나폴레옹에 대한 감탄이다. 회고록에서 마르크스는 이 코르시카인이 예나-아우어슈테트 전투 후에 자신의 군대를 이끌고 자신의 고향 할레를 행진했을 때 받았던 엄청난 인상을 이야기한다. 어린아이였던 마르크스는 나폴레옹의 모습 "고대(=로마)풍의 노란(=핏기 없는) 얼굴과 날카로운 얼굴선, 밝은 회색이지만 심연처럼 깊은 눈동자"에 너무 매료되어서 그 후 며칠 동안 '기이한 경련'에 시달렸다고 한다.[496]

같은 시기 마르크스보다 스물다섯 살 더 많은 베토벤은 그 모든 실망에도 나폴레옹의 파리로 이주하려는 계획을 고수했다. 기록에 의하면 베토벤은 '음악' 예술가로서 자신이 '국가' 예술가 나폴레옹과 같은 위치에 있다는 착각에 빠져 있었다. 아마도 베토벤은 마르크스와 비슷하게 자신의 역사적 역할을 평가했고 자신을 마르크스의 의미에서 진보를 향한 새 시대의 음악적 영웅으로 보았던 것 같다.

헤겔은 원칙적 이유에서 베토벤에 찬성하지는 않았을 것이다. 헤겔은 개별 예술의 종말 그러니까 자율적 음악의 종말도 전제했다. 그렇다면 적어도 교향곡 9번은 헤겔 철학이 그리던 종합 예술 작품의 초석으로서 환영받지 않았을까? 그건 의심스럽다. 이 철학자는 1824년 가을 빈에 머무를 때 부인에게 보내는 편지에서 이탈리아 오페라를 두고 "투명한 황금빛의 불같은 와인"[497]이라고 열광했지만 그 몇 달 전에 있었던 교향곡 9번의 초연은 무시하고 넘어갔다.

구조 대 내용이라는 주제로 돌아가 보자. 베토벤 음악의 분석으로 마르크스는 작품의 기술적 정교함 너머에 있는 '정신'을 철저히 파악하려 한 최초의 연구자다. 〈에로이카〉를 예로 들어 마르크스는 음악이 이제 "더 밝고 확고한 의식의 영역에 들어섰고 거기서 음악은 성숙하게 되며 동등한 자격으로 자매 예술의 무리에 들어선다"[498]고 주석한다. "교향곡 〈에로이카〉와 이상 음악"이란 제목하에 그는 마치 베토벤으로 개종한 헤겔처럼 주장을 펼친다.

> 삶에서 강요된 상황과 분위기를 예술로 창조한다는 데서 인간은 자신을 스스로 창조한 세계의 주인으로 느끼고 이 변용된 거울상 안에서 실제 세계에서 벗어나 자유롭게 된다. (…) 예술가가 어떤 영혼의 상태를 상상하기 위해서 자신이 직접 그 상태에 빠질 필요가 없고 역으로 거기에서 벗어나야 한다는 것은 명백히 자유에 속한다.[499]

따라서 작곡가는 전승된 형식의 틀을 지금까지 허락된 것보다 더 자유롭게 다룰 수 있어야 할 뿐만 아니라 오히려 자신만의 판타지를 창조하기 위한 배경으로 전통적 틀을 격하시킬 수 있어야 한다. 마르크스 이전의 비평가들도 이와 같은 진보를 〈에로이카〉를 예로 들어 기술했지만 '분업적'이었다. 빈의 한 비평가가 공식 초연을 계기로 "매우 광범위하게 펼쳐진, 대담하고 야생적인 판타지"[500]를 거론했고 그로부터 몇 년 후 당시 음악 비평의 권위자 프리드리히 로흘리츠는 이 판타지를 기법적이고 기계적인 관점에서 한 단계 한 단계씩 분석해야 한다고 느꼈을 뿐이다.[501] 마르크스는 베토벤 작품을 서사적으로 평가하면서도 그 구조에 주목하여 이 두 시각을 통합한다. 이때 구조는 현재 체계 이론의 정의에 따르면 체계와 그 요소들의 상호 작용의 전체로 이해해야 한다.

마르크스는 이때 베토벤의 동의를 다소간 확신할 수 있었을 것이다. 베토벤은 비록 자신의 교향곡들의 이념에 대해 침묵했지만 청자들이 이 주제를 고민하고 1824년 출간된 에세이《베토벤 교향곡과 업적에 대하여Etwas über die Symphonie und Beethovens Leistungen in diesem Fach》[502]에서 마르크스가 그랬던 것처럼 가능하면 '특정한 생각'을 찾아보려는 데에 반대하지 않았다. 마르크스가 에세이에서 교향곡 3번 〈에로이카〉와 교향곡 5번, 교향곡 7번을 강령적 관점에서 다룬 것에 대해 베토벤은 별다른 불만을 보이지 않았다. 베토벤은 1825년 7월 19일 베를린의 출판업자 아돌프 마르틴 슐레징거Adolf Martin Schlesinger에게 보낸 편지에서 베를린 음악 신문《알게마이네 무지칼리셰 차이퉁》에 실린 "총명한 마르크스 씨의 작품"을 칭찬한다.

나는 바라건대 마르크스 씨가 음악 영역에서 항상 더 높고 참된 것을 찾아내려는 작업을 계속해 나갔으면 합니다. 그러면 시시콜콜 따지는 일은 아마 점차 사라지게 될 것입니다.[503]

또 다른 인용문은 이 작곡가를 헤겔에 가깝게 접근시킨다. 빈의 극작가이자 연출가 게오르그 프리드리히 트라이치케에게 보낸 1814년 3월 편지는 이렇다. "기악에서도 나는 항상 전체를 보려고 했다."[504] 이는 놓쳐서는 안 될 부분이며 베토벤을 창작적 문맥에서 음의 철학자로서 헤겔 옆에 놓을 수 있다. 헤겔의《정신현상학》에는 이런 유명한 문장이 있다. "진리는 전체다. 그러나 전체는 오직 본질이 스스로 전개되어 완성된 존재일 뿐이다."

헤겔과 베토벤의 유사성을 설명하기 위해 나는 다시 한번 〈에로이카〉에서 시작하고자 한다. 열정과 목표 의식으로 피날레를 향해 나가는 교향곡이라는 의미에서 무에서 유를 창조한 베토벤의 이 이념적 작품에 우리는 그저 놀랄 뿐이다. 음악사의 과정 중에 흔히 있을 수 있는 '새로운 것'의 '옛것'에 대한 항의로서 도약적 발전으로 볼 수도 있다. 그러나 〈에로이카〉는 그 이상이다. 헤겔주의자처럼 말하자면 음악은 더 높은 의식의 단계에 다다르고 거기서 이러한 대립은 그야말로 지양된다. 그것은 원제목이었던 '보나파르트'에서 시작된다. 베토벤의 이전 음악에도 표제적 서곡과 발레곡, 교향곡들이 있었다. 그러나 〈에로이카〉는 그 비할 바 없는 악장의 개인적 성격과 구조적 풍성함 때문에 한 영웅의 초상화가 되기에는 너무나도 다층적이다. 이 교향곡이 '보나파르트'로 불렸건 보나파르트에게 헌정되었건 상관없이 분명 베토벤에게는 이보다 훨씬 포괄적인 나폴레옹 시대의 '정신'을 파악하는 것이 중요했다. 발레곡 〈프로메테우스의 창조물〉에서 베토벤은 재탄생한 불의 전달자 프로메테우스로서 이 코르시카인을 관습적으로 경배했다(22쪽 이하 참조). 그것은 제후를 칭송하는 봉건적 예식을 연상시켰다. 만약 베토벤이 나폴레옹의 문화 혁명적 구호인 '자유와 전진'에 충실하려 했다면 그는 원칙을 쓰인 대로 읽는 듯한 춤 동작에 묶인 발레 음악의 족쇄에서 벗어나 더 자유로운 개인의 연설로 구현하는 음악 언어를 발견해야만 했다.

그러려면 우선 나폴레옹이라는 실제 인물이 아닌 나폴레옹이라는 이상을 둘러싼 아우라가 중요하다는 점을 분명히 해야 했다. (나폴레옹이 스스로 황제가 된 이후 이 이상은 특히 중요성을 띤다.) 이 자유로운 발언에서는 한 궁정 악장이 제후에게 경배하는 것이 아니라 두 제국의 지배자가 공동의 제삼의 것에 대해 소통한다. 작곡가는 이에 따라 축제 음악의 모습을 한 아첨을 포기하고 대신 공동의 가치를 적시한다. 이러한 가치는 프랑스 혁명 음악을 반복해서 상기시키는 대목에서 들려 나온다. 이는 1악장의 첫 주제인 인간이 자연적 초기 상태에서 벗어나 모든 저항을 이겨내고 자신에 고유한 품위를 쟁취할 수 있다는 피날레의 변주로 구현된다. 〈에로이카〉 같은 프로젝트의 작곡가는 이제껏 유례가 없는 '전체'를 봐야만 했던 것이 분명하다. 여기에는 표현과 내용이 필요했지만 구조도 필요했다.

작품의 길이도 주목해야 한다. 연주에 대략 50분 정도가 걸린다. 이보다 20분 정도 짧은 교향곡 1번은 이미 시대의 통상적 한계까지 확장되었으나 여기에 견줄 수는 없다.

넓은 의미에서 '고전주의' 시대의 교향곡에는 이상적 유형이 정해져 있었다. 1악장 뒤에 오는 악장들은 좀 더 짧아야 했다. 시에서 소네트의 엄격한 규칙처럼 1악장은 처음부터 소나타 형식의 틀에 의해 규정되어 있었다. 작곡가는 제시-전개-재현-코다의 진행에 묶였다. 이 틀을 충족시키려면 작곡가에게는 '문외한'이나 음악학자들이 생각하는 것 이상으로 자유가 없었다. 따라서 작곡가는 단순히 이렇게 말할 수가 없었다. "주관적으로 예컨대 더 과정적으로 작곡하기 위해 나는 소나타 악장을 확장하겠다." 더 많은 활동 공간을 갖기 위해서 베토벤은 교향곡을 새로 생각해야만 했다. 그리고 이는 형식이 아니라 오직 새로운 내용으로만 가능한 일이고 새로운 내용은 다시 새로운 형식이 필요했다. 이는 '새로운 길'에 서 있는 베토벤이 구체적 내용을 떠올리기 전에 이미 새로운 형식을 실험했다는 사실을 배제하지 않는다. 만약 베토벤에게 이와 같은 환상성이 없었다면 결코 '새로운 길'을 걸어갈 엄두를 내지 못했을 것이다. 예를 들어 〈에로이카〉 1악장의 전개부가 전에 없이 길고 여기에 새로운 전개부라 할 수 있을 정도의 코다가 나온다는 점은 단순히 작곡적 계산으로만 설명할 수 없는 것이다. 말러는 동료 작곡가 요제프 보후슬라프 푀르스터Josef Bohuslav Foerster와 대화하며 베토벤의 전개부 처리에 대해 다음과 같이 암시했다.

> 전개부는 ('소박한' 의미에서) 모차르트도 썼지. 그는 자신의 주제들을 취해 거장답게 뒤섞기만 했지. 그러나 베토벤에게서는 볼 수 없는 일이지. 베토벤은 항상 무언가를 말하려고 했어. 멘델스존과 슈만이 다시 '전개부'를 쓰기 시작했다는 건 결국 그들만의 문제였을 뿐이야. 그들 음악에는 확실히 전개부가 없어.[505]

말러는 브람스 전기 작가 막스 칼베크Max Kalbeck에게 보내는 편지에서 더 분명하게 견해를 밝혔다. "베토벤에서 시작된 특정한 내적 표제를 갖지 않은 현대 음악은 없다."[506]

베토벤이 '새로운 길'을 나설 결심을 했다면 물론 내용적으로 결정되어 있지만 구조적으로 해결되어야 하는 결단의 갈림길에 항상 설 수밖에 없다. 지휘자이자 음악학자인 페터 귈케Peter Gülke는 자신의 대표적 베토벤 연구에서 헤겔의 변증법을 통해 베토벤의 작곡 방식을 규명했다. 이 연구에서 귈케는 베토벤의 복잡한 창작 방식에 의해 규정된 작곡 과정이 얼마나 자기모순과 해결을 거듭하는지 보여 준다.[507]

〈에로이카〉 1악장으로 설명해 보자. 전통적으로 한 소나타 악장은 주제 재료의 토대 위에 세워진다. 〈에로이카〉는 당시 오케스트라에 세 번째 호른만 추가했을 뿐인데도 역동적 상승과 함께 음의 밀집과 펼침으로 너무나 가득 차 있어서 '주제들'이 사라져 버릴 것만 같았다. 하지만 '주제들'이 사라질 수 없음을 확인하게 된다. 전통적 의미의 '주제들'이 존재하지 않기 때문이다. 1악장에는 본래 교향악적 과정에서 제시되는 기본 이념만 존재한다. 그런데 전개부의 끝부분에서 응집한 음의 썰물이 지나간 후 e단조 선율로 첫 주제가 울린다. 전통적 교향곡이라면 이미 모든 게 끝난 후다. 이렇게 등장하는 주제는 글자 그대로 주제로 진지하게 불릴 자격이 있는 것이다. 그리고 이 주제는 이전의 모티프적 전개의 '결과'는 아니지만 '완전히 새로운 것'이다. 아니다. 악보를 보게 되면 저변에 있는 '옛것'을 확인하게 된다. 헤겔적 의미에서 '전체'는 그러니까 다양한 시각을 갖는 그리고 자체로 결코 모순이 없는 구조물이 아니며 그 유일무이성은 바로 측량할 수 없는 모든 살아 있는 것을 모방한 복잡성의 구조에 있다.

베토벤 교향곡의 연주 시간의 문제로 돌아가 보자. 한 작곡가가 교향곡은 특수한 내용을 담은 이념적 예술 작품이라는 생각을 내면화했다면 이제 상당히 가변적일 수 있는 연주 시간에서도 자유를 누릴 수 있다. 〈에로이카〉가 비정상적으로 길었다면, 교향곡 5번 〈운명〉은 모든 베토벤 교향곡 중 가장 짧은 1악장이다.

연주 시간도 내용을 고려한 것이며 적절한 구조로 실현되어야만 한다. 교향곡 5번 1악장에서는 〈에로이카〉에서처럼 세세히 표현되어야 할 영웅의 개념이 아니라 '운명'이 중요하다. 운명의 거두절미한 급작스러운 출현은 긴 전개부에 의해서도 결코 신빙성을 얻지 못한다. 굳이 덧붙이자면 '운명'이라는 은유의 사용은 순결주의자들이 바라듯 그렇게 혐오스러운 것은 아니다. 마르크스가 교향곡 5번을 두고 압도적 운명에 맞서는 강한 존재의 투쟁은 피날레에서 정신의 위대한 승리로 화룡점정을 얻는다고 말했다면,[508] 안톤 쉰들러가 전한 "운명은 이렇게 문을 두드린다"는 구호를 베토벤이 제스처로 실행해 보인 것이 사실임이 얼마 전 판명되기도 했다(52쪽 참조).

교향곡 5번의 '서사 구조'의 명확성을 판단하는 것과 무관하게 우리는 형식과 내용이 베토벤 이전에는 없던 사고의 수준에서 움직이고 있음을 관찰할 수 있다. 그에 대한 설명으로 '과정적' 작곡을 상정하는 것으로는 불충분하다. 피날레가 표현하는 결정적 '승리 표출'의 영웅적 격정적인 몸짓은 스케르초에서 피날레로의 즉흥적 연결(작곡가 루이스 슈포어의 표현을 빌리면 이 교향곡의 유일하게 천재적인 부분)을 통해 정당화할 수는 있지만 결코 과정적 작곡의 총화는 아니다. 이 피날레는 궁극적 승리를 주제-모티프 작업을 통해 쟁취하는 대신 승리의 몸짓을 비장하게 나열한다(26쪽 참조).

특히 교향곡 5번의 피날레의 관점에서 보자면 작곡 과정의 세부를 헤겔의 변증법 테제, 안티테제, 진테제로 이야기하는 것은 거의 의미가 없다. 바그너가 관찰했듯이 변증법자 헤겔은 베토벤이라는 극명한 언어를 사용하는 웅변가에 의해 뒷전으로 밀려난다(28쪽 참조). 이는 작곡사 전통에서 경악의 몸짓으로 쉽게 해석되는 유명한 4음의 시작 모티프(따따따딴)에만 해당하지 않는다. 그래서 우리는 이 모티프를 "운명은 이렇게 문을 두드린다"라는 구호로 해석하는 것을 흔쾌히 포기할 수 있다. 그보다 피날레가 보내는 신호는 정체를 분명히 파악할 수 있다. 303마디 이후 울리는 c-b-c-d의 음의 연속에는 투쟁 구호 '자유 la liberté'를 대입할 수 있으며, 베토벤은 이 선율을 프랑스 국가 〈라마르세예즈〉의 작곡가 루제 드 릴의 〈디오니소스 찬가〉에서 따온 것일 수도 있다(26쪽 참조).[509]

우리는 바그너와 함께 개인적 곤경에서 집단적 해방으로 내딛는 걸음이 작곡의 철학적 엄격함에서 발생한 것인지 그리고 정말 헤겔적 정신에서 작곡이란 게 가능하기는 한 것인지 의심할 수 있다. 헤겔은 젊

프랑소아 요제프 에메 드 르뮤드Francois Joseph Aimé de Lemud, 〈피아노에서 잠든 베
토벤〉, 1864. 베토벤이 숙고해서 만들어 낸 환상성을 떠올리게 하는 판화다.

은 시절 이성의 이면을 경험했다. 즉 헤겔의 말을 빌리면 '공허한 무無' 의 밤으로 추락하는 자아를 경험했다. '무'라는 말로 헤겔은 견딜 수 없는 불특정 상태를 지칭했다. 물론 이런 무는 가위눌린 '만화경적 생각' 의 의미에서 '수없이 많은 생각과 이미지'를 제공했다. 이런 생각 속에서 헤겔은 1805/06년의 《예나 실재철학Jenenser Realphilosophie》에서 이렇게 말한다.

> 밤새도록 여기서 피 묻은 머리가 튀어나오고 저기서 다른 하얀 형상이 출현하다가 다시 사라진다. 인간의 눈을 들여다보면 우리는 이런 밤을 보게 된다. 끔찍하게 변하는 이런 밤을 들여다보면.[510]

우리는 이런 연상을 프랑스 혁명의 테러나 셰익스피어 드라마에 매료된 헤겔과 연관시켜 볼 수 있다. 또한 슬라보예 지젝Slavoj Žižek처럼 그 어떤 정교한 변증법으로도 감당할 수 없는 트라우마적인 원체험을 말할 수 있다. 이는 헤겔이 우울증 경향이 있는 의학자 빈디쉬만에게 한 표현을 빌리면 모든 사람이 하는 체험이다. 헤겔은 이런 막다른 길을 간신히 빠져나왔고[511] 그런 '우울증'을 모르는 체계 철학으로 도피했다. 체계 철학은 개념적 추상화에 탐닉하기 때문이다.

헤겔로 베토벤을 이해하려면 젊은 헤겔의 '우울증'과 함께 이를 극복한 사상가의 체계 철학을 보아야 한다. 헤겔과는 달리 베토벤은 '우울증'에서 소위 더 높은 발전 단계, 즉 닫힌 체계로 도피하지 않았고 오히려 사각형의 원이란 모순을 감행했다. 즉 한 개인으로서 그를 옥죄는 '우울증'과 '생각', '이미지'들을 체계 속에 편입시키려는 사상적 완결성 대신 항상 자신의 위험을 알리는 곡예를 감행했다. 후기 피아노 소나타와 현악 4중주 같은 베토벤의 작품은 헤겔의 변증법을 뛰어넘는다. 그리고 헤겔의 '진리'는 '전체'라는 문장은 다시금 시험대에 오르는 일을 감수해야 한다. 물론 베토벤 후기 음악은 늘 '진리'지만 그 음악은 어떤 '전체'를 대변할 수 있는가?

우리는 슈만이 수년이 지나는 동안 두 번이나 필사한 볼프강 멘첼 Wolfgang Menzel의 백과사전적《미학Asthetik》의 한 구절에 기댈 수도 있다.

미학의 숙제는 사각형의 원보다 더 나은 상황이 아니다. 이론과 실천 사이, 규칙과 예 사이, 원칙과 자유 사이에는 영원한 균열이 있기 마련이고 아마도 이 균열이 전체보다 더 가치 있는 것일지도 모른다.[512]

만일 '전체'라면 프랑스 화가 니콜라 푸생Nicolas Poussin이 생의 마지막에 했던 말에서 그 의미를 찾을 수도 있을 것이다. "나는 결코 어느 것도 소홀히 한 적이 없다."

테오도르 아도르노 Theodor W. Adorno(1903~1969)

20세기 사상가 중에서 가장 음악에 밝은 인물이 아도르노가 아닐까 한다. 청년 시절부터 음악 평론을 썼고,
12음계 기법을 창시한 현대 음악가 쇤베르크를 평생 존경했다. 그는 음악뿐만 아니라 문학, 미술에 대한 소
양도 깊었다. 그만큼 아도르노 사상에서 예술이 차지하는 비중은 남다르다. 토마스 만은 "음악이 처한 현재
상황을 아도르노보다 더 잘 청중에게 이야기해 줄 수 있는 사람은 없을 것"이라고 말했다.

23

테오도르 아도르노

"우리는 더 이상 베토벤처럼 작곡할 수는 없다.
하지만 베토벤이 작곡했던 것처럼 생각해야만 한다."

각자의 시대를 건축한 위대한 건축가로서 바흐와 베토벤에 대해 말하면서 캘리포니아에 망명 중이던 아도르노(1903~1969)는 독일 사회학자 막스 호르크하이머Max Horkheimer와 소설가 토마스 만에게 이런 견해를 밝혔다.

> 베토벤과 비교해 볼 때 바흐는 타율성의 계기, 즉 주체에 의해 완전히 장악되지 않는 계기를 가지고 있기에 그 위대한 '성공'에도 불구하고 역사 철학적으로 베토벤의 아래에 놓인다.[513]

역사의 목표는 개인의 자기 결정권의 성장에 있다는 아도르노의 생각은 예술에도 적용되는데 이는 비단 계몽주의의 일반적인 자산일 뿐만 아니라 특별히 헤겔식의 사고방식이기도 하다. 실제로 평생 헤겔에 천착했던 이 철학자는 헤겔을 항상 베토벤과 함께 묶어 생각했다.

베토벤의 음악은 헤겔의 철학이다. 그러나 동시에 헤겔 철학보다 더 진실하다. 즉, 그 음악에는 동일한 사회로서 한 사회의 자기 재생산은 충분하지 않으며 잘못된 것이라는 확신이 있다. 생산된 미학적 형식 내재성으로서 논리적 동일성이 베토벤에 의하여 정초되고도 비판되었다.[514]

이런 열정적이고 비판적인 발언은 1933년 "음악의 철학"이란 부제를 붙일 예정이었던 베토벤 연구서[•]의 미완성 유고에서 나온 것이다. 우리는 위대한 음악 사상가 아도르노에게 이 책의 다른 인용문들과 마찬가지로 빚을 지고 있다. 돌에 새겨 놓은 진리가 아닌 우리의 생각을 자극하는 그의 말들에 대해서 말이다. 생각의 자극제로서 아도르노의 발언은 헤겔의 '추상' 철학보다 베토벤 음악의 더 깊이 있는 이해를 위해 직접적인 가치를 지니고 있다. 아도르노의 철학적 고공비행에는 작품에 대한 구체적 관찰이 따르기 때문이다. 그렇듯 위에서 인용한 발언 뒤에는 곧 '위대한 현악 4중주 F장조 op.135 느린 악장의 D플랫장조 부분에 대한 엄밀한 분석'을 통한 검증이라는 요구가 뒤따른다. 검증으로 아도르노가 제시한 지점은 라주모프스키Rasumowsky^{••} 현악 4중주 F장조 op.59-1의 3악장 아다지오 몰토 에 메스토Adagio molto e mesto의 72마디 이하다.

이곳은 형식상 불필요한 듯 보인다. 다시 말해 재현부가 뒤따르리라고 기대되는 유사 복귀부(재현 예비부) 다음에 이어진다. 그러나 재현부가 등장하지

• 이 유고는 Beethoven. Philsophie der Musik: Fragmente und Texte로 출간되었으며, 국내에서는《베토벤. 음악의 철학: 단편과 텍스트》로 소개되었다.
•• op.59의 현악 4중주는 모두 3곡으로 1792년 이래 20년간 빈에 주재하고 있던 러시아 대사 라주모프스키에게 헌정되었다.

않아 형식 동일성이 확실히 부족해 보인다. 형식 동일성은 현실적인 것에 대해 동일성의 외부 가능성이 대비되는 그 순간에 비로소 진실한 것임이 입증된다. D플랫장조 주제는 새로운 것이다. 이 주제는 모티프 통일성의 경제로 환원될 수 없다.[515]

아도르노의 역사 철학적 구상으로 돌아가 보자. 베토벤 음악은 바흐의 음악보다 강력하게 주체에 의해 장악되어 있다. 이런 의미에서 베토벤이 '더 앞에' 있다면 바흐는 확실히 '더 깊다'. 베토벤을 열렬히 존경한 리하르트 바그너가 말년에 반프리트 빌라 가정 음악회에서 요제프 루빈슈타인에게 연주하게 한 곡은 다름 아닌 《평균율》이었다. 일설에 의하면 피아노 연주자가 따로 필요 없었던 아도르노는 《평균율》을 연주하며 하루를 시작했다고 한다.

역사 철학이야 어찌 됐든 아도르노는 베토벤 음악을 작곡 기법적으로 이해하거나 내용적으로 해석할 뿐만 아니라 끊임없이 그 의미를 탐색하려는 자극에 늘 새롭게 매료되었다. 아도르노는 절대로 하지 않았을 간단한 말로 하자면, 왜 베토벤은 하필 이 부분에서 이렇게 했는가? 그리고 이것은 내게 어떤 의미가 있는가? 내 개인적 인상을 상위의 범주로 파악할 수 있는가? 달리 말하면 단순한 테크닉이나 은유적 접근의 저편에 있는 작곡적 과정을 투명하게 해 줄 수 있는 사고로 파악 가능한가?

아도르노는 앞서 살펴본 현악 4중주 op.59-1의 D플랫장조에 대한 1939년 발언 이후에도 계속해서 이 곡을 주제로 다룬다. 1942년 여름 아도르노는 이와 관련해 친구 루돌프 콜리쉬Rudolf Kolisch와 편지를 주고받는다. 바이올리니스트였던 콜리쉬는 당시 미국에서 자신의 현악 4중주단의 명성을 유지하기 위해 힘겹게 애를 쓰고 있었으나 이와는 별개로 자신이 연주하는 곡을 분석적 사고를 통해 철저히 이해하려고 노력했다.

당신은 op.59-1의 아다지오 D플랫장조의 아름다움은 그 자체가 아니라 위치에서 기인한다고 했습니다. 이는 나의 베토벤 연구들에서 결정적 역할을 하고 있는 보편적 정황들과 맥락이 닿아 있습니다. (…) 저는 형식 요소들의 이와 같은 이중적 성격이 베토벤에서 결정적 역할을 하고 있으며, 특히 그의 우월함은 음악적 모든 개별 부분이 전체와 변증법적인 관계에 놓여 있다는 데에 기반을 두고 있다고 생각합니다. 개별 부분은 자신으로부터 전체를 풀어놓으며 오로지 전체를 통해서만 스스로 다시 규정됩니다.[516]

D플랫장조의 착상은 '특수한 것의 외관'으로 등장하지 않고 오히려 전체의 틀 속에서 그 기능을 통해 작용하기에 우리가 '바그너와 슈트라우스의 수많은 주제'에서 느끼는 '진부함'을 느낄 수 없다고 한다.[517] 1970년 이전에 쓴《미학 이론》을 위한 후기에서 아도르노는 헤겔의 진리 개념을 원용하면서 한 번 더 이 주제를 다룬다.

베토벤 현악 4중주 op.59-1 느린 악장의 형이상학적 내용이 진실이 아닐 수 없다는 문장은 악장에 존재하는 진실은 동경이지만 동경도 무에서 무기력하게 점점 사라져 공허가 된다는 반론을 각오해야 한다. 해당 D플랫장조에서 동경이 절대로 표현되지 않았다는 반론이 제기되면 변명 함의를 띠고 다음과 같은 답변을 유발하게 된다. 즉, 앞에서 말한 형이상학적 내용이 진실한 것처럼 보이고 동경의 산물이며, 예술은 다름 아닌 바로 동경이라는 답변을 불러일으키게 된다.[518]

아도르노는 자신의 관찰에 대한 더 많은 증거들을 〈에로이카〉 1 악장의 전개부의 e단조 주제와 피아노 소나타 〈템페스트〉 아다지오의 2주제, 오페라 《피델리오》, 《레오노레》 세 번째 서곡(op.72a)에서 찾는다. 그러나 라주모프스키 현악 4중주 op.59-1 D플랫장조와의 대결만으로도 아도르노의 전모는 드러난다. 아도르노는 단호하게 작품 구조에 근거하고 있지만 자신의 인상에서 출발한다. 이 인상의 정체를 밝히려 객관화를 시도한다. 그 결과물은 좋게 표현하면 철학으로 정초된 예술가 미학이다. 이 미학은 바흐-베토벤-브람스-말러-쇤베르크의 노선을 벗어나면 부당한 미학적 판단과 정보 부족으로 갈 곳을 잃는다. 그럼에도 우리는 이를 흔쾌히 눈감아 주고 싶다. 자신의 구상에 맞지 않는 작곡가들에 대한 영리하게 연출된 과민한 거부 반응은 대화 상대에게 스스로 사안을 더 신랄하게 생각해 볼 것을 권유해 가치 있는 것으로 변할 수 있다. 아도르노의 음악 미학적 필생의 역작인 베토벤 연구가 미완으로 남았다는 것은 거의 축복임이 드러난다. 최종 탈고되지 못한 사전 작업은 전공에 매몰된 작품 분석을 능가한다. 아도르노는 작품을 완성이 아닌 (매우 헤겔적으로) 과정으로 보는 질문을 던진다. 이는 콜리쉬의 현악 4중주단의 음악회 준비 작업이나 연극 공연에 앞선 아이디어 회의를 연상시키다.

아도르노는 철학자로서만이 아니라 실제 연주자로서 사고하므로 음악을 미학적 담론의 장으로 끌어들일 수 있었던 첫 작곡가로서 베토벤을 염두에 두고 있는데 이런 장에서는 완벽함에까지 이르는 기술적 숙련도가 작곡과 연주의 가치를 결정하지 않는다. 그보다는 추상적 표현력과 상징화 능력 그리고 세계를 미학적으로 극복하기 위한 인간의 자율적이고 주체적 능력이 논의된다.[519] 이와 함께 곡을 연주하는 사람과 생각하는 사람 모두에게 좀 더 높은 음악적 사유를 요구하게 된다. 바흐의 푸가나 모차르트의 소나타가 가령 〈템페스트〉보다 표현하기가 더 쉬운 것은 아니지만 표현을 위한 작품 해석에는 더 깊은 사유를 필요로 한다.

이는 아도르노가 여러 번 언급한 '재현부의 문제'라는 디테일에서도 드러난다. 모차르트 소나타는 해석자의 관습과 기교에 대한 판단과 관계없이 전개부에서 재현부로 넘어가는 데 아무런 문제도 없다. 베토벤의 〈템페스트〉는 다르다. 연주자는 재현부가 143마디부터 시작된다고 짐작하지만 이미 여러 차례 언급했듯이 두 개의 '레치타티보' 삽입으로 당황하고 그래서 기대했던 악장의 '주제'가 전혀 나오지 않을 때 그만큼 더 이 악장은 제대로 된 재현부가 없다고 믿게 된다. 혹은 처음에 울렸던 라르고-아르페지오가 추후 '주제'로 밝혀지는 걸까? 어찌되었건 이 악장을 구조적으로 이해하려고 하는 피아니스트는 제시-전개-재현-코다의 전통 소나타 악장을 생각하면 한 걸음도 앞으로 나아가지 못할 것이다. 오히려 이 이례적 '레치타티보'의 손아귀에 빠져 '소멸하지' 않으려면 개인적 형상화라는 의미에서 이 악장을 연주자가 직접 재구성해야만 한다.

아도르노는 이상하게도 〈템페스트〉 재현부의 독특하고 결코 순응적이지 않은 본질에 대해 언급하지 않았다. 반면에 아도르노는 《음악사회학 입문》에서 "억압적이고 충격적인 폭력이나, 재현부는 '이래야 한다'는 권위로 받아들이려는" 경향을 거론한다. 이 폭력이 "역동적 형식의 난점"이며 "베토벤이 이데올로기적 존재에 어쩔 수 없이 지불해야 하는 공물", 즉 "철저하게 생성하는 것의 한복판에서 정적으로 동일한 것을 불러냄"[520]이라고 한다. 그리고 아도르노는 베토벤이 소나타 형식을 테제, 안티테제, 진테제 같은 의미로 헤겔식의 변증법적 과정을 위한 실험의 장으로서 사용하는 데 충분히 단호하지 못했던 것은 아닐까 하는 생각에 거의 절망한다. 물론 아도르노는 후기 베토벤만이 아니라 '영웅적' 베토벤을 두고서도 자신의 비판을 항상 상대화하기는 한다. "베토벤은 (재현부를) 보존하여 그것을 문제로 파악했다."[521] 이는 정말 궤변처럼 들린다. 하지만 "방해 요소로서 재현부"[522]에 대한 아도르노의 사유는 음악학자가 전통적으로 발을 들여놓지 않았던 담론의 장을 열어 주었다. 그럼에도 우리는 (피아노나 실내악은 전혀 논외로 치더라도) 베토벤이 교향곡 〈에로이카〉나 〈전원〉에서 정말로 재현부에 대한 반성적 회의를 하지 않았을까 하고 물을 수 있다. 혹은 헤겔이나 아도르노에도 불구하고 베토벤이 교향곡 5번의 1악장에서 "억압적이고 충격적인 폭력이나 '이래야 한다'는 권위"를 완전히 의식적이지는 않더라도 보여 주려고 했고 그래서 자유 찬가를 피날레에서 울리게 했던 것은 아닌지 물을 수 있다. 게다가 음악 미학적 차원에서 재현부라는 형식 자체가 과정적 성격이라는 인상에 부응해야 하는 것은 아닌지 생각해 보아야 한다. 음악은 2막에서 1막의 대사가 글자 그대로 거의 동일하게 반복되는 것을 결코 용인할 수 없는 연극이 아니다. 시간 예술로서 음악은 적어도 고전주의와 낭만주의 시대에는 이미 들었던 것을 반복, 심화, 재평가하는 쪽으로 구성되어 있다. 반복의 요소는 결코 그 전에 울렸던 것을 무가치하게 만들지 않는다. 마지막으로 음악 이론적 차원을 보자. 우리가 소나타 형식(아도르노 자신이 "음악으로서 체계"[523]라고 불렀던 것)에서 재현부를 없앤다면 그것은 더 이상 소나타가 아닐 것이다. 다양한 베토벤의 계승자들이 교향시라는 외침을 따랐고 그렇게 문제를 비켜 갔다. 그러나 그들이 더 많은 형식적 구성의 자유에도 불구하고 헤겔에 더 가까웠던지는 의문이다. 그들 작곡의 '전체'는 헤겔과 아도르노의 의미에서 열렬히 '진리'로 환영하기에는 너무나 느슨히 조립되어 있었기 때문이다.

우리는 아도르노의 '재현부 문제'를 그의 우상 쇤베르크의 눈과 '발전적 변주'라는 작곡 원칙의 시각에서 보아야만 한다. 그러면 동시에 '주제 작업'의 범주도 밝혀진다. 베토벤 작곡에서 '주제 작업'의 핵심적 의미는 아도르노의 과정 요소에 대한 증거가 되는데 이는 한편으로는 '주체에 의해 장악된' 상태에 대한, 즉 예술가적 그리고 사회적 발전에 대한 지표다. 아도르노는 매우 독일적 전통에서 이런 '작업' 태도가 없는 작곡가들을 경멸적으로 언급하는 경향이 있다. 아도르노는 유고에 다음과 같이 썼다.

우리는 더 이상 베토벤처럼 작곡할 수는 없다. 하지만 베토벤이 작곡했던 것처럼 생각해야만 한다.[524]

그리고 라벨과 드뷔시의 현악 4중주에 대해 아도르노는 《음악사회학 입문》에서 이렇게 썼다.

극히 색채적으로 느껴진다. 오케스트라의 팔레트건 피아노의 팔레트건 거기 있는 색을 4개의 솔로 현악기에 한껏 패러독스하게 옮겨 놓았다. 그것들의 형식 법칙은 음 펼침의 정적 병렬이다. 거기에는 실내악의 요체라 할 수 있는 주제 - 모티프 작업이나 쇤베르크가 발전적 변주라 불렀던 그 잔향이 없다. 다름 아닌 자신으로부터 생성하고, 부정하고 대부분 다시금 긍정하는 전체의 변증법적 정신이 없다.[525]

아도르노가 음악에서 색채의 기능에 대해 활발히 강연했다는 사실을 기꺼이 떠올려 봐도 이렇게 과도한 헤겔과 독일성에 숨이 막힌다. 거기에 더해 우리는 아도르노가 베토벤 음악에서 극적이고 감각적 음색의 요소를 결코 묵살하지는 않지만 경향적으로는 정신과 울림[526]을 경쟁시키고 있다는 사실을 더욱 뚜렷이 알 수 있다. 아도르노가 (다행스럽게도) 은유와 극한 비유의 사용을 꺼리지는 않았지만 모든 음악적 체험을 정신화하는 경향으로 볼 때 그는 어떤 종류의 음악 시화도 단호히 거부한다. 파울 베커가 그런 시도를 할 때는 특히 더 거부감을 보이는데, 아도르노는 1911년에 출간된 베커의 책 《베토벤》을 늘 가지고 다녔지만 눈엣가시로 여겼던 것 같다. 어쨌건 아도르노는 베토벤 음악의 "탁월하게 미메시스적인 힘"[527]은 덜 조명하고 있다. 아도르노가 그것을 느낄 만한 감각이 없어서가 아니라 작품을 지성적으로 수용하려는 그의 경향이 작품의 생동성을 기껏해야 그 배후에 존재하는 '본래는' 정신적 과정의 상징 정도로만 평가했기 때문이다. 여기에는 특이한 양면성이 있다. 아도르노는 베토벤의 작곡적 생동성에 매료되어 그를 '주제로' 삼았지만 이런 생동적인 특징을 꾸준히 주변적인 것으로 치부하는 것이다.

아도르노가 "더 높은 진실의 표현"[528]이라 환영했던 베토벤의 후기 스타일에 대한 글에도 양면성은 그대로 드러난다. 게다가 아도르노는 자신만이 이 더 높은 진실에 다가갈 열쇠를 가진 듯이 예언자적 표현을 한다. 후기 베토벤을 헤겔에 '반反해' 읽을 수 있다는 것이 아도르노에게는 '대단한' 발견이었을지도 모른다. 그러니까 헤겔 철학을 변증법적으로 전환시킴으로써 베토벤은 훗날 아도르노의 '부정 변증법'의 의미에서 본래 헤겔이 되는 것이다.

아도르노가 죽은 지 반세기가 지난 지금 우리는 아도르노보다 더 분명하게 볼 수 있다. 꾸준히 전해져 온 '영웅적' 베토벤이라는 서사 말고 비록 뚜렷한 개념으로 표현할 수는 없으나 이미 오래전부터 후기 양식의 특성을 매우 훌륭히 표현해 주었던 또 다른 무엇인가가 있었음을 말이다. 베토벤 생전에 음악 비평가 루트비히 렐슈타프Ludwig Rellstab는 현악 4중주 op.127을 두고 "깊은 곳에 닿는 경이로운" 언어이며 "깊이 상처를 받았지만 희망을 놓지 않는 강한 영혼이 이겨 낸 고통에 대한 절제된 표현"[529]이라고 말했다. 특히 리하르트 바그너는 매료되었던 베토벤의 후기 현악 4중주곡들에 천착해 음악극《트리스탄과 이졸데》를 선보였다.[530] 1854년 취리히 청중을 위한 현악 4중주 op.131을 소개하는 글에서 바그너는 "희열과 황홀, 동경, 사랑, 헌신 그리고 마침내 터져 나오는 즐거움과 익살스러운 태도, 지상의 모든 행복의 고통스러운 포기에까지 이르는"[531] 감정의 변화를 말했다. 1870년 위대한 에세이《베토벤》에서 바그너는 현악 4중주 op.131에서 "다른 세계의 직접적 계시"[532]를 감지하며 또한 작곡 기법적으로 베토벤 후기 작품에서 "형식의 파괴"[533]를 언급할 줄도 알았다. 같은 시기에 아돌프 베른하르트 마르크스는 후기 현악 4중주곡을 "구름처럼 이리저리 왔다 갔다 하는, 특정한 생각과 확실한 분위기가 될 수도 있는, 되려고 시작하는 것 같지만 실제로는 그렇게 되지 않는 꿈 꾸는 듯한 작품들"[534]이라고 묘사했다. 19세기 말경에 프리드리히 니체는 베토벤의 후기 현악 4중주곡을 가장 위대한 작품들이라고 하면서 작곡가가 열정의 커다란 포물선을 재현하기 위해 새로운 수단을 발견해 냈다고 했다.

베토벤은 그 비행에서 개개의 중요 지점을 골라내어 청중이 위대한 전체 선율을 알게 하려고 그 지점을 아주 명확하게 암시했던 것이다.[535]

파울 베커도《베토벤》에서 현악 4중주 op.131에 접근했는데, 아도르노가 하찮게 평가한 시적 언어를 사용했다. 그리고 현악 4중주 op.132 1악장이 "소위 균열과 도약이 있는 구조"[536]라는 주장을 약화하기 위해 작품 저변에 깔린 주제-모티프적 연관을 지적하기도 했다.

음악 연구가 발터 리츨러가 1936년 베토벤 연구에서 같은 주제를 다시 다루면서 심화시켰고,[537] 나치 치하의 체험에 각인된 소설가 임레 케르테스Imre Kertész는 피아노 소나타〈함머클라비어〉와 후기 현악 4중주곡들을 들었던 자신의 체험에 독자들을 동참시켰다. 음악에서 처음으로 베토벤은 "현대인의 치유할 수 없는 상처를 보여 준다. (…) 전체는 죽음으로 변했다."[538]

비슷하지만 좀 더 밝은 사고의 지평에서 한스 베르너 헨체는 1977년 서독일 방송국을 위해 쓴 프로그램 해설에서 구조적 측면과 내용의 측면을 중첩시킨다. 헨체는 현악 4중주를 "독일적 작곡의 전통, 즉 핵심 모티프를 가지고 전개하는 작곡의 전통"에 포함시킨다. "여기에 나는 의도적으로 변증법적 작곡이란 개념을 추가하고 싶다." 헨체가 구조적으로 후기 베토벤 현악 4중주라는 전통 속에서 진지하게 자신을 체험하는 것처럼 그만큼 더 단호하게 그 해석에 대해서도 견해를 밝힌다. 베토벤에서 '기법적인 것과 이념적인 것은 서로 얽혀 있기' 때문이다.

후기 현악 4중주곡들은 우리를 체념과 포기의 상태인 저 구석진 영혼의 세계로 인도한다. 재료는 중요하지 않게 된다. 그리고 우리에게 작곡적 걸작으로 보이는 것은 원래 어쩌다가 애쓰지 않고 자의식 없이도 만들어졌다. 작곡가는 더 이상 양식이니 세공이니 하는 문제에 신경을 쓰지 않기 때문이다. 현실의 투쟁, 연구, 저항으로 가득 찬 삶의 막바지에 깨달음을 얻은 한 인간이 공격에 노출되고, 상처를 받고 죄 많은 채로 서 있다. 외로운 그는 자연이 되는 중인 음악을 쓴다. 그렇다. 그것은 소멸해 가는 음악이다. 그 음악은 늙어 가는 인간의 여러 일에 대해 감동적인 솔직함으로 이야기한다. 그 음악은 부드럽고 명상에 잠긴 듯하며 비의적 노래 속에 짜여 있다가 하릴없이 흥분하기도 한다. 그리고 다시금 우는 음악이 된다. 혹은 오지 않는 사랑을 구한다. 그것에 대해 모든 것을 알고 있고 모든 말을 하지만, 그 음악은 그 사랑이 오지 않을 것을 알고 있다.

헨체는 마흔이 되어서야 비로소 이런 작품들의 의미를 알게 되었다고 한다. "내 맘에 들지 않는 가령 아도르노 같은 부르주아적 해석이 거기에 다가가는 길을 막고 있던 탓이건 혹은 삶이 내가 그 작품들을 자주 혹은 너무 일찍 듣는 것을 원치 않았기 때문이건 간에"[539] 말이다. 젊은 작곡가 헨체의 마음에 들지 않았던 아도르노의 '부르주아적 해석'은 무엇을 의미하는가? 그리고 1934~1957년 사이 아도르노의 에세이와 주석에 등장하는 렐슈타프에서 케르테스에 이르는 후기 작품 해석사는 무엇을 새롭게 부각시키는가? 무엇보다 헤겔 비판이 문제다. 베토벤의 후기 음악적 사고는 깨지기 쉬운 것이다. 전체의 철저한 조직은 이상주의적 미학에 따르면 부분의 총합 이상이어야만 하는데, 그것은 오직 실패한 자기 요구로만 표현될 수 있다. 그 대신에 개별 부분이 해방되는데 이는 아도르노의 '부정 변증법'에 따르는 어떤 양식의 의미에서 그렇다. 그리고 그 양식의 '예술 수단'에는 '분해, 와해, 해체의 경향'이 속한다. "그렇게 (…) 현악 4중주의 완벽한 음의 균형에서 나타나는 특징인 완전한 울림의 거울은 부서진다."[540]

아도르노는 '의무적인' 혹은 '중기의' 양식을 후기 양식과 엄격하게 구분한다. 전자에 대해서 《음악사회학 입문》에는 이렇게 언급되어 있다.

체계적 작곡의 이상은 연역적 통일성으로서의 음악이다. 연역적 통일성으로부터 관계가 없는 것, 어떻든 상관없는 것으로 떨어져 나온 것은 일단 단절과 오류로 규정된다. 이것이 막스 베버 음악사회학의 지속적으로 진보하는 합리성이라는 기본 테제의 미학적 측면이다. 베토벤은 이를 알았든 몰랐든 간에 이러한 이념에 몰두했다.[541]

여기서 '일단'이란 말이 무엇을 의미하는지 상관이 없이 베토벤 후기 작품에서 '균열'과 '오류'는 절대적 필연성이 된다. 사회적 상태의 긍정으로 해독할 수 있을지도 모를 '전체'의 순응적 태도에 대해서 더 이상 고민할 필요가 없다.

이 모든 것은 다 나름대로 일리가 있다. 하지만 작곡가들과 청자들은 항상 그 이상의 것을 의도하고 있었다. 즉 그때까지 들어본 적이 없는 종류의 집중된 동시에 방출된 특별한 방식의 진정한 작곡이다. 아무리 변증법적으로 설득력이 있다 해도 우리는 이렇게 부정적인 범주로 논리를 펴야 할까? 나는 '사랑의 리얼리즘'을 말하는 것에 더 수긍이 간다. 고통받는 자신에 대한 그리고 전 인류에 대한 베토벤 후기 작품의 사랑은 더 이상 본래 그 상반성을 견디기 위해 예술을 통해 억지로 하나로 묶고 조화시키려 하지 않으면서도 자신의 작품을 창조한다. 이 작품은 완결되지도 완성되지도 않았고, 균질적이지도 균열적이지도 않고, 개인적인 사이코그래피도 아니고 객관화할 수 있는 구조도 아니며 약점도 탁월함도 발산하지 않는다. 그것은 화해할 수 없는 세계와의 화해를 종용하여 행복의 체험과 불만을 품는 인간 존재의 복잡한 진실을 예감하게 한다.

결론적으로 질문하자면, 아도르노는 왜 "음악의 철학"이라는 부제를 달 계획이었던 책을 베토벤 음악에 헌정하려 했을까? 다른 사람들이 그저 어렴풋이 느꼈거나 혹은 니체처럼 단초적으로 표현할 수 있었던 것을 아도르노는 밝게 조명했다. 베토벤은 음의 사상가 자체다. 베토벤 이전에도 사상가는 있었다. 엄격한 원칙에 따라 작업했던 중세와 근대 초기의 작곡가들 그리고 이후에는 하인리히 쉬츠Heinrich Schütz, 요한 제바스티안 바흐, 요제프 하이든이 그들이다. 그러나 아도르노는 확실한 감각으로 베토벤의 사상적 유일무이성을 밝혀냈다. 베토벤은 자신의 체계 내부에서 자유 공간을 열고 이 체계를 꾸준히 그 경계까지 밀고 가는 데 그치지 않았다. 오히려 베토벤은 주관적 자유의 요소를 자신의 체계에 항상 대립시켰다. 〈에로이카〉나 〈템페스트〉의 1악장은 소나타 악장 형식에 매여 있으면서도 그 형식이 아니다. 그것은 '여전히 소나타 악장인 것과 더 이상 소나타 악장이 아닌 것' 사이의 선택을 훨씬 앞질러가는 어떤 제삼의 것이다. 바흐가 푸가 작곡에서 아무리 많은 자유를 스스로에게 허용했다고 해도 그가 쓴 것은 푸가다. 이에 반해 베토벤의 작품 op.31-2는 단지 그 명칭만 소나타일 뿐이다. 그 문의 열쇠를 찾는 사람은 셰익스피어의 《템페스트》를 읽어야 한다(104쪽 참조). 이 말은 모든 것을 의미할 수도 있고 아무것도 의미하지 않을 수도 있지만 적어도 어떤 식이 되었든 구속적 형식 틀에 작곡을 맞추는 데서 쉽게 해법을 찾으려는 것에 대한 경고로 이해할 수는 있다.

아마 아도르노는 "음악의 철학"을 《신음악의 철학》에서 상당 부분을 할애하고 있는 쇤베르크를 예로 전개할 수도 있었다. 그러나 이 동시대인을 아무리 존경한다고 해도 아도르노는 그러한 일이 성공할 수 없다는 것을 정확히 알고 있었다. 서로 연관되는 12개의 음만 가지고 작곡한다는 쇤베르크의 방법은 체계의 제단 앞에 자신이 이전에 창작했던 무조음악의 특징이었던 자유를 제물로 바쳤다. 그리고 모든 체계를 거부한 이 무조음악들은 베토벤처럼 위대한 과정적 형식도 만들어

내지 못했다.

　베토벤 음악은 이러한 문제의 차원을 훨씬 다층적으로 반영한다. 아마 이런 이유로 "음악의 철학"은 완결되지 못한 채 남은 것인지도 모른다. 그러나 아도르노는 이 저작에 '헤겔 모델'의 도움을 받아 생산적으로 공을 들였다. 오늘날의 청자들은 베토벤의 작품에서 구조와 내용, 질서와 표현의 미묘한 결합에 감탄하기 위해 반드시 헤겔에 반대해서 혹은 찬성해서 논리를 펼칠 필요는 없다. 이 결합은 항상 주관성의 분출로 흔들린다. 계산 가능함 속 계산 불가능함에 바로 베토벤의 시의성이 있다.

파울 베커 Paul Bekker(1882~1937)

독일 지휘자이자 20세기 영향력 있는 음악 비평가인 베커는 바이올리니스트로 베를린 필하모닉에서 활동
했고 이후 아샤펜부르크로 가서 지휘자가 되었다. 1906년부터 음악 비평가와 저술 활동을 시작하여 신문
사 베를리너 노이에스텐 나흐리히텐과 베를리너 알게마이네 차이퉁, 프랑크푸르터 차이퉁에서 근무하기도
했다. 베커는 나치시대 파괴적이고 비판적인 지성을 가진 '위험인물'로 간주되기도 했다.

24

파울 베커

"나의 노력은 말을 통해 베토벤 작품을 순수하게
예술적으로 재생산해 내려는 데 맞춰져 있다."

《베토벤》, 1911년 출간된 파울 베커의 단행본 제목은 이렇게 간단
하다. 624쪽에 이르는 대형판 고급 양장본은 금세 베스트셀러가 되었
고 20년 동안 독일에서만 4만 부가 팔렸다. 1933년 이후 독일에서 더
이상 출판되지 않았던 이유는 저자의 운명 탓이다. 출간 당시 51세였던
베커는 유대 혈통 때문에 1934년 고향을 떠나 미국으로 망명해야 했
다. 그러나 미국에서 음악 비평가와 저술가로 활동할 날들이 그에게는
그리 많이 남아 있지 않았다.

젊은 시절 베커는 베를린 필하모닉의 바이올리니스트였고 그 후에
는 아샤펜부르크와 괴를리츠에서 지휘자로 활동하기도 했지만 곧 음
악 비평가의 길을 걷기 시작했다. 신문사 베를리너 노이에스텐 나흐
리히텐Berliner Neuesten Nachrichten과 베를리너 알게마이네 차이퉁Berliner
Allgemeine Zeitung을 거쳐 1911년 프랑크푸르터 차이퉁Frankfurter Zeitung에
서 근무하기도 했다. 1925년 베커는 프로이센 문화교육부 음악 담당관
레오 케스텐베르크Leo Kestenberg의 권유로 카셀 주립 극장의 총감독을

역임했고 1927년부터는 비스바덴 극장의 총감독을 맡기도 했다. 베커는 케스텐베르크의 개방적이고 주민 교양에 역점을 둔 문화 정책을 지지했다.

음악 비평을 중점에 두고 본다면 베커의 다재다능함은 놓치겠지만 이상적 음악 비평가의 전형을 알게 된다. 베커는 음악의 본질에 대해 숙고하고 음악사가적 관점으로 연구하며, 새롭게 등장하는 음악을 그 시대의 표현으로 진지하게 수용해 음악계 경향을 분석하고 필요하다면 공적인 직무도 회피하지 않았다.

다만 이 '음악 비평가'는 몽상가이기도 했다. 구스타프 말러를 비롯해 프란츠 슈레커Franz Schreker, 에른스트 크레네크 그리고 베커가 "예언자적 성향의 악마"[542]라고 칭송했던 쇤베르크를 지지한 것은 물론 무엇보다 보기 드문 사상가이자 시인인 베토벤을 칭송했다. 베토벤의 창작은 "평생 음과 싸운 이념의 투쟁인데 그 음은 항상 정치하게 가다듬어지며 미묘한 인식도 받아들일 수 있도록"[543] 준비된다.

베커의 책이 동시대 지식인의 베토벤 관련 필독서였던 사실은 놀라운 일이다. 저자 베커는 지배적 수용 관습을 따르지 않았기 때문이다. '생애'와 '작품'을 서로 엮어 일생을 따라가는 '영웅담' 대신 생애와 작품을 분리하고 작품은 장르별로 구분해 다루었다. "음의 시인 베토벤"이라는 제목의 베토벤 생애 서술은 작품 분석 분량의 1/7에 불과했으며 당시 기준으로 무미건조한 편이었다.

베커의 베토벤 생애 서술은 초판의 독자들에게는 "너무 짧고 자연주의적"[544]으로 여겨졌다. 이는 인간 베토벤을 도외시했다기보다 작품 속에 살며 의식적이든 무의식적이든 그 안에서 "진보적 노선"[545]을 추구했던 한 예술가의 초상을 그리려 한 베커의 의도가 반영된 것이다. 이에 따라 저자는 "자유사상을 모든 베토벤 작품의 토대로 서술하면서 자유 개념의 이해 변화, 즉 정치적·문화적 개념에서 개인적·종교적 그리고 마침내 윤리적 자유로까지의 변화를 이 음의 시인의 내적 발전에 척도가 되는 것으로 밝히려"[546] 했다. 이는 곧 '영웅적' 양식의 작품에서 후기 피아노 소나타와《장엄 미사》그리고 마지막 현악 4중주곡들로 이어지는 동선이다.

이와 같은 시각은 동시에 베토벤이라는 인물의 위상을 문화사적으로 정립하려는 베커의 의도를 반영한 것이다. 칸트와 실러의 이념은 자유를 위한 이 시대의 위대한 윤리 투쟁의 음악적 표현[547]이란 의미에서 베토벤을 통해 변용되었다. 베커가 '음의 시인' 베토벤을 주제로 삼은 것은 '독일의 정신적 삶의 위대한 이상주의 시대'에 빚지고 있다. 베토벤은 오직 시대적 요구에 따라 '시적으로' 작곡할 수 있었고 이는 점증하는 인간적·작곡적 자유와 함께 시적 이념에 따라 '생각한' 것이라고 베커는 이해했다. 그래서 베커 자신의 언어도 시적일 수밖에 없다.

저자 베커는 형식 분석에 반대하지 않는다. 다만 그에게는 배후에 시적 이념을 따르고 있지 않은 형식이란 없었다. 그래서 베커는 구조적 연관을 살피기는 하지만 대부분 은유적 언어를 마음껏 구사한다. 이는 전문가들에게 인내를 요구했다. 물론 베커의《베토벤》은 대중을 위해 자신이 느끼는 바대로 베토벤의 작품을 해석하는 실제 연주자가 쓴 것이다.

> 내가 사용해야 했던 표현 수단은 피아노와 오케스트라, 사람의 목소리가 아니라 쓰여진 말이었을 뿐이다. 나의 노력은 말을 통해 베토벤 작품을 순수하게 예술적으로 재생산해 내려는 데 맞춰져 있다.[548]

바로 이 점에서 이 책은 "현재를 위한 자신의 존재 근거"[549]를 증명하고 싶어 한다.

베커의 현재는 언제를 의미하는 걸까? 그때까지 출판된 베토벤 작품 전체를 다루는 저작, 특히 아돌프 베른하르트 마르크스와 빌헬름 폰 렌츠의 저작은 이미 반세기가 지난 것이었고 베커와 비교하면 너무 삽화적이었다. 베커의 시각으로 봤을 때 거기에는 전체를 개괄하는 시선, 다시 말해 열정적으로 음의 철학에 따라 '시를 썼던' 베토벤을 보는 시선이 빠져 있다. 이런 독창적인 시각과 관련해서는 베커를 열심히 읽었던 아도르노도 그에게 배울 게 있었을 것이다. 베커의 '유치한' 비유적 언어를 비판하긴 했지만 말이다.

분명 세대 차이도 드러난다. 1882년생 베커는 《베토벤》을 '문화 위기'라는 망령이 떠돌던 빌헬름 시대에 썼다. 제1차 세계대전이 있기 전이었다. 당시 사람들은 그때 각자의 처지에 따라 민족주의, 군사주의, 자본주의, 사회주의, 주관주의 혹은 타협주의에 대해 경고했고 천박함, 공허, 윤리 타락, 방향 상실, 창조력 상실 같은 징후를 동반한 세계 상실을 규탄했다.[550] 자유주의자였지만 보수적 가치를 중요시한 베커는 '그의' 베토벤과 '그의' 베토벤 이미지를 단호히 고수했고 필연적으로 불안에 빠진 폭넓은 교양 시민층으로 향했다. 베커는 불안정한 시대에 의지할 수 있는 예술가로서 베토벤을 소개했다. 하지만 그보다 스물한 살 어린 아도르노는 전혀 달랐다. 1930년대 아도르노가 미국으로 망명해 베토벤 관련 책을 썼던 때는 국가사회주의가 승리를 구가하고 제2차 세계대전이 그 그림자를 드리우던 시기였다. 베토벤이라는 현상을 대중들에게 순수하게 긍정적인 가치로 제시하려는 일이 무의미해 보였다. 지식인이자 예술가인 아도르노에게는 '단지' 베토벤의 휴머니즘이 이 보편적 비인간성의 시대에 무엇을 의미할 수 있는지를 밝히는 일이 시급했다. 아도르노는 주로 '계몽의 변증법', 특히 헤겔의 변증법을 바탕으로 미학적일 뿐만 아니라 베커와 유사하게 윤리적 범주로 사유했다. 1951/52년 메모에는 이렇게 쓰여 있다.

> (베토벤의) 휴머니즘은 곧 이 음악이 행동하는 대로 너도 행동하라는 가르침이다. 적극적이며 활동적이고 자신을 외화外化하고 좁지 않으면서도 타인과 연대하는 삶을 살라는 지시다.[551]

베커는 아노르노의 이런 입장에 당연히 찬성했을 것이다. 비록 자신의 시적 글쓰기를 비판한 데 대해서는 독일 작곡가 겸 지휘자 한스 피츠너Hans Pfitzner의 공격에 대응했던 것과 같이 의연하게 대처했겠지만 말이다. 피츠너는 1920년 한 소책자에서 "음악적 불능의 새로운 미학, 부패의 징후?"라는 제목으로 상세하고 거친 말로 베커를 비난했다. 베커가 '훌륭한 음악적 착상'을 그 자체로 평가하지 못하고 강박적으로 시적 이념이나 음악 외적 참조를 찾음으로써 베토벤의 작품을 오인한다는 것이다.[552]

피츠너는 이와 관련된 자신의 비판을 베커가 신문사 프랑크푸르터 차이퉁의 비평가로서 "예술에서 국제적=유대적 운동"을 "이끌고 있다"[553]는 비난으로 정당화한다. 이 사안에 대한 피츠너의 주장은 두 가지 측면에서 파악할 수 있다. 먼저 피츠너는 예술가가 이상화한 이미지는 신적인, 즉 설명할 수 없는 영감에서 나온 것이라고 주장하며 처음부터 음악 창작 과정에 대한 이성적 접근을 막는다. "작곡은 어떻게 하나?"라는 미묘한 문제는 "비누는 어떻게 만들어지나?" 혹은 "요리는 어떻게 하나?"[554]라는 질문과 다르다는 것이다. 다음으로 피츠너는 예술의 진정한 이해는 '독일 정신'에만 가능하므로 파울 베커 같은 사람은 입을 다물라고 한다. 아이러니하게도 피츠너는 자신을 "현존하는 오페라 작곡가 중 가장 재능 있는 작곡가"[555]로 리하르트 슈트라우스와 동급에 놓았던 사람을 표적으로 삼았다.

일찍이 아우구스트 할름은 베커의 《베토벤》에 반기를 들었다. 처음에 할름은 "음악적 과정의 뉘앙스를 드러내고 묘사하려는"[556] 베커의 전형적인 작업을 마지못해 호의적으로 논평했다. 하지만 할름은 저서 《음악의 두 문화에 대하여Von zwei Kulturen der Musik》에서 칼을 뽑아 들었다. 피아노 소나타 〈템페스트〉에 대한 베커의 해석에 대해 다음과 같이 썼다.

C장조가 아무리 급작스럽게 나타난다고 해도 상황이나 경고의 심각성을 왜 높이는지 나한테 말해 줄 수 있는 사람이 있나? 비유를 하려거든 그것을 사안 자체랑 뒤섞지 말라. 제발, C장조 반전이란 유령은 집어치워라![557]

할름은 '밤처럼 으스스한 d단조 소나타'라는 베커의 표현과 관련해 이렇게 썼다.

단순한 3화음이 울린다. 그 긴장해서 묻는 듯한 표현은 베이스음으로 사용된 3화음에 의해 소름 끼치게 격렬해진다. 이런 신비한 심연에서 유령 같은 형상이 나타나 가벼운 발걸음으로 위로 살금살금 올라간다. 격렬하게 저항하는 8박자의 리듬, 강렬한 4박자 베이스는 이 무서운 형상에서 도망치다가 넓게 펼쳐지는 아다지오에서 비로소 천천히 안정을 찾는다. 그런데 유령이 다시 나타난다. 더욱 심각하게 그리고 급작스러운 C장조 반전으로 더 경고하면서 전보다 더 격렬하게 저항하는 음형들은 극도의 흥분 속에서 F3(파음)으로 올라갔다가 반음계가 이 폭풍을 일으킨 깊은 곳으로 추락한다.[558]

할름은 베커에 반해 "방법의 주권"[559]을 주장했다. 철학 하는 음악 이론가로서 그리고 (무비판적이지만은 않은) 하인리히 쉔커Heinrich Schenker의 엄격한 내재적 분석 방법의 옹호자로서 할름은 무엇보다 베토벤 작품의 역동성을 살렸다. 그러니까 "모든 주제와 모티프를 소리 내는 형식이라는 음악적 기능의 문맥에서 이해"[560]하려 했다. 자기 자신도 비유적 화법을 완전히 포기할 수는 없었음에도 할름은 음악에 대한 베커의 시적 접근을 전혀 이해할 수 없다. 이런 사정은 에른스트 블로흐도 마찬가지였다. 블로흐는 자기 자신의 표현주의적 언어의 힘을 매우 자랑스러워했지만 1918년 출간된 《유토피아의 정신》에서 음악을 일상 언어로 재번역 하려는 베커의 충동을 규탄했다.

(베커나 그 비슷한 무리가 얘기하는 '유치한 것'은 그에게)《가르텐라우베Gartenlaube》시대의 '우리 이미지'에 대한 가장 조악한 해설을 연상시킨다. 강렬하게 애원하는 32분음표, 유쾌하게 웃는 바이올린 트릴, 세 번 올리는 G샤프의 전체 연주를 운운하는 이런 헛소리는 여기서 널리 승리를 구가한다. 현악 4중주 c샤프단조의 E장조 스케르초 후에 이 전체 연주는 마치 이렇게 묻는 것 같다. 나는 이 세상에서 대체 뭘 하고 있지? 베커가 《음악 입문Musikführer》의 마술적 언어로 교향곡 7번 A장조를 '디오니소스적 영웅주의를 찬양하는 노래'라고 소개할 때 여기에는 구구한 설명과 함께 모든 것을 말했을 뿐 아니라 모든 것을 다 해결했다고 믿는 속물들의 자만이 들끓는다. 베커는 피아노 교사가 제자의 고갈된 상상력을 향상시키기 위해 쓰

• 1853~1944년까지 라이프치히에서 발행된 독일 최초의 성공적인 대중 잡지다. 가족들이 함께 읽는 용도로 많은 도서관과 카페에 비치되었던 점을 감안하면 전성기의 독자는 200에서 500만에 이르렀다고 한다. 여기서는 보수적이고 고루하고 속물적 시대 분위기를 상징한다.

는 보조 수단을 음악이란 시에 주석을 다는 학문으로 격상시켰다. (…) 정말 역겨운 일이다. 악보 한 마디 한 마디마다 할 말이 준비돼 있는데 거기에 비하면 가장 진부한 연재소설도 마치 베르길리우스의 서사시 〈아이네스〉 같다.[561]

블로흐가 얘기하는 것은 현악 4중주 c샤프단조의 스케르초에 대한 다음과 같은 베커의 서술이다.

E장조 스케르초의 힘찬 종결 화음에 세 번 울리는 G샤프의 전체 연주가 따라오는데 마치 이렇게 준엄하게 묻는 것 같다. '나는 이 세상에서 무엇을 하지?' 음의 시인은 깊은 사색에 빠진다. 우울하게 뒤덮고 있는 g샤프단조 화성으로부터 관악기로 한 모티프가 출현하는데 그 첫 세 음은 분명 첫 도입부의 푸가 주제를 상기시킨다. 그것은 푸가 주제를 거슬러 올라가는 역행으로 드러난다.[562]

베커는 작곡 기법적으로 논리를 펼치다가도 금세 시적 표현으로 옮아 간다. 물론 베커는 할름처럼 무오류권을 지닌 듯이 권위적으로 판단

하지 않는다. 앞서 인용한 것처럼 말을 통해 베토벤 작품을 순수하게 예술적으로 재생산하려는 의미에서 자신의 개인적 감상으로 판단한다. 선입견 없이 이런 의도를 대하는 사람은 과연 베커가 실제로 《음악 입문》의 진부한 '마술적 언어'만을 사용하는지 아니면 우리 스스로 상상력을 발휘해 보라는 권유로 볼 수도 있는 이해에 도달하는 길을 제공하고 있는 것은 아닌지 자문하게 된다. 물론 그 길을 우리가 반드시 따라가야 할 필요는 없다. 주의하라! 20년 후 쇤베르크와는 달리 베커는 베토벤이 특정 작품에 가정해서 늘어놓은 섬세한 문학적 표제와 독자를 대면시키지 않는다(253~254쪽 참조). 그보다 베커는 자신의 시각에서 혹은 거시적으로 보면 '악보에 따라서' 작품의 내용을 작곡적 세부를 살피며 결국은 풀어 얘기하려는 것이다.

베커 이후 무슨 일이 있었던가? 1914년에서 1917년 시기에 독일에서는 로맹 롤랑의 장편소설 《장 크리스토프》가 출판되었다. 주인공의 젊은 시절은 분명히 베토벤의 생애에 근거하고 있고, 작품 전체는 작가의 시각에 따르면 세계의 총합과 도덕, 미학, 신앙, 새로운 인류를 표현하고 있다.[563]

장 크리스토프가 독일 출신이기에 분열된 현대 예술가의 이 이야기는 독일에서보다 프랑스에서 어려움을 겪었다. 독일에서는 1977년까지 쇄를 거듭하며 총 10만 권이 발행되어 베커의 《베토벤》을 훨씬 능가했다. 이것은 베토벤의 문학적 연구와 학문적 연구가 20세기 말까지 점점 더 분화되는 데 대한 첫 간접 증거다. 이제 음악학 영역에서는 개별 문제의 연구가 주를 이루었다. 해당 분야에서 권위를 인정받는 1936년의 발터 리츨러와 1987년의 카를 달하우스의 '전체 연구'조차도 자신들은 정작 '전체 연구'로 생각하지 않았다. 리츨러는 베토벤 생애에 전체 360쪽 중에 겨우 50쪽을 할애했고 베토벤 작품을 음악의 자율성에 대한 자신의 깊은 확신을 바탕으로 관찰했다.[564] 리즐러 자신도 완전히 배제할 수는 없었다 해도 거기에는 문학적 표현을 위한 영예로운 자리는 없었다.

달하우스는 처음부터 위대한 전기가 아니라 "'회계 장부' 기록에 그치지 않는 작품 주해에 도달할 수 있는 길을 개척하려 한다"[565]고 확언했다. 달하우스는 '전기적 방법'만이 아니라 '내용'도 전반적으로 문제가 많은 부분이라고 밝혔다.

> 형식적 과정을 미학적 전이로 이해한다면 적절한 수용에서 일어나는 일을 점점 더 발전되는 '형식 속에서의 내용의 지양'으로, 더 정확히 말하자면 내용 규정성은 점점 더 약화하면서 형식 규정성은 점증하는 것으로 이해할 수 있다. 그리고 여기서는 하나의 과정, 즉 형식화로서의 형식 과정이 결정적인 문제가 된다.[566]

위의 진술은 〈에그몬트 서곡〉이 전기적 측면에서 이념사의 기록일 수 있다고 믿는 '역사가'들을 겨냥한 것이지만 달하우스의 사유로 일반화해도 무방하다. "구조와 내용"이라는 장의 제목에서는 적어도 자신의 구조 분석적 연구에서는 (이전이나 오늘날의 음악 이론의 지평에서) 음악 이론적 범주와 개념으로 파악할 수 없는 것은 모두 배제하겠다는 달하우스의 의도가 읽힌다.

"음악의 걸작들" 시리즈의 전 편집자 에른스트 루트비히 벨트너Ernst Ludwig Waeltner와 만났던 일이 생각난다. 1967년 벨트너는 "음악의 걸작들" 시리즈를 위해 달하우스로부터 브람스 피아노 협주곡 1번을 해석한 멋진 원고를 받았는데 내용이 너무 딱딱하다고 생각되어 좀 더 쉬운 표현으로 수정해 달라고 말했다. 달하우스는 부탁을 받고 책상에 앉아

1악장 주제 묘사를 다음과 같이 고쳤다. "팀파니를 토대로 한 주제는 비장하게 펼치는 제스처처럼 나타나는 데 반해 d−f−a플랫−b플랫의 화성을 고수하여 불변의 것처럼 들린다."[567] 새로 추가된 표현은 '비장하게 펼치는 제스처'다. 그리고 이것이 달하우스가 친구를 위해 해 줄 수 있는 은유적 표현의 전부였다.

달하우스는 "높은 추상화의 정도도 베토벤이 의도했던 미학적 현실로 받아들이자"[568]고 호소한다. 이런 말로 달하우스가 무엇을 말하고 싶은 것인지는 형식적으로는 설명하기 어려운 '외부'에서 소나타 형식으로 들어온 듯한 〈템페스트〉 1악장의 '레치타티보'를 어떻게 다루는지를 보면 알 수 있다. 미묘한 형식적 해석조차도 불분명한 심리학적·전기적 입증[569]보다 훨씬 낮기 때문에 그는 악장의 도입 모티프에서 이 '레치타티보'를 형식적으로 유도해 내려고 한다.

1969년 일반적으로 표현된 달하우스의 고백도 작품 내재적 분석을 위한 호소의 의미로 이해할 수 있다.

작품이 작곡가에게 확실한 윤곽을 갖는 대상이라기보다 가능성들의 총화라면, 작품을 분석하는 듣는 사람은 그 역으로 작품은 말의 이중적 의미, 즉 완결되었고 그 자체로 완전하다고 전제해야 한다. 분석은 결코 완전히 성공할 수 없는 시도인 바, 작품의 모든 부분들은 전체와 의미 있게 연관되어 있고 모든 부분은 각자 수행하는 기능 속에 용해된다는 것을 이해하고 보여 주려는 시도인 것이다. 분석의 승리는 작품, 적어도 성공한 작품은 지금 있는 그대로의 모습과 다른 모습일 수 없다는 것을 증명해 보이는 데 있다. 작곡가가 실현하거나 실현하지 않은 가능성을 보는 곳에서 분석하는 사람은 필연성을 찾는다. 분석자는 우연이나 과잉을 말하기를 꺼려한다.[570]

달하우스는 음악 연구자로서 경력을 전후 첫 10년 시기에 시작했다. 그러니까 국가사회주의에서 해방된 후 이 해당 분야가 불안과 동요에 빠져 있던 시기이다. 따라서 국가사회주의와 특별히 독일 음악에 대한 찬양, 심리학주의와 그 예술 작품으로의 '감정 이입', 작품을 생애에서 설명하려고 하는 전기주의, 음악을 그 외적 참조의 도움으로 해석하고자 하는 의도를 대변하는 무엇보다 프랑스 사회학자 피에르 부르디외Pierre Bourdieu로 거슬러 올라가는 범주인 해석학주의 등과 같은 여러 주의들을 청소하고자 했다.

달하우스는 1969년 두 전선에 모두 거리를 두려 했다. 그들의 작곡이 자의적으로 그치고 말 것 같던 자칭 아방가르드라고 하던 사람들과 자신을 직접적인 선동의 도구는 아닐지라도 적어도 정치적 메시지를 위한 매체로 이해했던 음악, 이 둘로부터 말이다. 이 둘 때문에 달하우스는 개별 음악 작품의 '형이상학적 품위'가 위협받고 있다고 보았다.[571]

우리는 달하우스 발언의 엄격주의에 매료되기도 하고 생경함을 느끼기도 한다. '구성적', 즉 스스로를 입증하는 예술 작품이란 범주를 위한 불같은 호소와 자기 증명의 본질을 분석적으로 밝혀내려고 할 때 그의 열정은 감탄을 자아낸다. 그사이 달하우스는 베토벤에서 쇤베르크에 이르는 작품의 구조 분석으로 해당 담론에서 빼놓을 수 없는 존재가 되었다.

무엇이 문제인가? 외르크 라우스터Jörg Lauster는 저서《마술에 걸린 세계Die Verzauberung der Welt》에서 독일 관념론과 관련한 장의 제목을 "신의 계획을 이해하기"[572]라고 붙였다. 연금술사들도 현자의 돌을 찾으면서 "신의 계획을 이해하려"[573] 했다. 관념론자건 연금술사건 구조 분석자건 간에 어쨌건 달하우스는 그의 주제를 100년 전 에두아르트 한슬리크가 '근대 독일인'들의 '현대적' 이질 미학에 반대해 자신의 자율 미

학을 옹호했던 것과 같은 절대성의 요구로 덮는다. "이 시대의 한슬리
크"는 "작품, 적어도 성공한 작품은 지금 있는 그대로와 다른 모습일 수
없다"는 것을 증명하는 일이 결코 완전히 성공할 수 없다는 것을 인정
하기는 한다.[574] 그러나 이런 요구 자체가 과도한 것은 아닌가? 베토벤의
변덕스러운 작곡 전략(이것이 예술 작품의 인상을 좌우하는 결정적 요인이다)을 음
악 이론의 용어라는 수단으로 적확하게 기술하는 데 성공한다면 물론
대단한 일일 것이다. 하지만 그렇다고 그 전략이 설명된 것은 아니다.

예를 들어 교향곡 7번 알레그레토 종지 부분의 작곡 방식은 물론 음
악 이론적으로 쉽게 설명할 수 있다. 베토벤은 악장을 지배하는 걸음의
모티프 ♩♫를 끝에서는 반 마디 늦게 나오도록 배치해 상당한 불협화
음을 무릅쓰고 관악기들의 4·6도 화음에 겹치게 한다. 이것이 이 악장
의 시작과 끝이다.

그러나 이런 과정을 인식하는 것과 왜 이 악장을 '성공한' 악장이라고 말할 수 있는지, 왜 꼭 그렇게 끝나야 하는지 근거를 대는 것은 별개의 일이다. 박자나 화성적으로 놀라울 정도로 불안정한 종지는 대답보다는 질문을 불러일으키지 않는가?

이런 예를 놓고 볼 때 분석자는 자신을 전능한 사람이 아닌 뒤러의 동판화 〈멜랑콜리아Melencolia〉가 표현한 사람과 비슷하게 느낀다. 〈멜랑콜리아〉 속 인물 주변에는 공간과 시간을 재는 필수 도구들이 널려 있지만 정작 그는 도구의 사용법을 몰라 고민에 빠져 있다. 그는 명상적인 태도로 환상적 순간이 찾아오기를 기다리고 있다.

성공한 예술 작품이 어떤 것인지는 열려 있는 문제다. 연구자의 기준에 따라 한 치의 빈틈도 없이 분석 가능한 작품이 있는가 말이다. 1969년 달하우스가 에세이 제목에서 소환한 낭만주의 음악 미학에서는 결코 E. T. A. 호프만이 베토벤의 교향곡 5번에 대해 주장했듯이 작곡적 '신중함'만 중요한 게 아니다(248쪽 참조). 오히려 호프만은 예술의 '말할 수 없는 성질'이라는 낭만주의 토포스에 충실하여 이 작품에서 처리 불가능한 요소를 강조하고 있다. 여기에 다리를 놓을 수 없거나 놓아서는 안 되는 협곡이 열려 있다. 이 협곡은 모든 예술 체험과 해석의 본질에 속하며 특수하게는 베토벤과 그 후계자들의 새로운 종류의 '계측 불가능성'의 측면에서도 그렇다.

작곡가 볼프강 림Wolfgang Rihm은 몇 해 전 어느 인터뷰에서 이런 의견을 피력했다.

드뷔시는 항상 분석 불가능한 작품을 추구했고 실제로 그의 작품들은 최고의 자연적 성장 형식을 갖고 있었다.[575]

알브레히트 뒤러Albrecht Dürer, 〈멜랑콜리아〉, 1514, 영국 대영박물관

그리고 아놀드 쇤베르크는 언젠가 루돌프 콜리쉬에게 이렇게 썼다.

내 현악 4중주(op.30)의 음렬을 (두 번째 주제 6번음 c샤프, 7번음 g샤프와 같은 사소한 오류를 제외하면) 당신은 올바로 찾아냈습니다. 매우 수고가 많이 들었을 텐데 나라면 그런 인내심이 없었을 겁니다. 그런데 당신은 우리가 그런 것을 알게 되어서 얻는 것이 있다고 믿습니까? (…) 미학적 질은 그렇게 해서 파악되지 않습니다. 기껏해야 부수적일 뿐이죠. 이런 분석을 과대평가하는 것에 대해 어떻게든 경고하고 싶습니다. 그것은 단지 내가 늘 반대했던 작품이 어떻게 만들어졌는지에 대한 인식에 이르기 때문입니다. 그런데 나는 항상 작품이 어떤지를 인식하도록 도왔습니다![576]

물론 세세한 음악 이론적 분석에 대한 쇤베르크의 회의가 달하우스의 분석을 과소평가하는 계기가 되지는 않는다. 1993년 미국 음악학자 스콧 버넘Scott G. Burnham이 달하우스의 베토벤 책을 두고 했던 말만 봐도 전혀 그렇지 않다. 버넘은 이 책이 베토벤을 위한 20세기 후반의 기념비이자 독일 변증법의 전통을 위한 기념비라고 한다. 달하우스가 베토벤을 미학적 내재성과 자율성의 화신으로 막판까지 호소하는 것은 지는 해의 표식 속에 있는 정신적 풍경에 그 그림자를 드리운다고 버넘은 말한다.[577] 이는 미국에서 번성한 신음악학의 시각에서 내린 판단이었다. 이 음악학은 포스트모더니즘을 배후에 두고 특히 '인종', '젠더', '사회적 전환', '해체주의' 같은 주제로 향하면서 이상주의적인 베토벤 이미지와 완전히 결별하고자 했다(47쪽 참조).

이에 비해 아직 많이 남은 21세기는 과연 어떤 베토벤 담론이 생길 것인가 곰곰히 생각해 볼 수도 있겠다. 혹은 다시 한번 임레 케르테스에게 발언 기회를 주는 게 나을지도 모르겠다. 그는 멋진 방식으로 구조와 내용, 형식과 내용의 변증법을 파악했다.

나는 '형식'이란 말을 궁극적으로 정신 현상으로서의 삶이 예술 작품 속에서 부활과 삶의 정신적 존재 방식으로 이해한다. 내가 여기서 말하는 것은 소설이나 시 형식 같은 개별 예술 형식이 아니다. 그렇듯 '형식'은 본질의 현존(즉 실제 현존하는 것)일뿐만 아니라 항상 하나의 은유이기도 하다. 달리 말하면 비밀에 대한 가능한 비유다.[578]

이로써 우리는 "유토피아"로 넘어간다. 여기서 다룬 파울 베커, 그 운명을 두고 보았을 때 베토벤과 베토벤의 작품에 놀랍도록 낙관적인 시각을 가지고 있는 비평가는 다음 장에서도 계속 다룰 것이다.

유토피아

리하르트 바그너 Richard Wagner(1813~1883)

19세 때 C장조 교향곡을 작곡하며 20세에 이르러서는 작곡가로서도 인정을 받은 바그너는 오페라의 작사, 작곡, 연출을 모두 직접 처리하여 이상적인 종합 예술의 경지를 이룩한 음악가다. 그의 작품의 중심은 무대 작품으로 일반 오페라에 연극적인 요소를 강화하여 악극이라고 부를 만큼 당대 오페라를 개혁했다. 음악적인 면에서도 현대 음악의 출발점이 되었다고 할 정도로 큰 영향을 끼쳤다.

25

리하르트 바그너

"바그너는 베토벤 제국에 정착하고 싶은 마음이 없었다.
오히려 그는 이 제국을 자신의 제국으로 바꾸려 했다."

"유토피아"를 하필이면 리하르트 바그너로 시작해도 되는 것일까? 바그너 음악극의 핵심 메시지, 즉 파멸을 통한 구원을 유토피아라고 할 수 있을까? 4부작 음악극《니벨룽의 반지Der Ring des Nibelungen》의 저 음울한 결말은 또 어떤가? 물론 세상의 종말과 신들의 황혼과 어우러지는 도취적이고 비장한 음악에는 사랑을 통한 구원이나《발퀴레Die Walküre》에서 지글린데가 부르는〈오 최고의 기적O hehrstes Wunder〉처럼 단순한 구원이라는 모습으로 음악적 희망의 한 줄기 빛이 섞여 있기는 하다. 이것은 바그너의 다른 라이트모티프처럼 '예감과 기억의 모티프'다. 무대에서 일어나는 일의 너머를 볼 수 있는 전지적 오케스트라에 이끌려 충격으로 말문이 막히는 가운데 무대 위의 사건을 바라보는 신사와 숙녀들은 이 모티프를 통해 사랑의 세계를 예감할 수 있게 된다. 라인의

• 《니벨룽의 반지》4부작 음악극, 즉《라인의 황금》,《발퀴레》,《지크프리트》,《신들의 황혼》은 1848년에 시작되어 전체를 완성하는 데 25년이 걸린 대작이다. 네 작품이 함께 공연된 것은 1876년에 열린 제1회 바이로이트 축제에서였다. 전체를 공연하는 데는 최소 14시간이 소요된다.

황금을 도둑맞기 전인 먼 옛날에나 경험할 수 있었던 그리운 사랑의 세계 말이다.

언어로는 절대 표현할 수 없는 이런 유토피아적 요소는 음악이라는 매체를 통해 드러난다. 그것도 먼 미래가 아닌 〈오 최고의 기적〉처럼 현재에 감각적으로 실존하는 것으로 나타난다. 이에 관해 바그너는 1841년 단편소설 〈행복한 저녁Ein glücklicher Abend〉에서 이렇게 쓴다.

> (기악) 음악이 표현하는 것은 영원하고 무한하며 이상적이다. 어떤 상황에서 특정한 개인의 열정, 사랑, 동경이 아니라 보편적 열정, 사랑, 동경 자체를 표현한다. 그것도 무한히 다양한 동기화를 통해 그렇게 하는데 이는 오직 음악만의 고유성에 그 뿌리를 두고 있으며 언어로는 표현할 수 없는 것이다.[579]

이는 무엇보다 베토벤을 염두에 둔 말인데 10년 후 바그너는 이론서 《오페라와 드라마Oper und Drama》에서 베토벤의 음악에는 말할 수 없는 것을 드러내 주는 고유하고 무한한 표현력이 있다고 기술한다.[580]

20년 후에는 베토벤 음악을 유일한 계시로 칭송한다. 그사이 쇼펜하우어의 비판적 추종자가 된 바그너는 1870년 "음악의 철학을 위한 소고"라고 명명한 《베토벤》[581]에서 베토벤의 기악을 인간 체험의 근원에 뿌리를 내리고 있으므로 세계의 직접적 모사로 파악한다.[582] 쇼펜하우어식으로 말하면 음악은 다른 예술과 달리 "세계의 존재에 대한 어떤 이념의 모방이나 반복"이 아니라 "(세계) 의지 그 자체의 재현이기 때문에 음악의 효과는 여타 예술보다 그토록 강력하고 집요한 것이다. 다른 예술이 그림자에 관해 말할 때 음악은 본질에 대해 말하기 때문이다."[583] '쇼펜하우어의 제자' 바그너는 자신의 반프리트 빌라 가정 음악회에서 피아노 소나타 〈함머클라비어〉를 듣고 압도당한다. 안주인 코지마는 셰익스피어와 관련해 언급했던 바그너의 발언을 인용한다(253쪽 참조).

> "마치 의지의 작업장에 이끌려 들어가는 것 같다. 거기서 우리는 세계의 내부에서 모든 것이 어떻게 움직이고 있는지 보게 된다."—"이것을 말로 표현할 수 있는 사람이 있다면 그는 세계의 수수께끼를 푸는 열쇠를 쥔 것이다."[584]

베토벤 음악이 개념으로 파악되지 않음을 바그너는 〈에로이카〉의 예를 통해서도 보여 준다. 자신이 감독을 맡았던 공연을 계기로 취리히 관객들에게 설명했듯이 〈에로이카〉에서는 전쟁 영웅을 좀 더 자세히 그려내는 묘사보다는 "사랑, 고통, 의지와 같은 인간적 감정이 최상으로 충족되고 강해질 때 그 독특성이 되는 완전체로서의 인간의 본질"[585]이 중요하다는 것이다. 베토벤의 예를 통해 열정적으로 전개된 음악에 관한 바그너의 생각, 즉 음악은 인간의 경험 저 깊은 곳과 동시에 '세계의 내면'에서 나온다는 생각은 작곡사적 고려와 자신의 영적 체험에 근거한다.

역사적으로 봤을 때 바그너에게 음악은 항상 삶과의 관계나 삶의 외화에서 가져온 형식으로만 감지할 수밖에 없는 것이다. 낯선 음들은 오직 삶을 통해서만, 즉 삶에 잠재하는 음악의 현현을 통해서만 그 깊은 의미를 얻는다. 달리 표현하면 음악은 일반적 삶의 표현과 분리해 이해할 수 있다는 의미에서 글자 그대로 절대적인 것이 결코 아니며 역으로 음악은 일반적 삶의 표현이 더 깊은 의미를 얻도록 돕는다. 우리는 바그너를 이렇게 이해해도 되리라. 음악이 더해짐으로써 제스처나 태도 혹은 외침이 그 임의성을 벗어나 더 높은 차원의 의미 담지자로 나타나는 것이다.

바그너는 춤을 예로 들어 설명한다. 음악이 없다면 춤에는 영혼이 없다. 음악과 함께 춤은 생물적·육체적 기원을 숨기지 않는 모든 기악의 아버지가 된다. 따라서 바그너는 베토벤 교향곡 7번의 마지막 4장을 "춤의 신격화"라고 하면서 "몸의 움직임을 음의 형식으로 이상적으로 구현한 지극히 축복받은 업적"이라고 말한다.[586] 1850년 혁명적인 저서 《미래의 예술 작품Das Kunstwerk der Zukunft》에서 바그너는 다음과 같은 의미 있는 언급을 한다. 바그너는 베토벤의 교향곡에서 에른스트 블로흐가 즐겨 쓰는 개념을 빌려 전조를 체험하는데, 이는 더 이상 "예술사 공부를 전제로 해야 하는" "예술가들만의 전유물"이 아니라 "실제의 삶"에서 싹튼[587] "춤, 음악, 문학 이 세 종류의 예술을 재통합"[588]시킨다는 의미에서 종합 예술의 이념에 다가가는 예술이다.

바그너는 "예술가들만의 전유물"에는 다름 아닌 장르를 대하는 형식적 태도도 들어간다고 이해했다. (형식상으로만) 그럴싸한 예술을 추구하는 와중에 작곡가들은 음악의 '언어 능력', 즉 문학과의 관계를 놓치고 있다고 주장한다. 바그너가 오페라 작곡가로 높이 평가했던 모차르트마저도 종종 교향곡에 아무 의미 없는 그저 시끄럽기만 한 반종지와 상투적인 카덴차를 쓴다는 비난을 감수해야 했는데[589] 그것은 제후의

연회에서 식탁을 차리고 치우는 소음을 연상시켰다고 한다.[590]

반면 베토벤은 다시금 음악의 '내적 형식'이 무엇인지 간파했다고 한다.[591] 문학적인 의도에 이끌려[592] 베토벤은 마치 정말 편집증의 광인처럼 가장 내밀한 음향 세계의 예언을 선포하고[593] 그럼으로써 음악의 언어 능력을 무한히 고양시켰다고 한다.[594] 그렇다고 베토벤이 늘 언어로 표현될 수 있는 주제에 매달렸다는 의미가 아니다. 예컨대 〈에로이카〉는 나폴레옹의 첫 이탈리아 원정을 그린 음악적 전쟁사가 결코 아니다. 그보다 결정적인 점은 "그 곡을 구상할 때 외적 체험에서 비롯된 것이든 내밀한 원천에서 솟아난 것이든 간에 베토벤의 존재를 압도한 영감을 주는 어떤 느낌의 힘이다."[595]

바그너가 "내밀한 원천"을 얘기하니 우리의 관심은 그의 베토벤 해석에서 종교적 요소로 향하게 된다. 바그너는 청년 시절 음악 체험에서도 이런 경향을 보이긴 했지만 쇼펜하우어의 철학과 초심리학Parapsychologie을 접하고 한층 더 의식적으로 성찰한다. 바그너가 베토벤 음악을 "세계 본질에 관한 가장 내밀한 꿈 이미지의 계시"[596]라고 부를 때 이는 단순한 은유적 표현에 지나는 것이 아니다. 어쨌건 바그너는 자신의 작품을 "앞날을 내다보게 된 몽유병자의 환상"[597]과 비교한다. 바그너 자신이 제일 잘 알 터이다. 스스로 "미친 듯한 몽유 상태에서"[598] 작곡한다고 주장했기 때문이다. 바그너는 《자서전Mein Leben》에서 음악극 《라인의 황금Rheingold》을 위한 오케스트라 서곡의 탄생에 대해 약간 신비화하고는 있으나 상세히 적고 있다. 이 서곡은 곡에 대한 탐색을 마친 1853년 9월 북이탈리아 라스페치아에서 힘든 산행을 한 후 침대에 쓰러져 몽유 상태에 빠졌을 때 열렸다고 한다.[599]

바그너가 몽유 상태에 대한 언급을 오직 자신과 베토벤에 한정해서만 하는 것은 우연이 아니다. 그야말로 신비주의적 관점에서 바그너는 스스로를 베토벤의 현신이라고 생각했다. 우리에게 이 사실을 밝힌 인물이 바그너 본인이므로 젊은 시절 베토벤 음악 체험에 상응하는 후광을 《자서전》에 덧씌웠을 것을 감안해야 한다. 그렇다고 바그너가 평생 베토벤과의 교감에 대해 생각했으며 쇼펜하우어에 매료되어 윤회설을 확신했다는 사실 자체를 부정할 수는 없다. 바그너는 에세이 《미래 음악Zukunftsmusik》을 쓰던 무렵 그와 불륜에 빠진 마틸데 베젠동크Mathilde Wesendonk에게 이렇게 설명한다.

> 로엔그린의 흠결 없는 순결성은 고투를 통해 비로소 순결성을 얻었던 파르지팔의 후예라는 단순한 사실로 설명이 되죠. 엘자•의 재탄생 역시 로엔그린과 같습니다.[600]

자신을 베토벤의 재림이라 여긴 바그너의 생각은 단편 〈베토벤을 찾아 떠나는 순례Eine Pilgerfahrt zu Beethoven〉에도 잘 드러나 있다. 이 소설은 고난의 파리 시절 1840/41년에 탄생했는데 무명 독일 음악가 리하르트 바그너가 자신이 베토벤의 대를 잇는 꿈을 꾸던 시기이다. 소설에서 바그너는 처음 베토벤 교향곡을 듣고 열병에 걸려 후에 음악가가 된 일인칭 화자가 베토벤에 대해 이야기하게 한다. "나는 신과 모차르트, 베토벤을 믿는다. 마찬가지로 그들의 제자와 사도들을 믿는다."[601] 그리고 10년 후 《오페라와 드라마》에서 바그너가 '오케스트라 선율'과 '시의 선율'에 대해 쓴 모든 것을 베토벤은 이미 선취한 사람이었다.

• 바그너의 오페라 《로엔그린Lohengrin》(1850)에서 백조의 기사가 로엔그린, 브라반트의 공주가 엘자다. 파르지팔은 음악극 《파르지팔Parsifal》(1882)의 주인공 이름으로 로엔그린의 아버지다. 작품의 완성 시기가 《로엔그린》이 앞서나 내용상 《파르지팔》을 그 전편으로 본다.

무한에까지 이르는 거친 원초적 감정을 악기가 맡고 우리 마음의 분명하고 특정한 느낌을 성악 파트가 맡게 하여 대비시켜 보라. (하지만) 노래하게 하기 위해서는 가사가 필요하다. 과연 누가 이 모든 요소를 통합하여 시를 쓸 수 있을까?[602]

누가 그렇게 할 수 있을까? 베토벤은 교향곡 9번에서 좋든 싫든 실러의 〈환희의 송가〉에 의지해야만 했으니 그 후에 누군가 나타나게 될 터인데….

바그너가 친구이자 사서 고트프리트 엥겔베르트 안더스Gottfried Engelbert Anders와 함께 집필하려 했던 두 권짜리 베토벤 전기에서 "위대한 거장의 예술가적 삶과 시민적 삶을 정확하고 상세하게 묘사"하려 했고 "베토벤의 정신이 어떻게 최근의 모든 음악에 퍼지게 되었는지"[603]에 대해 서술하려 한 것은 놀랄 일이 아니다.

최근의 '모든' 음악이라니? 자신의 출세를 위해 베토벤을 이용하려 했다는 혐의를 바그너에게 둘 필요는 없다. 우리는 무엇보다 바그너의 창작을 떠올리게 될 터이지만 베토벤은 바그너에게 전능한 제우스였던 사실만큼은 변함이 없기 때문이다. 이 제우스에게는 디오니소스라는 아들이 태어난다. 그리고 아테네 비극의 수호신으로서 바그너 음악극의 잠재력과 천재성을 상징하는 이 디오니소스는 종합 예술의 이념과 실천을 부활시키게 된다. 이런 비유가 과한 듯하지만 그렇게 터무니없는 것은 아니다. 베토벤이 한동안 바쿠스(디오니소스)를 소재로 오페라를 구상했었고 또 아내 코지마가 남편의 소명에 대해 "바그너는 아이스킬로스 시대에 태어나 세상을 행복하게 해 줬어야 했어요"[604]라고 말하기 때문이다. 당시 바그너 부부는 이미 최상의 축제극이라는 원대한 목표를 염두에 두고 있었다.

이에 반해 13세 혹은 14세 시절까지 거슬러 올라가는 바그너의 어린 시절 베토벤 체험의 회상에서는 항상 신비한 빛을 띠는 순간의 경험이었다. 여기서 허구와 진실이 잘 구별되지 않는다 해도 어린 리하르트는 일상의 현상도 이상하고 신비하게 느꼈다는 데는 의심의 여지가 없다. 음악에서도 그랬다.

바그너는 e현을 문지르는 바이올린 소리에 신비한 흥분을 느꼈고, 오케스트라가 음을 맞출 때 내는 여러 혼란스러운 음색을 들으면 욕정이 섞인 공포를 느꼈다.[605]

《자서전》에 따르면 바그너는 베토벤의 사망 소식에 이상한 두려움에 사로잡혔다. 교향곡 7번을 접했을 때 숭고하고 초월적인 독창성을 지닌 베토벤 이미지가 떠올랐고 곧 셰익스피어의 이미지와 합쳐졌다. "황홀한 꿈속에서 나는 그 둘을 만났고 보았고 얘기했다. 깨어나자 나는 눈물범벅이 되어 있었다."[606]

어린 바그너가 만일 불같은 열정으로 베토벤 작품 연구에 몰두하지 않았더라면 이 모든 진술은 단순한 일화에 지나지 않았을 것이다. 극작가를 꿈꾸던 바그너는 1829년 베토벤 후기 현악 4중주 op.127 악보의 사본을 구입한다. 비슷한 시기에 〈에그몬트〉의 일부분과 교향곡 5번과 9번 등을 비롯한 여러 교향곡을 사보한다. 게다가 교향곡 9번의 피아노 연탄을 위한 악보(WWV 9)를 만들기도 한다. 이는 16~17세 정도 소년에게는 결코 당연한 행동이 아니다. 오히려 대단히 공을 들여 얻은 일종의 성취였으며 바그너도 수년 후 '자의적인 독학'이라며 스스로를 대견해 하기도 했다.[607] 몇몇 증거들로 유추해 보면 바그너는 교향곡 9번의 인쇄된 악보를 구할 수 없어 70쪽에 달하는 피아노 파트의 최종본을 이전의 초본으로 개별 분류해 총보를 조합하는 고된 작업을 했다. 이런 지난한 작업을 놓고 볼 때 스스로를 대견해 하는 바그너의 태도는 너무나 이해가 된다.

당시 라이프치히에서 모든 환상적이고 불가해한 것 중 최고로 여겨졌던 교향곡 9번의 첫 시작인 순수한 5도의 지속되는 울림은 곧장 바그너를 사로잡았다. 그것은 삶의 으스스한 음으로 느껴졌다. "이 교향곡은 모든 비밀 중의 비밀을 품고 있음이 분명했다."[608]

바그너는 라이프치히 게반트하우스 오케스트라의 영혼 없는 교향곡 9번 리허설에 매우 실망했지만 10년 후 1839년 파리에서 프랑스와 앙투안 아베네크François-Antoine Habeneck가 지휘하는 교향곡 9번 리허설에 참석했을 때는 특별한 체험을 한다. 바그너는 반사적으로 이 프랑스인이 '독일 음악을 완벽히' 이해하는 게 가능한 일인지 의심했으나[609] 첫 세 악절은 선율의 명징함과 테크닉의 완벽함에 찬사를 보낼 수밖에 없었다.

이렇게 베토벤 교향곡 9번은 '음의 시인' 바그너에게 결정적 체험이 된다. 오페라 〈방황하는 네덜란드인Der fliegende Holländer 서곡〉 도입부에 '으스스한' 5도 음이 그 증거다. 파리 오페라 시장의 천박함에 역겨움을 느낀 바그너는 자신의 소명에 눈을 뜬다. 그 소명은 〈베토벤을 찾아 떠나는 순례〉에서 서술했듯 지금보다 더 분명히 미래를 내다보면서 베토벤과 합창 피날레가 있는 교향곡 9번을 계승하는 것이었다.

바그너는 드레스덴 궁정 악장으로 있으면서 교향곡 9번을 세 번 지휘한다. 1849년 4월 1일 드레스덴 봉기 전야의 연주는 완전히 부르주아 혁명의 기운에 휩싸여 있었다. 일주일 후 대중들은 좌익 잡지 《폴크스블레터Volksblätter》에 바그너가 기고한 에세이 "혁명Die Revolution"에서 실러의 〈환희의 송가〉를 당시 상황에 노골적으로 대입시키고 있다는 것을 알았다. "이 경이로운 작품의 효과는 격앙된 시기에 그야말로 감동적인 것이었다"라고 바그너의 동지 구스타프 아돌프 키츠Gustav Adolph Kietz는 회상한다.[610] 바그너도 1849년 5월 8일 '갈색 메모장'에 이렇게 기록한다. "아네 바리케이드에서 어느 위병이 외쳤다. '악장님, 이제 신의 아름다운 불꽃, 기쁨의 불이 붙었어요.'•"[611] 드레스덴 봉기의 지도자 미하일 바쿠닌Michail Bakunin도 이런 말을 했다고 한다. "모든 것이 사라질 것이며 세계는 소멸할 것이다. 하지만 오직 단 하나 베토벤 교향곡 9번만은 영원히 남을 것이다."[612]

냉소적 의미로도 이해할 수 있는 말들이다. 23년 후 전혀 다른 정치적 분위기에서 바그너는 교향곡 9번을 연주한다. 바이로이트 축제의 초석을 놓는 기념식에서 바그너가 '자신의' 베토벤을 다시 한번 공개적으로 연주한 것인데, 교향곡 9번은 여전히 건재했다. 그리고 당시의 리허설 도중에 바그너는 교향고 9번의 장대한 시작을 두고 "너는 이런 걸 만들지 못했어"[613]라고 말했다. 《자서전》에 따르면 바그너가 키우던 앵무새 파포조차도 교향곡들의 해당 주제를 지저귈 정도였다고 하니 그의 '삶'이 얼마나 긴밀히 베토벤 교향곡들과 연결되어 있었는지 짐작할 수 있다. 말년에 바그너는 이런 결산을 한다. "베토벤이 없었다면 내가 해 온 대로 작곡할 수 없었을 것이다."[614]

이와 같은 '삶'은 베토벤의 예술에 그리고 바그너의 예술에 어떤 의미가 있는 걸까? 절대 음악의 단호한 옹호자들이나 공공연한 반反바그네리안들이 외면하려 해도 바그너는 베토벤의 족적을 따라 교향곡, 현악 4중주, 피아노 소나타를 썼던 동시대 작곡가들보다 베토벤의 유산을

• 실러의 〈환희의 송가〉의 첫 구절, "환희여, 아름다운 신의 불꽃이여Freude, schöner Götterfunken"를 인용한 말이다.

훨씬 창조적으로 증식시켰다. 브람스가 첫 교향곡을 끝내기 전 친구이자 지휘자인 헤르만 레비Hermann Levi에게 이렇게 한탄했다. "다시는 교향곡을 작곡하지 않겠네. 늘 뒤에 그런 거인(베토벤)이 따라오는 소리를 들을 때 우리 같은 사람이 어떤 기분일지 자네는 정말 모를 걸세."[615] 진담이었건 농담이었던 간에 이런 발언은 베토벤 교향곡의 이상을 따르는 일이 브람스에게 얼마나 힘든 것이었는지 증언해 준다. 슈베르트, 슈만, 멘델스존, 브루크너, 말러, 쇤베르크 등도 베토벤 제국에서 그를 이길 수 없다고 확신했다. 그럼에도 이들은 제국을 떠나기보다는 힘닿는 대로 새로운 주변을 개척했으니 우리에겐 얼마나 다행인가.

19세기 교향곡 작곡가들이 이렇듯 자신들을 베토벤의 아류로 인식하고 창조의 낙관론 속에서도 자기 비판적으로 베토벤을 돌아보았을 때 바그너는 처음부터 다른 길을 걸어갔다. 젊은 시절 꿈꿨던 교향곡 작곡가로서의 행로를 일찌감치 포기한 바그너는 베토벤 제국에 정착하고 싶은 마음이 없었다. 오히려 그는 이 제국을 자신의 제국으로 바꾸려 했다. 그에 따라 바그너는 베토벤이 자신의 제국을 위한 실질적 기반을 제공했던 한에서 그에게 최고의 경의를 표했다. 그러나 동시에 바그너는 베토벤의 빈틈을 비난했다. 즉, 베토벤은 차라리 음악의 언어 능력을 최고의 경지까지 끌어올리지 말았어야 했다고 공격했다. 베토벤이 너무 늦게 교향곡 9번에 이르러서야 비로소 자신의 시적 의도를 구현하기 위해 말을 사용할 생각을 했기 때문이다. 베토벤이 교향곡이라는 장르로 무엇을 말하려고 했는지 불분명하다는 사실은 물론 베토벤이 아니라 교향곡 장르에 책임을 물어야 하는데, 교향곡은 원래 그 태생상 '춤의 선율성'에 기대고 있으므로 작곡가에게 의미 있는 감정의 연속선을 따라 작곡할 기회를 전혀 제공하지 않는다는 것이다.

이런 의미에서 바그너가 교향곡 7번을 "춤의 신격화"라고 규정한 데는 칭찬과 함께 비판도 숨어 있다. 베토벤은 이 교향곡의 춤의 성격을 형이상학적인 차원으로까지 끌어올린 한편, 정서적 일관성에 대한 기대를 불러일으켜 "왜라는 불안한 질문을 도발하는데"[616] 그 대답은 오직 바그너의 음악극만이 줄 수 있는 것이다.

바그너가 베토벤에 관해서는 지나가듯 우려를 표명하는 정도였지만 (베토벤은 아직 그렇게 멀리 나갈 수가 없었기 때문에) 그사이 이에 대해 아무것도 배우지 못한 브람스에게는 신랄한 조소를 퍼붓는다. 바그너는 브람스 교향곡의 온 세상 고통을 다 짊어진 파국적 감정 과잉을 조소한다.

우리는 침울하고 화가 난다. 그리고는 다시 용감해지고 과감해진다. 우리는 청춘의 꿈이 실현되기를 갈망한다. 악마적인 난관이 우리를 방해한다. 우리는 고민하고 날뛰기도 한다. 이제 드디어 세계의 고통에 이빨이 빠진다. 우리는 이제 익살스럽게 웃으며 세계에 이빨이 빠진 구멍을 드러내 보인다.[617]

이런 비판의 맥락에서 바그너가 바이로이트의 친구 한스 폰 볼초겐 Hans von Wolzogen에게 다음과 같은 말을 한 것도 어쩌면 당연할지 모르겠다.

우리 걸작의 많은 주제들이 음악적으로 봤을 때 그 자체로는 거의 무의미하네. 주제들이 악기만의 언어를 통해 어떻게 온전히 의미를 얻을 수 있는지 의심이 들지. 그런데 실제 말을 넣으면 가장 잘 보여 줄 수 있지 않을까? 예를 들어 교향곡 5번의 첫 주제에는 "그 일은 일어나야 한다"는 말을 넣는 것이지.[618]

바그너가 평생 베토벤의 '절대' 음악의 천재적 불확정성을 자신의 음악극의 명료함으로 바꾸려고 얼마나 애썼는지를 위의 언급이 아무리 분명히 보여 준다 해도 그의 '선배'에 대한 찬양은 끝이 없다. 베토벤에게 바그너는 두 가지 소신을 넘겨받는데 하나는 특수한 것이고 또 하나는 일반적인 것이다. 전자는 음악적 이념 예술 작품이란 목표에 관한 것이고 후자는 작업에 도움이 되는 작곡상 전략에 관한 것이다. 두 소신을 그대로 넘겨받지는 않았으며 둘 다 바그너에게 유일무이한 창작의 동력으로 작용한다.

18세기에서 19세기로 넘어가는 전환기 즈음에 음악은 예술 중 가장 마지막으로 칸트나 헤겔이 규정한 틀을 벗어난다. 그리고 그전부터 오랫동안 준비해 왔던 해방의 과정이 베토벤의 지휘하에 처음으로 큰 성공을 거두게 된다는 것은 단순히 무의미한 주장이 아니다. 무엇보다 음악은 이제 더 이상 유희나 오락, 고상한 취미나 교양 있는 사유가 아니다. 또한 음악은 더 이상 교회, 국가, 사회의 요구에 우선적으로 봉사하지 않는다. 음악은 오히려 늘 지니고 있었으면서도 사회적 외관 뒤에 대부분 감춰 왔던 자신의 자율적인 성격을 기억해 낸다. 어떤 작곡가도 베토벤처럼 예술적 자유라는 기치 아래 누구나 알 수 있도록 말하고 행동했던 사람은 없었다. 여기서 자유는 물론 무엇으로부터의 자유가 아니라 무엇을 위한 자유, 즉 인간과 인류를 더 앞으로 나아가게 하는 위대한 이념을 위한 자유다. 음악도 이제 소명으로 받아들여졌다.

이 소명에는 다양한 측면이 있다. 그것은 개인적인 고백과 같은 것일 수도 있고 그럼으로써 아도르노식으로 얘기하자면 성숙한 주체에게 목소리를 부여할 수도 있다(347쪽 참조). 또한 소명은 계몽과 프랑스 혁명의 의미에서 윤리적 내지는 정치적이기까지 한 강령들에 복무할 수도 있다. 그럼에도 애써 획득한 자율성을 배반하지 않기 위해서 작곡가는 새로운 종속에 빠지지 않도록 해야 한다. 예컨대 자신의 진보적 의식에 걸맞지 않은 단순 무식한 곡을 쓰지 않도록 조심해야 한다.

베토벤의 천재성은 이런 양다리 걸치기를 최고 수준에서 수행할 수 있었다는 데 있다. 베토벤은 한편으로는 뻔하지는 않지만 설득력 있게 그토록 풍부한 제스처로 서사적 내지는 묘사적으로 작곡하여 우리가 '문학적 의도'를 결코 간과할 수 없게 하며, 다른 한편으로는 일부 예외를 제외하면 모든 것을 암시로 놓아둔다. 이 암시는 작품의 예술적 자율성과 작품의 고유한 삶을 절대로 해치지 않는다. 청자에게는 음악을 자신들만의 방식으로 느끼고 이해할 자유가 있다. 베토벤은 자유롭게 형식과 내용, 내재와 초월의 관계를 작품에서 새롭게 규정할 수 있다. 베토벤이 이제 파르나소스산 위에서 뮤즈들과 함께 앉아 있다면 그를 특정한 구성 원칙이나 주제로 한정하려는 모든 시도를 비웃으면서 말할 것이다. "나를 내가 살던 시대의 한 개인으로 받아들여라. 그리고 너희들은 너희 시대에서 거기서 뭘 얻을지나 살펴봐라!"

바그너는 베토벤의 고백적 성향과 이념적 예술 작품을 향한 열정에 매료되었다. 그에게 베토벤은 갖은 고난을 겪으면서도 시대정신의 천박함에 저항하던 영웅이었다. 그리고 바그너는 언어와 음을 통합한 자신의 드라마의 지평에서 볼 때 베토벤 기악이 일정 부분 불명료하다는 사실에 만족하지 못할수록 더 더욱 베토벤을 '절대적'으로 사고하는 음악가의 화신으로 칭송했다. 이때 바그너는 음악의 '절대성'을 한슬리크의 "음으로 울리면서 움직이는 형식"이라는 의미로 이해하지 않았다. 쇼펜하우어의 철학에 따라 어쭙잖은 강령적 해석의 저 편에 있는 세계 의지의 표상으로 이해했다. 이렇게 해석된 '절대' 음악은 음악극이라는 바그너의 구상에 매우 잘 들어맞았다. 앞서 시사했듯이 절대 음악은 '오케스트라 선율의 원천적 감정'이라는 바그너의 생각에 부응하는 것이었는데, 오케스트라 선율은 합창 선율과 하나가 되어 음악극으로 통합되어야만 했다.

'오케스트라 선율'에 대해 바그너는 베토벤의 기악 말고 더 나은 모범을 찾을 수 없었다. 이제 작곡상 전략을 이야기해 보자. 바그너는 베토벤의 기악에서 오페라 전통에 대립하는 자신만의 구성을 위한 유연하고 역동적인 형식을 발견했다. 그는 자신의 '예감과 기억의 모티프', 즉 라이트모티프의 모범이 되어 줄 '적확한' 모티프를 발견한 것이다. 그리고 마지막으로 자신의 라이트모티프 테크닉에 사용할 수 있는 과정적 작곡의 방법, 예컨대 분리와 주제-모티프 작업을 찾았다. 베토벤식 모티프 결합의 구조물은 바그너 자신의 총보 구조물이 되었다. 물레에서 실을 잣듯 어어 나가는 베토벤의 기법은 특히 음악극《트리스탄과 이졸데》에서 "무한선율"[619]을 탄생시켰다. 바그너는 이 "무한선율"을 오페라의 전통 선율과 구별하여 선율에 포함된 모든 모티프를 최대한 풍부하게 전개시켜 선율을 연장하는 것으로 이해했으며, 이는 이미 베토벤에게 흔히 사용된 방식이었다.[620] 아니나 다를까 바그너는《니벨룽의 반지》연작을 작곡할 당시 베토벤 현악 4중주 op.127의 첫 악장을 오케스트라로 편곡해서 각각의 성부의 자율성을 더욱 두드러지게 하면 어떨까 하는 생각을 했다.

바그너가 음악극을 흡사 "자기 자신으로 돌아온 교향곡"[621]이라는 생각으로 베토벤의 의도를 심하게 오인한 것은 아닐까 의심해 볼 수도 있겠다. 아무튼 바그너가 베토벤 음악을 생산적으로 사고한 것만은 분명하다. 그는 좁은 의미에서 베토벤 음악의 작곡사적 발전을 평가한다. 하지만 바그너에게 작곡사적 발전은 그것을 지탱하는 이념, 즉 자신의 자유를 성찰하는 인류의 유토피아에 비하면 부차적인 것이다.

우리는 비판적으로 혹은 빈정거리며 물을 수 있다. 대체 바그너 자신은 자신의 자유를 가지고 (드레스덴의 혁명가로서, 루트비히 2세의 내키지 않는 추

교향곡 9번의 초연을 지휘하는 베토벤(작자 미상, 19세기)

종자로서, 비관적으로 끝나는《니벨룽의 반지》연작과 이데올로기적으로 과잉된 음악극《파르지팔》의 창작자로서) 무엇을 할 수 있었느냐고. 이미 바그너를 시작하는 부분에서 암시했던 단순한 대답은 이렇다. 그것은 바그너의 모든 '음악'에 내재한 유토피아적 요소들이다. 그 모범을 특별히 베토벤의 작품에서 찾으려 하는 것은 당위를 넘어 생산적인 일이다.

에른스트 블로흐는 베토벤의 작품을 바그너나 쇼펜하우어처럼 세계 내부에서 일어나는 운동이 아니라 한 작곡적 주체의 프로메테우스적 의지라고 강조하며 주체 없는 질서에 대한 형식주의적인 믿음과 실존으로서의 음악 대신 법칙으로서의 음악에 대한 믿음을 반박했다.[622]《유토피아의 정신》에서 블로흐는 베토벤을 "역동적이고 루시퍼적인 정신의 가장 위대한 선택받은 자"[623]라고 경의를 표한다.

에른스트 블로흐의 아내 카를라Carla에 따르면 그는 임종 전 어느 저녁《레오노레》서곡을 들었다고 한다.[624] 트럼펫 시그널을 중심으로 응집된 이 곡은 블로흐에게 평생 용기를 북돋아 준 '충족된 희망의 전설'이었다.[625]

토마스 만 Thomas Mann(1875~1955)

세계 문학사에 빛나는 작품들을 남긴 거장이자, 유수의 평론, 산문 등을 발표하며 왕성한 집필 활동을 펼친 작가다. 1936년 독일 국적을 포기하고 1938년 미국으로 망명한 뒤 집필과 강의 활동을 했다. 망명 시절의 대표작으로 꼽히는 장편소설 《로테, 바이마르에 오다》가 나치의 핍박을 피해 스웨덴 스톡홀름에서 출간되었다. 종전 직후인 1947년에는 토마스 만 자신이 가장 사랑하는 작품이라 평한 《파우스트 박사》를 내놓았다.

26

토마스 만

"음악의 악마성을 다루는 소설은 베토벤 없이 불가능합니다."

에른스트 블로흐와 토마스 만은 미국 망명지에서 각각 필생의 대작 《희망의 원리》와 《파우스트 박사》를 집필 중이었다. 두 사람 모두 나치 정권이란 야만에 대항해서 썼지만 경향은 전혀 달랐다. 마르크스주의자 블로흐가 '구체적 유토피아의 철학' 그리고 '더 나은 세상의 개요'를 정초하려 노력한 반면에 리버럴한 세계 시민 토마스 만은 "한 친구가 전하는 독일 작곡가 아드리안 레버퀸의 삶"이라는 부제가 붙은 소설을 쓴다.

소설 《파우스트 박사》는 문화와 사회를 비판적으로 조명한 작가가 경험한 세기의 파노라마다. 그리고 블로흐와 같은 '더 나은 세상의 개요'는 감지할 수 없다. 소설의 핵심은 만 인생의 주제였던 부르주아의 퇴폐인데, 이는 나치 테러 정권의 탄생을 도왔을 뿐 아니라 레버퀸의 오만한 예술과 그 종말론적 성격을 초래했다. 야만과 '발작'에까지 이를 정도로 고취된 유미주의는 작가의 눈에 "으스스하게 서로 이웃하여"[626] 살고 있다.

이미 오래전 토마스 만은 용기 있게 자기반성을 하면서 매혹과 충격 속에서 그가 사랑했던 19세기 그리고 20세기 초 독일 음악의 (특히 리하르트 바그너) 공공연하고 잠재적인 병적 요소를 간파했다. 이제 소설 《파우스트 박사》의 주인공 레버퀸은 이미 오래전부터 나타난 예술의 경향을 그 극한까지 밀고 간다. 여기에 유토피아를 위한 공간이 있는가? 언젠가 작가는 그의 주인공 레버퀸으로 하여금 다음과 같은 막연한 희망의 말을 하도록 한다.

냉철한 정신의 세계에서 난관을 타개하고 대담하게 새로운 감정의 세계로 나아갈 수만 있다면, 우리는 그를 예술의 구원자로 불러야 마땅할 겁니다. (…) 음악에서 구원이란 문화를 해방하여 종교의 대체물로 격상시킨 결과 음악이 스스로 자처한 고립 상태, 즉 '청중'이라 불리는 교양 있는 엘리트와 함께 고독하게 지내는 상태로부터 구제되는 것을 말하죠. (…) 예술에서 감상적 야심은 쇠퇴하고 그 대신 새로운 순수함과 무해함이 득세할 거예요. 미래에는 예술 자체가 다시 공동체를 섬기는 하녀가 될 겁니다. 그 공동체는 이른바 '교양'보다 훨씬 폭넓고, 문화와는 거리가 먼 듯한 하나의 문화를 형성할 집단일 것입니다.[627]

이런 문장들은 토마스 만의 생각처럼 읽힌다 해도 소설의 경향을 거스른다. 그리고 적어도 정반대의 경향을 따르는, 악마에 저당 잡힌 레버퀸의 작품 전체에 대해서 소설은 아무것도 말해 주지 않는다. '파우스트 박사의 탄식'이라는 제목이 붙은 레버퀸의 마지막 교향곡에서 '지옥을 향한 질주'라는 악장을 친구이자 '전기 작가' 제레누스 차이트블롬은 "〈환희의 송가〉와는 정반대의 길을 걷는 듯한 인상을 주는, 즉 오케스트라가 환희의 합창으로 이행하는 경로를 부정"[628]으로 이해한다.

여기서 말하는 〈환희의 송가〉는 교향곡 9번의 피날레인데, 토마스 만은 이 '산만한 변주 악장'을 결코 좋아한 적이 없다.[629] 레버퀸은 베토벤의 도취적인 메시지를 단호히 거부함으로써 한술 더 뜬다.

싸워 얻어야 하고, 그것을 위해 성을 함락시켜야 하고, 그것을 성취한 자들이 환호성을 지르며 공표하지만 그런 것들은 없어져야 해. 철회되어야 한다고. 내가 철회할 거야.[630]

토마스 만은 미국으로 망명하여 캘리포니아에서 이 소설을 작업하고 있을 무렵 그와 같은 처지의 망명객이자 이웃인 철학자 아도르노와 자주 만났다. 아도르노는 깊은 대화를 하는 중에 만에게 레버퀸의 비관주의를 자신의 것으로 만들라고 충고한다. 하지만 작가 토마스 만은 소설의 마지막 부분에서 제레누스 차이트블롬이 이런 부질없는 생각을 하게 한다.

비탄의 표현이 전체 구성에서 생성되는 예술적 패러독스에 가장 깊은 절망 상태에서 비록 미약한 희망이나마 싹틀 수 있다는 종교적 패러독스에 상응하는 것이라면, 그 패러독스는 어떻게 되는가?[631]

전하는 자료로는 아도르노가 유토피아에 대한 소설의 소심한 암시를 어떻게 받아들였는지 알 수 없다. 다만 일부 자료를 통해 아도르노가 소설 집필의 초기 단계에 있는 만에게 유토피아적 지평을 열어 줄 음악 작품들을 소개했다는 사실은 알 수 있다. 그 작품은 다름 아닌 베토벤 후기 피아노 소나타와 현악 4중주곡들이다. 그전까지 만은 아마 '영웅적' 베토벤 작품에만 익숙했던 것 같다. 만이 어린 시절부터 오페라《피델리오》에 매료되었음을《부덴브로크가의 사람들》의 한 장면이 보여 주는데, 이 소설은 실제 만 가문의 이야기를 형상화한 것으로 알려져 있다. 어린 하노는 크리스마스 선물로 '너무나 행복하게도'《피델리오》마지막 장을 위한 무대가 그대로 재현된 인형 극장을 선물로 받는다. 하노는 얼마 전 뤼베크 시립 극장에서《피델리오》를 숨소리 하나 내지 않고 구경했다.[632]

예순이 된 만은《피델리오》를 억압과 야만에 대항하는 상징으로 삼는다. 1935년 카를 폰 오시에츠키Carl von Ossietzky에게 노벨 평화상을 주자고 제안하면서 이 오페라를 이슈화하는데, 나치 독일이 뻔뻔하게 베토벤의 자유 이념을 담은 오페라와 같은 "수준 높은 공연"을 하는 것은 "스캔들"[633]이라는 발언을 했다.

> 독일 해방의 날에나 안성맞춤인 이 베토벤의《피델리오》가 어떻게 독일에서 금지되지 않고 무대에 오를 수 있는 것인가? (…) 하인리히 힘러가 판치는 독일에서《피델리오》를 두 손으로 얼굴을 가린 채 극장에서 뛰쳐나오지 않고 들으려면 대체 얼마나 둔감해야 하는가![634]

토마스만은《피델리오》를 그 뒤를 잇는 바그너의 오페라《로엔그린》의 〈엘자의 꿈Elsas Traum〉 아리아가 갖는 낭만주의적 마력에 비해서는 의고전적으로 경직되긴 했지만 그 고귀한 아름다움[635]보다는 인간애의 메시지 때문에 더 높이 평가하게 되었다고 말한다. 1878년 3월 만은 리하르트 바그너와 대화 중《피델리오》는 카를 베버의 오페라《오이리안테Euryanthe》(1822/23)에 비하면 "훨씬 더 관습적이고 더 차갑다"[636]라고 말하기도 한다.

또한《레오노레》세 번째 서곡(op.72a)에 대한 바그너의 평가도 넘겨

1874년 베를린에서 공연된 오페라《피델리오》의 마지막 장면

받는데 이 곡은 만에게 '줄거리 없는 오페라'로 각인되어 있었다.

> 최고의 힘이 선포되는데 추상적이지 않으면서도 대상이 없어. 순수하고 맑
> 은 대기 속에서 드러나는 힘이지. (…) 가장 활력 넘치고 변화무쌍한 긴장된
> 사건들의 연속과 운동 과정들이 오직 시간 속에서 시간을 분절하고 채우고
> 조직하기만을 하다가, 외부로부터 반복적으로 들려오는 트럼펫 시그널을
> 통해 갑자기 줄거리에 적합한 것으로 변하거든. 그 모든 것이 아주 기품 있
> 고 위대한 의미를 담고 있지.[637]

이 문장들은 젊은 주인공 레버퀸의 입에서 나온 말이지만 만 자신
의 감상일 것이다. 1920년 일간지《포시쉐 차이퉁Vossische Zeitung》의 설
문 조사에 토마스 만이 자신은 바그너와 달리 베토벤과 전혀 관계가 없
으며 "만일 있다면 조용한 종교적 경외심의 대상"[638]일 뿐이라고 고백
한 사실도 잊어서는 안 된다.

이제 미국 망명 생활 중에 아도르노가 토마스 만에게 그것도 아주
직접적이고 감각적인 방식으로 새로운 시각을 제시해 준다. 아도르노
는 캘리포니아에 있는 만의 저택에서 베토벤의 마지막 피아노 소나타
들을 연주해 들려준다. 연주하는 동안 아도르노는 자신도 베토벤의 후
기 작품에 대해 집중적으로 생각하고 있던 터라 아주 열정적으로 설명
할 수 있었다. 아도르노와 했던 그 수많은 "콘퍼런스"[639]가 말했다시피
'낭만주의의 마력'에 취한 작가를 얼마나 이 후기 작품들과 실제로 가
까워지게 할 수 있었는지는 별개의 문제다. 하지만 앞서 설명했다시피
음악에서 전통적 아름다움을 제거해 버리고자 했던 소설 속 인물 레
버퀸의 창조자 만에게 (아도르노가 듣기에) 아름다움보다 진실을 더 중요
시한 베토벤의 후기 작품들이 다가왔다. 이는 만이 음악 심리학자 게

르하르트 알버스하임Gerhard Albersheim에게 보낸 편지에서도 확인된다. "나는 베토벤보다는 바그너에 대해 더 확실하고 정확하게 쓸 수 있습니다. 하지만 음악의 악마성을 다루는 소설은 이 베토벤 없이 불가능합니다."[640]

베토벤 작품 어디에서 악마성의 요소를 찾을 수 있을까? 아도르노가 아마도 그리 유쾌해 하진 않았을 터이지만 토마스 만은 음악 비평가 어니스트 뉴먼Ernest Newman의 에세이 《무의식의 베토벤》(1927)을 읽었다. 책에서 뉴먼은 베토벤이 매독에 감염되었을 거로 추측한다.[641] 전기적 측면에서 베토벤을 매독 환자 레버퀸과 연관 짓게 한다. 만은 파울 베커 그리고 안톤 쉰들러가 쓴 베토벤 전기도 참조한다. 만은 쉰들러의 전기를 통해 베토벤 말년의 작업 방식에 관한 '끔찍한 이야기'를 알게 되고 이에 대해 소설에서 레버퀸의 스승 벤델 크레추마어의 입을 빌려 말한다.

> 귀가 먼 그 작곡가는 《장엄 미사》의 〈크레도〉에 매달려 노래하고 울부짖으며 발을 마구 구르고 있었다. 문에 귀를 대고 있던 사람들은 그 소리에 혈관 속 피가 얼어붙는 것만 같았다.[642]

만은 크레추마어를 통해서 베토벤 후기 작품도 해석한다. 이는 대부분 한때 아도르노가 만을 위해 작성한 해석을 그대로 기반으로 삼고 있다. 또한 아도르노는 만의 부탁으로 베토벤 피아노 소나타 op.111의 '아리에타' 부분을 사보해 악장과 연주 기법과 관련한 몇몇 주석을 덧붙여 준다.

《파우스트 박사》에서 op.111은 벤델 크레추마어가 어린 레버퀸에게 소개하여 베토벤 체험의 발화점이 된다. 풋내기 작곡가 벤델 크레추마어는 이 소나타의 두 번째 악장을 이루는 기괴한 변주곡에 포함된 아리에타 주제에 대해 다음과 같이 말한다.

(사람들은) 분해되고 소외되어 낯설고 섬뜩한 것으로 변화하는 과정에 직면하여 이 극단적인 초월 현상 앞에서 우울한 심정이 되었다고 한다. 바로 그런 점에서 그들은 베토벤이 과거에 추구했던 경향이 퇴화하고 지나친 심사숙고와 과도한 엄밀성 그리고 객관성이 나타난다고 보았다.[643]

벤델 크레추마어는 곡을 설명하고는 피아노 앞으로 가서 소나타를 직접 연주해 들려준다. 아리에타 부분을 연주하면서는 다음과 같은 설명을 곁들인다.

크레추마어는 "트릴의 연속입니다"라고 외쳤다. "꾸밈과 카덴차! 아직도 남아 있는 관습적 요소들이 들리죠? 자, 여, 여기서 언, 언어는, 미, 미사여구에서, 버, 벗어나지 못하고 오히려 미사여구에서 주, 주관적 절제의 허상이 사라지는 것입니다. 예술의 허, 허상은 마, 마침내, 내동댕이쳐집니다. 자, 잘 들어 보세요. 여기서 자체 무게의 선율이 어, 얼마나 우세한가 말입니다!"[644]

주인공 레버퀸이 현대 예술을 예감하는 데서 토마스 만이 아도르노를 통해 알게 된 후기 베토벤의 모든 것이 반영되어 있다. 레버퀸 안의 다른 존재, 즉 악마도 레버퀸과의 대화에서 op.111을 이야기하는데 도입 부분에서 긴장감을 주던 '감7화음'은 그사이 '낡은 클리셰'가 된다고 한다.[645] 그러나 크레추마어의 강연에서 소나타의 유토피아적 지평은 그에 상응하는 평가를 받는다.

그런 느낌이 가라앉는 동안 비통함과 집요함, 집착과 도도함을 떠올리게 하는 선율이 흐르다가 뜻밖에도 부드럽고 다정다감한 감동이 생겨났다. 모든 일을 거친 끝에 그 모티프가 작별을 고하자 완전한 작별의 신호와 인사로 바뀌었고, 이어서 d-g-g음의 모티프에 가벼운 변화가 일어났다. 즉, 멜로디가 작은 확장을 겪는 것이다. c음이 울리고 d음이 이어지고 그 뒤에 c샤프음이 온다. 그래서 이제부터는 "푸른 하-늘" 혹은 "모-옥초지"가 아니라 "오-그대 푸른 하늘이여!", "푸르-은 목초지" 혹은 "안녕-영원히"와 같은 식으로 음절이 나뉜다. 이 덧붙은 c샤프음은 너무나 감동적인 위안을 주면서도 부드럽고 구슬픈 곡조였다.⁶⁴⁶

이 대목의 음악 이론적·미학적 핵심 진술은 아도르노의 '실황 공연'을 바탕으로 구상한 것이다. 관련 질문들에 아도르노는 서면으로 답했는데 이때 토마스 만은 아도르노가 쓴 '자체 무게의Eigengewicht'를 '푸가만큼 무거운Fugengewicht'으로 잘못 봤다(408쪽 인용 참조).《파우스트 박사》 일부를 일간지《노이에 룬트샤우Neuen Rundschau》에 미리 발표했을 때 이 오자가 그대로 들어갔는데, 당시 미국에서 망명 중이던 음악학자 알프레트 아인슈타인Alfred Einstein이 크레추마어의 강연 대목을 읽고 감격하여 작가에게 음악 관련 자문을 해 주겠다고 제안했다.⁶⁴⁷

토마스 만이 아도르노의 주석을 얼마나 이해했는지는 모르겠지만 두 사람의 피아노 소나타 op.111에 대한 해석은 많은 호응을 얻었다. 베토벤의 이 뛰어난 후기 작품에는 늘 격렬한 거부와 찬탄이 뒤따랐다. 그러나 이 두 사람, 아도르노와 만의 결합으로 비로소 음악의 후광에 해석의 후광이 보태지게 된 것이었다. 피아니스트이자 베토벤 연구자 윌리엄 킨더먼William Kinderman은 《베토벤, 토마스 만 그리고 유토피아: 작품 111번의 신비》[648]에서 '아리에타'의 네 번째 변주에 "음악이 마치 거룩한 제국에 들어선 듯한 대기大氣의 분위기"[649]가 있다고 한다. 이와 비슷하게 피아니스트 안드라스 쉬프도 감격해서 이 변주를 "별나라 여행"이나 "일종의 우주적 세계 여행"[650]이라 부른다.

신학자이자 피아노를 훌륭하게 연주한 디트리히 본회퍼Dietrich Bonhoeffer도 피아노 소나타 op.111에 대해 비슷하게 느꼈다. 반나치스 운동가로 처형당하기 직전 감옥에서 동료 신학자 에버하르트 베트게Eberhard Bethge에게 보내는 편지에 좀 더 소박한 표현으로 감상을 적었다.

1년 전부터 나는 합창을 더 이상 듣질 못했네. 그렇지만 참 이상한 일이지. 정신을 집중해 음악에 몰두하면 마음속 귀로만 들었던 음악이 실제 귀로 들었던 것보다 오히려 더 아름다울 수 있다는 게 말이야. 훨씬 더 깨끗하게 들려. 모든 군더더기는 떨어져 나가지. 말하자면 '새로운 몸'을 얻는 거지. 내가 잘 알고 있어서 마음속으로 들을 수 있는 음악은 몇 작품 되질 않아. 그렇지만 부활절 노래들은 그렇게 할 수 있지. 귀머거리가 된 베토벤의 음악은 훨씬 더 잘 이해할 수 있게 되는데 특히 우리가 함께 기제킹의 연주로 들었던 피아노 소나타 op.111의 위대한 변주 악장은 그런 예에 속하지.[651]

본회퍼의 다른 동료 신학자 칼 바르트Karl Barth는 op.111에 큰 감흥이 없었다. 언젠가 극작가 카를 추크마이어Carl Zuckmayer가 'op.111과 같은 후기 피아노 소나타들'과 후기 현악 4중주곡들에 대해 극찬하자 모차르트의 열렬한 추종자 바르트는 참지 못하고 다음과 같이 말했다.

그래 나도 알아요. 사람들은 형이상학적 음악이라고 하죠. 그렇지만 내 말이 바로 그 말이에요! 베토벤에서는 모든 게 항상 뭔가를 의미해야 해요. 베토벤 주제를 연주할 때면 사람들은 예식에 온 얼굴을 하죠.[652]

신학을 잘 아는 사람이라면 바르트의 거리감을 두는 이런 태도에 대해 이해할 수 있으리라. 신은 "세계가 없는 파악 불가능한 존재, 오직 그리스도 안에서만 인지할 수 있는"[653] 존재이기에, 음악은 예술을 종교화하려 처신해서도 신의 자리를 대신해서도 안 되는 것이다.

여기서 의도치 않게 신학자 바르트와 '절대' 음악을 옹호하는 음악학자들과 접점이 생긴다. 이들의 눈에 베토벤의 피아노 소나타와 현악4중주, 교향곡은 '세계가 없는 신성불가침'한 것과 마찬가지로 기껏해야 작곡적 구조로만 기술될 수 있다. 그러므로 이들에게는 피아노 소나타 op.111에 '미스터리'나 '별나라'를 찾으며 비유적으로 접근한다거나 '아리에타' 주제 밑에 '푸른 하늘색'이나 '사랑의 고통' 등의 말을 써넣는 행위는 부적절한 일이다. 기껏해야 낭만주의자 프리드리히 슐레겔적 의미에서 소재와 형식 구성이 아라베스크 문양처럼 서로 얽히는 문학에서나 용납해 줄 수 있었다. 모차르트 피아노 소나타가 결국 음악 분석적 혹은 문학적 '동반 텍스트'를 필요로 하지 않는다는 말은 맞다. 모든 독창성과 섬세함에도 모차르트 소나타는 마치 '제2의 자연'처럼 스스로 흐른다. 반면 베토벤 피아노 소나타는 (그의 다른 작품들도 마찬가지로) 주관적 표현 의지와 객관화할 수 있는 형식의 독특한 변증법에 직면한 청자에게 '입장'을 취하라고 요구한다. 양자는 헤겔의 변증법적인 의미에서 제삼자로 지양되는데 음악의 순수한 완성에서 이미 실현된다. 하지만 그 이상, 다름 아닌 세계를 여는 일을 원하는데 그것은 음악이 울리면서 시작되지만 시간을 초월한다.

여전히 왕성하게 활동 중인 피아니스트 메나헴 프레슬러Menahem Pressler(1923~)는《미에 대한 이 열망: 음악에 관한 대화Dieses Verlangen nach Schönheit: Gespräche über Musik》(2016)에서 이 변증법에 대한 생각을 말한다. 그에 따르면 해석자가 작품의 작곡적 구조를 분석적으로 연구하는 것은 당연히 필요한 일이다. 특히 보자르 3중주단Beaux Arts Trio의 피아니스트로 수십 년간 협주자들과 호흡을 맞춰 왔던 프레슬러에게는 더더욱 그렇다. 그러나 프레슬러는 스승 레오 케스텐베르크의 말을 떠올린다. 그가 젊었을 적 스승은 악보의 행간도 읽을 것과 나아가 그 의미에 대해 더 생각하라고 충고했다. 그렇게 해서 스승은 프레슬러의 "문학과 철학에 대한 관심"[654]을 일깨웠다고 한다.

이 모든 자극이 베토벤 음악에서 발화되었다. 베토벤 음악은 사고의 시야가 아무리 철학으로 확장된다 해도 음악적 무게를 잃지 않으며 난해한 작곡의 서사적 진행으로 항상 비유의 도움을 받아야 하는 것도 아니다. 다만 무엇보다 음악을 경험하는 일을 우선시한다. 피아노 소나타 op.111의 '아리에타'를 두고 사용된 '별나라 여행' 같은 비유는 호의적인 느낌 이상을 우리에게 전해 주지만 작품을 역사적 혹은 미학적으로 평가하는 데는 주변적이다.

공동체가 비유를 적확하게 공유한다면 음악을 하고 음악을 듣는 우리는 그 비유를 통해 유토피아를 경험할 수 있다. 그 유토피아에서는 비유가 필요 없게 되는 것이다. 서로 아무 말 없이 경험을 나눈다. 모든 것은 모든 것과 연관되어 있다는 경험. 음악적 디테일은 전체 구성과 전체 구성은 인간의 삶과 그리고 인간의 삶은 창조물과 연결되어 있다는 경험. 음악은 영감의 순간에 자신의 '일부'가 되고 자신은 "단숨에 베토벤, 슈만 등"[655]이 되기까지 한다는 메나헴 프레슬러의 말은 그러한 유토피아의 전조를 예감케 한다. 음악의 과거, 현재, 미래가 한데 섞여 내는 울림은 하나의 사건이 된다. 작곡하는 창작자의 행위와 음악의 재현 그리고 감상이 한데 합쳐진다. 예술과 삶에 대한 각자의 견해는 하나의 커다란 경험으로 이어진다. 프레슬러는 그것을 소박하게 "사랑을 불러일으킴"[656]이라 부르는데 아마도 그것은 낯선 것이면서 동시에 자신이기도 한, 타자로서의 음악에 헌신을 의미하는 게 아닐까? 프레슬러는 이렇게 말함으로써 그런 도취적인 말들을 대단치 않게 여긴다. 그러나 나는 그의 말에서 그야말로 연주자와 청자들의 열광으로 먹고사는 저 모든 음악학자나 비평가들에게 자신들을 돌아보게 하는 무언의 힘을 느낀다.

아마도 피아노 소나타 op.111 '아리에타'의 아다지오 악장 같은 곡들이 유토피아적 전망으로 초대하는 작품이 될 것이다. 에른스트 블로흐는 교향곡 9번의 아다지오를 진정한 피날레로 보았을 때 유토피아를 느꼈다. 이것은 약속된 결말을 향해 울려 나가지 않는다. 그보다는 오히려 시간을 넘어서려는 그리하여 소멸도 넘어서려는 음악의 느린 기적에 속한다. 그것은 마치 주체가 그 어떤 힘찬 승리의 제스처도 다다를 수 없는 장소에서 귀 기울여 듣는 것과 같다.[657] 오늘날 지휘자들은 구스타프 말러를 모방할 수도 있겠다. 말러는 피날레에서 '기뻐하라, 태양이 떠오르는 것처럼'의 미래상을 제시하는 낙관적이면서도 비관적 성격을 강조하기 위해 군악을 표현하는 관현악기들을 멀리 떨어져서 연주하게 했다.

한스 아이슬러 Hanns Eisler(1898~1962)

빈 음악원에서 쇤베르크에게 사사하고 처음에는 12음 기법으로 작곡했으나, 그 뒤 대중을 위한 음악에 뜻을 두게 되었다. 1933년 나치의 탄압을 피하여 미국으로 갔다가 1947년 귀국하여 당시의 동베를린에서 국립 음악원 교수를 지냈다.

27

한스 아이슬러

"베토벤은 프롤레타리아 혁명이 아니라
우선 부르주아 혁명을 완성해야 했던 시대에 살았다"

토마스 만은 캘리포니아 망명지에서 《파우스트 박사》를 쓰면서 테오도르 아도르노 외에도 한스 아이슬러와 교류했다. 스승 아르놀트 쇤베르크처럼 아이슬러도 만과 개인적으로 친분을 쌓아 원고의 일부를 직접 접할 기회가 있었다. 아이슬러는 《파우스트 박사》가 출간되자마자 그야말로 집어삼킬 듯이 열독하고 1948년 저자에게 아낌없는 찬사를 보냈다.

특이할 만한 사항은 소설에서 아이슬러는 토마스 만의 작곡 이론에 대한 식견과 사회적 상황을 모순에서 파악하는 음악의 혜안과 음악 작품을 철저히 음미하는 방식 외에도 다른 데서 감명을 받았다는 점이다. 아이슬러가 보기에 토마스 만의 몇몇 "정치적 표현은 오직 마르크스에게서만 관찰되어 오던 대담함과 독일인의 역사적 취약점에 대한 통찰력"[658]을 드러낸 것이었다. 5년이 채 안 된 훗날 그사이 스위스에 거주하고 있던 토마스 만은 아이슬러가 보내온 오페라 《요한 파우스투스》 대본에 극찬을 보내 답례를 한다.

의심할 나위 없이 아이슬러의 '파우스트' 계획은 토마스 만에게서 자극받은 것이었다. 만이 아드리안 레버퀸이란 인물로 부르주아 문화의 몰락을 표현하는 데 집중하면서 상대적으로 유토피아적 전망은 흐릿하게 드러내 보인 반면 마르크스주의자 아이슬러는 긍정적 미래상을 확실히 전개한다. 아이슬러 유고 중 한 메모에는 이렇게 적혀 있다.

> 레버퀸은 교향곡 9번을 철회하여 야만과 비인간성을 찬양한다. (나의)《요한 파우스투스》는 반역과 야만을 단죄한다.[659]

아이슬러는 오페라 대본에서 전설적인 16세기 인물 파우스트로 돌아가는데 인정에 대한 욕구로 농민 반란을 배반하는 이 인물을 결국 파멸시킨다. 이는 독일사회주의통일당SED의 공식 노선을 거스르는 것이었다. 그 노선에 따르면 파우스트라는 인물을 다룰 때 진보적 휴머니즘, 다시 말해 반봉건적 성격을 강조해야만 했다. 게다가 당의 견해로는 봉기하는 농민들의 투쟁 의지가 제대로 드러나지 않았으므로 이 오페라의 작곡은 브레히트의 격한 반대에도 불구하고 제작 불가라는 공식 판정을 받았다.

이 대본이 작곡되었으면 어떤 모습이었을지 우리는 모른다. 다만 휴머니즘적 가치에 대한 비판이든 이것저것 뒤섞인 도취이든 토마스 만의 소설 속 레버퀸의 '파우스트 박사의 탄식'은 모방하지 않았을 것이라고 짐작할 수 있다. 아이슬러의 음악적 사고에는 두 감정, 즉 '좀 더 숭고하고 나은 것'을 위해 전투적 노력을 아끼지 않았던 베토벤에 대한 지극한 존경심과 온갖 종류의 허위 과장과 감상에 대한 혐오감이 한데 어우러져 있다.

베토벤 교향곡은 '모든 것을 전쟁화'한다는 친구 브레히트의 견해에 맞서 아이슬러는 베토벤을 옹호했다. "브레히트의 말은 베토벤이 악보에서 나폴레옹 전투를 다시 재현하고 있다는 뜻이었다."[660] 그에 반해 아이슬러는 〈에로이카〉조차도 "항상 어둠의 세력에 대항해 투쟁과 승리를 노래했던 한 사람의 작품"으로 보았고 교향곡 9번의 피날레를 "힘차고, 기쁨과 확신에 차 있다"[661]며 칭송했다. 이 두 언급은 젊은 아이슬러가 1927년 베토벤 서거 100주년을 맞아 공산당 기관지《로테파네Die Rote Fahne》에 기고한 글에서 나온 것이다. 바이마르 공화국에서 공산당을 지지하던 쇤베르크의 제자 아이슬러는 다가오는 나치주의에 대한 투쟁에 브레히트의 운동가를 작곡하는 것으로 이바지할 뿐만 아니라 노동자들에게 베토벤의 유산을 전달하고자 했다. 그리하여 추모사는 이렇게 시작한다.

> 베토벤은 프롤레타리아트의 작곡가는 아니었다. 그렇지만 그의 음악은 우리, 성장하는 노동자 계급의 것이지 부르주아의 것이 아니다. 베토벤은 프롤레타리아 혁명이 아니라 우선 부르주아 혁명을 완성해야 했던 시대에 살았다. 그러나 젊고 힘차고 확신에 찬 (프랑스) 혁명의 (…) 거대한 도약을 루트비히 판 베토벤은 알고 이해했으며 환영했고 음으로 이끌어 냈다.[662]

훗날 아이슬러는 좀 더 절제된 표현으로 입장을 설명하며 의식적으로 노동 운동의 전통을 접목하는데, 노동 운동은 사민당 초기 시절부터 공공연히 베토벤을 지지했다. 그 창립자 중 한 사람인 페르디난트 라살은 1863년 교향곡 9번의 베를린 공연을 관람 후 지휘자 한스 폰 뷜로에게 다음과 같은 호전적 편지를 보낸다.

어제 있었던 음으로 치른 대전투의 여운이 남아 위대한 대중 승리자에게 감사와 축하의 인사를 보냅니다! (…) 전투의 지휘관, 음의 독재자로 연주회에서 있던 당신의 모습과 환호성을 지르며 끓어 넘치는 음의 파도가 당신의 가벼운 신호에 다소곳이 발치에 엎드리는 광경이라니![663]

몇 주 후에 라살은 이 존경하는 지휘자에게 자신의 정치 경제학적 대표작 《델리치의 바스티아트 슐체 씨, 경제적인 율리안 혹은 자본과 노동》을 한 권 보냈다. 라살은 책의 후기인 "멜랑콜리적 명상"이란 제목을 뷜로의 표현에서 빌려 온 까닭에 동봉한 편지에 이렇게 썼다.

"멜랑콜리적 명상"이란 표현은 당신에게서 가져온 것입니다. 저는 이 책을 쓰도록 자극을 준 교향곡 〈에로이카〉가 울리는 내내 한 음도 놓치지 않고 들으며 이 후기를 썼습니다. 이 후기는 명상 그 자체입니다. 제 느낌에 따르면 이 명상을 다시금 교향곡으로 작곡할 수도 있을 것 같습니다. 그러나 확실한 것은 명상의 마지막 구절인 "민중의 행진"과 "구하라, 구하라"부터는 완벽한 오케스트라 연주 없이는 거의 불가능하다는 것입니다! 베토벤이 환희에 바치는 교향곡의 마지막에서 분명한 가사로 전환했듯 제게는 그 반대의 일어 벌어진 것입니다. 저는 음 세계의 근본적 힘으로 전환해야만 합니다![664]

라살이 여기서 말하는 책의 마지막 구절은 이렇다.

나는 이미 멀리서 노동자 연대가 행진하는 둔중한 소리를 듣는다! 구하라, 구하라, 당신들을 상품으로 강등시킨 생산 환경의 굴레에서 너희를 구하라. 구하라, 구하라, 독일 정신을 몰락에서 구하라. 구하라, 국가를 산산조각 날 위험에서 구하라![665]

한 세기가 채 지나지 않은 1961년 한스 아이슬러는 파리의 친구 블라디미르 포츠너Vladimir Pozner에게 〈에로이카〉에 대해 이렇게 주장한다.

교향곡 〈에로이카〉는 선인 앞에서건 악인 앞에서건 연주될 수 있지. 제목과 무관하게 선인에게도 악인에게도 영감을 줄 거야. 이는 음악의 잘못도 청자의 잘못도 아닌 일반적인 상황 탓이야.[666]

일견 맞는 말 같지만 베토벤 음악이 어떤 식으로 매개가 되었던 그 시대의 '보편적인 상황'에 빚지고 있다는 사실을 간과하는 것이다. 더 극단적이길 원한다면 베토벤이 시민이 아니라 부르주아이지 않았나 추론해 볼 수도 있겠다. 그리고 '유토피아'라는 사고의 지평에서 볼 때 베토벤 교향곡 자체에 내재해 있는 전투적 요소가 진실의 마지막 결론인지도 생각해 볼 문제이리라.

그렇다고 해서 19세기 노동 운동이 좋아했던 음악적 승리의 제스처를 폄하해서 단절시키려는 것은 아니다. 노동 운동의 베토벤 돌봄은 대단히 인상적이었기 때문이다. 예컨대 1905년 3월 18일 3000명의 베를린 노동자들은 프리드리히스하인 시민 공원에서 부르주아 언론이 비판한 교향곡 9번의 공연을 관람했다. 그 공원은 1848년 3월 혁명 때 희생된 사람들의 묘지가 있는 곳이었다. 노동 운동은 이 희생자들과 프리드리히 실러 서거 100주년을 추모하기 위한 명목으로 전통 독일 음악 문화를 부흥시키려 노력했다.

제1차 세계대전 종전이 있고 6주 후인 1918년에서 12월 31일 밤 헝가리 출신 지휘자 아르투르 니키쉬Arthur Nikisch는 라이프치히 노동자 교양 협회에서 주관하는 '평화와 자유 축제'에서 교향곡 9번을 연주한다. 이 연주에서 바이마르 공화국 시기 새해 전야에 "환희여, 아름다운 신의 불꽃이여"의 합창 부분을 제야의 종소리와 동시에 울리게 하는 관습이 시작되었다. 이 전통은 나치 집권과 함께 중단되었다. 망명객 아이슬러도 베토벤 교향곡의 승리의 비유를 빌려 계급 투쟁을 진전시키는 일은 그저 먼 유토피아의 것으로 생각했다. 그는 열의를 갖고 있었던 음악학과 아르놀트 쇤베르크의 제자 시절 집중했던 베토벤 연구에 천착했다. 1938년 가을부터 아이슬러는 망명 중인 언론인 요아힘 슈마허Joachim Schumacher와 함께 이른바 〈에로이카〉 스케치북으로 불리는 란츠베르크 6에 주해를 단 악보를 출간할 계획을 세웠다. 두 사람이 60년 전에 출간된 구스타프 노테봄Gustav Nottebohm 판본에 의존하려고 했다는 사실은 그들에게 원전의 문헌적 발굴보다 베토벤 창작 과정을 밝히는 일이 더 중요했음을 분명히 보여 준다. 베토벤을 더 이상 외로운 거인이나 별난 천재로 이해할 것이 아니라 치밀한 음악 철학자로 평가해야 한다는 것이다. 이 계획은 출판사의 관심 부족으로 실패했다. 그리고 1949년 동베를린에 귀국해 독일 국립 음악원 교수로 지내면서 학생들과 함께 베토벤 연구에 집중하게 된다. 이 연구의 모습은 제자 나탄 노토비츠Nathan Notowicz와 나눈 대화 녹취록이 보여 준다. 아이슬러는 베토벤의 《자작 주제에 의한 32개의 변주곡 c단조 WoO 80》같은 "소박한" 작품의 "대담성"[667]을 분석하면서 이때 '발전적 변주'라는 쇤베르크의 개념을 광범위하게 차용했다. 녹취록에서는 그저 소박하고 단순하게 베토벤의 작곡 기법을 알고자 했던 작곡가 아이슬러의 모습이 보인다. "노토, 자 봤지? 우린 쇤베르크 밑에서 고전주의를 아주 진지하게 다뤘다고."[668]

물론 여기에는 아이슬러가 뉴욕 망명객과 교수로서 작품들의 사회 역사적인 문맥을 절대 놓치지 않았다는 사실도 포함된다. 그가 1938년 이후 뉴욕의 신사회연구소New School for Social Research에서 음악의 사회사에 대해 강연하면서 모든 통속 사회학에 대해 경고했지만, 베토벤의 경우 확실히 아도르노의 영향이 없지 않아 개인적 주체와 사회적 주체를 서로 연관 지으려고 노력했다. 이렇듯 베토벤 음악의 투쟁적 태도뿐만이 아니라 '우아함과 매력, 유머' 그리고 '절망'도 중요했다. 절망은 '특히 베토벤의 후기 작품들에서' 발견되는데[669] 그중에서 아이슬러는 무엇보다 피아노 소나타 〈함머클라비어〉를 좋아했다. 아이슬러는 1939년 미국 청중들에게 독일에서 건너온 이야기 하나를 전하는 데 망설임이 없었다. 어느 노동자 합창단이 6개월 전 피아노 반주에 맞춰 《피델리오》의 죄수들의 합창 〈오 얼마나 즐거운가! 숨도 제도로 못 쉬다가 풀려나니 얼마나 기쁜지 모르겠네O welche Lust, in freier Luft den Atem leicht zu heben!〉 중 "조용히 말해! 조심해! 우리는 눈과 귀로 감시당하고 있어!"를 듣고 청중들이 두 눈에 눈물을 가득 머금고 박수를 치자 공연장에 있던 나치 비밀경찰들이 합창단과 청중 40명을 색출해 체포했다는 이야기다.[670]

이런 일이 있었을 수도 있겠다. 아이슬러가 마지막까지 비판적인 충성을 보였던 동독의 최후를 경험했더라면 그도 주위를 서성이던 구독일의 슈타지를 경고하는 오페라 《피델리오》의 공연과 대면하는 일 같은 것 말이다. 유토피아는 그렇다면….

베토벤의 그림자

프란츠 슈베르트 Franz Schubert(1797~1828)

오스트리아의 초기 독일 낭만파의 대표적 작곡가로 '가곡의 왕'으로 불리는 슈베르트는 마지막 교향곡 〈그
레이트〉가 탄생하기까지 대교향곡의 길을 향한 끊임없는 노력을 이어간다. 주로 빈에서 활동하며 다양한
부문에 걸쳐 많은 작품을 남겼다.

28

프란츠 슈베르트

"내 작품은 음악에 대한 이해와 고통을 통해 존재한다."

슈베르트와 베토벤은 스물일곱 해의 차이를 두고 태어났지만 한 해 차이를 두고 사망했다. 슈베르트는 베토벤을 평생 수줍게 존경했다고 많은 전기에 쓰여 있다. 슈베르트가 열다섯 살 소년 요제프 폰 슈파운Joseph von Spaun에게 "베토벤 다음에 누가 무엇을 더 할 수 있을까?"[671]라고 물었다는 기록 외에는 그의 수줍은 존경을 확인할 길은 없다. 그래도 주의가 필요하다. 1816년 6월 열아홉 살 슈베르트는 이탈리아 작곡가 안토니오 살리에리Antonio Salieri를 기념하기 위한 축제를 맞이하여 일기에서 가장 위대한 독일 예술가 중 거의 오로지 한 사람에게서만 볼 수 있는 그 기이함에 대해 비판한다.

이 기이함은 비극과 희극, 편안과 불안, 영웅과 절규, 성스러움과 어릿광대 짓을 한데 합쳐 혼돈과 무아지경의 상태에서 사랑에 빠지게 하는 대신 광란에 사로잡히게 하고, 종교적으로 고양시키는 대신 웃음을 자극한다.[672]

의심할 여지없이 베토벤을 두고 한 말이지만 슈베르트가 스승인 살리에리의 진술을 반복하는 것이라고 생각할 수도 있다. 모차르트의 숙적으로 잘못 알려진 살리에리는 이미 수년 전부터 오페라 작곡에서 손을 떼고 교회 음악에 전념하고 있었다. 살리에리는 베토벤의 '전쟁 교향곡' 〈웰링턴의 승리〉 초연에서 보조 지휘자를 맡기도 했고, 1817년 3월 말 빈에서 개최된 연주회에서 교향곡 7번을 두 번이나 지휘하기도 했다. 그러나 이 두 가지 사실이 베토벤 교향곡 7번의 광란과 8번의 기이함을 비난한 혐의에서 살리에리를 배제시키는 것은 아니다.

슈베르트 관련 기록은 잘 정리되어 있다. 슈베르트는 작곡가 알젤름 휘텐브레너Anselm Hüttenbrenner와 동생 요제프 휘텐브레너Joseph Hüttenbrenner 형제와 화가 요제프 텔트셔Josef Teltscher와 함께 위독한 베토벤을 방문했고, 그로부터 얼마 지나지 않아 베토벤의 장례식에 횃불을 들고 참석했다. 슈베르트는 베토벤의 자필 악보 두 개를 갖고 있었다. 하나는 가곡 〈부드러운 사랑Zärtliche Liebe WoO 123〉의 악보이고 또 하나는 교향곡 9번 2악장과 4악장의 트롬본 파트의 악보다. 베토벤은 마지막 병상에서 슈베르트의 '위대한 가곡 중 몇 곡'을 훑어보고 "정말 슈베르트 안에는 신적인 번뜩임이 있다"[673]라고 말했다고 한다. 베토벤과 슈베르트의 개인적 만남에 대한 일화성 정보들을 물러서게 하는 이러한 사실들에서 굳이 원한다면 두 사람의 관계를 상상해 볼 수도 있겠지만 그보다는 두 사람의 작품을 살펴보는 편이 확실히 더 설득력이 있을 것이다.

젊은 교향곡 작곡가로서 슈베르트 역시 베토벤과 대결했다. 세 편의 초기 교향곡은 베토벤을 연상시켜 그의 교향곡의 벽을 넘어서지 못했는데, 열아홉 살에 작곡한 교향곡 4번 c단조 〈비극적Tragic〉은 알프레트 아인슈타인의 표현을 빌리면 베토벤으로 인한 불안을 담은 작품이 된다.[674] 우리는 아인슈타인처럼 볼 수도 있겠고 더 나아가 슈베르트가 이 시기에 베토벤의 교향곡 4번을 사보하기 시작해 자신의 교향곡 4번을 작곡할 때 전반적인 구조, 특히 도입부와 눈에 띄게 집중적으로 씨름했다는 것을 고려할 수도 있겠다. 물론 전반적인 '불안'은 1822년 가을에 작곡한 교향곡 8번 b단조〈미완성Die Unvollendete〉에서 더 잘 드러난다. 슈베르트는 이 작품에서 교향곡 작곡가 베토벤과 스스로를 견주어 보려고 한 듯하다. 결과적으로〈미완성〉은 양면성을 띠게 된다. 교향곡 작곡가로서 슈베르트는 완성된 두 개 악장에서 아주 멋지게 자신을 찾았지만 1악장의 전개부에서 베토벤이라는 모델과 여전히 끝나지 않은 고투를 이어 간다. 슈베르트는 이 전개부를 매우 훌륭하게 배치된 강렬한 오케스트라 음향으로 구성한다. 이 전개부는 그 중량감에 있어〈에로이카〉1악장의 전개부와 견줄 수 있을 정도다. 하지만 베토벤적 의미에서 주제 – 모티프 전개와 목표 지향적 과정이 없다.〈에로이카〉의 전개부는 계획적으로 '구원'의 e단조 주제를 향해 전개되는 데 반해 슈베르트의 전개부는 피할 수 없는 파국에 사로잡힌 것처럼 보인다.

〈미완성〉은 그동안 위대한 교향곡으로 인정받았다. 그러나 슈베르트는 작품의 수준이 자신의 기대에 미치지 못하자 4악장의 교향곡으로 완성하는 데 회의적이었던 것 같다. 그렇지 않았다면 1824년 3월, 슈베르트는 친구 레오폴트 쿠펠비저Leopold Kupelwieser에게 보낸 편지에 자신의 현악 4중주곡들과 8중주의 작곡을 넘어 "대교향곡의 길로 나아가려"[675] 한다고 알리지 않았을 것이다. 여기서 8중주는 악장 순서에서부터 분명 베토벤의 7중주 E플랫장조 op.20을 따르고 있는 곡으로 정확히 슈베르트 8중주 F장조 D.803을 의미한다.[676] 동시에 슈베르트는 편지에서 베토벤이 광고한 것과 유사한 연주회를 다음 해에 개최하려 한다고 예고했다. 이때 연주회는 교향곡 9번과《장엄 미사》중 세 장의 초연을 말하는 것이다.

이렇게 슈베르트가 계속해서 베토벤의 교향곡을 기준으로 삼았음에도 다음으로 완성된 결과물은 1825년에 작곡된 교향곡 9번 C장조 〈그레이트Große〉인데 이 작품은 진정한 슈베르트 그 자체였다. 그리고 페터 귈케의 표현을 빌리면 정말 베토벤에 대한 '대항 교향곡'이자 베토벤에 대한 '응답'이었다.[677] 베토벤 교향곡 9번을 떠올리게 하는 개별 요소에도 불구하고, 오히려 그 때문에[678] 귈케는 계속 이 교향곡 9번을 강조한다. 슈베르트 역시 이제는 교향곡 작곡가로서 자신을 완성할 수 있었다.

슈베르트가 스스로 천명한 베토벤에게서 벗어나서 '앞으로 나아가기'는 계속해서 중요한 역할을 한 것 같다.[679] 슈베르트는 베토벤이 사망하고 몇 달 후 빈 음악협회 '대표'로 선출되는 영예를 누리게 된다. 이는 베토벤의 후계자로서 이제 적절한 입지를 굳혔다는 슈베르트의 생각을 강화했을 것이다. 이러한 의미에서 슈베르트는 이미 오래전부터 계획해 왔던 자신의 작품으로만 구성된 공식 연주회를 베토벤 서거 1주기가 되는 1828년 3월 26일 개최한다. 연주회에서 연주된 작품 중 적어도 두 곡, 즉 가곡 〈강 위에서Auf dem Strom D.943〉과 피아노 3중주 E플랫장조 D.929는 희미하게나마 베토벤의 〈에로이카〉의 장송 행진곡 부분을 암시한다는 것은 결코 우연이 아니다.[680]

그런데 이러한 베토벤 오마주는 베토벤 사망 이후 슈베르트가 보여준 창의성에 비하면 부차적인 것에 불과하다. 슈베르트는 사망 전 1년 반이 좀 넘는 시간 동안 다수의 소품 외에도 12개가 넘는 중요한 연작물과 개별 작품을 썼다.

즉흥곡 모음:《즉흥곡Impromptu D.899》,《즉흥곡 D.935》

피아노 소나타: c단조 D.958, A장조 D.959, B플랫장조 D.960

네 손을 위한 피아노 환상곡 f단조 D.940

바이올린과 피아노를 위한 환상곡 C장조 D.934

현악 5중주 C장조 D.956

미사 E플랫장조 D.950

가곡집: 《겨울 나그네Winterreise D.911》, 《백조의 노래Schwanengesang D.957》

특히 《백조의 노래》 중 8~13곡은 하인리히 하이네Heinrich Heine의 시에 곡을 붙인 것이다. 영국 작곡가 벤자민 브리튼Benjamin Britten은 슈베르트의 이 시기를 "우리 음악사에서 가장 풍부하고 가장 생산적인 18개월"[681]이라고 힘주어 말했다.

슈베르트 교향곡 10번 D장조 D.936A의 후반 구상 역시 1악장이 "제대로 어울리지 않는"[682] 에피소드를 포함하고 있어서 슈베르트와 베토벤의 문맥에서 중요하다. '베토벤의 무덤'으로 해석되는 b단조의 트롬본 연주부가 바로 그 부분이다.[683] 슈베르트의 이 "장례 음악"[684]은 이에 상응하는 네 대의 트롬본을 위한 세 개의 에클레아, WoO 30-1에 기초한 것이라 생각한다. WoO 30-1은 베토벤의 장례식에서 합창과 교대되는 방식으로 네 대의 트롬본으로 연주되었다. 기존 슈베르트 연구에서 다루어지지 않은 이와 같은 해석은 내게 충분히 논의할 만한 가치가 있는 것으로 보인다. 좀 더 자세한 설명은 다음 기회로 미루고, 이제 베토벤 후기 작품인 현악 4중주 a단조 op.132와 슈베르트의 현악 5중주 C장조 D.956을 비교해 보자.

현악 5중주 D.956은 슈베르트 사망 몇 주 전에 작곡된 작품이다. 아마도 생존해 있을 때 시험 연주도 했을 것이다. 공식 초연은 슈베르트 서거 22주기 이틀 전인 1850년 11월 17일에야 비로소 빈 음악협회에 의해 공연되었다. 반면 베토벤은 자신의 현악 4중주 op.132의 초연을 1825년 11월 6일 슈판치히 4중주단의 연주로 직접 경험할 수 있었다. 슈베르트는 이 실내악단과 활발하게 교류하고 있었으므로 이 초연을 놓치지는 않았을 것이다. 어쨌든 사람들은 슈베르트의 현악 5중주에서 후기 베토벤 음악과의 유사성을 헛되이 찾고 있다.

여기 베토벤 현악 4중주 op.132의 시작 부분이 있다.

베토벤은 "항상 전체를 보려고 했다"는 슬로건에 걸맞게 본질적 재료를 1악장에 집중시키는 형식으로 제시하려 한 듯 보인다. 그래서 어렴풋이 b – a – c – h의 음 진행을 연상시키는 반음계적 구성의 특성을 갖춘 모티프와 표현력이 풍부한 '탄식' 모티프가 서로 충돌한다.

이 두 모티프의 공통점은 탄식을 표현하는 데 사용된 오랜 음악사적 전통의 단2도 음이다. 베토벤은 이 모티프들을 가지고 광범위한 방식으로 작업하지 않는다. 그보다는 작은 단위로 이루어진 음 구성체를 다양한 결합 방식을 통해 매번 새롭게 짜 맞춘다. 이에 상응하는 '전개부' 요소는 잘게 쪼개진 구성에 적합하지만 전통적 전개부와 비교하면 정말 짧다. 베토벤은 제시부에서 제기된 문제가 전개부에서 해결되어 앞으로 등장할 재현부는 당연히 축소되어도 괜찮다는 인상이 절대 생기지 않도록 했다. 작곡가는 마지막까지도 안정에 이르지 못한 채 재료와의 고독한 싸움을 이어 간다. 모든 '음'은 우리에게 어떤 감정이든 불러일으킨다. 하지만 각 연주부가 자신을 '마음껏 표현하는 것'을 허락하지 않는다. 현악 4중주 B플랫장조 op.130 제5악장 카바티나 Cavatina(짧은 서정적 기악곡)의 연주 지시어 베클렘트Beklemmt(갑갑하게)는 경향상 op.132에도 상당 부분 해당한다. 이렇게 첼로가 11번째 마디에서 처음으로 표현한 탄식은 마지막 4마디까지 전체 악장을 관통한다. 탄식이 표현하는 그리움은 충족되지 않고 갑갑함도 사라지지 않는다.

1악장의 제2주제는 슈베르트의 의미에서 선율적이라 할 수도 있겠다.

하지만 이러한 사고의 관습성은 명확해서 우리는 반어적으로 파괴에 대해 얘기해야 하는 게 아닌가 싶다. 모든 옥죄임의 한복판에서 실현의 기회도 없는 진부한 해방의 시도가 나타난다.

이 작품의 많은 스케치는 다루기 힘든 삶의 감정을 복합적 음 조직으로 전환시키는 일이 극도로 세심하게 계획되고 숙고되었음을 보여준다. op.132가 다른 후기 현악 4중주처럼 곧바로 총보로 출판되었다는 사실 역시 놀랄 만한 일이 아니다. 당시 현악 4중주들은 대부분 파트보로 출판되었기 때문에 베토벤의 경우는 대단히 이례적인 것이다. 후기 베토벤 작곡 전략의 특징인 변증법을 소리뿐만이 아니라 지성적으로도 인지해야 한다면 총보의 도움을 받아 이해할 수밖에 없다.

베토벤은 자신의 개성적인 언어를 위한 저 파편화된 공간을 창조하려 의식적으로 전통 형식을 파괴한다. 그리고 오직 그 공간에서만 객관화할 수 있는 고통의 표현으로서 '갑갑함'의 당위성이 인정된다. 자신의 '영웅적인' 교향곡뿐만 아니라 섬세한 후기 작품에서도 베토벤은 (비장하게 표현하자면) 모든 인간을 위해 말한다. 이제는 더 이상 위대한 목표를 향해 돌진하는 인류가 아닌 고독하고 상처받은 개인, 압박받는 상황에서도 자신의 품위를 유지하려는 개인을 대변한다.

　　베토벤에게도 조심스러운 이런 거창한 말들은 슈베르트에게는 전혀 어울리지 않는다. 이는 의문의 여지 없이 슈베르트의 가장 인상 깊은 실내악 작품인 현악 5중주 D.956에도 마찬가지다. 그 시작 부분이 위에 있다. 슈베르트는 오직 자신을 위해서 말하며 어떤 계산도 없다. 우리는 여기서 슈베르트가 마치 즉흥 연주를 하듯 자신의 감정을 자유롭게 흐르게 하고 자신처럼 오로지 음향의 물결에 들어가 몸을 맡기도록 청자를 초대하려 하는 인상을 받는다. 물론 그는 즉흥 연주를 하는 것처럼 '보일' 뿐이다. 작품을 자세히 살펴보면 우리는 곧 계획하는 정신을 만나게 되기 때문이다. 베토벤과 달리 슈베르트는 전통 구조와 의도적으로 대결하여 자신의 예술가적 프로필을 부각하는 데 전혀 의미를 두지 않는다. 대신 자유롭게 해석하면서 전통 구조를 이용한다.

　　베토벤을 음악의 철학자로, 슈베르트를 노래하는 작곡가로 부르는 것은 통속적이지만 한편으로 더 깊은 인식에 이르게 하는데 두 사람의 작업 방식을 비교해 보면 알 수 있다. 베토벤이 항상 휴대했던 작은 포켓용 스케치북에는 창작의 시작과 관련한 메모가 있다. 그야말로 단순한 아이디어에 불과하다. 반면 큰 사이즈의 양장 '스케치북'에는 작품 전체나 일부 진행 과정이 스케치되어 있다. 여기에는 폐기되거나 이후

채택된 아이디어들도 고스란히 적혀 있다. 다음에는 총보 형식으로 완성하는 작업이 이어지는데 여기서 총보는 어디까지나 가상의 총보라 할 수 있다. 최종본이라 여겨지는 베토벤의 악보는 변경과 수정이 많아 스케치와 총보의 구분이 모호하기 때문이다. 베토벤은 후기 현악 4중주를 작업할 때 이런 점을 고려해 스케치와 총보 사이에 '총보 스케치'를 만들었는데, 덕분에 구조적 작업을 더 잘 개관할 수 있었다.

슈베르트는 전혀 다르게 작업했다. 몇 권만 남은 친필 스케치를 보면 슈베르트는 보통 스케치 단계에 오래 머물러 있지 않았음을 쉽게 알 수 있다. 슈베르트는 대부분 바로 총보의 틀을 잡았다. 그는 일단 악기별 연주부에서만이라도 작곡 진행의 연속성을 확보했는데, 이 과정은 이틀 안에 이루어졌다. 그다음에는 이 첫 번째 악보를 보안해 총보가 되도록 했다. 가끔 총보에 앞서 악기를 일일이 지정하지 않은 피아노용 악보와 유사한 '총보 초본'을 만들기도 했다.

베토벤은 언젠가 루돌프 대공에게 어린 시절부터 착상이 떠오르면 잊지 않기 위해 곧바로 기록해 놓아야만 하는 자신의 나쁜 습관[685]을 털어놓은 적이 있다. 이 말이 진담이든 상황에 따른 반어이든 상관없이 슈베르트에게는 전혀 해당하지 않는 과정이다. 슈베르트는 머릿속에서 혹은 피아노 앞에 앉아서 모든 것을 전개했던 것 같다. 그러고 나서 곧바로 종이에 한 번에 옮겨 적었다. 물론 착상의 흐름이 깨지는 것을 방지하기 위해 일부 중요 연주부만 기록하기도 했다. 그 결과 겉보기와 마찬가지로 실제 작곡 전략에서 즉흥적 태도가 생겨난다. 여기서 오직 대위법적으로 까다로운 부분만 미리 스케치하고 작품을 단숨에 써 내려간 모차르트가 떠오른다. 슈베르트의 현악 5중주 D.956의 도입부만 들어 봐도 이 즉흥적 태도가 무엇을 의미하는지 분명해진다. 이 태도는 1악장 진행 과정에서 다시 등장하므로 전체 구조상 기능이 없는 것은 아니다. 태도는 우선 '나는 이렇게 느낀다'라는 즉흥적 충동처럼 작용할 수 있고 작용해야만 한다. 작곡가는 시간을 잊고 현재에 몰입하면서 자신을 느낄 수 있다. 슈베르트는 마치 처음 무대에 등장해 오직 자신만을 표현해 보이는 무용수와 같다. 슈베르트는 이런 무용수다. 1824년 3월 자신의 일기에 이렇게 고백했다. "내 작품은 음악에 대한 이해와 고통을 통해 존재한다."[686]

'음악에 대한 이해'도 '고통'도 현악 5중주의 첫 음부터 들린다. 으뜸음 c 위의 장3도 음은 중간 음정인 e-g가 e플랫-f샤프-a로 바뀌면서 감7화음이 되고 그 후 다시 시작 형태로 돌아온다.

이와 같은 진행은 베토벤에게서도 볼 수 없었던 음악사에 처음 등장하는 것이었다. 하이든의 교향곡 104번 〈런던London〉 Hob.I: 97의 이례적인 시작이 이와 비견될 수 있는 화성 진행을 보이지만 악장 전체에서의 기능은 다르다. 하이든의 시작은 느린 도입부와 이어지는 비바체 사이의 긴장을 만들어 내야 했다.

이에 반해 슈베르트의 시작은 그 자체로 존재한다. 게다가 시간을 벗어나기까지 한다. 청자는 처음에는 알레그로 마 논 트로포Allegro ma non troppo(빠르지만 지나치지 않게)의 빠르기 지시를 전혀 현실적으로 느끼지 못하고 오히려 박과 박자도 규정되지 않은 '전공간前空間'으로 들어가게 된다. 이런 의미에서 음악학자 트라쉬불로스 게오르기아데스 Thrasybulos Georgiades는 이 음향에는 '신체적 성격'이 없다고 한다.[687] 게오르기아데스는 여기에서 슈베르트는 하이든, 모차르트, 베토벤과 반대로 뚜렷한 몸을 가진 (주제) 구성물보다 음의 흐름을 지속적으로 변형시키는 일과 더 관련 있다는 자신의 전반적인 평가로 돌아간다.[688] 의미 없는 평가는 아니지만 게오르기아데스는 슈베르트의 '구성물'이 빈 고전주의의 의미에서 '뚜렷한 몸을 가진' 것은 아니지만 그렇다고 몸이 없는 것은 아니라는 사실을 간과한다. 슈베르트 구성물의 신체성은 다른 종류이며 감각적으로 더 강렬한 것이다. 즉, 동일한 음의 에피소드가 진행되는 동안 확장, 수축되는 호흡하는 몸을 의미한다. 음향이 주는 인상에 결정적 역할을 하는 것은 아직 측정되지 않은 시간에서의 확장과 수축이다.[689] 슈베르트의 《백조의 노래Schwanengesang D.957》 중 하이네 시에 곡을 붙인 후기 작품 〈도시Die Stadt〉의 피아노 반주에서 지배적인 반음 내린 7도 음이 그 특징을 잘 보여 준다.

저 멀리 지평선에
안개 형상처럼 보이는
도시와 탑들은
저녁노을에 싸여 있네

습한 바람 불어와

잿빛 수면에 잔물결 일으키고

내 배의 사공은

서글픈 박자로 노를 젓는구나

태양은 빛을 내며

대지 위로 다시 떠오르고

사랑했던 내 님을 잃은

그 자리를 보여 주네

슈베르트는 이 가곡의 피아노 연주부에서 일일이 펼쳐 놓았던 결정적인 특징을 현악 5중주의 도입부에서는 가사 없이도 이해할 수 있는 단 하나의 에피소드에 집중시킨다. 피아노에서 포르테로의 도약에서 뒤따르는 피아노로의 복귀는 숨을 내쉬고 들이마시고 다시 내쉬는 호흡 과정과 비교할 수 있다. 이때 깊은 탄식을 위한 숨고르기로서 숨 들이마시기가 감7화음에서 일어난다. 이 탄식은 네 번째 마디의 돈꾸밈음tum과 뒤따르는 제1바이올린의 내쉬기에서 터져 나온다. 이는 곧바로 '고통'에 대한 슈베르트의 언급을 떠올리게 한다. 감7화음은 결코 분석적으로는 설명할 수 없는 단순한 '혼탁'이 아니다.[690] 오히려 슈베르트가 말한 '고통'을 대변한다. 게다가 제2바이올린과 비올라 연주부는 감7화음을 위해 역시 반음 아래로 내려간다. 이 움직임이 탄식과 비탄의 제스처를 만들어 낸다.

단2도 음정은 베토벤과 달리 구성을 위한 것이 아닌 순수한 신체 언어가 된다. 슈베르트가 포르티시모로 연주해야 하는 자신의 현악 5중주 마지막 마디들에서 단2도 음정을 사용한 것은 당연하다. 길게 이어지는 증화음 다음에서야 비로소 C장조 3화음이 나오는데 이 화음은 시작 화음과 비슷하지만 동일한 것이 아니다. 계속해서 앞뒤의 쉼표로 구분되는 여러 옥타브에 걸친 c음이 이어지고 마지막 마디에서 마침내 d 플랫 전타음(앞꾸밈음)에서 c음으로 진행하는 단2도 음정이 나온다. 이렇게 슈베르트는 맨 끝에서 다시 한번 심연을 들여다보게 한다. 이는 베토벤에게서는 결코 생각할 수 없는 즉흥성의 표식이다.

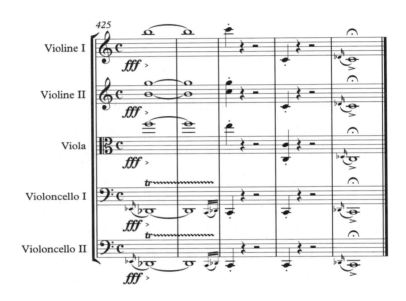

　'음악에 대한 이해'와 '고통'이라는 슈베르트의 주제로 돌아가 보자. 마르셀 프루스트의 《잃어버린 시간을 찾아서》에는 이런 글귀가 있다. "우리가 실재라고 부르는 것은 우리를 동시에 둘러싼 느낌과 기억 사이에 있는 어떤 관계다."[691] 그래서 우리는 슈베르트 현악 5중주의 1악장 도입부와 마지막 악장의 종지부를 이렇게 표현할 수도 있을 것이다. 하나는 고통의 '기억'인데, 이것은 슈베르트의 '음악에 대한 이해'에 의해 감7화음과 단2도 음정으로 환기된 것으로 음악사적으로는 축적된 경

험이다. 또 다른 하나는 바로 몸으로 실제 느낄 수 있는, 이 고통의 생생한 '느낌'이다. 이 두 가지가 함께 작곡가나 청자의 '실재'를 구성한다. 이런 실재는 현재를 파악하면서도 역사적 깊이를 지닌 것이다.

잊을 수 없는데 잊으라는 요구는 슈베르트 현악 5중주의 아다지오 악장이 가장 유명한 악장이 되는 데 확실히 이바지했다. 사람들이 꿈같은 풍경이라 말한 것도 일리가 없지 않고[692] 피아니스트 아르투르 루빈슈타인Artur Rubinstein에 관한 다큐멘터리 〈삶의 사랑L'amour de la vie〉에 다음과 같은 감동적인 장면이 그냥 있는 것도 아니다. 다큐멘터리에서 루빈슈타인은 자신의 장송곡으로 이 아다지오를 들려 달라고 한다. "그것은 천국으로 들어가는 문이다. 죽음, 체념하니 행복하다." 그는 이 도입을 피아노로 연주해 보고는 매우 감동한 듯이 틀어 놓은 자신의 오리지널 녹음 연주에 귀를 기울인다.

슈베르트는 현악 5중주를 특이하게도 두 대의 비올라 대신 두 대의 첼로로 편성한다. 물론 계산된 것이지만 제1바이올린과 제2첼로의 최고와 최저 연주부 사이에 세 개의 중간 음역 악기의 음향띠를 만들어 내는 데 기여한다.[693] 여기에서 중간 음역을 담당하는 악기는 제2바이올린과 비올라, 제1첼로다. 이 음향띠는 A-B-A′ 형식으로 이루어진 악장의 큰 틀을 구성하는 부분에서 우리가 아주 조용하고 심지어 수동적이라고 말할 수도 있는 기본 화성에서 다른 화성으로의 동요를 경험할 수 있게 해 준다.[694]

첼리스트 베르너 토마스Werner Thomas는 자신의 에세이 《거의 잃어버린 시간》에서 "분절되지 않게 들리는 것은 듣는 동안 놓칠 수 있다"고 확언하지만 "그럼에도 의식의 한계에까지 이르는 '거의 잃어버린 시간'의 위협은 제시부에서 통제되고 있다"고 덧붙인다. 슈베르트는 (다름 아니라) 내부의 3중주를 외부의 2중주에 귀속시켰는데, 선율적 연

주부는 마치 도열한 사람 울타리 같은 이 2중주를 확고한 기반으로 할 수 있다.[695]

　'사람 울타리'라는 말은 조형적이지만 상투적이다. 제1바이올린과 제2첼로의 2중주는 눈치채지 못하게 동요하는 음들이 '일단 쉬려는' 경향을 보이는 현악 3중주에 안정적인 토대를 제공하기만 하는 게 아니기 때문이다.[696] 이 2중주는 주제적으로나 음향적으로 그야말로 정반대의 세계를 형성한다. 만일 우리가 청자로서 (다시 프루스트의 '실재'에 대

한 정의를 인용하자면) 잃어버렸지만 늘 그리워하는 고향이라고 할 수 있는 꿈나라에서 움직이고 있다면, 제1바이올린의 탄식과 흐느낌은 1824년 7월 슈베르트가 동생에게 쓴 편지에서 '비참한 현실'이라고 쓴 당시 상황(이 편지 외에도 여러 곳에서 나타난다)으로 인한 개인적 압박감의 반영이다.[697] 하지만 제1바이올린이 탄식을 내뱉을 때마다 피치카토로 연주되는 제2첼로의 위로에 결국 자기도 피치카토 방식으로 반응하면서 궁지에 내몰린 개인은 자신과 화해한다. 물론 이러한 일은 베토벤적 변증법적 차원이 아닌 순전히 감각적·태도적 차원에서 일어난다. 베토벤의 후기 4중주에서는 피치카토 부분이 "구조를 위한 형식적 의미"[698]를 갖는 데 반해 슈베르트의 현악 5중주에서는 무엇보다 음의 에피소드가 몽환적 성격을 강화해 준다.

아르투르 루빈슈타인은 자신이 원하는 장송곡을 정확히 알고 있었다. 그 음악은 '웰빙 음악' 또는 명상 음악이 아니라 매우 섬세한 음악이자 실제로는 우리의 모든 감각을 자극하지만 궁극적으로는 '천국의 문'을 열어 주는 그런 음악이다.

그런데 E장조로 된 큰 틀을 구성하는 사이에 거칠게 요동치는 f단조가 놓여 있다. 도저히 이렇게 급작스럽게 나타날 수 없는 부분이다. 경과구가 이 등장을 앞서 예고한다. 음악은 E장조의 피아니시모에서 종결하려는 듯 보이지만 모든 악기의 연주부에서 나타나는 중심 음 e 위의 트릴에 의해 잡혀 있다. 이 중심 음은 크레셴도(피아니시모에서 포르티시모)를 통해 새로운 조성인 f단조로 그야말로 "들어 올려진다."[699]

이 들어 올려지는 힘든 일은《백조의 노래》중〈아틀라스Der Atlas〉에
서도 들을 수 있는데 "숨을 헐떡이게"[700] 한다. "고통Schmerzen"이라는
가사에 해당하는 마지막 마디에서 으뜸음 g는 다시금 포르티시시모의
a플랫으로 치솟는다.[701]

여기에서는 슈베르트가 항상 작업해 온 눈에 띄지 않는 전조[예컨대 유작인 피아노 소나타 B플랫장조 D.960의 1악장 전개부가 그런데 이명동음적(딴이름 한 소리) 혼동을 불러일으키는 기보법 때문에 금세 알 수 있다]가 문제가 아니다. 저 멀리 있는 시작 조성 B플랫장조와 동일한 C더블플랫장조로 이어진다. 여기에서는 소렌 키에르케고르Søren Kierkegaard의 표현을 빌리면 이해되지 않은 것과의 화해가 이루어지지만,[702] 현악 5중주 아다지오 중간 부분에서 청자는 분명한 절규와 마주하게 된다. 이 절규는 자신에 침잠한 E장조에서 청자를 급작스럽게 끄집어내 아주 비장하게 모든 인간적 노력의 허망함 대해 말한다. f단조 부분의 마지막에서 급작스러운 상승의 제스처는 사라진다. 그리고 다시금 E장조를 유지하는 종결 부분에서 작곡가는 정신을 가다듬고 78마디부터 '평화'로 돌아가는 길을 발견하기 위해 많은 힘을 필요로 한다. 최후의 결론은 평화가 되어야 함을 제1바이올린과 제2첼로가 보여 준다. 이 두 악기는 도입부에서처럼 엇갈리는 대신 이제는 마지막까지 함께 길을 간다.

다시 한번 베토벤의 현악 4중주 op.132, 특히 "(리디아 선법에 의한, 건강을 회복한 자가 신께 바치는) 성스러운 감사의 노래"로 돌아가 보자.

올더스 헉슬리는 이 음악을 다음과 같이 묘사한다.

천천히 천천히 선율은 퍼져 나갔다. 감미로운 옛 화성이 공중에 걸려 있다. 음악은 차분하고, 열대 바다와 알프스의 호수처럼 투명하고 순수하고 수정처럼 맑았다.[703]

헉슬리가 말하는 '음악은 차분하고'는 코랄풍의 악장 도입부만을 가리킨다. 뒤따라 이어지는 변주 168마디에는 '콘 인티미시모 센티멘토Con intimissimo sentimento(가장 내면적인 감정을 가지고)'라는 지시어가 붙어 있기 때문이다. 실제로 베토벤은 여기에서도 '추상적으로', 주제-모티프적으로 게다가 대위법적으로 작업했다. 시작 모티프의 음가 축소형으로 이루어진 모방 작업에

이 모티프의 코랄과 유사한 진행이

대립물로 제시된다(445쪽 상단 악보).

헉슬리의 소설 《연애대위법》의 주인공 모리스 스팬드렐(78쪽 참조)과 아르투르 루빈슈타인이 각각 장송곡으로 원하는 음악은 아주 인상적인 방식으로 그들을 다른 세계로 '납치'한다. 몇 년 차이 나지 않는 같은 장소에서 그리고 매우 유사한 장르로 탄생했음에도 불구하고 그토록 다를 수가 없다.

베토벤은 선조들의 방식으로 작곡했다. 우리는 그 고대적 특성 때문에 음악 구성을 거칠다고 말하지만 또 그 담백함 때문에 헉슬리처럼 투명하고 맑고 수정 같다고 말한다. 그렇다고 해서 열정이 없는 것은 아니다. 시작 부분의 상행하는 장6도 음정은 베토벤의 가곡 〈부드러운 사랑 WoO 123〉의 감정과 비교할 수 있다(446쪽 상단 악보).

그러나 이것은 억누른 감정이고 작곡가가 6도 모티프를 가지고 하는 대위법적 '작업' 때문에 그 감정적 특질을 모두 잃게 된다. 베토벤은 "들으시오. 내가 어떻게 내 주제와 힘들게 싸웠고 깨달음을 얻게 되어 정련된 주제와 만나게 되었는지"라고 말하려고 하는 것 같다. 슈베르트

Andante

Ich lie - be dich so wie du mich

역시 현악 5중주의 아다지오 악장에서 자신의 주제와 씨름한다. 슈베르트에게도 자신만의 작곡적 전략이 없지는 않았다. 그러나 슈베르트의 음악은 정화되고 정련된 것으로 보이지 않고 (아무리 예술이지만) 진정으로 자신에게서 나온 것들뿐이다. 베토벤이 상세한 스케치 작업 후에 과시하듯 최종 총보로 옮긴 것을 슈베르트는 악보로 기록하기 전에 이미 머릿속에서 완성했다. 슈베르트는 주관적 감흥을 상대화하지 않았고 필요성도 느끼지 못한 채 그야말로 자유로운 수사법으로 표현한 것이다. 슈베르트가 구구하게 묻지 않고 죽음과 대면할 때 베토벤은 "나는 죽음과 어떻게 마주해야 할까?"라고 묻는다.

슈베르트가 임종 전 병상에서 제임스 페니모어 쿠퍼James Fenimore Cooper의 모험 소설(《모히칸족의 최후》는 이미 통독했다)을 청했다는 일화와 베토벤이 임종을 앞둔 말년에 당시 상식처럼 알려진 로마 황제 아우구스투스의 말 "친구들이여 박수를 치게. 희극은 끝났네Plaudite amici, comoedia finita est!"[704]를 라틴어로 읊조렸다는 일화는 단순한 소문 이상이다.

베토벤이 마지막까지 자신과의 거리를 유지했다면 슈베르트는 자신의 삶에 온몸을 던졌다. 자신의 음악에서도, 삶에서도, 예술에서도 슈베르트는 형식을 지킬 필요가 없었다. 카덴차처럼 건조하게 들리는 주제에서조차 명징하게 드러난다. 루돌프 보크홀트Rudolf Bockholdt는 현악 5중주 2악장 아다지오를 예로 들어 슈베르트의 종지가 더 이상 '제 기능', 즉 더 이상 후기 베토벤적 의미에서 "목적 지향성과 마침 기능, 경계 설정, 완성"을 배려하지 않아서 오히려 특별한 '지향'을 가능하게 한다고 주장했다.[705] 슈베르트의 음악은 장·단조 조성에 매여 있음에도 '화성적 진행'으로 우리를 놀라게 한다. 이런 화성적 진행의 전체 역할은 제한적으로만 설명될 수 있지만 오히려 '고유한 울림(일반적으로 '개별 부분의 빛남')'으로 감지된다.[706]

이는 f단조 중간 부분을 마무리하는 카덴차가 아닌 카덴차에도 해당한다. 보크홀트는 이 카덴차에 대해 다음과 같이 말했다.

운명처럼 나타난다. 실현될 수 없다. 하지만 피해갈 수 없다. 목표에 도달하지 못하고, 평화로운 끝에 이르지 못하고 음악은 무無로 빠져들고 소멸 앞

에 있다(58~61마디). 어물대는 32분음표의 빠른 박이 61마디 마지막에서 놀랍도록 멋지게 8분음표로 변하는데, 이 변화야말로 비로소 되살아난 생명의 첫 호흡 같다.[707]

베토벤의 현악 4중주 역시 '서사 구조'를 가지고 있다. "성스러운 감사의 노래"에서 "새로운 힘을 느끼면서"로의 이행은 '놀랍도록 멋진 변신'을 보여 준다. 그러나 이 변화는 애를 써서 만들어진 것이다. 반면 슈베르트에서 우리는 꿈을 잃어버린 채 한 영역에서 다른 영역으로 미끄러져 들어간다.

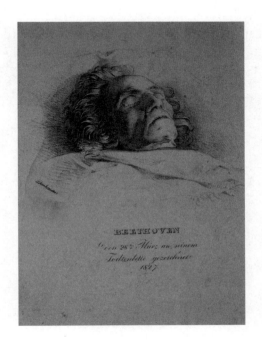

요제프 단하우저Joseph Danhauser, 〈베토벤의 임종〉, 1827

펠릭스 멘델스존 바르톨디 Felix Mendelssohn Bartholdy[1809~1847]

멘델스존은 부유한 은행가의 아들로 태어나 유복하고 화목한 가정에서 최고 수준의 교육을 받고 자랐다. 오케스트라 악기들의 개성과 그 조합이 만들어 내는 음향을 누구보다 잘 알았던 그는 15세부터 본격적으로 작곡하기 시작해 다섯 개의 교향곡을 특유의 가볍고 청명한 관현악의 울림으로 만들어 냈다. 그것은 베토벤의 교향곡과 차별화되는 독자적 울림을 지니고 있었다.

29

펠릭스 멘델스존 바르톨디

> "'늙은' 베토벤의 감정 분출은 멘델스존이 그것을 어떻게 이해했건 간에,
> 우여곡절의 인생을 뒤돌아보는 것이 아니라
> 앞으로 내달리는 한 젊은이의 감정 분출로 바뀐다."

1825년 11월 14일 파니 멘델스존 바르톨디Fanny Mendelssohn Bartholdy는 스무 번째 생일에 독특한 선물을 받는데 그것은 다름 아닌 손으로 쓴 두 페이지 반 길이의 위조된 '베토벤'의 편지와 피아노 소나타 〈함머클라비어〉의 악보였다. 편지에서 베토벤은 "협주곡 E플랫장조와 G장조 그리고 B플랫장조 3중주를 품위 있게" "교양 있는 청중" 앞에서 연주해 준 "가장 친애하는 아가씨"에게 자신의 작품을 권한다. 그리고 자신은 그사이에 "적막한 방 안"에서 "외로이" "모든 사람에게 유쾌한 것은 아닐 수도 있지만" 자신의 "가장 깊은 속마음"을 적절하게 드러내고 "많은 말을 할지도 모르는" 피아노 소나타 〈함머클라비어〉 같은 작품들의 작곡에 몰두하고 있다고 쓴다.[708]

사실 당시 베토벤은 멘델스존이란 이름을 알고 있었다. 1823년의 대화 수첩에는 매우 많은 것을 기대하게 하는 젊은 음악가 펠릭스에 대한 언급이 있다.[709] 하지만 파니 멘델스존이 받은 편지는 금세 장난 편지임을 알 수 있었다. 편지는 지인인 카를 클링어만Karl Klingemann이 쓴 것

이었다. 펠릭스 멘델스존 바르톨디도 이 장난에 참여했다는 데 의심의
여지가 없었다. 누이 파니는 악보와 동봉된 편지에 기뻐했을 것이고 이
남매는 빈에서 세상을 등진 '늙고 외로운 사람'이 오직 자신의 비밀스
러운 작품에 몰두하고 있다는 상상을 공유했을 것이다.

　주로 이런 상상은 당시 베를린에 살고 있던 베티나 폰 아르님이 수
년 전부터 퍼뜨린 신화의 일종이었다. 그때까지는 대개 말을 통해 옮
겨졌지만 이후에는 베티나의 서간체 소설 《괴테가 한 아이와 주고받
은 편지》를 통해 퍼졌다. 55세의 베토벤은 청력 상실로 완벽한 사회생
활은 할 수 없었지만 그렇다고 완전히 고립된 것은 아니었기 때문이다.
그렇지 않다면 베토벤이 어떻게 한 해 전인 1824년 교향곡 9번과 《장
엄 미사》 일부를 초연해 적어도 추종자들에게서는 성공을 거둘 수 있
었으며 많은 방문객을 맞고 계속해서 출판업자들과 흥정할 수 있었겠
는가?

　멘델스존에게 이런 '베토벤 신화'는 바라마지 않던 일이었다. 멘델
스존은 이 위대한 작곡가와의 예술적 대결을 한 차원 높였기 때문이다.
그의 초기 작품에 나타나는 베토벤 음악의 흔적은 모사나 표절이 아니
라 신화에 대한 작업˙이었다. 예컨대 1827년 생전에 작곡했으나 사후
에 발표된 멘델스존의 피아노 소나타 B플랫장조 op.106이 그에 해당
한다. 작품 번호가 베토벤의 피아노 소나타 〈함머클라비어〉와 같은 것
은 우연인지 혹은 의도한 것인지 알 수 없다. 1악장의 제1주제는 〈함머
클라비어〉의 주제를 본뜬 것임이 확연히 드러난다. 요하네스 브람스도
신화에 대한 작업의 의미에서 피아노 소나타 C장조 op.1(브람스는 창작 순

● 독일의 철학자이자 역사학자 한스 블루멘베르크Hans Blumenberg의 저서 《신화에 대한 작업Arbeit am
Mythos》에서 따온 표현이다.

서를 거슬러 작품 번호를 부여한다)의 도입부 기준을 〈함머클라비어〉로 삼았다.

그러나 멘델스존의 초기 피아노 소나타 op.106이 (베토벤의 사망 소식을 접한 후 작곡되었음에도) 베토벤을 연상시키는 것은 근본적으로 웅대한 주제가 〈함머클라비어〉와 비슷하다는 점에 국한되는 반면, 한 해 전 작곡된 피아노 소나타 E장조 op.6은 사실상 베토벤에 대한 오마주다. 시작부터 베토벤의 피아노 소나타 A장조 op.101의 도입부를 모방한다.

이외에도 멘델스존 피아노 소나타 op.6의 1악장 전부는 베토벤 피아노 소나타 op.101 1악장과 형식적 유사성을 보인다.[710] 로베르트 슈만은 분명 베토벤 1악장의 '우울하게 고민하는' 음색을 떠올렸다.[711] 그러나 이것이 다가 아니다. 중간 악장에 '레치타티보'가 붙은 두 부분은 베토벤 피아노 소나타 A플랫장조 op.110의 레치타티보 부분을 연상시켰다. 베토벤의 op.110이 슐레징거 출판사에서 출간된 것이 불과 4년 전인 1822년이었다. 동시에 멘델스존의 피아노 소나타 op.6은 요한

제바스티안 바흐의 〈반음계적 환상곡과 푸가〉와 카를 필리프 에마누엘의 자유로운 환상곡들도 '연상시켰다.' 그러나 멘델스존은 엄격성에서 그들 모두를 능가했다. 멘델스존은 그저 한 악장에 레치타티보 부분을 집어넣는 데 그치는 것이 아니라 그 악장에 레치타티보라는 제목을 붙이고 그것과 연관된 작곡 양식으로 악장을 시작한다. 그게 다가 아니다. 두 레치타티보 중 첫 번째 것은 다성적 푸가로, 두 번째 것은 처음 시작부를 카논으로 작곡했다. 이렇듯 자유로운 양식과 규칙을 따르는 이전에는 없던 방식으로 결합되었다.

고전주의자로 오인되는 멘델스존의 이런 작곡 방식은 소나타와 소나타 형식에 대한 전통 개념을 파괴한다. 후기 베토벤조차도 이런 전통과 완전히 결별하지 못했다. 베토벤의 〈함머클라비어〉는 소나타 안에서 기존의 것들을 모두 무색하게 만드는 강력한 푸가로 끝난다. 그런 한에서 이 푸가는 기존의 것을 능가하지만 여전히 '마침' 푸가의 전통 안에 있었으므로 전승된 형식 개념을 근본적으로 의문시하는 것은 아니었다. 멘델스존 바르톨디가 이 낡은 형식을 중단시킨 것은 그를 비롯한 다른 작곡가들에게 필연적 대가를 요구했다. 피아노 소나타를 쓸 때마다 멘델스존은 '자유롭게' 매번 새롭고 독창적이지만 그럼에도 곡마다 작은 순환을 충족시키는 형식을 찾아내야 했다.

베토벤은 믿을 수 없는 예술가적 각고의 노력으로 32개의 피아노 소나타를 이뤄냈다. 후기 피아노 소나타의 뚜렷한 비관습적 요소들은 수십 년에 걸친 작업 과정의 결과로 얻어진 것이다. 베토벤의 후예들은 이 전 과정을 반복할 수 없어 그저 후기 그의 독창성에 기댈 수밖에 없었다. 아울러 베토벤에 비견되는 규모의 독창적인 피아노 소나타를 창작하겠다는 꿈은 언감생심이었다. 몇몇 주목할 만한 작품이 작곡되기는 했으나 창작자는 곧 밑천이 드러났고 계속 독창적으로 작곡하기 위해서 좀 더 작은 형식의 피아노 음악으로 옮겨 갔다. 슈만도 브람스도 그랬고 멘델스존도 그랬다. 생전에 출판된 유일한 피아노 소나타 op.6 이후에 나온 곡은 '별로 중요하지 않은' 피아노 소나타 op.106뿐인데 멘델스존은 나름의 이유가 있어서 이 작품을 평생 발표하지 않고 가지고만 있었다. 그 후 1839/41년에 작업한 G장조 피아노 소나타는 미완으로 남았다. 이런 의미에서 피아노 소나타 op.6은 다른 장르에서는 자주 성공했던 고전주의 장르의 위대한 전통을 계승하려는 시도와 실패의 증거물이다.[712] 1833년 멘델스존 바르톨디는 친구 아돌프 프레드릭 린트발트Adolf Fredrik Lindblad에게 아주 겸손하게 털어놓는다. "베토벤에 관해 쓰는 걸로 시작해야 하나? 나는 무슨 말을 해야 할지 몰라."[713] 그리고 2년 후 새로 나온 곡들에 대해 작곡가 이그나츠 모셸레스Ignaz Moscheles에게 이렇게 자조한다. "베토벤이 끝났던 곳에서 시작하고 싶어. 하지만 베토벤처럼 헛기침하고 침을 뱉는 게 전부인 곡들뿐이야."[714]

소나타 장르에서 1827년 초 작곡했던 피아노 소나타 op.106 후에는 별다른 진전이 없자 몇 달 후 (그러니까 베토벤이 사망하고 슈베르트의 후기 현악 5중주 C장조 D.956이 나오기 1년 전) 이 18세의 작곡가 멘델스존은 현악 4중주 a단조 op.13을 작곡한다. 그야말로 베토벤 후기 현악 4중주곡, 특히 같은 a단조로 현악 4중주 op.132를 눈부시게 계승하는 작품이었다.

청중도 베토벤의 후광을 금세 눈치챘다. 1832년 초 파리에 머물던 멘델스존 바르톨디는 친구 아베 바르댕Abbé Bardin 집에서 열린 저녁 음악회에서 현악 4중주 op.13이 연주되었던 당시를 회상하며 가족들에게 편지를 쓴다.

마지막 소품(악장)에서 옆자리에 앉은 사람이 저를 끌어당기며 말했어요. "그 사람 교향곡이 나오는 것 같은데, 맞죠?" 저는 불안하게 물었죠. "누구

말이죠?" 그는 잘난 체하며 말하더군요. "이 4중주 쓴 사람, 베토벤이요." 저는 좀 화가 나긴 했지만 기분이 좋았습니다.[715]

멘델스존이 가족들을 즐겁게 해 주려고 어느 정도 꾸며서 썼을 수는 있다. 멘델스존과 가족들도 현악 4중주 op.13이 얼마나 베토벤의 영향을 받은 것인지 잘 알았다. 그럼에도 이 작품의 아류성에 대해 왈가왈부하는 것은 전혀 적절치 않다. 멘델스존은 양식을 모방하지도 표절하지도 않았다. 그보다는 베토벤을 바탕으로 자신을 극복했다는 표현이 맞다. 멘델스존은 앞서 천재적인 현악 8중주 E플랫장조 op.20(1825)과 〈한여름 밤의 꿈 서곡 op.21〉(1826)을 썼다. 다만 현악 4중주 op.13에서 겨우 싹을 보인 특별한 열정이 결여되어 있을 뿐이었다.

그 열정을 멘델스존은 베토벤의 후기 현악 4중주에서 발견했다. 당연히 멘델스존은 그 총보를 너무나 잘 알고 있었다. 당시 멘델스존의 아버지가 독일 음악 출판사의 신간을 예약 구독하고 있었고 멘델스존 자신도 1827년 9월 베토벤 현악 4중주 op.132와 op.135가 슐레징거 출판사에서 출판될 때 교정 작업을 했다는 사실을 군이 덧붙일 필요도 없다. 비단 작곡적 전략만이 아니라 열정적 음을 주목해서 봐야 한다. 멘델스존은 베토벤의 현악 4중주 op.130 카바티나 악장을 두고 린트발트에게 이렇게 쓴다. "그리고 C플랫장조로 변하면서 많은 탄식이 있는 구절이 나와."[716] 멘델스존이 말하는 것은 앞서 언급한 '베클렘트'라는 연주 지시어로 강조된 마디들의 갑갑함이다.

같은 편지에서 멘델스존은 베토벤 현악 4중주 op.74의 아다지오
악장에 대해 말한다.

정말이야 린트발트, 나는 다른 때보다 더 너를 그리고 너의 스웨덴 노래들
과 베토벤의 E플랫장조에서 가져온 너의 아다지오를 잘 이해할 수 있어. 지
독히 감상적이야. 오늘 저녁 거리를 걸을 때 🎵🎵 큰 소리로 노
래해서 사람들이 다 나를 쳐다봤지. 그래도 나는 계속 노래했고 곧 네게 편
지를 써야겠다는 생각이 들었어. 이 구절에는 단순함과 오직 하나의 눈길이
나 모습이라고밖에 말할 수 없는 모종의 음악적 어법이 있어. 간단히 말해
서 베토벤의 음들에서 울려 나오는, 내게 자주 울음을 터뜨리게 하는 (내면
적으로 말이지) 어떤 인상이야.[717]

이에 앞서 몇 주 전에 린트발트에게 쓴 편지에는 "이제 막 바이올린
4중주를 끝낸 참이야. 그건 울고 싶도록 감상적이야. 그것 말고는 그리
나쁘지 않다고 생각해"[718]라고 썼다.

베토벤 현악 4중주 op.74의 구절은 '지독히 감상적'이고 자신의
4중주곡은 '울고 싶도록 감상적'이다. 표면상 반어적인 이런 표현 뒤에
는 상당한 감정이 숨어 있었다. 다름 아닌 멘델스존의 베티 피스토르

Betty Pistor를 향한 사랑이다. 베티는 여동생 레베카의 친구였다. 1년 후 멘델스존은 베티에게 현악 4중주 E플랫장조 op.12를 헌정한다. 그리고 린트발트에게 보낸 또 다른 편지에서 언급한 노래(〈질문Frage op.9-1〉)도 베티를 생각하고 만든 곡이다.

이렇게 하는 것 말고는 마음의 안정을 찾을 수 없어 너에게 이 노래를 써 보내. (…) 바로 이거야. 그저 시 한 편이고 있는 그대로 즉흥곡이지. 지난해 성신강림절 축제에서 가사와 음악을 가지고 그냥 막 쓴 거야.[719]

멘델스존은 이 노래를 피아노 반주와 함께 현악 4중주 A장조 op.13 초판 맨 처음에 놓았었다. 다음의 시는 이 노래에서 나온 것이다.

정말인가요? 정말?
당신이 늘 거기 포도나무 담장을 따라 걸을 때
나를 기다린다는 게?
달빛 비추고 별들 빛날 때
나를 생각한다는 게?
정말인가요? 말해 봐요!
내가 뭘 느끼는지 아는 사람은
오직 나처럼 생각하는 그 사람뿐
내게 영원히
내게 영원히 충실하게 남을 사람

이 노래는 현악 4중주 op.13에서 결정적인 역할을 한다. 1악장에서 "정말인가요?"의 모토는 그 이후로도 수차례 다양하게 인용된다.

피날레의 끝부분에서 이 노래의 '모토'가 다시 한번 나오고 그 후에는 "내가 뭘 느끼는지 아는 사람은/오직 나처럼 생각하는 그 사람뿐/내게 영원히/내게 영원히 충실하게 남을 사람"이란 가사에 해당하는 가곡 악보에 밀착된 멜로디가 나온다.

이때 베티 피스토르에 대해서는 오직 가족과 친한 친구들만 알고 있었다. 대중들도 오늘날의 우리도 전혀 알 필요가 없는 사실이다. 이 현악 4중주 op.13이 사랑에 빠져서 쓴 곡이라 것도 상관이 없다. 사랑의 모멘트가 중요한 것은 후기 베토벤의 4중주에 대한 멘델스존의 사랑과 겹칠 때뿐이다. 젊은 멘델스존은 '사랑에 빠졌다.' 우리가 소설에 그림에 혹은 음악에 빠지듯이 말이다. 다만 우리의 사랑과는 차이가 있다. 멘델스존은 자신이 왜 사랑에 빠졌는지 작곡적으로 분석할 수 있었다. 게다가 그는 이런 사랑에 작곡으로 응답할 수 있었다. 그러니 이는 표절도 수용도 아닌 메아리다!

로베르트 슈만을 통해 이런 현상에 접근해 보자. 약혼자 클라라와 헤어져 살던 시기 슈만은 극히 환상적으로 격정적으로 연주해야 하는 자신의 피아노 환상곡 op.17을 '사랑의 절규'라고 했다.[720] 그는 이 첫 악장을 베토벤의 연가곡 《멀리 있는 연인에게》의 모티프를 따라 작곡했다(263쪽 참조). 베토벤의 〈그대를 위한 이 노래를 받아 주세요〉가 처음에는 은밀하게 나중에는 분명히 들린다.

슈만이 베토벤의 연가곡에서 들었던 열정을 멘델스존은 베토벤의 후기 현악 4중주에서 듣는다. 멘델스존을 감동시켰던 것도 바로 이 열정인 것 같다. 'C플랫장조로 변하면서 많은 탄식이 있는 구절'을 두고 린트발트에게 한 말이 증거다. 멘델스존은 일단 이런 현악 4중주곡의 까다로운 구조에 구애받지 않고 그 자체로 의미 있으며 흔히 악장 처음에 놓이거나 음악적 진행에서 튀는 상징적이고 원칙적인 성격의 개별 주제에만 집중한다. 멘델스존은 예컨대 이런 주제를 베토벤 현악 4중주 op.135의 마지막 악장에서 발견할 수 있었는데 더구나 이런 원칙이 맨 앞에 "어렵게 내린 결정Der schwer gefasste Entschluss"이라고 쓰여 있었다.

멘델스존은 이후 진행과 뚜렷이 구별되는 이와 같은 주제를 베토벤 현악 4중주 op.74와 op.130의 시작에서 발견할 수 있었다. 무엇보다 현악 4중주 op.132의 1악장은

멘델스존의 현악 4중주 op.13에서 아주 분명하게 들을 수 있는데, 두 악장에서 다음과 같은 원칙으로 반영되었다.

해리 골드슈미트는 베토벤 기악의 문구에서 기인한 모티프나 공공연하게 혹은 잠재적으로 의미를 만드는 문구의 기능에 대해 쉼 없이 지적했다.[721] 적어도 후기 베토벤과 관련해 이런 방식에는 낭만주의적 감정이 있었다. 멘델스존은 진지한 반어로 '감상적'이라고 말했다. 각각의 연주 지시어에서 어느 정도로 이런 문구들에 느낌이 실리고 있는지 미

리 짐작할 수 있다. 베토벤 현악 4중주 op.131의 도입 모티프에는 지시어 '아다지오 마 논 트로포 에 몰토 에스프레시보Adagio ma non troppo e molto espressivo(느리게 그러나 지나치지 않게 깊은 감정을 담아)'가 붙어 있다. 4박자로 그 밑에는 얼마든지 시 두 줄이 올 수 있다. 이 지시어는 물론 첫 악장 전체에 해당되는 것이지만 두말할 나위 없이 전 악장을 지배하는 이모토에 따른 것이다.

특히나 '말을 하는' 듯한 것은 현악기의 멜로드라마적인 트레몰로로 반주되는 베토벤 현악 4중주 op.132 '알라 마르치아Alla marcia(행진곡풍으로)' 악장의 제1바이올린 레치타티보다.

멘델스존은 자신의 현악 4중주 op.13 마지막 악장의 시작 부분에서 유사한 태도를 보이는데, 여기서도 제1바이올린은 현악기들의 트레몰로의 열띤 응원을 받는다(463쪽 상단 악보).

멘델스존은 후기 베토벤의 위대한 열정만이 아니라 그것과 연결된 많은 종류의 모방적 작업과 대위법적 작업도 같이 넘겨받는다. 베토벤은 이런 양식적 수단을 일시적으로만 사용했을 뿐이고 그저 암시로만 남겨 두었다. 베토벤 현악 4중주 op.130의 마지막 악장으로 구상되었던 현악 4중주를 위한 〈대푸가〉 op.133이라는 예외는 있다. 이에 반해

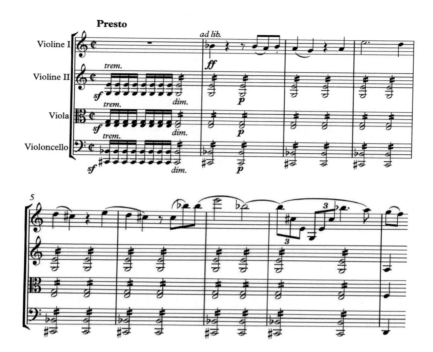

멘델스존의 현악 4중주에는 확장된 모방 혹은 푸가가 있는데, 이는 반음계적 흥분을 놓고 볼 때 지나치게 감정이 실린 것처럼 들린다. 여기서 젊은 음악가 멘델스존은 베토벤만이 아니라 요한 제바스티안 바흐의 음악으로 되돌아간다. 이미 언급했듯이 바흐의 〈반음계적 환상곡과 푸가〉와 그의 아들 카를 필리프 에마누엘의 자유로운 피아노 환상곡은 멘델스존에게 흥분한 레치타티보의 본보기가 될 수 있었다.

이를 넘어 멘델스존은 베토벤의 악장과 형식 이념을 기준으로 삼는다. 그래서 멘델스존은 그의 현악 4중주 op.13과 관련해 린트발트에게 이렇게 쓴다. "알지? 이게 나의 요점이야. 소나타의 4개, 3개, 2개 혹은 1개의 부분이 다른 부분과 맺고 있는 관계 말이야. 그걸 그저 시작하기만 해도 (…) 비밀이 밝혀지는. (…) 그것을 음악에 넣어야 해."[722] 멘델스존은 베토벤의 op.131, 구체적으로 말하면 2악장으로 가는 이행부를 말하는 것이다. 1악장이 "매우 음울하게" 모든 성부에서 c샤프로 마친 후에 음악은 "그토록 달콤한 D장조"로 다가와서 "우리 마음을 녹인다."[723]

이렇듯 우리는 전체적으로 멘델스존이 베토벤 후기 현악 4중주곡의 구조를 아주 정확히 파악하고 있어서 '아는 자'로서 결과적으로 형식에 대한 자신의 생각을 구현할 수 있었다는 인상을 받는다. 프리드리히 니체는 후기 현악 4중주곡의 베토벤을 이렇게 평했다. 베토벤은 "열정의 커다란 포물선을 재현하기 위해" "그 비행에서 개개의 중요 지점"을 골라내어 그 점들을 이어서 "위대한 전체의 선율"을 짐작하게 했다(356쪽 참조). 이보다 더 훌륭하게 표현할 수는 없으리라. 베토벤에게 커다란 열정이 부족했던 것은 아니다. 하지만 이 열정은 가장 예술적으로 짜 맞춰진 각각의 파편들로 이루어져 있다. 어느 평론가가 현악 4중주 op.132의 빈 초연을 두고 베토벤을 "음악계의 장 파울"[724]이라 불렀던 것은 그저 아무렇게나 한 말이 아니다. 아무리 비판적·풍자적으로 과장하는 경향이 있고 서사를 계획적으로 파괴하는 경향이 있더라도 이 작가도 도처에서 신을 찾는 사람의 '커다란 열정'을 느끼게 한다. 신을 찾는 사람 구스타프 말러가 자신의 첫 교향곡을 장 파울의 소설 제목을 따라 〈거인〉으로 명명하여 일찍부터 자신의 '부러진' 작곡 양식의 문학적 뿌리가 무엇인지 알려 주었던 것은 놀라운 일이 아니다.

행복한 순간들이 아무리 많이 있어도 우리는 베토벤의 후기 현악 4중주곡들에서 여전히 해결되지 못한 부분이 있음을 느낀다. 이 세상의 질곡에서 벗어나는 것은 말하자면 오직 음악의 뒤편에서만 느낄 수 있는데 이는 유토피아적 지평에 붙여 놓은 일종의 희망 쪽지다. "저 고요한 계곡에/고통과 아픔이 침묵하고 있다/바위 안에서/앵초가 조용히 생각에 잠겨 있는 곳에/잔잔한 바람이 분다/그곳에 있고 싶다!" 연가곡집《멀리 있는 연인에게》에 나오는 시구인데, 후기 현악 4중주곡 역시 이런 삶의 감정을 공유하고 있다. 이는 숱한 인생의 우여곡절을 겪은 한 남자의 그리움으로 가득 찬 리얼리즘이다. 베토벤은 독일 테오도르 폰타네Theodor Fontane의 소설《에피 브리스트Effi Briest》에서 늙은 아버지 브리스트처럼 "그건 넓은 세상이야"라고 말하려는 것 같다. 그래서 베토벤은 물 흐르듯이 매끄럽게 '이야기'하는 것보다 매번 새로운 시도를 하면서 자신의 음악으로 이야기하기를 택하는데, 우리가 보기에 이런 시도는 모순으로 가득 차 있는 듯하지만 매우 의미 있는 이 인물의 감동적인 면모를 드러낸다. 이 음악이 선포하는 보상받지 못한 것을 젊은 나이에 본능적으로 혹은 작곡 기법적으로 파악할 수 있었던 멘델스존은 그래서 천재다. 멘델스존은 당황스러울 만큼 주의 깊게 베토벤에게 베토벤의 언어로 대답할 수 있었다. 그렇다고 그 태도를 무조건 따라 하지는 않는다. 오히려 그 정반대다. 그의 대답은 다름 아닌 보상받지 못한 것을 보상하려는 데 있다. '늙은' 베토벤의 감정 분출은 멘델스존이 그것을 어떻게 이해했건 간에, 우여곡절의 인생을 뒤돌아보는 것이 아니라 앞으로 내달리는 한 젊은이의 감정 분출로 바뀐다. 이에 따라 멘델스존은 낙관적인 그렇다고 방탕하지 않은 음악을 제시한다. 물론 이 음악도 갈라진 풍경을 지나기는 하지만 "정말인가요?"라는 물음에서 시작해 철저하게 마지막 "내게 영원히 충실하게 남을 사람"의 A장조로 이끈다. 이때 작곡적으로 그 의미가 미미한 이 가곡〈질문〉을 두고 볼 때 이 현악 4중주의 거대한 비행은 기대하기 힘들었다는 점을 확실해 해두어야 한다. 그래서 후기 베토벤을 대부로 삼을 수밖에 없었다.

　베네딕트 테일러Benedict Taylor는 멘델스존의 작품 현악 4중주 op.13의 서사적 전략을 마르셀 프루스트의《잃어버린 시간을 찾아서》의 전략과 비교했다. 두 작품 모두 젊은 이상주의, 아름다움, 젊은 사랑이라는 동일한 세계를 다루고 있다고 한다. 그리고 "형식적 목적론, 순환적 시간 개념, 현재를 통해 발견된 과거, 그 결과 예술로 구체화되는 것"[725]이라는 측면에서 서로 일치한다고 한다. 이런 비교는 생산적이긴 하지만 작곡 기법적, 좁은 의미에서 미학적인 측면을 평가하는 일을 대체할 수는 없다. 모든 사람이 이해할 수 있게 쓰인 이 에세이에는 악보의 예로 점철된 상세한 분석은 없고 그저 몇 가지 암시만 제시하고 있다. 베토벤과는 달리 멘델스존 바르톨디는 (다듬어지지는 않았지만) 서사적·감정적으로 우리가 따라갈 수 있는 단계에 따라 작곡했다. 멘델스존의 현악 4중주 op.13의 마지막 악장 프레스토Presto에서 잘 드러난다. 이 악장은 이미 언급했듯 극적 레치타티보로 시작하는데 이는 고립된 에피소드로 나타나는 것이 아니라 변형된 형태로 수차례 반복되어 형식적으로나 내용적으로 구분하는 기능을 한다. 흥분한 '자아'가 항상 발언하는데 이는 마지막에 가서야, 즉 악장이 처음의 노래와 같은 아다지오로 돌아갈 때 비로소 멈춘다.

이런 레치타티보적 절정 사이에도 결코 덜하다고 할 수 없는 흥분된 부분이 있는데 여기에 모방대위법적으로 연주하면서 네 대의 모든 악기가 참여한다. 멘델스존의 구상은 "한편으로 시적인 성격들을 대비시키고 다른 한편으로는 주제-모티프 작업을 통해 해체하는 대신 그 실체적 연관성을 제시하려는 생각"[726]에 따른 것이다. 멘델스존 현악 4중주 op.13의 피날레와 관련해 말하자면, 2악장의 푸가 주제를 표현력 있게 재사용하고 작품의 시작 부분을 마지막에 다시 등장시키는 것이 악장들 서로를 연결해 주는 기능을 한다. 멘델스존의 현악 4중주에서는 다양한 종류의 짜임새, 감정, 음색들이 빠르게 교대되긴 하지만 노래 같은 부분, "안정적인 악절 그룹",[727] 신중하게 구성된 연결구, 모티프의 연결이 지속적인 흐름을 만들어 낸다. 오스트리아 극작가 휴고 폰 호프만슈탈Hugo von Hofmannsthal은 에세이《베토벤에 대한 연설》에서 베토벤의 "정신적 열정"[728]을 이야기한 바 있다. 그러나 멘델스존의 열정은 극적 성격과 강력한 음색에 가려져 잘 드러나지 않는다. 게다가 멘델스존 현악 8중주 op.20과 〈한여름 밤의 꿈 서곡〉 같은 종류의 초기 작품이 유일무이한 걸작이라고 한다면 현악 4중주 op.13은 베토벤을 발전시킨 천재성을 보인 작품이라 할 수 있다. 그것은 감정적이면서 동시에 지적이고, 자기 확신에 차 있지만 겸손하고, 젊지만 초탈해 있다.

우리는 작품의 비교 분석을 통해 이런 관찰을 어느 정도 증명할 수 있지만[729] 놀라면서 묻게 된다. 대체 어떻게 이 젊은 예술가가 베토벤 마지막 현악 4중주곡의 아우라를 자신의 작품에 옮겨 놓으면서도 자기 자신으로 남을 수 있었는지 말이다. 멘델스존은 후기 베토벤을 대체 이해할 수 있었던 것일까?

그렇지만 우리 자신은 베토벤을 이해했던가? 한 작곡가의 음악을 그 작곡가나 우리의 삶의 세계에서 '이해'할 수 있다는 생각은 여기서 한계에 부딪힌다. 음악에 대한 우리의 감수성은 깊숙이 집단적 무의식에까지 이르는 경험에 바탕을 두고 있다. 당연히 이 무의식은 문화적으로 각인되어 있고 따라서 무정형적이지도 않고 무한하지도 않다. 그러나 이 무의식은 우리 자신의 이성을 넘어 음악을 '이해'하며 나이를 초월할 수도 있다. 교양이 차고 넘치던 멘델스존가家가 여기에 일조했다는 사실에는 의문의 여지가 없다. 그리고 특히 베를린에서 개화하던 역사주의도 그 첫 열매를 맺는다. '선조'들의 정신에 침잠하는 것은 그럴 만한 가치가 있다. 멘델스존의 현악 4중주 op.13보다 1년 후에 작곡된 슈베르트의 현악 5중주 D.956은 미처 하지 못한 일이다.

오직 현재에만 머물러 작곡하는 시대는 슈베르트와 함께 끝났다고 트라쉬불로스 게오르기아데스는 대담하게 주장했다. 그렇지만 그사이 우리는 슈만이나 브람스의 역사를 의식하는 성찰적인 음악을 즐길 만큼 나름대로 성찰하지 않았는가? 그저 단순한 베토벤 숭배자는 아니었던 리스트의 음악도 즐길 수 있게 되지 않았는가?

요제프 카를 슈틸러Joseph Karl Stieler, 〈루트비히 판 베토벤〉, 1824

프란츠 리스트 Franz Liszt(1811~1886)

피아노 연주상의 명기주의의 완성과 표제 음악의 확립이라는 음악사상 매우 중요한 공적을 남겼다. 작품은
편곡까지 포함해 방대한 수에 이르며 악종도 다양한데, 그 중심은 피아노곡과 교향시다.

30

프란츠 리스트

"작곡가는 작품에서 그 시대가 싸우고 있는 커다란 문제에 대해
말의 진정한 의미에서 동등하게 발언할 수 있는 음악 언어를 위해 노력해야 했다."

젊은 리스트가 빈에서 '늙은' 베토벤 앞에서 연주했다는 이야기는
전설일 뿐이다. 그러나 리스트가 1836년 5월 19일 파리 에라르 홀에
서 처음으로 피아노 소나타 〈함머클라비어〉를 많은 청중 앞에서 연주
했다는 것은 확실한 사실이다.[730] 이 연주에 대해 프랑스 작곡가 엑토르
베를리오즈는 음악 잡지 《르뷔 에 가제트 뮤지컬 드 파리Revue et Gazette
musicale》에서 25세의 리스트를 '스핑크스의 수수께끼'를 푼 오이디푸스
와 비교하면서 악보에 충실한 리스트의 연주를 강조한다.

피아노 연주의 새로운 위대한 악파다! (…) 어떤 음표 하나도 빠뜨리지 않았
고 더하지도 않았다. (나는 총보를 같이 봤다.) 악보에 지시된 템포를 조금도 어
기지 않았고, 뉘앙스나 악상은 조금도 희석되지 않았으며 그 본래의 의미에
반해 오역되지도 않았다. (…) 연주가 불가능하다고 여겨지던 작품의 이상
적인 연주였다.[731]

베를리오즈가 이토록 리스트를 칭찬하면서 더구나 작품에 충실한 그 연주를 칭찬한 것은 결코 우연이 아니다. '리스트'냐 '탈베르크'냐 라는 당시의 논쟁에서 베를리오즈는 리스트의 편에 선다. 리스트의 추종자들은 리스트를 무시할 수 없는 낭만주의자로, 석연치 않은 공화주의자로 봤지만 지기스문트 탈베르크Sigismund Thalberg는 작곡 능력도 없는 허울 좋은 비르투오소로 치부했다. 리스트가 연주가 불가능하다고 여겨지던 〈함머클라비어〉의 연주를 감행한 것은 경쟁자와는 다른 길을 걷겠다는 결연한 의지로 볼 수도 있으며 베토벤의 예술을 옹호하기 위한 시도로 해석할 수도 있다.

이런 추측으로 베토벤에 대한 리스트의 공헌을 폄하해서는 안 된다. 1829년에 리스트는 슐레징거 출판사가 추진하던 베토벤 소나타 전집 출판에 참여했다. 이는 리스트의 스승 카를 체르니가 베토벤 피아노곡 편집과 실제 연주에 관해 애쓰기 시작한 때보다 대략 몇 년 전의 일이었다. 사회적·예술적 진보를 위한 책임을 느끼는 예술가의 역할이었다. 리스트에게 베토벤은 두 차원에서 모범이었다. 베토벤의 피아노곡은 당시 유럽 음악의 중심지에서 인기를 끌던 공허한 거장성과는 거리가 먼 것이었다. 리스트는 스스로도 거장적 연주에 끌리고 있었음에도 이런 경향을 '실제보다는 가상'이라고 날카롭게 비판했다. 게다가 리스트에게 베토벤의 전 작품은 리스트의 절친이자 앙숙인 한슬리크가 주장하게 되는 "울리면서 움직이는 형식"에 그치지 않고 '무엇인가 할 말이 있는' 음악이었다. 이는 부차적이고 좁은 의미의 표제 음악이나 베토벤 교향곡 〈전원〉과 교향곡 9번에 대한 글자 그대로의 '관심'이 문제일 뿐이다. 리스트는 일반적으로 한번 생각해 보라고 한다. 리스트는《음악신보》에 〈베를리오즈와 '해롤드 교향곡'Berlioz und seine 'Harold=Symphonie'〉이라는 글을 기고하면서 실러의 시 〈종〉에서 유명한 구절을 인용한다.

"거장은 지혜로운 손길로 적시에 형식을 파괴할 수 있다." 베토벤이 제일 먼저 보여 준 것처럼 "작곡가들 중에 시인"은 "자신의 생각이 자유롭게 펼쳐지는 것을 방해하는 족쇄를 깨뜨리고" "영혼의 상처를 치유해 줄" 만큼 유연한 형식을 발견할 수 있다.[732] 리스트는 베토벤의 작품을 아무리 존경했을지라도 나름대로 어려움이 있었다. 1837년 〈음악학사의 여행 편지Reisebriefe eines Bakkalaureus der Tonkunst〉에서 그는 고민한다.

> 예컨대 정말 이해하기 힘든 그리고 의도에 동의하기 어려운 자신의 위대한 작품들의 바탕에 깔린 생각과 그런 생각이 어떻게 변했는지 베토벤이 요약해 주지 않았다고 한탄해야 하지 않을까?[733]

리스트의 견해에 의하면 작곡가는 작품에서 비단 개인적 '영혼의 체험'만 성찰할 것이 아니라 그 시대가 싸우고 있는 커다란 (정치적 그리고 좁은 의미에서 문화적) 문제에 대해 말의 진정한 의미에서 동등하게 발언할 수 있는 음악 언어를 위해 노력해야 했다. 이런 취지에서 작곡된 곡이 리스트의 《여행가의 앨범Album d'un voyageur》 중 〈리옹Lyon〉이다. 〈리옹〉은 1834년 유혈 진압된 견직 노동자들의 봉기에 대한 격한 감정적 반응이었다. 같은 맥락에서 리스트는 후기 교향시를 과거의 영웅적 순간을 예로 들어 현재의 방향 설정을 위한 영웅 서사시로 청중들에게 제시한다.

베토벤의 곡들로 진행된 리스트의 파리 공연들로 돌아가 보자. 1838년 리스트는 한층 더 베토벤의 실내악에 매진했고 다른 음악가들과 공동으로 네 번의 저녁 공연을 연다. 1841년 본의 베토벤 동상 건립을 위한 자선 공연에서는 피아노 협주곡 E플랫장조 op.73과 바이올리니스트 랑베르 마사르Lambert Massart와 함께 바이올린 소나타 A장조

op.47 〈크로이처〉를 연주했다. 연주를 들은 리하르트 바그너는 석간신문《드레스덴 아벤트차이퉁Dresdner Abendzeitung》에 이렇게 쓴다.

> 청중은 리스트에게 어떻게든 기적과 바보 같은 짓을 동시에 요구한다. 리스트는 청중이 원하는 것을 주고 헹가래를 받았다. 그리고 베토벤 동상을 위한 자선 공연에서 오페라《악마 로베르》의 판타지를 연주했다. 그러나 이 연주 뒤에는 분노가 숨어 있었다. 원래 이날의 연주 목록은 오직 베토벤의 곡들로만 구성되었어야 했다.[734]

베를린 사람들은 1년 후 베토벤의 피아노 협주곡 c단조 op.37과 피아노 소나타 〈월광〉을 리스트의 연주로 듣게 된다. 청중들은 열광했고 비평은 갈렸다. 비평의 대부 루트비히 렐슈타프는 리스트의 피아노 협주곡 연주는 전체적으로 괜찮았지만 소나타 연주는 눈부시긴 해도 과장되어서 약간 당황스러웠다고 평했다.[735] 멘델스존 바르톨디는 돌려 말하지 않고 대놓고 비판했다.

> 리스트는 다른 곳에서 했던 연주처럼 딱히 내 마음에 들지 않았다. 내가 존경해 마지않는 위대한 작품을 청중들과 (이것을 두고 뭐라 하지는 않겠다) 더구나 음악을 가지고 친 유치한 장난으로 희생시켜 버렸다. 베토벤과 바흐, 헨델, 베버의 작품을 이토록 안타까울 정도로 불충분하고 이토록 불순할 정

• 《악마 로베르》는 명실상부한 그랜드오페라로 당시 폭발적 반향을 불러일으킨 작품이다. '그랜드'가 붙은 만큼 공연은 그 규모를 자랑해 볼거리를 제공했는데, 특히 오페라에 나오는 아리아가 유명 가수에 의해 불리고 거장 피아니스트의 솜씨로 화려하게 변주되곤 했다. 이때 리스트도 한동안 관객의 요구에 따라 연주장에 불려 다니며 이 오페라의 곡들을 연주했다. 당시 이렇게 불려 다니던 피아니스트가 앞서 언급한 피아니스트 탈베르크다.

도로 순진무구하게 연주할 수 있는가. 차라리 평범한 연주가의 연주를 듣는 편이 오히려 즐거울 정도였다. 어떤 곳에서는 여섯 박자가 더해지고 또 어떤 곳에서는 일곱 박자가 생략되고, 일단 잘못된 화음이 있으면 나중에는 그것을 또 다른 잘못된 화음으로 상쇄하고, 가장 조용히 연주해야 할 곳에서는 포르테시모가 오고 대체 이것을 뭐라고 해야 할지 그저 슬픈 넌센스다.[736]

이후 리스트는 지휘자로서 베토벤 교향곡, 특히 교향곡 5번과 1849년부터는 당시에는 듣기 힘들었던 교향곡 9번 같은 곡에 더 매진했다. 작곡가로서 리스트는 이제 '피아노곡'은 그만두고 오직 '오케스트라 작품'만 쓰려고 했다.[737] 그러기 전에 충분히 성숙해 있던 피아노 소나타 b단조 S.178을 발표했다. 이 작품은 리스트의 유일한 피아노 소나타로 남는다. 1849년과 1853년 사이에 작곡된 이 피아노 소나타는 한스 폰 뷜로에 의해 베히슈타인의 피아노로 처음 독일에서 연주되었다. 이 작품은 로베르트 슈만에 헌정되었지만 본래 대부는 베토벤이었다.

물론 리스트의 피아노 소나타 b단조 S.178을 거의 같은 시기에 나온 브람스의 피아노 소나타 C장조 op.1과 비교할 수 없다. 위대한 거의 압도적인 모범에 대한 외경심을 말할 수 있을 정도로 브람스는 이 작품으로 실제로 너무나도 분명히 베토벤의 그림자, 특히 피아노 소나타 〈함머클라비어〉의 그림자 속에서 움직였다. 리스트는 스무 살의 브람스가 아니었다. 사실 여부를 알 수 없는 일화에 따르면 1853년 여름 바이마르의 알텐부르크를 방문한 브람스는 리스트가 막 완성된 피아노 소나타를 직접 연주해 들려주었을 때 잠들었다고 한다. 리스트는 이제 막 베토벤의 후예로서 자신의 처녀작을 쓴 것이 아니라 베토벤과는 다른 존경받을 만한 작품을 쓴 것이다. 4악장 혹은 3악장으로 이루어진 소나타의 전통과 고전적 형식에 리스트는 여유와 초탈한 태도를 보였다. 단일 악장이지만 분명 여러 부분으로 구성된 작품의 뼈대에는 고전적 소나타 혹은 교향악의 악장 순서와 동시에 소나타 형식과 악장의 통합이라는 의미에서 소나타 주악장의 틀을 고스란히 담아야 한다는 주장을 가끔 펴는 이론은 이해할 수 있으나, 고전적 전통이라는 선례와 그 요구를 너무 열심히 따른다는 특징을 보여 준다. 당연히 리스트의 작품에는 구조를 형성하고 고전적 소나타의 주악장의 의미로 해석할 수 있는 반복, 상승, 변형이나 대조 같은 요소가 있다. 그런 요소들은 한편으로는 형식적 안정성을 보장해 주고 30분 동안 연주되는 단일 악장의 작품을 분명한 형태, 곧 소나타로 인식할 수 있도록 해 준다. 다른 한편으로 이토록 대규모의 다층적인 리스트 피아노 소나타 S.178 같은 구조물의 존재와 의미가 단순히 형식 구상에서만 나올 수 없다는 것은 작곡사적 변증법에 동반되는 필연적 귀결이다. 실제로 구상의 충만함과 제스처의 풍부함을 18세기 피아노 소나타의 형식 이론적 수준에서는 설명할 수가 없기 때문이다. 그래서 분석자는 베토벤이라는 틀에 기대는 경향이 있다. 다시 말해 브람스가 피아노 소나타 op.1을 쓸 때 성공적으로 베토벤에게서 '배웠는데' 리스트도 못 할 게 뭐냐는 것이다.

그러나 이런 생각은 막다른 골목에 다다른다. 바로 베토벤 소나타 악장의 발전적 특성이 리스트에게는 없기 때문이다. 많은 주제 중 처음부터 아주 완결된 것으로 자존감 있게 등장하는 '알레그로 에네르지코Allegro energico', '그란디오소Grandioso', '안단테 소스테누토Andante sostenuto' 세 주제는 앞으로 전개를 위한 출발 재료로서 베토벤적 의미의 주제-모티프 작업에는 부적합한 경향은 있다. 네 번째 주주제이자 제시부 '렌토 아사이Lento assai(아주 느리게)'는 원재료라고 부를 수도 있다. 집시 음계라고 불리는 하강하는 7음계 진행인데 대개 특징적으로 변주되며 수십 차례 등장한다. 그러나 작곡가 리스트는 이와 같은 변이들을 '더 높은 질서'의 확립을 위한 초석으로 삼지 않으며 오히려 자신의 재료를 암시적으로 단숨에 매번 새로 만들어 내는 마술사, 변형술사로 등장한다.

리스트는 결코 화성도 베토벤적 의미에서 형식을 구성하는 힘으로 사용하지 않는다. '대략적으로는' 단순한 화성적 근본 관계에 의존하기는 하지만 세부적으로는 다양한 측면을 보여 보편 속의 구체라고 해석하기는 힘들고 각각의 화성을 동등하게 인정해야만 했다. 이런 점은 이미 동시대인들에게도 눈에 띄었던 많은 세부 사항에서도 나타난다. 피아니스트이자 이론가 아돌프 쿨락Adolph Kullak은 1858년 (아마도 한슬리크의 형식주의에 반대해서) '칸탄도 에스프레시보cantando espressivo(노래하듯 감정을 담아)'의 지시어가 붙은 부분에 대해 이렇게 쓴다.

리스트가 소나타 제2주제에서 e단조 3화음과 B플랫장조 3화음을 결합할 때 여기서 마법적인 매력이 나온다. 이렇게 설명할 수 있겠다. 이토록 거리가 먼 화성의 결합은 한계의 문을 두드리는 것이다. 새로운 영역을 개척하려는 그러나 소용없는 노력, 이것이 매력을 준다. 그러나 이것만으로는 부족하다. (…) 그 부분의 마법적 성격은 작곡 전체의 정신에 의해 함께 규정된다. 이 소나타 전체는 병적인 매력에 기반을 두고 있다. 분위기는 처음부터 마술적 고향처럼 완전히 다른 세계의 분위기다. 소나타의 첫 울림부터 이미 소나타를 머나먼 나라로 인도한다. 감정의 그토록 깊고 깊은 내면에 있고 상상력에 의해 낭만주의의 무한한 먼 곳으로 이어지는 먼 나라. 그래서 소나타는 더는 음악이 아니라 시의 여명 속에서 내밀한 극단적 한계를 떠돈다. 일단 이런 영역에 들어가면 그것은 거기에 머물게 될 것이고 계속적인 생산성의 자극을 받을 것이다.[738]

쿨락은 '병적'이라는 표현을 호의적 의미에서 사용했지만 리스트의 반대 '진영'은 이런 리스트의 화성적 극단성을 격렬하게 비판한다. 베를린 초연을 두고 일간지 《슈페너 차이퉁Spenerschen Zeitung》의 비평가 구스타프 엥겔Gustav Engel은 '합리적인 화성 연관'도 없다고 했다. 에두아르트 한슬리크는 혹평으로 유명해진 훗날의 비평에서 '가장 무관한 요소들을 이토록 교묘하고 뻔뻔하게 병합시켜 놓은 것'은 경험해 본 적이 없다고 했다.[739] 아마도 한슬리크는 모든 화성적 교묘함을 다 알아채지도 못한 것 같다. 예를 들어 증5도(f샤프-e-a샤프-c샤프)를 가진 b단조의 딸림7화음 같은 화성 말이다. 이 화성은 리스트가 바그너의 오페라《로엔그린》3막 2장(로엔그린이 〈달콤한 노래가 끝나고Das süße Lied verhallt〉를 시작하기 바로 직전)을 환기하기 위해 그대로 피아노 소나타의 마지막 부분에 이식해 놓은 것이었다. 페르마타로 강조해 놓았음에도 전문가들만 인용이라는 것을 알아볼 뿐이다.

이런 색채의 미세한 터치를 제시하는 것은 '구조적'으로 아무 의미가 없다. 그 대신에 이는 곡의 마지막 부분에서 색채 스펙트럼을 더 넓혀 주면서 '랩소디스트' 리스트 예술만의 훌륭한 예가 된다. 랩소디 형식을 암시적으로 제시한 리스트는 이름만으로도 이 형식을 보장하게 되었다.

'랩소디적' 대신에 '수사학적' 형식을 얘기할 수도 있다.[740] 자신의 곡에서 스스로 '연주하는' 비르투오소로 등장하는 리스트는 자신의 연설을 암시적으로 (그렇다고 구조적 요소를 포기하지는 않고) 구성하는 고전적 연설가와 비슷하다. 그런 구조적 요소들만이 임의성과 상황에 따른 즉흥성의 인상을 불식시키는 타당성과 보편성을 보증하기 때문이다. 한슬리크가 가장 무관한 요소들을 교묘하고 뻔뻔하게 병합시켜 놓은 리스트의 피아노 소나타 S.178에 화를 낸 이유도 이런 요소들이 수사학적 관점에서 보면 아주 적확하게 구성되어 있음을 결코 부정할 수 없었기 때문일 것이다. 이런 관점에서 보면 리스트는 젊은 브람스에게도 그야 말로 유혹자로 다가왔을 수도 있다. 다시 말해 아무 두려움 없이 자신만의 세계를 전 세계로, 개인적인 고백을 위대한 주제로 내세울 것을 제안하는 예술가로서 말이다. 그래서 훗날 브람스는 교향악 작곡가 브루크너를 다음과 같이 비판한다.

브루크너에게서는 모든 게 인위적이다. 그의 경건함은 그의 문제일 뿐 나와는 상관이 없다. 그러나 이 과잉은 구역질이 나고 역겹다. 그는 음악적 논리성을 전혀 모르고 질서 있는 음악적 구축에 대해 아무 생각이 없다.[741]

젊은 시절 브람스는 리스트의 소나타에 대해서도 이와 비슷한 말을 했을지도 모르겠다. 말했다시피 이 소나타에서 구축된 건축물은 오로지 효과만 겨냥하고 있기 때문이다. 이런 시각에서 곡의 지향점이 되는 '그란디오소'가 붙은 부분의 형식을 살펴보자.

결정적인 두 번의 출현 중 첫 출현에서 형식 원칙의 의미에서 제2주제로 등장하지만 이 소나타의 실질적 '주인공'이다. 피아노 소나타 직전에 리스트가 작곡한 교향시 〈마제파Mazeppa〉는 실제 영웅을 기념하는 곡이었다. 이 영웅 마제파는 문호 빅토르 위고의 장편 서사시 〈마제파〉의 끝에 나오듯 '멋진 모습으로' 우크라이나 민족에게 나타나기 전에 수난과 깊은 굴욕을 겪는다. 리스트는 교향시 〈마제파〉의 대미를 장식하는 '그란디오소'를 피아노 소나타에 가져온다. 피아노 소나타에서 '그란디오소'는 주인공의 표식으로서 다양한 형식으로 등장했던 라이트모티프의 승리를 구가하는 마지막 모습이 아니다. 소나타의 '그란디오소'는 조각해 놓은 듯한 구원의 표식이자 구원으로 작용한다. 첫 등장, 즉 '제시부'에서 제2주제는 어두웠던 음색에 빛을 비추고, 산만했던 조성을 정리하며 지배적이었던 흥분 상태를 진정시킨다. 스트레토에서 두 번째 등장할 때는 뻔히 드러나게 호언장담하면서 궁극적 승리를 선포한다. 그 사이에는 간략한 형식으로 혹은 화성적으로 약화되어서 (숨은 듯이 혹은 위협적으로 멀리 물러나서) 세 번 등장한다.

모든 진정한 구원의 표식이 그렇듯 '그란디오소'는 그 존재 자체만으로 영향력을 발휘한다. 그 자리에서 가만히 아무것도 할 필요가 없었다. 리스트가 '근간이 되는 착상'을 b단조로 (비록 잠재적으로 표제적 의도에서) 주제-모티프적으로 작업한 반면 D장조 '그란디오소'는 그저 제시하기만 한다. 여기에는 정화의 작용이 있다. 그 곁에서 모든 것은 우호적이 된다. 시작 부분의 음울한 반음계적 하강은 점점 더 견딜 만한 단조로 순화된다. '그란디오소'의 출현 이후 '레치타티보' 같은 종류의 주관적 표현뿐만 아니라 서정적인 중간 부분을 위한 길이 열린다. 그 뒤에 오는 푸가토는 다시 한번 광폭한 실체를 드러낸다. 여기서 푸가 기법은 전개 작업일 뿐만 아니라 리스트에게서 흔히 그렇듯 악마적인 것의 표현으로 이해되어야 한다. 그러나 이후에는 모든 것이 언급했던 대미를 향해 나가는데 이것이 곧 소나타의 결말이 되는 것은 아니다. 소나타는 오히려 역방향으로 움직여 처음 시작했던 '렌토 아사이'의 황량한 공간에서 끝을 맺는다.

이 '그란디오소'를 간단명료하게 이렇게밖에 말할 수 없다. 뚜렷하게 리듬을 준 2도 진행은 두 차례 4도 위로 옮겨진다. 게다가 순차적으로 D장조, G장조, C장조가 울리는데 이런 화성 진행은 그 전의 화성적 착종을 놓고 볼 때 장대함의 총화를 이룬다. 알프레드 브렌델은 이 작품을 철저히 분석한 저서에서 "절대적 힘이라는 환상을 음악적으로 표현하려 했다면 그것은 여기서 멋지게 성공을 거두었다"[742]라고 했다.

이런 특성은 이 작품의 종교적 연원을 절대 숨기지는 않는다. 4도 음정의 중첩 클라이맥스는 예식적으로 세 번 상승하는 외침을 전해 준다. 기본 모티프 자체가 미사 예식의 문구를 연상시킨다. 거기에 4도 음의 목표 음정을 더해 생각해 보면 기본음, 2도 음, 4도 음으로 이루어진 세 음의 연속이라는 결과가 나온다. 이는 그레고리오 성가의 레퍼토리에 속하며 예컨대 〈마그니피카트Magnificat(마리아의 노래)〉의 선율선을 규정한다. 오라토리오 《성녀 엘리자베트의 전설Die Legende von der heiligen Elisabeth》에서 리스트는 자신이 '십자가의 3화음적 모티프'라고 부른 이 음의 진행을 십자군을 형상화하기 위하여 사용한다. 마찬가지로 종교적 영웅 분위기의 바그너 오페라 《파르지팔》의 성배 모티프를 연상시킨다.

(transponiert)

이렇게 우리는 베토벤을 시야에서 놓치지 않고 바그너에 도달했다. 음악사적으로 옛 거장 베토벤에게서는 19세기와 20세기에 이르는 두 개의 길이 나온다. 하나는 흔히 말하는 브람스를 거쳐 아르놀트 쇤베르크와 그 후계자들로 이어지는 길이다. 이 길의 표지판은 '절대 음악', '구조적 사고', '주제-모티프 작업', '발전적 변주' 같은 것들이다. 충분한 연구가 이루어지지 않은 다른 하나는 (리스트를 선구자로 하는) 수사학적 형식의 싸움터로 이어지는 길이다. 여기서는 평가 절하의 의미에서 음악 외적 주제에 영감을 받는 표제적 음악이 아니라 일반적 의미에서 암시적이라 할 수 있는 작곡 전략이 중요하다. 라틴어 '수게스투스 suggestus'는 청중들에게 무엇인가를 자연스럽게 가르치는 단상이란 의미다. 아무 편견 없이 그저 즐기는 한슬리크의 "울리면서 움직이는 형식"이 아니라 음악의 선동적인 요소가 문제다. 다시 말해 베를리오즈, 리스트, 바그너 같은 신독일악파(어떤 진영에 속하는지에 따라)에 감탄 혹은 경멸을 초래했던 "연출적 작곡"[743]이라는 개념이 문제라는 말이다. 이것이 무엇을 의미하는지 하나의 작은 예로 살펴보자. 다름 아닌 리스트의 제자 페터 코르넬리우스Peter Cornelius의 연작 가곡집 《애도와 위안 Trauer und Trost Op.3》 중 〈하나의 음Ein Ton〉이라는 노래다.

이 진귀한 작품에서 피아노 반주는 화성적으로 생각할 수 있는 모든 다양성을 다 보여 주는 반면 성악은 처음부터 끝까지 b 한 음을 고수한다. 여기서 이 작곡가의 의도를 알 수 있는데, 이는 (이 경우에 자기 느낌의 격정적 표현이 아니라 단순히 연주의 의미에서) 구조적인 논리를 제시하는 게 아니라 화성적으로 거듭 자극하여 청중을 유혹하려는, 선율로만 보면 별로 흥미 없는 음악을 긴장감을 가지고 따라오라는 의도다.

전통 음악의 윤리와는 결코 화합할 수 없는 이런 식의 의미 없는 장난을 베토벤은 기껏해야 작곡할 때 손가락 연습 정도로 여겼을 것이다. 그러나 전체적으로 볼 때 작곡이 수사적이고, 연출적이고, 암시적이고 혹은 선동적이어야 한다는 생각은 베토벤에게 그가 선호했던 그 어떤 장르에서도 드문 것이 아니었다. 리스트, 바그너, 브루크너, 말러. 그들 모두는 '그들의' 베토벤을 권위로 소환할 나름의 근거가 있었다.

베토벤 명연주자들

클라라 슈만 Clara Schumann(1819~1896)

유명한 피아노 교사 프리드리히 비크의 딸이며 슈만의 아내인 클라라 슈만은 9세 때 라이프치히의 게반트 하우스에서 데뷔했다. 그 후 유럽 곳곳에서 공연을 하며 클라라 비크라는 이름을 알렸다. 1840년 슈만과 결혼해 그와 함께 러시아, 빈 등지로 연주 여행을 하는 한편, 1856년 남편이 사망한 뒤에도 국내외에서 활동을 이어 가 '리스트에 비견하는 명연주가'라는 명성을 얻었다. 클라라 슈만은 슈만 및 브람스 해석자로서도 유명하다.

31

클라라 슈만

"훌륭한 음악에 대한 감이 사라진 음악가들이 안타깝다.
이제 공식 연주를 덜 하면 할수록 나는 그 모든 기계적인 거장의 연주가 더 싫어진다!"

"리스트에게서 소나타 소포." 1854년 5월 26일 슈만의 집 가계부
에는 이렇게 적혀 있다.[744] 당시 엔데니히에서 치료를 받고 있던 집주인
슈만을 대신해 이것을 기록한 요하네스 브람스는 우송료 6그로셴이 들
었다고 꼼꼼히 덧붙여 놓았다. 그 전날 클라라 슈만의 일기는 이렇다.

리스트가 오늘 로베르트에게 헌정한 소나타와 다른 몇 곡을 보내왔다. 내게
쓴 친절한 편지와 함께. 그런데 끔찍한 곡들이었다! 브람스가 내게 들려주
었는데 나는 정말 말문이 막혔다. (…) 그냥 완전한 소음이었다. 건강한 생각
은 하나도 없고, 모든 게 혼란스러웠고 분명한 화성 진행도 하나도 없었다!
그런데도 이제 나는 감사를 표해야 한다. 정말 끔찍하다.[745]

클라라 슈만이 리스트의 피아노 소나타를 공식적으로 연주한 일은
결코 없을 것이다. 하지만 베토벤의 피아노 소나타 〈함머클라비어〉는
다르다. 우리가 오늘날 알고 있는 바에 의하면 클라라 슈만은 이 어려

운 작품에 도전한 아홉 번째 연주자다. 순서대로 나열하면 1839년 이그나츠 모쉘레스(연주 도시 미상), 1845년 펠릭스 멘델스존 바르톨디(프랑크푸르트), 1845년 루이즈 파랑Louise Farrenc(파리), 1848년 앙리 루이 스타니슬라스 모르티에 드 퐁텐Henri Louis Stanislas Mortier de Fontaine(프랑크푸르트 추정), 1850년 알렉산더 빌레Alexander Billet(런던), 1853년 아라벨라 고다르Arabella Goddard(런던), 1853년 프리드리히 마르푸르크Friedrich Marpurg(쾨니히스베르크) 그 다음이 클라라 슈만이다. 클라라는 이 작품을 1856년 초 라이프치히에서 연주했지만 언론은 특별한 반응이 없었다.[746] 보다시피 19세기 전반 이 작품에 도전한 연주자는 이렇게 몇 명 되지 않았다. 그나마 청중들에게 이런 까다로운 작품을 선보이는 모험은 음악 대도시에서나 감행할 수 있는 일이었다. 베토벤의 '극단'에 사람들이 조금씩 적응할 수 있을 거라는 기대에서 그랬을 것이다.

확실히 라이프치히는 이런 사정에 딱 들어맞았다. 라이프치히의 음악 문화는 이미 오래전부터 베토벤에 '꽂혀' 있었기 때문이다. 라이프치히에는 1837년 이래로 멘델스존 바르톨디가 이끄는 게반트하우스 오케스트라와 출판사 브라이트코프 & 헤르텔,《알게마이네 무지칼리셰 차이퉁》,《음악신보》가 있었으며 세네카의 "진정한 기쁨은 진지한 일이다Res severa verum gaudium"라는 말을 모토로 삼은 도시였다. 특히 세네카의 격언은 게반트하우스 오케스트라의 모토이자 유명한 피아니스트였던 클라라의 아버지 프리트리히 비크Friedrich Wieck의 모토기도 했다. 그럼에도 이 아버지는 귀여운 딸에게 대작들과 자신이 작곡한 소품들을 함께 연주하게 하는 것이 의미 있다고 생각했다. 이 아버지는 예술보다는 자극적인 것을 탐하는 청중과 베토벤이라는 천재를 생각하면 그래야 한다고 믿었다. 이 어린 딸이 베토벤 음악을 아직 이해할 수 없었겠지만 말이다.

클라라는 열두 살의 나이로 1832년 파리에서 첫 무대에 오르는데 6대의 피아노 연탄곡으로 편곡한 카를 마리아 폰 베버의 〈오베론 서곡Oberon-Ouvertüre〉을 연주하는 공연이었다.[747] 작은 도시일수록 다채로운 프로그램이 많은 청중을 모으기 위한 전제 조건이었다. 예컨대 튜링겐의 알텐부르크 같은 곳에서 1838년 초 클라라 비크는 막시밀리안 랑엔슈반츠와 공동 출연했다. 그는 클라라의 약혼자 로베르트 슈만의 지인이자 의사로 훗날 미국에서 대중들이 연호하는 주제마다 능숙하게 즉흥 연설하는 전문 연설가가 되었다.

클라라 비크는 라이프치히 게반트하우스 오케스트라에서 베토벤 교향곡과 실내악을 익힌다. 열세 살 때는 베토벤 피아노 3중주 c단조 op.1-3을 가지고 무대에 오르고 3년 후에는 피아노 소나타 〈열정〉을 선보인다. 클라라 비크는 베토벤의 피아노 소나타와 피아노 3중주, 피아노 협주곡으로 차근차근 연주 목록을 넓혀 갔다. 1837년 클라라는 "어린 천재 소녀에서 만만치 않은 거장으로" 이미지 변신에 성공한다. 그리고 어린 시절부터 달고 다닌 "까다로운 고전 음악, 특히 바흐와 베토벤 전문가라는 프로필"[748]을 더욱 부각하기에 이른다. 사정이 허락하는 대로 클라라는 연주 목록에 베토벤 작품을 넣었다. 이 밖에도 클라라는 1840년에 리스트가 베토벤 교향곡을 피아노로 편곡해서 대단히 능숙하게 연주했던 곡을 연습하기 시작하는데 너무 어려운 기교 때문에 절망하기도 했다. 당시 클라라는 리스트의 피아노 연주 기교에 매우 감명해 있었던 차였고, 리스트는 리스트대로 파리의 잡지 《르뷔 에 가제트 뮤지컬》에서 공개적으로 그녀를 칭찬했으며 앞에서 언급한 것처럼 종종 베토벤을 연주하던 때였다.

클라라가 연주자로서 제대로 인정받는 데는 1837/38년 빈에서의 공연이 아주 중요한 계기가 되었다. 클라라는 베토벤의 도시에서 여섯 번의 매진을 기록하며 청중들을 열광시켰다. 여기에는 어린 스타로서 클라라가 풍기는 인상과 진지한 연주 목록 그리고 특히 빈에서는 피아노 소나타 〈열정〉이 공식 초연이라는 사정도 한몫했다. 클라라는 훗날 리스트의 베토벤 연주를 두고 비극적 제스처를 살리려고 작품의 엄밀한 해석을 희생시켰다는 비판을 하는데, 피아노 소나타 〈열정〉을 연주할 당시 그녀도 결코 "고전적"이 아니라 "매우 계산된 극적 템포"로 "호프만적 의미의 낭만주의자"처럼 연주했던 모양이다.[749] 이러한 해석은 비평가들 사이에서 논란을 불러일으켰지만 베토벤이 아꼈던 피아니스트 도로테아 폰 에르트만에게서는 "빈에서 이토록 영리하고 훌륭한 연주는 없었다"[750]는 평가를 받았다. 편지로 이를 전한 프리드리히 비크는 딸과 마찬가지로 이 백작 부인이 자신과 딸에게 사적으로 피아노 소나타 〈월광〉를 시연할 때 보여 준 그 기이한 분방함에[751] 놀라워했다.

이런 사정을 보면 남아 있는 당시의 기록에 기대 특정한 연주 방식을 찾고 이를 넘어서 베토벤 의도에 부합하는 연주 방식인지까지 판단하는 것이 얼마나 어려운 일인지 알 수 있다. 그래서 우리는 차라리 작가 프란츠 그릴파르처의 문학적 반응에 기대려 한다. 그릴파르처는 클라라의 피아노 소나타 〈열정〉을 듣고《예술, 문학, 연극, 유행을 위한 빈의 잡지Wiener Zeitschrift fur Kunst, Literatur, Theater und Mode》에서 '클라라 비크와 베토벤'에 대해 다음과 같은 시에서 찬사를 보낸다.[752] 이 시는 앞서 일부 소개하기도 했다.

어느 마법사가 세상과 삶에 지쳐
투덜거리면서 자기 마법을
다이아몬드가 박힌 안전한 궤 속에 봉인하고
열쇠를 바다에 던져 버리고 죽었다

어중이떠중이가 열심히 애쓰지만

소용없다! 어떤 열쇠도 단단한 자물쇠를 열지 못한다

그의 마법은 주인처럼 잠잔다

마치 어린양 같은 아이가 해변에서 놀다가

이 부산한 우스꽝스러운 보물찾기를 보다가

소녀들이 그렇듯, 의미 있게 아무 생각 없이

하얀 손가락을 물결 속에 넣자

뭔가 잡혀서 건졌는데 열쇠였다!

소녀는 팔짝 뛰어오르고 가슴은 콩닥거린다

그 궤는 소녀에게 맞다고 눈을 껌뻑이는 것 같다

열쇠가 맞는다. 뚜껑이 철컥 열린다. 유령들

유령들이 튀어나와 공손히

우아한 순진무구한 여주인에게 엎드리고

그녀는 연주하며 유령들을 하얀 손가락으로 부린다

"소녀들이 그렇듯, 의미 있게 아무 생각 없이"와 같은 구절은 베토벤 소나타를 연습하는 데 드는 그 지난한 노고를 전혀 모르고 과소평가하는 듯 들린다. 그렇지만 이 시는 나름의 매력을 발산하는데, 가령 젊은 멘델스존 바르톨디가 현악 4중주 op.13에서 후기 베토벤에 기대는 저 순진함을 일깨우기 때문이다. 아마 위대한 음악을 이해하는 현명함은 학습이 아닌 타고나는 것인 듯싶다. 더 특이한 점은 그릴파르처가 클라라의 거장적 면모에 대해 한마디도 하지 않고 오히려 작품을 '여는 것'을 음악가의 과제라고 하는 부분이다. 그렇게 함으로써 그릴파르처는 작품에 '급하게' 다가가려는 데 익숙해 있는 연주자들을 비판한다. 우리는 어쩔 수 없이 소나타 〈열정〉과 〈템페스트〉의 열쇠를 떠올리게 된다. 안톤 쉰들러가 전해 준 베토벤의 말, "그냥 셰익스피어의《템페스트》를 읽으세요"의 그 열쇠 말이다(241쪽 참조). 그릴파르처는 이 말을 베토벤이 실제로 했든 안 했든 누군가의 말을 통해 전해 들었을 텐데 중요한 문제는 아니다. 이보다 중요한 것은 베토벤의 동시대인들이 늘 베토벤의 작품을 이해하기 위해 '열쇠'를 찾으려 했다는 사실이다.

그릴파르처에게 그 열쇠는 클라라의 손에 있다. 그는 훗날 음악 세계에서 그녀의 위상을 규정하게 될 특성을 강조하는데 '순진 무구한 여주인'에서 헤를로스존Herloßsohn의 《여성 대화 사전Damen-Conversationslexicon》(1838) 10권에 나오듯[753] '낭만적 음악 순례'에 나서라고 외치는 '사제'가 되는 길은 그리 멀지 않았다는 것이다. 클라라는 사제로서 음악 작품, 특히 베토벤의 작품에 피아노 건반의 사자(맹수)가 아니라 시녀로 다가갔다. 슈만 부부도 이와 비슷하게 생각했다. 클라라 슈만이 1841년 여름 첫 임신을 해서 공식적인 연주를 자제해야 했는데, 이때 남편 로베르트는 결혼 일기에 "클라라는 진정한 애정을 가지고 많은 베토벤 작품을 연습한다"라고 쓴다. 얼마 후 클라라도 그 일기에 이렇게 쓴다.

> 일요일 오후 (친구들 앞에서) 베토벤의 소나타 몇 곡을 연주했다. 하지만 예른스트 아돌프 베커도 카를 크레겐도 그런 베토벤의 소나타가 주는 즐거움을 느끼지 못했다. 그들의 교양은 진정한 음악보다는 거장의 연주에 맞춰져 있다. 예컨대 그들은 바흐의 푸가를 지겨워한다. (…) 이런 훌륭한 음악에 대한

• 교양에 관심 있는 시민층 여성들을 대상으로 카를 헤를로스존이 1834년에 만든 사교적 대화를 위한 교양 사전이다. 음악 분야에 로베르트 슈만도 필자로 참여했다.

감이 사라진 음악가들이 안타깝다. 이제 공식 연주를 덜 하면 할수록 나는 그 모든 기계적인 거장의 연주가 더 싫어진다![754]

이 점에서 클라라는 남편과 같은 의견이라고 생각했지만, 2년 전 '제2의 베토벤'이 되라는 그녀의 바람에 남편이 발끈했던 것도 이해가 간다. "그럼 정말 나는 당신을 잠깐이지만 미워할 수도 있어요"가 남편의 대답이었다.[755] 그 누구의 아류도 되기 싫다는 슈만의 고집일 뿐 클라라 슈만이 훗날 남편의 전폭적인 지원 아래 하나씩 하나씩 연습한 다음과 같은 베토벤 소나타를 들고 무대에 등장한다는 사실에는 변함이 없었다. 피아노 소나타 〈월광〉, D장조 op.28 〈전원〉, 〈템페스트〉, C장조 op.53 〈발트슈타인Waldstein〉, F장조 op.54, 〈열정〉, 〈고별〉, op.101, 〈함머클라비어〉, op.109, op.110[756] 등뿐만 아니라 수십 년에 걸쳐 〈에로이카 변주곡Eroica-Variationen op.35〉를 비롯해 피아노 협주곡 op.37, G장조 op.58, op.73으로 성공을 구가했다. 특히 슈만이 엔데니히 병원에서 치료를 받고 있던 힘든 시기에 클라라가 바이올리니스트 요제프 요아힘Joseph Joachim과 함께 순회공연을 한 것은 그녀에게 도움이 됐다. 이 둘은 바이올린 소나타 〈크로이처〉 외에도 베토벤의 다른 피아노-바이올린 소나타들을 연주했다. 슈만의 사후 둘의 공동 작업은 더욱 긴밀해 진다. 둘은 특히 베토벤의 실내악으로 영국에서만 1867년부터 1872년까지 80번 무대에 선다.[757]

클라라 슈만은 영국에서 큰 성공을 거둔다. 찰스 할리Charles Hallé(본명은 카를 할레Karl Halle로 독일 출신이다)가 런던 음악계에서 자신의 중요한 입지를 이용해 1861/62년에 베토벤 피아노 소나타 32곡을 전부 연주했는데, 이때를 기회로 클라라도 베토벤 작품을 영국에 소개했다. 당시 클라라에게는 이미 진정으로 깊은 예술가적 감성에서 베토벤을 해석한다는 명성이 따랐다.[758] 62년간 1312개의 연주 목록을 분석해 보면 클라라는 주로 베토벤을 연주했던 게 아니다. 차례를 매겨 보면 슈만, 쇼팽, 멘델스존, 베토벤, 바흐, 슈베르트[759] 순으로, 이 순서만 봐도 1869/70년 에두아르트 한슬리크의 말이 이해가 간다. "1850년대 중반 (특히 클라라 슈만의 공연 후에) 어떤 피아니스트도 바흐(때로는 스카를라티 혹은 헨델), 베토벤, 쇼팽, 슈만이 없는 프로그램을 들고나올 수는 없었을 것이다."[760]

물론 클라라 슈만에게는 다행스럽게도 할리 이후에 독일에서도 나흘 연속 베토벤 소나타 전곡 연주를 시작한 한스 폰 뷜로 같은 열성은 없었다. 뷜로가 다양한 사전 단계를 거쳐 1886년 라이프치히에서 전곡 연주를 시작했을 때 한슬리크는 이렇게 비아냥거렸다. "뷜로는 연주 목록을 순서에 따라 배열하여 이 공연의 교육적 의도를 강조한다. 베토벤이 어떻게 발전했는지 단순한 음악적 예를 드는 일종의 학문적 대화다."[761]

이런 식의 걸작에 대한 존경심은 클라라 슈만에게는 먼 것이다. 그럼에도 클라라의 예술성도 단순히 유행하는 것을 떠나 긍정적인 시각으로 옛 거장과 현대 거장을 지향하는 자신의 가치를 의식하는 기운에 싸여 있다. 클라라의 공연 연주 목록뿐만 아니라 1893~1896년 사이 제자들의 연주 목록이 이를 입증한다. 뮐리우스가에 있는 클라라의 집에서 규칙적으로 열린 연주회에서 연주된 작품을 일별해 보면 이렇다. 베토벤 스물여섯 번, 모차르트 열여섯 번, 슈만 열두 번, 하이든과 쇼팽 각각 여덟 번, 바흐 일곱 번, 브람스와 스카를라티 각각 네 번.[762] 이 목록에서 베토벤이 첫 번째 자리를 차지한다는 것 말고도 위대한 독일 음악의 정통성이 보이지 않는가? 클라라 슈만은 남편의 유산을 관리한 것이다. 슈만은 1848년 두 딸을 위해 작품들을 시대별로 정리해 두었는데, 집에서 연주용으로 편곡한 바흐와 헨델, 글룩, 하이든, 모차르트,

베토벤, 베버, 슈베르트, 슈포어, 멘델스존의 작품을 모아 놓아 음악사를 경험할 수 있었다.[763] 클라라 슈만은 자신보다 한 세대 아래라 할 수 있는 브람스와 함께 그가 '살아남을 것'이라고 했고 무엇보다 독일 예술 전통이 구현되어 있다고 생각하는 그런 음악들을 옹호했다. 클라라 슈만이 보기에 위선적인 바그너의 《파르지팔》이나 베르디의 오페라 《리골레토Rigoletto》 같은 작품을 그녀가 무시했다는 것은 놀라운 일도 아니다.

《리골레토》의 줄거리가 비도덕적인 것은 아닌지 꺼림칙해 한 클라라 슈만은 같은 이유에서 《코지 판 투테》와 《돈 조반니》를 의심스럽게 보았던 베토벤과 비슷하다. 그런데 베토벤을 "신처럼 존경한다"[764]는 클라라는 과연 베토벤 작품을 창작자의 의도대로 해석한 걸까? 이런 질문에 오늘날의 우리는 클라라 슈만의 제자들이 녹음한 연주를 가지고 접근하려 하지만 그 대답 역시 어디까지나 추측일 뿐이다. 증명된 것은 클라라 슈만이, 젊은 그리고 중년의 리스트의 과도한 태도를 거부했다는 것이다. 그리고 빠른 연주 속도도 확인되는데 이를 빌미로 보수적 성향의 안톤 쉰들러 같은 비평가는 부적절하게도 클라라의 연주가 거장적 면모를 지녔다고 오인하게 된다. 세세한 개별 연구를 아무리 존중한다고 해도, 그저 추측에 빠지지 않기 위해 우리가 의존할 수 있는 것은 역사적으로 전해진 한 피아니스트의 매우 불확실한 인상뿐이다. 클라라는 정신적 요소를 최상의 원칙으로 삼았고 그 철저히 계산된 연주에 비할 바 없는 시를 더하려고 했던 굳건한 예술관을 가진 예술가였다.[765] 그녀의 연주가 부정적인 의미에서 '여성적'이라는 평가를 받은 적은 결코 없었다. 시간이 갈수록 사람들이 더 칭찬하거나 비난한 것은 오히려 클라라의 '남성적'인 면이었다.[766]

아르투어 슈나벨 Artur Schnabel(1882~1951)

오스트리아의 피아노 연주자이자 작곡가로 유럽과 미국에서 활약해 위대한 피아니스트 중 사람으로도 꼽히는 슈나벨은 특히 베토벤, 슈베르트, 브람스의 작품에 뛰어났다. 베를린 국립 음악 학교와 미국 시카고 대학, 미시간 대학에서 강의했다.

32

아르투어 슈나벨

"나는 매우 자주 이 편집본의 운지법을, 공부하는 학생들이 잠시 멈춰서
한동안 깊이 생각하게끔 하려는 의도로 선택했다."

클라라 슈만에서 아르투어 슈나벨(1882~1951)에 이르는 길은 요하
네스 브람스를 거친다. 1882년 폴란드 남부 갈리시아에서 태어난 신동
은 학업을 위해 어머니와 함께 빈으로 이주했는데 거기서 열두 살 소년
은 브람스를 알게 된다.

제가 어린 소년이었을 때 (…) 브람스와 그의 동료들과 몇몇 일요일을 함께
보내는 특권을 누렸습니다. 우리는 아침 8시에 빈 오페라 극장 건너편에 있
는 전차 정거장에서 만났고, 말 한 마리가 끄는 전차를 타고 시 외곽을 거쳐
종점까지 가서 거기서부터는 걸어갔습니다. 브람스는 저를 한결같이 대해
주었죠. 식사 전에는 배고픈지 물었고 식사 후에는 배부르게 먹었냐고 물었
습니다. 그게 브람스가 저에게 매번 했던 말의 전부였죠.[767]

1939년 미국으로 망명한 피아니스트 아르투어 슈나벨이 시카고 음
대생들에게 한 열두 번의 강연에서 소개한 자전적 이력이다. 몇몇 슈나

벨의 전기 작가들과는 달리 자신이 브람스의 제자이기도 했다는 허세 부리는 주장을 하지 않는 데 용기를 얻어 나는 슈나벨의 베토벤 이해를 이 회상에 의존해 서술하려 한다. 이 회상은 그 상세함과 위트 그리고 자신의 운명을 한탄할 충분한 이유가 있었음에도 푸념하지 않는 슈나벨의 태도가 깊은 인상을 줬다. 1933년 성공의 정점에서 슈나벨은 유대 혈통 때문에 독일을 등져야 했다. 84세 노모는 빈에 남았다가 테레지엔슈타트 집단 거주지로 이송되어 1942년에 사망했다. 그녀의 아들은 다행히도 우선 이탈리아에서 그 후에는 미국에서 경력을 이어 갔다.

슈나벨도 클라라 슈만처럼 신동으로 시작하지만 전혀 다른 인생행로를 걷는다. 클라라는 음악적으로 활발하지만 긴밀한 사회적 분위기의 라이프치히에서 성장한다. 매우 친밀했던 아버지와 딸에서 아내와 여러 아이를 둔 어머니로서의 삶을 이어 간다. 남편의 자살 후 아이들과 남겨진 클라라는 처음에는 연주회로 그 후에는 음악 교습으로 가족의 생활비를 마련하며 40여 년의 세월을 보냈다. 국제적으로 요청이 많은 피아니스트라면 당연히 있어야 할 세계를 향한 개방성의 그 피안에서 자유로운 삶과 문화, 사회 현상 일반에 관심을 두기 위한 시간도 공간도 클라라에게는 없었다. 반면 슈나벨의 회상에서는 그런 것을 느낄 수 있다. 굳이 따지자면 14세로 학력이 끝나는데 1898년, 즉 16세에 슈나벨은 빈에서 신중하면서도 놀라운 자신감으로 대중을 향해 움직이고 있었다. 슈나벨은 예술가의 길을 탐색하며 작곡과 연주회를 했다. 19세에 자신의 이름으로 공연을 열었고 2년 후에는 지휘자 아르투르 니키슈와 협연으로 베를린, 함부르크, 라이프치히에서 브람스 피아노 협주곡을 공연했다.

회상에서 처음으로 베토벤을 언급하는 시기는 슈나벨이 독주자로서 활동하던 초기로 궁벽한 지방에까지 내려가 연주를 했다. 어느 위

수지에서 베토벤 피아노 소나타 op.101을 연주했는데, 섬세한 1악장이 연주되는 동안 계산을 맡았던 퇴역 상사가 "구리 동전과 은 동전을 사기 접시 위에 던지면서" 수입을 세는 바람에 슈나벨의 연주 경력 중 "공연 분위기를 가장 성공적으로 방해하는" 일을 했다.[768] 슈나벨은 이 일화를 얘기하면서도 자기 비하적 태도를 보이지 않는다. 예술의 성자나 극적으로 자신을 표현하는 배우처럼 모욕당했다는 듯 행동하지 않는다. 성스러운 게 있다면 그것은 베토벤 음악의 텍스트다. 그 텍스트를 안전하게 보존하고 해석하는 것이 관건이다. 이 보존에 관해서라면 슈나벨은 그 전에 한스 폰 뷜로가 베토벤 판본을 낼 때 했던 것보다 근본적으로 훨씬 더 철저하게 행동한다. 슈나벨은 1924년부터 울슈타인 Ullstein 출판사를 위해 편집한 베토벤 피아노 소나타 32곡 전곡과 《디아벨리 변주곡》에 대해 이렇게 쓴다.

나는 가능하면 많은 원본을 손에 넣으려고 애를 썼다. 베토벤이 교정하고 감수했던 원고, 필사본, 베토벤이 교정판을 검토했던 초판, 재판 같은 것들 말이다. 친필 악보와 베토벤이 요약본을 검토했던 출판본이 다르게 읽힐 수도 있을 경우 나는 출판본을 선택했다. 베토벤은 악보를 쓸 때 늘 꼼꼼하지는 않았는데 교정본을 받게 될 것을 알고 있었기 때문이다. 내가 기재한 것은 모두 소문자로 써서 베토벤 것과 구별했다. 의심스러운 부분에 대한 지적은 각주로 처리했다. 나는 매우 자주 이 편집본의 운지법을, 공부하는 학생들이 잠시 멈춰서 한동안 깊이 생각하게끔 하려는 의도로 선택했다.[769]

"멈춰서 한동안 깊이 생각하게끔 하려"는 생각은 슈나벨의 편집 작업을 의미 있게 만든다. 훈련받은 청자도 악보를 읽는 다른 방식의 도입이 왜 음악을 미학적으로 수용하는 데 중요한지 보통 잘 이해하지 못한다. 기존 방식과의 차이는 흔히 미미하고, 피아니스트가 누리는 해석의 자유에 비하면 크게 중요하지도 않다. 하지만 해석자가 주어진 악보를 어떻게 이해하는지, 처음부터 엉터리로 대하는지 혹은 매 음표를 진지하게 받아들이고 그것에 대해 '생각'하는지는 중요하다. 단도직입적으로 말해 이런 직업 윤리로부터 작품을 단순히 자신이 가공할 재료나 토대로 여기지 않고 작품 속으로 생각해 들어갈 준비가 된 해석이 나온다. 이에 따라 교사로서 슈나벨은 아마도 다른 동료들보다도 더 엄격하게 단순한 기계적 연습을 반대했다. 같은 맥락에서 슈나벨은 〈음악에 대한 고찰〉을 통해 "더 높은 정신적 단계"로 올라가려는 음악가의 "개인적 열의"[770]를 이야기하면서 이와 비슷한 이유로 해석자의 자아뿐만 아니라 작곡가의 자아로부터 "분리해" 들어야만 하는 "절대 음악"[771]을 옹호한다. 이는 성직자의 임무라기보다 전적으로 작품에 대한 해석자의 책임감에 기인하는 것이다. 슈나벨은 시카고 강연에 덧붙여 이렇게 말한다.

> 많은 예술가들이 자신을 메시지 전달자나 선교사라고 생각해 자신들이 사람들에게 구원을 가져다주고 그들을 교화해야 한다고 생각합니다. 저는 그렇게 생각하지 않습니다. 사실 이 문제는 제게 아무래도 상관없는 것입니다.[772]

이런 문맥에서 제1차 세계대전 직후 슈나벨의 회상은 생각해 볼 가치가 있다. 슈나벨은 시카고에서 청중들에게 이야기했다. 1918/19년 시기 슈나벨이 가혹한 조건에서도 공연 의무를 즐겁게 이행했던 것은 이상주의적 믿음으로 호의를 가지고 지켜보던 반군주제 혁명에 힘을 보태려 했기 때문이 아니라 베토벤, 슈베르트, 쇼팽으로 의미를 구축하는 일을 생의 과업으로 여겼기 때문이라고 했다.

슈나벨은 공연할 때 해석자는 작품 뒤로 물러나야 한다는 인상을 전달하려 했고 실제로도 그렇게 했다고 그의 연주를 들은 증인들은 확언한다. 그는 청중을 감정적으로 자신에게 묶어 둘 필요를 느낀 적이 없었다. 이런 이유로 슈나벨은 미국 청중들에게는 수줍어하는 듯이 보였고 공연 기획자들에게는 비전문적으로 보였다. 아르투르 루빈슈타인조차도 자서전에서 슈나벨의 연주는 "지적이고 융통성 없는 의도 때문에 자신을 결코 설득시키지 못한다"[773]라고 평가했다. 2016년 피아니스트 메나헴 프레슬러는(412쪽 참조) 전혀 다른 견해를 보인다.

> 내가 (젊은 시절 이스라엘에서) 들은 연주 중 완전히 은밀하고 환상적이었던 것은 슈나벨의 연주가 유일했다. 나는 그의 틀린 악보가 맘에 들었다. (…) 그는 영감을 구했고 찾았다. (…) 내가 제대로 슈나벨을 발견한 것은 베토벤의 네 번째 피아노 협주곡에서였고 이때 감격은 그대로 남아 있다.[774]

미국 청중에게 슈나벨의 충실한 작품 해석은 너무 과하다는 인상이 지배적이었던 모양이다. 오늘날 1930년대 슈나벨의 녹음 음반을 들어 보면 당연하고도 다행스럽게도 그 완고함을 충분히 느낄 수 있다. 슈나벨의 베토벤 피아노 소나타 악보 편집도 이와 유사하다. 이 악보는 당대 수준에 비춰 봤을 때 순수한 악보라는 측면에서 거의 완벽하게 진본의 이상에 부합했다. 그에 반해 청자들에게 주는 인상에 미치는 결정적 요인인 뒤나믹Dynamik(강약법), 아고긱Agogik(속도법), 프레이징phrasing(선율을 자연스러운 의미 단위로 구분하는 것), 메트로놈과 페달 사용법 같은 요소들은 편집자가 덧붙였음에도 암시적인 힘을 느끼게 하기에 충분했다. 이 악보를 사용하는 사람 중 누가 거장 아르투어 슈나벨이란 권위를 거스를 수 있겠는가! 메트로놈과 관련해서 (전체 경향에서는 호의적인) 알프레드 브렌델의 비판이 제기되었다. 슈나벨이 베토벤의 피아노 소나타 〈함머클라비어〉 메트로놈을 곧이곧대로 받아들인 결과는 과도하게 질주하는 템포라는 것이다.[775] 이와 관련한 "템포를 이런 메트로놈 박자로 지시하기에는 베토벤은 들을 수 없지 않았나"는 잘 알려진 반문에 대해 슈나벨의 제자 콘라트 볼프Konrad Wolff는 스승의 멋지지만 그리 설득력은 없는 대답을 전해 준다. "하지만 눈이 멀지는 않았었지."[776]

브렌델은 슈나벨이 빠른 템포로 브렌델 자신을 불편하게 자극하는 '충격적 효과'를 노리고 있다는 입장이다. "나한테 슈나벨은 거의 스포츠 같다."[777] 실제로 슈나벨의 메트로놈 지시는 때로는 동일한 악장에서도 매우 빠르게 교체되는 것이 눈에 띈다. 예컨대 피아노 소나타 E플랫장조 op.31-3 시작 부분에서 "템포에 관한 규정 안에서 19마디에 메트로놈 지시가 여섯 번 이상이나 나온다."[778] 이와 같은 제안들은 항상 "사안에 입각한 근거 있는" 것임이 드러난다. 그것은 "아주 특정한 미학적 기능"[779]을 수행하기 때문이다. 한 전문 연구의 결과로 물론 이것도 해석의 해석 이상일 수는 없다. 클라라 슈만의 경우와 별반 다르지 않게 이와 관련된 질문들은 미결로 남을 수밖에 없고 그래도 된다. 해석 스타일에 대한 세밀한 인식은 편집된 악보에서도 수십 년 된 녹음 음반에서도 얻을 수 없다.[780] 이 자료들도 다소간 근거가 있는 추측을 위한 단순한 출발점이 될 뿐이다. 음악 평론가 요하힘 카이저Joachim Kaiser는 음악가별로 구절들을 어떻게 받아들이는지 적확하게 기술한 바 있다. 전체 성격을 규정할 때는 카이저도 매우 조심스러웠다. 음악 비평과 음악학의 다양한 추측은 무엇보다 '진정한' 미학에 대해 우리 스스로 생각해 보게끔 만든다는 데 그 의의가 있다. 아마 아르투어 슈나벨도 그렇게 생각할 것이지만 우리는 다시 한번 베토벤 피아노 작품을 전파한 사람으로서 그를 평가하고자 한다. 1932~1935년 슈나벨은 런던 에비 로드 스튜디오Abbey-Road-Studio에서 베토벤 피아노 작품 전곡을 최초로 녹음했다. 전집 앨범 〈히스 마스터스 보이스His Master's Voice〉는 소나타 리사이틀까지 포함해 총 102장이었으며 78회전 셸락shellac• 레코드로 양면 녹음되었다.

슈나벨은 1933년 4월 28일 베를린에서 베토벤 피아노 소나타를 연주했다. 독일에서의 마지막 연주였다. 피아노 소나타 op.111의 마지막 화성과 함께 7일 밤 동안 펼쳐진 소나타 32곡 전곡 연주가 마감된다는 것을 슈나벨은 잘 알고 있었다. 이는 동시에 '제3제국'에서의 마지막 경력이었다. 본래 이 연주 전체는 제국방송을 통해 중계될 예정이었으나 마지막 3개 공연의 중계를 방송국에서 거부했다. 국가사회주의자들의 '권력 장악'은 같은 해 1월부터 문화계와 정신계에도 급속히 영향을 뻗쳤고, '유대인' 슈나벨이 눈엣가시였던 자들은 비록 질투심에서였을지라도 일사천리로 독일 문화에서 '다른 인종'의 영향을 '제거'하려는 기회로 삼았다. 슈나벨이 무엇보다 베토벤과 슈베르트, 브람스의 해석자로서 유명했고 새로 등장한 권력자들이 증오했던 현대 음악은 (슈나벨은 여기에 호감을 느끼긴 했지만) 거의 연주하지 않았다는 사실은 별로 중요하지 않았다. 이제는 '독일적인 것을 독일인이 연주한다'는 무식한 원칙만 통용될 뿐이었다. 슈나벨의 기억에 의하면 이 방송의 두 책임자가 방송 중단에 "매우 감상적이고 곤란해하는" 반응을 보였으나 그에게는 "내 마지막 공연이 중계되지 않는다는 말은 한마디도 하지 않았다"고

• 셸락이란 패각충이 분비하는 수지 물질로 염색 재료나 니스 등의 원료로 쓰인다. 우리가 보통 유성기 음반이라 부르는 것이 곧 셸락 레코드다. 음반 1면당 녹음 시간이 대략 3분에서 3분 30초 정도이며, 잡음이 많아 사용이 중단되었다.

카를 슐뢰서Karl Schlösser, 〈피아노에 앉은 베토벤〉, 1890

한다.[781]

　슈나벨은 이미 1927년에 베토벤의 피아노 소나타 전곡을 당시 에르빈 피스카토르Erwin Piscator가 이끄는 베를린 민중 극장에서 연주한 바 있었다. 이 몇 해 전에 슈나벨은 이른바 노동자들의 모금을 통해 설립된 이 극장의 회원들을 위해 연주하기도 했으나 새로 권력을 잡은 자들이 이 극장을 폐쇄하고 말았다. 망명 후에 슈나벨은 피아노 소나타 전곡 연주 공연을 1934년 런던에서 그리고 1936년 뉴욕 카네기 홀에서 가졌다.

　왜 공연에서 라벨이나 드뷔시는 연주하지 않느냐는 한 시카고 관객의 질문에 슈나벨은 이렇게 대답했다. '오늘날' 그러니까 1945년 "내 견해로는 연주될 수 있는 것보다 더 훌륭한 음악만"이 그에게 자극을 준다며 "내게 숙제를 주지 않는 음악, 영원히 그치지 않을 숙제를 주지 않는 음악에 (이게 맞든 틀리든 간에) 나는 별로 관심이 없다. (…) 이것은 절대로 파악할 수 없는 질적인 영역이다."

엘리 나이 Elly Ney(1882~1968)

나폴레옹과 영국 네이 장군의 후손이기도 한 엘리 나이는 1905년에 데뷔한 후 쾰른 음악 대학, 잘츠부르크 모차르테움 음악원 등에서 후진 양성에 힘쓰는 한편 활발한 연주 활동했다. 음반 활동도 꾸준히 했는데 베토벤의 협주곡과 소나타를 특히 많이 녹음했다. 그중 베토벤 피아노 소나타 음반의 맨 마지막 트랙에는 '하일리겐슈타트 유서'를 직접 낭독한 녹음이 담겨져 있기도 하다.

엘리 나이

"엘리 나이는 피아노 소나타 op. 111을 영웅적인 태도보다 이 예술가에게 무한히 더 잘 어울리는,
거대하고 의연한 고독으로 해석해 연주한다."

아르투어 슈나벨과 엘리 나이, 1882년 같은 해에 태어난 두 예술
가는 젊은 시절 개인적으로나 사상적으로 항상 마주쳤다. 1921년 11
월 테레제 베어 슈나벨Therese Behr-Schnabel이 노르웨이 순회공연 중인 남
편 아르투어 슈나벨에게 보낸 편지의 추신에는 "엘리 나이가 미국에서
굉장한 성공을 거둔다고 해요. 평도 너무 좋아요. 미국인들은 생김새는
물론 헤어스타일까지 그녀의 모든 것에 감탄한다네요."[782] 한 달 후 슈
나벨은 뉴욕에서 아내에게 쓴다. "(바이올리니스트 프란츠 폰) 벡세이Franz von
Vecsey 실패. 엘리 나이는 처음에만 성공. 슈트라우스는 기획사에 엄청
난 금전적 손실. (성악가) 엘리자베트 슈만Elisabeth Schumann은 보수는 받
겠지만 아무것도 아니고. (…)"[783] 다정하고 긴 이 편지에서 슈나벨은 몇
장 후에 다시 경쟁자 엘리 나이에 대해 작은 것 하나까지 세세히 다루
면서 특히 요제프 레빈Josef Lhévinne과 빌헬름 바크하우스Wilhelm Backhaus
를 칭찬한다. 그리고 이렇게 말한다. "나이, 너무 무절제하고 신뢰가 안
가지만 때로는 매우 예술적."[784] 나이가 이때 뉴욕 공연에서 피아노 소

나타 〈월광〉, 〈열정〉, 〈함머클라비어〉, 피아노를 위한 6개의 변주(무슨 곡이었는지 기록이 없다), 〈안단테 파보리Andante favori F장조 WoO 57〉을 연주한 것을 두고 한 말이다. 나이는 이런 거창한 연주 목록에도 불구하고 45분에 이르는 앙코르 연주도 마다하지 않았다.

1928년 아르투어 슈나벨이 죄킹엔 슈타른베르크 호수에서 휴양할 때 경쟁자 나이를 한 번 더 마주치고 아내에게 이런 편지를 쓴다. "어제 길에서 엘리 나이를 만났어. 속절없이 어린애 같은 게 그녀의 최고의 장점이야."[785]

엘리 나이가 어쨌건 쉰이나 되어서도 국가사회주의 정권에 금세 매달렸다는 것을 이런 '속절없이 어린애 같은'이라고 표현된 성격을 통해서도 알 수 있겠다. 다만 전체 사회적·정치적 문맥이 그토록 끔찍하지 않았다면 말이다. 우리는 나치 치하에서 출판 금지를 당한 작가이자 외교관이었던 빌헬름 하우젠슈타인Wilhelm Hausenstein의 이런 말을 음미해 볼 수도 있다. 종전 반년 후 하우젠슈타인은 일기에 이렇게 쓴다.

엘리 나이는 재능이 있지만 멍청한 예술가의 표본이다. 그녀의 히틀러주의는 (약간 히스테리가 뒤섞인) 누가 봐도 알 수 있는 멍청함이고, 굳이 용서해야 한다면 그 멍청함을 봐서 부분적으로 용서할 만하다.[786]

만일 엘리 나이의 활동에서 베토벤 숭배와 국가사회주의적 전쟁 이데올로기의 끔찍한 결합이 특별히 드러나지 않았다면 우리는 그녀를 기회주의적인 동료들보다 더 엄격하게 단죄하지는 않았을 것이다. 제국 음악성 장관 페터 라베Peter Raabe를 기념하기 위한 논문집에서 엘리 나이는 1942년 루트비히 판 베토벤을 다음과 같이 '되살리면서' 고백한다.

단호한 투쟁의 의지와 놀라운 승리의 확신이 베토벤의 작품에서 우리에게 뿜어져 나온다. 그 작품들은 우리가 오늘날에도 강력하게 체험하는 긴장과 동요를 반영한다. 우리 병사들의 편지는 전투의 와중에도 베토벤 음악이 주는 감동과 열광적인 전투에서 승리의 의지를 강화시켜 주는 영원한 법칙의 준엄한 표현에 사로잡혀 있다는 것을 증명한다.

최전선의 어느 병사는 이렇게 썼다. "전투 중에 베토벤에 대한 기억이 떠오를 때면 우리가 마치 그를 방어하는 것 같은 기분이다." 어느 폭격기 조종사는 이렇게 썼다. "급강하 폭격기 슈투카Stuka 공격 후 저녁 라디오에서 우연히 〈에로이카〉를 듣게 되었는데 나는 이 음악이 우리의 전투를 확인시켜 주고 행동을 신성하게 해 주는 것임을 분명히 느꼈다."

우리 시대 거대한 싸움, 우리 독일 영혼과 문화의 원수들에 저항하는 아직 남아 있는 선한 힘들의 거대한 분출은 이 투쟁의 희생자들을 놓고 볼 때 신성한 독일적 존재에 치명적이고 파괴적인 힘에 대한 거부와 말살에서 그 깊은 정당성을 얻는다.[787]

엘리 나이는 같은 편지 구절을 그 직후 《음악신보》 기고문 〈엘리 나이가 독일 장병들에게 쓴다〉[788]에서도 인용한다. 엘리 나이는 당시 파괴된 도시의 부상당한 병사들 앞에서 지치지 않고 '그녀의' 베토벤을 연주했다. 엘리 나이는 군대 위문 공연으로 2급 전쟁 공로 훈장을 받았고 없어서는 안 될 예술가의 영예 명단•에 등재 되었다. 나이는 전후에도 이런 '직업 윤리'를 충실히 지키면서 '사마리아인 활동'을 때때로 감옥에서 이어 갔다. 예컨대 1953년 소년 범죄 수용소 헤르포르트에서

• Gottbegnadetenlist. 제2차 세계대전 말인 1944년 괴벨스와 히틀러는 나치 정권에 중요한 예술가를 선별해 1041명의 명단을 작성한다.

엘리 나이를 만날 수 있었다. 엘리 나이는 여전히 공연 중에 촛불을 밝히고 베토벤의 하일리겐슈타트 유서를 낭독했다. 사후 출시된 한 음반에서 확인할 수 있다.[789] 베토벤의 도시 본은 종전 후 1952년까지 나이의 공연을 금지했지만 이후 다시 명예와 상이 쌓였다. 예술가적 행적으로 보면 엘리 나이는 매우 문제적인 인물이지만 피아니스트로서는 인정받을 만하다. 아르투어 슈나벨과 엘리 나이의 인생 여정이 서로 갈리고 피아노 연주 스타일에서도 각각 소박한 태도와 예식적 태도로 서로 다르지만, 피아니스트로서의 직업 윤리에서 둘은 한 치의 양보도 없었다. 작품의 엄밀한 해석이란 점에서도 그렇다. 정치적으로 구제 불능처럼 보이는 엘리 나이는 베토벤 이해와 관련해 늘그막에 성숙해 진듯하다. 베토벤 피아노 소나타 op.111을 녹음한 두 음반을 통해 1936년과 1958년의 해석을 비교해 볼 수 있다. 76세의 엘리 나이는 이 작품을 "영웅적인 태도보다 이 예술가에게 무한히 더 잘 어울리는, 거대하고 의연한 고독으로 해석해 연주한다. (⋯) 엘리 나이의 연주는 거장의 의도와는 상관이 없다. 그녀는 (⋯) 시간을 피아노 연주가 아니라 표현, 평정심, 경건함으로 변화시키려고 한다." 요아힘 카이저는 같은 문맥에서 베토벤 피아노 협주곡 op.73을 예로 들며 엘리 나이의 내면성과 감상적인 효과를 구하는 게 아니라 순수한, 즉 좋은 소리를 내는 이른바 현명한 감정을 표현하려는 시를 위한 노력을 칭찬한다. 이런 감정을 추구하다 보니 (전문가들의 견해로 슈나벨 미학의 척도가 되는) "작품 전체의 연관성이 사라지게 되는" 결과에 이르기도 한다.[790]

예술가로 사는 내내 엘리 나이는 베토벤, 슈베르트, 브람스, 모차르트를 연주했다. 현대적인 작곡가는 말할 것도 없이 라벨과 드뷔시는 전혀 연주하지 않았다는 점에서 슈나벨과 같다. 이 둘은 위대한 독일 레퍼토리에 헌신했고 그럼으로써 특별한 소명을 띠고 있음을 천명했다.

이러한 것을 인제 와서 흠잡으려는 것이 아니다. 다원적이고 다문화적 사회에서도 각자의 정체성을 가지고 사는 예술가와 예술가를 추종하는 사람들의 정체성이 곧 자신의 정체성인 예술가가 있을 수도 있고, 있어야만 한다. 그러나 결정적인 것은 모든 예술가적 정체성이 그 권리를 누리는 사회인가 하는 문제다.

2016년 《엘리 나이와 칼로베르트 크라이텐: 하켄크로이츠 하의 두 음악가》라는 제목의 연구서가 출간되었다.[791] 이 연구는 젊은 나이에도 성공 가도를 달리던 피아니스트 칼로베르트 크라이텐Karlrobert Kreiten을 주목한다. 그는 1943년 1월 본의 베토벤 홀에서 공연했고 같은 해 정치적 성향을 보이지 않았음에도 국가사회주의 정권에 대한 '선동' 혐의로 27세에 베를린 플로첸제 교도소에서 처형당했다. 진부한 항의를 자제하면서 이 연구의 저자는 어느 예술가는 가해자로 활동할 수 있게 하고 어느 예술가는 희생자로 끝나게 하고 마는 독재 정권이 사회에 초래한 치명적 영향을 조명한다. 베토벤 예술이 처음부터 아무나 자신의 목적을 위해 이용할 수 있는 정치적 사안이 되었던 것에 대해 그도 책임이 있는지 논쟁할 수도 있겠다. 그러나 우리는 국가사회주의 권력자들과 그 추종자들이 베토벤 필생의 자유, 평등, 형제애의 이상을 자신들의 이데올로기에 종속시키려 안간힘을 썼다는 사실을 끔찍하게 생각해야만 한다.

• 나치의 상징으로 갈고리 십자형 휘장을 말한다.

프랑스에서 베토벤

로맹 롤랑 Romain Rolland(1866~1944)

롤랑은 1866년 프랑스 클람시에서 태어나 역사를 전공하고 1895년 예술 박사 학위를 받았다. 1915년《장 크리스토프》와《싸움을 넘어서》로 노벨 문학상을 받았고, 1944년 베즐레에서 사망했다.

34

로맹 롤랑

"베토벤을 힘닿는 한에서 최고의 고귀한 인간으로 증명해 보이려는 그 '의도'가
거부감을 느끼게 한다."

1890년과 1914년 사이의 프랑스. 세기말, 염세주의, 데카당스, 종
말론 이런 단어들은 회의에 휩싸인 문화적 분위기를 표현하지만 또 한
편으로는 정치적 함의도 지니고 있었다. 1870/71년 독일에 패전하고
드레퓌스 사건으로 국가 기관이 사법적 불의를 조장함으로써 외적 안
보와 내적 법치주의라는 제3공화국의 토대는 허약해졌다. 일부 젊은이
들은 이런 우울한 전반적인 시대 분위기에 맞서려 노력했다. 그중 지식
인들과 예술가들은 유토피아적 사회주의에 끌렸는데 프랑스에는 이미
생시몽주의라는 사회주의의 선례가 있었다. 젊은 리스트도 이런 운동
을 지지했다.

이상주의적 신념을 가진 젊은이들이 그들의 전범을 한 작곡가, 다름
아닌 베토벤에게서 찾았다는 것은 문화사적으로 그야말로 전례가 없는
매우 놀라운 일이다. 더욱 놀라운 사실은 오늘날의 연구에 따르면 파리
의 예술가와 지식인층에 그야말로 대단한 베토벤 열풍을 일으키고 베
토벤을 주제로 한 수많은 예술 작품의 탄생을 이끈 주역이 그리 눈에

띄지도 않는 작은 책이라는 것이다. 이 작은 책은 다름 아닌 로맹 롤랑의 《베토벤의 생애》로 1903년 격주간지 《레 카예 드 라 켕잰Les Cahiers de la Quinzaine》에 발표한 뒤 출판된 것이다. 샤를 페기Charles Péguy가 발행한 이 잡지는 정기 구독으로 운영되었다.

페기는 출판업자라기보다는 좌파 사상가였는데, 드레퓌스 사건에서는 단호하게 체제 비판자 에밀 졸라 편에 섰으나 후에는 사회적 진보가 뒤따르지 않는 데 실망해 신비주의적 가톨릭으로 노선을 변경했다. 평화주의자 루시앵 에르Lucien Herr의 주선으로 두 사람은 만나게 되었다. 페기는 롤랑과 마찬가지로 선동적인 역사극을 통해 프랑스라는 국가에 자신의 옛 가치를 재고해 보라고 호소하려는 어쩌면 무기력하게 보이는 시도를 공유하고 있었다. 《베토벤의 생애》는 페기에게는 출판업자로서 첫 성공이었고 로맹 롤랑에게는 작가로서 자신을 제대로 알리는 계기가 되었다. 7년 후 페기는 이렇게 회고했다.

> 이 작은 책이 어떤 돌연한 계시였는지, 처음부터 끝까지 어떤 감정을 불러일으켰는지, 마치 파도처럼 보이지 않는 물결처럼 얼마나 빨리 퍼져 나갔는지 우리 독자들은 아직도 똑똑히 기억하고 있다. 너무나 갑자기 일순간 마치 모든 사람 눈에 보이는 계시처럼 하나가 되어 하나의 의견으로, (…) 그것은 도덕적 계시였다. 분명한 예감, 폭로, 폭발, 도덕적 행복의 갑작스러운 메시지였다.[792]

롤랑은 다섯 살 때부터 베토벤 음악과 친숙해졌다. 소설가 슈테판 츠바이크Stefan Zweig가 쓴 롤랑의 평전에 따르면 어머니에게 피아노 교습을 받았던 이 아이는 '독일 음악의 옛 악보'를 발견하고 그것을 한 획 한 획 글자를 쓰듯이 피아노 건반으로 쳐 보았다. "사랑의 행복, 고통, 바람, 모차르트와 베토벤에 대한 꿈, 당신들은 나의 살이 되었다. 나는 당신들을 내 안에 집어삼켰다. 당신들은 내 것이고 당신들은 나다." 처음에는 모차르트의 음악이었는데 나중에 "회의와 절망의 위기"에서는 "(나는 아직도 분명하게 기억한다.) 베토벤의 어떤 멜로디가" 이 어린아이에게 "영원한 삶의 불꽃"을 불러일으켰다. "나의 정신과 마음이 메말랐다고 느꼈을 때, 내 곁에는 피아노가 있었고 나는 음악에 흠뻑 취했다."[793]

동시에 어린 롤랑은 두 번째 영웅으로 셰익스피어와 자신을 동일시했다. 셰익스피어의 전기가 잘 알려져 있지 않았던 탓도 있었겠지만 자신의 드라마가 별 반응을 얻지 못하자 롤랑은 바로 베토벤에 매진했다. 《베토벤의 생애》에서는 어린 롤랑의 심리보다 이 세대 전체를 아우르는 삶의 감정이 중요하다.

> 우리를 둘러싼 공기는 무겁다. 늙은 유럽은 탁하고 부패한 분위기에서 마비되었다. 그 조심스럽고 비루한 이기주의가 세상을 허덕이며 질식하게 한다. 세계는 숨이 막힌다. ─ 다시 창을 열어라. 신선한 공기가 흐르게 하자. 영웅들의 숨결로 우리를 휘감자![794]

한 음악가의 삶을 회상하는 일이 롤랑이 책 첫 부분에서 염원하는 이런 신선한 공기를 얻게 해 줄 것이다. 그 음악가는 대단한 승리를 거둔 전투도 세계사적인 일도 하지 않았지만 오직 마음으로 위대했던 사람, 선을 위해 고난을 받았고 오랜 수난을 겪었으며 "오랜 초인적 분투와 노력으로 마침내 운명을 극복하고 베토벤 자신의 표현에 따르면 가련한 인류에게 조금이라도 용기를 불어넣어 주는 임무를 완수한"[795] 사람이었다. 로맹 롤랑은 책 끝에 하일리겐슈타트 유서를 그대로 싣는다. 여기에 더해 고독과 절망을 말하는 편지, '운명에 저항하려는' 그리고 인류를 예술을 통해 더 높은 곳으로 이끌고자 결심하는 베토벤의 편지들도 인용한다. 로맹 롤랑에게 베토벤은 민중의 영웅이다. 베토벤은 민중의 고난을 귀족의 고난보다 더 가혹하게 느꼈기 때문이다.

당시 37세의 지적일 뿐만 아니라 매우 정치적 인물이었던 로맹 롤랑이 허구적 존재와 같았던 베토벤에 보였던 열정은 논외로 하더라도 《베토벤의 생애》가 불러일으킨 그 반향은 놀랍기만 하다. 10년 후 저술가 다니엘 알레비Daniel Halévy는 "광고 한 줄 하지 않았는데 마치 마법처럼 베토벤 삶에 대한 이 책이 한 권씩 한 권씩 팔려 나갔다"고 쓴다.[796] 같은 "베토벤의 삶"을 주제로 한 많은 책들에서 정치적 베토벤보다 "종교적·신비적 베토벤"[797]을 화두로 다뤘다. 롤랑의 작은 책은 그야말로 "경건한 경배의 지침서"[798]가 되었다. '불확실한 데카당스', 다시말해 드뷔시주의자들 혹은 펠레아트레Pelléastre(1902년 초연된 드뷔시의 오페라 《펠레아스와 멜리장드Pelléas et Mélisande》의 옹호자들)들과 달리 예술 비평가 레몽 브이에Raymond Bouyer는 베토벤을 이른바 모든 비신자들이 경배하는 1905년의 신이라고 말한다.[799] 예술 이론가 리치오토 카뉘도Ricciotto Canudo는 이런 문맥에서 베토벤 작품을 기존 세계관을 훨씬 뛰어넘는 세계를 이해하는 체계라는 의미에서 음악의 우주라고 본다.[800]

예술 영역에서도 경배자가 늘었다. 1905년 파리에서 피아니스트 에두아르 리슬러Édouard Risler는 일련의 기획 연주회에서 베토벤 피아노 소나타 전곡을 연주했다. 1906년부터 카페 4중주단Capet-Quartet은 수차례 베토벤 현악 4중주 전곡을 연주했다. 1909년 르네 포슈아René Fauchois는 베토벤이 아홉 개의 교향곡으로 거둔 아홉 번의 승리를 기념하기 위하여 오데옹 극장에서 드라마 〈베토벤〉을 공연했다. 조각가 앙투안 부르델Antoine Bourdelle은 로댕풍의 많은 베토벤 흉상을 제작했는데 베토벤의 실제 모습보다 이상적인 영원한 영웅의 이미지에 가까웠다.

현재 본의 베토벤홀에 있는 두상이 부르델의 작품이다.

이런 열광은 제1차 세계대전 초까지 계속된다. 저술가이자 좌파 정치인 레몽 라울 랑베르Raimond-Raoul Lambert는 1928년 참호 시절을 이렇게 회상한다.

> 더러운 배낭 속에, 수첩과 손전등 사이에 우리는 그토록 소중히 여겼던 《베토벤의 생애》를 간직했다. (…) 로맹 롤랑은 우리를 구원해 줄 수 있는 삶보다 강하고 죽음보다 강한 믿음을 가르쳐 주었다.[801]

반대편 진영에서도 이와 비슷한 현상이 나타난다. 국경 수비대 대위였던 음악학자 헤르만 아베르트Hermann Abert는 1925년 전쟁 초기 교향곡 3번과 5번, 9번과 관련해 이렇게 회상한다. "괴테와 함께 그 세 작품이 우리 병사들의 배낭 속에 있었다." 그는 훗날 음악 전문지에 전쟁을 회상하는 글을 발표하며 '패전' 이후 "거장의 저 영웅적인 격정은 너무 심하고 과도하고 참을 수 없기까지 하다고 생각했던 진지하고 사려 깊은 사람들"도 베토벤으로 돌아와야 한다는 희망을 변함없이 피력했다.[802]

제2차 세계대전에서도 이에 못지않은 기괴한 일이 연출된다. 1943년 점령지 파리에서 국가사회주의 문화 선전의 하나로 엘리 나이와 빌헬름 켐프가 참여한 베토벤 축제가 열렸다.[803] 반면 1년 후 빌헬름 푸르트뱅글러는 폭격으로 파괴된 베를린에서 베토벤 교향곡 5번으로 도덕적 기운을 북돋으려는 것은 아니지만 적어도 삶의 용기를 불어넣으려고 했다(45쪽 참조).

제1차 세계대전에서 병사들의 사기를 진작하는 데 하필이면 로맹 롤랑의 《베토벤의 생애》가 이바지했다는 것은 역사의 아이러니라고 할 수밖에 없다. 롤랑은 건상상의 이유로 군 면제를 받았다. 그는 스위스의 새 거주지에서 단호하게 평화주의와 민족 화해를 주장했고 그런 활동 때문에 시대 양심으로 여겨졌던 사람이 아닌가. 더구나 롤랑의 작은 책을 보물처럼 배낭에 넣고 제1차 세계대전에 참전했던 레몽 라울 랑베르가 제2차 세계대전에서 유대인이라는 이유로 나치에 의해 살해되었다는 사실을 확인하는 우리는 일말의 끔찍함을 느끼지 않을 수 없다. 로맹 롤랑과 엘리 나이, '좋은 사람', '나쁜 사람' 모두 하일리겐슈타트 유서를 이용했고 베토벤으로 사기를 진작시키려고 했다.

이 점에서 나는 물론 독일 여자보다 프랑스인 편이지만 《베토벤의 생애》를 포함한 롤랑의 초기 저작들은 매우 참기 어려울 만큼 너무 격정적이라고 말할 수밖에 없다. 작품은 거의 다루지 않고 공공연하게 생애만을 이야기하는 게 문제가 아니다. 작품이라는 존재와 영향이 없으면 생애는 어느 성인과 그가 행한 기적의 전설이 될 수 없을 텐데 말이다. 놀라운 점은 이른바 20세기 지식인의 상상을 가득 담은 표현이다. 이때 우리를 낯설게 하는 것은 사실인 척하지만 실제로는 허구와 사실을 소설처럼 마구 뒤섞는 그런 생애 서술의 '방식'이 아니다. 그보다는 베토벤을 힘닿는 한에서 최고의 고귀한 인간으로 증명해 보이려는 그 '의도'가 거부감을 느끼게 한다.

이에 대한 증명은 롤랑이 '조카 사건'을 어떻게 서술하는지만 살펴봐도 충분하다. 삶에 매우 중요했던 이 문제와 관련한 베토벤의 태도를 오늘날의 '계몽된' 시각에서 섣불리 판단하거나 단죄하기까지 하면 안 되겠지만 그래도 롤랑의 견해는 전적으로 부적합해 보인다. 롤랑은 조카가 체벌을 동원한 부정적 교육의 희생자일 수도 있다는 생각을 조금도 하지 않는다. 오히려 조카를 천성이 아주 저열한 쓸모없는 인간으로 거리낌 없이 묘사한다.[804] 개혁 교육자 엘렌 케이Ellen Key가 저서 《어린이의 세기》(1902)를 통해 화제를 불러일으키며 이미 그 시작을 알렸음에도 휴머니스트 롤랑은 "열렬히 사랑했던" "마지막까지 고통의 원천"[805]이었던 조카에 대한 베토벤의 장광설만 믿는다.

베토벤 서거 100주기를 기념하는《베토벤의 생애》1927년판에서도 여전히 롤랑은 초기 저작의 어조를 그대로 따르고 있다. 그사이 롤랑은 전 세계적 평화 운동에 동참하며 소르본 대학에서 수많은 학생에게 음악사를 강의하는 것은 물론 7권의 베토벤 연구서를 저술하기도 했는데도 말이다. 빈의 베토벤 축제에서 한 그의 기념사는 베토벤에 대한 오마주로 끝나는데 그 후에 일어나는 정치적 사건을 두고 볼 때 그 열정은 기괴하기까지 하다. "베토벤은 유럽 통합과 인류 형제애의 빛나는 상징이다."[806]

1928년부터 롤랑의 방대한 저서 "베토벤, 위대한 창조의 시대 Beethoven, Les grandes époques créatrices" 시리즈 총 7권이 출간되기 시작한다. 1권은《에로이카에서 열정에 이르기까지De l'Héroique à l'Appassionata》다. 1930년에는 2권《괴테와 베토벤Goethe et Beethoven》이 뒤를 잇는데 이는 전에 잡지《유럽Europe》에 발표한 에세이를 엮은 것이었다. 7년 후에 3권《부활의 노래Le chant de la résurrection》가 나왔는데《장엄 미사》와 후기 피아노 소나타를 다뤘다. 전쟁 중인 1943년에서 1945년 사이에는 4권에서 6권까지《중단된 성당La cathédrale interrompue》이란 제목으로 출판되었다. 롤랑 자신은 직접 교정한 이 책들에서 교향곡 9번과 후기 현악 4중주와 더불어 베토벤 생의 마지막 순간들을 다뤘다. 사후 출간된 마지막 7권《베토벤의 연인들Les aimées de Beethoven》은 1949년에 나왔다.[807]

초기 단일 주제의《베토벤의 생애》에 반해 "베토벤, 위대한 창조의 시대" 시리즈들은 비할 바 없이 다양하고 다층적이며 훨씬 더 원천 연구에 기반을 두고 있다. 작품 분석은 총보와 시적 주해 사이를 오가며 개인의 심리적 측면과 시대사적 측면을 모두 고려하고 있다. 그러나 이 책을 검토해 보면 비록 일화적 서술이 아닐지라도 롤랑의 전기적 서술이 베토벤 전기나 작품 차원에서 학문적 요구를 충족시키지 못함이 드러난다. 베토벤을 영웅화하고 음악의 영원한 가치를 매번 강조하고 있어 독자는 어쩔 수 없이 피곤함을 느끼게 된다. 20세기 중반에 출판되었지만 "베토벤, 위대한 창조의 시대"는 19세기의 산물이다. 여기에는 객관성을 향한 노력도 자신만의 예언적 주관성도 드러나지 않는다.

물론 로맹 롤랑은 베토벤 관련 작품보다 소설《장 크리스토프》로 더 알려졌다. 이 소설 역시 1904~1912년까지《레 카예 드 라 켕잰》에 최초 발표되었다. 실제 베토벤이 모델인 것을 알 수 있지만 매우 자유로운 방식으로 상상의 인물 베토벤을 주인공으로 하는 역사 소설에서 롤랑이 세기말적 삶의 감정에 대항해 설득력 있게 내세울 수 있었던 것은 소명을 받은 한 사람의 이미지다. 그는 어떤 방해가 있더라도 예술가의 소명을 견지하며 데카당스한 환경에서도 공화주의적 신념과 형제애의 이념을 결코 배반하지 않는 예술가다. 이를 두고 문학 평론가 로베르트 쿠르티우스Robert Curtius는 "매우 종교적인 책"이며 "삶의 힘에 대한 강력한 설교"[808]라고 했다.

소설은 헤겔의《미학》이 말하는 '산문의 세계'에 대항해 끝없이 싸우는 개인의 투쟁을 그리는 현대, 즉 이 시대의 문학 형식 그 '자체'다. 롤랑은 이 장르를 이용하여 허구적 인물 베토벤의 사회적 상황을 훨씬 잘 파악했다. 전작에서는 실제 인물 베토벤의 고난과 투쟁을 유사학문적으로 묘사하면서 허구와 사실을 알아보지 못하도록 뒤섞고 가르치려 들었다. 이에 반해 우리는 롤랑이《장 크리스토프》에서 휴머니즘적 이념을 끈질기게 고수하는 데서 감명을 받는데, 그 이념은 본래 주제를 훨씬 넘어서는 것이어서 자신의 유토피아적 요소를 부끄러워할 필요가 없다. 이 소설은 이런 전망으로 끝난다. 죽어가는 장 크리스토프는 성聖

크리스토포루스가 된다. 이 성인은 어깨 위에 점점 무겁게만 느껴지는 아이를 태우고 거센 물살의 강을 건넌다. 강 저편에 도착해서 성인은 말한다.

"자, 드디어 다 왔단다. 얼마나 무거웠던지! 그런데 얘야 너는 대체 누구니?"
그러자 아이는 대답한다.
"나는 다가올 내일이야."[809]

당시(1912)에 드뷔시도 읽었을 격정적인 말이지만 그에게 너무 '독일적'으로 비쳤던 베토벤 음악을 놓고 볼 때 결코 입맛에는 맞지 않았을 것이다. 어쨌거나 드뷔시는 1915년 작곡한 〈흑과 백으로En blanc et noir〉라는 제목의 두 대의 피아노를 위한 조곡 2악장에서 미욱스러운 독일식 분노를 표현한 루터 코랄 〈내 주는 견고한 성이요Ein feste Burg ist unser Gott〉의 멜로디를 〈라마르세예즈〉를 연상시키는 종소리처럼 밝은 소리와 대비시키면서 이렇게 주석을 붙인다.

나만을 위해 작업하려는 게 아니라 작은 증명을 해 보이려 한다. 3000만 '보쉬'들이 와도 프랑스 정신을 파괴할 수 없다는 것을. 비록 그들이 전에 그 정신을 흐리게 하고 말살하려 시도했지만 말이다.[810]

롤랑보다 4년 먼저 태어난 드뷔시는 기질상 결코 거친 젊은이는 아니었으나 당시 프랑스 음악계를 상당 부분 규정하고 있던 베토벤 열풍

• boches. 제1차 세계대전 당시 프랑스인들이 독일인을 욕한 말이다.

에 단호하게 맞서 싸운다. 지휘자 아벤네크와 작곡가 베를리오즈 시절 베토벤 음악의 편에 섰던 파리 음악원은 그사이 "음악사의 좌익"[811]의 수중에 있었다. 하지만 세자르 프랑크César Franck와 카미유 생상스Camille Saint-Saëns, 에두아르 랄로Édouard Lalo, 뱅상 당디Vincent d'Indy 등을 중심으로 한 파리 국민 음악파도 있었다. 이들은 모든 개인적 차이에도 불구하고 의고전적 목표를 표방했고 1927년 베토벤 100주기에 음악학자 앙리 푸루니에레Henry Prunières가 독을 품고 썼듯이 베토벤의 진정한 '제단'을 세웠다.[812]

드뷔시는 자신과 완전히 반대되는 윤리와 미학에 어쩔 수 없이 저항할 수밖에 없었다. 작곡가 아르튀르 오네게르Arthur Honegger가 1927년 베토벤 100주기에 인용한 드뷔시의 발언은 상황상 민감한 내용이긴 했으나 그의 성향상 매우 진지했던 언급으로 쉽게 이해할 수 있다.

나는 단지 그 사람이 내게 자신이 거장이라고 말했다는 이유만으로 어느 거장을 무턱대고 감탄하는 것을 거부한다. 나는 이렇게 말할 자유가 있다. 그것을 누가 썼든 간에 흥미 없는 악보는 나를 지겹게 한다고.[813]

베토벤 교향곡 9번과 관련해 신문에 기고한 한 글에서 드뷔시는 1901년 성금요일 파리 대중을 이런 문장으로 도발한다.

(사람들은 이 교향곡을) 거창한 말과 장식적 형용사로 휘감아 놓았다. 그것은 '신비스러운'이란 상표가 이상하리만치 끈질기게 붙어 있는 〈모나리자〉의 미소와 함께 헛소리가 가장 많이 퍼져 있는 걸작이다. 그 걸작이 자신이 불러온 쓰레기 같은 글 더미 밑에 왜 진작 묻혀 버리지 않았는지 놀라울 뿐이다. 바그너는 기악적 수정을 제안했다. 누군가는 사진의 도움으로 그 내용

을 설명할 계획을 세웠다. 결국 사람들은 이 힘차고 분명한 작품을 공식적 경배를 위한 허수아비로 만들었다.[814]

그러니까 드뷔시가 단죄하고 있는 것은 작품이 아니라 작품을 두고 하는 경배다. 굳이 그래야 한다면 차라리 드뷔시와 라벨이 특별한 오마주로 찬양하는 자신들의 민족 영웅 라모Rameau와 쿠프랭Couperin을 생각하는 편이 낫다는 것이다. 당시 라벨과 제1차 세계대전 때 시위적인 '프랑스 음악가'로서 자신의 음악을 발표했던 드뷔시가 보인 베토벤 정신이나 형식 전통에 반기를 든 태도는 음악사의 행운으로 남았다. 그리고 우리는 로맹 롤랑이 드뷔시의 사망을 맞아 했던 비평이 이루어지지 않았음을 만족스럽게 확인한다. 그 비평은 참기 힘든 흑백논리로 드뷔시를 미래가 없는 타고난 안티 베토벤으로 낙인찍기 때문이다.

불쌍한 '죽어 가는 작은 그리스' …. 우리 시대 음악에서 아름다움의 유일한 창조자. 성공, 안락함, 무위, '무엇을 위해?'라는 질문과 감각적 쾌락이 드뷔시를 집어삼켰다. 그에게서 무엇이 남을 것인가? 곧 아피아가도의 무성한 잡초로 뒤덮일 몇 개의 상감한 화분과 몇 개의 작은 완벽한 부조. 폐허가 되어 버린 우아한 아테네의 흔적.[815]

이고르 스트라빈스키 |Igor Strawinsky(1882~1971)

작곡자이자 지휘자였던 이고르 스트라빈스키는 20세기 신음악의 대표주자다. 주로 프랑스와 미국에서 활동했다. 초기에는 후기 낭만주의 - 인상주의 전통에서 작품을 썼지만, 그 이후 완전 새로운 음악 언어로 전향해 신고전주의 스타일로 작곡했다. 그는 자신의 저작《음악 시학Poetics of Music》에서 음악은 "그 자체로서만 표현될 수 있다"고 주장했다.

이고르 스트라빈스키

"베토벤이 교향곡 3번을 쓸 때 공화주의자 보나파르트에게 자극을 받았건
나폴레옹 황제에게 받았건 그게 다 무슨 상관이란 말인가!
문제는 오직 음악일 뿐이다."

　　클로드 드뷔시와 이고르 스트라빈스키가 파리에서 친분을 맺게 된
데에는 로맹 롤랑식 베토벤에 대한 거부감이라는 공통점이 중요한 작
용을 했다. 두 사람은 베토벤 음악이 아니라 베토벤을 모두가 따라야
할 음악사의 왕도라 보는 과도한 시각을 문제 삼았다. 무엇보다 음악
과 윤리를 결합하는 롤랑의 의도부터 마음에 들지 않았다. 그들에게 음
악은 신비한 것이나 신성한 것이 아니며 인간을 더 훌륭하게 해 주지
도 않는다. 진부하게 들릴지라도 음악은 그저 자기 자신, 즉 음악일 뿐
이다. 젊은 시절 베토벤 음악에 낯가림이 있었다고 스트라빈스키는 회
고록에서 털어놓았다. 그 음악을 둘러싼 "세계고苦(Weltschmerz. 그는 실
제로 이 독일어를 사용했다)"의 분위기가 거부감을 불러일으켰기 때문이라고
했다.[816] 미국의 지휘자이자 음악 평론가 로버트 크라프트Robert Craft와의
대화집에서 스트라빈스키는 1922년 6월 파리에서 마르셀 프루스트를
만난 일을 회상하며 다음과 같은 말을 하는데 여기에서 그 거부감을 확
인할 수 있다.

저는 프루스트에게 음악에 대해 얘기했는데 그는 후기 베토벤 현악 4중주에 열정을 표현했죠. 저도 그런 열정을 공유했을 겁니다. 그게 당시 지식인들 사이에 퍼져 있던 진부한 상투어와 음악적 판단이 아니라 문학적 포즈였다면 말이죠.[817]

음악 애호가였던 소설가 마르셀 프루스트가 베토벤 현악 4중주곡들을 이해하지 못했다는 말이 아니다. 프루스트는 소설 《잃어버린 시간을 찾아서》에서 이 곡들을 상세하게 다룬다. 샤를뤼스 남작은 늘 베토벤 현악 4중주, 특히 후기 작품들을 듣기를 원한다. 프루스트의 이 작중 인물은 바이올리니스트 샤를 모렐이 원곡의 대용으로 제시하는 현악 4중주 op.132의 피아노 편곡을 거부함으로써 음악적 감정 이입 능력을 보여 준다. 이 음악은 결코 피아노적이 아니라는 것이다. 오히려 이 음악은 "영광스럽게도 듣지 못하는 사람의 팽팽하게 긴장된 현들이 귓속에 고통을 주며 사람들에게" 말을 건다. "그러나 이 귀청을 찢을 듯한 신비가 바로 이 음악을 신적인 것으로 만든다."[818]

그러나 스트라빈스키가 소설을 읽었다고 해도 프루스트의 베토벤과 화해하지는 않았을 것이다. '영광스럽게도', '신비', '신적인' 등의 표현이 이미 스트라빈스키의 기분을 상하게 했을 것이다. 음악에 대해 '문학적 포즈'로 열광하는 게 무슨 소용이란 말인가? 소설가가 예컨대 샤를뤼스와 모렐의 미묘한 관계를 표현할 때 음악을 특히 배경 음악으로 사용하는 것은 음악에 대한 모독이 아닌가? 음악은 선율, 화성, 리듬, 음색으로 되어 있고 작곡가가 하나의 전체로 조립한 것이다. 독창성에서도 그렇겠지만 무엇보다 수작업의 의미에서 그렇다.

이런 시각에서는 겸손함보다는 스트라빈스키의 자신감이 드러난다. 작곡가는 자신의 작업의 정당화를 위해 음악 외적 참조를 필요로 하지 않는다. 작곡가는 '창조적 아이디어'를 토대로 창작한다. 이를 질서 있게 배치하는 일이 작곡가에게 충분히 즐거움을 주고 작곡가는 자신의 작업에서 희열을 맛본다.[819] 음악 미학 강연에서 스트라빈스키는 "영웅적 양철공과 신비한 무기고로 무장한 예술의 종교화라는 미심적은 황당무계"[820]를 말하면서 의도적으로 논쟁적인 날 선 어투로 이렇게 주장한다.

> 영감, 예술, 예술가 이런 말들은 혼란만 일으킬 뿐입니다. 또 이런 말들은 모든 것이 계획과 계산인 영역, 치열한 정신의 숨결이 일고 있는 영역에서 우리의 시야를 가리죠. 이 모든 과정이 지난 연후에야 영감에 토대가 되는 저 감정의 동요를 이야기할 수 있습니다. 그 저변에 우리를 방해하고 사안 자체를 타락시키는 어떤 의미를 상정한다면 사람들은 함부로 이 감정의 동요를 얘기하게 되는 겁니다.[821]

스트라빈스키는 음악을 음악 외적으로 설명하는 것을 무가치하게 여기며 소비에트 비평가들이 베토벤을 이데올로기적으로 점유하는 것에 일격을 가했다. "베토벤이 교향곡 3번을 쓸 때 공화주의자 보나파르트에게 자극을 받았건 나폴레옹 황제에게 받았건 그게 다 무슨 상관이란 말인가! 문제는 오직 음악일 뿐이다."[822] 그는 베토벤을 문필가들에게서 되찾으려 했으며 "제멋대로 베토벤을 조소하고 왜소하게 만드는 멍청이와 허풍쟁이들"에 맞서 지키려 했다.[823]

스트라빈스키의 미학은 초기 프랑스 6인조에 관심을 기울인 데서 출발했다고도 볼 수 있다. 프랑스 6인조는 아르튀르 오네게르, 다리우스 미요Darius Milhaud, 프랑시스 풀랑크Francis Poulenc 등을 중심으로 한 프랑스 작곡가들의 모임이다. 이들은 작가 장 콕토Jean Cocteau를 대변자

로 삼아 낭만주의와 인상주의적 음악의 이상을 모두 거부했다. 여기에
는 스트라빈스키 개인의 특별한 재능에 기반을 둔 양식 의지가 개입되
어 있기도 했다. 스트라빈스키가 영웅에게 너무 가까이 접근하지 말라
는 베토벤 경배의 허상을 거부하면서도 베토벤 음악이 자신을 매료시
킨 점을 강조하려 한 것만은 확실하다. 스트라빈스키는 신고전주의 시
기에 이전 거장들의 작품을 때에 따라 말 그대로 뼈대만 남기고 해체하
고 다시 구성하는 일에 매진한 적도 있었다. 이런 작업은 피카소의 큐
비즘과 크게 다르지 않다. 피카소가 사람의 표정으로 그랬듯이 (피카소
가 그린 스트라빈스키의 초상화는 실제와 비슷하게 그리긴 했다) 스트라빈스키도 주어
진 재료들을 가공했다. 1924년에 작곡한 피아노 소나타의 아다지에토
Adagietto는 일견 베토벤 피아노 소나타의 악보를 연상시키는데 실제 연
주해 보면 베토벤의 감상주의를 정면으로 반박하지는 않지만 한옆으로
치워 버린다.

   이 한 사례에서도 스트라빈스키는 베토벤 기악 언어의 명징성을 바
그너의 과도한 오케스트라와 대립시킨다.[824] "우리의 모든 감각으로 어
떻게 보아도 가장 위대한 오케스트라의 거장"[825] 베토벤은 질서를 구성

파블로 피카소, 〈이고르 스트라빈스키의 초상화〉, 1920

하는 데 필요한 만큼만 자극을 제공한다고 한다. 이런 의미에서 스트라빈스키는 말년에 베토벤 후기 현악 4중주를 그야말로 사랑하게 되는데 마지막 임종을 눈앞에 두고서도 그 음반을 들려 달라고 할 정도였다. 작곡가 니콜라스 나보코프Nicolas Nabokov는 이와 관련한 일화를 전해 준다. "그는 나에게 속삭였다. '이 음악이 내게 지금 가장 가까워, 니카 … 가장 가까워'…."

영국 시인 스티븐 스펜더Stephen Spender의 비가 〈말년의 스트라빈스키가 말년의 베토벤을 듣다Late Stravinsky Listening to Late Beethoven〉는 허구의 한 여성이 이렇게 회상하는 것으로 시작한다. "마지막에 그는 오직/베토벤 사후에 남겨진 4중주만 들었다./우린 그중 몇 곡을 자주 연주했지/음반 홈 속에 바늘 소리만 들릴 뿐이었다."[826]

여기에서는 제삼자에 의해 감정적인 요소가 개입되는데 이는 스트라빈스키의 생각과도 일치하는 것이다. 말년에 스트라빈스키는 "베토벤 현악 4중주곡들은 인류의 인권 헌장이다. 그 헌장은 예술의 전복이라는 플라토닉적 의미에서 영구히 선동적인 것이라는 게 나의 믿음이다"라고 고백한다. 이 음악은 "고통받는 인류에 도움이 될 수도 있을 것이라고 (갈리친 공작에게) 베토벤이 말한 의도와 함께 '자유에 대한 고귀한 생각'을 구현한다. 이 현악 4중주는 인간의 척도이며 (…) 인간의 가치를 서술하는 일부분이다. 그 존재 자체가 어떤 약속이다."[827]

특히 스트라빈스키가 원래 현악 4중주 op.130의 마지막 악장이었던 〈대푸가〉에 너무나 감탄했고 거기서 12음 기법 음악의 선례를 보았다는 사실에서 우리는 피에르 불레즈를 떠올린다. 이 외에도 블레즈는 스트라빈스키와 일반적으로 공통된 시각을 갖는다. 블레즈는 현악 4중주 op.127과 op.132는 직접적인 제스처에서 형식적 반성으로 넘어가는 음악을 대변한다고 주장한다.

베토벤은 강력하게 형식 문제와 씨름한다. 그리고 현악 4중주 안에서 가능한 모든 음악적 형식을 이용하려는 의지를 보인다는 것을 느낄 수 있다.[828]

우리는 여기서 스트라빈스키와 불레즈를 아르놀트 쇤베르크와 테오도르 아도르노와 절대적으로 대립한다고 가정할 필요는 없다. 그렇지만 그 차이는 강조할 수 있을 것이다. 스트라빈스키와 불레즈 같은 작곡가들에게 '형식적 고려'가 최종 목표였다고 할 수 있다. 반면 쇤베르크의 뒤를 잇는 아도르노는 베토벤 후기 작품의 진정한 내용은 주관적 표현과 구성적 계산의 변증법적 결합에 있다는 태도를 끈질기게 고수했다.

질 들뢰즈 Gilles Deleuze(1925~1995)

프랑스 파리에서 태어난 들뢰즈는 파리 소르본 대학에서 페르디낭 알키에, 조르주 캉길렘, 장 이폴리트 등
에게 사사했다. 1995년 자살로 세상을 떠나기 전까지 동일성과 초월성에 반하는 차이와 내재성의 사유를
통해 기존 철학사를 독창적으로 해석한 일련의 책들을 내놓았으며, 특히 예술적 창조의 고유성을 철학적
개념의 생성 원리로 끌어들인 독창적인 예술 철학적 작업들을 개진했다.

36

질 들뢰즈

"리좀의 은유를 베토벤의 스케치를 해석하는 데
적용해 보고 싶은 생각이 드는 것은 당연하다."

철학자와 문인은 음악과 관련한 전문 지식이 없어도 음악에 대해 깨우침을 주는 글을 써 왔다. 이런 점에서 철학자 질 들뢰즈(1925~1995)가 그의 사상의 핵심 범주인 욕망과 충동 에너지로 베토벤 피아노 3중주 D장조 op.70-1〈유령Geister〉의 2악장을 해석한 글은 매우 인상 깊다.[829]

(이 음악은) 두 개의 모티프와 두 개의 리토르넬로ritornello로 이루어진 주제를 구성과 해체, 재구성하는 과정을 보여 준다. 그것은 강박적이고 지속적인 선율이 관통하는 음향적 표면의 (…) 상승과 쇠락으로 보인다. 그러나 이와 전혀 다른 것도 존재하는데 일종의 핵심의 침식이다. 이 침식은 먼저 저음부에 위협처럼 제시되며 나타나, 피아노의 트릴 혹은 흔들림으로 표현된다. 그것은 마치 음향 표면에 구멍을 내어 유령 같은 차원으로 침잠하면서 다른 조성으로 이행하기 위해서인 것처럼, 아니면 그저 헛되이 조성에서 벗어나려는 것처럼 보인다. 이때 불협화음은 단지 정적에 휴지부를 두기 위해 올 뿐이다. 이 점이 바로 베케트가 베토벤에 대해 말할 때 항상 강조하는 것

이다. 이제껏 들을 수 없었던 불협화음의 기교, 불안정함, 중단, '강조된 급선회', 열리고 멀어지고 심연으로 가라앉은 것을 통해 설정된 강세, 단지 마지막 종말의 정적만을 강조할 뿐인 회피하는 움직임.[830]

들뢰즈가 베케트를 인용한 까닭은 사무엘 베케트의 방송극 〈유령 3중주Ghost Trio〉(1976)에서 피아노 3중주 〈유령〉의 역할에 주목했기 때문이다.[831] 여기에서 음악을 서술하는 들뢰즈의 포스트모던한 프랑스식 글쓰기 방식을 일일이 평가하거나 비판하는 것은 적절하지 않다. 그보다는 베토벤 작품 〈유령〉에 대한 들뢰즈의 시각이 중요하다. 덧붙이자면 이 작품의 시적인 제목은 칼 체르니로 거슬러 올라간다. 체르니는 〈유령〉의 2악장을 듣고 윌리엄 셰익스피어의 《햄릿》에 나오는 유령을 떠올렸다고 한다. "매우 느리게 연주되는 라르고는 유령처럼 으스스하고 마치 지하 세계에서 나온 존재 같다."[832]

방송극 〈말과 음악Words and Music〉에서 음악과 텍스트의 관계에 대한 질문을 받고 베케트는 이렇게 대답했다. "음악이 항상 이긴다."[833] 〈유령 3중주〉에 대해서도 마찬가지 말을 할 수 있을 것이다. 황량한 동네를 말없이 배회하면서 과거에서 오는 목소리를 듣기를 갈망하는 늙은 남자는 녹음기에서 오직 〈유령〉의 느린 악장만 들을 수 있는데 그 소리는 남자를 무거운 적막에서 벗어나게 해 준다. 처음에는 짧게 짧게 일부분들만 들리다가 방송극 끝부분에서는 마침내 라르고 악장의 완전한 종지가 들린다. 결론은 역시 '승리자'로서 베토벤의 음악이다. 극의 1막에서 녹음기 소리는 거의 들을 수 없을 정도로 작아서 베토벤의 〈유령〉이 들리긴 들리는데 부분만 들린다. 늙은 남자가 더 자세히 이름을 밝히지 않는 '그녀'의 목소리를 듣는 데 실패하긴 하지만 어쨌건 음악을 통해 '옛 유령들'의 목소리는 그에게 들려온다.

베케트가 방송극에서 베토벤 〈유령〉을 모티프로 삼은 것은 우연이 아니다. 베케트는 베토벤 실내악에 대해서 전문가였다. 예컨대 베케트는 (연주회 관람 후에) 1934년 3월 사촌 모리스 싱클레어에게 보낸 편지에서 베토벤 현악 4중주 op.135에 나오는 "어렵게 내린 결정"이라는 표제와 "그래야만 하는가? 그래야만 한다!"는 모토를 해당 악보와 함께 인용할 정도였다.[834] 아마도 베토벤이 세 개의 짧은 프레이즈를 서로 떼어 놓는 데 사용한 휴지부가 베케트를 매료시켰던 것 같다. 친구이자 출판사 편집자인 액셀 카운에게 보내는 유명한 독일어 편지에서 베케트는 이 휴지 현상을 다루면서 언어에 "여기저기 구멍을 (…) 뚫어 그것이 무엇이든 혹은 아무것도 아니든 그 뒤에 숨어 있던 것이 새어 나오도록" 하자고 역설했다. '정적의 깊고 아찔한 심연을 건너는 소리의 길'을 걷는 것이 문제라는 것이다. 음악이, 가령 "베토벤 교향곡 7번의 거대하고 검은 휴지에 잡아먹힌 음면音面"[835] 같은 음악이 이런 일을 할 수 있었다. 방송극 〈유령 3중주〉에서 베케트는 한 걸음 더 나아간다. 정적만이 지배하는 극에서 오직 음악만이 비록 직접 지시하지는 못하지만 유일한 대답을 줄 수 있었다.

줄거리의 틀 안에서 세심하게 리듬을 주며 우리에게 영향을 주기위해 제시된 베토벤 〈유령〉의 파편들은 바로 들뢰즈를 불러낸다. 전형적인 베케트적 인물의 무기력한 욕망의 문맥에서 그 파편들은 들뢰즈의 후기 구조주의적 사고에 부합하는 우연의 경험을 대변한다. 음의 파편 혹은 짧은 에피소드로 축소된 음악은 결코 이상주의적 베토벤도 위안을 주는 엄격한 서사도 불러오지 않는다. 이 음악은 오직 이런 방식으로만 반응하는 몸을 가진 삶에 대한 기억이 한순간 피어오르는 것을 의미한다.

들뢰즈가 베토벤의 〈유령〉을 서술하면서 특히 '지친', '해체', '침식',

'표면을 구멍을 내어', '불안정함', '헛되이 조성에 벗어나려는' 같은 부정적 함의의 개념을 강조함으로써 이 음악이 베케트의 〈유령 3중주〉에 등장하는 특별한 모습만이 아니라 음악 자체를 이상적 조화를 달성하려는 노력의 해체로 해석하려는 자신의 의도를 강조한다.

들뢰즈는 이 음악을 그 '자체로' 단선적이지 않은, 다층적 시각을 가진, 야생적인, 일반 기준으로는 그야말로 카오스적인 것으로 체험한다. 이는 전적으로 생물학에서 차용한 《천개의 고원》의 핵심 범주인 리좀 Rhizom으로 이끈다. 1980년 출판되어 세계 철학계를 매혹한 들뢰즈와 펠릭스 가타리Félix Guattari의 《천개의 고원》은 이상주의적 사고를 청산한 책이다. 이 책에 등장하는 리좀의 은유를 베토벤의 스케치를 해석하는 데 적용해 보고 싶은 생각이 드는 것은 당연하다. 특히나 베토벤의 스케치는 음악사에 유례가 없는 것이기 때문이다. 그리고 이를 바탕으로 후기 작품을 하나의 전체로서 살펴볼 예정이다.

가령 버섯의 균사체 혹은 개밀의 뿌리 같은 리좀은 모든 방향으로 자라는 시작도 끝도 중심도 없는 뿌리의 종류이다. 그에 따라 "어느 곳에서든 중단되거나 찢길 수 있는 리좀은 자신의 선 혹은 다른 선을 따라 계속 도주한다."[836] 리좀은 '배치물agencement', 즉 위계적 질서를 갖지 않는 다양성의 구조물이다. 생물학에서처럼 이는 사회적 현상에도 적용된다. 들뢰즈와 가타리는 의미, 질서, 위계를 향한 인간적 노력을 무시하지 않지만 그것을 사회의 '리좀' 속에서 움직이는 '하나의' 가능성으로 상대화한다. 무엇보다 그들은 이런 목적의식적 의도만을 일면적으로 선호할 때 지금 여기를 위한 판타지, 자발성, 개방성의 공간이 사라질 수 있는 위험에 대해 경고한다.

언급한 의미, 질서, 위계의 추구는 나무의 모습으로 구체화되는데 그 뿌리는 리좀이 아니라 뿌리와 곁뿌리의 위계적 구조로 되어 있다.

알다시피 뿌리는 나무에서 볼 수 있는 윗부분으로 올라가며 그 성장은 '하나는 둘로 나뉜다'는 도식을 따른다. "그것이 우리가 먹는 법을 배웠던 인식의 열매다."[837] 우리는 여기서 이 '인식의 열매'에 대한 회의를 느낄 수 있는데 특히 베토벤 예술의 해석에 곧잘 끌어들이는 헤겔도 이 인식의 열매를 따 먹었다.

들뢰즈와 가타리는 비록 베토벤을 직접 다루지는 않지만《천개의 고원》서론의 제일 앞 페이지에 "음악적 그래픽의 모범 사례"[838]의 의미에서 실바노 부소티Sylvano Bussotti의《데이비드 튜더를 위한 다섯 개의 피아노 소품Five Piano Pieces for David Tudor》의 악보 사진을 한 장 넣는다. 이 작품을 그들은 리좀적 작곡 및 기보 방식의 총화로 간주하는 것 같다. 이로써 베토벤 스케치에 연결되는 다리가 놓인 셈이다.

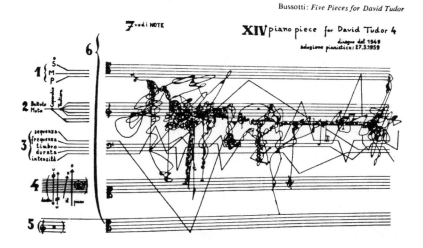

실바노 부소티,《데이비드 튜더를 위한 다섯 개의 피아노 소품》악보

스케치 연구의 노장인 구스타프 노테봄은 19세기 말 자신의 작업에 주목할 만한 회의를 표명한다.

(베토벤의) 창작 방식은 수수께끼 같은 특성이 있다. 이런 특성은 일차적으로 그리고 궁극적으로 자신의 악령과의 싸움, 자신의 천재와의 투쟁에 있다. 그러나 악령은 날아가 버렸다. 한 작품을 구술하던 정신은 스케치에서는 나타나지 않는다. 스케치는 창작할 때 베토벤이 따랐던 법칙을 보여 주지 않는다. 스케치는 오직 예술 작품에서만 나타나는 이념에 대해 그것이 어떤 것인지 알려 줄 수 없다. 창작의 전체 과정이 아니라 오직 연관이 없는 개별적 과정만을 우리에게 보여 줄 수밖에 없다. 스케치는 우리가 예술 작품의 유기적 발전이라고 부르는 것과 거리가 멀다. 이 말은 스케치는 예술 작품을 이해하고 올바르게 즐기는 데 이바지하지 않는다는 말이다.

그렇긴 해도 스케치는 "과거를 상기시키는 흔적이 모두 삭제된, 완성된 예술 작품이 침묵하는 그 무엇인가를 말해 주기는 한다. 그리고 스케치가 제공하는 이 잉여는 예술가의 전기, 그의 예술적 발전사에 귀속되어 버린다."[839]

연구자는 그래서 당혹스러워하면서 베토벤의 스케치가 '첫 착상'부터 최후의 악보로 정착되기까지 예술 작품의 '유기적 발전'의 증거물, 즉 예술 작품의 '이념'도 '정신'도 반영하고 있지 않음을 확인한다. 스케치는 오히려 베토벤의 '악령', 그의 창조적 천재와의 투쟁을 입증한다. 베토벤은 (우리는 노테봄을 이렇게 이해해도 좋을 것이다) 자신의 보물을 스스로 내놓지 않는다. 그 보물들은 자신의 악령보다 우월한 예술가의 정신이 그것들을 하나의 이상적인 전체로 조립해야 내야 했던, 처음엔 잘 소화되지 않는 저 덩어리 하나하나에서 힘들게 발굴해야만 한다. 100

년 후쯤 노테봄은 더글러스 존슨Douglas Johnson이라는 정신적 계승자를 얻는다. 미국 연구자 존슨은 두 명의 동료와 함께《베토벤 스케치북 The Beethoven Sketchbooks》(1985)이란 제목의 전통적 방식의 기본서를 내놓았지만, 13년 후 발표한 논문〈베토벤 스케치북의 해체Deconstructing Beethoven's Sketchbooks〉[840]에서는 연구 의미에 대해 회의를 드러냈다.

1998년에 발표된 존슨의 논문은 해당 연구 분야에서 상당한 비판을 불러일으켰다. 실제로 존슨은 베토벤의 스케치북을 '해체'하면서 그의 표현에 따르면 무의미한 순환 논리를 폭로하기 위해 반어적 어조를 사용했다. 스케치를 작품 설명에 이용하고 작품을 스케치 설명에 이용하는 순환 논리 말이다. 스케치는 작품 자체가 말하지 않는 것을 설명할 수도 없고 해서도 안 되며 또 반대로 스케치북을 특히 완성된 작품의 시각에서 해석하는 것 역시 정당한 방식이 아니라는 게 존슨의 입장이다. 존슨은 창작과 창작자를 궁극적으로 분리해 작품을 보려 하며 이때 자크 데리다Jacques Derrida와 롤랑 바르트, 특히 "작가의 죽음"[841]이라는 바르트의 은유를 소환한다.

바르트는 미국 화가 사이 톰블리Cy Twombly와 드로잉과 글자를 섞는 그의 '낙서'에 감탄했다. 톰블리의 '낙서'는 선, 악보, 글자가 뒤섞인 혼합체인 베토벤의 스케치북을 연상시킨다. 1811/12년 사이에 작성된 베토벤의 친필 스케치(547쪽)는 스케치북 페테르에 있는 것이다.

물론 전문가들은 황급히 적어 놓은 악보를 보고 대부분 해독할 수 있고 어떤 작품에 대한 스케치인지 판명할 수 있다. 그러나 일반인들의 눈에는 매력적인 그래픽이다. 카오스? 혹은 톰블리식의 현대 예술 작품? 혹은 둘 다인가? 베토벤의 스케치들은 각각의 고유한 삶을 살고 있으며 결코 완성 작품과 구별해 미완성 작품으로 다뤄져서는 안 된다.

들뢰즈와 가타리가 베토벤의 스케치북을 연구했더라면 기꺼이 그들의 테제에 대한 증거로 삼았을 것이다. 현대에는 두 가지 현상이 서로 갈리는데 사물의 우연성이라는 실제 경험('스케치북'에서 나타난다)과 이 우연성의 그 상위 의미를 발견하려는 이상주의적 해석이다(통합적 작품의 '거대 서사'로 제시된다).

노테봄이 단순히 '연관이 없는 것'으로 분류했던 베토벤의 스케치는 생산적인 의미에서 완성된 작품의 모습과 대비되는 독보적인 생산물로 해석할 수 있다. 완성품이 나무라면 스케치는 나무에 영양을 공급하는 기능에 그치는 것이 아니라 고유한 삶을 사는 리좀에 해당한다.

존슨의 《베토벤 스케치북》 서문에는 이런 말이 있다. "베토벤이 스케치에 집착한 것에는 더 깊은 의미가 있다. 다른 작곡가들이 스케치를 파기했던 것과 똑같은 강박으로 베토벤은 35년간 여기에서 저기로 거주지를 옮기면서도 스케치를 보관했다."[842] 베토벤과 동시대인인 이그나츠 폰 자이프리트의 회고록에는 베토벤이 스케치에 부여했던 중요성을 강조하고 있다.

베토벤은 순간적인 착상을 기록하는 작은 악보 수첩 없이는 거리에 나서지 않았다. 거기에 대해 어쩌다 말이 나오면 베토벤은 잔 다르크의 말로 응수했다. "깃발 없이 나설 수는 없다!" 그리고 비할 바 없이 꾸준히 자기 스스로 만든 원칙을 지켜 나갔다.[843]

'악보 수첩'은 작곡가에게 깃발 이상이었다. 즉 단순한 상징이 아닌 생생한 다양성의 매체, 리좀의 총화였다. 이 메모는 잡초처럼 자라나 전체를 개괄할 수 없는데 루이스 록우드Lewis Lockwood 같은 전문가는 그래서 베토벤이 "단순히 단편적 스케치에서 구조를 '조립'해 냈다"[844]는 견해에 당연히 회의를 갖는다. 작곡가 페터 베너리Peter Benary는 베토벤이 "가끔은 쓸모없는 게 분명한 모티프도 메모해 놓았다"[845]는 점도 생각해 보라고 한다. 베토벤의 스케치북을 음악학자 클라우스 크롭핑거 Klaus Kropfinger의 표현대로 "사고와 착상의 창고", "주제와 모티프의 창고", "유전자 은행", "궁극적인 부분적 해결책을 위한 주차장"[846]으로 보는 것도 자극이 되고 유익할 수 있다. 하지만 우리가 스케치를 완성 과정의 기록물로만 본다면 미심쩍은 잔해가 남는다. 더 이상 '악령과 싸우지' 않고 긍정적인 의미에서 자신을 놓아 버리는 혹은 '일을 그저 내버려 두는' 베토벤의 모습 말이다.

이는 일종의 명상적 태도와 같다. 이웃의 기억에 따르면 이미 어린 시절 베토벤은 생각에 잠겨 침실 창밖을 바라보았고 이런 넋 나간 상태에 대해 다음과 같이 말했다고 한다. "나는 너무 아름답고 깊은 생각에 잠겨 있었어요. 그래서 아무것도 나를 방해할 수 없었어요."[847] 성장하면서 베토벤에게는 자기 자신으로 침잠하는 이런 특성이 더 강화되었을 지도 모른다. 적어도 부분적으로는 스케치북이 작곡가가 자신의 의도와 계획을 적어 놓는 은밀한 일기의 기능을 대신했을 수도 있다.

스케치북이라는 보호 공간 속에서의 그야말로 베토벤의 제2의 생활을 말할 수도 있으리라. 베토벤은 제1의 공적인 생활에 대한 등가물로 이런 보호 공간이 필요했다. 18세기에는 아직 낯선 단호함으로 베토벤은 말하자면 처음부터 자신의 음악을 전체 작품이라는 구상하에 작곡하기로 결심했다. 이는 외적으로는 그의 전 작품에 일련의 작품 번호를 매겨 세상에 내놓겠다는 결심으로 드러난다. 이는 당시로써는 이례적인 생각이었으며 모든 고정 관념을 깨고 자신의 형식을 스스로 창조하려는, 따라 할 수 없는 완벽한 작품을 창조하려는 예술가적 요구와 결합되어 있었다.

이렇게 높게 설정된 목표를 지탱하는 데 요구되는 막대한 양의 집중과 에너지에 대해 베토벤에게는 그 부담을 덜어 주는 다른 활동이 필요했다. 무엇보다 되는대로 떠오르는 생각이 마음대로 자라나고 무성해지고 서로 연결되는 스케치북을 '관리'하는 일이 이런 활동에 속했는데, 거기서는 헤겔의 변증법에도 순수한 정신에도 지배당하지 않았다. 군더더기 한 점 없는 생산물보다 생산성이 더 중요했다. 그곳은 '원시적' 표현을 위한 장소였고 그 표현은 사색이 결여된 흠이 아니라 즐겁게 기록한 순간적 착상의 매력을 드러내 주는 것이었다. 여기서는 악보와 글자가 서로 만날 수 있었다. 잠정적 의미가 아닌 말과 음악적 생각 사이를 이리저리 분주히 오가는 동요하는 판타지의 유효한 표현이었다. 이념사적으로 보면 베토벤은 그의 스케치북에서 가장 분명한 루소주의자다.

잠깐 리좀의 이미지에서 자궁의 이미지로 전환해 보기로 하자. 베토벤 연구자 지그하르트 부란덴부르크Sieghard Brandenburg는 다음과 같은 사실을 관찰했다.

베토벤은 어느 정도 규모가 큰 작품의 완성을 목전에 두고 새로운 여러 계획에 달려들었는데 그것은 그의 노동력을 훨씬 넘어서는 것이었고 상충되었을 뿐만 아니라 기존 작품의 완성을 지연시켰다. 《장엄 미사》를 완성할 무렵 이런 특성이 뚜렷하게 나타난다.[848]

창작 심리적으로는 이렇게 설명할 수 있다. 베토벤은 커다란 작품의 완성 직전에 스케치북의 태아적 공간을 떠나 (스스로의 비판을 포함해) 오직 참/거짓, 성공/실패, 조화/부조화, 예술/비예술의 양자택일밖에 모르는 비판을 마주해야 한다는 공포에 사로잡혔던 것이라고 볼 수 있다. 작곡가 베토벤이 스케치에서는 가능한 결과물에 대해 자기 자신과 '토론'할 수 있었던 반면에 최후의 결과물은 더 이상 협상할 수 없는 것이었다. 작품에 대한 요구가 높으면 높을수록 그것을 완성했을 때 고독감은 그만큼 더 커졌다.

리좀의 이미지로 돌아가 보자. 현대의 음악가들은 '리좀적' 작곡의 가능성을 탐색했다. 예컨대 들뢰즈와 가타리가 미학에 명백히 기대고 있는[849] 작곡가이자 지휘자인 피에르 불레즈는 "재료의 증식이라고 부를 수 있는 것에 대한 타고난 감각"[850]을 거론하면서 순수한 행렬 작곡 방식이라는 "결정론적 유토피아"를 호되게 질책한다.[851] 철학적 동기를 가진 작곡가 클라우스 슈테펜 만코프Claus-Steffen Mahnkopf의 작품 중 〈리좀〉이란 제목의 피아노 작품은 들뢰즈와 가타리가 도입한 '리좀적 미로'라는 용어를 사용하면서 '복잡한 다성 음악'을 가지고 작업한다. 여기에는 완전히 대립되는, 때로는 서로 겹치는, 그물처럼 서로 연결되어 있는 것이 저변에 깔린 지시 연관과 함께 작품의 총체성으로 구현되어 있다.[852]

이는 다시금 베토벤의 후기 작품으로 연결된다. 청자는 어떤 의미에서 이 후기 작품을 스케치북의 리좀적 존재 형식과 완전한 작품이라는 이상주의적 요구 사이의 화해로 체험한다. 작품 전체가 스케치의 독자적 삶에 의해 긍정되기보다는 의문시되지 않을까 하는 기존의 우려를 받아들이는 대신 우리는 이 스케치를 그 상위의 전체에 속하는 것으로 볼 수도 있을 것이다. 그 전체는 결정적 텍스트로 코드화되어 있지도 않고 어떤 확실한 핵도 갖고 있지 않으며 그보다는 전체 자체에 낯선 것이 되어 버린 개별 부분과 끊임없이 교류한다.

교향곡 9번으로 설명해 보자. 베토벤이 이 작품으로 창조하고자 하는 전체 그 안에서는 부분들, 즉 교향악적 전통에 따라 작곡된 처음 세 악장은 낯선 것이 된다. 피날레의 도입부에서 베토벤은 이를 음악적으로 거부하며 스케치에서는 더구나 분명히 말을 덧붙이기까지 한다("아니, 이건 아니야…"). 그러나 당연히 이 부분들은 전체에 속하는 것이고 그것을 만들어 내거나 혹은 비판적으로 되묻는 것은 청자의 임무다. 후기 교향곡의 뒤를 잇는 현악 4중주곡들은 그렇다면 그야말로 작곡된 스케치라고 부를 수도 있겠다. 습작의 반권위적이고 비위계적인 에너지는 완성된 작품으로 넘어간다. 그리고 스케치와 작품은 하나가 된다.

넓은 의미에서 마지막 현악 4중주곡들의 작품 전체는 거대한 리좀으로 해석할 수 있다. 모든 곳에 잠재적 연관, 암시, 소급이 존재한다. 이렇게 볼 때 우리는 "항상 전체를 보려고 했다"는 베토벤의 말을 반드시 헤겔주의적인 엄격한 변증법으로 이해할 필요는 없다. 그보다 이 전체를 들뢰즈와 가타리의《천개의 고원》의 모범을 따라 가능성의 우주로 생각할 수도 있을 것이다. 스케치이건 완성된 작품이건 간에 베토벤의 음악으로 실현되는 데 성공한 그 가능성 중 몇몇은 무한한 전체를 예감하게 해 준다. 그 전체는 잘 계산된 목적의식적 행보가 아니라 가까운 동시에 먼 어느 중심 주위를 열정적으로 욕망하며 도는 일에 의해 얻어진다.

오늘날의 철학적 흐름의 의미에서 우리는 베토벤이 비동일성의 지평에서 끊임없이 동일성을 추구한다고 가정해도 좋을 것이다. 그 결말은 '열린 결말'이다. 그의 음악은 완성과 무한성에 대한 동경을 포기하지 않은 채 인간의 유한성과 미완성성을 불러내기 때문이다. 현대 예술 작품에 선험적으로 새겨진 모순이다. 개인의 완전성을 향한 동경이자 극복하지 못한 것의 상처다.

이 책 첫머리에서 우리는 찾아오는 유명 인사들을 바라보며 느긋하게 카페에 앉아
있는 베토벤을 만났다. 이제 베토벤은 거친 환상적 스케치의 작가로서 우리를 떠
난다. 결국에는 코스모스보다는 카오스인가? 니체의 차라투스트라가 사람들을 향
해 외쳤던 말을 기억해 보자. "안타깝다! 인간이 동경의 화살을 더 멀리 인간 너머
로 쏘지 못하고 활시위 울리는 법도 잊어버릴 때가 올 것이다. 나는 너희들에게 말
한다. 춤추는 별을 낳으려면 자신 안에 카오스를 품고 있어야 한다."

에필로그 — 그럼 괴테는 어디에?

여기 1812년 보헤미아의 테플리츠 좁은 길 위에서 대화를 나누는 두 신사의 이야기가 있다. 베토벤이 "바보들한테 길을 비켜주지 않겠소!"라고 하자 괴테가 "난 비키겠소!"라고 한다. 재미있긴 하지만 전혀 근거가 없는 일화다. 사람들은 다른 유명인들에게도 이런 일화를 지어냈다. 실제로는 1812년 여름 베토벤은 괴테의 열렬한 숭배자였다. 그얼마 전에 베토벤은 "당신의 훌륭한 창작물에 말할 수 없이 깊은 감명을 받아 최대의 존경심을 표하며" 출판사가 교정본으로 사용하던 〈에그몬트 서곡〉의 총보 원본을 괴테에게 보내도록 했다.[853]

베티나 폰 아르님이 유포한 테플리츠 일화에는 일말의 내면적 진실이 있을 수 있기는 하다. 괴테와 베토벤은 함께 산책을 하다가 궁정 대소 신료를 거느린 대공 부부와 마주치게 된다. 베토벤은 "제 팔을 잡고 계십시오"라면서 "저들이 비켜야지 우리는 아닙니다"라고 말했다. 그러나 괴테는 한옆으로 물러나면서 '모자를 벗어' 예의를 표하며 길을 터 주었다. 반면 베토벤은 아무 격식도 차리지 않고 곧장 높으신 분들의 한가운데를 헤치고 지나갔다.[854]

다행스럽게도 유명한 테플리츠 온천에서 두 사람이 만난 일화에 대해서는 직접적인 기록들이 있다. 괴테는 첫 만남을 7월 19일 일기장의 '방문' 항목에 기록해 두었다. 이점은 기존 베토벤 연구와 달리 결코 괴테 자신이 베토벤을 방문했다는 것을 의미하지는 않는다. 오히려 베토벤이 호텔 골데덴 쉬프로 찾아가 괴테를 만났고 깊은 인상을 남겼을 것이라는 추측이 더 맞을 것이다. 곧장 깊은 대화가 이루어졌으리라고 생

각하기는 힘들지만 괴테는 근처 칼스바트 온천에서 휴양 중인 아내 크리스티아네|Christiane에게 바로 같은 날 다음과 같이 알린다.

그렇게 외골수에다가 의욕적인 예술가는 처음 봐요. 왜 세상이 그를 기이한 사람으로 볼 수밖에 없는지 잘 알 것 같아요.[855]

괴테는 새로운 교분이 생기는 것에 흥이 나서 바로 다음 날 저녁 이웃한 온천 빌린(오늘날 빌리나) 쪽으로 여럿이 함께 가는 산책에 베토벤을 초대한다. 괴테는 전적으로 한 사람만 상대하지 않으면서도 그 손님을 좀 더 잘 알 수 있게 되는 그런 여행을 좋아했다. 베토벤 편에서도 자신을 그저 동행자로만 생각할 필요가 없었다. 베토벤에게 테플리츠 주변은 그야말로 자신의 고향 같은 곳이었기 때문이다. 빌린의 바로크궁은 베토벤에게 굉장한 호의를 가지고 있던 귀족 로프코비츠의 것이다. 게다가 테플리츠와 프라하 중간 정도에는 로프코비츠의 여름 궁전 로우드니체나트라벰이 있었다. 로프코비츠는 1804년 가을 이 성에서 자신의 궁정 오케스트라로 하여금 〈에로이카〉 리허설을 하게 했다.

테플리츠 휴양지에서 만난 후에 괴테와 베토벤은 개인적으로 다시 만나는 일은 없었지만 각자 받은 인상의 결론을 편지로 남기게 된다. 괴테는 같은 해 9월 2일 친구이자 작곡가인 첼터|Zelter에게 전했다.

베토벤을 테플리츠에서 만났네. 그의 재능에 나는 진정 놀랐다네. 다만 아쉽게도 베토벤은 제멋대로인 사람이라네. 완전히 막무가내지. 그가 세상을 혐오하는 게 무리는 아니지만 그렇게 하면 자기 자신에게도 다른 사람에게도 세상은 불편한 것이 될 뿐이지.[856]

베토벤은 더 신랄하게 평했다. 베토벤은 일단 기뻐하며 브라이트 코프 & 헤르텔 출판사에 알린다. 괴테가 자신을 위해 무엇인가 (아마 계획하고 있던《파우스트》를 오페라 대본으로 개작하는 것을 두고 하는 말이었으리라) 써 주겠다고 대강의 약속을 했다는 것이다. 그러고 나서 바로 이렇게 지적한다.

> 괴테는 시인에게 어울리지 않게 궁정 분위기를 너무 맘에 들어 한다. 민족의 스승으로 존경받는 시인들이 이 후광에 취해 다른 모든 것을 잊는다면 굳이 비르투오소들의 우스꽝스러운 짓거리를 입에 담을 필요도 없을 것이다.[857]

그래도 베토벤은 테플리츠에서 시인에게 연주를 선보였고 시인은 이 연주에 대해 일기에 이렇게 기록했다. "저녁에 베토벤 숙소. 그의 연주는 멋졌다!"[858] 좀 상투적인 이런 칭찬은 먼저 인용한 베토벤에 대한 괴테의 평가를 상대화한다. 그렇지만 '시인의 황제'가 일개 음악가를, 그 사람이 비록 베토벤이라고 해도 칭송하는 것을 상상할 수나 있겠는가? 당시 괴테는 높으신 온천 방문객들을 영접하는 것에 스스로 흡족해 하고 있었다. "온다! 그가 다가온다! 이 소리를 듣고/영혼은 예감에 가득 차 얼마나 설레는가! (…)"[859] 괴테는 이렇게 빈에서 방문한 황제를 노래했다. 이것이 바로 베토벤 맘에 들지 않았던 '궁정 분위기'다.

괴테에게 베토벤식의 영웅주의는 "평생 낯선"[860] 것이었다. 그래서 훌륭한 음악적 교양을 갖추고 있었음에도 괴테는 왜 영웅주의가 음악에 들어와야 하는지 이해할 수도 없었고 하려고 하지도 않았다. 물론 괴테는 젊은 시절 그야말로 영웅적인 시〈프로메테우스〉를 쓴 적이 있긴 하다. 하지만 훗날 자서전《시와 진실》에서 이때를 돌아보며 이 시

550

를 "폭발의 화약"[861]이라고 했을 때 괴테는 변함없는 열정을 가지고 프로메테우스에게 이렇게 무정부주의적으로 외치게 하기에는 이미 너무 '궁정 분위기'에 젖어 있었다. "나는 여기에 앉아, 나의 형상에 따라, 인간을 빚는다. 나와 닮은 종족이다."

괴테는 그사이 프랑스 혁명의 분명한 반대자로 등장했을 뿐 아니라 그 역으로 1808년 황제가 된 나폴레옹을 '최고의 실재자'로 '신과 같은' 인간으로 만난다. 에르푸르트에서 괴테와 나폴레옹의 만남에 대한 이런 판단은 앞에서 언급했듯이 프리드리히 니체가 반어적으로 비꼬면서 한 해석일 뿐이다(20쪽 참조). 하지만 논쟁의 여지가 없는 것은 괴테는 프랑스 혁명의 역사가 나폴레옹에 이르는 진행을 흡족해하면서 지켜보았지만 베토벤은 이를 비판적으로 보았다는 사실이다. 그래야만 나폴레옹의 숭배자 샤를로테 킬만제게Charlotte Kielmansegge 백작 부인이 호프마이스터 & 퀴넬Hofmeister & Kühnel 출판사를 통해 프랑스 혁명의 열정과 이념을 담은 소나타 작곡을 의뢰해 왔을 때의 베토벤 반응이 이해가 된다. 베토벤은 1802년 4월 이렇게 답한다.

도대체 모두 미친 것 아니오? 나한테 그런 소나타를 작곡해 달라고 부탁하다니요. 혁명의 열기가 있던 시기에는 그럴 수도 있었겠죠. 하지만 모든 것이 옛 틀로 돌아가려고 하고 보나파르트가 교황과 정교 협약을 맺은 지금 그런 소나타라뇨?[862]

문장에서 나폴레옹에 대한 비판이 드러나 있기는 하지만 베토벤은 어쨌든 그다음 해 〈에로이카〉 작곡에 착수한다. 베토벤이 출판 직전에 이런 연관을 삭제해 버리기 전까지 이 교향곡은 코르시카인에게 헌정될 예정이었고 혹은 그의 이름을 따라 명명될 예정이었다. 어찌 되었건 간에 베토벤은 이 작품을 평생 반항인 프로메테우스에 대한 찬가로 이해하고 있었던 것이 확실하다.

여기서 우리는 괴테와 베토벤, 고전주의와 낭만주의 시대의 두 위대한 인물을 서로 견주어 보고 공통점이나 차이점을 세세히 확인해 볼 수도 있을 것이다. 명문가의 자손 괴테와 하인이나 다름없는 궁정 음악가로 일하면서 자란 베토벤, 프로테스탄트 세계인과 너무나 윤리적인 가톨릭 신앙인, 타고난 연애꾼과 늘 불운한 짝사랑을 하던 사람, 사회적 저명인사와 그저 자기 예술 안에서만 산 주변인. 그러나 이런 것은 전통적 전기가 다룰 주제일 것이다. 그 대신 여기서는 예술 비평적 비교를 하려고 한다. 프랑스 혁명이라는 세속적 사건이 그 획을 그은 그토록 많은 사람들이 입에 올리는 혁명적 시대 변화라는 지평에서 말이다.

괴테는 그 보편성으로 모든 시대를 넘어 서 있다. 그를 앙시앵 레짐에 속한 사람으로 평가하는 것은 잘못된 것이다. 마찬가지로 괴테를 혁명가라고 할 수도 없을 것이다. 그렇지만 스물한 살 어린 베토벤에게는 정확히 맞는 말이다. 계몽주의와 프랑스 혁명에 따른 근대의 기본 이념을 인간이 자기 주도권을 가지고 역사를 지배할 수 있다는 '거대 서사'라고 정의한다면 베토벤은 괴테에 훨씬 앞서 있다. 셸링이 "인간에게 역사는 정해진 것이 아니다. 인간은 자신의 역사를 스스로 쓸 수 있고 그래야만 한다"라고 철학적 원칙으로 표현한 것을[863] 베토벤은 그의 예술 안에서 '선조'의 '확고함'을 존경하지만(64쪽 참조) 실제 삶으로 구현했다.

분명히 해야 한다. 여기서는 베토벤 음악을 말하고 있는 것이다. 베토벤이 자신을 운명의 희생자라고 생각했을지는 몰라도 예술가로서 베토벤은 자신의 역사를 스스로 쓴 것이다. 그 역사는 격렬한 피아노 소나타 op.2-1에서 시작해 고통으로 가득 차 있지만 의연한 "그래야만

하는가?"의 현악 4중주 op.135로 끝난다. 우리는 베토벤이 걸었던 길을 뒤돌아보면서 베토벤 자신이 느꼈던 것보다 이를 더 일직선적으로 해석하고 있을지도 모른다. 그렇지만 베토벤에게 예술의 '목표'가 '진보, 전진'이라는 생각은 그저 단순한 상투어가 아니었다는 것은 의심의 여지가 없다. 베토벤은 매 작품에서 이런 생각을 구현하는 데 모든 것을 걸었다. 성숙한 괴테가 보편적 존재에서 창작의 영감을 길어 내는 것과는 달리 베토벤은 여기에 자신만의 힘으로 맞선다. 모든 작품은 '새롭게 세계를 창조하는 일'이다. 이런 문맥에서 철학자 빌헬름 딜타이Wilhelm Dilthey의 플래카드적인 세계관은 그 의미를 얻는다. 괴테의 '객관적 이상주의'에 베토벤의 '자유의 이상주의'가 맞서 있다. 결국 바이마르의 노신사 괴테도 멘델스존이 피아노로 연주한 베토벤 교향곡 5번의 피날레를 듣고 "대단히 훌륭하고 멋지다" "온 집이 무너져 내리는 게 아닌가 무서웠다"[864]고 했을 때 베토벤의 영웅적인 파토스를 인정한 것이다(74쪽 참조).

이후 자신들의 내적 필요에서 작품으로 베토벤을 표출한 작곡가들이 있었다. 브루크너, 바그너, 베르디, 드뷔시, 쇤베르크 그리고 그 밖의 많은 작곡가들. 그러나 베토벤은 개인적 경험과 정치적 사건을 타협 없이 자율적 창작으로 녹여 낸 첫 작곡가일 뿐만 아니라 가장 급진적인 작곡가다. 누구나 자신의 몫을 다하면 모든 것이 더 나아질 것이라는 근대의 약속을 베토벤은 바그너나 베르디처럼 폭로하지만도 않았고 드뷔시나 스트라빈스키처럼 한편으로 치워 놓지도 않았다. 베토벤은 오히려 그 약속을 자신의 작품에서 고통스럽게 견지했다. 이 시대가 선전했던 인간의 자기 주도권을 베토벤은 작곡가가 자기 재료를 마음대로 요리할 수 있는 힘이라고만 해석하지는 않았다. 오히려 그의 작품은 결국 모든 사회적 현상이 점점 더 파편화되는 그리고 개인이 자기 소외되는 과정을 반영한다. 그러나 이 모든 것에 체념은 없다. 열정적으로 전투적으로 베토벤의 음악은 여전히 싸워서 얻어 내야 할 행복을 주장하고 있는 것이다.

주석

서문

1 Schumann, Erinnerungen an Mendelssohn, pp.43~44

거인주의

2 Czerny, Erinnerungen, p.14
3 KH, Bd.1, p.210
4 Vgl. Morrissey 2014
5 TDR 1917, Bd.1, p.303
6 Leux-Henschen 1925, p.198
7 Lühning/Brandenburg 1989, p.11
8 Cahn 2005, p.128
9 베토벤은 개정된 교향곡 9번에 "모든 사람이 형제가 된다"를 선택해 곡을 붙였다.
10 Nietzsche, Werke, Bd.3, p.710
11 BB, Bd.4, p.298
12 Kerst 1913, Bd.1, p.109
13 Geck 2007
14 Schleuning 1994, pp.318~319
15 Wegeler/Ries, Notizen, p.78
16 Wörner 1969, p.18
17 Gülke 1978, p.53
18 Zitiert nach Marx 1863, Bd.2, p.68
19 Wolzogen 1888, pp.35~36
20 Gülke 1978, p.53, p.67
21 CT, Bd.2, p.568

22 SSD, Bd.3, pp.94~95
23 Schmitz, 1927, pp.169~170
24 Glasenapp, Bd.6, p.447
25 Geck/Schleuning 1989, p.279
26 Voss 1994, p.35
27 Wessling 1985, pp.107~108
28 Furtwängler 1958, p.186, p.191
29 Mann, Essays, p.27
30 Prieberg 1986, p.70
31 Trümpi 2011, p.228
32 Geck/Schleuning 1989, p.350
33 Vgl. Prieberg 1986, p.402, p.468
34 Prieberg 1986, p.212
35 Ebd., p.322
36 Ebd., p.344
37 Riezler 1936, p.9
38 Matzner 1986, p.18
39 Ebd., p.104
40 Horowitz 1994, p.102
41 KH, Bd.2, p.367
42 Goehr 2007, p.VIII
43 Rhim 2007, p.110
44 Goehr 2007, p.213 이하
45 교향곡 b단조를 작곡한 후 슈베르트는 '위대한 교향곡으로 가는 길'을 이제 '개척'해야만 한다고 말한다. Vgl. Geck 1993, p.108, p.113
46 McClary 1991, p.128
47 Döhl 2013, p.308에서 인용
48 Benjamin, Abhandlungen, p.696
49 Voss 2014
50 Bohrer 1984, p.7
51 Bohrer 2017, p.298, p.342

52   McCullers 1963, p.146

53   Evans 1965, p.148

54   McCullers 1963, p.147

확고함

55   Fischer, Beethovens Jugend, p.32

56   Schiedermair 1925, pp.161~162

57   BB, Bd.1, p.70

58   BB, Bd.2, p.164

59   BB, Bd.3, p.20

60   BB, Bd.4, p.298

61   Zenck 1986, p.77

62   Ebd., p.78

63   Czerny, Richtiger Vortrag, p.60

64   Kunze 1987, p.342

65   Reichardt, Vertraute Briefe, Bd.,1, p.296

66   Schiff 2012, p.84

67   Bülow, Beethoven's Werke, Teil 2, p.42

68   Barthes, Rasch, p.299

69   KH, Bd.8, p.93, p.108

70   Kirkendale 1963, p.24

71   Lenz, Beethoven, Bd.5, p.219. 이 책의 문맥
     에서는 이 말을 언제 한 것인지 알 수 없지만
     베토벤 말년에 한 것으로 추정된다.

72   Vgl. Geck 2015, pp.126~127

73   Mendelssohn 1871, pp.35~36

74   이 비평은 Cupers 1985, p.365 이하에 실려
     있다.

75   Huxley 1951, p.40

76   Ebd., p.41

77   Ebd., p.612

78   Huxley, Essay, p.41

79   BB, Bd.3, p.20

80   Strauß 2013, p.77

81   Bernhard 1988, p.83

82   Gould, Schriften 1, p.75

83   마지막 인용은 같은 책, pp.90~91

84   Ebd., p.282

85   Ebd., p.91

86   Stegemann 1996, p.199

87   Lenz, Beethoven, Bd.5, p.219

88   Gould, Schriften 1, p.63

89   Bazzana 2001, p.49

90   Ebd., p.92

자연

91   Czerny, Erinnerungen, p.47

92   Jaumann 1995, p.9

93   Hentschel 2002

94   Starobinski 1988, p.519

95   Ebd.

96   Tagebuch, p.39

97   BB, Bd.1, pp.121~122

98   Rousseau, Schriften, Bd.2, p.639

99   Starobinski 1988, p.271

100 Gülke 1984, p.23에서 인용

101 Goldschmidt 1978, p.448

102 Goethe, Briefe, Bd.3, p.200

103 Tagebuch, p.79

104 Starobinski 1988, p.535

105 BB, Bd.1, p.123

106 TDR 1923, Bd., p.506

107 Starobinski 1988, p.472

108 Rousseau, Musik und Sprache, p.314

109 Héloise, p.587

110 BB, Bd.3, p.20

111 Koch, Bd.1, p.12

112 Adorno, Beethoven, p.230

113 Czerny, Erinnerungen, p.43

114 Dahlhaus 1987, p.212

115 Schindler, Bd.2, p.221

116 Kramer 1998, pp.56~57

117 Hinrichsen 2013, pp.211~212

118 Halm 1920, p.65

119 Ebd., p.56

120 Wegeler/Ries, Notizen, p.78

121 Sophienausgabe, Briefe, Bd.29, p.358

122 Ebd., p.176

123 Eco 1992, p.202

124 Bohrer 1984, p.7

125 Schumann, Schriften, 2. Aufl., Bd.1, p.109

126 Kunze 1987, p.566

127 Kristeva 1978

128 Barthes, Rasch, p.299

129 Boulez 1977, p.155

130 Adorno, Beethoven, p.264

131 Henze 1984, p.279

132 Busch-Weise 1962, p.77

133 Dahlhaus 1987, p.185

134 Heim 1873

135 Wegeler/Ries, Notizen, p.78

136 Starobinski 1988, p.386, p.388

137 Ebd.

138 Hölderlin, Werke, Bd.2, p.147

139 Geck 2015

140 Brockmeier/Henze 1981, p.343

141 Schumann, Schriften, 2. Aufl., Bd.1, p.38

142 Link 1999

143 Richard Wagner, "Oper und Dramas," in:
     SSD, Bd.4, p.149

144 Ebd., p.150

145 Richard Wagner, "Zum Vortrag der
     neunten Symphonie Beethoven's," in: SSD,
     Bd.9, p.257

146 Kunze 1987, p.481

147 Vgl. Haug/Warning 1989

148 Rousseau, Schriften, Bd.1, pp.462~463

149 Erhart 1995, p.61

150 Moravetz 1990, p.34

151 Bernstein 1982, p.15

152 Ebd., p.186

153 Ebd., p.181

154 Ebd., p.157

155 Nottebohm 1880, p.56

156 Bernstein 1993, p.27

157 Bernstein 1982, p.186

158 Kunze 1987, p.25

159 Bockoldt 1981, p.66

160 Bettine von Arnim, Werke und Briefe,
     Bd.3, pp.474~475

161 Ebd., p.1158

162 E.T.A. Hoffmann, "Beethoven, 5. Sinfonie,"
     in: Hoffmann, Schriften zur Musik, p.35

163 Schumann, Schriften, 5. Aufl., p.70

164 Bloch, Hoffnung, Bd.2, p.1077

165 Vgl. Swoboda 1982, p.75 이하

166 Vgl. Warnke 1987, p.323

167 Thode 1901, p.124

168 Adorno 1969, pp.142~143

〈에로이카〉를 둘러싼 광기

169 Lobkowicz 1989, p.20

170 Ebd., p.21

171 C. P. E. Bach, Briefe und Dokumente, Bd.2, p.1311

172 Lobkowicz 1989, p.20

173 MGG, Lobkowitz

174 Macek 1988, p.166. 여기 더 자세한 정보가 있다.

175 Volek/Macek 1988, pp.209~213

176 Debusch 2004, p.208

177 Vgl. 이하 Schleuning 1991

178 Volek/Macek 1988, p.217

179 BB, Bd.2, p.93

180 TDR 1923, Bd.3, p.123

181 BB, Bd.2, p.344, p.356

182 Wegeler/Ries, Notizen, p.33

183 Vgl. die Subskriptionsliste eines Bridgetower–Konzerts in TDR 1923, Bd.2, p.394

184 Kopitz/Cadenbach 2009, Bd.1, p.60

185 Ebd.

186 BB, Bd.1, p.290

187 Brandenburg 1989, p.11

188 BB, Bd.6, p.319

189 Ebd., p.320

190 Solomon 1987, p.328

191 Kopitz/Cadenbach 2009, Bd.2, p.608

192 Hoffmeister 2003, p.92

193 Griepenkerl 1838, p.13

194 Ebd., p.58

195 Ebd., pp.59~60

196 Ebd., pp.62~64

197 Ebd., pp.152~153

198 Ebd., p.291

199 Ebd., p.269

200 Elb=Musikfeste 1836

201 Kunze 1987, p.101, p.109, p.111

202 Ebd., p.101

203 Theater in Braunschweig, p.377

204 Bauer 1987

205 Griepenkerl 1843, p.13, p.16

206 Ebd., p.20

207 Griepenkerl 1846, p.321

208 SSD, Bd.3, p.94

209 Sievers 1879, p.21

210 Nauhaus 2010, p.212

211 Ebd., p.230

212 Hanslick, Vom Musikalisch–Schönen, p.34, p.59

213 Vgl. Tadday 2014

214 Klein 2014, p.190

215 Wackenroder, Fantasien, p.65

216 Hanslick, Vom Musikalisch–Schönen, p.216

217 Zimmermann 1978, p.74

218 Hoffmeister 2003, p.92

219 Geck/Schleuning 1989, p.290

220 Du Moulin–Eckart 1921, p.302

221 Marie von Bülow 1925, pp.181~182

222 Hinrichsen 1999, p.35

223 Bülow, Briefe und Schriften, Bd.7, pp.378~381

224 Ebd., p.383

225 Hinrichsen 1999, p.91

226 Ebd., p.89

227 Bülow, Briefe udn Schriften, Bd.4, p.521

228 Ebd., Bd.6, p.48

229 Ebd., Bd.7, p.47

230 카를 푹스Carl Fuchs가 전하는 말 in:
     Nietzsche, Briefe, Bd.III, 6, p.239

231 Bülow, Neue Briefe, p.112

232 Hinrichsen 1999, p.361

233 Ebd., p.362

삶의 위기와 신앙심 그리고 예술이라는 종교

234 Witcombe u.a. 2003

235 Schindler, Bd.2, p.28

236 BB, Bd.4, pp.241~242

237 Kopitz 2007, p.101

238 KH, Bd.1, p.211, p.235

239 Sailer 1819, pp.30~31

240 Tagebuch, p.123

241 Ebd., p.39

242 Bodemann-Kornhass 2006, p.29

243 Sailer 1817, p.XXXIV

244 Sailer, Werke, Bd.19

245 Saul 1999, p.37.─Vgl. auch Rohls 2013

246 Nohl 1873, p.56

247 KH, Bd.7, p.291

248 Adorno, Beethoven, p.204

249 Offenbarung und autonome Vernunft,
     p.498

250 Kunze 1987, p.101

251 BB, Bd.4, p.510

252 BB, Bd.2, p.176

253 Schindler, Bd.2, p.136

254 So Lodes 1995

255 Anthonin 1785/86, p.296

256 Kirkendale 1983, p.92

257 Rathert 2014, p.203

258 Zickenheiner 1984, p.144, pp.148~149

259 Ebd., p.217

260 Vgl. Birgit Lodes, Komponieren mit
     dem Wörterbuch: Zu Beethovens Missa
     solemnis, Antrittsvorlesung Unitversität
     Wien 2004 원고에서 인용

261 Kirkendale 1983, p.94

262 Rathert 2014, p.165

263 Zickenheiner 1984, p.85

264 STB, Bd.2, p.44

265 Tagebuch, p.121

266 KH, Bd.1, p.390.─Vgl. dazu Lodes 1997,
     p.159 이하

267 Kirkendale 1983, pp.66~68

268 Geck 1962

269 Hiemke 2003, p.163

270 Kunze 1987, p.442

271 Ebd., p.451

272 Riezler 1936, p.203.─Schmidt─Görg 1962

273 Dahlhaus 1987, p.237 이하, p.260

274 Wörner 1969

275 Tagebuch, p.41

276 Heiligenstädter Testament, p.10 이하

277 BB, Bd.1, p.126

278 Solomon 1987, p.147

279 BB, Bd.4, p.212

280 Tagebuch, pp.85~86

281 Bekker 1912, p.38

282 Sterba 1964

283 자신의 입장 표명과 함께 연구사와 논의 상황에 대한 훌륭한 요약을 제공하고 있는 것은 Wolf 1995

284 Kopitz/Cadenbach 2009, Bd.1, p.515

285 BB, Bd.5, pp.272~273

286 Tagebuch, p.117

287 KH, Bd.10, pp.169~170

288 KH. Bd.10, p.156

289 Solomon 1987, p.266

290 BB, Bd.2, pp.268~269

291 Tagebuch, p.39

292 Wegeler/Ries, Notizen, p.117

293 Ebd., p.98

294 Tagebuch, p.105, p.122

295 BB, Bd.1, p.30

296 KH, Bd.3, p.157

297 BB, Bd.1, pp.305~306

298 La Mara 1920, p.27 이하

299 KH, Bd.2, p.451; vgl. auch pp.356~367

300 TDR 1923, Bd.2, p.307

301 Ebd.

302 Kopitz/Cadenbach 2009, Kopitz/Cadenbach 2009, Bd.1, p.309

303 Tellenbach 1983, p.57.─Marek 1970, p.231

304 Marek 1970, p.234

305 Tellenbach 1983, p.60

306 La Mara 1920, p.54

307 Schmidt─Görg 1957, pp.20~21

308 Ebd., pp.25~26

309 Goldschmidt 1977, p.145

310 Schmidt─Görg 1957, p.14

311 BB, Bd.2, p.51

312 Thomas─San─Galli 1921, p.261

313 BB, Bd.2, p.112

314 Ebd., p.111

315 Schmidt─Görg 1966

316 Schindler, Bd.1, p.241

317 Goldschimdt 1977, p.60

318 Tellenbach 1983, p.257 이하

319 Goldschmidt 1977, p.280 이하

320 Castle 1906, Bd.1, pp.165~166

321 Robert Schumann in: NZfM 12(1840), p.82

환상성

322 Nietzsche, Kritische Gesamtausgabe, 3. Abteilung, 4. Band, Berlin und New York 1978, p.446

323 Schindler, Bd.2, p.221

324 Czerny, Richtiger Vortrag, p.55

325 Schering 1934, pp.80~85

326 Dahlhaus 1987, pp.34~35

327 Kopitz/Cadenbach 2009, Bd.1, p.9

328 Vgl. Albrecht 1992.─Kramer 1998

329 Simonis 2014, p.99

330 Tadday 1999, p.99

331 Ebd., p.120

332 Griepenkerl 1838, p.80

333 Schumann, Schriften, 5. Aufl., Bd.2, p.265

334 Fortagne/Tohmer 2000

335 Bernhard 1985, pp.187~188, p.186

336 Vgl. p.83에서 언급한 문헌 이외에: Michael Polth u.a.(Hg.), Klang–Struktur–Metapher. Musikalische Analyse zwischen Phänomen und Begriff, Stuttgart und Weimar 2000. 거기에 무엇보다 Tramsen 2000 und Thorau 2000.—Bartsch 2003

337 Vgl. Titcomb 1996.—Höyng 2007

338 Schindler, Bd.2, p.181

339 Koptitz/Cadenbach 2009, Bd.2, p.1006.—Vgl. Thayer 1969, p.466

340 BB, Bd.2, p.123

341 Höyng 2007, p.119에서 재인용

342 KH, Bd.8, p.35

343 KH, Bd.9, p.172

344 Kunze 1987, p.127

345 Ebd., p.102

346 Titcomb 1996, p.429에서 추측하듯 카를 요제프 베르나르트Karl Joseph Bernard는 아닐 것이다.

347 Kunze 1987, p.601

348 Ebd., p.177

349 Ebd., p.475

350 Kopitz/Cadenbach 2009, Bd.2, pp.609~610

351 Jean Paul, Ästhetik, p.89

352 Vischer, Ästhetik, Bd.3,1, p.63

353 Menuhin 1986, p.95

354 Voss 1977

355 SSD, Bd., 9, pp.106~108

356 Ebd., pp.110~111.

357 Ebd., p.111

358 Benjamin, Gesammelte Schriften, Bd.5, pp.491~492

359 CT, Bd.1, p.263

360 CT, Bd.2, p.668

361 Geck 2010, pp.18~19에서 인용

362 NZfM, Bd.2, 1835, p.3

363 STB, Bd.1, p.394

364 Vgl. Bischoff 1994, p.121 이하

365 Schumann, Schriften, 5. Aufl., Bd.1, pp.69~70

366 Ebd., pp.72~73.—Vgl. Taddy 2014

367 Dömling 1979, p.11

368 Hanslick, Vom Musikalisch-Schönen, p.34, p.59

369 Kant, Urteilskraft, p.229

370 Wackenroder, Werke, pp.255~256

371 Schlegel, Kritische Philosophie, p.63

372 Schumann, Schriften, 5. Aufl., Bd.1, p.22

373 Ebd., p.343

374 STB, Bd.1, p.381

375 Schumann, Schriften, 5. Aufl., Bd.2, p.112

376 Ebd., pp.32~33

377 Ebd., p.72

378 BNF, p.148

379 Schumann, Schriften, 5. Aufl., Bd.1, p.44

380 Ortheil 2011, p.313, p.330

381 Schumann, Briefwechsel, Bd.2, p.368

382 STB, Bd.1, p.97

383 Bauer 1987

384 Geck/Schleuning 1989, pp.232~236

385 TDR 1923, Bd., 3, p.227

386 Sprengel 1980, p.XXXIII

387 Gülke 2000, p.77

388 AMZ, 1817, Sp.361

389 Baumann 1967, p.15

390 Jean Paul, Selberlebensbeschreibung,

p.1061

391 Geck 1993, p.30

392 Ebd.

393 Musil, Theater, p.196

394 Jean Paul, Historisch–kritische Ausgabe, 1. Abt., Bd.9, p.386

395 Hamburger Ausgabe, Bd.2, p.184

396 Sprengel 1980, p.304

397 Kommerell 1957, p.247

398 Golz 1996, p.201

399 Geck/Schleuning 1989, pp.234~235

400 C T, Bd.1, p.401

401 Mendelssohn, Briefe 1830~1847, p.482

402 Marx 1863, Bd.2, p.209

403 Schneider 1989, p.31에서 인용

404 Dahlhaus 1970, p.209

405 Gielen/Fiebig 1995, p.98

406 Adorno, Beethoven, p.236

407 Schmidt 1924, pp.215~216

408 Floros, Mahler, Bd.2, p.307

409 Schumann, Schriften, 2. Aufl., Bd.1, p.109

410 Kunze 1987, p.316

411 Vgl. Bohrer 2004, p.70

412 Ebd., p.71

초월

413 Glasze 2013, p.70

414 Link 1999, p.77

415 Link 2016, p.182

416 Hölderlin, Werke, Bd.4, p.259, p.254

417 Ebd., Bd.3, pp.81~82

418 Szondi 1975, p.203

419 Vgl. dazu Geck 2000

420 Lévi–Strauss, Mythologica IV, p.758

421 이런 이항 대립이 예술 논의에서도 중요한 역할을 하고 있다는 것을 니클라스 루만Niklas Luhmann은 강조하면서 '아름답지만 아름답지 않은 것'이라는 코드를 모든 전통적 미학 담론의 토대라고 밝혔다. Luhmann 1974; Luhmann 1976; Luhmann 1995

422 Lévi–Strauss 1980, p.268

423 Lévi–Strauss, Mythologica IV, p.774

424 Schlegel, Kritische Ausgabe, Bd.2, pp.311~312

425 Friedrich Hölderlin, "An unsre großen Dichter," in: Hölderlin, Werke, Bd.1, p.191

426 Frank 1982, p.160

427 Schlegel, Kritische Ausgabe, Bd.2, p.314

428 Adorno 1970, p.125

429 Bohrer 1984, p.198

430 Ebd., p.7

431 Kunze 1987, p.109

432 BB, Bd.4, p.298

433 Czerny, Richtiger Vortrag, p.11

434 Friedrich, Briefe, p.64

435 Kleist–Museum 2004, p.44

436 Geck 2015, p.117

437 Osthoff 1977, p.171 이하

438 KH, Bd.3, p.350

439 Kerr, Gedichte, p.353

440 Brendel 1995, p.75

441 Belting 1999, p.69

442 Novalis, Werke, Bd.2, p.334

443 Brösel 1974, p.72

444 Frank 2004, p.146에서 인용

445 Börsch-Supan 2001, p.15

446 Busch 2003, p.73

447 Vgl. Brüggemann 2005

448 Kunze 1987, p.207

449 Verwiebe 2006, p.338

450 Ebd., p.334

451 TDR 1917, Bd.1, p.255

452 Nizon 1985, p.45에서 모두 인용

453 Ebd., p.95

454 Ortheil 2011 특히 pp.400~404

455 Nizon 1985, p.115

456 Ebd., p.119

457 Nizon 2013, p.282

458 Ebd., p.322

459 Nizon 1984, p.204

460 Bachmann 1991, p.10

461 Nizon 1991a, p.28

462 Gespräch Langer/Nizon, p.48

463 van Gogh im Wort, p.95

464 Vgl. den Titel des Buches von Schülke 2014

465 Nizon 1985, p.113

466 Renner 1994, p.150

467 Ottenberg 1994, pp.78~79

468 Ebd., p.84

469 Ebd., p.24

470 Ebd.

471 BB, Bd.4, p.298

472 KH, Bd.2, p.367

473 Wegeler/Ries, Notizen, p.98

474 Pfitzner 1920, p.134

475 Nizon 1991b, pp.86~87

476 Uhde 2000, p.445

477 Picht 2007, p.19

478 Adorno, Beethoven, p.186

479 Picht 2008, pp.10~11

480 Fischer, Beethoven Jugend, p.32

481 Schubart, Schriften, Vorrede zu Bd.3, p.8

482 Finscher 2000, p.318

483 Ebd., p.319

구조와 내용

484 Hegel, Vorlesungen über die Ästhetik III(=Hegel, Werke, Bd.15), p.141

485 Ebd., pp.148~149

486 Ebd., p.216

487 Ebd., p.218

488 Solomon 1987, p.308

489 Vgl. dazu Klein 2014, p.117 이하

490 Marx 1855, p.69

491 Ebd., p.78

492 Adorno, Beethoven, p.230

493 Marx 1863, Bd.1, p.255

494 Ebd., p.155

495 Adorno, Mahler, p.86

496 Marx 1865, Bd.1, pp.36~37

497 Pöggeler 1987, p.17

498 Marx 1863, Bd.1, p.252

499 Ebd., p.254

500 Kunze 1987, p.50

501 Ebd., p.57

502 Kunze 1987, pp.630~643

503 BB, Bd.6, p.112

504 BB, Bd.3, p.20

505 Foerster 1955, p.408

506 Mahler, Briefe, p.283

507 Gülke 2000, dort z. B. das Kapitel
     "Introduktion als Widerstand im
     System. Zur Dialektik von Thema und
     Prozessualität," pp.67~103

508 Kunze 1987, pp.635~636

509 Gülke 2000, pp.177~178

510 Georg Wilhelm Friedrich Hegel, Jenaer
     Systementwürfe III, Žižek 2014, p.284에서
     인용

511 Wild 2005, p.284에서 인용

512 Schumann, Mottosammlung, p.409

513 Adorno, Beethoven, p.72

514 Ebd., p.36

515 Ebd.

516 Ebd., p.351

517 Ebd.

518 GS, Bd.7, p.422

519 Draxler 2000, p.47

520 GS, Bd.14, p.412, p.417

521 Ebd., p.417

522 Hinrichsen 2011, p.88

523 Adorno, Beethoven, p.231

524 Ebd.

525 GS, Bd.14, p.275

526 Vgl. Urbanek 2015, p.175

527 Hermand 2003, p.128

528 Adorno und Mayer, Gespräch, p.140

529 Kunze 1987, p.551

530 Kropfinger 1975, p.227 이하

531 SSD, Bd.12, p.350

532 Ebd., Bd.9, p.96

533 Gál 1916, p.58

534 Marx 1863, Bd.2, p.310

535 Nietzsche, Werke, 6 Bde., Bd.1, p.419

536 Bekker 1912, p.535

537 Riezler, Beethoven, 10. Aufl., p.233 이하

538 Kertész 1993, p.296

539 두 개의 인용 모두 Henze 1984, pp.279~280

540 Adorno, Beethoven, p.267

541 Ebd., pp.77~78

542 Bekker 1921, p.173

543 Bekker, Beethoven, p.560

544 Bekker 1912, p.IX

545 Ebd., p.265

546 Ebd., pp.560~561

547 Ebd., p.561

548 Ebd., p.VIII

549 Ebd., p.VII

550 Vgl. Geck, "Von deutscher Art," p.180

551 Adorno, Beethoven, p.28

552 Pfitzner 1920, p.21

553 Ebd., pp.123~124

554 Pfitzner, Inspiration, p.23

555 Bekker 1909, p.63

556 Halm, Von Form und Sinn, p.174

557 Halm 1920, p.41

558 Bekker 1912, p.151

559 Hinrichsen 2016, p.9

560 Ebd.

561 Bloch, Utopie, p.141

562 Bekker 1912, p.553

563 KNLL, Bd.14, p.272

564 Riezler, Beethoven, 10. Aufl., p.11

565 Dahlhaus 1987, p.7

566 Ebd., p.42

567 Dahlhaus 1965, p.11

568 Dahlhaus 1987, p.271

569 Ebd., p.35

570 Dahlhaus 1978, p.277

571 Ebd., p.273

572 Lauster 2015, p.465

573 Schütt 2000, p.433

574 Geck 1993, p.254

575 Rihm 2007, p.110

576 Schönberg, Briefe, pp.178~179

577 Burnham 1993, p.952.—Vgl. Christensen
     2008, p.137

578 Kertész 1993, p.265

유토피아

579 SSD, Bd.1, p.148

580 Ebd., Bd.4, p.173

581 Ebd., Bd.9, p.61

582 Ebd., p.106

583 Arthur Schopenhauer, Die Welt als Wille
     und Vorstellung, § 52, in: Schopenhauer,
     Werke, Bd.1, p.339, p.341

584 CT, Bd.2, pp.667~668

585 SSD, Bd.5, pp.169~170

586 Ebd., Bd.3, p.94

587 Ebd., p.148

588 Ebd., p.117

589 Ebd., Bd.10, p.154

590 Ebd., Bd.7, p.126

591 바그너는 '내적 형식'이란 개념을 다양한 방
     식으로 표현하고 있는데 모두 같은 의미다.
     Vgl. Kropfinger 1975, p.161.

592 SSD, Bd.4, p.189

593 Ebd., Bd.9, p.83

594 Ebd., Bd.4, p.173, p.177

595 Ebd., Bd.1, pp.146~147

596 Ebd., Bd.9, p.109

597 Ebd.

598 CT, Bd.1, p.202

599 ML, p.512

600 Wagner, Briefe, Bd.12, p.236

601 SSD, Bd.1, p.135

602 Ebd., pp.110~111

603 Wagner, Briefe, Bd.1, p.483

604 CT, Bd.1, p.157

605 ML, pp.36~37

606 Ebd., p.37

607 Ebd., p.42

608 Ebd., p.43

609 SSD, Bd.1, p.150

610 Kietz 1905, p.84

611 Wagner, Braunes Buch, p.115

612 Kietz 1905, p.85

613 CT, Bd.1, p.516

614 CT, Bd.2, p.635

615 Kalbeck, Brahms, Bd.I, 1, p.165

616 SSD, Bd.7, p.128

617 Ebd., Bd.10, p.182

618 Wolzogen 1888, p.33

619 SSD, Bd.7, p.130

620 Ebd., p.127

621 Voss 1977, p.177

622 Bloch, Hoffnung, Bd.2, p.1285, p.1261

623 Bloch, Utopie, p.88

624 Walser 2012, p.469

625 Bloch, Hoffnung, Bd.3, p.1296

626 Mann, Selbstkommentare, p.301, p.306

627 Mann, Doktor Faustus, pp.468~469

628 Ebd., p.709

629 MT, 1946~1948, p.77

630 Mann, Doktor Faustus, p.692

631 Ebd., p.711

632 Mann, Buddenbrooks, p.537

633 Thomas Mann, Briefe an Walter von Molo vom September 1945, in: Mann, Politische Schriften, Bd.3, p.181

634 Ebd.

635 MT, 1949~1950, p.273

636 CT, Bd.2, p.55

637 Mann, Doktor Faustus, p.119

638 Kropfinger 1995, p.266에서 재인용

639 MT, 1946~1948, p.67

640 Thomas Mann, Briefe an Albersheim von 19.6.1946, in: Mann, Briefe, Bd.2, p.493

641 Newman 1927, p.46 이하—Vgl. Vaget 2006, p.366

642 Mann, Doktor Faustus, pp.88~89

643 Ebd., pp.80~81

644 Ebd., pp.83~84

645 Ebd., p.349

646 Ebd., pp.84~85

647 Ebd., p.269

648 http://www.news-gazette.com/arts-entertainment/local/2014-10-02/entertainmentlistings-oct-2-9-2014.html; 2017년 4월 15일 방문

649 Kindermann 1994, p.179

650 Schiff 2012, p.105

651 Bonhoeffer, Aufzeichnungen, pp.367~368

652 Zuckmayer, Späte Freundschaft, p.85

653 Barth, Dogmatik, p.112

654 Pressler/Noltze 2016, p.35, p.169

655 Ebd., p.112

656 Ebd., p.140

657 Bloch, Hoffnung, Bd.2, p.1289

658 Eisler/Mann, Briefwechsel, p.246

659 Bunge 1991, p.389

660 Eisler 1987, p.236

661 Ebd., pp.34~35

662 Ebd., p.33

663 Lassalle, Nachgelassene Briefe und Schriften, Bd.5, p.250

664 Ebd., p.277

665 Lassalle, Reden und Schriften, Bd.5, p.355

666 Pozner 1964, p.168

667 Notowicz 1971, p.162

668 Ebd.

669 Eisler, Musik und Poltik, Bd.3, p.286

670 Ebd., p.289

베토벤의 그림자

671 Schubert, Erinnerungen seiner Freunde, p.150

672 Schubert, Dokumente, p.45

673 Schindler, Bd.2, p.136

674 Einstein, Schubert, p.132

675 Schubert, Dokumente, p.235

676 Vgl. Gingerich 2014, pp.145~176

677 Gülke 2001

678 Gülke 2001. 귈케는 계속 이 교향곡 9번을 강조한다.

679 Dürr 1979, p.17

680 Vgl. Gülke 1996, pp.280~281; Gingerich 2014, p.81, p.273

681 Kildea 2013, p.515

682 Gülke 1996, p.323

683 Jacobson 1995

684 Schubert, Fragmente, p.96

685 BB, Bd.3, p.158

686 Schubert, Dokumente, p.233

687 Georgiades 1967, p.159

688 Ebd., p.158

689 Vgl. Gülke 1982, p.174.—Vgl. auch Rast 1998, pp.114~177; ferner Sobaskie 2005, p.64

690 Gülke 1979, p.120

691 Proust, Recherche, Bd.7("Die wiedergefundene Zeit"), p.202

692 Wollenberg 1980, p.143

693 Bockholdt 2001, p.316

694 Riezler, Schubert, p.120

695 Thomas 1990, p.142

696 Gülke 1979, p.146

697 Schubert, Dokumente, p.250

698 Brusatti 1978, p.80

699 Bockholdt 2001, p.329

700 Ebd.

701 Vgl. 'Atlas'에 관해서는 Gingerich 2000, pp.629~631

702 Kierkegaard, Wiederholung, p.81

703 Huxley 1951, pp.616~617

704 TDR, 1866~1908, Bd.5, p.487

705 Bockholdt 2001, p.334.—Vgl. Clark 2001, p.185

706 Polth, Leuchten des Einzelnen, p.131

707 Bockholdt 2001, p.333

708 Elvers 1997, pp.97~98

709 Ebd., p.100

710 Schleuning 2009, pp.238~239

711 Schumann, Schriften, Bd.1, p.204

712 Schleuning 2009, p.250

713 Mendelssohn, Briefe, Bd.3, p.148

714 Ebd., Bd.4, p.164

715 Ebd., Bd.2, pp.468~469

716 Ebd., Bd.1, pp.240~241

717 Ebd., p.240

718 Ebd., p.229

719 Ebd., p.242

720 Schumann, Briefwechsel, Bd.1, p.126

721 Vgl. u.a. Goldschmidt 1999

722 Mendelssohn, Briefe, Bd.1, p.241

723 Ebd.

724 Kunze 1987, p.591

725 Taylor 2010, p.77

726 Krummacher 1978, p.380

727 Ebd., p.325

728 Hoffmannstahl, Essays, p.201

729 Vgl. Godwin 1974.—Konold 1984, pp.116~138.—Golomb 2006.—멘델스존의 베토벤 수용에 관해 비판적 경향의 시각을 제공하는 것은 Vitercik 1992, pp.228~266

730 베를리오즈 연구는 리스트가 op.106이 아

니라 op.111을 연주했을 수도 있다고 지적
한다. 연주 프로그램은 남아있지 않다. Vgl.
Berlioz, Critique musicale, Bd.2, p.471

731 Stegemann 2011, p.84

732 Franz Liszt, Berlioz und seine "Harold-Symphonie," in: Liszt, Gesammelte
Schriften, Bd.4, p.49

733 Liszt, Sämtliche Schriften, Bd.1, p.97

734 SSD, Bd.12, p.92

735 Schröter 1999, pp.169~170에서 인용

736 Mendelssohn, Briefe, Bd.8, p.326

737 Liszt, Briefe, Bd.1, p.153

738 Kullack 1858, p.146

739 Bülow, Briefe und Schriften, Bd.3, p.66
에서 인용. 한슬리크의 인용은 Raabe, Liszt,
Bd.2, p.62

740 Geck 1995

741 Kalbeck, Brahms, Bd.3,2, p.409

742 Brendel, Musik beim Wort genommen, 2.
Aufl., p.189

743 Schumusch 2000, p.16 이하

베토벤 명연주자들

744 STB, Bd.III, Teil 2, p.652

745 Litzmann, Clara Schumann, Bd.2, p.317

746 아직 완성되지 않은 Takashi Numaguchi와
본인의 연구를 보라.

747 Programmzettel im Robert-Schumann-Haus Zwickau: 10463–C3/A4, Nr.17

748 Klassen 2009, p.112

749 Ebd., p.101

750 Wieck, Briefe, p.79

751 Klassen 2009, p.102

752 Grillparzer, Werke, Bd.1, pp.254~255

753 Klassen 2009, p.143에서 인용

754 STB, Bd.2, p.179, p.181

755 Schumann, Briefwechsel, Bd.2, p.343,
p.368

756 이 목록은 특히 de Vries 1996, pp.262~263
에 따른 것. 세부적인 편차는 훌륭하긴 하지
만 완벽하지 않은 원전 탓이다.

757 Bär 1999, p.46

758 Vgl. 이런 분위기의 칭찬에 대한 다양한 언급
은 Klassen 2009, p.335

759 Ebd., p.330

760 de Vries 1996, p.197에서 인용

761 Hinrichsen 1999, p.98

762 Vgl. Moser 1980, pp.73~74.—Seibold
2005, Teil 1, p.299

763 Loos 2005, Bd.1, p.436

764 STB, Bd.11, p.253

765 이 인용은 de Vries 1996, p.205; Klassen
2009, p.135

766 Vgl. de Vries 1996, p.200

767 Schnabel, Aus dir wird nie ein Pianist, p.28

768 Ebd., p.70

769 Ebd., p.168

770 Ebd., p.279

771 Ebd., p.280

772 Ebd., p.220

773 Kaiser 2001, p.15에서 인용

774 Pressler/Noltze 2016, p.73

775 Brendel 2006, p.252

776 Wolff 1972, p.96

777 Brendel 2006, p.252

778 von Loesch 2001, p.111

779 Ebd., pp.111~112

780 Vgl. Sobotzik 2005(여기 pp.5~10에 이 주제에
관해 영어권에서 나온 박사 논문들에 대한 정보가 있
다). 특히 슈나벨의 소나타 편집을 평가하는
연구는 음향 매체를 거의 고려하지 않기에 아
주 추상적으로 보인다.

781 Schnabel, Aus dir wird nie ein Pianist,
p.136

782 Briefwechsel Schnabel, Bd.1, p.657

783 Ebd., S, 670

784 Ebd., S, 674

785 Ebd., Bd.2, S, 657

786 Hausenstein, Licht, p.400

787 Ney 1942

788 Ney, Deutsche Soldaten

789 Hänssler 94.047

790 Kaiser 2001, pp.179~180.—슈나벨
에 관해서는 Vgl. "Das Paradigma der
Struktureinheit" in Sobotzik 2005,
pp.38~58

791 Hinterkeuser 2016

프랑스에서 베토벤

792 Charles Péguy, Notre jeunesse(Pairs 1910),
Schrade, Beethoven in Frankreich, p.161
에서 인용

793 Zweig 1921, p.13

794 Rolland, Beethoven, p.8

795 Ebd., pp.9~11

796 Schrade, Beethoven in Frankreich, p.161
에서 인용

797 Ebd., p.172.—더 상세한 것은 Ebd.,
pp.176~208

798 Ebd., p.177

799 Bouyer 1905, p.83, p.85, p.90

800 Schrade, Beethoven in Frankreich, p.196

801 Raimond–Raoul Lambert, Beethoven
Rhénan. Reconnaissance à Jean-
Christophe(Paris 1928), Schrade, Beethoven
in Frankreich, p.176에서 인용

802 Abert 1927, p.7

803 Schwartz 1998

804 Rolland, Beethoven, p.48

805 Ebd., p.46, p.48

806 Rolland, Dank an Beethoven, p.38

807 Hülle-Keeding 1997, p.201 이하.—MGG,
Rolland 항목에는 이것과 편차가 보인다.

808 Curtius, Französicher Geist, p.101, p.92

809 Rolland, Johann Christof, Bd.3(=Johann
Christof am Ziel), p.628

810 Journal of Religious Culture. Journal für
Religionskultur 195(2014)에서 인용(http://
web.uni-frankfurt.de/irenik/relkutur195.pdf; 마지
막 방문일 2017년 4월 1일)

811 Vgl. Schrade, Beethoven in Frankreich,
p.214

812 Ebd., p.215에서 인용

813 Arthur Honegger, Ècrits; 독일어 번역은
Schrade, Beethoven in Frankreich, p.213

814 Debussy, Monsieur Croche, pp.34~35

815 Rolland, Über den Gräbern, p.128

816 Strawinsky 1936, p.189

817 Craft/Strawinsky 1959, p.89

818 독일어 번역은 Corbineau–Hoffmann 2012,
     p.84

819 Strawinsky, Schriften und Gespräche,
     p.205

820 Ebd., p.209

821 Ebd., p.203

822 Ebd., p.122

823 Ebd., p.123

824 Ebd.

825 Craft/Strawinsky 1959, p.28

826 Spender 1990, p.182

827 Strawinsky/Craft, Erinnerungen und
     Gespräche, pp.108~109

828 Boulez 1977, p.155

829 Vgl. Tausend Plateaus 1992, z.B.S. p.293

830 Deleuze, Erschöpft, p.79; englisch:
     Deleuze, The Exhausted, p.14

831 Vgl. Maier 2000a

832 Czerny, Richtiger Vortrag, p.99

833 Maier 2000b, p.173에서 인용

834 Beckett, Letters, Bd.1, p.194

835 Ebd., p.514

836 Ebd., p.19

837 Lehmann 1984, p.543

838 MGG, Bussotti

839 Nottebohm 1887, pp.VIII~IX

840 Johnson 1998

841 Ebd., pp.225~226

842 Jonson 1985, p.3

843 TDR 1917, Bd.2, p.568

844 Lockwood 1976, p.122; hier nach MGG,
     Beethoven, Sp.885

845 MGG, Skizze, Sp.1509

846 MGG, Beethoven, Sp.883

847 Fischer, Beethovens Jugend, p.57

848 Brandenburg 1984, p.106

849 Vgl. Nestbitt 2016

850 Boulez 1977, p.15

851 Boulez 1972, p.63

852 www.claussteffenmahnkopf.de; 2017년 4
     월 1일 마지막 방문

에필로그

853 BB, Bd.2, p.185

854 Nachlass Pückler–Muskau, pp.93~94

855 Spophienausgabe, Bd.IV, 23, p.45

856 Münchner Ausgabe, Bd.20.1, pp.282~283

857 BB, Bd.2, p.287

858 Sophienausgabe, Bd.III,4, p.305

859 Goethe, 40 Bände, Bd.5, p.289

860 Miller 2009, p.250

861 Hamburger Ausgabe, Bd.10, p.49

862 BB, Bd.1, p.105

863 Schelling, Werke, Bd.I,1, p.470

864 Mendelssohn 1871, pp.35~36

참고문헌

Abert 1927 — Hermann Abert, Zu Beethovens Persönlichkeit und Kunst, Leipzig 1927

Adorno 1969 — Theodor W. Adorno, Minima Moralia. Reflexionen aus dem beschädigten Leben, Frankfurt a. M. 1969

Adorno 1970 — Theodor W. Adorno, Ästhetische Theorie, Frankfurt a. M. 1970

Adorno, Beethoven — Theodor W. Adorno, Beethoven. Philosophie der Musik, 2. Aufl. Frankfurt a. M. 1994

Adorno, Mahler — Theodor W. Adorno, Mahler. Eine musikalische Physiognomik, Frankfurt a. M. 1960

Adorno und Mayer, Gespräch — Theodor W. Adorno und Hans Mayer, "Über Spätstil in Musik und Literatur. Ein Rundfunkgespräch", in: Frankfurter Adorno Blätter VII(2001), pp.135~145

Albrecht 1992 — Theodore Albrecht, "Beethoven and Shakespeare's Tempest: New Light on an Old Allusion", in: Beethoven Forum 1(1992), pp.81~92

AMZ — Allgemeine musikalische Zeitung, Leipzig

Anthoin 1785/86 — Ferdinand d'Anthoin, "Wie muß die Kirchenmusik beschaffen seyn wenn sie zur Andacht erheben soll?", in: Beiträge zur Ausbreitung nützlicher Kenntnisse, 36.~43. Stück, Bonn 1785/86

Bettine von Arnim, Werke und Briefe — Bettine von Arnim, Werke und Briefe, hg. v. Walter Schmitz, 4 Bde., Frankfurt a. M. 1986

C. P. E. Bach, Briefe und Dokumente — Ernst Suchalla(Hg.), Carl Philipp Emanuel Bach. Briefe und Dokumente, 2 Bde., Göttingen 1994

Bachmann 1991 — Dieter Bachmann, "Das Wiegen des Dromedars. Begegnungen mit Paul Nizon", in: Text+Kritik 110(1991), pp.6~14

Bär 1999 — Ute Bär, "Zur gemeinsamen Konzerttätigkeit Clara Schumanns und Joseph Joachims", in: Peter Ackermann und Herbert Schneider(Hg.), Clara Schumann. Komponistin, Interpretin, Unternehmerin, Ikone, Hildesheim u. a. 1999, pp.35~57

Barth, Dogmatik — Karl Barth, Die Kirchliche Dogmatik, Bd.IV, 2, Zürich 1964

Barthes, Rasch — Roland Barthes, "Rasch", in: ders., Der entgegenkommende und der stumpfe Sinn(= kritische essays iii), Frankfurt a. M. 1990

Bartsch 2003 — Cornelia Bartsch u. a.(Hg.), Der "männliche" und der "weibliche" Beethoven. Bericht über den internationalen musikwissenschaftlichen Kongress vom 31. Oktober bis 4. November 2001 an der Universität der Künste Berlin, Bonn 2003

Bauer 1987 — Elisabeth Eleonore Bauer, "Beethoven —unser musikalischer Jean Paul", in: Beethoven. Analecta varia(= Musik-Konzepte 56), München 1987, pp.83~105

Baumann 1967 — Gerhart Baumann, Jean Paul. Zum Verstehensprozeß der Dichtung, Göttingen 1967

Bazzana 2001 — Kevin Bazzana, Glenn Gould Oder die Kunst der Interpretation, aus dem Englischen von Claudia Brusdeylins, Kassel und Stuttgart 2001

BB — Beethoven-Briefivechsel, hg. v. Sieghard Brandenburg, 7 Bde., München 1996~1998

Beckett, Letters — The Letters of Samuel Beckett, 4 Bde., Cambridge 2009~2016

Bekker 1909 — Paul Bekker, Das Musikdrama der Gegenwart, Stuttgart 1909

Bekker 1912 — Paul Bekker, Beethoven, 2. Aufl. Berlin 1912

Bekker 1921 — Paul Bekker, Kritische Zeitbilder, Berlin 1921

Bekker, Beethoven — Paul Bekker, Beethoven, Berlin 1911

Belting 1999 — Hans Belting, Identität im Zweifel. Ansichten der deutschen Kunst, Köln 1999

Benjamin, Abhandlungen — Walter Benjamin, Abhandlungen(= Gesammelte Schriften, Bd.I, 2), Frankfurt a. M. 1974

Benjamin, Gesammelte Schriften — Walter Benjamin, Gesammelte Schriften, 7 Bde. in 14, Frankfurt a. M. 1991

Berlioz, Critique musicale — Hector Berlioz, Critique musicale 1823~1863, diverse Hg., Paris ab 1996

Bernhard 1985 — Thomas Bernhard, Alte Meister. Komödie, Frankfurt a. M. 1985

Bernhard 1988 — Thomas Bernhard, Der Untergeher, Frankfurt a. M. 1988

Bernstein 1982 — Leonard Bernstein, Musik — die offene Frage, deutsch von Peter Weiser, 2. Aufl. München und Mainz 1982

Bernstein 1993 — Leonar Bernstein, Konzert für junge Leute, hg. v. Jack Gottlieb, deutsch von Else Winter und Albrecht Roeseler, München 1993

Bischoff 1994 — Bodo Bischoff, Monument für Beethoven. Die Entwicklung der Beethoven-Rezeption Robert Schumanns, Köln 1994

Bloch, Hoffnung — Ernst Bloch, Das Prinzip Hoffnung, 3 Bde., Frankfurt a. M. 1959

Bloch, Utopie — Ernst Bloch, Geist der Utopie, bearbeitete Neuauflage der zweiten Fassung von 1923, Frankfurt a. M. 1964

BNF — Robert Schumann, Briefe Neue Folge, 2. Aufl. Leipzig 1904

Bockholdt 1981 — Rudolf Bockholdt, Ludwig van Beethoven. VI. Symphonie F-Dur op.68. Pastorale(=Meisterwerke der Musik, Heft 23), München 1981

Bockholdt 2001 — Rudolf Bockholdt, "Zum langsamen Satz des Streichquintetts von Franz Schubert", in: ders., Studien zur Musik der Wiener Klassiker, Bonn 2001, pp.315~334

Bodemann-Kornhaas 2006 — Ulrike Bodemann-Kornhaas, "…ein grosser, edler, thewrer schatz ligtinn disem kleinen buechlin begraben". Die einzigartige Verbreitungsgeschichte der "Nachfolge Christi" des Thomas von Kempen, Kempen 2006

Bohrer 1984 — Karl Heinz Bohrer, Plötzlichkeit. Zum Augenblick des ästhetischen Scheins, Frankfurt a. M. 1984

Bohrer 2004 — Karl Heinz Bohrer, Imaginationen des Bösen. Für eine ästhetische Kategorie, München und Wien 2004

Bohrer 2017 — Karl Heinz Bohrer, Jetzt. Geschichte meines Abenteuers mit der Phantasie, Frankfurt a. M. 2017

Bonhoeffer, Aufzeichnungen — Dietrich Bonhoeffer, Widerstand und Ergebung. Briefe und Aufzeichnungen aus der Haft, hg. v. Christian Gremmels u. a., Gütersloh 1998

Börsch-Supan 2001 — Helmut Börsch-Supan, Der Mönch an der Spree. Caspar David Friedrich zwischen Geschichtslast und Repräsentationslust, o. O. 2001

Boulez 1972 — Pierre Boulez, Werkstatt-Texte, aus dem Französischen von Josef Häusler, Berlin u. a. 1972

Boulez 1977 — Pierre Boulez, Wille und Zufall. Gespräche mit Célestin Deliège und Hans Mayer, Stuttgart 1977

Bouyer 1905 — Raymond Bouyer, Le secret de Beethoven, Paris 1905

Brandenburg 1984 — Sieghard Brandenburg, "Die Skizzen zur neunte Symphonie", in: Harry Goldschmidt(Hg.), Zu Beethoven, Aufsätze und Dokumente, Bd.2, Berlin 1984, pp.88~129

Brandenburg 1989 — Sieghard Brandenburg, "Beethovens politische Erfahrungen in Bonn", in: Helga Lühning und Sieghard Brandenburg(Hg.), Beethoven. Zwischen Revolution und Restauration, Bonn 1989, pp.3~50

Brendel 1995 — Alfred Brendel, Musik beim Wort genommen, München und Zürich 1995

Brendel 2006 — Alfred Brendel, Ausgerechnet ich. Gespräche mit Martin Meyer, München 2006

Brendel, Musik beim Wort genommen, 2. Aufl. — Alfred Brendel, Musik beim Wort genommen, 2. Aufl. Mainz 1996

Briefwechsel Schnabel — Ein halbes Jahrhundert Musik. Der Briefwechsel Artur Schnabel und

Therese Behr-Schnabel, hg. v. Britta Matterne und Ann Schnabel Mottier, 2 Bde., Hofheim 2016

Brockmeier/Henze 1981 — Jens Brockmeier und Hans Werner Henze(Hg.), Die Zeichen. Neue Aspekte der musikalischen Ästhetik II, Frankfurt a. M. 1981

Brötje 1974 — Michael Brötje, "Die Gestaltung der Landschaft im Werk C. D. Friedrichs", in: Jahrbuch der Hamburger Kunstsammlungen 19(1974), pp.43~88

Brüggemann 2005 — Heinz Brüggemann, "Religiöse Bild-Strategien der Romantik. Die ästhetische Landschaft als Andachtsraum und Denkraum", in: ders.(Hg.), Romantische Religiosität, Freiburg i. Br. 2005, pp.89~131

Brusatti 1978 — Otto Brusatti, "Klangexperimente in Beethovens Streichquartetten", in: Studien zur Musikwissenschaft 29(1978), pp.69~87

Bülow, Beethoven's Werke — Hans von Bülow(Hg.), Beethoven's Werke für Piano Solo von op.53 an, 2 Teile, Neuausgabe Stuttgart und Berlin 1902

Bülow, Briefe und Schriften — Hans von Bülow, Briefe und Schriften, hg. v. Marie Bülow, 8 Bde., Leipzig 1895~1908

Bülow, Neue Briefe — Hans von Bülow, Neue Briefe, hg. v. Richard Graf Du Moulin Eckart, München 1927

Marie von Bülow 1925 — Marie von Bülow, Hans von Bülow in Leben und Wort, Stuttgart 1925

Bunge 1991 — Hans Bunge(Hg.), Die Debatte um Hanns Eislers "Johann Faust". Eine Dokumentation, Berlin 1991

Burnham 1993 — Scott Burnham, Rezension von "Carl Dahlhaus, Ludwig van Beethoven. Approaches to His Music", in: Notes 3(1993), pp.948~952

Busch 2003 — Werner Busch, Caspar David Friedrich. Ästhetik und Religion, München 2003

Busch-Weise 1962 — Dagmar von Busch-Weise, "Beethovens Jugendtagebuch", in: Studien zur Musikwissenschaft 25(1962), pp.68~88

Cahn 2005 — Peter Cahn, "Beethovens Entwürfe einer d-Moll-Symphonie von 1812", in: Musiktheorie 20(2005), pp.123~129

Castle 1906 — Eduard Castle(Hg.), Lenau und die Familie Löwenthal. Briefe und Gespräche, Gedichte und Entwürfe, 2 Bde., Leipzig 1906

Christensen 2008 — Thomas Christensen, "Dahlhaus in Amerika", in: MuSik & Ästhetik 47(2008), pp.133~139

Clark 2001 — Suzannah Clark, Analyzing Schubert, Cambridge 2001

Corbineau-Hoffmann 2012 — Angelika Corbineau-Hoffmann, "Modell(-) Musik oder: Die Fügungen des Fragmentarischen. Über Proust und Beethoven", in: Albert Gier(Hg.), Marcel

Proust und die Musik, Berlin 2012, pp.61~86

Craft/Strawinsky 1959 — Robert Craft and Igor Stravinsky, Conversations With Igor Stravinsky, London 1959

CT — Martin Gregor-Dellin und Dietrich Mack(Hg.), Cosima Wagner: Die Tagebücher, 2 Bde., München und Zürich 1976/77

Cupers 1985 — Jean-Louis Cupers, Aldous Huxley et la musique, Brüssel 1985

Curtius, Französischer Geist — Ernst Robert Curtius, Französischer Geist im zwanzigsten Jahrhundert, 3. Aufl. Bern und München 1965

Czerny, Erinnerungen — Carl Czerny, Erinnerungen aus meinem Leben, hg. v. Walter Kolneder, Baden-Baden und Straßburg 1968

Czerny, Richtiger Vortrag — Carl Czerny, Über den richtigen Vortrag der sämtlichen Beethoven'schen Klavierwerke, hg. v. Paul Badura-Skoda, Wien 1963

Dahlhaus 1965 — Carl Dahlhaus, Johannes Brahms. Klavierkonzert Nr.1 d-moll, op.15 (= Meisterwerke der Musik, Heft 3), München 1965

Dahlhaus 1970 — Carl Dahlhaus, "Bemerkungen zu Beethovens 8. Symphonie", in: Schweizerische Musikzeitung 110(1970), pp.205~209

Dahlhaus 1978 — Carl Dahlhaus, "Plädoyer für eine romantische Kategorie. Der Begriff des Kunstwerks in der neuesten Musik(1969)", in: ders., Schönberg und andere. Gesammelte Aufs — tze zur Neuen Musik, Mainz 1978, pp.270~278

Dahlhaus 1987 — Carl Dahlhaus, Ludwig van Beethoven und seine Zeit, Laaber 1987

Debusch 2004 — Tobias Debusch, Prinz Louis Ferdinand von Preußen(1772~1806) als Musiker im soziokulturellen Umfeld seiner Zeit, Berlin 2004

Debussy, Monsieur Croche — Claude Debussy, Monsieur Croche. Sämtliche Schriften und Interviews, hg. v. Franqois Lesure, deutsch von Josef Häusler, Stuttgart 1974

Deleuze, Erschöpft — Gilles Deleuze, "Erschöpf". Essay. Aus dem Französischen von Erika Tophoven, in: Samuel Beckett, Quadrat, GeisterTrio, ... nur noch Gewölk ... Stücke für das Fernsehen, Frankfurt a. M. 1996, pp.49~101

Deleuze, The Exhausted — Gilles Deleuze, "The Exhausted", in: SubStance 3(1985), pp.3~28

Döhl 2013 — Frédéric Döhl, "Die neunte Sinfonie", in: Albrecht Riethmüller(Hg.), Das Beethoven-Handbuch, Bd.1, Laaber 2013, pp.279~318

Dömling 1979 — Wolfgang Dömling, Hector Berlioz. Die symphonischdramatischen Werke, Stuttgart 1979

Draxler 2000 — Helmut Draxler, "Engagement und Distanzierung. Antiidealistische Perspektiven der Kunstkritik", in: Texte zur Kunst 40(2000), pp.41~51

Du Moulin-Eckart 1921 — Richard Graf Du Moulin-Eckart, Hans von Bülow, München 1921

Dürr 1979 — Walther Dürr, "Wer vermag nach Beethoven noch etwas zu machen?", in: Musik-
Konzepte, Sonderband Schubert, München 1979, pp.10~25

Eco 1992 — Umberto Eco, Die Grenzen der Interpretation, aus dem Italienischen von Günter
Memmert, München 1992

Einstein, Schubert — Alfred Einstein, Schubert. Ein musikalisches Porträt, Zürich 1952

Eisler 1987 — Hanns Eisler, Materialien zu einer Dialektik der Musik, Berlin 1987

Eisler, Musik und Politik — Hanns Eisler, Musik und Politik, hg. v. Günter Mayer, 3 Bde., Leipzig
1973~1983

Eisler/Mann, Briefwechsel — Hanns Eisler/Thomas Mann, Briefwechsel über "Faustus", in: Sinn
und Form. Beiträge zur Literatur, Sonderheft Hanns Eisler, Berlin 1964, pp.246~247

Elb=Musikfeste 1836 — Programm zum neunten Elb=Musikfeste in Braunschweig, nebst einer
Beschreibung der Stadt, Braunschweig 1836

Elvers 1997 — Rudolf Elvers, "Der fingierte Brief Ludwig van Beethovens an Fanny Mendelssohn
Bartholdy", in: Mendelssohn Studien 10(1997), pp.97~100

Erhart 1995 — Walter Erhart, "'Was nützen schielende Wahrheiten?' Rousseau, Wieland und die
Hermeneutik des Fremden", in: Jaumann 1995, pp.47~78

Evans 1965 — Oliver Evans, Carson McCullers. Her Life and Work, London 1965

Finscher 2000 — Ludwig Finscher, Joseph Haydn und seine Zeit, Laaber 2000

Fischer, Beethovens Jugend — Des Bonner Bäckermeisters Gottfried Fischer Aufzeichnungen über
Beethovens Jugend, hg. v. Joseph Schmidt-Görg, München und Duisburg 1971

Floros, Mahler — Constantin Floros, Gustav Mahler, 3 Bde., Wiesbaden 1977 und 1985

Foerster 1955 — Josef Bohuslav Foerster, Der Pilger. Erinnerungen eines Musikers, Prag 1955

Fortagne/Rohmer 2000 — Ingala Fortagne und Rolf Rohmer, "Musikalische Implikationen
literarischer Dramaturgie(1): Strindbergs 'Gespenstersonate' und Beethovens 'Sonate op.31 Nr.2
d-Moll,'" in: Peter Reichel(Hg.), Studien zur Dramaturgie: Kontexte, Implikationen, Berufspraxis,
Tübingen 2000, pp.59~68

Frank 1982 — Manfred Frank, Der kommende Gott. Vorlesungen über die Neue Mythologie, 1. Teil,
Frankfurt a. M. 1982

Frank 2004 — Hilmar Frank, Aussichten ins Unermessliche. Perspektivität und Sinnoffenheit bei
Caspar David Friedrich, Berlin 2004

Friedrich, Briefe — Caspar David Friedrich, Die Briefe, hg. v. Herrmann Zschoche, Hamburg 2005

Furtwängler 1958 — Wilhelm Furtwängler, Ton und Wort. Aufsätze und Vorträge 1918 bis 1954, 8. Aufl. Wiesbaden 1958

Gál 1916 — Hans Gál, "Die Stileigentümlichkeiten des jungen Beethoven", in: Wiener Studien zur Musikwissenschaft IV(1916), pp.58~115

Geck 1962 — Martin Geck, "Ein textbedingter Archaismus im Werk von Heinrich Schütz", in: Acta Musicologica 34(1962), pp.161~164

Geck 1993 — Martin Geck, Von Beethoven bis Mahler. Die Musik des deutschen Idealismus, Stuttgart und Weimar 1993

Geck 1995 — Martin Geck, "Architektonische, psychologische oder rhetorische Form? Franz Liszts Klaviersonate h-Moll", in: Axel Beer und Laurenz Lütteken(Hg.), Festschrift Klaus Hortschansky zum 60. Geburtstag, Tutzing 1995, pp.425~433

Geck 2000 — Martin Geck, "Das wilde Denken. Ein strukturalistischer Blick auf Beethovens op.31, 2", in: Archiv für Musikwissenschaft 57(2000), pp.64~77

Geck 2007 — Martin Geck, "'Heißt das nicht Handeln bey Ihnen: Componiren?'" Napoleon als Leitstern Beethovens", in: Veit Veltzke(Hg.), Napoleon. Trikolore und Kaiseradler über Rhein und Weser, Köln 2007, pp.547~552

Geck 2010 — Martin Geck, Robert Schumann. Mensch und Musiker der Romantik, München 2010

Geck 2015 — Martin Geck, Die Sinfonien Beethovens. Neun Wege zum Ideenkunstwerk, Hildesheim 2015

Geck, "Von deutscher Art" — Martin Geck, "Von deutscher Art und Kunst?", in: Ulrich Tadday(Hg.), Philosophie des Kontrapunkts(=Musik-Konzepte, Sonderband), München 2010, pp.178~200

Geck/Schleuning 1989 — Martin Geck und Peter Schleuning, "Geschrieben auf Bonaparte". Beethovens "Eroica": Revolution, Reaktion, Rezeption, Reinbek 1989

Georgiades 1967 — Thrasybulos Georgiades, Schubert. Musik und Lyrik, Göttingen 1967

Gespräch Langer/Nizon — Michael Langer/Paul Nizon, "'Ich rase durch Paris'. Ein Gespräch", in: Text + Kritik 110(1991), pp.46~54

Gielen/Fiebig 1995 — Michael Gielen und Paul Fiebig, Beethoven im Gespräch. Die neun Sinfonien, Stuttgart und Weimar 1995

Gingerich 2000 — John M. Gingerich, "Remembrance and Consciousness in Schubert's C-Major String Quintet, D. 956", in: The Musical Quarterly 84(2000), pp.619~634

Gingerich 2014 — John M. Gingerich, Schubert's Beethoven Project, Cambridge 2014

Glasenapp — Carl Friedrich Glasenapp, Das Leben Richard Wagners in sechs Büchern, Leipzig 1905~1911

Glasze 2013 — Georg Glasze, Politische Räume. Die diskursive Konstitution eines "geokulturellen Raums« — die Frankophonie, Bielefeld 2013

Godwin 1974 — Joscelyn Godwin, "Early Mendelssohn and Late Beethoven", in: Music & Letters 55(1974), pp.280~284

Goehr 2007 — Lydia Goehr, The Imaginary Museum of Musical Works. An Essay in the Philosophy of Music, 2. Aufl. Oxford 2007

Goethe, 40 Bände — Goethes Sämmtliche Werke in 40 Bänden, Stuttgart und Tübingen 1840

Goethe, Briefe — Goethes Briefe in vier Bänden, hg. v. Karl Robert Mandelkow und Bodo Morawa, Hamburg 1965

van Gogh im Wort — Vincent van Gogh im Wort, aus seinen Briefen zusammengestellt von Paul Nizon, Bern u. a. 1959

Goldschmidt 1977 — Harry Goldschmidt, Um die Unsterbliche Geliebte, Leipzig 1977

Goldschmidt 1978 — Harry Goldschmidt, "Kunstwerke und Biographie", in: Bericht über den Internationalen Beethoven-Kongreß 20. bis 23. März 1977 in Berlin, Leipzig 1978, pp.437~450

Goldschmidt 1999 — Harry Goldschmidt, Das Wort in Beethovens Instrumentalbegleitung, Köln u. a. 1999

Golomb 2006 — Uri Golomb, "Mendelssohn's Creative Response to Late Beethoven: Polyphony and Thematic Identity in Mendelssohn's Quartet in A Major op.13", in: Ad Parnassum 4(2006), pp.101~109

Golz 1996 — Jochen Golz, Welt und Gegen-Welt in Jean Pauls "Titan", Stuttgart und Weimar 1996

Gould, Schriften I — Glenn Gould, Von Bach bis Boulez(=Schriften zur Musik I), hg. v. Tim Page, aus dem Amerikanischen von Hans-Joachim Metzger, München und Zürich 1986

Griepenkerl 1838 — Wolfgang Robert Griepenkerl, Das Musikfest oder die Beethovener, Leipzig 1838

Griepenkerl 1843 — Wolfgang Robert Griepenkerl, Ritter Berlioz in Braunschweig. Zur Charakteristik dieses Tonsetzers, Braunschweig 1843

Griepenkerl 1846 — Wolfgang Robert Griepenkerl, Der Kunstgenius der deutschen Literatur des letzten Jahrhunderts, 1. Teil, Leipzig 1846

Grillparzer, Werke — Franz Grillparzer, Sämtliche Werke, 4 Bde., MünChen 1960~1965

GS — Theodor W. Adorno, Gesammelte Schriften, 20 Bde., Frankfurt a. M. 1997

Gülke 1978 — Peter Gülke, Zur Neuausgabe der Sinfonie Nr.5 von Ludwig van Beethoven. Werk und Edition, Leipzig 1978

Gülke 1979 — Peter Gülke, "Zum Bilde des späten Schubert", in: MusikKonzepte, Sonderband

Schubert, München 1979, pp.107~166

Gülke 1982 — Peter Gülke, "In What Respect a Quintet? On the Disposition of Instruments in the String Quintet D 956", in: Schubert Studies: Problems of Style and Chronology, hg. v. Eva Badura-Skoda und Peter Branscombe, Cambridge 1982, pp.173~185

Gülke 1984 — Peter Gülke, Rousseau und die Musik oder von der Zuständigkeit des Dilettanten, Wilhelmshaven 1984

Gülke 1996 — Peter Gülke, Franz Schubert und seine Zeit, 2. Aufl. Laaber 1996

Gülke 2000 — Peter Gülke, "... Immer das Ganze vor Augen". Studien zu Beethoven, Stuttgart u. a. 2000

Gülke 2001 — Peter Gülke, "Die Gegen-Sinfonie. Schuberts Große C-DurSinfonie als Antwort auf Beethoven", in: ders., Die Sprache der Musik. Essays zur Musik von Bach bis Holliger, Stuttgart und Weimar 2001, pp.223~232

Halm 1920 — August Halm, Von zwei Kulturen der Musik, München 1920

Halm, Von Form und Sinn — August Halm, Von Form und Sinn der Musik. Gesammelte Aufsätze, hg. v. Siegfried Schmalzriedt, Wiesbaden 1978

Hamburger Ausgabe — Goethes Werke, Hamburger Ausgabe, hg. v. Erich Trunz, 14 Bde., München 1978

Hanslick, Vom Musikalisch-Schönen — Eduard Hanslick, Vom Musikalisch-Schönen, 20. Aufl. Wiesbaden 1980

Haug/Warning 1989 — Walter Haug und Rainer Warning(Hg.), Das Fest(=Poetik und Hermeneutik, Bd.14), München 1989

Hausenstein, Licht — Wilhelm Hausenstein, Licht unter dem Horizont. Tagebücher von 1942 bis 1946, München 1967

Hegel, Werke — G. W. F. Hegel, Werke in 20 Bänden, Frankfurt a. M. 1970

Heiligenstädter Testament — Hedwig M. von Asow(Hg.), Ludwig van Beethoven. Heiligenstädter Testament. Faksimile, 2. Aufl. Wien und München 1992

Heim 1873 — Albert Heim, "Töne der Wasserfälle", in: Verhandlungen der Schweizerischen Naturforschenden Gesellschaft 56(1873), pp.209~214

Héloise — Jean-Jacques Rousseau, Julie oder Die Neue Héloise, Stuttgart o. J.

Hentschel 2002 — Ullrich Hentschel, "'da wallfahrte ich hin, oft mit der neuen Heloise in der Tasche'. Zur deutschen Rousseau-Rezeption im 18. und frühen 19. Jahrhundert", in: Euphorion 96(2002), pp.47~74

Henze 1984 — Hans Werner Henze, "Beethovens späte Streichquartette", in: ders., Musik und

Politik, 2. Aufl. München 1984, pp.279~281

Hermand 2003 — Jost Hermand, Beethoven. Werk und Wirkung, Köln u. a. 2003

Hiemke 2003 — Sven Hiemke, Ludwig van Beethoven. Missa solemnis, Kassel u. a. 2003

Hinrichsen 1999 — Hans-Joachim Hinrichsen, Musikalische Interpretation. Hans von Bülow,
Stuttgart 1999

Hinrichsen 2011 — Hans-Joachim Hinrichsen, "Modellfall der Philosophie der Musik: Beethoven",
in: Richard Klein u. a.(Hg.), Adorno-Handbuch, Stuttgart 2011, pp.85~96

Hinrichsen 2013 — Hans-Joachim Hinrichsen, Beethoven. Die Klaviersonaten, Kassel u. a. 2013

Hinrichsen 2016 — Hans-Joachim Hinrichsen, "Ein Buch für das 20. Jahrhundert. Paul Bekkers
Beethoven von 1911", in: Musik & Ästhetik 77(2016), pp.7~24

Hinterkeuser 2016 — Hans Hinterkeuser, Elly Ney und Karlrobert Kreiten. Zwei Musiker unterm
Hakenkreuz, 3. Aufl. Berlin 2016

Hoffmann, Schriften zur Musik — E. T. A. Hoffmann, Schriften zur Musik, hg. v. Friedrich
Schnapp, München 1977

Hoffmeister 2003 — Kurt Hoffmeister, Braunschweigs Literaten, Braunschweig 2003

Hofmannsthal, Essays — Hugo von Hofmannsthal, Essays, Reden, Vorträge, Berlin 2013

Hölderlin, Werke — Friedrich H?lderlin, S?mtliche Werke, hg. v. Friedrich Beißner, 8 Bde., Stuttgart
1946~1985

Horowitz 1994 — Joseph Horowitz, Understanding Toscanini, Berkeley und Los Angeles 1994

Höyng 2007 — Peter Höyng, "'Shakespeare's Bruder': Beethovens Shakespeare-Rezeption und ihre
unerhörten Folgen", in: Roger Paulin(Hg.), Shakespeare im 18. Jahrhundert, Göttingen 2007,
pp.119~139

Hülle-Keeding 1997 — Maria Hülle-Keeding, Romain Rollands visionäres Beethovenbild im Jean
Christophe, Frankfurt a. M. u. a. 1997

Huxley 1951 — Aldous Huxley, Kontrapunkt des Lebens, übersetzt von Herberth E. Herlitschka,
München 1951

Huxley, Essays — Aldous Huxley, Music at Night and Other Essays, London 1986

Jacobson 1995 — Daniel Jacobson, "Schuberts D 936A: Eine sinfonische Hommage an Beethoven",
in: Schubert durch die Brille 15(Juni 1995), pp.113~126

Jaumann 1995 — Herbert Jaumann(Hg.), Rousseau in Deutschland. Neue Beiträge zur Erforschung
seiner Rezeption, Berlin und New York 1995

Jean Paul, Ästhetik — Jean Paul, Vorschule der Ästhetik, hg. v. Norbert Miller, 2. Aufl. München 1974

Jean Paul, Historisch-kritische Ausgabe — Jean Paul, Sämtliche Werke. Historisch-kritische

Ausgabe, Weimar bzw. Berlin ab 1927

Jean Paul, Selberlebensbeschreibung — Jean Paul, Selberlebensbeschreibung. Zweite Vorlesung, in: Jean Paul, Sämtliche Werke, hg. v. Norbert Miller, Bd.6, München 1963

Johnson 1985 — Douglas Johnson u. a., The Beethoven Sketchbooks, Oxford 1985

Johnson 1998 — Douglas Johnson, "Deconstructing Beethoven's Sketchbooks", in: Sieghard Brandenburg(Hg.), Haydn, Mozart, and Beethoven: Studies in the Music of the Classical Period. Essays in Honor of Alan Tyson, Oxford 1998, pp.225~235

Kaiser 2001 — Joachim Kaiser, Große Pianisten in unserer Zeit, erweiterte Taschenbuchausgabe, 5. Aufl. München 2001

Kalbeck, Brahms — Max Kalbeck, Johannes Brahms, 4 Bde. in 8 Halbbänden, Berlin 1904~1914

Kant, Urteilskraft — Immanuel Kant, Kritik der Urteilskraft, AkademieAusgabe Bd.5, Berlin 1908

Kerr, Gedichte — Alfred Kerr, Liebes Deutschland. Gedichte, hg. v. Thomas Koebner, Berlin 1991

Kerst 1913 — Friedrich Kerst(Hg.), Die Erinnerungen an Beethoven, 2 Bde., Stuttgart 1913

Kertész 1993 — Imre Kertész, Galeerentagebuch, Berlin 1993

KH — Beethoven, Konversationshefte, Kritische Ausgabe in 11 Bänden, hg. v. Dagmar Beck und Karl-Heinz Köhler, Leipzig und Wiesbaden ab 1972

Kierkegaard, Wiederholung — Søren Kierkegaard, Die Wiederholung. Drei erbauliche Reden, Düsseldorf 1955

Kietz 1905 — Gustav Adolph Kietz, Richard Wagner in den Jahren 1842~1849 und 1873~1875, Dresden 1905

Kildea 2013 — Paul Kildea, Benjamin Britten. A life in the Twentieth Century, London 2013

Kinderman 1994 — William Kinderman, "Klaviersonate c-Moll op.111", in: Albrecht Riethmüller u. a.(Hg.), Beethoven. Interpretationen seiner Werke, Bd.2, Laaber 1994, pp.175~181

Kirkendale 1963 — Warren Kirkendale, "The 'Great Fugue' op.133: Beethoven's 'Art of Fugue'", in: Acta Musicologica 35(1963), pp.14~24

Kirkendale 1983 — Warren Kirkendale, "Beethovens Missa solemnis und die rhetorische Tradition", in: Ludwig Finscher(Hg.), Ludwig van Beethoven, Darmstadt 1983, pp.52~97

Klassen 2009 — Janina Klassen, Clara Schumann. Musik und Öffentlichkeit, Köln u. a. 2009

Klein 2014 — Richard Klein, Musikphilosophie zur Einführung, Hamburg 2014

Kleist-Museum 2004 — Empfindungen vor Friedrichs Seelandschaft. Caspar David Friedrichs Gemälde "Der Mönch am Meer" betrachtet von Clemens Brentano, Achim von Arnim und Heinrich von Kleist, Kleist-Museum, o. O. 2004

KNLL — Kindlers Neues Literatur Lexikon, Studienausgabe, 21 Bde., München 1996

Koch — Heinrich Christoph Koch, Versuch einer Anleitung zur Composition, 3 Bde., Leipzig
1782~1793, Reprint Hildesheim 1969

Kommerell 1957 — Max Kommerell, Jean Paul, 3. Aufl. Frankfurt a. M. 1957

Konold 1984 — Wulf Konold, Felix Mendelssohn Bartholdy und seine Zeit, Laaber 1984

Kopitz 2007 — Klaus Martin Kopitz, "Ein unbekanntes Gesuch an Kaiser Franz I.", in: Bonner
Beethoven-Studien 6(2007), pp.101~113

Kopitz/Cadenbach 2009 — Klaus Martin Kopitz und Rainer Cadenbach, Beethoven aus der Sicht
seiner Zeitgenossen, 2 Bde., München 2009

Kramer 1998 — Lawrence Kramer, "Primitive Encounters: Beethoven's 'Tempest' Sonata. Musical
Meaning and Enlightenment Anthropology", in: Beethoven Forum 6(1998), pp.31~65

Kristeva 1978 — Julia Kristeva, Die Revolution der poetischen Sprache, deutsch von Reinold
Werner, Frankfurt a. M. 1978

Kropfinger 1975 — Klaus Kropfinger, Wagner und Beethoven. Untersuchungen zur Beethoven-
Rezeption Richard Wagners, Regensburg 1975

Kropfinger 1995 — Klaus Kropfinger, "Thomas Manns Musik-Kenntnisse", in: Thomas-Mann-
Jahrbuch 8(1995), pp.241~279

Krummacher 1978 — Friedhelm Krummacher, Mendelssohn — der Komponist. Studien zur
Kammermusik für Streicher, München 1978

Kullak 1858 — Adolph Kullak, Das Musikalisch-Schöne. Ein Beitrag zur Aesthetik der Tonkunst,
Leipzig 1858

Kunze 1987 — Stefan Kunze(Hg.), Ludwig van Beethoven. Die Werke im Spiegel seiner Zeit,
Laaber 1987

La Mara 1920 — La Mara(d. i. Marie Lipsius), Beethoven und die Brunsviks, Leipzig 1920

Lassalle, Nachgelassene Briefe und Schriften — Ferdinand Lassalle, Nachgelassene Briefe und
Schriften, hg. v. Gustav Mayer, 6. Bde., Stuttgart und Berlin 1921~1925

Lassalle, Reden und Schriften — Ferdinand Lassalle, Gesammelte Reden und Schriften, hg. v.
Eduard Bernstein, 12 Bde., Berlin 1919/20

Lauster 2015 — Jörg Lauster, Die Verzauberung der Welt. Eine Kulturgeschichte des Christentums, 2.
Aufl. München 2015

Lehmann 1984 — Hans-Thies Lehmann, "Rhizom und Maschine. Zu den Schriften von Gilles
Deleuze und Félix Guattari", in: Merkur 38(1984), pp.542~550

Lenz, Beethoven — Wilhelm v. Lenz, Beethoven. Eine Kunst-Studie, 5 Bde., Bde. 1-2 Kassel 1855,
Bde. 3-5 Hamburg 1860

Leux-Henschen 1925 — Irmgard Leux-Henschen, Christian Gottlob Neefe(1748~1798), Leipzig 1925

Lévi-Strauss 1980 — Claude Lévi-Strauss, Mythos und Bedeutung, hg. v. Adelbert Reif, Frankfurt a. M. 1980

Lévi-Strauss, Mythologica IV — Claude Lévi-Strauss, Mythologica IV. Der nackte Mensch 2, Frankfurt a. M. 1976

Link 1999 — Jürgen Link, Hölderlin-Rousseau: Inventive Rückkehr, Opladen 1999

Link 2016 — Jürgen Link, Anteil der Kultur an der Versenkung Griechenlands, Freiburg i. Br. 2016

Liszt, Briefe — Franz Liszt's Briefe, hg. v. La Mara[d. i. Marie Lipsius], 8 Bde., Leipzig 1893~1905

Liszt, Gesammelte Schriften — Franz Liszt, Gesammelte Schriften, hg. v. Lina Ramann, 6 Bde., Leipzig 1881~1899

Liszt, Sämtliche Schriften — Franz Liszt, Sämtliche Schriften, diverse Hg., Wiesbaden u. a. ab 1989

Litzmann, Clara Schumann — Berthold Litzmann, Clara Schumann, 2 Bde., Leipzig 1902 und 1905

Lobkowicz 1989 — Erwein Lobkowicz, Erinnerungen an die Monarchie, hg. v. Karl-Josef von Ketteler, Wien und München 1989

Lockwood 1976 — Lewis Lockwood, "Nottebohm Revisited", in: Current Thoughts in Musicology, hg. v. J. W. Grubbs, 2. Aufl. Austin 1977, pp.139~192

Lodes 1995 — Birgit Lodes, :"'Von Herzen—möge es wieder — zu Herzen gehen!'. Zur Widmung von Beethovens Missa solemnis", in: Bernd Edelmann und Manfred Hermann Schmid(Hg.), Altes im Neuen. Festschrift Theodor Göllner zum 65. Geburtstag, Tutzing 1995, pp. 295~306

Lodes 1997 — Birgit Lodes, Das Gloria in Beethovens Missa solemnis, Tutzing 1997

von Loesch 2001 — Heinz von Loesch, "Brioso, stringendo, liberamente. Zur Beethoven-Ausgabe Artur Schnabels", in: Werner Grünzweig(Hg.), Artur Schnabel. Bericht über das Internationale Symposion Berlin 2001, Hofheim 2003, pp.109~115

Loos 2005 — Helmut Loos(Hg.), Robert Schumann. Interpretationen seiner Werke, 2 Bde., Laaber 2005

Luhmann 1974 — Niklas Luhmann, "Einführende Bemerkungen zu einer allgemeinen Theorie symbolisch generalisierender Kommunikationsmedien", in: Zeitschrift für Soziologie 3(1974), pp.236~255

Luhmann 1976 — Niklas Luhmann, "Ist Kunst codierbar?", in: Siegfried J. Schmidt(Hg.), "Schön". Zur Diskussion eines umstrittenen Begriffs, München 1976

Luhmann 1995 — Niklas Luhmann, Die Kunst der Gesellschaft, Frankfurt a. M. 1995

Lühning/Brandenburg 1989 — Helga Lühning und Sieghard Brandenburg(Hg.), Beethoven.

Zwischen Revolution und Restauration, Bonn 1989

Macek 1988 — Jaroslav Macek, "Franz Joseph Maximilian Lobkowitz. Musikfreund und Kunstmäzen", in: Sieghard Brandenburg und Martella Gutiérrez-Denhoff(Hg.), Beethoven und Böhmen, Bonn 1988, pp.147~201

Mahler, Briefe — Gustav Mahler, Briefe, hg. v. Matthias Hansen, Leipzig 1985

Maier 2000a — Michael Maier, "Geistertrio: Beethoven's Music in Samuel Beckett's 'Ghost Trio'", in: Samuel Beckett Today 11(2000), pp.267~278

Maier 2000b — Michael Maier, "Geistertrio. Beethovens Musik in Samuel Becketts zweitem Fernsehspiel", in: Archiv für Musikwissenschaft 57(2000), pp.172~194

Mann, Briefe — Thomas Mann, Briefe, hg. v. Erika Mann, 3 Bde., Frankfurt a. M. 1962~1965

Mann, Buddenbrooks — Thomas Mann, Buddenbrooks(=Gesammelte Werke in zwölf Bänden, Bd.1), Frankfurt a. M. 1960

Mann, Doktor Faustus — Thomas Mann, Doktor Faustus, hg. v. Ruprecht Wimmer(=Große kommentierte Frankfurter Ausgabe, Bd.10), Frankfurt a. M. 2007

Mann, Essays — Thomas Mann, Essays II. 1914~1926(=Große kommentierte Frankfurter Ausgabe, Bd.15, 1), Frankfurt a. M. 2002, pp.27~46

Mann, Politische Schriften — Thomas Mann, Politische Schriften und Reden, 3 Bde., Frankfurt a. M. 1968

Mann, Selbstkommentare — Thomas Mann, Selbstkommentare: 'Doktor Faustus' und 'Die Entstehung des Doktor Faustus', Frankfurt a. M. 1992

Marek 1970 — George R. Marek, Ludwig van Beethoven. Das Leben eines Genies, München 1970

Marx 1855 — Adolf Bernhard Marx, Die Musik des 19. Jahrhunderts und ihre Pflege. Methode der Musik, Leipzig 1855

Marx 1863 — Adolf Bernhard Marx, Ludwig van Beethoven. Leben und Schaffen, 2 Bde., 2. Aufl. Berlin 1863

Marx 1865 — Adolf Bernhard Marx, Erinnerungen, 2 Bde., Berlin 1865

Matzner 1986 — Joachim Matzner, Furtwängler. Analyse, Dokument, Protokoll, Zürich und Gräfelfing 1986

McClary 1991 — Susan McClary, Feminine Endings. Music, Gender and Sexuality, Minneapolis 1991

McCullers 1963 — Carson McCullers, Das Herz ist ein einsamer Jäger, aus dem Amerikanischen von Susanna Rademacher, Zürich 1963

Mendelssohn 1871 — Karl Mendelssohn Bartholdy, Goethe und Felix Mendelssohn Bartholdy,

Leipzig 1871

Mendelssohn, Briefe 1830~1847 — Felix Mendelssohn Bartholdy, Briefe aus den Jahren 1830 bis 1847, Leipzig 1870

Mendelssohn, Briefe — Felix Mendelssohn Bartholdy, Sämtliche Briefe, 12 Bde., Kassel u. a. 2008~2017

Menuhin 1986 — Yehudi Menuhin, Lebensschule, aus dem Englischen von Horst Leuchtmann, München und Zürich 1986

MGG, Beethoven — Klaus Kropfinger, Artikel "Beethoven, Ludwig van", in: Die Musik in Geschichte und Gegenwart, Personenteil Bd.2, 2. Aufl. Kassel u. a. 1999, Sp.667~944

MGG, Bussotti — Gianmario Borio, Artikel "Bussotti, Sylvano", in: Die Musik in Geschichte und Gegenwart, Personenteil Bd.3, 2. Aufl. Kassel u. a. 2000, Sp.1410~1413

MGG, Lobkowitz — Elisabeth Th. Fritz-Hilscher, Artikel "Lobkowitz", in: Die Musik in Geschichte und Gegenwart, Personenteil Bd.11, 2. Aufl. Kassel u. a. 2004, Sp. 349~351

MGG, Rolland — Jens Rosteck, Artikel "Rolland, Romain", in: Die Musik in Geschichte und Gegenwart, Personenteil Band 14, 2. Aufl. Kassel u. a. 2005, Sp.298~301

MGG, Skizze — Peter Benary, Artikel "Skizze — Entwurf — Fragment", in: Die Musik in Geschichte und Gegenwart, Sachteil Bd.8, 2. Aufl. Kassel u. a. 1998, Sp. 1506~1519

Miller 2009 — Norbert Miller, Die ungeheure Gewalt der Musik. Goethe und seine Komponisten, München 2009

ML — Richard Wagner, Mein Leben, hg. v. Martin Gregor-Dellin, München 1963

Moravetz 1990 — Monika Moravetz, Formen der Rezeptionslenkung im Briefroman des 18. Jahrhunderts, Tübingen 1990

Morrissey 2014 — Robert Morrissey, The Economy of Glory. From Ancien Régime France to the Fall of Napoleon, Chicago 2014

Moser 1980 — Ditz-Rüdiger Moser(Hg.), Clara Schumann. Mein liebes Julchen, München 1980

MT — Thomas Mann, Tagebücher, 10 Bde., Frankfurt a. M. 1977~1995

Münchner Ausgabe — Johann Wolfgang von Goethe, Sämtliche Werke nach Epochen seines Schaffens, 20 Bde. in 32 Teilbänden und 1 Registerbd., München 1985~1998

Musil, Theater — Robert Musil, Theater. Kritisches und Theoretisches, Reinbek 1965

Nachlass Pückler-Muskau — Ludmilla Assing(Hg.), Aus dem Nachlaß des Fürsten Pückler-Muskau. Briefwechsel und Tagebücher, Bd.1, Hamburg 1873

Nauhaus 2010 — Julia M. Nauhaus, Musikalische Welten. Clara und Robert Schumanns Verbindungen zu Braunschweig, Sinzig 2010

Nesbitt 2016 — Nick Nesbitt, Sounding the Virtual: Gilles Deleuze and the Theory and Philosophy of Music, Routledge 2016

Newman 1927 — Ernest Newman, The Unconscious Beethoven. An Essay in Musical Psychology, London 1927

Ney 1942 — Elly Ney, "Bekenntnis zu Ludwig van Beethoven", in: Alfred Morgenroth(Hg.), Von deutscher Tonkunst. Festschrift zu Peter Raabes 70. Geburtstag, Leipzig 1942, pp.62~64

Ney, Deutsche Soldaten — "Elly Ney schreibt an den deutschen Soldaten", in: Neue Zeitschrift für Musik 109(1942), pp.122~124

Nietzsche, Briefe — Friedrich Nietzsche, Briefe. Kritische Gesamtausgabe, hg. von Giorgio Colli und Mazzino Montinari, Berlin und New York 1975~2004

Nietzsche, Kritische Gesamtausgabe — Friedrich Nietzsche, Kritische Gesamtausgabe, hg. v. Giorgio Colli und Mazzino Montinari, Berlin und New York ab 1967

Nietzsche, Werke — Friedrich Nietzsche, Werke in drei Bänden, hg. v. Karl Schlechta, München 1955

Nietzsche, Werke, 6 Bde. — Friedrich Nietzsche, Werke in 6 Bänden, hg. v. Karl Schlechta, München und Wien 1980

Nizon 1984 — Paul Nizon, Das Jahr der Liebe. Roman, Frankfurt a. M. 1984

Nizon 1985 — Paul Nizon, Am Schreiben gehen. Frankfurter Vorlesungen, Frankfurt a. M. 1985

Nizon 1991a — Paul Nizon, "Zum musikalischen Verfahren", in: Text+Kritik 110(1991), pp.27/28

Nizon 1991b — Paul Nizon, "Das Leben geben", in: Text+Kritik 110(1991), pp.84~87

Nizon 2013 — Paul Nizon, Die Belagerung der Welt. Romanjahre, Frankfurt a. M. 2013

Nohl 1873 — Ludwig Nohl, "Ein Gebet Beethovens", in: Die Grenzboten 32(1873), 1. Semester, 2. Bd., pp.41~58

Notowicz 1971 — Nathan Notowicz, "Wir reden hier nicht von Napoleon. Wir reden von Ihnen!" Gespräche mit Hanns Eisler und Gerhart Eisler, hg. v. Jürgen Elsner, Berlin 1971

Nottebohm 1880 — Gustav Nottebohm, Ein Skizzenbuch von Beethoven aus dem Jahr 1803, Leipzig 1880

Nottebohm 1887 — Gustav Nottebohm, 2. Beethoveniana: nachgelassene Aufsätze, Leipzig 1887

Novalis, Werke — Werke, Tagebücher und Briefe Friedrich von Hardenbergs, hg. v. Hans-Joachim Mähl und Richard Samuel, 3 Bde., München und Wien, Bd.1 und 2 1978, Bd.3 1987 NZfM — Neue Zeitschrift für Musik

Offenbarung und autonome Vernunft — Protokoll der Diskussion "Offenbarung und autonome Vernunft", in: Frankfurter Hefte 13(1958), pp.484~498

Ortheil 2011—Hanns-Josef Ortheil, Die Erfindung des Lebens. Roman, München 2011

Osthoff 1977 — Wolfgang Osthoff, "Zum Vorstellungsgehalt des Allegretto in Beethovens 7. Symphonie", in: Archiv für Musikwissenschaft 34(1977), pp.159~179

Ottenberg 1994—Hans-Günter Ottenberg, Carl Philipp Emanuel Bach. Spurensuche, Leipzig 1994

Pfitzner 1920 — Hans Pfitzner, Die neue Aesthetik der musikalischen Impotenz. Ein Verwesungssymptom?, München 1920

Pfitzner, Inspiration—Hans Pfitzner, Über musikalische Inspiration, 3. Aufl. Berlin 1940

Picht 2007 — Johannes Picht, "Beethoven und die Krise des Subjekts", Teil I~IV, in: Musik & Ästhetik 44(2007), pp.5~26

Picht 2008 — Johannes Picht, "Beethoven und die Krise des Subjekts", Teil V~VI, in: Musik & Ästhetik 45(2008), pp.5~21

Pöggeler 1987—Otto Pöggeler, Preußische Kulturpolitik im Spiegel von Hegels Ästhetik, Opladen 1987

Polth 2000—Michael Polth u. a.(Hg.), Klang—Struktur—Metapher. Musikalische Analyse zwischen Phänomen und Begriff, Stuttgart und Weimar 2000

Polth, Leuchten des Einzelnen— Michael Polth, "Das Leuchten des Einzelnen — Destruktion und Anspielung in Schuberts Streichquintett", in: Polth 2000, pp.111~131

Pozner 1964 — Vladimir Pozner, "Notizen über Hanns Eisler", in: Sinn und Form. Beiträge zur Literatur, Sonderheft Hanns Eisler, Berlin 1964, pp.163~172

Pressler/Noltze 2016 — Menahem Pressler/Holger Noltze, Dieses Verlangen nach Schönheit. Gespräche über Musik, Hamburg 2016

Prieberg 1986 — Fred K. Prieberg, Kraftprobe. Wilhelm Furtwängler im Dritten Reich, Wiesbaden 1986

Proust, Recherche — Marcel Proust, Auf der Suche nach der verlorenen Zeit, deutsch von Luzius Keller, 7 Bde., Frankfurt a. M. 2004

Raabe, Liszt—Peter Raabe, Franz Liszt, 2 Bde., Stuttgart und Berlin 1931

Rast 1998 — Nicholas Rast, "Schubert's C-Major String Quintet D 956", in: Schubert durch die Brille 21(1998), pp.111~125

Rathert 2014 — Wolfgang Rathert, "Die Messen", in: Das Beethoven-Handbuch, Bd.4, Laaber 2014, pp.173~218

Reichardt, Vertraute Briefe—Johann Friedrich Reichardt, Vertraute Briefe, hg. v. Gustav Gugitz, 2 Bde., München 1915

Renner 1994 — Rolf Günter Renner, "Erinnern der Gegenwart. Paul Nizon, Am Schreiben gehen(1985)", in: Paul Michael Lützeler(Hg.), Poetik der Autoren, Frankfurt a. M. 1994, pp.129~154

Riezler 1936 — Walter Riezler, Beethoven, Zürich 1936

Riezler, Beethoven, 10. Aufl. — Walter Riezler, Beethoven, 10. Aufl., Zürich und Freiburg i. Br. 1971

Riezler, Schubert — Walter Riezler, Schuberts Instrumentalmusik, Zürich und Freiburg i. Br. 1967

Rihm 2007 — "Unerhörtes Hören"(Wolfgang Rihm im Gespräch mit Axel Brüggemann), in: Lettre International 78(2007), pp.108~112

Rohls 2013 — Jan Rohls, "Schiller, Beethoven und die Humanitätsreligion", in: Michael Pietsch und Dirk Schmidt(Hg.), Geist und Buchstabe: Informations- und Transformationsprozesse innerhalb des Christentums. Festschrift für Günter Meckenstock, Berlin und Boston 2013, pp.275~310

Rolland, Beethoven — Romain Rolland, Ludwig van Beethoven, deutsch von Lisbeth Langnese-Hug, Berlin 1952

Rolland, Dank an Beethoven — Romain Rolland, Dank an Beethoven. Eine Rede, Esslingen 1951

Rolland, Johann Christof — Romain Rolland, Johann Christof, deutsch von Erna und Otto Grautoff, 3 Bde., Frankfurt a. M. 1922

Rolland, Über den Gräbern — Romain Rolland, Über den Gräbern. Aus den Tagebüchern 1914~1919, hg. v. Hans Peter Buohler, München 2015

Rousseau, Musik und Sprache — Jean-Jacques Rousseau, Musik und Sprache. Ausgewählte Schriften, übersetzt von Dorothea und Peter Gülke, Wilhelmshaven 1984

Rousseau, Schriften — Jean-Jacques Rousseau, Schriften, hg. v. Henning Ritter, 2 Bde., München und Wien 1978

Sailer 1817 — Johann Michael Sailer(Hg.), Das Buch von der Nachfolgung Christi, verfasset von Thomas von Kempis, 5. Aufl. München 1817

Sailer 1819 — Johann Michael Sailer, Goldkörner der Weisheit und Tugend. Zur Unterhaltung für edle Seelen, 3. Aufl. Grätz 1819

Sailer, Werke — Johann Michael Sailer's Sämtliche Werke, 40 Teile, Sulzbach 1830~1841

Saul 1999 — Nicholas Saul, "Prediger aus der neuen romantischen Clique". Zur Interaktion von Romantik und Homiletik um 1800, Freiburg i. Br. 1999

Schelling, Werke — Friedrich Wilhelm Joseph Schelling, Sämmtliche Werke, 10 Bde., Stuttgart und Augsburg 1856~1861

Schering 1934 — Arnold Schering, Beethoven in neuer Deutung, Leipzig 1934

Schiedermair 1925 — Ludwig Schiedermair, Der junge Beethoven, Leipzig 1925

Schiff 2012 — Beethovens Klaviersonaten und ihre Deutung. "Für jeden Ton die Sprache finden ..." András Schiff im Gespräch mit Martin Meyer, 2. Aufl. Bonn 2012

Schindler — Anton Schindler, Ludwig van Beethoven, hg. v. Fritz Volbach, 2 Bde. in einem, 5. Aufl. Münster 1927

Schlegel, Kritische Ausgabe — Friedrich Schlegel, Kritische Ausgabe seiner Werke, Paderborn u. a. ab 1958

Schlegel, Kritische Philosophie — Friedrich Schlegel, Schriften zur Kritischen Philosophie 1795~1805, Hamburg 2007

Schleuning 1991 — Peter Schleuning, "Das Uraufführungsdatum von Beethovens 'Sinfonia eroica'", in: Die Musikforschung 44(1991), pp.356~359

Schleuning 1994 — Peter Schleuning, "Die Geschöpfe des Prometheus op.43", in: Albrecht Riethmüller u. a.(Hg.), Beethoven. Interpretationen seiner Werke, Bd.1, Laaber 1994, pp.314~325

Schleuning 2009 — Peter Schleuning, "Felix Mendelssohn Bartholdys Klaviersonate E-Dur, op.6", in: Mendelssohn Studien 16(2009), pp.231~250

Schmidt 1924 — Leopold Schmidt, Beethoven, Werke und Leben, Berlin 1924

Schmidt-Görg 1957 — Joseph Schmidt-Görg(Hg.), Beethoven. Dreizehn unbekannte Briefe an Josephine Gräfin Deym geb. Brunsvik, Bonn 1957

Schmidt-Görg 1962 — Joseph Schmidt-Görg, "Zur melodischen Einheit in Beethovens 'Missa Solemnis'", in: ders.(Hg.), Festschrift Anthony van Hoboken, Mainz 1962, pp.146~152

Schmidt-Görg 1966 — Joseph Schmidt-Görg, "Wer war 'die M.' in einer wichtigen Aufzeichnung Beethovens?", in: Beethoven-Jahrbuch 1961/64(1966), pp.75~79

Schmitz 1927 — Arnold Schmitz, Das romantische Beethovenbild, Berlin und Bonn 1927

Schmusch 2000 — Rainer Schmusch, Hector Berlioz. Autopsie des Künstlers(= Musik-Konzepte 108), München 2000

Schnabel, Aus dir wird nie ein Pianist — Artur Schnabel, Aus dir wird nie ein Pianist, aus dem Amerikanischen von Hermann J. Metzler, Hofheim 1991

Schneider 1989 — Herbert Schneider, Einführung und Analyse zu Ludwig van Beethoven, 8. Sinfonie, Mainz und München 1989

Schönberg, Briefe — Arnold Schönberg, Briefe, ausgewählt und hg. v. Erwin Stein, Mainz 1958

Schopenhauer, Werke — Arthur Schopenhauer, Werke in fünf Bänden, hg. v. Ludger Lütkehaus, Zürich 1988

Schrade, Beethoven in Frankreich — Leo Schrade, Beethoven in Frankreich. Das Wachsen einer

Idee, deutsch von Els Schrade und Petra Leonards, Bern und München 1980

Schröter 1999 — Axel Schräter, "Der Name Beethoven ist heilig in der Kunst". Studien zu Liszts
Beethoven-Rezeption, Teil 1, Sinzig 1999

Schubart, Schriften — C. F. D. Schubart's, des Patrioten, gesammelte Schriften und Schicksale, 8
Bde., Stuttgart 1839

Schubert, Dokumente — Schubert. Dokumente seines Lebens, hg. v. Otto Erich Deutsch, Leipzig
1964

Schubert, Erinnerungen seiner Freunde — Schubert. Die Erinnerungen seiner Freunde, hg. v. Otto
Erich Deutsch, Leipzig 1957

Schubert, Fragmente — Franz Schubert, Drei Sinfonie-Fragmente D 619, D 708A, D 936A, Partitur
und Kommentar von Peter Gülke, Leipzig 1982

Schülke 2014 — Anne Schülke, "Autofiktion" im Werk Paul Nizons, Bielefeld 2014

Schumann, Briefwechsel — Clara und Robert Schumann, Briefwechsel, hg. v. Eva Weissweiler, 3
Bde., Frankfurt a. M. 1984~2001

Schumann, Erinnerungen an Mendelssohn — Robert Schumann, Erinnerungen an Felix
Mendelssohn Bartholdy, Zwickau 1948

Schumann, Mottosammlung — Leander Hotaki, Robert Schumanns Mottosammlung, Freiburg i.
Br. 1998

Schumann, Schriften — Robert Schumann, Gesammelte Schriften über Musik und Musiker, 4 Bde.
in 2 Bänden, Leipzig 1854

Schumann, Schriften, 2. Aufl. — Robert Schumann, Gesammelte Schriften über Musik und
Musiker, 2 Bde. in einem, 2. Aufl. Leipzig 1871

Schumann, Schriften, 5. Aufl. — Robert Schumann, Gesammelte Schriften über Musik und
Musiker, hg. v. Martin Kreisig, 2 Bde., 5. Aufl. Leipzig 1914

Schütt 2000 — Hans-Werner Schütt, Auf der Suche nach dem Stein der Weisen. Die Geschichte
der Alchemie, München 2000

Schwartz 1998 — Manuela Schwartz, "Musikpolitik und Musikpropaganda im besetzten
rankreich", in: Gerhard Otto und Anabella Weismann(Hg.), Kultur — Propaganda —
Öffentlichkeit. Intentionen deutscher Besatzungspolitik und Reaktionen auf die Okkupation,
Berlin 1998, pp.55~78

Seibold 2005 — Wolfgang Seibold, Robert und Clara Schumann in ihren Beziehungen zu Franz
Liszt, 2 Teile, Frankfurt a. M. 2005

Sievers 1879 — Otto Sievers, Robert Griepenkerl, der Dichter des "Robespierre", Wolfenbüttel

1879

Simonis 2014 — Annette Simonis, "Geräusch — Klang — Melodie. 'Strange music' in The Tempest", in: Ute Jung und dies.(Hg.), "Die süße Macht der Töne...". Zur Bedeutung der Musik in Shakespeares Werken und ihrer Rezeption, Hildesheim u. a. 2014, pp.97~118

Sobaskie 2005 — James William Sobaskie, "The 'Problem' of Schubert's String Quintet", in: Nineteenth Century Music Review 2(2005), pp.58~92

Sobotzik 2005 — Werner Sobotzik, Artur Schnabel und die Grundfragen musikalischer Interpretationspraxis, Norderstedt 2005

Solomon 1987 — Maynard Solomon, Beethoven. Biographie, Frankfurt a. M. 1987, p.328.

Sophienausgabe — Goethes Werke, hg. im Auftrage der Großherzogin Sophie von Sachsen, Abteilungen I — IV, 133 Bde. in 143 Teilen, Weimar 1887~1919

Spender 1990 — Stephen Spender, Collected Poems 1928~1985, London 1990

Sprengel 1980 — Peter Sprengel(Hg.), Jean Paul im Urteil seiner Kritiker. Dokumente zur Wirkungsgeschichte Jean Pauls in Deutschland, München 1980

SSD — Richard SVagner, Sämtliche Schriften und Dichtungen: Volksausgabe, 16 Bde., 5. Aufl. Leipzig o. J.[1911~1914]

Starobinski 1988 — Jean Starobinski, Rousseau. Eine Welt von Widerständen, aus dem Französischen von Ulrich Raulff, München und Wien 1988

STB — Robert Schumann, Tagebücher, 3 Bde., Basel und Frankfurt a. M. 1971~1987

Stegemann 1996 — Michael Stegemann, Glenn Gould. Leben und Werk, München und Mainz 1996

Stegemann 2011 — Michael Stegemann, Franz Liszt. Genie im Abseits, München und Zürich 2011

Sterba 1964 — Edith und Richard Sterba, Ludwig van Beethoven und sein Neffe. Eine psychoanalytische Studie, München 1964

Strauß 2013 — Botho Strauß, Lichter des Toren, München 2013

Strawinsky 1936 — Igor Strawinsky, Chronicle of My Life, London 1936

Strawinsky, Schriften und Gespräche — Igor Strawinsky, Schriften und Gespräche 1, aus dem Französischen von Richard Tüngel und Heinrich Strobel, Darmstadt 1983

Strawinsky/Craft, Erinnerungen und Gespräche — Igor Strawinsky mit Robert Craft. Erinnerungen und Gespräche, deutsch von David und Ute Starke, Frankfurt a. M. 1972

Swoboda 1982 — Karl M. Swoboda, Tintoretto, Wien und München 1982

Szondi 1975 — Peter Szondi, Einführung in die literarische Hermeneutik, Frankfurt a. M. 1975

Tadday 1999 — Ulrich Tadday, "'Lesen Sie nur Shakespeare's Sturm': Zum Problem der poetischen

Idee von Ludwig van Beethovens Klaviersonaten op.31, 2 d-Moll und op.57 f-Moll und seinen Lösungen", in: "O Wort, du Wort, das mir fehlt!" Zur Verwobenheit von Klang und Denken in der Musik, hg. v. Otto Kolleritsch, Wien und Graz 1999, pp.97~118

Tadday 2014 — Ulrich Tadday, "'Wie wenig ihnen in der Musik durch eine zergliedernde Kritik überhaupt klargemacht werden kann': Zur Aporie des Unsagbarkeitstopos in der ersten Hälfte des 19. Jahrhunderts", in: Patrick Boenke und Birger Petersen(Hg.), Musikalische Logik und musikalischer Zusammenhang, Hildesheim 2014, pp.45~57

Tagebuch — Maynard Solomon, Beethovens Tagebuch, hg. v. Sieghard Brandenburg, Mainz 1990

Tausend Plateaus 1992 — Gilles Deleuze und Félix Guattari, Tausend Plateaus. Aus dem Französischen übersetzt von Gabriele Ricke und Ronald Voullié, Berlin 1992

Taylor 2010 — Benedict Taylor, "Cyclic Form, Time, and Memory in Mendelssohn's A-Minor Quartet, op.13", in: The Musical Quarterly 93(2010), pp.45~89

TDR 1866 — 1908 — Ludwig van Beethovens Leben. Nach dem OriginalManuskript deutsch bearbeitet von Hermann Deiters. Mit Benutzung der hinterlassenen Materialien des Verfassers neu ergänzt und hg. von Hugo Riemann, 5 Bde., Leipzig 1866~1908

TDR 1917 — Ludwig van Beethovens Leben. Nach dem Original-Manuskript deutsch bearbeitet von Hermann Deiters. Mit Benutzung der hinterlassenen Materialien des Verfassers neu ergänzt und hg. von Hugo Riemann, 5 Bde., 3. Aufl. Leipzig 1917

TDR 1923 — Ludwig van Beethovens Leben. Nach dem Original-Manuskript deutsch bearbeitet von Hermann Deiters. Mit Benutzung der hinterlassenen Materialien des Verfassers neu ergänzt und hg. von Hugo Riemann, 5 Bde., 3.~5. Aufl. Leipzig 1923

Tellenbach 1983 — Marie-Elisabeth Tellenbach, Beethoven und seine "Unsterbliche Geliebte" Josephine Brunswick. Ihr Schicksal und der Einfluß auf Beethovens Werk, Zürich 1983

Thayer 1969 — Thayer's Life of Beethoven. Revised and edited by Elliot Forbes, Princeton 1969

Theater in Braunschweig — 300 Jahre Theater in Braunschweig 1690~1990, Braunschweig 1990

Thode 1901 — Henry Thode, Tintoretto, Bielefeld und Leipzig 1901

Thomas 1990 — Werner Thomas, "Die fast verlorene Zeit. Zum Adagio in Schuberts Streichquintett", in: ders., Schubert-Studien, Frankfurt a. M. u. a. 1990, pp.137~158

Thomas-San-Galli 1921 — W. A. Thomas-San-Galli, Ludwig van Beethoven, München 1921

Thorau 2000 — Christian Thorau, "Invasion der fremden Prädikate — Struktur und Metapher in der Musikbeschreibung(Beethoven, Klaviersonate op.31, 2)", in: Polth 2000, pp.199~218

Titcomb 1996 — Caldwell Titcomb, "Beethoven and Shakespeare", in: Critica Musica: Essays in Honor of Paul Brainard, Amsterdam 1996, pp.429~460

592

Tramsen 2000 — Eckhard Tramsen, "Musikalische Analyse oder der Vorhalt, den Musik den
Philosophen macht", in: Polth 2000, pp.29~41

Trümpi 2011 — Fritz Trümpi, Politisierte Orchester. Die Wiener Philharmoniker und das Berliner
Philharmonische Orchester im Nationalsozialismus, Wien 2011

Uhde 2000 — Jürgen Uhde, Beethovens Klaviersonaten 16 — 32, 5. Aufl. Stuttgart 2000

Urbanek 2015 — Nikolaus Urbanek, "Was heißt (a)thematische Arbeit? Einige Bemerkungen zu
einer zentralen Kategorie der Musikästhetik Theodor W. Adornos", in: Stefan Keym(Hg.),
Motivisch-thematische Arbeit als Inbegriff der Musik?, Hildesheim u. a. 2015, pp.171~185

Vaget 2006 — Hans Rudolf Vaget, Seelenzauber. Thomas Mann und die Musik, Frankfurt a. M.
2006

Verwiebe 2006 — Birgit Verwiebe, "Erweiterte Wahrnehmung", in: Caspar David Friedrich. Die
Erfindung der Romantik, Ausstellungskatalog Essen und Hamburg, München 2006, pp.337~356

Vischer, Ästhetik — Friedrich Theodor Vischer, Ästhetik oder Wissenschaft des Schönen, 10 Bde.,
Reutlingen u. a. 1846~1858

Vitercik 1992 — Greg Vitercik, The Early Works of Mendelssohn. A Study in the Romantic Sonata
Style, Paris u. a. 1992

Volek/Macek 1988 — Tomislav Volek und Jaroslav Macek, "Beethoven und Fürst Lobkowitz", in:
Sieghard Brandenburg und Martella Gutiérrez-Denhoff(Hg.), Beethoven und Böhmen, Bonn
1988, pp.203~217

Voss 1977 — Egon Voss, Richard Wagner und die Instrumentalmusik, Wilhelmshaven 1977

Voss 1994 — Egon Voss, "Die Beethovensche Symphonie. Skizze einer allgemeinen Charakteristik",
in: Renate Ulm(Hg.), Die 9 Symphonien Beethovens, Kassel u. a. 1994, pp.29~55

Voss 1997 — Egon Voss, "'Ein göttliches, unvergleichliches Werk' — 'leider alles unkonzentriert'.
Richard Wagner und Don Giovanni", in: Axel Beer u. a.(Hg.), Festschrift Christoph-Hellmuth
Mahling zum 65. Geburtstag, Bd.2, Tutzing 1997, pp.1463~1473

Voss 2014 — Egon Voss, "'So pocht das Schicksal an die Pforte!' Überlegungen zu Anton Schindlers
Äußerungen über den Beginn von Beethovens 5. Symphonie", in: Bonner Beethoven-Studien
11(2014), pp.185~191

de Vries 1996 — Claudia de Vries, Die Pianistin Clara Wieck-Schumann. Interpretation im
Spannungsfeld von Tradition und Individualität, Mainz u. a. 1996

Wackenroder, Fantasien — Wilhelm Heinrich Wackenroder, Fantasien über die Kunst für Freunde
der Kunst, Paderborn 2011

Wackenroder, Werke — Wilhelm Heinrich Wackenroder, Werke und Briefe, Heidelberg 1967

Wagner, Braunes Buch — Richard Wagner, Das braune Buch. Tagebuchaufzeichnungen 1865 bis 1882, hg. v. Joachim Bergfeld, München 1991

Wagner, Briefe — Richard Wagner, Sämtliche Briefe, diverse Hg., Leipzig 1967~2000, danach Wiesbaden

Walser 2012 — Martin Walser, Leben und Schreiben. Tagebücher 1974~1978, Reinbek 2012

Warncke 1987 — Carsten Peter Warncke, Sprechende Bilder — sichtbare Worte, Wiesbaden 1987

Wegeler/Ries, Notizen — Franz Gerhard Wegeler und Ferdinand Ries, Biographische Notizen über Ludwig van Beethoven, Koblenz 1838

Wessling 1985 — Bernd W. Wessling, Furtwängler. Eine kritische Biographie, Stuttgart 1985

Wieck, Briefe — Friedrich Wieck, Briefe aus den Jahren 1830~1838, hg. v. Käthe Walch-Schumann, Köln 1968

Wild 2005 — Raphael Wild, Gott erkennen: "Methode" und "Begriff" in G. W. F. Hegels "Wissenschaft der Logik" und "Philosophie der Religion", London 2005

Witcombe u. a. 2003 — Charles Witcombe u. a.(Hg.), "An English Translation of the Passages Beethoven Marked in His 1811 Edition of Sturm's Betrachtungen über die Werke Gottes", in: The Beethoven Journal 18 (2003), pp.87~106

Wolf 1995 — Stefan Wolf, Beethovens Neffenkonflikt. Eine psychologischbiographische Studie, München 1995

Wolff 1972 — Konrad Wolff, Was wir von Artur Schnabel lernen, München und Zürich 1972

Wollenberg 1980 — Susan Wollenberg, "Schubert and the Dream", in: Studi Musicali 9(1980), pp.135~154

Wolzogen 1888 — Hans von Wolzogen, Erinnerungen an Richard Wagner, Leipzig 1888

Wörner 1969 — Karl H. Wörner, Das Zeitalter der thematischen Prozesse in der Geschichte der Musik, Regensburg 1969

Zenck 1986 — Martin Zenck, Die Bach-Rezeption des späten Beethoven, Stuttgart 1986

Zickenheiner 1984 — Otto Zickenheiner, Untersuchungen zur Credo-Fuge der Missa solemnis von Ludwig van Beethoven, München 1984

Zimmermann 1978 — Michael Zimmermann, "Gegenwärtige Tendenzen der Musikästhetik", in: Studienbegleitbrief 6 zum Funkkolleg Musik, hg. v. Carl Dahlhaus, Tübingen 1978, pp.44~79

Žižek 2014 — Slavoj Žižek, Weniger als nichts. Hegel und der Schatten des dialektischen Materialismus, aus dem Englischen von Frank Born, Berlin 2014

Zuckmayer, Späte Freundschaft — Carl Zuckmayer, "Bericht von einer späten Freundschaft. In memoriam Karl Barth", in: Späte Freundschaft in Briefen. Carl Zuckmayer/Karl Barth, 2. Aufl.

Zürich 1978, pp.81~91

Zweig 1921 — Stefan Zweig, Romain Rolland. Der Mann und das Werk, Frankfurt a. M. 1921

옮긴이의 글

　이 책의 부제는 "사유와 열정의 오선지에 우주를 그리다"이다. 베토벤의 방대한 작품 세계를 우주에 비겼다. 우주에 그 시작과 끝이 없듯 베토벤의 우주를 펼쳐 놓은 이 책에도 형식상 서문과 에필로그가 있긴 하지만 내용상 시작과 끝이 없다 하는 게 맞겠다. 저자 마르틴 게크의 말처럼 베토벤의 우주 탐사에 나서는 독자는 어디서 책을 읽기 시작해도 상관없을 것이다.

　마르틴 게크가 펼쳐 놓는 베토벤의 우주에는 우리에게 익히 알려진 별들이 있고 그렇지 않은 낯선 별들도 있다. 바흐, 슈베르트, 바그너, 스트라빈스키 등 음악가들의 은하계가 있고 클라라 슈만, 글렌 굴드, 푸르트뱅글러, 번스타인 등 연주가와 지휘자들의 은하계가 있으며 헤겔, 아도르노, 들뢰즈 등 철학자들의 별 무리와 셰익스피어, 토마스 만, 로맹 롤랑, 헉슬리, 횔덜린 등 작가들의 성단이 있다. 틴토레토, 카스파 다비트 프리드리히 같은 화가들이 조금 낯선 독자들은 후원자 로프코비츠와 영원히 밝혀질 수 없는 베토벤의 '불멸의 연인', 그의 정신적 스승 미하엘 자일러 등 베토벤과 동시대의 역사적 인물들이 등장한다면 아마도 미리 질려 버리거나 아니면 오히려 이 우주에 호기심이 일지도 모른다.

　비록 서구 유럽에 제한되어 있기는 하지만 영향을 끼치거나 받은 그 수많은 인물들과 베토벤이 맺고 있는 그물망을 따라가다 보면 우리는 어느덧 서양 예술사와 정신사에 깊이 발을 들여놓게 된다. 그리고 베토벤의 우주가 이토록 광대했던가 세삼 놀라게 될 것이다.

596

저자의 박학함과 전문성에 바탕을 둔 유려한 글쓰기로 펼쳐 놓은 베토벤의 우주를 한껏 유영했던 나는 그 우주의 광대함과 매력에 빠졌던 적도 있지만 그 안에서 길을 잃고 헤매기도 했다. 결코 베토벤의 전기나 역사적 서술이 아닌 유럽 정신사를 아우르는 이 독특한 책은 베토벤 전문가인 독일의 한 노 음악학자가 자신이 일생 일구었던 모든 지식과 '교양'을 그야말로 총동원해 마치 유럽의 정신사를 베토벤을 중심으로 다시 쓴 듯한 그런 책이다. 저자의 그런 야망에 찬 시도에 걸맞은 교양과 전문 지식을 갖추지 못한 번역자로서 이 책을 번역하는 일은 도전이자 분에 넘치는 행복한 작업이었다.

좀 지난 이야기지만 흔히 통섭이라고 하는 학문들 사이의 교류가 화두로 떠올랐던 적이 있었다. 통섭이 화두가 된 것은 아마도 레오나르도 다빈치나 괴테와 같은 전인적 교양을 갖춘 인물이 더 이상 나올 수 없는 우리 시대의 상황에 대한 반증이기도 하고 그것이 가능했던 과거 '좋았던 시절'에 대한 향수이기도 할 것이다. 이런 시대에 마르틴 게크는 음악학자로서 이런 향수를 향해 과감히 다가가면서 우리를 되돌아보게 한다. 베토벤과 질 들뢰즈, 베토벤과 파울 니종을 누가 연결해서 생각해 보았던가?

교향곡, 피아노 소나타, 현악곡, 미사곡, 가곡 등 모든 장르를 아우르는 베토벤의 우주 중에 내가 이 책을 번역하면서 새삼 주목하게 된 작품을 소개하는 것으로 이 후기를 마무리하려 한다. 교향곡 〈에로이카〉와 〈운명〉, 피아노 소나타 〈월광〉 등 우리에게 친숙한 베토벤이 아니라 후기 현악 4중주곡의 베토벤을 들어 보길 권하고 싶다. 영웅적이고 거창한, 어쩌면 듣는 게 피곤해질 수도 있는 베토벤, 푸가의 기법과 대위법의 마스터 베토벤이 아니라 죽음을 대면한, 조용하고 섬세하고 겸손한 인간의 유한함에 대한 내밀한 성찰을 음으로 표현하려 한 후기 현악

4중주곡의 베토벤을 들어 보시라. 이 책을 읽고 베토벤의 저 한편에 놓인 작품을 들어 보려는 독자가 생긴다면 이 책을 번역한 사람으로서 보람일 것이다.

라틴어 번역에 도움을 준 가톨릭대학교 박승찬 교수와 이름을 밝히길 사양한 한 음악학자에게 감사의 말씀을 전한다.

2019년 12월
마성일

찾아보기

| ㅈ~ㅊ |